OUTI

OUTLIVE

ȘTIINȚA ȘI ARTA LONGEVITĂȚII

DR. PETER ATTIA

CU BILL GIFFORD

Traducere din limba engleză
de Andreea Călin

Lifestyle

Descrierea CIP a Bibliotecii Naţionale a României
ATTIA, PETER
Outlive : ştiinţa şi arta longevităţii / dr. Peter Attia cu Bill Gifford ; trad. din lb. engleză de Andreea Călin. - Bucureşti : Lifestyle Publishing, 2023
Conţine bibliografie
ISBN 978-606-789-408-0

I. Gifford, Bill
II. Călin, Andreea (trad.)

61

Titlu original: *Outlive: The Science and Art of Longevity*
Autor: Peter Attia, MD; with Bill Gifford

Lifestyle Publishing face parte din Grupul Editorial Trei

O.P. 16, Ghișeul 1, C.P. 0490, București
Tel.: +4 021 300 60 90
Fax: +4 0372 25 20 20
e-mail: comenzi@edituratrei.ro
www.lifestylepublishing.ro

ISBN 978-606-789-408-0

EDITORI: Silviu Dragomir, Magdalena Mărculescu
DIRECTOR: Crina Drăghici
REDACTARE: Raluca Hurduc
DESIGN: Alexe Popescu
DIRECTOR PRODUCȚIE: Cristian Claudiu Coban
DTP: Dan Crăciun
CORECTURĂ: Oana Apostolescu

Pentru pacienții mei.
Şi pentru Jill, Olivia, Reese și Ayrton...
Pentru răbdarea voastră

NOTA AUTORULUI

Ca să scrii despre știință și medicină pentru publicul larg, trebuie să găsești echilibrul dintre concizie și nuanțe, rigoare și ușurința lecturii. Am făcut tot ce am putut pentru a descoperi combinația optimă, redând corect substanța, dar păstrând cartea accesibilă cititorului profan. Vă las pe voi să hotărâți dacă mi-am atins obiectivul.

CUPRINS

Introducere

În vis, încerc să prind ouăle care cad.

Stau pe un trotuar într-un oraș mare și murdar care seamănă mult cu Baltimore, ținând în mâini un coș căptușit și privind în sus. La fiecare câteva secunde, văd un ou care cade spre mine și alerg încercând să-l prind în coș.

Ouăle cad repede și fac tot ce pot ca să le prind, fugind încolo și-ncoace și întinzând coșul ca pe o mănușă de jucător de baseball. Dar nu pot să le prind pe toate. Unele dintre ele — multe dintre ele — se izbesc de sol, împroșcând cu gălbenuș peste tot, pe pantofii mei și pe halatul de medic. Îmi doresc cu disperare să se oprească.

De unde vin ouăle? Probabil că e un tip acolo sus, pe acoperișul clădirii sau într-un balcon, care pur și simplu le aruncă peste balustradă. Dar nu pot să-l văd și sunt așa de ocupat, încât abia am timp să mă gândesc la el. Nu fac decât să alerg dintr-o parte în alta, încercând să prind cât mai multe ouă posibil. Și eșuez lamentabil. Emoția mă copleșește în timp ce-mi dau seama că, oricât de mult mă străduiesc, nu voi putea niciodată să prind toate ouăle. Mă simt depășit și neajutorat.

Iar atunci mă trezesc, ratând încă o dată șansa unui somn valoros.

Uităm aproape tot ce visăm, dar, după 20 de ani, nu prea reușesc să-mi scot visul ăsta din cap. Mi-a invadat de multe ori nopțile pe când eram rezident la chirurgie la Spitalul Johns Hopkins, pregătindu-mă să devin chirurg oncolog. A fost una dintre cele mai bune perioade din viața mea, chiar dacă au fost momente când am simțit că o iau razna. Nu era ceva neobișnuit pentru mine și colegii mei să muncim 24 de ore fără pauză. Jinduiam după somn. Visul ăsta mi-l tot distrugea.

Chirurgii care lucrau la Hopkins erau specializați în cazuri grave, precum cancerul pancreatic, ceea ce însemna că adesea erau singurele persoane care-l despărțeau pe pacient de moarte. Cancerul pancreatic se dezvoltă în liniște, fără simptome, iar când se descoperă este adesea destul de avansat. Operația era o opțiune doar pentru aproximativ 20-30% dintre pacienți. Eram ultima lor speranță.

Arma noastră preferată era ceva numit procedura Whipple, care presupunea îndepărtarea vârfului pancreasului și a părții superioare a intestinului subțire, denumită duoden. Este o operație dificilă, periculoasă, iar la început era aproape întotdeauna fatală. Cu toate acestea, chirurgii continuau să o facă; atât de grav este cancerul pancreatic. Deja la momentul în care eram rezident, peste 99% dintre pacienți supraviețuiau cel puțin 30 de zile după această operație. Devenisem destul de performanți la prinsul ouălor.

La vremea aceea, eram hotărât să devin cel mai bun chirurg oncolog posibil. Chiar muncisem din greu ca să ajung unde mă aflam; majoritatea profesorilor mei de liceu nu se așteptaseră să ajung la facultate , ba nici măcar părinții mei, și cu atât mai puțin să termin Stanford Medical School. Dar, din ce în ce mai mult, mă simțeam rupt în două. Pe de o parte, îmi plăcea complexitatea operațiilor și eram entuziasmat de fiecare dată când terminam cu succes o procedură. Îndepărtasem tumora — prinsesem oul sau cel puțin așa credeam.

Pe de altă parte, începeam să-mi pun problema cum se definește „succesul“. Adevărul era că[1] aproape toți pacienții oricum aveau să moară în câțiva ani. Oul avea să se izbească inevitabil de pământ. De fapt ce făceam?

Când am conștientizat într-un final inutilitatea acestui lucru, am devenit așa de frustrat, încât am renunțat la medicină în favoarea unei cariere complet diferite. A urmat însă un complex de evenimente care a ajuns să-mi schimbe fundamental felul în care mă raportam la sănătate și boală. Am revenit la profesia de medic cu o abordare nouă și cu speranțe noi.

Motivul se regăsește în visul meu despre ouăle care cad. Pe scurt, avusesem într-un final revelația că singura cale de a rezolva problema nu era să devenim mai abili la prinsul lor. În schimb, trebuia să încercăm să-l oprim pe tipul care le arunca. Trebuia să descoperim cum să ajungem în vârful clădirii, să-l găsim pe tip și să-l anihilăm.

Mi-ar fi plăcut teribil să fac asta în viața reală; ca tânăr boxer, aveam un croșeu de stânga destul de puternic. Dar evident că medicina e puțin mai complicată. Până la urmă, mi-am dat seama că trebuia să abordăm situația — ouăle care cădeau — într-un fel complet diferit, cu o altă paradigmă de gândire și folosind un set distinct de instrumente.

Pe scurt, despre aceasta este cartea de față.

PARTEA I

CAPITOLUL 1

Jocul îndelungat

De la moarte rapidă la moarte lentă

Vine un moment când trebuie să încetăm să mai scoatem oameni din râu. Trebuie să ne ducem în amonte și să descoperim unde cad în apă.

EPISCOPUL DESMOND TUTU

Nu o să-l uit niciodată pe primul pacient pe care l-am văzut murind. Eram la începutul celui de-al doilea an la facultatea de medicină și-mi petreceam o seară de sâmbătă făcând voluntariat la spital, activitate pe care facultatea ne încuraja să o facem. Dar se presupunea că trebuia să fim doar observatori, pentru că în perioada aceea nu aveam cunoștințe destule cât să facem bine pe cineva și eram din cauza asta periculoși.

La un moment dat, o femeie cam de 35 de ani a venit la camera de gardă spunând că respiră greu. Era din East Palo Alto, un fief al sărăciei în acel oraș foarte bogat. În timp ce asistentele lipeau pe ea un set de senzori EKG și-i puneau o mască de oxigen pe nas și pe gură, stăteam lângă ea, încercând să-i distrag atenția și făcând conversație. *Cum te cheamă? Ai copii? De când te simți așa?*

Deodată, fața i s-a încordat de spaimă și a început să respire cu dificultate. Apoi și-a dat ochii peste cap și a leșinat.

În câteva secunde, nenumărate asistente și medici au invadat holul camerei de gardă și au început să-i aplice un „cod“, introducându-i un tub pe gât și injectându-i o mulțime de medicamente puternice într-un ultim efort de a o resuscita. Între timp, unul dintre rezidenți a început să-i facă compresii toracice. La fiecare câteva minute, toată lumea făcea un pas în spate, medicul de gardă îi lipea padelele defibrilatorului pe piept, iar corpul i se convulsiona traversat de șocul electric. Totul avea o coregrafie exactă; cunoșteau procedura.

M-am făcut mic într-un colț, încercând să nu le stau în drum, dar rezidentul care făcea manevrele de resuscitare m-a zărit și a zis: „Hei, colega, poți să vii aici să mă ajuți? Trebuie doar să apeși cu aceeași forță și în același ritm cum fac eu acum, bine?"

Așa că am început să fac compresii, pentru prima oară în viața mea, pe cineva care nu era un manechin. Dar nimic nu funcționa. Femeia a murit, chiar acolo pe masă, în timp ce eu continuam să-i apăs pieptul. Cu doar câteva minute mai devreme, o întrebasem despre familia ei. O asistentă a tras cearșaful să-i acopere fața și toți s-au împrăștiat la fel de repede cum veniseră.

Aceasta nu era o întâmplare neobișnuită pentru niciunul dintre cei din încăpere, dar eu am fost îngrozit, oripilat. *Ce naiba tocmai se întâmplase?*

Aveam să mai văd mulți pacienți murind, dar moartea acelei femei m-a bântuit ani de zile. Bănuiesc acum că probabil murise din cauza unui embolism pulmonar major, dar tot am continuat să mă întreb de fapt ce problemă avea. Ce se întâmplase înainte să ajungă la camera de gardă? Și oare lucrurile s-ar fi petrecut diferit dacă ar fi avut mai ușor acces la îngrijire medicală? Oare soarta ei tristă ar fi putut fi schimbată?

Ulterior, din poziția de chirurg rezident la Johns Hopkins, aveam să învăț că moartea vine cu două viteze: rapidă și lentă. În zonele urbane din Baltimore, moartea rapidă domnea pe străzi, răspândită prin arme, cuțite și autovehicule care merg cu viteză. Pe cât de pervers sună, violența orașului era o „componentă" a programului nostru de pregătire. Deși alesesem Hopkins datorită excelenței sale în chirurgia cancerului de ficat și pancreatic, faptul că avea în medie mai mult de zece cazuri de răni deschise pe zi, în mare parte provocate de gloanțe sau plăgi prin înjunghiere, însemna că eu și colegii mei urma să avem suficiente ocazii să ne dezvoltăm abilitățile chirurgicale reparând corpuri care adesea erau prea tinere, sărace, de culoare și de sex masculin.

Dacă rănile deschise apăreau predominant noaptea, zilele erau dedicate pacienților cu afecțiuni vasculare, boli digestive și, mai ales, cancer. Diferența era că „rănile" acestor pacienți erau provocate de tumori care creșteau lent și dura mult până să fie depistate, deși nici dintre ei nu supraviețuiau toți — nici măcar cei bogați, cei care se aflau în vârful piramidei. Cancerul nu știe cât de bogat ești. Sau cine e chirurgul tău, pe bune! Dacă vrea să descopere o modalitate de a te ucide, o s-o găsească. Până la urmă, morțile astea lente au ajuns să mă deranjeze și mai tare.

Dar aceasta nu este o carte despre moarte. De fapt este exact despre opusul ei.

La mai bine de 25 de ani de când femeia aceea a intrat în camera de gardă, încă mai practic medicina, dar într-un fel foarte diferit de cum îmi imaginasem. Nu mai fac operații de cancer și niciun alt fel de intervenții chirurgicale. Dacă vii la mine pentru o eczemă sau o mână ruptă, probabil că nu o să te pot ajuta cu mare lucru.

Așadar ce *fac* de fapt?

Bună întrebare. Dacă m-ai întreba asta la o petrecere, aș face tot posibilul să mă fofilez. Sau aș minți și aș spune că sunt pilot de curse, ceea ce vreau de fapt să devin când mă fac mare. (Planul de rezervă: păstor.)

Ca medic, mă concentrez pe longevitate. Problema e că mă cam enervează cuvântul *longevitate*. A fost definitiv mânjit de o succesiune de hoțomani și șarlatani care au pretins secole întregi că dețin un elixir secret pentru o viață mai lungă. Nu vreau să fiu asociat cu acest gen de persoane și nu sunt suficient de arogant să-mi imaginez că eu însumi am vreun răspuns facil la această problemă care i-a dat de furcă umanității secole de-a rândul. Dacă longevitatea ar fi o chestie banală, atunci poate nu ar mai fi fost nevoie de cartea asta.

O să încep cu ce nu este longevitatea. Longevitatea nu înseamnă o viață veșnică. Nici măcar nu înseamnă să trăiești până la 120 sau 150 de ani, ceea ce unii experți autoproclamați le promit în mod obișnuit discipolilor lor. Cu excepția situației în care se va face o descoperire esențială, una care cumva ar răsturna două milioane de ani de istorie evoluționistă și ne-ar elibera de săgeata timpului, toți și toate care sunt azi vii vor muri fără îndoială. E o stradă cu sens unic.

Longevitatea nu înseamnă nici doar să punem pe răboj din ce în ce mai multe zile de naștere, în timp ce ne stingem lent. Asta s-a întâmplat cu un grec lacom devenit legendă, pe nume Tithonus, care le-a cerut zeilor viață eternă. Spre bucuria lui, zeii i-au îndeplinit dorința. Dar, pentru că a uitat să ceară și tinerețe eternă, corpul lui a continuat să se degradeze.

Majoritatea pacienților mei înțeleg implicit asta. Când vin prima oară să mă vadă, insistă în general că *nu vor* să trăiască mai mult, dacă asta înseamnă să prelungească o stare de permanent declin al stării de sănătate. Mulți și-au văzut părinții și bunicii îndurând o astfel de soartă, încă vii, dar schilodiți de slăbiciune fizică sau demență. Nu își doresc deloc să retrăiască suferința vârstnicilor lor. Aici îi opresc. Doar pentru că părinții tăi au îndurat o bătrânețe dureroasă sau au murit mai tineri decât ar fi trebuit, spun eu, nu înseamnă că și tu trebuie să pățești la fel. Trecutul nu dictează viitorul. Longevitatea ta este mai flexibilă decât îți imaginezi.

La 1900, speranța de viață[1] era pe undeva prin jurul vârstei de 50 de ani și majoritatea oamenilor riscau să moară din cauze „rapide“: accidente, răniri și boli infecțioase de diverse feluri. De atunci, moartea lentă a înlocuit moartea rapidă. Majoritatea celor care citesc această carte se pot aștepta să moară undeva între 70 și 80 de ani, plus sau minus, și aproape toți din cauze „lente“. Presupunând că nu ești genul de persoană care se implică în comportamente ultrariscante precum săritura BASE, cursele de motociclete sau trimiterea de mesaje în timp ce conduci, ai o probabilitate copleșitoare să mori din cauza uneia dintre afecțiunile cronice ale bătrâneții, pe care eu le numesc „cei patru călăreți“: boli cardiovasculare, cancer, boli neurodegenerative sau diabet de tip 2 și disfuncții metabolice aferente. Pentru a obține longevitatea — pentru a trăi mai mult și mai bine mai mult timp — trebuie să înțelegem și să ne confruntăm cu cauzele morții lente.

Longevitatea are două componente. Prima este cât de *mult* trăiești, durata cronologică a vieții, dar partea a doua, și la fel de importantă, este cât de *bine* trăiești — calitatea anilor vieții tale.

Cea din urmă este denumită *durata stării de sănătate** și asta e ceea ce a uitat Tithonus să ceară. Durata stării de sănătate este în general definită ca perioada din viață când nu suferim de dizabilități sau boli, dar mi se pare o definiție prea simplistă. Sunt la fel de lipsit de „dizabilități și boală“ ca atunci când eram un student la medicină, de 25 de ani, dar sinele meu de la 20 și ceva de ani ar putea să alerge în cerc în jurul celui de la 50 de ani, atât fizic, cât și mintal. Acesta e doar unul dintre adevăruri. Așadar a doua parte a planului nostru pentru longevitate este să ne păstrăm și să ne îmbunătățim funcțiile fizice și mintale.

Întrebarea esențială este: încotro mă îndrept de aici? Care este traiectoria mea viitoare? La jumătatea vieții există deja multe semnale de atenționare. Am fost la înmormântări ale prietenilor mei din liceu, dovezi ale creșterii abrupte a riscului de mortalitate la vârsta de mijloc. În același timp, mulți dintre noi, cei cu vârste de 30, 40 sau 50 de ani îi privim pe părinții noștri pornind pe drumul spre dizabilitate fizică, demență sau boală cronică. E mereu trist să vezi asta și nu face decât să întărească unul dintre principiile mele de bază, care se referă la faptul că singura cale de a-ți croi un viitor mai bun — de a te poziționa pe o traiectorie mai bună — este a începe să te gândești la asta și a acționa *acum.*

Unul dintre principalele obstacole în căutarea longevității este faptul că abilitățile pe care eu și colegii mei le-am dobândit în timpul pregătirii noastre medicale s-au dovedit până acum mai eficiente împotriva morții rapide decât a celei lente. Am învățat să punem la loc oase rupte, să eliminăm infecții cu antibiotice puternice, să susținem și chiar să înlocuim organe afectate și să realizăm decompresii în cazul unor vătămări grave ale coloanei vertebrale și creierului. Aveam o capacitate uimitoare de a salva vieți și de a reface funcționarea completă a corpurilor accidentate, chiar de a readuce la viață pacienți care erau aproape morți. Dar am avut în mod evident mai puțin succes în ajutarea pacienților noștri cu boli cronice, precum cancer, boli cardiovasculare sau neurologice, să scape de moartea lentă. Le puteam ameliora simptomele și adesea le puteam întârzia puțin finalul, dar parcă nu reușeam să resetăm ceasul, așa cum făceam cu problemele

* În engleză, în original, *healthspan.* (*N.t.*)

acute. Deveniserăm mai pricepuți la prinsul ouălor, dar aveam capacități limitate de a le opri din cădere.

Problema era că tratam ambele tipuri de pacienți — victimele accidentelor și suferinzii de boli cronice — cu același scenariu de bază. Treaba noastră era să *îl împiedicăm pe pacient să moară*, indiferent cum. Îmi aduc aminte mai cu seamă de un caz al unui băiat de paisprezece ani care a fost adus la camera de gardă aproape mort. Fusese pasager într-o Honda izbită în plin de un șofer care trecuse pe roșu cu o viteză criminală. Semnele lui vitale erau slabe, iar pupilele îi erau fixe și dilatate, sugerând un traumatism cranian sever. Mai avea puțin și murea. Fiind responsabil pe partea de traumatologie, am derulat imediat un cod pentru a încerca să-l resuscit, dar, ca și în cazul femeii din camera de gardă de la Stanford, nu a funcționat nimic. În schimb, am tot rulat coduri, îndesând pungi cu sânge și epinefrină în corpul lui lipsit de viață, pentru că nu puteam să accept faptul că viața unui băiat nevinovat se putea termina așa. După aceea, am plâns afară, pe scări, dorindu-mi să-l fi putut salva. Dar, când a ajuns la mine, soarta îi fusese deja pecetluită.

Această etică este înrădăcinată în toți cei care se duc să facă medicina: nimeni nu moare când sunt eu de gardă. Îi abordam pe pacienții cu cancer în același fel. Dar de multe ori era evident că interveneam prea târziu, când boala evoluase deja până la punctul din care moartea era inevitabilă. Cu toate acestea, ca și cu băiatul din accidentul de mașină, făceam tot posibilul să le prelungim viețile, folosind tratamente toxice și adesea dureroase chiar până la final, făcând rost de câteva săptămâni sau luni de viață, în cel mai bun caz.

Problema nu e că nu ne străduim. Medicina modernă a investit o cantitate incredibilă de efort și de resurse în fiecare dintre aceste boli. Dar progresele făcute nu au fost deloc excepționale, cu posibila excepție a bolilor cardiovasculare, la care am redus ratele de mortalitate cu două treimi în lumea industrializată[2], în aproximativ 60 de ani (deși mai sunt încă multe de făcut, așa cum vom vedea). Pe de altă parte, ratele de deces cauzat de cancer[3] aproape că nu s-au clintit în cei peste 50 de ani de când a fost declarat Războiul Împotriva Cancerului, în pofida miliardelor de dolari cheltuiți pe cercetare din resurse publice și private.

Diabetul de tip 2 rămâne o criză majoră de sănătate care nu dă niciun semn de ameliorare, iar boala Alzheimer și bolile neurodegenerative înrudite lovesc populația noastră vârstnică, practic fără să se întrevadă la orizont tratamente eficiente.

Dar în toate cazurile intervenim la momentul greșit mult după ce boala a început și adesea când este deja prea târziu — când ouăle cad deja. M-am simțit sfâșiat de fiecare dată când a trebuit să-i spun cuiva care suferă de cancer că mai avea șase luni de trăit, știind că probabil boala îi acaparase corpul cu câțiva ani înainte să fie măcar detectabilă. Pierdusem o groază de timp. Deși prevalența tuturor bolilor specifice fiecăruia dintre „cei patru călăreți" crește vertiginos odată cu vârsta, în mod normal ele debutează mai repede decât ne dăm seama și adesea le ia mult timp să ne omoare. Chiar și atunci când cineva moare „deodată" din cauza unui infarct, probabil că boala a evoluat în arterele sale coronariene vreme de 20 de ani. Moartea lentă se mișcă și mai încet decât ne imaginăm.

Concluzia logică este că trebuie să intervenim mai devreme pentru a încerca să-i oprim pe „cei patru călăreți" din drumul lor — sau, și mai bine, să-i împiedicăm complet să mai pornească. Niciunul dintre tratamentele noastre pentru stadiul final al cancerului de plămâni nu a redus mortalitatea la fel de mult cum a făcut-o reducerea fumatului la nivel mondial, care a avut loc în ultimele două decenii, mulțumită în mare parte interdicțiilor generalizate care au vizat fumatul. Această măsură simplă de prevenție (fumatul interzis) a salvat mai multe vieți decât orice intervenție într-o etapă avansată pe care a elaborat-o medicina. Cu toate acestea, medicina convențională insistă să așteptăm până la momentul diagnosticului înainte de a interveni.

Diabetul de tip 2 oferă un exemplu perfect în acest sens. Indicațiile standard de tratament ale Asociației Americane de Diabet menționează că un pacient poate fi diagnosticat cu *diabetus mellitus* când are hemoglobina A1c (HbA1c)* 6,5% sau mai mare, care corespunde unui nivel de glicemie de 140 mg/dL (normal este pe la 100 mg/dL sau HbA1c de 5,1%). Acești pacienți primesc un tratament complex, care include medicamente ce ajută

* HbA1c măsoară cantitatea de hemoglobină glicozilată din sânge, care ne permite să estimăm nivelul mediu de glucoză din sânge în ultimele aproximativ 90 de zile.

corpul să producă mai multă insulină, medicamente care reduc cantitatea de glucoză produsă de corp și, într-un final, și hormonul insulină, pentru a introduce forțat glucoza în țesuturile lor rezistente la insulină.

Dar, dacă valoarea HbA1c este de 6,4%, ceea ce implică un nivel mediu de glicemie de 137 mg/dL — cu doar trei puncte mai jos — teoretic individul nu suferă de diabet de tip 2. În schimb, suferă de o afecțiune denumită prediabet, pentru care recomandările standard de tratament includ mișcare moderată, schimbări vag definite ale dietei, poate utilizarea medicamentului de control al glucozei denumit metformin și „monitorizare anuală" — în esență, o stare de expectativă pentru a vedea dacă pacientul face diabet, înainte de a trata afecțiunea ca pe o problemă urgentă.

În opinia mea, aceasta este aproape exact modalitatea greșită de a aborda diabetul de tip 2. Așa cum vom vedea în capitolul 6, diabetul de tip 2 face parte dintr-o categorie de disfuncții metabolice care debutează cu mult înainte ca o persoană să treacă de pragul acela magic al diagnosticului în urma unei analize de sânge. Diabetul de tip 2 este doar ultima stație de pe traseu. Momentul potrivit pentru a interveni este cu mult înainte ca pacientul să se apropie măcar de zona aceea; chiar și prediabetul este foarte avansat în ecuație. Este aberant și nociv să tratăm această boală ca pe o răceală sau un os rupt, pe care le ai sau nu; nu e ceva binar. Din păcate, prea adesea, momentul diagnosticului clinic este cel în care încep intervențiile noastre. De ce e asta în regulă?

Cred că obiectivul nostru ar trebui să fie să acționăm cât mai devreme posibil pentru a încerca să prevenim dezvoltarea diabetului de tip 2, precum și a bolilor aduse de ceilalți „călăreți". Ar trebui să fim proactivi, nu reactivi, în abordarea noastră. Schimbarea modului de a gândi trebuie să fie primul pas în ofensiva împotriva morții lente. Vrem să întârziem sau să prevenim apariția acestor afecțiuni ca să putem trăi mai mult *fără* boală, în loc să ne prelungim viața *cu* boală. Asta înseamnă că momentul cel mai bun pentru a interveni este înainte ca ouăle să înceapă să cadă — așa cum am descoperit chiar în viața mea.

Pe 8 septembrie 2009, o zi pe care nu o voi uita niciodată, mă aflam pe o plajă de pe Insula Catalina când soția mea, Jill, s-a întors spre mine și mi-a spus: „Peter, cred că ar trebui să te străduiești să nu mai fii atât de puțin slab“.

Am fost așa de șocat încât aproape mi-a căzut cheeseburgerul. „Atât de puțin slab?“ Scumpa mea nevastă mi-a spus *asta*?

Eram convins că îmi câștigasem burgerul, dar și Coca Cola din cealaltă mână, pentru că tocmai înotasem până la această insulă pornind din Los Angeles și traversând oceanul pe o distanță de 34 km — o călătorie care-mi luase 14 ore, contra curentului aproape în întregime. Cu un minut înainte, fusesem entuziasmat că bifasem această cursă înot pe distanțe mari de pe lista mea cu lucruri de făcut în viață.* Acum eram Peter-Cel-Nu-Prea-Slab.

Totuși am știut imediat că Jill avea dreptate. Fără să-mi dau măcar seama, mă umflasem până ajunsesem la 95 kg, cu vreo 22 mai multe decât greutatea mea de boxer adolescent. Ca mulți tipi trecuți de prima tinerețe, încă mă mai consideram un „sportiv“, chiar în timp ce îmi îndesam corpul ca un cârnat în pantalonii mărimea 36. Fotografiile din perioada aceea îmi aduc aminte că burta mea arăta exact ca a lui Jill când era însărcinată în șase luni. Devenisem mândrul deținător al unui corp masiv de tătic și nici măcar nu împlinisem 40 de ani.

Analizele de sânge au scos la iveală probleme mai grave decât cele pe care puteam să le văd în oglindă. În pofida faptului că eram un fanatic al exercițiilor fizice și mâncam ceea ce consideram a fi o dietă sănătoasă (făcând abstracție de ocazionalul cheeseburger după înot), cumva dezvoltasem rezistență la insulină, unul dintre primii pași pe drumul spre diabetul de tip 2, și multe alte probleme. Nu e deloc exagerat să spun că viața îmi era în pericol — nu unul imediat, dar în mod clar pe termen lung. Știam exact unde putea duce drumul acesta. Amputasem picioarele oamenilor care, cu 20 de ani în urmă, semănaseră mult cu mine. Și mai aproape, propriul meu arbore genealogic era plin de bărbați care muriseră pe la 40 de ani din cauza unor boli cardiovasculare.

Momentul acela de pe plajă a marcat începutul interesului meu față de — iar cuvântul acela! — longevitate. Aveam 36 de ani

* De fapt, asta era a doua oară când făceam traversarea aceasta. Înotasem de la Catalina la LA cu câțiva ani înainte, dar în direcția inversă a durat cu patru ore mai mult, din cauza curentului.

și eram pe marginea prăpastiei. Tocmai devenisem tată odată cu nașterea primului nostru copil, Olivia. Din clipa când am ținut-o prima oară în brațe, înfășată în păturica ei albă, m-am îndrăgostit — și am știut că viața mi s-a schimbat definitiv. Dar aveam de asemenea să învăț curând că diverși factori de risc și moștenirea mea genetică indicau o moarte timpurie foarte probabil din cauza unei boli cardiovasculare. Ceea ce nu am conștientizat a fost că situația mea era ceva în totalitate rezolvabil.

Pe măsură ce m-am scufundat în literatura de specialitate, am devenit rapid obsedat de înțelegerea nutriției și metabolismului, așa cum fusesem odinioară obsedat de chirurgia oncologică. Deoarece sunt prin natura mea o persoană veșnic curioasă, i-am abordat pe experții de top din aceste domenii și i-am convins să-mi devină mentori în căutarea cunoașterii. Voiam să înțeleg cum ajunsesem în acea stare și ce însemna asta pentru viitorul meu. Și trebuia să descopăr cum să revin pe calea cea bună.

Următoarea mea sarcină a fost aceea de a încerca să înțeleg natura adevărată și cauzele aterosclerozei sau bolii de inimă care-i bântuie pe bărbații din familia tatălui meu. Doi dintre frații lui muriseră de infarct înaintea vârstei de 50 de ani, iar un al treilea decedase la 60 de ani. De acolo, saltul la cancer era unul scurt, fapt care m-a fascinat întotdeauna, apoi spre boli neurodegenerative precum Alzheimer. Într-un final, am început să studiez domeniul cu evoluție rapidă al gerontologiei — efortul de a înțelege ce provoacă efectiv procesul de îmbătrânire și cum ar putea fi el încetinit.

Cea mai mare descoperire a mea a fost probabil aceea că medicina modernă nu prea are un control asupra momentului sau modalității în care trebuie tratate bolile cronice ale senectuții, care probabil ne vor ucide pe cei mai mulți dintre noi. Asta se datorează parțial faptului că fiecare dintre „cei patru călăreți" este teribil de complex, mai degrabă un *proces* al bolii, decât o afecțiune acută cum este o răceală obișnuită. Surprinzător este că asta e de fapt vestea bună pentru noi, dintr-un anumit punct de vedere. Fiecare dintre „cei patru călăreți" este, cumulativ, produsul a mai multor factori de risc care se adună și se amestecă în timp. Se dovedește că mulți dintre factorii individuali de risc sunt relativ ușor de redus sau chiar de eliminat. Și mai bine, au în comun anumite trăsături sau stimuli care îi fac să fie vulnerabili la aceleași tactici și schimbări comportamentale despre care vom vorbi în această carte.

Cel mai mare eșec al medicinei este încercarea de a trata toate aceste afecțiuni la capătul greșit al intervalului de timp — după ce devin înrădăcinate —, în loc să le abordeze înainte de a prinde rădăcini. În consecință, ignorăm semnale importante de alarmă și ratăm ocazii de a interveni într-un punct în care mai avem încă șansa de a învinge aceste boli, de a ne îmbunătăți sănătatea și poate de a ne extinde durata de viață.

Doar ca să dăm câteva exemple:

- În pofida faptului că a aruncat miliarde de dolari pentru a finanța cercetări despre „cei patru călăreți", medicina tradițională a înțeles greșit unele aspecte esențiale cu privire la cauzele lor de bază. Vom analiza câteva teorii noi promițătoare, cu privire la originile și cauzele fiecăreia și strategii posibile de prevenție.
- Valorile tipice ale colesterolului pe care le primești și despre care discuți la consultul anual, laolaltă cu multe din presupozițiile pe care se bazează (de exemplu: colesterolul „bun" și „rău") induc în eroare și simplifică exagerat lucrurile până când devin inutile. Nu ne spun nici pe departe suficient despre riscul real de a muri din cauza unei afecțiuni cardiace — și nu facem nici pe departe destul pentru a-l opri pe acest criminal.
- Milioane de oameni suferă de o afecțiune a ficatului puțin cunoscută și subdiagnosticată, care e un posibil precursor al diabetului de tip 2. Cu toate acestea, persoanele care sunt în primele etape ale acestei dereglări metabolice vor avea adesea analize de sânge în intervale „normale". Din păcate, în societatea nesănătoasă din zilele noastre, „normal" sau „mediu" nu este același lucru cu „sănătos".
- Dereglarea metabolică ce duce la diabetul de tip 2 facilitează de asemenea și stimulează apariția bolilor cardiace, a cancerului *și* bolii Alzheimer. Preocuparea pentru sănătatea noastră metabolică poate să scadă riscul apariției fiecăruia dintre „cei patru călăreți".
- Aproape toate „dietele" sunt asemănătoare: pot să fie utile pentru unele persoane, dar se dovedesc inutile pentru

majoritatea. În loc să ne certăm pe tema dietelor, o să ne concentrăm pe *biochimie nutrițională* — felul în care combinațiile de substanțe nutritive pe care le mănânci îți pot afecta metabolismul și fiziologia și cum pot fi folosite informațiile și tehnologia pentru a descoperi cel mai bun stil de alimentație pentru tine.

- Un anumit macronutrient necesită mai multă atenție din partea noastră decât conștientizează majoritatea oamenilor: nu carbohidrații, nu grăsimea, ci *proteinele* devin absolut esențiale pe măsură ce îmbătrânim.
- Mișcarea este de departe cel mai puternic „medicament" pentru longevitate. Nicio altă intervenție nu face la fel de mult pentru a ne prelungi durata vieții și a ne păstra funcțiile cognitive și fizice. Dar cei mai mulți oameni nu fac nici pe departe suficientă mișcare — iar exercițiile fizice făcute greșit pot face la fel de mult rău ca și bine.
- În cele din urmă, așa cum am învățat pe pielea mea, efortul de a ne menține sănătatea fizică și longevitatea nu are sens dacă ne ignorăm sănătatea psihică. Suferința emoțională ne poate afecta sănătatea pe toate fronturile și trebuie avută în vedere.

De ce are lumea nevoie de încă o carte despre longevitate? Mi-am pus de multe ori această întrebare în ultimii câțiva ani. Majoritatea autorilor din această zonă se împart în câteva categorii. Există credincioșii adevărați care insistă că, dacă respecți o anumită dietă (cu cât mai restrictivă, cu atât mai bine) sau practici meditația într-un anumit fel ori mănânci un anumit fel de superaliment sau îți menții „energia" la nivelul corect, atunci vei putea evita moartea și vei trăi veșnic. Ceea ce le lipsește adesea în termeni de rigoare științifică compensează prin pasiune.

La capătul opus se află cei care sunt convinși că știința va descoperi curând cum să oprească efectiv procesul de îmbătrânire prin ajustarea vreunui traseu celular obscur ori prin alungirea telomerilor sau „reprogramarea" celulelor noastre ca să nu mai fie nevoie deloc să îmbătrânim. Asta pare ceva foarte puțin probabil să se întâmple pe durata vieții noastre, deși în mod clar este adevărat că știința face salturi enorme în înțelegerea îmbătrânirii și bolilor aduse de „cei patru călăreți". Descoperim atât de multe lucruri, dar partea dificilă este să știm cum să aplicăm aceste cunoștințe noi pe oamenii adevărați din afara laboratorului — sau măcar cum să ne asigurăm o plasă de siguranță dacă această știință pompoasă nu reușește să concentreze cumva longevitatea într-o pastilă.

Acesta cred că e rolul meu: nu sunt un savant de laborator sau un cercetător clinic, ci mai degrabă un traducător, care să te ajute să înțelegi și să aplici aceste descoperiri. Pentru asta e nevoie de o înțelegere detaliată a științei, dar și de un spirit artistic, ca și cum am traduce un poem de Shakespeare într-o altă limbă. Trebuie să redăm exact sensul cuvintelor (știința), surprinzând în același timp tonul, nuanța, sentimentul și ritmul (arta). În mod asemănător, felul în care abordez longevitatea se bazează în profunzime pe știință, dar mai presupune și destul de multă artă pentru a descoperi cum și când să-ți aplic cunoștințele ție, pacientului, cu genele tale specifice, povestea, obiceiurile și obiectivele tale.

Cred că știm deja mai mult decât suficient pentru a schimba lucrurile. Din acest motiv cartea aceasta se numește *Outlive – Trăiește mai mult.* Mă refer la ambele aspecte ale longevității: trăiește mai mult și trăiește mai bine. Spre deosebire de Tithonus, îți poți depăși speranța de viață *și* te poți bucura de o sănătate mai bună, poți obține mai mult de la viață.

Obiectivul meu este să creez un manual de funcționare utilizabil pentru *practicarea* longevității. Un ghid care să te ajute să trăiești mai mult și mai bine. Sper să te conving: cu suficient timp și efort, ai posibilitatea de a-ți extinde durata de viață cu un deceniu și poate durata stării de sănătate cu două decenii, ceea ce înseamnă că ai putea spera să funcționezi precum cineva cu 20 de ani mai tânăr decât tine.

Dar intenția mea aici nu este să-ți spun exact *ce să faci*, ci să te ajut să descoperi *cum să gândești* când se pune problema să faci aceste lucruri. Pentru mine, aceasta a fost călătoria, un proces obsedant de studiu și repetiție care a început în acea zi pe țărmul stâncos al Insulei Catalina.

În sens mai larg, longevitatea necesită din partea medicinei acea abordare care să schimbe paradigma, una care să direcționeze eforturile către prevenirea bolilor cronice și îmbunătățirea duratei stării noastre de sănătate — și să facă asta acum, în loc să aștepte până când s-a instalat boala sau până când funcționarea noastră cognitivă și fizică a intrat deja în declin. Nu este medicină „preventivă", este medicină *proactivă* și consider că are potențialul nu doar de a schimba vieți individuale, ci și de a alina cantități enorme de suferință din toată societatea noastră. Această schimbare nu vine nici din sistemul medical; ea va avea loc doar dacă și când pacienții și medicii o vor cere.

Doar prin schimbarea modului în care ne raportăm la medicina în sine putem ajunge pe acoperiș și împiedica ouăle să mai cadă. Niciunul dintre noi nu ar trebui să se mulțumească să alerge în toate părțile acolo jos, în încercarea de a le prinde.

CAPITOLUL 2

Medicina 3.0

Cum să regândim medicina în epoca bolilor cronice

Momentul potrivit pentru repararea acoperișului este când strălucește soarele.
JOHN F. KENNEDY

Nu-mi aduc aminte care a fost ultima picătură care a umplut paharul frustrării mele din ce în ce mai mari față de pregătirea medicilor, dar știu că începutul sfârșitului a venit ca urmare a unui medicament denumit gentamicină. Spre finalul celui de-al doilea an de rezidențiat, am avut un pacient la camera de gardă cu un sepsis grav. În esență era ținut în viață de acest medicament, care este un puternic antibiotic perfuzabil. Chestia problematică la gentamicină este că are o fereastră terapeutică foarte îngustă. Dacă-i dai unui pacient prea puțină, nu o să aibă niciun efect, dar, dacă îi dai prea multă, îi poate distruge rinichii și auzul. Dozajul este în funcție de greutatea pacientului și timpul estimat de înjumătățire a medicamentului în corp și, pentru că sunt puțin tocilar când e vorba de calcule (de fapt, mai mult decât puțin), într-o seară am inventat un model matematic care anticipa momentul exact când pacientul acesta urma să aibă nevoie de următoarea doză: ora 4:30 dimineața.

Evident, când a venit ora 4:30, am testat sângele pacientului și am descoperit că nivelul de gentamicină scăzuse exact până la punctul în care era nevoie de o altă doză. I-am cerut asistentei să-i facă perfuzia, dar m-am trezit într-o dispută cu colega de la camera de gardă, o doctoriță tânără care se afla în ierarhie la nivelul imediat superior nouă, rezidenților din spital. „Nu aș face asta“, mi-a spus ea. „Spune-le doar să îi dea medicamentul la ora șapte, când vine următoarea tură.“ Asta m-a nedumerit deoarece știam că pacientul ar trebui să reziste mai mult de două ore practic neprotejat de o infecție generalizată care-l putea ucide. De ce să așteptăm? Când medicul a plecat, am pus-o pe asistentă să-i administreze medicamentul.

Mai târziu în dimineața aceea, la vizita de gardă, am prezentat pacientul medicului de gardă și am explicat ce am făcut și de ce. Am crezut că o să aprecieze cât de atent eram în îngrijirea pacientului — identificarea dozei perfecte — în schimb, ea s-a întors și m-a apostrofat așa cum nu mai avusesem parte vreodată. La momentul acela eram treaz de mai bine de 24 de ore, dar nu aveam vedenii. Se urla la mine, eram chiar amenințat că voi fi dat afară pentru că încercasem să îmbunătățesc felul în care se administrau medicamente unui pacient foarte bolnav. Este adevărat că ignorasem sugestia (sau ordinul direct) din partea colegei medic, superiorul meu imediat, iar asta fusese o greșeală, dar discursul medicului de gardă m-a uimit. Nu ar trebui să căutăm *întotdeauna* modalități mai bune de a face lucrurile?

Într-un final, mi-am controlat orgoliul și mi-am cerut scuze pentru nesupunere, dar acesta a fost doar unul dintre multele incidente. Pe măsură ce trecea timpul, îndoielile mele cu privire la profesia aleasă nu făceau decât să crească. De nenumărate ori, eu și colegii mei rezidenți ne trezeam în conflict cu o cultură a rezistenței la schimbare și inovație. Evident că există câteva motive bune pentru care medicina este în esență conservatoare. Dar uneori pare că întreg edificiul medicinei moderne s-a bazat așa de mult pe tradițiile sale, încât a fost incapabil să se schimbe măcar puțin, chiar și în feluri care teoretic ar salva viețile oamenilor de care se presupune că ar trebui să ne pese.

Deja în al cincilea an de rezidențiat, chinuit de îndoieli și de frustrare, mi-am informat superiorii că aveam să plec în iunie. Colegii și mentorii mei m-au considerat nebun; aproape nimeni nu renunță la rezidențiat, în mod clar nu la cel de la Hopkins, când mai sunt doi ani până la final. Dar nimic nu mă putea convinge.

Aruncând pe fereastră nouă ani de pregătire medicală, sau cel puțin așa părea, mi-am luat un job la McKinsey & Company, bine-cunoscuta firmă de consultanță în management. Eu și soția mea ne-am mutat în cealaltă parte a țării, în zona elegantă a orașelor Palo Alto și San Francisco, unde îmi plăcuse să trăiesc când eram la Stanford. Era cât de departe se putea de medicină (și de Baltimore) și eram bucuros. Simțeam că parcă îmi irosisem un deceniu din viață. Dar, până la urmă, acest aparent ocol a sfârșit prin a-mi remodela felul în care mă raportam la medicină — și mai ales, la fiecare dintre pacienții mei.

Cuvântul-cheie s-a dovedit a fi *risc.*

Inițial, la McKinsey m-au angajat în departamentul de sănătate, dar, datorită pregătirii mele în științele exacte (studiasem matematica aplicată și ingineria mecanică la facultate, intenționând să fac un doctorat în inginerie aerospațială), m-au mutat în cel de risc de creditare. Asta se întâmpla în 2006, în timpul crizei financiare globale, dar înainte ca aproape toată lumea, în afară de cei din filmul *The Big Short* al lui Michael Lewis, să înțeleagă dimensiunea evenimentelor care aveau să urmeze.

Treaba noastră era să ajutăm băncile din SUA să respecte un set nou de reguli care le cerea să păstreze suficiente rezerve pentru a-și acoperi pierderile neașteptate. Băncile făcuseră o treabă bună cu estimarea pierderilor *așteptate*, dar nimeni nu știa de fapt cum să gestioneze pierderile *neașteptate* care, prin definiție, erau mult mai greu de anticipat. Sarcina noastră era să analizăm informațiile din interior ale băncilor și să elaborăm modele matematice pentru a încerca să anticipăm aceste pierderi neașteptate pe baza corelațiilor dintre clasele de bunuri — ceea ce era la fel de dificil cum sună, ca o chestie aleatorie peste altă chestie aleatorie.

Ceea ce a început ca un exercițiu pentru a ajuta cele mai mari bănci din Statele Unite să treacă prin câteva bucle legislative a scos la iveală un dezastru iminent în ceea ce era considerat a fi unul dintre cele mai puțin riscante și mai stabile portofolii ale lor: creditele ipotecare principale. Deja la finalul verii lui 2007, ajunsesem la concluzia îngrozitoare, dar evidentă, că în următorii doi ani marile bănci erau pe cale să piardă mai mulți bani cu ipotecile decât pierduseră în tot deceniul anterior.

La finalul lui 2007, după șase luni de eforturi contracronometru, am avut o întâlnire importantă cu conducerea clientului nostru, o bancă importantă din SUA. În mod normal, șeful meu, ca partener senior în proiect, s-ar fi ocupat de prezentare. Dar el m-a ales pe mine. „Având în vedere cariera ta anterioară“, a spus el, „bănuiesc că ești mai bine pregătit să le dai oamenilor vești cu adevărat cumplite.“

Asta semăna foarte mult cu comunicarea unui diagnostic terminal. M-am ridicat, într-o sală de conferințe aflată la un etaj superior, și am prezentat managementului băncii cifrele care anticipau dezastrul. Pe măsură ce parcurgeam prezentarea, am urmărit cum se derulează pe fețele managerilor cele cinci etape ale suferinței descrise de Elisabeth Kübler-Ross în cartea ei clasică *Despre moarte și a muri* — negare, furie, negociere, tristețe și acceptare. Niciodată nu mai văzusem asta petrecându-se în afara unui spital.

Ocolul meu prin lumea consultanței a ajuns la final, dar mi-a deschis ochii cu privire la un imens punct mort din medicină, și anume înțelegerea riscului. În finanțe și bănci, înțelegerea riscului este esențială pentru supraviețuire. Marii investitori nu își asumă orbește riscuri; o fac pe baza unor cunoștințe complexe atât despre risc, cât și despre câștig. Studiul riscului de creditare este o știință, chiar dacă una imperfectă, după cum am învățat în cazul băncilor. Deși riscul este în mod clar important și în medicină, profesia de medic abordează adesea riscul mai degrabă emoțional, decât analitic.

Problema a pornit de la Hipocrate. Majoritatea oamenilor cunosc celebra maximă grecească: „În primul rând, nu face rău!“[1] Aceasta enunță pe scurt principala responsabilitate a medicului, și anume aceea de a nu-și ucide pacienții sau de a nu face nimic care le-ar putea agrava situația, în loc să o îmbunătățească. E logic. Există doar trei probleme legate de asta: (a) de fapt, Hipocrate nu a spus asta niciodată,* (b) e o prostie epocală și (c) e inutil din multe puncte de vedere.

* Cuvintele „În primul rând, nu face rău“ nu apar ca atare în scrierile lui Hipocrate. El le-a cerut medicilor să „facă două lucruri când vine vorba de boală: fie să ajute, fie să nu-i facă rău pacientului“. Acest lucru a fost schimbat în „În primul rând, nu face rău“ de un chirurg britanic aristocrat pe nume Thomas Inman a cărui celebritate se baza, ei bine, pe nimic altceva. Cumva a devenit pentru eternitate mottoul sacru al profesiei de medic.

„Să nu faci rău“? Pe bune? Mare parte dintre tratamentele folosite de predecesorii noștri medici, din vremurile lui Hipocrate și mult timp în secolul XX, aveau șanse *mai mari* să facă rău, decât să vindece. Te durea capul? Erai un candidat pentru trepanație sau o gaură în cutia craniană. Bube ciudate în zonele intime? Încearcă să nu urli în timp ce doctorul de boli fizice picură niște mercur toxic pe organele tale genitale. Iar apoi, bineînțeles, era practica lungă de secole a sângerării care, în general, era ultima chestie de care avea nevoie o persoană bolnavă sau rănită.

Totuși ce mă deranjează cel mai tare la „În primul rând, nu face rău!“ este aluzia că varianta cea mai bună de tratament este întotdeauna aceea cu cel mai mic risc imediat, iar adesea, să nu faci absolut nimic. Fiecare medic care-și merită diploma are o poveste care contrazice prostia asta. Iată una de-ale mele: în timpul unuia dintre ultimele apeluri de urgență pe care le-am preluat ca rezident, un puști de 17 ani a venit cu o singură rană de înjunghiere în partea superioară a abdomenului, chiar sub procesul xifoid, acea bucată mică de cartilaj de la capătul inferior al sternului. Starea lui părea stabilă când a fost adus, dar apoi băiatul a început să se comporte ciudat, devenind foarte neliniștit. O ecografie rapidă a sugerat că era posibil să aibă niște lichid în pericard, sacul dur, fibros, din jurul inimii. Asta devenise acum o urgență de proporții mari deoarece, dacă se aduna suficient lichid acolo, i-ar fi oprit inima și l-ar fi ucis în aproximativ două minute.

Nu mai era timp să-l ducem în sala de operație; ar fi putut muri pe drum, în ascensor. În timp ce-și pierdea cunoștința, a trebuit să iau într-o fracțiune de secundă hotărârea să-i fac o incizie pe piept chiar acolo și să-i deschid pericardul pentru a elibera presiunea asupra inimii. A fost stresant și sângeros, dar a funcționat, iar semnele lui vitale s-au stabilizat curând. Fără îndoială că procedura a fost imens de riscantă și i-a provocat un rău mare pe termen scurt, dar, dacă nu o făceam, ar fi putut să moară așteptând o procedură mai sigură și mai sterilă în sala de operații. Căci moartea nu așteaptă pe nimeni.

Motivul pentru care a trebuit să acționez așa de dramatic pe moment a fost legat de faptul că riscul era așa de asimetric: să nu fac nimic — să evit „răul“ — ar fi dus probabil la moartea lui. În mod similar, chiar dacă mă înșelam în ceea ce privea diagnosticul, operația rapidă pe care am făcut-o era una căreia pacientul chiar îi putea supraviețui, deși evident că nu era modul în care ți-ai fi dorit să-ți petreci o seară de miercuri. După ce l-am scăpat de pericolul iminent, a devenit evident că vârful bisturiului abia dacă-i înțepase artera pulmonară, o rană simplă pentru care a fost nevoie de doar două copci după ce a fost stabilizat în sala de operații. A plecat acasă după patru zile.

Riscul nu e ceva ce trebuie evitat cu orice preț; mai degrabă este ceva ce trebuie să înțelegem, analizăm și cu care trebuie să lucrăm. Fiecare lucru pe care îl facem, în medicină și în viață, se bazează pe un calcul risc versus recompensă. Ai mâncat o salată de la Whole Foods la prânz? Există o mică posibilitate să fi fost *E. coli* pe frunzele verzi. Ai condus până la Whole Foods să o iei? De asemenea riscant. Dar, per ansamblu, probabil că salata îți face bine (sau măcar nu îți face la fel de rău ca alte lucruri pe care le-ai putea mânca).

Uneori, ca în cazul pacientului meu înjunghiat, de 17 ani, trebuie să faci saltul. În alte situații mai puțin urgente, e posibil să fie nevoie să alegi cu mai multă atenție dacă să trimiți un pacient la colonoscopie, cu riscul ei mic, dar real, de rănire, sau să nu faci examinarea și poate să ratezi un diagnostic de cancer. Ce vreau să spun este că un medic care nu a făcut niciodată *niciun* rău sau care nu s-a confruntat măcar cu riscul de a face rău probabil că nu prea a făcut mare lucru nici pentru a ajuta un pacient. Și, ca în cazul adolescentului înjunghiat, uneori a nu face nimic e cea mai riscantă chestie dintre toate.

De fapt, îmi doresc cumva ca Hipocrate să se fi aflat prin preajmă pentru a fi martor la operația făcută puștiului care fusese înjunghiat — sau chiar la orice procedură dintr-un context de spital modern. Ar fi fost năucit de toate, de la precizia instrumentelor de oțel la antibiotice și anestezie, până la iluminatul electric.

Deși este adevărat că le datorăm mult anticilor — cum ar fi 20 000 de cuvinte noi pe care facultatea de medicină mi le-a introdus în vocabular, majoritatea derivate din greacă sau latină —, ideea unui marș continuu al progresului din epoca lui Hipocrate până în prezent este în totalitate o ficțiune. Mi se pare că au existat două epoci distincte în istoria medicală şi că e posibil ca acum să fim pe cale de a intra în a treia.

Prima epocă, reprezentată de Hipocrate, dar care a durat aproape două mii de ani după moartea lui, este ceea ce eu numesc *Medicina 1.0.* Concluziile ei se bazau pe observare directă şi erau mai mult sau mai puţin dublate pur şi simplu de presupuneri, unele dintre ele fiind adevărate, iar altele nu prea. De exemplu, Hipocrate susţinea mersul pe jos ca exerciţiu fizic şi era de părere că „în hrană se pot găsi medicamente excelente; în hrană se pot găsi medicamente proaste", lucruri care încă sunt valabile. Dar o mare parte din Medicina 1.0. era complet pe lângă subiect, cum ar fi ideea „umorilor" corpului, pentru a da doar un exemplu din multe. Contribuţia importantă a lui Hipocrate a fost descoperirea faptului că bolile sunt provocate de natură, şi nu de acţiunile zeilor, aşa cum se credea anterior. Chiar şi numai asta a reprezentat un pas imens în direcţia corectă. Aşa că e greu să-i criticăm prea tare pe el şi pe contemporanii săi. Au făcut tot ce au putut fără să înţeleagă ştiinţa şi fără metodă ştiinţifică. Nu poţi folosi un instrument care nu a fost încă inventat.

Medicina 2.0. a apărut pe la jumătatea secolului al XIX-lea, odată cu evoluţia teoriei bolilor provocate de patogeni, care a înlocuit ideea că majoritatea bolilor se răspândeau prin „miasme" sau aer stricat. Asta a dus la îmbunătăţirea de către medici a obiceiurilor de igienă şi, într-un final, la dezvoltarea antibioticelor. Dar nu a fost deloc o tranziţie uşoară; nu e ca şi cum într-o zi Louis Pasteur, Joseph Lister şi Robert Koch şi-au publicat pur şi simplu studiile inovatoare*, iar restul profesioniştilor din medicină s-au raliat lor şi şi-au schimbat peste noapte modul în care făceau totul. De fapt, trecerea de la Medicina 1.0. la Medicina 2.0. a fost un travaliu lung şi sângeros care a durat secole întregi, care s-a lovit de rezistenţa războiului din tranşee dus de sistem în multe locuri de pe parcurs.

Să luăm cazul sărmanului Ignaz Semmelweis, un obstetrician vienez care era afectat de faptul că atât de multe proaspete mame mureau în spitalul unde lucra. A ajuns la concluzia că acea „febră

* Pasteur a descoperit existenţa germenilor patogeni şi a bacteriilor purtate pe calea aerului, care provocau mucegăirea alimentelor; Lister a elaborat tehnici chirurgicale antiseptice, iar Koch a identificat virusurile care provocau tuberculoza şi holera.

puerperală“ ciudată a lor ar putea fi cumva legată de autopsiile pe care el și colegii săi le făceau dimineața, înainte de a ajuta la nașterea bebelușilor după-masa — fără să se spele pe mâini între proceduri. Existența patogenilor nu fusese încă descoperită, dar, cu toate acestea, Semmelweis credea că medicii le transmiteau *ceva* acestor femei, ceva care le provoca boala. Observațiile lui nu au fost deloc bine primite. Colegii l-au ostracizat, iar Semmelweis a murit într-un azil de nebuni în 1865.

Exact în același an, Joseph Lister a demonstrat cu succes principiul chirurgiei aseptice, folosind tehnici sterile pentru a opera un băiat într-un spital din Glasgow. Era prima aplicare a teoriei bolilor provocate de patogeni. Semmelweis avusese dreptate tot timpul.

Trecerea de la Medicina 1.0. la Medicina 2.0. a fost impulsionată parțial de tehnologii noi, precum microscopul, dar a fost mai degrabă legată de *un mod nou de a gândi*. Fundația a fost creată încă din 1628, când sir Francis Bacon a explicat prima oară ceea ce cunoaștem acum sub denumirea de metodă științifică. Aceasta a reprezentant o mutație filosofică esențială, de la observare și presupunere, la observare și apoi formarea unei ipoteze, care, așa cum a subliniat Richard Feynman, este un cuvânt mai pretențios pentru presupunere.

Pasul următor este esențial: testarea riguroasă a acelei ipoteze/presupuneri pentru a stabili dacă este corectă, proces cunoscut și sub denumirea de experimentare. În loc să folosească tratamente despre care *credeau* că vor funcționa, adesea în pofida dovezilor empirice care susțineau opusul, oamenii de știință și medicii puteau să testeze sistematic și să evalueze tratamente posibile, apoi să le aleagă pe cele care dădeau cele mai bune rezultate în experimente. Cu toate acestea, au trecut trei secole de la eseul lui Bacon până la descoperirea penicilinei, cea care chiar a schimbat lucrurile în Medicina 2.0.

Medicina 2.0 a fost transformatoare. Este o trăsătură definitorie a civilizației noastre, o mașină științifică de război care a eradicat boli mortale, precum poliomielita și pojarul. Succesele sale au continuat cu limitarea transmiterii HIV și a îmbolnăvirilor de SIDA în anii 1990 și 2000, transformând ceea ce părea a fi o molimă care amenința întreaga umanitate într-o boală cronică gestionabilă. Aș pune și vindecarea recentă a hepatitei C tot acolo. Îmi aduc aminte că ni s-a spus la facultatea de medicină că hepatita C era o epidemie de neoprit care avea să copleșească definitiv infrastructura transplantului de ficat din Statele Unite în decurs de 25 de ani. În zilele noastre, majoritatea cazurilor pot fi vindecate prin administrarea pe termen scurt a unor medicamente (deși unele foarte scumpe).

Poate că și mai uimitoare a fost dezvoltarea rapidă nu doar a unuia, ci a mai multor vaccinuri eficiente împotriva COVID-19, la mai puțin de un an după debutul pandemiei de la începutul anului 2020. Genomul virusului a fost secvențiat în câteva săptămâni de la primele decese, permițând elaborarea rapidă a formulei vaccinurilor care atacă în particular proteinele superficiale ale virusului. Evoluția tratamentelor pentru COVID a fost de asemenea una remarcabilă, ducând la apariția mai multor tipuri de medicamente antivirale în mai puțin de doi ani. Acestea reprezintă Medicina 2.0 în formele ei cele mai rafinate.

Cu toate acestea, Medicina 2.0 s-a dovedit a avea mult mai puțin succes împotriva bolilor pe termen lung, precum cancerul. În vreme ce cărți cum este aceasta anunță întotdeauna faptul că speranța de viață aproape s-a dublat de la sfârșitul anilor 1800 până acum, e posibil ca partea cea mai importantă din acea evoluție să le fi revenit în totalitate antibioticelor și condițiilor sanitare îmbunătățite, așa cum subliniază Steven Johnson[2] în cartea sa, *Extra Life*. Economistul Robert J. Gordon[3] de la Universitatea de Nord-vest a analizat informațiile despre mortalitate provenind din anii 1900 (vezi figura 1) și a descoperit că, dacă scazi decesele provocate de primele opt boli infecțioase, care au ajuns să fie în mare parte controlate de apariția antibioticelor în anii 1930, în general, ratele mortalității au scăzut relativ puțin în secolul XX. Asta înseamnă că Medicina 2.0 a făcut progrese minore împotriva „celor patru călăreți“.

Figura 1. Modificarea ratelor mortalității începând cu 1900

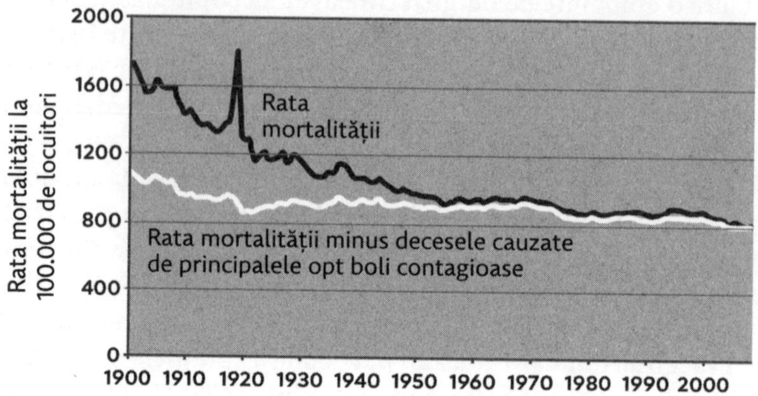

Graficul acesta prezintă cât de *puțin* s-au îmbunătățit ratele mortalității începând cu 1900, după ce îndepărtăm principalele opt boli contagioase/infecțioase, care au fost în mare parte controlate de apariția antibioticelor la începutul secolului XX.

Sursa: Gordon (2016)

Către Medicina 3.0

În perioada în care m-am îndepărtat de medicină, mi-am dat seama că eu și colegii mei fuseserăm pregătiți să rezolvăm problemele unei epoci anterioare: bolile acute și rănile pe care Medicina 2.0 le-a tratat pe parcursul evoluției sale. Aceste probleme aveau un orizont de timp mult mai scurt; pentru pacienții noștri cu cancer, însuși timpul era dușmanul. Și mereu ajungeam prea târziu.

Dar de fapt asta nu a fost ceva așa de evident, până nu mi-am petrecut scurta mea perioadă sabatică scufundat în lumea matematicii și finanțelor, gândindu-mă în fiecare zi la natura riscului. Problema băncii nu era așa de diferită de situația cu care se confruntau unii dintre pacienții mei: factorii aparent minori de risc se amplificaseră în timp, transformându-se într-o catastrofă iminentă, asimetrică. Bolile cronice funcționează într-o manieră similară, dezvoltându-se în ani și zeci de ani — iar, odată ce devin înrădăcinate, e dificil să le facem să dispară. De exemplu, ateroscleroza începe cu multe zeci de ani înainte ca persoana să sufere un „accident" coronarian care poate duce la deces. Dar acel accident, adesea un infarct, marchează de prea multe ori momentul în care începe tratamentul.

Din acest motiv cred că avem nevoie de o modalitate nouă de a ne raporta la bolile cronice, la tratamentul lor și la modul în care să ne menținem sănătatea pe termen lung. Obiectivul acestei forme noi de medicină — pe care o numesc *Medicina 3.0* — nu este să-i cârpească pe oameni și să-i externeze, îndepărtându-le tumorile și sperând că totul va fi bine, ci, mai degrabă, de a preveni din start apariția acestor tumori și răspândirea lor. Sau de a evita acel infarct. Sau de a abate un individ de pe drumul său spre boala Alzheimer. Tratamentele și strategiile noastre de prevenție și identificare trebuie să se schimbe pentru a se adapta la natura acestor boli, cu prologurile lor lungi și lente.

Este deja evident că medicina se schimbă rapid în epoca noastră. Mulți analiști au prezis o minunată epocă nouă a medicinei „personalizate" sau „de precizie", în care tratamentele vor fi adaptate nevoilor noastre, chiar până la nivelul genelor. Acesta este, evident, un obiectiv merituos; este clar că nu există doi pacienți complet identici, chiar și atunci când se prezintă cu ceea ce pare să fie aceeași afecțiune a tractului respirator superior. Un tratament care funcționează pentru un pacient se poate dovedi inutil pentru altul, fie pentru că sistemul său imunitar reacționează diferit, fie pentru că infecția sa este virală și nu bacteriană. Chiar și acum, este în continuare extrem de dificil să facem diferența între ele, ceea ce duce la milioane de rețete inutile de antibiotice.

Mulți specialiști cred că această epocă nouă va fi impulsionată de tehnologia avansată și probabil că au dreptate; în același timp totuși (până acum) tehnologia a fost în mare parte un factor limitativ. Să vă explic. Pe de o parte, tehnologia avansată ne permite să strângem mai multe date despre pacienți decât oricând înainte, iar pe de altă parte chiar pacienții sunt mai capabili să-și monitorizeze propriii indicatori biologici. Asta e bine. Și mai bine este că inteligența artificială și procesele de învățare automată (*machine learning*) sunt utilizate pentru a încerca să prelucreze această imensă abundență de date și să elaboreze evaluări mai clare ale riscului de a dezvolta, să spunem, boli cardiovasculare, decât cele făcute de calculatoarele destul de simple, bazate pe factorul de risc, pe care le avem acum. Alții atrag atenția asupra posibilităților nanotehnologiei, care le-ar permite medicilor să diagnosticheze și să trateze boli prin intermediul particulelor bioactive microscopice injectate în fluxul sangvin. Dar nanoboții nu există încă și, în absența unei investiții majore publice sau private în cercetare, e posibil să mai dureze până să devină realitate.

Problema e că *ideea* noastră de medicină personalizată sau de precizie se află încă la ceva distanță de tehnologia necesară pentru a-și realiza în totalitate promisiunile. Seamănă puțin cu conceptul pe care se bazează o mașină care se conduce singură, despre care s-a vorbit de aproape tot atâta timp de când autovehiculele au intrat unele în altele și au ucis sau au rănit oameni. În mod clar, eliminarea cât mai mult posibil a erorii umane din ecuație ar fi o treabă bună. Dar tehnologia noastră recuperează abia acum o viziune pe care am hrănit-o decenii întregi.

Dacă ți-ai fi dorit să creezi o mașină „care se conduce singură" în anii 1950, cea mai bună variantă ar fi fost să pui o cărămidă pe pedala de accelerație. Da, vehiculul s-ar fi putut deplasa singur în față, dar nu ar fi putut încetini, opri sau întoarce pentru a evita obstacole. Evident că nu era ceva ideal. Dar oare asta înseamnă că tot conceptul din spatele ideii de mașină care se conduce singură nu merită pus în practică? Nu, înseamnă doar că la momentul acela nu aveam instrumentele pe care le avem acum, pentru a permite vehiculelor să funcționeze atât autonom, cât și în siguranță: computere, senzori, inteligență artificială, *machine learning* și așa mai departe. Acest vis odinioară îndepărtat pare acum la îndemână.

În medicină, povestea e similară. În urmă cu două decenii, încă mai puneam cărămizi pe pedala de accelerație, la figurat. Azi ne apropiem de punctul în care putem începe să facem ca tehnologia potrivită să fie relevantă într-un mod care să susțină înțelegerea pacienților ca indivizi unici de către medici. De exemplu, medicii s-au bazat în mod tradițional pe două analize pentru a evalua sănătatea metabolică a pacienților lor: valoarea glicemiei pe nemâncate, analiză făcută în mod obișnuit o dată pe an sau analiza HbA1c, despre care am vorbit mai devreme, care ne oferă o estimare a nivelului mediu al glicemiei din ultimele 90 de zile. Dar aceste analize au o utilitate limitată, deoarece sunt statice și privesc retroactiv. Așa că, în locul lor, mulți dintre pacienții mei au purtat un dispozitiv care le monitorizează valoarea glicemiei în timp real, ceea ce-mi permite să discut cu ei despre nutriție într-o manieră specifică, nuanțată, bazată pe feedback, lucru care nu era posibil în urmă cu un deceniu. Această tehnologie, cunoscută sub denumirea de monitorizarea continuă a glicemiei (*continuous glucose monitoring* — CGM), îmi permite să observ felul în care *metabolismul lor particular* reacționează la un anumit stil de alimentație și să le fac schimbări rapide în dietă. În timp, vom avea mulți alți senzori ca acesta, care ne vor permite să ne adaptăm terapiile și intervențiile mai rapid și mai exact. Mașina care se conduce singură se va descurca mai bine să urmeze curbele și virajele drumului, rămânând departe de șanț.

Dar, după părerea mea, Medicina 3.0 nu e de fapt despre tehnologie; mai degrabă, necesită o evoluție a modului nostru de a gândi, o schimbare a felului în care abordăm medicina. Am împărțit-o în patru aspecte principale.

În primul rând, *Medicina 3.0 pune un accent considerabil mai mare pe prevenție decât pe tratament*. Când a construit Noe arca? Cu mult timp înainte să înceapă ploaia. Medicina 2.0 încearcă să-și dea seama cum să se usuce după ce începe să plouă. Medicina 3.0 studiază meteorologia și încearcă să stabilească dacă avem nevoie să construim un acoperiș mai bun, nu o barcă.

În al doilea rând, *Medicina 3.0 tratează pacientul ca pe un individ unic*. Medicina 2.0 îi tratează în esență pe toți la fel, respectând descoperirile studiilor clinice care se sprijină pe medicina bazată pe dovezi. Aceste studii preiau materii prime eterogene (subiecții din studiul sau studiile realizate) și ajung la rezultate omogene (rezultatul mediu pe tot eșantionul de subiecți). Medicina bazată pe dovezi insistă apoi să aplicăm aceste descoperiri persoanelor individuale. Problema este că niciun pacient nu se încadrează strict în medie. Medicina 3.0 preia descoperirile medicinei bazate pe rezultate și face un pas mai departe, analizând mai în profunzime datele pentru a stabili în ce măsură pacientul nostru seamănă sau este diferit de subiectul „mediu" al studiului și felul în care descoperirile ar putea sau nu să fie aplicabile în cazul său. Gândiți-vă la ea ca la medicina „informată prin dovezi".

A treia mutație filosofică e legată de atitudinea pe care o avem față de risc. *În Medicina 3.0, punctul nostru de pornire este evaluarea corectă și acceptarea riscului — inclusiv a riscului de a nu face nimic.*

Există multe exemple despre felul în care Medicina 2.0 se raportează greșit la risc, dar unul dintre cele mai flagrante e legat de terapia de substituție hormonală (TSH) pentru femeile la menopauză, încetățenită de mult timp ca practică standard, înainte să fie publicate rezultatele Women's Health Initiative Study (WHI) în 2002. Acest studiu clinic de mari dimensiuni, care a implicat mii de femei mai în vârstă, a comparat consecințele asupra sănătății la femeile care urmau TSH și la cele fără TSH. Studiul a raportat o creștere relativă de 24% a riscului de cancer de sân[4] într-o subgrupă de femei care luau TSH, iar știrile din toată lumea au condamnat TSH ca fiind o terapie periculoasă care provoacă cancer. Deodată, pe baza acestui singur studiu, tratamentul de substituție hormonală a devenit practic un tabu.

Această creștere raportată de 24% chiar suna înspăimântător. Dar nimănui nu a părut să-i pese că sporirea riscului *absolut* de cancer de sân la femeile din studiu era minusculă. Aproximativ cinci din fiecare mie de femei din grupul TSH au făcut cancer de sân, față de patru la mie din grupul de control, care nu a primit hormoni. Creșterea riscului absolut a fost doar de 0,1 puncte procentuale. TSH a fost identificată, la nivel teoretic, ca o cauză suplimentară a cancerului de sân la fiecare o mie de paciente. Totuși s-a considerat că această creștere minusculă a riscului absolut contracara orice beneficiu, ceea ce însemna că femeile la menopauză aveau probabil să sufere de bufeuri și transpirații nocturne, precum și o pierdere a densității osoase și masei musculare, dar și alte simptome neplăcute ale menopauzei — ca să nu mai vorbim despre un risc potențial crescut de boală Alzheimer, așa cum vom vedea în capitolul 9.

Medicina 2.0 ar prefera să renunțe complet la această terapie, pe baza unui singur studiu clinic, decât să încerce să înțeleagă și să gestioneze nuanțele implicate. Medicina 3.0 ar lua în calcul acest studiu, acceptându-i în același timp limitările inevitabile și prejudecățile incorporate. Întrebarea esențială pe care și-o pune Medicina 3.0 este dacă această intervenție, terapia de substituție hormonală, cu creșterea relativ mică a riscului *mediu* într-un grup semnificativ de femei cu vârste de peste 65 de ani, nu ar putea totuși să fie benefică pentru o pacientă *individuală*, cu amestecul ei unic de simptome și factori de risc. Cum seamănă aceasta sau cum este diferită de populația din studiu? O diferență enormă: niciuna dintre femeile selectate pentru studiu nu a avut de fapt simptome și majoritatea trecuse de mulți ani de menopauză. Așadar cât de relevante sunt descoperirile acestui studiu pentru femei care sunt acum sau abia intră la menopauză (și teoretic sunt mai tinere)? În cele din urmă, mai există oare vreo explicație posibilă pentru ușoara creștere observată a riscului acestui protocol specific de TSH?*

Argumentul meu mai amplu este că, la nivelul pacientului individual, ar trebui să fim dispuși să punem întrebări mai detaliate despre riscuri versus beneficii versus costuri pentru această terapie — și aproape pentru orice altceva am putea face.

A patra și probabil cea mai mare schimbare se referă la faptul că Medicina 2.0 se concentrează în mare parte pe durata de viață și este aproape în totalitate angrenată în efortul de a ține moartea departe, în timp ce *Medicina 3.0 e mai atentă la menținerea duratei de sănătate, la calitatea vieții.*

Durata de sănătate era un concept care aproape că nici nu exista când m-am dus la facultatea de medicină. Profesorii mei nu ne spuneau nimic sau aproape nimic despre cum să ne ajutăm pacienții să-și păstreze capacitatea fizică și cognitivă pe măsură ce îmbătrâneau. Sintagma *a face mișcare* nu era rostită aproape niciodată. Somnul era ignorat complet, atât la cursuri, cât și în perioada de rezidențiat, când munceam de obicei 24 de ore fără pauză. De asemenea, pregătirea noastră în domeniul nutriției era minimă spre inexistentă.

Acum, Medicina 2.0 recunoaște măcar importanța duratei de sănătate, dar definiția standard — perioada din viață lipsită de boli și dizabilități — e complet insuficientă, după părerea mea. Vrem mai mult de la viața noastră decât să nu suferim de boli și dizabilități. Vrem să ne meargă bine din toate punctele de vedere, pe tot parcursul celei de a doua jumătăți a vieții noastre.

* O analiză mai în profunzime a datelor sugerează că e foarte posibil ca respectiva creștere mică a riscului de cancer să se datoreze tipului de progesteron sintetic folosit în studiu, și nu estrogenului; diavolul se ascunde întotdeauna în detalii.

Un alt aspect înrudit este acela că însăşi longevitatea şi mai cu seamă durata de sănătate nu se mulează pe modelul de business al sistemului nostru medical actual. Există câteva proceduri de decontare pentru majoritatea intervenţiilor în mare parte preventive, pe care le consider necesare pentru a extinde durata vieţii şi durata stării de sănătate. Companiile de asigurări de sănătate nu-i vor deconta unui medic cine ştie ce sume pentru a-i spune unui pacient să-şi schimbe modul în care mănâncă sau să-şi monitorizeze nivelul glicemiei, pentru a-l ajuta să prevină instalarea diabetului de tip 2. Cu toate acestea, asigurarea va plăti pentru insulina (foarte scumpă) a aceluiaşi pacient *după* ce a fost diagnosticat. În mod asemănător, nu există niciun cod de decontare pentru recomandarea ca o pacientă să urmeze un program complet de exerciţii, conceput pentru a-i menţine masa musculară şi echilibrul, în timp ce-i creşte rezistenţa la accidentare. Dar, dacă pacienta cade şi-şi fracturează şoldul, atunci operaţia şi fizioterapia vor fi decontate. Aproape toţi banii se duc spre tratament, mai degrabă decât spre prevenţie — iar când spun „prevenţie" mă refer la *prevenirea suferinţei umane*. Dacă vom continua să ignorăm durata stării de sănătate, aşa cum am tot făcut, nu doar că îi condamnăm pe oameni la o senectute marcată de boală şi nefericire, dar în mod sigur vom ajunge la faliment.

Când le prezint pacienţilor mei abordarea aceasta, le vorbesc adesea despre icebergurі — mai exact, cele care au pus capăt primei şi ultimei călătorii a *Titanicului*. La 21:30 în noaptea aceea fatală, enorma ambarcaţiune cu aburi a primit un mesaj urgent de la un alt vas că se îndrepta spre un câmp de gheaţă. Mesajul a fost ignorat. După mai bine de o oră, o altă navă le-a transmis prin telegraf un avertisment de iceberguri pe traseu. Operatorul radio al *Titanicului*, ocupat să comunice cu Newfoundland pe frecvenţele aglomerate, a răspuns (prin cod Morse): „Staţi deoparte; tăceţi!"

Au fost şi alte probleme. Nava mergea cu o viteză prea mare pentru o noapte ceţoasă cu vizibilitate scăzută. Apa era neobişnuit de calmă, oferind echipajului o senzaţie falsă de siguranţă. Deşi exista un binoclu la bord, era încuiat într-un dulap şi nimeni nu avea cheia, ceea ce însemna că persoana aflată în postul de supraveghere se baza doar pe vederea ochilor ei. La 45 de minute după acel ultimul apel radio, supraveghetorul a identificat un iceberg fatal la o distanță de doar 450 metri în față. Toată lumea știe cum s-a terminat povestea.

Dar cum ar fi fost dacă *Titanicul* ar fi avut radar și sonar (care nu au fost dezvoltate decât în Al Doilea Război Mondial, după mai mult de cincisprezece ani)? Sau, și mai bine, imagini GPS și prin satelit? În loc să încerce să se ferească prin labirintul de iceberguri mortale, sperând că lucrurile vor merge bine, căpitanul ar fi făcut o ușoară corecție de curs cu o zi sau două înainte și ar fi ocolit complet toată masa de gheață. Exact asta fac căpitanii de nave acum, grație tehnologiei îmbunătățite care a făcut ca scufundările în stilul *Titanicului* să rămână în trecut, devenind fieful filmelor romantice, nostalgice și cu coloane sonore excesiv difuzate.

Problema este că în medicină instrumentele noastre nu ne permit să vedem atât de departe la orizont. „Radarul" nostru, dacă doriți, nu este suficient de puternic. De exemplu, cele mai lungi studii clinice randomizate ale medicamentelor statine pentru prevenirea primară a bolilor cardiovasculare pot să dureze între cinci și șapte ani. Cel mai lung interval de predicție a riscului este de zece ani. Dar boala cardiovasculară se poate dezvolta în zeci de ani.

Medicina 3.0 analizează situația printr-o lentilă mai largă. O persoană de 40 de ani ar trebui să fie preocupată de profilul ei de risc cardiovascular pe 30 sau 40 de ani, nu doar de riscul pe 10 ani. Ca atare, avem nevoie de instrumente cu o bătaie mai lungă decât cea a studiilor clinice relativ scurte. Avem nevoie de un radar cu rază lungă, de GPS, de imagini prin satelit și tot restul. Nu doar de un instantaneu.

Așa cum le spun pacienților mei, aș vrea să fiu cârmaciul navei voastre. Treaba mea, așa cum o percep eu, este să vă ghidez prin câmpul de gheață. Sunt de pază la iceberg, 24/7. Câte iceberguri sunt acolo? Care sunt cele mai apropiate? Dacă ne îndepărtăm de ele, oare asta o să ne ducă în calea altor pericole? Oare există iceberguri mai mari și mai periculoase care pândesc dincolo de orizont, invizibile?

Și așa ajungem probabil la cea mai importantă diferență dintre Medicina 2.0 și Medicina 3.0. În Medicina 2.0, ești pasagerul pe vas, purtat mai departe oarecum pasiv. Medicina 3.0 cere mult mai mult de la tine, pacientul: trebuie să fii bine informat, să înțelegi limbajul medical într-o măsură rezonabilă, să ai clar în vedere obiectivele și să cunoști natura adevărată a riscului. Trebuie să fii dispus să schimbi obiceiuri încetățenite, să accepți provocări noi și să te aventurezi afară din zona de confort dacă este nevoie. Participi întotdeauna, nu ești niciodată pasiv. Te confrunți cu probleme, chiar și cu unele inconfortabile și înspăimântătoare, în loc să le ignori până e prea târziu. E pielea ta în joc, într-un sens foarte propriu. Și iei hotărâri importante.

Deoarece în acest scenariu nu mai ești un pasager pe vas, ești căpitanul.

CAPITOLUL 3

Obiectiv, strategie, tactici

Ghid pentru citirea acestei cărți

Strategia fără tactici este cea mai lentă cale spre victorie.
Tacticile fără strategie sunt zgomotul dinaintea înfrângerii.
SUN TZU

În urmă cu câțiva ani, am fost la San Francisco ca să particip la înmormântarea mamei unei prietene bune din facultate, pe care o voi numi Becky. Deoarece părinții lui Becky locuiau în apropiere de Palo Alto, unde am mers la facultatea de medicină, am fost de multe ori invitat la cină la ei. Adesea mâncam în grădina frumos amenajată și îngrijită cu meticulozitate de mama lui Becky, pe care o chema Sophie.

Îmi aduceam aminte de Sophie ca de o femeie energică, sportivă, care părea veșnic tânără. Dar nu o mai văzusem de la nunta mea, în urmă cu cincisprezece ani. Becky mi-a povestit ce se întâmplase între timp. Pe la 70 și ceva de ani, starea fizică a lui Sophie începuse să se degradeze accelerat, de când alunecase și căzuse în timp ce grădinărea, rupându-și un mușchi de la umăr. Curând, asta a escaladat într-o durere de coloană atât de cumplită, încât nu mai putea să lucreze în grădină sau să joace golf, activități care fuseseră principalele motive pentru care ieșise la pensie. Stătea pur și simplu în casă, simțindu-se deprimată. Această etapă a fost urmată de o prăbușire în demență, în ultimii doi ani din viața ei, înainte să moară de o infecție respiratorie la vârsta de 83 de ani.

La slujba de pomenire, toată lumea spunea că fusese o „binecuvântare“ faptul că Sophie nu trăise în acea stare de demență prea mult timp, dar, stând în strană, eu m-am gândit că-și petrecuse ultimii zece ani din viață incapabilă să participe la vreuna dintre activitățile care-i făcuseră plăcere. În schimb, suferise dureri destul de mari. Nimeni nu a menționat asta. Ne adunaserăm să plângem moartea biologică a lui Sophie, dar pe mine m-a întristat și mai tare faptul că îi fusese răpită fericirea ultimilor ani.

Vorbesc adesea despre Sophie cu pacienții mei, nu pentru că povestea ei este neobișnuită, ci pentru este atât de tipică, din păcate. Cu toții ne-am privit părinții, bunicii, partenerii de viață sau prietenii trecând prin chinuri similare. Partea tristă este că aproape că ne așteptăm ca asta să li se întâmple vârstnicilor noștri; și chiar știind acest lucru, destul de puțini dintre noi iau măsuri care ar putea să ne ajute să evităm acea soartă. Chiar și pentru Becky, care avusese grijă de mama ei în ultimii ani dificili, ideea că ar putea să ajungă în aceeași situație era probabil cel mai îndepărtat gând posibil. Viitorul, pentru cei mai mulți dintre noi, rămâne o abstracțiune neclară.

Spun povestea lui Sophie pentru că mă ajută să exemplific un concept fundamental pentru felul în care abordez longevitatea, și anume nevoia de a gândi un plan pentru deceniile mai târzii ale vieții noastre — vârsta de 70, 80, 90 de ani și mai departe. Pentru mulți oameni, ca și Sophie, ultimii zece ani din viață nu sunt în mod deosebit o perioadă fericită. În general, suferă de una sau mai multe boli provocate de „cei patru călăreți“ și de efectele secundare ale tratamentelor. E posibil ca abilitățile lor cognitive și fizice să fie slăbite sau afectate definitiv. În general, nu pot participa la activitățile care le plăceau altădată, fie că asta înseamnă grădinărit, șah, mers pe bicicletă sau orice altceva le oferă bucurie în viață. Eu numesc asta „deceniul marginal“, iar pentru mulți, dacă nu pentru majoritatea, aceasta este o perioadă de diminuare și limitare.

Le cer tuturor pacienților mei să-și schițeze un viitor alternativ. Ce *vrei* să faci în deceniile mai târzii? Ce plan ai pentru restul vieții?

Fiecare are un răspuns ușor diferit — e posibil să-și dorească să călătorească sau să continue să joace golf sau să facă drumeții în natură sau pur și simplu să poată să se joace cu nepoții sau strănepoții (primul punct pe lista mea). Scopul acestui exercițiu este unul dublu. În primul rând, îi obligă pe oameni să se concentreze pe propria lor perioadă de final al vieții, la care majoritatea preferăm să nu ne gândim. Economiștii numesc asta „reducere hiperbolică", tendința naturală a oamenilor de a alege răsplata imediată în defavoarea câștigurilor posibile viitoare, mai ales dacă acestea au presupus muncă asiduă. În al doilea rând, aruncă lumină asupra importanței duratei de sănătate. Dacă Becky vrea să se bucurie de o viață sănătoasă, plină de satisfacții în anii târzii ai vieții și să nu repete soarta mamei sale, va trebui să-și mențină și poate chiar să-și îmbunătățească funcționarea fizică și cognitivă în fiecare deceniu care urmează. Altminteri, forța gravitațională a îmbătrânirii își va vedea de treabă și ea va intra în declin, ca și mama ei.

Pentru că sunt un tip cu gândire matematică, îmi place să vizualizez durata de viață și a stării de sănătate în termenii unei ecuații matematice, ca în figura 2 — unul dintre multele grafice pe care le desenez pentru pacienții mei. Axa orizontală sau x a graficului reprezintă durata ta de viață, cât de mult vei trăi, în timp ce axa verticală sau y reprezintă un fel de sumă absolută a funcționării tale fizice și cognitive, cele două dimensiuni, dependente de vârstă, ale duratei stării de sănătate. (Evident, durata stării de sănătate nu prea e cuantificabilă, dar permiteți-mi suprasimplificarea.)

Linia neagră reprezintă traiectoria naturală a vieții tale: te naști la momentul zero și, în scopul diagramei noastre, o să stabilim că sănătatea ta fizică și cognitivă încep la 100%. Rămâi relativ în putere cam până în a cincea decadă a vieții, moment în care sănătatea ta fizică și cognitivă vor începe probabil să intre într-un declin gradual, dar constant, până când mori (durata stării de sănătate = zero) la un moment dat, pe la 60-70 și ceva de ani. Aceasta ar fi fost o durată de viață cât se poate de tipică pentru cineva născut într-un trib de vânători-culegători sau cultivatori primitivi, dacă reușea să evite decesul timpuriu cauzat de boli infecțioase sau alte calamități.

Acum, să privim traseul tipic al vieții moderne, reprezentat de linia punctată, marcată cu „Med 2.0". Vei trăi puțin mai mult, grație confortului și siguranței relative a vieților noastre. Dar, pe la jumătatea vieții, vei începe treptat să simți niște schimbări. Îți vei pierde puțin din forța și din energia tinerească. E posibil să observi că uneori uiți parole sau numele persoanelor cu care faci cunoștință sau numele actorilor din filme la care te-ai uitat demult. Prietenii și amicii vor începe să fie diagnosticați cu cancer, boli cardiovasculare și afecțiuni înrudite, precum hipertensiune arterială, diabet sau prediabet. Vei participa la slujbe de pomenire ale prietenilor din școală.

Figura 2. Durata de viață versus durata stării de sănătate în Medicina 2.0 versus Medicina 3.0

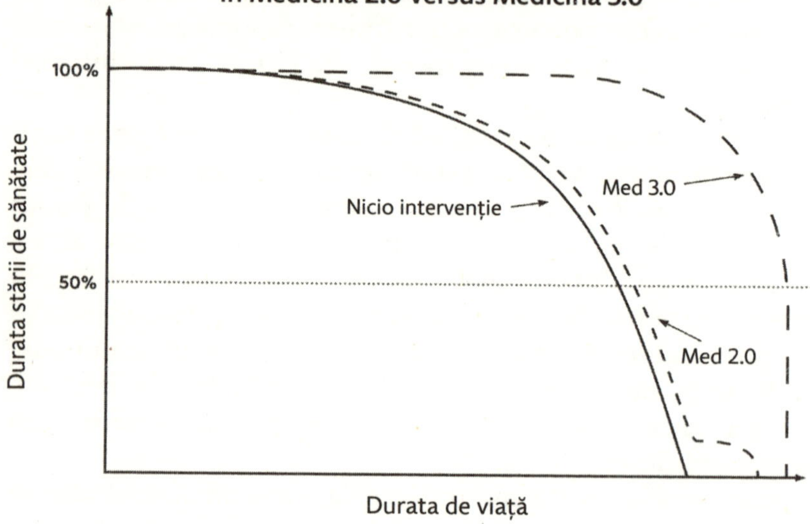

La un moment dat, declinul începe să fie din ce în ce mai abrupt. Într-un final, cândva pe la 70-75 de ani, plus sau minus, capacitățile tale fizice și cognitive se vor diminua la aproximativ jumătate (reprezentate de linia orizontală punctată), punct pe care îl descriu destul de arbitrar ca fiind cel dincolo de care nu mai poți face cu ușurință ceea ce vrei să faci. Ești constrâns, iar lucrurile neplăcute încep să se petreacă mai frecvent și cu consecințe mai mari. Una e să-ți fracturezi femurul într-un accident de schi când ai 40 de ani și încă mai ești în putere și rezistent și cu totul altceva e să ți-l fracturezi dezechilibrându-te de pe o bordură când ai 75 de ani și funcționezi la 25% din capacitate. În același timp, riscul să dezvolți boli cronice crește exponențial.

Aici intervine Medicina 2.0. Îți tratăm boala de inimă, cancerul sau orice altceva îți face rău, prelungindu-ți viața cu câteva luni sau ani, dacă ești norocos. Acesta este momentul când curba duratei tale de viață/de sănătate se aplatizează orizontal spre dreapta, reprezentând amânarea morții. Dar acum privește *unde* se petrece asta: când durata stării tale de sănătate este deja afectată. Asta înseamnă că ți-am întârziat decesul fără să-ți îmbunătățim semnificativ calitatea vieții — ceva la care Medicina 2.0 este destul de pricepută. Acesta este deceniul marginal la care ne putem aștepta majoritatea dintre noi, în sistemul actual.

Acum privește a doua linie punctată de pe grafic. Aceasta reprezintă traiectoria ta ideală. Asta îți dorești. În loc să pornești pe calea unui declin lent la jumătatea vieții, în ansamblu durata stării tale de sănătate rămâne aceeași *sau chiar se îmbunătățește* la vârsta de 50 de ani și după aceea. O să fii mai în formă și mai sănătos la 55 de ani, și chiar și la 65, decât erai la 45 și-ți vei păstra o formă fizică bună și o minte ageră mult după vârsta de 70-80 de ani, poate și mai departe. Vei arăta ca o persoană cu 10 ani mai tânără decât vârsta din pașaport sau poate chiar cu 20 de ani mai tânără. Există mult mai mult spațiu sub această curbă, iar tot acel spațiu reprezintă viața mai lungă și mai bună: mai mult timp în care să fii cu familia, în care să-ți urmezi pasiunile, să călătorești sau să continui să faci lucruri semnificative. Mai mult, atunci când începe declinul, coborârea este abruptă, dar relativ scurtă. Acest lucru se numește ridicarea la pătrat a curbei longevității.

În acest scenariu, trăim mai mult și trăim mai bine o perioadă mai lungă de timp. Ne depășim speranța de viață, dar și așteptările societății cu privire la cum ar trebui să arate viața noastră la bătrânețe. În locul unui deceniu marginal sinistru, avem ocazia să ne bucurăm de ceea ce pare mai degrabă să fie un „deceniu bonus" — sau decenii — când ne merge bine pe toate planurile. Acesta este obiectivul nostru: să întârziem decesul și să obținem tot ce se poate de la anii noștri suplimentari. Ultima parte a vieților noastre devine o perioadă de care să ne bucurăm, în loc de una de care să ne fie teamă.

*

Următoarea întrebare evidentă este: cum realizăm asta? Cum ne extindem durata de viață prelungindu-ne în același timp durata stării de sănătate? Cum întârziem moartea provocată de „cei patru călăreți", încetinind în același timp sau chiar inversând declinul fizic, cognitiv și emoțional?

Ce ai de gând să faci?

Acesta este punctul în care majoritatea oamenilor o iau pe calea greșită. Vor să apuce pe scurtătură, să ajungă direct la tactici: *asta* e ce trebuie să mănânci (și să nu mănânci), *așa* ar trebui să te antrenezi, *acestea* sunt suplimentele sau medicamentele de care ai nevoie și tot așa. Există depozite pline de cărți care pretind că au răspunsurile, dar cea pe care o citești acum nu este una dintre ele. În schimb, cred că exact aici trebuie să ne oprim și să facem un pas în spate, ca să nu ratăm cea mai importantă etapă din proces: strategia.

Uită-te din nou la citatul din Sun Tzu cu care începe aceste capitol: „Tacticile fără strategie sunt zgomotul dinaintea înfrângerii". Vorbea despre război, dar se aplică și aici. Pentru a ne atinge obiectivele, trebuie în primul rând să avem o *strategie*: o abordare generală, un suport conceptual sau model mintal care este fundamentat științific, adaptat nevoilor noastre și ne oferă variante. Tacticile noastre specifice decurg din strategia noastră, iar aceasta derivă din obiectiv. Deja acum știm care este obiectivul, dar strategia este esențială pentru victorie.

Marea greșeală pe care o fac adesea oamenii este să amestece strategia cu tacticile, imaginându-și că sunt același lucru. Nu sunt. Îmi place să explic această diferență folosind unul dintre cele mai memorabile meciuri de box din toate timpurile: Muhammad Ali împotriva lui George Foreman, celebrul „Rumble in the Jungle" care a avut loc în Kinshasa, Zair, în 1974. Evident că *obiectivul* lui Ali a fost să câștige meciul împotriva lui Foreman și să-și recapete titlul la categoria grea. Problema cu care s-a confruntat Ali a fost că Foreman era mai tânăr, mai puternic, mai agresiv și favoritul la victoria obținută într-o manieră devastatoare. E dificil să ne împăcăm cu imaginea tipului amabil care acum vinde grătare electrice, dar pe atunci George Foreman era considerat cel mai tare ticălos care-și pusese vreodată mănușile de box. Era considerat practic invincibil. Comentatorii erau toți de acord că, oricât de colorat și de iubit era Ali, nu avea nicio șansă — motiv pentru care avea nevoie de o strategie.

Ali știa că avea câteva mici avantaje față de Foreman prin faptul că era mai rapid, mai experimentat și mai rezistent la nivel psihic. Mai știa și că Foreman era iute la mânie și predispus să se enerveze. În loc să încerce să-l contracareze pe Foreman pumn după pumn, Ali a hotărât că va încerca să-l determine pe luptătorul mai tânăr și mai puțin experimentat să se epuizeze, făcându-l să se simtă frustrat și obosit și, ca atare, vulnerabil. Dacă putea să realizeze asta, știa că urma să fie un meci mai echilibrat. Aceasta era strategia lui: să-l enerveze pe Foreman și apoi să-l lase să obosească până se epuiza, moment în care Ali putea să-și construiască o ofensivă.

Din această strategie au decurs tacticile devenite acum celebre: în primul rând, atacul cu o serie de directe de dreapta, o lovitură evidentă, chiar lipsită de respect, care sigur avea să-l enerveze pe Foreman. Nimeni nu-l lovește așa pe campionul la categoria grea. Apoi, Ali l-a făcut pe Foreman, deja enervat, să-l alerge în jurul ringului și să-l împingă în corzi, consumându-și energie, în timp ce el s-a concentrat pe încercarea de a minimiza loviturile pe care le primea — celebra poziție „rope-a-dope".*

În primele câteva runde, toată lumea credea că Foreman îl zdrobea efectiv pe Ali, inclusiv Foreman. Dar, deoarece strategia lui Ali era să încerce să reziste mai mult decât Foreman, se antrenase să suporte loviturile. Cam pe la a cincea rundă, aproape că poți vedea cum Foreman își dă seama: *La naiba, deja sunt terminat.* Între timp, condiția fizică superioară a lui Ali mai avea încă rezerve de energie. A luptat și a câștigat meciul cu un knockout în a opta rundă.

Ideea este că tacticile sunt ceea ce faci când ești efectiv în ring. Strategia este partea mai dificilă deoarece necesită un studiu atent al adversarului, identificarea punctelor tari și slăbiciunilor acestuia și descoperirea felului în care să le folosești pe ambele în avantajul tău, cu mult timp înainte de a păși în ring. În această

* Tactică celebră în box prin care te prefaci că ești blocat în corzi pentru a-l face pe adversar să te lovească într-un mod ineficient până obosește. (*N.t.*)

carte, vom aplica această abordare în trei părți a longevității: obiectiv — strategie — tactici.

Strategia noastră

Când a început să se lupte cu Foreman, Ali știa că timpul este de partea lui. Cu cât putea să-și mențină mai mult timp adversarul înfuriat și consumându-și energie, și să evite în același timp să fie el însuși doborât, cu atât avea șanse mai mari de a câștiga în final. Din nefericire pentru noi, timpul clar nu e de partea noastră. În fiecare clipă în care suntem în viață, riscul de a ne îmbolnăvi și muri ne suflă în ceafă, așa cum forța gravitațională îl atrage pe un săritor cu coarda spre sol.

Bineînțeles, nu fiecare problemă cu care te confrunți necesită o strategie. De fapt, multe nu au nevoie. Nu-ți trebuie o strategie dacă obiectivul tău este, să zicem, să eviți să te ardă soarele. Opțiunile tale tactice la îndemână sunt să aplici o protecție solară, să porți mâneci lungi și pantaloni sau poate o pălărie cu boruri mari sau să nu te expui deloc la soare. Dar avem nevoie de o strategie pentru a trăi mai mult și mai bine, deoarece longevitatea este o problemă mult mai complicată decât arsura solară.*

Să trăim mai mult înseamnă să întârziem decesul provocat de *toți „cei patru călăreți"*. Aceștia au în comun un factor de risc important, care este vârsta. Pe măsură ce înaintezi în vârstă, crește exponențial riscul ca una sau mai multe dintre aceste boli să înceapă să-ți acapareze corpul. Din nefericire, nu prea putem face mare lucru cu privire la vârsta noastră cronologică — dar, mai exact, la ce ne referim când spunem „îmbătrânire"? Nu este vorba doar de trecerea timpului, ci și de ceea ce se întâmplă în interiorul nostru, în adâncime, în organele și celulele noastre, pe măsură ce trece timpul. Entropia lucrează asupra noastră în fiecare zi.

„Îmbătrânirea este caracterizată de o pierdere progresivă a integrității fiziologice, ducând la funcții afectate și la o vulnerabilitate crescută la deces", au scris autorii unei lucrări influente

* Deși evitarea arsurilor solare, care contribuie la aspectul îmbătrânit al pielii, ca să nu mai vorbim de riscul de melanom, este în mod clar o idee bună.

din 2013, descriind ceea ce au denumit prin sintagma „semnalele îmbătrânirii".[1] Au continuat: „Această deteriorare este principalul factor de risc al celor mai importante patologii umane, care includ cancerul, diabetul, afecțiunile cardiovasculare și bolile neurodegenerative".

Procesul de îmbătrânire în sine este cel care ne face vulnerabili la aceste boli, afectându-ne în același timp durata stării de sănătate. Cineva care moare din cauza unui infarct nu s-a îmbolnăvit doar cu o oră în urmă. Boala a lucrat în interiorul său, în tăcere și invizibilă, zeci de ani. Pe măsură ce a îmbătrânit, propriile mecanisme interne de apărare s-au slăbit și boala a obținut un avantaj. Am văzut ceva asemănător în pandemia de COVID-19. Virusul a infectat oameni din toate grupele de vârstă, dar a ucis persoane mai în vârstă într-un număr disproporționat de mare, tocmai pentru că a expus și exploatat vulnerabilitatea lor existentă la boală și deces: sistemele lor imunitare slăbite, problemele cardiovasculare și respiratorii și așa mai departe. Așadar strategia noastră trebuie să țină cont de efectele îmbătrânirii, așa cum Ali și-a luat în calcul vârsta mai avansată când a căutat o modalitate de a-l înfrânge pe Foreman. Fără o strategie corectă, Ali ar fi pierdut cu siguranță lupta.

Acesta este motivul pentru care nu putem pur și simplu să sărim direct la tactici, unde vă spun ce să faceți. Dacă ești tentat, sfatul meu este să te oprești, să respiri adânc și să te liniștești. Fără o înțelegere a strategiei și a științei pe care se bazează aceasta, tacticile noastre nu vor însemna mare lucru și vei fi în permanență angrenat într-un carusel de diete, de programe de antrenamente la modă și de suplimente alimentare miraculoase. Vei rămâne blocat într-o mentalitate de Medicină 2.0, căutând o rezolvare rapidă a problemelor. Singura modalitate prin care poți deveni un tactician abil este de a-ți schimba paradigma de gândire în sensul Medicinei 3.0, pentru care este întâi nevoie să devii un specialist în strategie.

În capitolele care urmează vom intra în profunzimea unora dintre mecanismele care stau la baza procesului de îmbătrânire și vom analiza de asemenea mai îndeaproape modurile intime de funcționare ale fiecărei boli aduse de „cei patru călăreți". Cum și când debutează? Care sunt forțele care le impulsionează — interne sau externe? Cum sunt susținute? Și, mai important, cum pot fi întârziate sau chiar prevenite în totalitate? După cum vom vedea în capitolul următor, așa ajung centenarii să aibă acele durate extraordinar de lungi de viață: întârzie sau previn apariția bolilor cronice multe decenii, comparativ cu media.

De asemenea, vom analiza mai în detaliu durata stării de sănătate — o altă sintagmă la modă folosită excesiv, care și-a pierdut tot sensul. Definiția standard, acea perioadă a vieții în care nu suferim de boli sau dizabilități, poziționează ștacheta mult prea jos. Dacă nu suntem bolnavi și blocați în casă, atunci suntem „sănătoși"? Prefer să folosesc un limbaj mai exact — atât de exact încât adesea îi face pe pacienții mei să se simtă prost.

Iată un alt fel de a ne raporta la asta. Durata de viață are de-a face cu moartea, care este binară: ești viu și apoi ești mort. E ceva final. Dar, înainte să se întâmple asta, la un moment dat, cu mult timp înainte, majoritatea oamenilor trec printr-o perioadă de declin despre care aș spune eu că este o moarte cu încetinitorul. În mod sigur așa a fost la Sophie, mama lui Becky. Asta se poate întâmpla rapid, cum ar fi după un accident grav, dar de obicei se derulează așa de lent, încât abia dacă ne dăm seama de schimbare.

Mă gândesc la durata stării de sănătate și la deteriorarea ei în termeni de trei categorii sau vectori. Primul vector al deteriorării este declinul cognitiv. Viteza noastră de procesare este încetinită. Nu putem rezolva probleme complexe cu rapiditatea și ușurința cu care o făceam altădată. Memoria începe să se estompeze. Funcția noastră executivă nu mai este așa de fiabilă. Ni se schimbă personalitatea și, dacă durează suficient de mult, se pierde chiar și sinele nostru conștient. Din fericire, majoritatea oamenilor nu ajung în stadiul final de demență, dar multe persoane experimentează o formă de declin al capacității lor cognitive pe măsură ce îmbătrânesc. Obiectivul nostru este să minimalizăm acest lucru.

Al doilea vector al deteriorării este declinul și pierderea până la urmă a funcției corpului nostru fizic. Aceasta poate să preceadă sau să urmeze declinului cognitiv; nu există o ordine prestabilită. Dar, pe măsură ce îmbătrânim, ne urmărește slăbiciunea. Pierdem masa musculară și forța, împreună cu densitatea osoasă, energia, stabilitatea și echilibrul, până când căratul unei pungi de cumpărături până în casă devine aproape imposibil. Durerea cronică ne împiedică să facem lucrurile pe care altădată le făceam cu ușurință. În același timp, evoluția inevitabilă a aterosclerozei poate să ne facă să ne pierdem suflul când mergem până la capătul aleii pentru lua ziarul (dacă vor mai exista ziare când vom fi bătrâni). Sau am putea să trăim o viață relativ activă și sănătoasă până cădem sau suferim vreo accidentare neașteptată, cum a pățit Sophie, care ne împinge pe o spirală descendentă din care nu ne mai revenim vreodată.

Pacienții mei se așteaptă rareori ca declinul acesta să-i afecteze *pe ei*. Eu le cer să fie foarte preciși cu privire la viitorul lor ideal. Ce vor să facă atunci când vor fi mai în vârstă? E uimitor cât de optimiste tind să fie previziunile lor. Se simt extrem de încrezători că se vor da în continuare cu snowboardul sau vor continua să facă kickboxing sau orice altceva le place să facă acum, atunci când vor avea 70 și 80 de ani.

Atunci îi întrerup și le explic: uite, ca să faci asta, o să trebuiască să ai un anumit nivel de forță musculară și condiție fizică aerobică la acea vârstă. Dar chiar și acum, dacă ai 52 de ani (de exemplu), forța și volumul maxim de oxigen inhalat (VO2 max) sunt abia suficiente pentru a face aceste lucruri și în principiu este sigur că vor scădea din acest punct. Așa că poți alege (a) să cedezi în fața declinului sau (b) să pui la punct un plan, începând de *acum*.

Indiferent cât de ambițioase sunt obiectivele tale pentru anii bătrâneții, îți sugerez să te familiarizezi cu ceva numit „activitățile vieții de zi cu zi", o listă folosită pentru a evalua sănătatea și gradul de funcționalitate a persoanelor vârstnice. Lista include sarcini simple, cum ar fi să-ți pregătești singur o masă, să mergi fără ajutor, să te speli și să-ți faci toaleta, să folosești un telefon, să te duci la magazinul alimentar, să ai grijă de finanțele personale și așa mai departe. Acum, imaginează-ți cum e să-ți trăiești viața fără capacitatea de a te hrăni și spăla singur sau de a merge câteva străzi ca să te întâlnești cu prietenii la o cafea. Luăm lucrurile astea de bune acum, dar pentru a continua să trăim activ pe măsură ce îmbătrânim, pentru a ne păstra chiar și numai aceste abilități minime, este nevoie să începem să ne construim fundamentul condiției fizice și să o menținem cu consecvență.

Cred că a treia și categoria finală a declinului are legătură cu sănătatea emoțională. Spre deosebire de celelalte, aceasta este în mare parte independentă de vârstă; poate afecta tineri sănătoși extraverți, de 20 și ceva de ani, sau te poate surprinde la jumătatea vieții, așa cum am pățit eu. Ori poate apărea mai târziu în viață. Studiile arată că în general fericirea ajunge la un maximum pe la vârsta de 40 de ani (mai exact, la 47), dar, așa cum am descoperit din propria experiență dureroasă, dezechilibrul de la vârsta mijlocie are adesea rădăcini care datează de mult mai devreme, din adolescență sau copilărie. Și e posibil să nu ne dăm seama că suntem în pericol până când nu ajungem într-un punct de criză, ca mine. Felul în care îl gestionăm are un impact enorm asupra sănătății noastre fizice, fericirii și supraviețuirii noastre.

Pentru mine, conceptul de longevitate are sens doar în măsura în care depășim sau evităm *toți* acești vectori ai declinului, în același timp. Și niciuna dintre aceste componente individuale ale longevității nu valorează mare lucru în absența celorlalte. Să trăim până la o sută de ani fără a avea mintea *și* corpul intacte nu e ceva ce am alege de bunăvoie. În mod asemănător, nici să ai o viață de cea mai bună calitate, doar ca să-ți fie retezată la o vârstă fragedă nu este ceva dezirabil. Iar a ne păstra o sănătate bună pe măsură ce îmbătrânim, dar fără iubire și prietenie și fără vreun scop este un purgatoriu pe care nu i l-aș dori nici celui mai mare dușman al meu.

Distincția importantă aici este că moartea ca atare este inevitabilă, dar această deteriorare despre care vorbim nu e chiar așa. Nu toți cei care mor la 80 sau 90 de ani traversează văile distrugerii cognitive, fizice sau emoționale pe drumul spre final. Acestea pot fi prevenite — și sunt de părere că în mare parte sunt opționale, în pofida forței lor gravitaționale din ce în ce mai mari odată cu trecerea timpului. Așa cum vom vedea în capitole ulterioare, deteriorarea cognitivă, cea fizică și chiar și cea emoțională pot fi încetinite sau poate avea loc reversia lor în anumite cazuri, dacă sunt aplicate tacticile potrivite.

Al doilea aspect esențial este că durata de viață și durata stării de sănătate nu sunt variabile independente, ci sunt strâns împletite. Dacă-ți crești forța musculară și-ți îmbunătățești capacitatea cardiorespiratorie, ți-ai redus de asemenea riscul de deces din orice cauză într-o proporție mult mai mare decât ai putea realiza prin administrarea unui cocktail de medicamente. Același lucru este valabil și în cazul unei sănătăți cognitive și emoționale mai bune. Acțiunile pe care le întreprindem pentru a ne îmbunătăți durata stării de sănătate vor duce aproape întotdeauna la o durată mai lungă a vieții. Din acest motiv, tacticile noastre vizează în general îmbunătățirea în primul rând a duratei stării noastre de sănătate; beneficiile în termeni de durată de viață vor urma.

Tactici

Diferența esențială dintre Medicina 2.0 și Medicina 3.0 este legată de modul în care și momentul *când* aplicăm aceste tactici. În general, Medicina 2.0 intervine doar când răul este acut, cum ar fi o infecție sau un os rupt, cu rezolvări pe termen scurt ale unei probleme imediate. În Medicina 3.0, tacticile trebuie să fie întrețesute în viața noastră de zi cu zi. Le mâncăm, respirăm și dormim — la propriu.

Medicina 2.0 se bazează în mare pe două tipuri de tactici: proceduri (de exemplu: operații) și medicamente. Tacticile noastre din Medicina 3.0 se încadrează în cinci domenii mari: mișcarea, somnul, sănătatea emoțională și moleculele exogene, care înseamnă medicamente, hormoni sau suplimente. Nu o să vorbesc mult despre molecule pentru că ar face cartea asta de două ori mai mare decât e deja, dar ceea ce voi spune este că nu mă feresc de medicamente pentru că nu ar fi „naturale". Consider că multe medicamente și suplimente, inclusiv medicamentele care scad nivelul lipidelor, sunt elemente esențiale din trusa noastră de instrumente pentru longevitate și sper că în viitorul nu foarte îndepărtat vom avea și mai multe instrumente la dispoziție.

Lăsând deoparte medicamentele și suplimentele, primul nostru domeniu tactic este mișcarea. Ca și „durata stării de sănătate", „a face mișcare" este o altă sintagmă dintre cele prea generale, care mă enervează pentru că poate include orice, de la o plimbare în parc până la o urcare grea cu bicicleta pe munte, un meci de tenis sau un program de ridicare de greutăți la sală. Toate astea sunt considerate „mișcare", dar în mod evident au efecte foarte diferite (și, apropo, riscuri). Așa că vom împărți treaba asta denumită mișcare în cele mai importante componente ale sale: forță, stabilitate, eficiență aerobică și capacitate aerobică maximă. Îmbunătățirea limitelor în fiecare dintre aceste domenii este necesară dacă speri să ajungi la limita duratei de viață și a duratei stării de sănătate. Repet, obiectivul meu nu este să-ți spun cum să slăbești rapid sau să-ți îmbunătățești estetica zonei abdominale. Vrem să ne păstrăm forța fizică, energia, stabilitatea în diverse tipuri de mișcări, rămânând în același timp neafectați de dureri și dizabilitate.

Aceasta este o altă zonă în care modul meu de a gândi s-a schimbat în timp. Obișnuiam să pun pe primul plan nutriția în detrimentul oricăror altor aspecte, dar acum consider că mișcarea este cel mai puternic „medicament“ pentru longevitate din arsenalul nostru, atât în ceea ce privește durata de viață, cât și cea a stării de sănătate. Datele sunt foarte clare: mișcarea nu doar întârzie decesul efectiv, dar și previne atât declinul cognitiv, cât și cel fizic, mai bine decât orice altă intervenție. De asemenea, tindem să ne simțim mai bine când facem mișcare, așa că probabil asta are un efect mai greu de măsurat și asupra sănătății emoționale. Speranța mea este că vei înțelege nu doar *cum trebuie făcute,* ci și *de ce trebuie făcute* diferite tipuri de exerciții, ca să-ți poți elabora un program care se potrivește cu obiectivele tale personale.

Al doilea domeniu este nutriția. Nu o să-ți spun să mănânci ceva în loc de altceva sau nu îți voi prescrie o anumită dietă pe care ar trebui să o respecte toată lumea și în mod clar nu iau partea nimănui în războaiele inutile și eterne în care se confruntă dieta cu conținut redus de carbohidrați cu cea paleo, cea vegană și așa mai departe. Vom evita astfel de discuții religioase în favoarea dovezilor biochimice. Cele mai bune dovezi științifice existente spun că e important ce mănânci, dar aspectul principal este *cât de mult* mănânci: cât de multe calorii introduci în corp.

Felul în care ajungi la zona optimă în acest caz — nu prea mult, nu prea puțin, doar cât trebuie — va depinde de mai mulți factori. Obiectivul meu este să te ajut să stabilești care este cel mai bun stil de a mânca pentru tine. Dar nu uita că niciuna dintre tacticile despre care vom vorbi nu este fixă, căutăm feedback de la cât mai multe surse posibil, pentru a încerca să stabilim ce funcționează și ce nu. O strategie bună ne permite să adoptăm tactici noi și să renunțăm la cele vechi pentru a ne servi obiectivele.

Următorul este somnul, pe care eu și mulți alții l-am ignorat mult prea mult timp. Din fericire, în ultimii aproximativ 10 ani, somnul a primit în sfârșit atenția pe care o merită. În ziua de azi, îi înțelegem mult mai bine importanța și ce nu merge bine pe termen scurt și lung când somnul ne este compromis (secret divulgat: multe lucruri). Nu se compară aproape nimic cu senzația pe care o ai când te trezești după o noapte bună de somn, simțindu-te complet revigorat și în totalitate pregătit pentru ziua care urmează. Somnul de calitate este esențial pentru procesele psihice înnăscute de reparație, mai ales la nivelul creierului, în timp ce somnul de proastă calitate declanșează o cascadă de consecințe negative în lanț, de la rezistența la insulină la declinul cognitiv, precum și probleme de sănătate mintală. Și eu obișnuiam să fiu una dintre persoanele care făceau nopți albe și care credeau că somnul este pentru cei care nu au altceva mai bun de făcut. Pe scurt, am descoperit cât de tare mă înșelam, într-o manieră foarte dramatică. Acum sunt convins că problema cea mai mare a lui Peter-Cel-Nu-Prea-Slab era nu atât ceea ce mâncam, dar mai ales cât de puțin dormeam.

În cele din urmă, vom analiza importanța sănătății emoționale, care consider că este o componentă la fel de importantă a duratei stării de sănătate ca și celelalte. Aceasta este o zonă în care am foarte puțină competență profesională, dar foarte multă experiență personală. Așa că, deși nu am multe date experimentale consistente și studii la care să fac referire, ca în celelalte capitole, vă voi împărtăși propria călătorie lungă și dureroasă prin care am ajuns să mă împac cu lucruri care mi s-au întâmplat în trecut, să-mi corectez comportamentul și să-mi vindec relațiile pe care le-am deteriorat. Măcar poate servi pe post de poveste moralizatoare — și un impuls care să te facă să iei în calcul starea edificiului tău emoțional, dacă e necesar.

Voi vorbi despre călătoria mea în mai multe detalii în capitolul 17, dar o frază din acea perioadă mi-a rămas în minte, aproape ca o mantra. E ceva ce unul dintre psihoterapeuții mei, Esther Perel, mi-a spus când am început să lucrăm împreună.

— Nu e ciudat că toată viața ta profesională se axează pe încercarea de a-i face pe oameni să trăiască mai mult și cu toate acestea nu investești *deloc* energie ca să te simți mai puțin nefericit, ca să suferi emoțional mai puțin?

A continuat:

— De ce ai vrea să trăiești mai mult, dacă ești așa de nefericit?

Logica ei era incontestabilă și mi-a schimbat în totalitate modul în care abordez longevitatea.

De la strategie bazată pe dovezi la strategie inspirată din dovezi

Evident că este important ca strategia noastră să se bazeze pe dovezi. Din nefericire, obținerea longevității este punctul în care cel mai puternic instrument al Medicinei 2.0, studiul clinic randomizat pe oameni, se izbește de un perete de cărămidă. Studiile clinice randomizate sunt folosite pentru a stabili cauza și efectul în situații relativ simple, pe termen scurt. De exemplu, este destul de ușor să derulezi un studiu care demonstrează cum crema de protecție solară previne arsurile solare. Dar astfel de studii au o utilitate limitată în aventura noastră de căutare a longevității.

Aici este punctul în care e posibil ca abordarea mea să-i nemulțumească pe unii. Puriștii medicinei fundamentate pe dovezi solicită date din studii controlate și randomizate (RCT) înainte de a face *orice*. Aceste studii sunt standardul absolut pentru dovezile medicale, dar mai întăresc și unele dintre limitările importante ale Medicinei 2.0, începând cu orizontul ei scurt de timp. În general, tipul de întrebări clinice care sunt cel mai bine rezolvate de RCT sunt cele care implică intervenții simple, cum ar fi un vaccin sau un medicament pentru scăderea colesterolului. Administrăm acest tratament pe o perioadă relativ scurtă, de la șase luni până la probabil cinci sau șase ani cel mult și așteptăm să-i vedem efectele printr-un rezultat specific. Vaccinul reduce procentul bolilor grave și al deceselor? Acest medicament scade colesterolul și previne decesul din cauze cardiace sau măcar infarctul la persoanele foarte predispuse la așa ceva?

Acest gen de studiu este fundația medicinei pe bază de dovezi. Dar, dacă obiectivul nostru este longevitatea, situația devine mai complicată. Un studiu clinic de un an sau chiar unul de cinci ani nu ne va spune tot ce trebuie să știm despre procesele bolii care ajunge să se manifeste în zeci de ani. Nu va exista niciodată un studiu clinic pe care să se bazeze o strategie de prevenție cardiovasculară pentru o persoană sănătoasă de 44 de ani. Pur și simplu ar dura prea mult acest studiu. Mai mult, în afara domeniului farmacologiei, intervențiile sunt foarte complexe, mai ales dacă implică exercițiu fizic, nutriție și somn. Studiul longevității în sine este aproape imposibil în acest fel — doar dacă nu am putea lua cumva o sută de mii de bebeluși, le-am aloca randomizat patru sau cinci intervenții diferite și i-am urmări pe toată durata vieții lor. Asta ar duce (probabil) la o rețetă solidă, pe bază de dovezi, de maximizare a duratei de viață și a stării de sănătate. Dar obstacolele în calea unui astfel de studiu sunt insurmontabile, nu în ultimul rând din cauză că ar fi nevoie de un secol pentru a-l finaliza.

Varianta de rezervă ar fi să ne uităm la diferite tipuri de date pe care le avem și să elaborăm apoi o strategie care le cuprinde pe toate. E posibil ca asta să nu rezolve *definitiv* problema, dar măcar ne poate îndruma în direcția corectă. Strategia noastră în varianta de rezervă se bazează pe combinarea concluziilor din cinci surse diferite de informații care, luate separat, nu sunt probabil suficient de puternice pentru a acționa în virtutea lor. Totuși, când sunt luate laolaltă, pot oferi o bază solidă pentru tacticile noastre. Dar eșafodajul care ne susține trebuie să facă schimbarea de la medicina bazată exclusiv pe dovezi la medicina de precizie inspirată din dovezi și ajustată în funcție de risc.

Prima noastră sursă de date o reprezintă studiile derulate pe centenari, oameni care au trăit până la vârsta de 100 de ani și peste, adesea cu o sănătate bună. Aceștia sunt cei aflați la extremă, acel mic procent din populație care a depășit speranța obișnuită de viață cu două decenii sau mai mult. În general, au întârziat apariția bolilor sau au scăpat de cele care ne ucid pe cei mai mulți dintre noi, iar mulți dintre ei și-au păstrat o condiție fizică destul de bună. Am vrea să știm cum au realizat isprava asta. Ce au în comun centenarii? Ce gene comune au care le-ar putea oferi un avantaj în fața celor care nu ating suta de ani? Cum se explică supraviețuirea lor și ritmul aparent încetinit de îmbătrânire? Și, mai mult decât orice, ce putem face noi ceilalți pentru a imita soarta lor bună?

Aceste dovezi sunt întărite de faptul că persoanele centenare reprezintă „specia de interes" pentru noi — adică sunt oameni. Din nefericire, datele despre centenari sunt aproape în totalitate observaționale și nu experimentale, așa că de fapt nu putem face cu adevărat legătura dintre cauză și efect. Poveștile de viață și obiceiurile centenarilor tind să fie cel puțin idiosincrasice, iar faptul că sunt relativ puțini înseamnă că poate fi dificil să tragem orice fel de concluzii ferme. (Vom vorbi despre centenari mai în detaliu, în capitolul următor.)

Apoi, facem apel la date despre durata vieții provenite de la „modele" animale, cum ar fi șoarecii de laborator. Evident că este mult mai ușor, atât din punct de vedere etic, cât și logistic, să testăm tactici de modificare a duratei vieții pe șoareci, care în principiu trăiesc doar aproximativ doi sau trei ani, decât pe oameni. Avem o cantitate enormă de date despre modul în care diferite tipuri de intervenții, atât în dietă, cât și sub formă de molecule exogene, afectează durata vieții șoarecilor. Desigur, limitarea este aceea că șoarecii nu sunt oameni; multe medicamente au avut succes la șoareci doar pentru a eșua spectaculos în studiile pe oameni. Există alte tipuri de modele animale, inclusiv o specie minusculă de vierme nematod denumit *C. elegans* care este folosit adesea în cercetare, precum și musculițe de fructe, câini, primate și chiar și banale celule de drojdie. Toate acestea au puncte tari și puncte slabe. Regula mea de bază este că, dacă se poate demonstra că o anumită intervenție prelungește durata de viață și durata stării de sănătate la mai multe specii de-a lungul a miliarde de ani de evoluție, de exemplu, de la viermi până la maimuțe, atunci am tendința să o tratez cu seriozitate.

O a treia sursă importantă de informație pe care să ne bazăm strategia provine din studiile despre „cei patru călăreți" derulate pe oameni: boli cardiovasculare și cerebrale, cancer, maladia Alzheimer și alte afecțiuni neurodegenerative înrudite, diabet de tip 2 și disfuncții metabolice aferente. Cum încep aceste boli? Cum evoluează? Ce factori de risc le provoacă sau le alimentează? Ce factori esențiali au în comun? Care sunt modalitățile de tratament de ultimă generație pentru cei cu stadii „avansate" ale bolilor — și ce ne spun ele despre elaborarea unei strategii de prevenție? Vrem să cunoaștem aceste boli în detaliu, să le înțelegem slăbiciunile și vulnerabilitățile, așa cum Ali l-a analizat pe Foreman înainte de meci.

În al patrulea rând, luăm în calcul descoperirile la nivel molecular și mecanic, extrase din studiul îmbătrânirii atât la oameni, cât și la modelele animale. Am aflat enorm de multe lucruri despre schimbările care au loc la nivel celular în timpul procesului de îmbătrânire și în anumite boli. Drept urmare, am elaborat unele idei despre cum să manipulăm aceste schimbări, prin intermediul moleculelor exogene (de exemplu: medicamente) sau schimbărilor comportamentale (de exemplu: mișcare și sport).

Ultima noastră sursă de informații este metoda foarte inteligentă de analiză denumită randomizare mendeliană (RM). Aceasta ne ajută să facem legătura dintre studiile randomizate controlate, care pot stabili cauzalitatea, și epidemiologia pură, care adesea nu poate. O să vorbim despre epidemiologie ulterior mai detaliat, dar, deși s-a dovedit utilă în anumite situații, cum ar fi pentru a stabili legătura dintre fumat și cancerul la plămâni, a fost mai puțin utilă în scenarii mai complexe. Randomizarea mendeliană ne ajută să scoatem în evidență relațiile cauzale dintre factorii de risc modificabili (de exemplu: colesterolul LDL) și un rezultat de interes (de exemplu: cancer) în situații în care experimentele efective randomizate nu pot fi făcute ușor. RM face asta permițând naturii să facă randomizarea.* Luând în calcul variația aleatorie în genele relevante și comparându-le pe acestea cu rezultatele observate, sunt eliminate multe dintre prejudecățile și factorii de confuzie care limitează utilitatea epidemiologiei pure.

De exemplu, unele studii epidemiologice au sugerat o relație inversă între colesterolul LDL și riscul de cancer. Adică persoanele

* Pentru ca RM să funcționeze corect, trebuie întrunite anumite condiții. În primul rând, variantele generice luate în calcul trebuie asociate cu factorul de risc pe care vrem să îl studiem (acest lucru este numit ipoteza relevanței); în al doilea rând, varianta genetică să nu aibă o cauză comună cu rezultatul (aceasta este denumită ipoteza independenței), iar în al treilea rând, varianta genetică să nu afecteze rezultatul decât prin intermediul factorului de risc (aceasta este denumită ipoteza restricționării excluderii).

cu un LDL mai scăzut par să aibă un risc mai mare de cancer. Dar este *cauzală* această relație? Asta este o întrebare dificilă, însă importantă. Dacă ar fi adevărat ar însemna că scăderea colesterolului LDL, prin administrarea statinelor, crește riscul de cancer, ceea ce ar fi clar o veste proastă. Epidemiologia nu ne spune sensul cauzalității, așa că facem apel la RM.

Cu ajutorul RM, putem analiza variații genetice care duc la niveluri de colesterol LDL scăzute, medii și ridicate. Aceste gene apar aleatoriu, așa că pot fi folosite ca un soi de experiment randomizat natural. Analizând relația dintre nivelurile de colesterol LDL care rezultă și incidența cancerului, putem răspunde la întrebare fără factorii obișnuiți de confuzie care afectează epidemiologia tradițională. Și, ce să vezi, se dovedește că un nivel scăzut de colesterol LDL nu provoacă și nici nu crește riscul de cancer.[2] Dacă folosim aceeași tehnică pentru a analiza efectul nivelului LDL asupra bolilor cardiovasculare (variabila noastră dependentă), se dovedește că un nivel mai mare de colesterol LDL *este* legat cauzal[3] de dezvoltarea bolilor cardiovasculare (așa cum vom discuta în capitolul 7).

Un cititor perspicace va observa că un anumit concept a fost suspect de absent din acest capitol până acum: siguranța absolută. Mi-a luat ceva timp să-mi dau seama de asta când am făcut trecerea de la matematică la medicină, dar în biologie rareori putem „demonstra“ ceva categoric, așa cum putem face în matematică. Sistemele vii sunt derutante, năucitoare și complexe, iar felul în care înțelegem chiar și lucrurile simple evoluează în permanență. În cel mai bun caz putem spera să scădem nesiguranța. Un experiment bun în biologie nu face decât să ne crească sau scadă încrederea în probabilitatea că ipoteza este adevărată sau falsă. (Deși putem fi destul de siguri de anumite lucruri, cum ar fi dovezile care susțin ideea că medicul ar trebui să se spele pe mâini și să-și pună mănuși sterile înainte de a te opera.)

În absența unor studii clinice randomizate multiple, repetate și care să dureze zeci de ani, care ne-ar putea răspunde la întrebări cu siguranță, suntem obligați să gândim în termeni de probabilități și risc. Dintr-un anumit punct de vedere, e cam ca atunci când planificăm o strategie de investiție: căutăm tacticile care, pe baza a ceea ce știm acum, au cele mai mari șanse să livreze un randament mai mult decât mediu al capitalului investit, funcționând în același timp în limitele toleranței noastre individuale la risc. Pe Wall Street, obținerea unui astfel de avantaj este denumită alfa și vom împrumuta ideea și o vom aplica la sănătate. Sugestia mea este că, prin anumite schimbări ale stilului de viață — neortodoxe, dar foarte rezonabile —, poți minimaliza cele mai serioase amenințări asupra duratei de viață și stării de sănătate și poți atinge, în stilul tău propriu, longevitatea alfa.

Scopul meu aici este să te echipez cu un set de instrumente pe care le poți aplica la situația ta specifică — fie că ai nevoie să fii atent la reglarea glicemiei, greutate, condiția fizică, fie la riscul de Alzheimer și așa mai departe. Tacticile tale personale nu ar trebui să fie niciodată statice, ci vor evolua în funcție de nevoi, pe măsură ce treci prin viață cu toate incertitudinile ei — și pe măsură ce descoperim mai multe lucruri despre știința îmbătrânirii și felul în care funcționează bolile precum cancerul. Pe măsură ce propria ta situație se schimbă, tacticile tale pot (și trebuie) să se schimbe, deoarece, așa cum a spus odată marele filosof Mike Tyson, „toți avem un plan până primim un pumn în gură“.

Un sfat pe care George Foreman l-ar fi putut folosi.

PARTEA A II-A

CAPITOLUL 4

Centenarii

Cu cât îmbătrânești mai mult, cu atât ai fost mai sănătos

Whiskyul este un medicament bun.
Îți menține mușchii fragezi.
RICHARD OVERTON, 1906 - 2018

La bătrânețe, lui Richard Overton îi plăcea să se relaxeze la final de zi cu un shot de whisky și câteva pufăituri dintr-un trabuc Tampa Sweet, aprins direct de la aragaz, în casa lui din Austin, Texas. Insista că nu trăgea niciodată fumul în piept — aviz amatorilor. Domnul Overton, cum era cunoscut, s-a născut în timpul mandatului lui Theodore Roosevelt și a murit spre finalul lui 2018, la vârsta de 112 ani.

Ca să nu se lase mai prejos, veteranul din Primul Război Mondial Henry Allingham punea durata vieții sale, 113 ani, pe seama „țigărilor, whiskyului și femeilor dezlănțuite, sălbatice".[1] E păcat că nu a cunoscut-o niciodată pe aventuriera franțuzoaică Jeanne Calment, care a glumit odată spunând: „N-am avut niciodată decât un rid[2] și stau pe el". Aceasta a mers pe bicicletă până la 100 de ani și a continuat să fumeze până la 117. Poate că nu ar fi trebuit să renunțe la fumat, pentru că a murit cinci ani mai târziu, la 122 de ani, devenind cea mai în vârstă persoană care a trăit vreodată.

Mildred Bowers,[3] la o vârstă comparativ mai tânără, de 106 ani, prefera berea, deschizând o sticlă rece în fiecare zi la ora 16:00

fix — undeva sigur s-a terminat programul de muncă, nu? Theresa Rowley din Grand Rapids, Michigan, considera că băutura ei zilnică, Coca-Cola fără zahăr, a ajutat-o să trăiască până la vârsta de 104 ani, în timp ce Ruth Benjamin din Illinois a spus că explicația pentru că a ajuns la aniversarea de 109 ani era porția zilnică de bacon. „Și cartofi, într-un fel sau altul", a adăugat ea. Erau toți niște tinerei prin comparație cu Emma Morano, din Italia, care a mâncat trei ouă pe zi, două dintre ele crude, până la vârsta de 117 ani.

Dacă am fi niște epidemiologi de pe Saturn și tot ce am avea la îndemână ar fi articolele despre centenari din publicații precum *USA Today* și *Good Housekeeping*, am putea conchide că secretul longevității extreme este meniul special de mic-dejun de la Denny's, dat pe gât alături de un Jim Beam și un trabuc bun. Și poate că așa este. O altă posibilitate este că respectivii centenari celebri își râd de noi ceilalți. Nu putem fi siguri, pentru că experimentul relevant nu poate fi făcut, oricât de mult aș vrea să deschid *JAMA* și să văd titlul „Gogoșile umplute cu ciocolată prelungesc durata de viață? Un studiu clinic randomizat".

Tânjim după un soi de „secret" al unei vieți mai lungi, mai sănătoase, mai fericite. Această dorință ne alimentează obsesia de a cunoaște obiceiurile și ritualurile speciale ale celor care trăiesc cel mai mult. Suntem fascinați de persoane precum Madame Calment, care par să fi scăpat de atracția gravitațională a mortalității, în pofida faptului că au fumat și au făcut și alte chestii neobrăzate pe parcursul vieților lor. Oare mersul pe bicicletă a salvat-o? Sau să fi fost altceva, cum ar fi jumătatea de kilogram de ciocolată pe care se pare că o mânca în fiecare săptămână?

În termeni mai generali, merită să întrebăm: ce au de fapt în comun centenarii sănătoși? Și, mai important, ce putem învăța de la ei — dacă e ceva de învățat? Oare chiar trăiesc mai mult datorită comportamentelor lor idiosincrasice, precum consumul de whisky, sau în pofida lor? Există oare un alt factor comun care explică longevitatea extremă sau e vorba doar de noroc?

Cercetări mai riguroase, făcute pe grupuri mari de centenari, au ridicat (și mai multe) întrebări cu privire la ideea că anumite comportamente „sănătoase", pe care nu mă pot abține să nu le pun între ghilimele, sunt necesare pentru a atinge longevitatea extremă. Conform rezultatelor unui studiu de mari dimensiuni făcut pe evrei așkenazi centenari, derulat de Nir Barzilai la Albert Einstein College of Medicine din Bronx, centenarii nu sunt deloc mai atenți la sănătate[4] decât noi, restul. E chiar posibil să fie mai puțin atenți: un procent mare din cei aproximativ 500 de subiecți din studiul Einstein consumau alcool și fumau, în unele cazuri de multe decenii. Dacă e să putem spune clar ceva este că bărbații centenari din studiu erau *mai puțin* înclinați să facă zilnic mișcare la vârsta de 70 de ani, decât cei de aceeași vârstă din grupul de control. Iar mulți erau supraponderali. Și uite așa se duc pe apa Sâmbetei stilurile sănătoase de viață.

Oare e posibil ca respectivii centenari să fie doar norocoși? Sigur, chiar și numai vârsta îi face să fie niște cazuri particulare extreme din punct de vedere statistic. În 2021, în Statele Unite existau puțin sub 100 000 de centenari, conform Biroului de Recensământ.[5] Și, deși efectivele lor au crescut cu aproximativ 50% în doar 20 de ani, grupul persoanelor peste 100 de ani încă reprezintă doar aproximativ 0,03% din populație, sau aproximativ 1 la 3 333.

Când vârsta crește peste zece decenii, aerul se rarefiază considerabil, destul de repede. Cei care ajung până la aniversarea de 110 ani se califică pentru categoria de ultraelită a „supercentenarilor", cel mai mic grup de vârstă din lume, cu doar aproximativ 300 de membri la nivel mondial în orice moment din timp (deși numărul variază). Doar să aveți o idee despre cât de exclusivist este clubul, pentru fiecare supercentenar din lume, în momentul scrierii acestei cărți, există aproximativ nouă miliardari.

Totuși nimeni nu s-a apropiat de recordul lui Madame Calment. A doua persoană ca longevitate înregistrată vreodată, Sarah Knauss, originară din Pennsylvania, avea doar 119 ani când a murit în 1999. De atunci, cea mai bătrână persoană din lume a depășit rareori vârsta de 117 ani și este aproape întotdeauna o femeie. Deși unele persoane s-au lăudat cu durate extrem de lungi de viață, de 140 de ani sau mai mult, Calment rămâne singura persoană a cărei vârstă a fost verificată vreodată și care a trăit peste 120 de ani, făcându-i pe unii cercetători să speculeze că e posibil ca ea să reprezinte limita superioară a duratei de viață umană, programată în genele noastre.

Pe noi ne interesează o întrebare ușor diferită: de ce sunt unele persoane capabile să treacă de jalonul de 80 de ani, care reprezintă linia de sosire pentru cei mai mulți dintre noi, ceilalți? Oare e posibil ca longevitatea lor extraordinară — și durata excepțională a stării de sănătate — să depindă în principal de genele lor?

Studiile făcute pe gemeni scandinavi[6] au descoperit că genele pot fi responsabile doar de aproximativ 20-30% din variația generală a duratei de viață umană. Șmecheria e că, pe măsură ce îmbătrânești, încep să conteze mai mult genele. Pentru centenari, acestea par să conteze semnificativ. Dacă ești sora unui centenar,[7] este de 8 ori mai probabil să ajungi și tu la vârsta aceea, în timp ce frații centenarilor au de 17 ori mai multe șanse să-și sărbătorească a o suta zi de naștere, conform datelor din studiul New England Centenarian, cu 1000 de subiecți, care a urmărit persoane cu vieți extrem de lungi începând cu 1995 (deși, ca urmare a faptului că subiecții aceștia au crescut în aceleași familii, cu stiluri de viață și obiceiuri teoretic similare, această descoperire se poate datora și unor factori de mediu). Dacă întâmplător nu ai frați centenari, următoarea variantă este să-ți alegi părinți care au trăit mult.

Acesta este unul dintre motivele pentru care consider că e așa de important să primesc o istorie detaliată a familiei de la pacienții mei: trebuie să știu când ți-au murit rudele și de ce. Care sunt posibilele tale „iceberguri", din punct de vedere genetic? Iar dacă ți se întâmplă să ai centenari în arborele tău genealogic, permite-mi să te felicit. Astfel de gene sunt, până la urmă, o formă de noroc moștenit. Dar în familia mea te descurcai bine dacă ajungeai la vârsta de pensionare. Așa că, dacă ești ca mine și ca majoritatea celor care citesc această carte, e puțin probabil ca genele tale să te ajute prea mult. De ce să ne mai batem capul cu acest fel de dileme?

Pentru că sondăm o întrebare mai relevantă: oare putem, prin comportamentele noastre, să ne folosim cumva de beneficiile pe care centenarii le obțin „gratis" prin intermediul genelor? Sau, în termeni mai tehnici, putem imita *fenotipul* centenarilor, acele trăsături fizice care le permit să reziste în fața bolilor și să supraviețuiască atât de mult, chiar dacă ne lipsește *genotipul* lor? E posibil să ne depășim speranța de viață dacă suntem deștepți și acționăm strategic și consecvent în acest sens?

Dacă răspunsul la această întrebare este da, așa cum cred că este, atunci o înțelegere a modului intern de funcționare a acestor câștigători actuariali la loterie — cum ajung la longevitatea extremă — este o sarcină demnă de asumat, care ne poate susține dezvoltarea strategiei.

Când am început să fiu interesat de longevitate, cea mai mare teamă a mea era că am putea cumva să ne dăm seama cum să întârziem moartea fără să prelungim și durata stării de sănătate din viețile oamenilor, în stilul lui Tithonus (și al Medicinei 2.0). Greșeala mea a fost să presupun că ăsta era *deja* destinul celor care trăiau foarte mult și că toți sunt în esență condamnați să-și petreacă anii suplimentari într-un azil de bătrâni sau într-o clinică de îngrijire pe termen lung.

O analiză mai detaliată a datelor din mai multe studii ample derulate pe centenari, la nivel mondial, evidențiază o imagine mai optimistă. Este adevărat că mulți centenari supraviețuiesc într-o stare oarecum fragilă: rata generală a mortalității pentru americanii de 100 de ani[8] sau mai în vârstă este un procent șocant de 36%, ceea ce înseamnă că, dacă bunica are 101 ani, are cam o șansă din trei de a muri în următoarele douăsprezece luni. Moartea bate la ușă. Sondând mai în profunzime, descoperim că mulți dintre cei mai vârstnici mor de pneumonie și alte infecții ocazionale și că există câtiva centenari, ca de exemplu Madame Calment, care chiar mor de ceea ce se numea odată bătrânețe. Dar majoritatea cade încă pradă bolilor bătrâneții — „cei patru călăreți" — la fel ca noi, ceilalți.

Diferența majoră, distincția esențială, este că ei tind să facă aceste boli *mult mai târziu în viață* decât noi, ceilalți — dacă într-adevăr se îmbolnăvesc. Nu vorbim despre doi sau trei și nici măcar de cinci ani mai târziu; vorbim despre zeci de ani mai târziu. Conform cercetărilor lui Thomas Perls[9] de la Universitatea Boston și ale colegilor săi, care derulează New England Centenarian Study, una din cinci persoane din populația generală va fi primit vreun fel de diagnostic de cancer până la vârsta de 72 de ani. Printre centenari, pragul de unu din cinci nu este atins până la vârsta de o sută de ani, aproape cu *trei decenii* mai târziu. În mod asemănător, un sfert din populația generală va fi fost diagnosticată cu boală cardiovasculară manifestată clinic până la vârsta de 75 de ani; printre centenari, prevalența este atinsă doar la vârsta de 92 de ani. Același tipar se menține în ceea ce privește pierderea masei osoase sau osteoporoza care îi lovește pe centenari cu 16 ani mai târziu decât media, precum și accidentele vasculare, demența și hipertensiunea: centenarii ajung să sufere de aceste afecțiuni mult mai târziu sau deloc.

Longevitatea lor nu se bazează doar pe întârzierea bolii. Aceste persoane contrazic de asemenea stereotipul vârstei înaintate, ca perioadă de nefericire și declin. Perls, Barzilai și alți cercetători au observat că persoanele centenare tind să fie destul de sănătoase în ansamblu — ceea ce, din nou, nu e ceva la care se așteaptă majoritatea oamenilor. Asta nu înseamnă că toată lumea care trăiește așa de mult o să joace golf sau o să sară din avioane, dar subiecții de 95 de ani și mai în vârstă ai lui Perls au avut punctaje foarte bune la evaluările standard ale funcționării cognitive și abilității de a îndeplini sarcinile traiului de zi cu zi, pe care le-am menționat în capitolul 3, cum ar fi gătitul meselor și tăiatul unghiilor de la picioare, o sarcină aparent simplă care devine monumental de provocatoare la o vârstă mai înaintată.

În mod ciudat, în pofida faptului că femeile centenare îi depășesc ca număr pe bărbați, cu o rată de cel puțin patru la unu, în general bărbații au avut scoruri mai mari atât la testele cognitive, cât și la cele funcționale. Asta poate să pară inițial ceva paradoxal, de vreme ce este clar că, în medie, femeile trăiesc mai mult decât bărbații. Perls e de părere că există un soi de proces de selecție care acționează, deoarece bărbații sunt mai susceptibili la infarcturi și atacuri vasculare după jumătatea vieții, în timp ce femeile își întârzie vulnerabilitatea cu un deceniu sau două și mor mai rar din cauza acestor boli.

Asta tinde să-i elimine pe indivizii mai fragili din populația masculină, pentru ca *doar* acei bărbați care au o sănătate relativ solidă să ajungă măcar la a o suta aniversare, în timp ce femeile tind să fie capabile să supraviețuiască mai mult *cu* boli și dizabilități specifice vârstei. Perls descrie asta ca pe „o sabie cu două tăișuri“,[10] în sensul că femeile trăiesc mai mult, dar au tendința să fie mai puțin sănătoase. „Bărbații tind să aibă o condiție fizică mai bună“, a spus el. (Autorii nu au realizat măsurători, dar bănuiala mea este că e posibil să fie ceva legat de faptul că bărbații au, în medie, mai multă masă musculară care se corelează semnificativ cu o durată mai lungă de viață și cu o funcționalitate mai bună, așa cum vom discuta mai departe în capitolele despre mișcare și sport.)

Dar chiar dacă nu sunt într-o formă așa de grozavă în al unsprezecelea deceniu de viață, aceste persoane s-au bucurat deja de mulți ani suplimentari de viață sănătoasă comparativ cu restul populației. Durata stării lor de sănătate, ca și durata vieții lor, a fost extraordinar de lungă. Ce e și mai surprinzător este că grupul lui Perls a descoperit și că supercentenarii și „semisupercentenarii" (vârste între 105 și 109 ani) tind de fapt să fie *mai sănătoși* decât centenarii aleși aleatoriu. Aceștia sunt supersupraviețuitorii și, la aceste vârste avansate, durata de viață și durata stării de sănătate sunt în mare parte identice. Așa cum explică Perls[11] și colegii săi într-un titlu de articol: „Cu cât îmbătrânești mai mult, cu atât ai fost mai sănătos".

În termeni matematici, genele centenarilor le-au provocat o *schimbare de fază* în timp — adică, toată curba duratei de viață și a stării de sănătate le-a fost mutată cu un deceniu sau două (ori trei!) spre dreapta. Nu doar că trăiesc mai mult, dar aceștia sunt oamenii care, în principiu, au fost mai sănătoși decât mulți dintre cei de aceeași vârstă și mai tineri din punct de vedere biologic decât ei, toată viața lor. Când aveau 60 de ani, arterele lor coronariene erau la fel de sănătoase ca ale persoanelor de 35 de ani. La 85, probabil arătau, se simțeau și funcționau de parcă aveau 60 de ani. Semănau cu oamenii cu o generație mai tineri decât vârsta din actul lor de identitate. *Acesta* este efectul pe care încercăm să-l imităm.

Să ne aducem aminte de ideea deceniului marginal și deceniului bonus, despre care am vorbit în capitolul 3 și de graficul durata de viață versus durata stării de sănătate. Din cauză că Medicina 2.0 trage adesea de durata de viață în contextul unei durate scurte a stării de sănătate, ce face este să *prelungească* fereastra morbidității, perioada de boală și de dizabilitate de la finalul vieții. Oamenii sunt bolnavi mai mult timp înainte să moară. Deceniul lor marginal este petrecut în mare parte ca pacienți. Prin contrast, când mor, centenarii în general (deși nu întotdeauna) au fost bolnavi și/sau invalizi o perioadă mult mai scurtă de timp decât persoanele care mor cu 20-30 de ani mai tinere. Acest lucru este numit *compresia morbidității* și în esență înseamnă o comprimare sau scurtare a perioadei de declin de la finalul vieții și o prelungire a perioadei de viață sănătoasă sau a duratei stării de sănătate.

Un obiectiv al Medicinei 3.0 este să ajute oamenii să aibă un traseu al vieții mai asemănător cu cel al centenarilor — doar că mai bun. Centenarii nu doar că trăiesc mai mult, ci o fac într-o stare mai bună de sănătate, ceea ce înseamnă că mulți dintre ei ajung să se bucure de unul, două sau chiar trei decenii bonus. Adesea sunt mai sănătoși la 90 de ani decât persoanele obișnuite la 60. Iar când începe efectiv declinul, în general este unul scurt. Asta ne dorim: să trăim mai mult cu o funcționare fizică bună și fără boli cronice, și cu o perioadă mai scurtă de morbiditate la finalul vieților noastre.

Diferența este dată de faptul că, în timp ce majoritatea centenarilor par să obțină longevitatea și o stare bună de sănătate aproape întâmplător, grație genelor și/sau norocului, noi ceilalți trebuie să încercăm să realizăm asta intenționat. Ceea ce ne face să ne punem următoarele două întrebări: *cum* întârzie sau evită centenarii bolile cronice? Și cum putem face la fel?

Aici e posibil să intervină genele — genele de longevitate pe care cei mai mulți dintre noi nu le avem deoarece nu am reușit să ne alegem părinții potriviți. Dar, dacă putem identifica aceste gene specifice, acelea care le oferă avantaj centenarilor, poate le putem reproduce fenotipul, efectele acestora.

Asta ar părea să fie o sarcină destul de simplă: secvențiază genomul câtorva mii de centenari și vezi care gene individuale sau variante ale genelor se evidențiază ca fiind prevalente în rândul acestei populații, prin comparație cu populația mare. Acelea ar fi genele-candidat. Dar, când cercetătorii au făcut asta, analizând mii de persoane cu ajutorul studiilor de asociere la nivelul genomului, nu au obținut aproape nimic. Aceste persoane păreau să aibă foarte puține în comun una cu alta din punct de vedere genetic. Și e posibil ca longevitatea lor să se datoreze până la urmă norocului chior.

De ce sunt genele longevității atât de evazive? Și în primul rând, de ce sunt centenarii așa de rari? Totul se reduce la selecția naturală.

Stai așa! e posibil să exclami. Ni s-a spus toată viața că evoluția și selecția naturală ne-au optimizat în permanență timp de miliarde de ani, favorizând genele benefice și eliminându-le pe cele nocive — supraviețuirea celui mai capabil și tot restul. Atunci, de ce nu avem *toți* aceste gene centenare pro-longevitate, indiferent ce sunt ele? De ce nu suntem toți într-o „formă fizică" suficient de bună pentru a trăi până la o sută de ani?

Răspunsul scurt este că evoluției nu îi pasă de fapt dacă trăim așa de mult. Selecția naturală ne-a înzestrat cu gene care funcționează minunat pentru a ne ajuta să ne dezvoltăm, reproduce și apoi crește urmașii și poate pentru a ne crește urmașii urmașilor noștri. Astfel, cei mai mulți dintre noi putem intra în al șaselea deceniu de viață într-o formă relativ bună. Totuși, după aceea, lucrurile încep să se deregleze. Motivul evoluționist este că, după vârsta de reproducere, selecția naturală își pierde o mare parte din forță. Genele care se dovedesc neprielnice sau chiar nocive la jumătatea vieții și după aceea nu sunt eliminate, pentru că deja au fost transmise mai departe. Să alegem un exemplu evident: gena (sau genele) responsabile de calviția tipică bărbaților. Dar selecției naturale nu prea îi pasă dacă un bărbat pe la 50 de ani (sau chiar și o femeie) are sau nu capul acoperit de păr.

Pierderea părului nu e teribil de importantă pentru longevitate, din fericire pentru mine. Dar acest fenomen general explică și de ce genele care ar putea să predispună la boala Alzheimer sau la alte boli, mai târziu în viață, nu au dispărut din baza noastră genetică. Pe scurt, selecției naturale nu-i pasă dacă facem Alzheimer (sau chelim) la bătrânețe. Asta nu ne afectează capacitatea reproductivă. La momentul când ar putea apărea demența, probabil că deja ne-am transmis genele. Cei mai mulți dintre noi încă mai purtăm aceste gene nesuferite — inclusiv unii centenari, că veni vorba. Într-adevăr, există o șansă ca înseși aceste gene să fi oferit un soi de avantaj mai la începutul vieții, un fenomen cunoscut sub denumirea de „pleiotropie antagonistă".

O teorie plauzibilă susține că persoanele centenare trăiesc așa de mult deoarece mai dețin și alte gene specifice care le protejează de defectele din genomul nostru tipic, prevenind sau încetinind bolile cardiovasculare și cancerul și păstrându-le funcționarea cognitivă zeci de ani după ce alții și-o pierd. Dar, chiar în timp ce selecția naturală le permite genelor nocive să înflorească la bătrânețe, ea nu face aproape nimic pentru a promova aceste gene mai utile, care susțin longevitatea, din motivele discutate mai sus. Așadar se pare că nu există doi centenari care să utilizeze același traseu genetic pentru a ajunge la o vârstă foarte înaintată. Există multe modalități pentru a deveni longevivi, nu doar una sau două.

Acestea fiind spuse, un mănunchi de gene care e posibil să fie responsabile de longevitate au ieșit la iveală în diferite studii și se pare că unele dintre ele sunt poate relevante pentru strategia noastră. Una dintre cele mai puternice gene individuale descoperite până acum este legată de metabolismul colesterolului, metabolismul glucozei... și riscul de boală Alzheimer.

E posibil să fi auzit de această genă, care este numită *APOE*, datorită efectului ei cunoscut asupra riscului bolii Alzheimer. Codează o proteină denumită APOE (apoliproteina E) care este implicată în transportul și procesarea colesterolului și are trei variante: *e2*, *e3* și *e4*. Dintre acestea, *e3* este de departe cea mai răspândită, dar existența a una sau două exemplare[12] din varianta *e4* pare să multiplice riscul de dezvoltare a bolii Alzheimer de două până la douăsprezece ori. Din această cauză, îmi testez pacienții pentru a identifica genotipul *APOE*, așa cum vom discuta în capitolul 9.

Pe de altă parte, varianta *e2* a *APOE* pare să-i protejeze pe purtătorii ei de demență — și se pare că este foarte des asociată și cu longevitatea. Conform unei meta-analize realizate în 2019[13] pe șapte studii separate despre longevitate, cu un total de aproximativ 30 000 de participanți, persoanele care aveau cel puțin o copie a genei *APOE e2* (și nicio *e4*) aveau cu aproximativ 30% șanse mai mari să ajungă la vârste foarte înaintate (definite ca 97 de ani pentru bărbați și 100 de ani pentru femei), decât persoanele cu combinația standard *e3/e3*. Între timp, conform analizei, cei cu două cópii *e4*, una de la fiecare părinte, aveau cu 81% *mai puține* șanse să trăiască așa de mult. Asta e o descoperire destul de importantă.

Vom analiza funcționarea APOE mai în detaliu în capitolul 9, dar sunt șanse mari să fie relevantă pentru strategia noastră, la mai multe niveluri. În primul rând, evident, pare să joace un rol în întârzierea (sau nu) a debutului bolii Alzheimer, în funcție de variantă. Probabil că asta nu e o coincidență, deoarece, așa cum vom vedea, APOE joacă un rol important în transportarea colesterolului prin corp, mai ales în creier; o variantă a *APOE* are de asemenea o influență mare asupra metabolismului glucozei. Faptul că se corelează puternic cu longevitatea sugerează că ar trebui să ne concentrăm eforturile asupra sănătății cognitive și să acordăm o atenție specială problemelor legate de colesterol și lipoproteine (particulele care transportă colesterolul, despre care vom vorbi în capitolul 7), precum și metabolismului glucozei (capitolul 6).

Cercetătorii au identificat două gene corelate cu colesterolul, cunoscute drept *CETP* și *APOC3*, care sunt de asemenea corelate cu longevitatea extremă (și e posibil să explice de ce centenarii mor rareori de boli de inimă). Dar o singură genă — fie chiar și trei duzini de gene —, e puțin probabil să fie responsabilă pentru longevitatea și durata extremă a stării de sănătate a centenarilor. Studii genetice mai ample sugerează că e posibil ca sute, dacă nu mii de gene să fie implicate, fiecare aducându-și propria contribuție măruntă — și că nu există ceva de tipul unui genom centenar „perfect".

Asta de fapt este o veste bună pentru aceia dintre noi fără centenari în arborele genealogic, deoarece sugerează că, până și la acest nivel genetic, e posibil să nu existe un glonț fermecat; chiar și pentru centenari, e posibil ca longevitatea să fie un joc de nișă, în care intervenții relativ mici, cu efect cumulat, ne-ar putea ajuta să replicăm durata mai lungă de viață și a stării de sănătate a centenarilor. Cu alte cuvinte, dacă vrem să ne depășim speranța de viață și să trăim mai bine, mai mult timp, va trebui să muncim din greu ca să merităm asta — prin schimbări mici, incrementale.

O altă posibilă genă a longevității, care a ieșit la iveală în mai multe studii pe centenari la nivel mondial, oferă de asemenea câteva posibile indicii pentru a ne construi strategia. Acestea sunt variante ale unei anumite gene denumite *FOXO3*, care par să fie direct relevante pentru longevitatea umană.

În 2008, Bradley Wilcox, de la Universitatea Hawaii, și colegii săi au raportat că o analiză genetică a participanților la un studiu de lungă durată asupra stării de sănătate și longevității bărbaților hawaieni de origine japoneză a identificat trei SNP-uri (sau variante) în *FOXO3*[14], puternic asociate cu îmbătrânirea sănătoasă și longevitatea. De atunci, numeroase alte studii[15] au descoperit că diverse populații care trăiesc mult par de asemenea să aibă mutații *FOXO3*, inclusiv californienii, locuitorii Noii Anglii, danezii, germanii, italienii, francezii, chinezii și evreii așkenazi americani — făcând din *FOXO3* una dintre puținele gene corelate cu longevitatea descoperite în mai multe grupuri etnice și locații geografice diferite.

FOXO3 aparține familiei „factorilor de transcriere" care reglează modul în care sunt exprimate alte gene — adică dacă sunt activate sau inhibate. Mă gândesc la asta mai degrabă ca la un departament de întreținere celulară. Responsabilitățile sale sunt complexe, acoperind o mare varietate de sarcini de reparare celulară, reglare a metabolismului, grija pentru celulele stem și diferite alte tipuri de munci casnice, inclusiv ajutor în debarasarea deșeurilor și resturilor celulare. Dar nu se ocupă de sarcinile cele mai grele, cum ar fi ștergerea, frecarea, reparațiile minore ale peretelui uscat și așa mai departe. Mai degrabă, deleagă munca altor gene, mai specializate — subcontractorii lor, să zicem. Când *FOXO3* este activată, la rândul său activează gene care în general ne mențin celulele mai sănătoase. Pare să joace un rol important și în prevenirea transformării acestora în celule canceroase.

Aici începem să întrezărim mai multă speranță, deoarece *FOXO3* poate fi activată sau inhibată de propriile noastre comportamente. De exemplu, când suntem ușor privați de substanțe nutritive sau când facem mișcare, *FOXO3* tinde să fie mai activată, ceea ce ne dorim.

Dincolo de *FOXO3*, exprimarea genelor în sine pare să joace un rol important, dar încă insuficient înțeles în longevitate. O analiză genetică a centenarilor spanioli[16] a descoperit că manifestau tipare extrem de tinerești de exprimare genetică, care semănau mai bine cu un grup de persoane de control pe la 20 de ani, decât cu un grup de control vârstnic, de octogenari. Cum au realizat centenarii asta nu este clar, dar e posibil să fie legat de *FOXO3* — sau de un alt regulator al exprimării genelor.

Mai avem încă mai multe întrebări decât răspunsuri, când vine vorba de genetica de la baza longevității extreme, dar asta măcar ne indică o direcție optimistă. În vreme ce *genomul* tău este imutabil, cel puțin în viitorul apropiat, *exprimarea* genelor poate fi influențată de mediul și comportamentele tale. De exemplu, un studiu din 2007[17] a descoperit că persoanele mai vârstnice care au început un program regulat de exerciții fizice au trecut la un tipar mai tineresc de exprimare a genelor după șase luni. Asta sugerează că genetica *și* mediul joacă amândouă un rol în longevitate și că s-ar putea să fie posibil să implementăm intervenții care imită măcar puțin norocul genetic al centenarilor.

Mi se pare util să mă gândesc la centenari ca la rezultatele unui experiment natural care ne comunică ceva important despre cum să trăim mai mult și mai bine. Doar că, în acest caz, Darwin și Mendel, geneticianul născut pe teritoriul Austriei (la momentul acesta, în Republica Cehă), sunt oamenii de știință. Experimentul presupune alcătuirea unei colecții aleatorii de genomuri umane și expunerea lor la o varietate de medii și de comportamente. Centenarii posedă combinația corectă de genom X necesară pentru a supraviețui în mediul Y (poate cu ajutorul unor comportamente Z). Experimentul nu este simplu; există probabil multe căi spre longevitate, genetice sau de alt fel.

Evident că majoritatea nu ne putem aștepta să nu fim sancționați pentru unele dintre comportamentele proaste ale centenarilor, cum ar fi fumatul și deceniile de consum de alcool. Dar chiar dacă nu le imităm (și în multe cazuri nu ar trebui să le imităm) „tacticile“, centenarii pot oricum să ne dea idei pentru strategia noastră. Superputerea lor este capacitatea de a se împotrivi sau de a întârzia declanșarea bolii cronice cu unul, două sau chiar trei decenii, menținându-și în același timp o durată relativ mare a stării de sănătate.

Această schimbare de fază este ceea ce vrem să imităm. Dar Medicina 2.0, care este aproape în totalitate bazată pe efortul de a ne ajuta să trăim mai mult *cu* boala, nu ne va duce acolo. Intervențiile sale ajung aproape întotdeauna prea târziu, când boala este deja instalată. Trebuie să ne uităm la celălalt capăt al intervalului de timp, încercând să încetinim sau să oprim bolile înainte să înceapă. Trebuie să ne concentrăm pe întârzierea *debutului*, mai degrabă decât pe *prelungirea* duratei bolii — și nu doar a unei boli, ci a *tuturor* bolilor cronice. Obiectivul nostru este să trăim mai mult *fără* boală.

Acest lucru atrage atenția asupra unei alte probleme a Medicinei 2.0, și anume aceea că ea în general se raportează la aceste boli ca fiind complet separate una de alta. De exemplu, tratăm diabetul de parcă nu ar avea legătură cu cancerul și boala Alzheimer, deși este un factor major de risc pentru ambele. Această abordare separată a bolilor se reflectă în structura de „siloz" a Institutelor Naționale de Sănătate, structură care are instituții separate dedicate cancerului, bolilor de inimă și așa mai departe. Le considerăm distincte, când de fapt ar trebui să le căutăm punctele comune.

„Încercăm să atacăm bolile de inimă, cancerul, infarctul și boala Alzheimer pe rând, de parcă într-un fel aceste boli nu ar fi înrudite între ele", spune S. Jay Olshansky, care studiază demografia îmbătrânirii la Universitatea Illinois din Chicago, „când, de fapt, factorul de risc subiacent pentru aproape tot ce nu funcționează bine la noi, pe măsură ce îmbătrânim, atât în ceea ce privește bolile de care suferim, cât și fragilitatea și dizabilitatea asociate cu ele, este legat de procesul biologic subiacent al îmbătrânirii".

În capitolul următor, vom analiza o intervenție specifică, un medicament care teoretic încetinește sau întârzie acel proces biologic de îmbătrânire la un nivel mecanic. Poate deveni și el relevant pentru strategia noastră, dar momentan asta înseamnă să avem în vedere două abordări în paralel. Trebuie să analizăm fiecare măsură timpurie de prevenție *specifică bolilor* pe care le vom explora în detaliu în următoarele câteva capitole dedicate bolilor „celor patru călăreți". Și trebuie să ne gândim la fiecare măsură *generală* de prevenție, care vizează toți „cei patru călăreți" în același timp, prin stimuli și factori de risc comuni.

Aceste abordări se suprapun, așa cum vom vedea: reducerea riscului cardiovascular prin atenția acordată unor lipoproteine specifice (colesterolul) poate de asemenea să reducă riscul de boală Alzheimer, deși nu și de cancer. Pașii pe care îi facem pentru a îmbunătăți sănătatea metabolică și a preveni diabetul de tip 2 reduc simultan riscul de boli cardiovasculare, cancer și Alzheimer. Anumite tipuri de exerciții fizice micșorează riscul tuturor bolilor cronice, în timp ce altele ajută la menținerea rezilienței fizice și cognitive pe care centenarii le obțin în mare parte prin genele lor. Acest nivel de prevenție și intervenție poate să pară excesiv după standardele Medicinei 2.0, dar argumentul meu este că e necesar.

Până la urmă, cred că secretul centenarilor se reduce la un singur cuvânt: *reziliență*. Sunt capabili să reziste și să evite cancerul și bolile cardiovasculare, chiar și atunci când au fumat decenii la rând. Își pot menține sănătatea metabolică ideală, adesea în pofida unui regim alimentar dezastruos. Și se împotrivesc declinului cognitiv și fizic mult timp după ce alți oameni de-o vârstă cu ei cedează. Reziliența aceasta este ceea ce vrem să cultivăm, așa cum Ali s-a pregătit să reziste și în cele din urmă să-l depășească pe Foreman. S-a pregătit inteligent și detaliat, s-a antrenat mult timp înainte de meci și și-a folosit tacticile de la primul gong. Nu ar fi putut să reziste la nesfârșit, dar a rezistat suficiente runde, încât să-și poată atinge obiectivul și să câștige lupta.

CAPITOLUL 5

Mănâncă mai puțin, trăiește mai mult?

Știința înfometării și sănătatea

Oamenii de știință care respectă regulile nu prea au șanse să facă descoperiri.

JACK HORNER

În toamna lui 2016, m-am întâlnit cu trei prieteni la George Bush Intercontinental Airport în Houston pentru a porni într-o vacanță puțin neobișnuită. Am zburat 11 ore noaptea spre Santiago, Chile, unde am băut cafea și am mâncat micul-dejun înainte de a ne urca într-un alt avion ca să mai zburăm 6 ore spre vest, peste 4 000 de km în largul oceanului, spre Insula Paștelui, cea mai izolată formațiune terestră de pe glob locuită de oameni. Eram cu toții bărbați pe la 40 de ani, dar acesta nu era modul nostru obișnuit de a ne petrece weekendul ca băieții.

Cei mai mulți oameni au auzit de Insula Paștelui datorită celor aproximativ o mie de capete uriașe misterioase din piatră, denumite *moai* și răspândite pe țărm, dar mai sunt multe alte lucruri interesante. Insula a primit numele de la exploratorii europeni care au debarcat acolo în duminica Paștelui în 1722, însă localnicii o numesc Rapa Nui. Este un loc extrem, izolat, spectaculos. Insula în formă de triunghi, de aproximativ 163 km^2, reprezintă ce a mai rămas dintr-un trio de vulcani vechi care s-au ridicat la peste 3 kilometri de la nivelul planșeului marin în urmă cu milioane de ani. Un capăt al insulei este înconjurat de faleze foarte înalte care plonjează în superbul ocean albastru. Cea mai apropiată localitate este la peste 1 600 de kilometri distanță.

Nu ne-am dus acolo ca turiști. Eram în pelerinaj pentru a ajunge la sursa uneia dintre cele mai interesante molecule din toată medicina, una de care majoritatea oamenilor nici măcar nu a auzit. Povestea descoperirii acestei molecule și a felului în care a revoluționat studiul longevității este una dintre cele mai incredibile aventuri din biologie. Molecula, care a ajuns să fie cunoscută sub denumirea de rapamicină, transformase de asemenea medicina transplanturilor, oferind unor milioane de pacienți o a doua șansă la viață. Dar nu de asta călătorisem 16 000 de km până în acest loc izolat. Venisem pentru că se demonstrase că rapamicina făcea ceva ce niciun alt medicament nu mai făcuse înainte: prelungea durata maximă de viață a unui mamifer.

Această descoperire a fost făcută măcar parțial datorită muncii unui membru al grupului nostru, David Sabatini, care era atunci profesor de biologie la Whitehead Institute de la MIT. David participase la descoperirea traseului celular de bază asupra căruia acționează rapamicina. De asemenea, în călătorie venise un alt biolog, pe nume Navdeep Chandel (Nav, pentru prieteni), un prieten de-ai lui David de la Universitatea de Nord-Vest, care studiază metabolismul și mitocondriile, acele organite mici care produc energie (și fac mult mai mult) în celulele noastre. Cel care completa grupul de patru era prietenul meu apropiat, Tim Ferris. Tim este antreprenor și autor, nu om de știință, dar are darul de a pune întrebările corecte și de a aduce un punct de vedere inedit asupra lucrurilor. În plus, știam că avea să fie dispus să înoate în ocean cu mine în fiecare zi, reducându-mi șansele de a fi mâncat de un rechin cu aproximativ 50%.

Unul dintre scopurile călătoriei noastre era acela de a merge în recunoaștere într-un loc, pentru o conferință care avea să fie dedicată în totalitate cercetării științifice despre această substanță uimitoare. Dar, mai ales, voiam să facem un pelerinaj în spațiul de unde venise această moleculă extraordinară și să aducem un omagiu descoperirii ei aproape întâmplătoare.

După ce ne-am lăsat bagajele la hotelul cu 30 de camere, prima noastră oprire a fost la Rano Kau, vulcanul inactiv, înalt de 300 de metri, care domină colțul sud-vestic al insulei. Destinația noastră era centrul craterului, unde există un mare lac mocirlos, cu un diametru de aproape 1,6 kilometri, care avea o anumită aură mistică în rândul localnicilor. Potrivit unei legende locale pe care o auzisem, când oamenii se simțeau rău sau bolnavi, coborau în crater, petrecând probabil o noapte în pântecul vulcanului, despre care se credea că are puteri vindecătoare speciale.

Aici începe povestea rapamicinei. La finalul anului 1964, o expediție științifică și medicală canadiană a ajuns pe Insula Paștelui călătorind pe un vas tocmai de la Halifax. Și-au petrecut mai multe săptămâni făcând cercetări și oferind îngrijiri medicale foarte necesare localnicilor și au adus acasă numeroase specimene din flora și fauna neobișnuite ale insulei, inclusiv eșantioane de sol din zona craterului. E posibil ca savanții să fi auzit aceeași legendă despre proprietățile sale vindecătoare ca și noi.

Câțiva ani mai târziu, un borcan cu pământ din Insula Paștelui a ajuns pe masa de laborator a unui biochimist din Montreal, pe nume Suren Sehgal, care lucra pentru o companie farmaceutică din Canada, denumită Ayerst. Segal a descoperit că eșantionul acesta de sol era plin de un agent antifungic ciudat și puternic, aparent produs de o bacterie denumită *Streptomyces hygroscopicus*. Curios, Sehgal a izolat bacteria și a crescut-o în cultură, apoi a început să testeze acest compus misterios în laboratorul său. L-a numit rapamicină, după Rapa Nui, numele dat de localnici Insulei Paștelui (*micină* este sufixul adăugat în general agenților antimicrobieni). Dar apoi Ayerst și-a închis brusc laboratorul din Montreal, iar șefii lui Sehgal i-au ordonat să distrugă toți compușii pe care îi studia.

Sehgal nu s-a supus ordinului. Într-o zi, a adus pe furiș acasă un borcan cu rapamicină de la laborator. Fiul său, Ajai, care inițial urma să fie al cincilea membru în pelerinajul nostru, își aduce aminte cum a deschis congelatorul familiei ca să ia înghețată, pe când era puști, și a văzut înăuntru un container bine ambalat pe care scrie A NU SE MÂNCA. Borcanul a supraviețuit mutării familiei la Princeton, New Jersey, unde Segal a fost transferat până la urmă, iar când gigantul farmaceutic Wyeth a cumpărat Ayerst în 1987, noii lui șefi l-au întrebat pe Sehgal dacă avea vreun proiect interesant pe care dorea să continue să-l studieze.

A scos borcanul cu rapamicină din congelator și s-a apucat din nou de treabă.

Sehgal credea că găsise un tratament pentru piciorul atletului, care oricum ar fi fost o realizare suficient de importantă. La un moment dat, își aduce aminte fiul lui, Ajai, a pregătit în casă un unguent care conținea rapamicină pentru o vecină căreia îi apăruse un soi de eczemă ciudată pe corp; eczema i-a trecut aproape imediat. Dar rapamicina s-a dovedit a fi cu mult mai mult decât un alt spray de tip Dr. Scholl. S-a demonstrat că avea efecte puternice asupra sistemului imunitar, iar în 1999 a fost aprobată de Food and Drug Administration (FDA) din SUA pentru a ajuta organismul pacienților cu transplant să accepte organele noi. Pe vremea când eram rezident la chirurgie, o administram ca pe bomboanele de Tic Tac pacienților cu transplant de rinichi și ficat. Uneori denumită sirolimus, rapamicina este de asemenea utilizată pentru a înveli stenturile arteriale, deoarece împiedică vasele de sânge pe care a fost aplicat stentul să se închidă din nou. Descoperirile au continuat să apară, chiar și după ce Sehgal a murit în 2003: în 2007, un analog al rapamicinei* denumit everolimus a fost aprobat pentru utilizarea împotriva unui anumit tip de cancer de rinichi.

Compusul a fost considerat așa de important, încât la începutul anilor 2000, Wyeth-Ayerst a montat o placă pe Insula Paștelui, în apropierea craterului vulcanului, în onoarea locului unde fusese descoperită rapamicina. Dar, când ne-am dus să căutăm placa, am descoperit spre dezamăgirea noastră că fusese furată.

Motivul pentru care rapamicina are utilizări atât de variate se datorează unei proprietăți pe care o observase Sehgal, dar pe care nu o analizase niciodată, și anume faptul că ea tinde să încetinească procesul de creștere și diviziune celulară. David Sabatini a fost unul dintre puținii oameni de știință care au preluat ștafeta de la Sehgal, încercând să explice fenomenul. Înțelegerea rapamicinei a devenit munca lui de-o viață. Încă de când era student, lucrând pe un teanc de hârtii pe care însuși Sehgal le multiplicase la copiator, Sabatini a ajutat la elucidarea modului în care

* Un medicament analog este un compus cu o structură moleculară asemănătoare, dar nu identică; de exemplu, oxicodona este un analog al codeinei.

acest compus unic acționa asupra celulei. Până la urmă, el și alții au descoperit[1] că rapamicina acționa direct asupra unui complex intracelular de proteine denumit mTOR (pronunțat „em-tor"), abrevierea pentru „ținta mecanică a rapamicinei".*

De ce ne pasă de mTOR? Deoarece acest mecanism se dovedește a fi unul dintre cei mai importanți mediatori ai longevității la nivel celular. În plus, mai este și extrem de bine „conservat",[2] ceea ce înseamnă că se găsește teoretic în toate formele de viață, de la drojdie la muște și viermi și până la noi, oamenii. În biologie, „conservat" înseamnă că a fost transmis prin selecție naturală, la numeroase specii și clase de organisme — un semn că evoluția l-a considerat a fi foarte important.

Era straniu: această moleculă exotică, găsită doar pe o fâșie izolată de pământ din mijlocul oceanului, acționează aproape ca un buton care inhibă un mecanism celular foarte specific existent în aproape tot ceea ce este viu. Se potrivea perfect, iar chestia asta mă năucește de fiecare dată când mă gândesc la ea.

Treaba mTOR[3] este în esență să echilibreze nevoia unui organism de a crește și a se reproduce cu disponibilitatea substanțelor nutritive. Când hrana există din belșug, mTOR este activat, iar celula (sau organismul) intră în modul de creștere, producând proteine noi și trecând prin diviziune celulară, ceea ce reprezintă și obiectivul final al reproducerii. Când substanțele nutritive sunt puține, mTOR este suprimat și celulele intră într-un soi de mod de „reciclare", descompunând compuși celulari și în general făcând curat prin casă. Diviziunea celulară și creșterea sunt încetinite sau oprite, iar reproducerea ia o pauză, pentru a permite organismului să conserve energie.

„Într-o anumită măsură, mTOR este ca un contractor general pentru celule",[4] explică Sabatini. Se găsește în nodul unui lanț lung și complicat de trasee care urcă și coboară și care în esență colaborează pentru a regla metabolismul. Simte prezența

* Aici nomenclatura devine puțin derutantă. Pe scurt, medicamentul rapamicină blochează sau inhibă activitatea mTOR, ținta mecanică a rapamicinei, complexul de proteine care se găsește în celule. Pentru a spori confuzia, mTOR a fost inițial numit *ținta mamifer a rapamicinei*, pentru a o diferenția de varianta de *țintă a rapamicinei*, TOR, care a fost descoperit prima oară în drojdie. TOR și mTOR sunt în esență același lucru, ceea ce înseamnă că același mecanism de bază se găsește mai sus sau mai jos în arborele vieții, de-a lungul a miliarde de ani de evoluție.

substanțelor nutritive, mai ales a anumitor aminoacizi și ajută la asamblarea proteinelor, cărămizile celulare esențiale. Așa cum a explicat el, „în esență, mTOR are câte un deget în toate procesele[5] importante din celulă".

Pe 9 iulie 2009, o relatare științifică scurtă, dar importantă, a apărut în *New York Times*: „Antibioticul care întârzie îmbătrânirea în experimentele pe șoareci", suna titlul articolului. „Antibioticul" era rapamicina (care de fapt nu este un antibiotic) și, conform studiului, șobolanii cărora li s-a administrat medicamentul au trăit în medie semnificativ mai mult decât grupul de control: cu 13% mai mult femelele și 9% masculii.

Povestea era îngropată la pagina A20, dar era un rezultat uimitor. Deși medicamentul fusese administrat târziu în viață, când șoarecii erau deja „bătrâni" (600 de zile, aproximativ echivalentul vârstei de 60 de ani la oameni), îmbunătățise speranța de viață rămasă pentru animale cu 28% pentru masculi și 38% pentru femele. Era echivalentul unei pastile care putea face o femeie de 60 de ani să trăiască până la vârsta de 95 de ani. Autorii studiului publicat în revista *Nature* speculau că era posibil ca rapamicina să extindă durata de viață „amânând moartea provocată de cancer,[6] prin întârzierea mecanismelor de îmbătrânire, sau ambele". Totuși adevărata știre aici era că nu se demonstrase că vreo altă moleculă putea să extindă durata vieții la un mamifer. Niciodată.

Rezultatele erau în mod deosebit convingătoare deoarece experimentul fusese derulat de echipe diferite de cercetători în trei laboratoare separate, folosind un total de 1 901 animale diferite din punct de vedere genetic, iar rezultatele fuseseră consecvente pentru toate categoriile. Mai mult, alte laboratoare[7] au reprodus rapid și fără probleme aceste rezultate, ceea ce este oarecum o raritate, chiar și la descoperirile despre care se face multă vâlvă.

E posibil ca asta să vi se pară surprinzător, dar multe dintre studiile care atrag atenția, cele despre care citiți în ziare sau despre care vedeți reportaje la știri, nu sunt niciodată repetate. Un exemplu concret: descoperirea din 2006,[8] comunicată pe larg, că o substanță din coaja strugurilor (și din vinul roșu), resveratrol, prelungea durata vieții la șoarecii supraponderali. Aceasta a generat nenumărate articole la știri și chiar a ocupat o mare parte din emisiunea *60 Minutes* despre beneficiile acestei molecule uimitoare (și, prin extensie, ale vinului roșu). Vânzările suplimentelor de resveratrol au crescut vertiginos. Dar alte laboratoare nu au putut reproduce descoperirile inițiale. Când resveratrolul a fost supus aceluiași gen de teste riguroase[9] ca și rapamicina, ca parte din programul Institutului Național pentru Îmbătrânire menit să testeze intervenții cu potențial antiîmbătrânire, *nu* a prelungit durata de viață a unei populații la fel de diverse de șoareci normali.

Același lucru este valabil pentru alte suplimente celebre, cum ar fi nicotinamida ribozidă[10] sau NR: nici ea nu a reușit să prelungească semnificativ durata de viață a șoarecilor. Bineînțeles, nu există date care să arate că oricare dintre aceste suplimente prelungesc sau îmbunătățesc viața oamenilor. Dar, începând cu 2009, nenumărate studii au confirmat că rapamicina poate prelungi destul de sigur durata de viață a șoarecilor. S-a mai demonstrat că are același efect la drojdie și la musculițele efemere,[11] uneori alături de manipulări genetice care au redus activitatea mTOR. Așadar o persoană rezonabilă ar putea să tragă concluzia că a fost într-o oarecare măsură bine că s-a redus activitatea mTOR, măcar temporar — și că e posibil ca rapamicina să aibă potențial ca medicament care promovează longevitatea.

Pentru savanții care studiază îmbătrânirea, efectul rapamicinei de prelungire a duratei de viață a fost extrem de entuziasmant, dar nu chiar o surpriză. Părea să reprezinte punctul culminant al deceniilor, dacă nu al secolelor, de observații despre modul în care cantitatea de mâncare pe care o consumăm are legătură cu durata vieții noastre. Această idee merge înapoi în timp până la Hipocrate, dar experimente mai moderne au demonstrat,[12] de nenumărate ori, că reducerea aportului de mâncare la animalele de laborator le poate prelungi viețile.

Prima persoană care a pus în practică, într-o manieră riguroasă, documentată, ideea de a *mânca mai puțin* nu a fost un om de știință grec sau modern, ci un om de afaceri italian din secolul al XVI-lea pe nume Alvise Cornaro. Ajuns dezvoltator imobiliar prin forțe proprii și devenind extraordinar de bogat prin drenarea mlaștinilor și transformarea lor în teren agricol productiv,

Cornaro (căruia prietenii îi spuneau „Luigi") avea o nevastă frumoasă și o vilă lângă Veneția, cu propria sală de teatru. Îi plăcea să organizeze petreceri. Dar, pe măsură ce se apropia de 40 de ani, a descoperit că suferă de un „șir de afecțiuni", cum le-a numit el — dureri de stomac, luare în greutate și sete permanentă, un simptom clasic al diabetului incipient.

Cauza era evidentă: prea multe festinuri. Remediul a fost de asemenea evident: renunță la mesele imense și la petreceri, l-au sfătuit medicii. Dar, în timp ce simptomele lui au devenit din ce în ce mai insuportabile, și-a dat seama că trebuia să facă o corecție semnificativă de traseu, altminteri nu va ajunge să-și vadă fiica crescând. Folosindu-și toată forța voinței, și-a impus o dietă spartană care era alcătuită din aproximativ 340 grame de mâncare pe zi, în general sub forma unei tocane pe bază de carne de pui. Era hrănitoare, dar nu foarte sățioasă. „Mă ridic mereu de la masă cu pofta de a mânca și de a bea mai mult", scria el ulterior.

După un an cu această dietă, sănătatea lui Cornaro se îmbunătățise foarte mult. Așa cum explica el: „M-am trezit... complet eliberat de toate suferințele mele". Și-a păstrat regimul și, când a ajuns la 80 de ani, era atât de entuziasmat că trăise atât de mult cu o stare de sănătate așa de bună, încât s-a simțit obligat să-și împărtășească secretul lumii. A scris un tratat autobiografic pe care l-a numit „Discursuri despre o viață trează" (*Discorsi della vita sobria*), deși în mod evident nu era manifestul unui abstinent, deoarece acesta își consuma tocana longevității cu două pahare generoase de vin în fiecare zi.

Rețetele lui Cornaro au dăinuit mult timp după ce el a murit în 1565. Cartea i-a fost retipărită în mai multe limbi pe parcursul următoarelor secole, lăudată de Benjamin Franklin, Thomas Edison și alți învățați, ajungând, probabil, prima carte cu diete de succes din istorie. Dar abia pe la jumătatea secolului XX, oamenii de știință aveau să înceapă să testeze ideea lui Cornaro că mâncatul mai puțin poate prelungi viața cuiva (sau măcar viețile animalelor de laborator).

Nu vorbim aici doar despre hrănirea animalelor cu o dietă tip Weight Watchers. Restricția calorică fără malnutriție, abreviată de obicei RC, este o metodă experimentală precisă prin care un grup de animale (grupul de control) sunt hrănite *ad libitum*, adică mănâncă atât cât vor, în timp ce grupul sau grupele experimentale primesc o dietă similară care conține toate substanțele nutritive necesare, dar cu 25-30% mai puține calorii în total (mai mult sau mai puțin). Animalele care au primit dieta restrictivă sunt apoi comparate cu cele din grupul de control.

Rezultatele au fost remarcabil de consecvente. Studii care datează din anii 1930[13] au descoperit că limitarea aportului caloric poate prelungi durata de viață a unui șoarece sau a unui șobolan cu 15-45%, în funcție de vârsta la început și gradul de restricționare. Nu doar atât, dar animalele subnutrite par de asemenea să fie vizibil mai sănătoase la vârsta lor, dezvoltând mai puține tumori spontane decât șoarecii hrăniți normal. CR pare să le îmbunătățească și durata stării de sănătate, pe lângă durata de viață. Ai putea crede că foamea poate fi nesănătoasă, dar oamenii de știință au descoperit că animalele trăiesc mai mult cu cât sunt hrănite mai puțin. Efectele par să depindă de doză, până la un anumit nivel, aproape ca la un medicament.

Efectul RC de prelungire a vieții pare să fie aproape universal. Multe laboratoare au descoperit că restricționarea aportului caloric prelungește durata de viață nu doar la șobolani și șoareci (de obicei), ci și la drojdie, viermi, muște, pești, hamsteri, câini și chiar, foarte ciudat, păianjeni. S-a descoperit că prelungește durata de viață la aproape fiecare tip de organism pe care a fost încercat, cu excepția ciudată a muștelor de casă. Se pare că, la toate nivelurile, animalele flămânde devin mai reziliente și mai capabile să supraviețuiască, cel puțin în cadrul unui laborator bine controlat și steril.

Cu toate acestea nu înseamnă că voi recomanda acest gen radical de restricție calorică pacienților mei. În primul rând, pentru că utilitatea RC rămâne nesigură în afara laboratorului; e posibil ca animalele foarte slabe să fie mai predispuse la deces provocat de infecții sau temperaturi scăzute. Iar, deși a mânca mai puțin a funcționat la Luigi Coronaro, precum și la unii dintre pacienții mei, restricția calorică pe termen lung este dificil, dacă nu imposibil de susținut pentru majoritatea oamenilor. În plus, nu există nicio dovadă că RC extremă chiar ar maximiza funcția longevității la un organism atât de complex cum suntem noi, oamenii, care trăim într-un mediu cu mai multe variabile decât animalele descrise mai sus. Deși se pare că ar reduce riscul de deces cauzat măcar de unul dintre „cei patru călăreți", se pare și că o creștere a riscului de deces din cauza infecțiilor, traumelor și fragilității ar putea să contrabalanseze aceste avantaje.

Adevărata valoare a cercetărilor despre restricționarea calorică se află în descoperirile cu care au contribuit la modul în care înțelegem procesul de îmbătrânire ca atare. Studiile asupra RC au ajutat la evidențierea mecanismelor celulare esențiale care au legătură cu substanțele nutritive și longevitatea. Reducerea cantității de nutrienți disponibili pentru o celulă pare să declanșeze un grup de trasee subiacente care sporesc rezistența celulei la stres și eficiența metabolică — toate legate, într-un fel, de mTOR.

Primul dintre acestea este o enzimă denumită proteina kinază activată de AMP sau AMPK, pe scurt. AMPK este ca un semnalizator al nivelului de combustibil la bordul mașinii tale: când simte niveluri scăzute de nutrienți[14] (combustibil), se activează, declanșând o cascadă de acțiuni. În timp ce asta se întâmplă în general ca reacție la lipsa de substanțe nutritive, AMPK este activată și când facem sport, reacționând la o scădere trecătoare a nivelurilor de nutrienți. Așa cum ți-ai schimba itinerariul dacă ți s-ar aprinde becul de combustibil la bord, îndreptându-te spre cea mai apropiată benzinărie, în loc de casa bunicii, AMPK stimulează celulele să conserve energia și să caute surse alternative pentru ea.

Face asta în primul rând prin stimularea producției de mitocondrii noi, organitele care produc energia în celulă, prin intermediul unui proces denumit biogeneză mitocondrială. În timp — sau când nu sunt utilizate — mitocondriile noastre devin vulnerabile la stresul oxidativ sau la deteriorări genomice care duc la disfuncții și defecțiuni. Limitarea cantității de substanțe nutritive disponibile, prin restricționare alimentară sau sport, declanșează producerea de mitocondrii mai noi și mai eficiente, pentru a le înlocui pe cele vechi și afectate. Aceste mitocondrii proaspete ajută celula să producă mai mult ATP, moneda energiei celulare, cu combustibilul pe care îl are. De asemenea, AMPK stimulează corpul să ofere mai mult combustibil pentru aceste mitocondrii, producând glucoză în ficat (despre care vom vorbi în capitolul următor) și eliberând energia depozitată în celulele de grăsime.

Și mai important este că AMPK inhibă activitatea mTOR, cel care reglează creșterea celulară. Mai exact, se pare că o scădere a nivelului aminoacizilor suprimă mTOR și, odată cu ea, toate procesele anabolice (de creștere) pe care le controlează. În loc să producă proteine noi și să treacă prin diviziunea celulară, celula intră într-o stare mai eficientă energetic și mai rezistentă la stres, activând un proces important de reciclare celulară denumit *autofagie*, care înseamnă „autoconsumare“ (sau, și mai bine, „autodevorare“).

Autofagia reprezintă partea catabolică a metabolismului, când celula oprește producerea de proteine noi și începe în schimb să descompună proteine vechi și alte structuri celulare în componentele lor aminoacide, folosind materialele descoperite pentru a face altele noi. Este o formă de reciclare celulară, de curățare a reziduurilor acumulate în celulă și de reutilizare sau debarasare. În loc să meargă la Home Depot să cumpere mai multă cherestea, gips-carton și șuruburi, „contractorul“ celular caută prin resturile casei pe care tocmai a demolat-o, să găsească materiale rămase pe care le poate reutiliza, fie pentru a construi sau repara celula, fie pentru a le arde să producă energie.

Autofagia este esențială pentru viață.[15] Dacă se oprește complet, organismul moare. Imaginați-vă cum ar fi dacă nu ai mai arunca gunoiul (sau nu ai mai recicla deșeurile); casa ta ar deveni curând nelocuibilă. Doar că, în loc să folosească saci de gunoi, această curățenie este făcută de organite specializate denumite lizozomi, care împachetează proteinele vechi și alte resturi, inclusiv patogeni, și le mărunțesc (cu ajutorul enzimelor), pentru reutilizare. În plus, lizozomii descompun și distrug și așa-numitele agregate, care sunt bucățile de proteine afectate, ce se acumulează în timp. Agregatele de proteine au fost implicate în boli precum Parkinson și Alzheimer, așa că e bine să scăpăm de ele; autofagia perturbată a fost pusă în legătură cu patologii înrudite cu boala Alzheimer și, de asemenea, cu scleroza laterală amiotrofică (ALS), boala Parkinson și alte afecțiuni neurodegenerative. Șoarecii cărora le lipsește o anumită genă responsabilă de autofagie[16] cad pradă neurodegenerării în decurs de două sau trei luni.

Prin curățarea celulelor noastre de proteinele distruse și de alte resturi celulare, autofagia le permite să funcționeze mai curat și mai eficient și le ajută să reziste mai bine la stres. Dar, pe măsură ce îmbătrânim, autofagia intră în declin. Autofagia perturbată este considerată a fi un stimul important al numeroaselor fenotipuri și afecțiuni legate de vârstă, cum ar fi neurodegenerarea și osteoartrita. Așadar mi se pare fascinant că mecanismul acesta celular foarte important poate fi declanșat de anumite tipuri de intervenții, cum ar fi o reducere temporară a nutrienților (ca atunci când facem sport sau ținem post) — și rapamicină. (Comitetul de decernare a Premiului Nobel împărtășește această fascinație, oferind în 2016 Premiul Nobel pentru Fiziologie și Medicină savantului japonez Yoshinori Ohsumi pentru munca lui de elucidare a reglării genetice a autofagiei.)

Cu toate acestea, efectul rapamicinei de susținere a autofagiei este doar unul dintre motivele pentru care ea poate avea un viitor ca medicament pentru longevitate, potrivit lui Matt Kaeberlein, un cercetător de la Universitatea Washington. Kaeberlein, care studiază rapamicina și mTOR de vreo 20 de ani, consideră că beneficiile medicamentului sunt mult mai vaste și că rapamicina și derivatele ei au un potențial uriaș de utilizare la oameni în scopul prelungirii duratei de viață și a stării de sănătate.

Chiar dacă rapamicina este deja aprobată pentru utilizare la oameni, având mai multe recomandări, există obstacole formidabile în calea lansării unui studiu clinic pentru a-i cerceta posibilul impact asupra îmbătrânirii umane — mai ales posibilele efecte secundare asupra persoanelor sănătoase, mai exact riscul de imunosupresie.

Din punct de vedere istoric, rapamicina a fost aprobată pentru tratarea pacienților pe termen indefinit în urma transplantului de organe, ca parte dintr-un cocktail de trei sau patru medicamente menite să suprime acea parte a sistemului imunitar care altminteri ar ataca și distruge noul organ. Acest efect imunosupresor explică de ce a existat un soi de reticență în luarea în calcul (sau măcar studierea) rapamicinei în contextul întârzierii îmbătrânirii la oamenii sănătoși, în pofida informațiilor detaliate din studiile pe animale, care sugerează că e posibil să prelungească durata de viață și durata stării de sănătate. Presupusele ei efecte imunosupresoare au părut pur și simplu prea intimidante pentru a fi depășite. Astfel, a părut puțin probabil ca rapamicina să-și poată respecta vreodată promisiunea de a deveni un medicament de susținere a longevității la oameni.

Dar toate astea au început să se schimbe la finalul lui decembrie 2014, odată cu publicarea unui studiu care demonstra că everolimus,[17] analogul rapamicinei, chiar *îmbunătățea* răspunsul imun adaptiv la un vaccin, într-un grup de pacienți mai în vârstă. În studiul coordonat de savanții Joan Mannick și Lloyd Klickstein, care apoi au lucrat la Novartis, grupul de pacienți cu o doză săptămânală moderată de everolimus a părut să reacționeze cel mai bine la vaccinul antigripal, cu cele mai puține efecte secundare raportate. Acest studiu a sugerat că rapamicina (și derivatele ei) ar putea chiar să fie mai degrabă un *modulator* imun decât un „imunosupresor", așa cum fusese mereu descrisă înainte de acest studiu: adică, în anumite cantități, poate îmbunătăți imunitatea, în timp ce în cantități complet diferite o poate inhiba.

Până să apară acest studiu, eu (ca și mulți alții) abandonasem în mare parte posibilitatea ca rapamicina să fie vreodată utilizată ca terapie de prevenție la oamenii sănătoși. Presupusesem că aparentele sale efecte imunosupresoare erau prea grave. Dar acest studiu foarte bine realizat și controlat sugera de fapt opusul. Părea că imunosupresia apărea din utilizarea rapamicinei zilnic în doze scăzute sau moderate. Subiecții de studiu primiseră doze moderate spre ridicate urmate de o perioadă de pauză, iar această administrare ciclică avusese un efect opus, de sporire a imunității.

Pare ciudat că administrarea unor doze diferite din același medicament ar putea avea astfel de efecte diferite, dar are logică dacă înțelegi structura mTOR, care de fapt este alcătuită din două complexe separate, denumite complex MTOR 1 (mTORC1) și complex MTOR 2 (mTORC2). Cele două complexe au sarcini diferite, dar (cu riscul de a simplifica excesiv) beneficiile legate de longevitate par să rezulte din inhibarea complexului 1. Administrarea zilnică a medicamentului, așa cum se face în general la pacienții cu transplant, pare să inhibe ambele complexe, în timp ce dozarea de scurtă durată sau ciclică a medicamentului inhibă în principal mTORC1, stimulând beneficiile sale pentru longevitate, cu mai puține efecte secundare nedorite. (Un analog al rapamicinei sau „rapalog", care a inhibat selectiv mTORC1, dar nu și mTORC2, ar fi astfel mai util în scopul longevității, însă nimeni nu a dezvoltat cu succes vreunul până acum.)

În situația actuală, efectele sale secundare cunoscute rămân un obstacol în calea oricărui studiu clinic al rapamicinei pentru geroprotecție (întârzierea îmbătrânirii) la oamenii sănătoși. Pentru a scăpa de aceste obiecții, Kaeberlein face un studiu clinic de mari dimensiuni[18] al rapamicinei pe câinii de companie (de casă), care seamănă destul de mult cu oamenii — sunt mari, sunt mamifere, împart cu noi mediul și îmbătrânesc în feluri similare cu ale noastre. Într-o etapă preliminară a acestui studiu pe care el îl numește proiectul „Îmbătrânirea câinilor", Kaeberlein a descoperit că de fapt rapamicina a părut să îmbunătățească funcția cardiacă[19] la animalele mai în vârstă. „Printre lucrurile care m-au surprins", spune el, „sunt felurile diferite în care rapamicina nu doar pare să întârzie declinul, ci și să îmbunătățească situația. Pare să existe clar, cel puțin la anumite organe, o funcție de reîntinerire."

De asemenea, Kaeberlein a observat că rapamicina pare să reducă inflamația sistemică, probabil prin încetinirea activității așa-numitelor celule senescente, celule „mai bătrâne" care s-au oprit din diviziune, dar nu au murit; aceste celule secretă un cocktail toxic de citokine inflamatorii, substanțe chimice care pot face rău celulelor din jurul lor. Rapamicina pare să reducă aceste citokine inflamatorii. De asemenea, îmbunătățește controlul cancerului, felul în care corpul nostru, cel mai probabil sistemul nostru imunitar, detectează și elimină celulele canceroase. Într-un alt studiu recent, grupul lui Kaeberlein a descoperit că rapamicina părea să îmbunătățească sănătatea parodontală (a gingiilor) la câinii bătrâni.

Prima etapă a proiectului „Îmbătrânirea câinilor", în care sunt implicați aproximativ 600 câini de companie, se derulează acum; rezultatele din acest studiu clinic mai mare sunt așteptate în 2026. (Dezvăluire: sunt un finanțator parțial al acestui proiect de cercetare.) Câinii din acest studiu au un program de dozaj săptămânal, ciclic, de rapamicină, asemănător cu protocolul din studiul asupra imunității derulat pe oameni în 2014. Dacă rezultatele vor fi pozitive, nu m-ar surprinde ca utilizarea rapamicinei în scopul longevității să devină mai obișnuită. Un grup mic de oameni, dar în continuă creștere, din care facem parte eu și câțiva dintre pacienții mei, iau deja rapamicină fără rețetă pentru beneficiile sale potențial geroprotectoare. Nu pot vorbi în numele tuturor, dar administrarea ei ciclică pare să reducă efectele secundare nedorite, din experiența mea.

Chiar și așa, obstacolele pe care va trebui să le demonteze pentru a primi aprobarea pentru utilizare umană pe scară largă rămân copleșitoare. Cei mai mulți oameni care iau acum rapamicină sunt pacienții cu transplant care au deja probleme de sănătate grave și multiple comorbidități. În astfel de populații, efectele secundare ale rapamicinei par mai puțin semnificative decât ar putea să pară la persoanele sănătoase.

„Există o toleranță foarte scăzută pentru efecte secundare din partea publicului sau agențiilor de reglementare, dacă vorbim despre tratarea unei persoane sănătoase", spune Kaeberlein. „Intenția este să încetinim îmbătrânirea la oameni înainte ca ei să se îmbolnăvească, să-i menținem sănătoși mai mult timp, așa că, din multe puncte de vedere, este opusul abordării biomedicale tradiționale, unde în mod normal așteptăm până când oamenii sunt bolnavi și apoi încercăm să le vindecăm bolile."

Obstacolul adevărat aici este un cadru legislativ ancorat în Medicina 2.0, care (încă) nu recunoaște „întârzierea îmbătrânirii" și „întârzierea îmbolnăvirii" ca obiective finale legitime. Asta ar reprezenta o utilizare de Medicină 3.0 a rapamicinei, situație în care am administra un medicament pentru a-i ajuta pe oamenii sănătoși să rămână sănătoși, în loc să vindecăm sau să alinăm o anumită afecțiune. Așadar s-ar lovi de mult mai multe investigații și scepticism. Dar, dacă vorbim despre prevenirea bolilor bătrâneții, care ne vor ucide pe 80% dintre noi, atunci chiar merită să avem o discuție serioasă despre nivelul de risc acceptabil și inacceptabil pentru a realiza acest deziderat. Parțial, obiectivul meu în scrierea prezentei cărți este să fac să avanseze această discuție.

E posibil ca asta să înceapă deja să se întâmple. FDA a dat undă verde pentru un studiu clinic al unui alt medicament cu beneficii potențiale pentru longevitate, medicamentul pentru diabet metformin. Studiul este denumit TAME (*Targeting Aging with Metformin*) și s-a ajuns la el într-un fel foarte diferit. În timp, cercetătorii au observat (și studiile au părut să confirme) că pacienții care luau metformin păreau să aibă o incidență mai scăzută a cancerului decât populația generală. O analiză complexă din 2014[21] a părut să demonstreze că diabeticii tratați cu metformin trăiau de fapt mai mult decât nediabeticii, ceea ce este uimitor. Dar niciuna dintre aceste observații „nu dovedesc" că metformin este geroprotector — de unde și nevoia unui studiu clinic.

Dar e dificil — dacă nu imposibil — de măsurat cu acuratețe îmbătrânirea ca atare. În schimb, cercetătorul principal din TAME, Nir Barzilai, cu care am făcut cunoștință în capitolul anterior, a hotărât să studieze un deznodământ diferit: dacă nu cumva administrarea de metformin subiecților sănătoși întârzie apariția bolilor caracteristice îmbătrânirii, aproximând astfel efectul său asupra îmbătrânirii. Sper ca într-o zi, poate în viitorul apropiat, să putem încerca să facem un studiu similar pe oameni, cu rapamicină, despre care cred că are un potențial și mai mare de agent care favorizează longevitatea.*

Momentan hai să ne gândim totuși la faptul că *toate* cele despre care am discutat în acest capitol, de la mTOR la rapamicină și restricții calorice, indică o anumită direcție: ceea ce mâncăm și felul în care metabolizăm hrana par să joace un rol foarte mare în longevitate. În capitolul următor, vom analiza mai în detaliu felul în care afecțiunile metabolice ajută la favorizarea și dezvoltarea bolilor cronice.

* Înainte de a pleca din Rapa Nui, toți patru am promis să înlocuim placa lipsă care onora descoperirea rapamicinei cu una nouă care să menționeze contribuția unică a insulei la biologia moleculară și rolul lui Suren Sehgal în păstrarea și elucidarea importanței acestei molecule.

CAPITOLUL 6

Criza abundenței

Pot genele noastre vechi să facă față dietei moderne?

Acea suferință umană care poate fi evitată este mai des cauzată nu atât de prostie, cât de ignoranță, mai ales ignoranță în ceea ce ne privește.

CARL SAGAN

Când vine vorba de coordonarea rezidenților în chirurgie, există un fel de regulă nescrisă pe care Hipocrate ar fi enunțat-o după cum urmează: *Pentru început, nu-i lăsa să facă rău.* Regula aceea era pe deplin în vigoare în timpul primelor mele luni la Johns Hopkins în 2001, în secția de chirurgie oncologică. Urma o operație de îndepărtare a unei părți din colonul superior al unui pacient, iar una dintre sarcinile mele era să-l „pregătesc" cu o zi înainte de operație, ceea ce însemna practic un fel de mic interogatoriu, ca să ne asigurăm că știm tot ce era necesar cu privire la istoricul său medical.

M-am întâlnit cu acest pacient și i-am descris procedura la care urma să fie supus, i-am adus aminte să nu mănânce nimic după ora 20:00 și i-am pus o serie de întrebări de rutină, inclusiv dacă fuma și cât de mult alcool consuma. Exersasem cum să pun această întrebare într-un fel neutru, aparent întâmplător, dar știam că este printre cele mai importante aspecte de verificat de pe listă. În cazul în care credeam că un pacient consuma cantități semnificative de alcool (mai mult de patru sau cinci pahare pe zi), trebuia să ne asigurăm că anesteziștii știau asta, ca să poată administra anumite medicamente în timpul recuperării, mai exact benzodiazepine precum Valium, pentru a evita efectele sevrajului. Altminteri, pacientul risca să facă *delirium tremens*, o afecțiune potențial fatală.

Am fost ușurat când mi-a spus că bea foarte puțin. O grijă mai puțin pe listă. A doua zi, am dus pacientul în scaunul cu rotile până în sala de operații și am parcurs lista cu aspecte banale, care cad în sarcina rezidentului. Avea să dureze câteva minute până să-l adoarmă anesteziștii, după care aveam să-i introduc cateterul Foley în vezică, să-i dau cu Betadină pe piele, să aranjez câmpurile chirurgicale și apoi să mă dau la o parte în timp ce rezidentul-șef și chirurgul de serviciu făceau prima incizie. Dacă eram norocos, urma să pot ajuta la deschiderea și închiderea abdomenului. Altminteri, eram acolo să retractez ficatul, să-l țin într-o parte astfel încât chirurgii să aibă o imagine directă asupra organului pe care trebuiau să-l îndepărteze, care era cumva ascuns sub ficat.

Pe măsură ce operația se derula, nimic nu părea neobișnuit. Chirurgii au trebuit să-și croiască drum prin puțină grăsime abdominală înainte să ajungă în cavitatea peritoneală, dar nu era nimic ce nu vedeam în majoritatea zilelor. E un sentiment incredibil de anticipare pe care-l ai chiar înainte de a secționa ultimele câteva membrane care separă lumea exterioară de cavitatea abdominală profundă. Unul dintre primele lucruri pe care le vezi, pe măsură ce incizia se mărește, este vârful ficatului, pe care mereu l-am considerat un organ subapreciat. „Puștii cei mai tari" din medicină se specializează pe creier sau pe inimă, dar ficatul este adevăratul cal de povară al corpului — și îți taie efectiv respirația când îl privești. În mod normal, un ficat sănătos are o culoare vișinie intensă, întunecată, cu o textură superbă, catifelată. Hannibal Lecter nu exagera prea tare: chiar arată de parcă ar fi delicios cu niște boabe de fasole fava și un Chianti bun.

Ficatul pacientului nostru părea tot mai puțin apetisant pe măsură ce ieșea la iveală din grăsimea abdominală. În locul unui vișiniu sănătos, aprins, era marmorat și avea o culoare portocalie, cu noduli reliefați de grăsime portocalie. Arăta ca un *foie gras* stricat. Al doilea chirurg mi-a aruncat o privire. „Ziceai că tipul ăsta nu e alcoolic!" a strigat el.

În mod clar, bărbatul era un băutor înrăit; ficatul lui prezenta toate semnele în acest sens. Și, pentru că nu reușisem să fac rost de această informație, era posibil să-i fi pus viața în pericol.

Dar s-a dovedit că nu greșisem. Când pacientul s-a trezit după operație, a confirmat că rareori consuma alcool, aproape niciodată. Din experiența mea, pacienții care se confruntau cu o operație de cancer rareori mințeau cu privire la băutură sau orice altceva, mai ales când recunoașterea însemna că aveau să primească niște Valium sau, chiar mai bine, câteva beri la cina din spital. Dar în mod clar avea ficatul unui alcoolic, ceea ce li s-a părut tuturor ciudat.

Asta avea să se întâmple de multe ori în timpul rezidențiatului meu. De fiecare dată eram nedumeriți. Nu aveam nici cea mai vagă idee că eram martorii începutului sau poate înfloririi unei epidemii tăcute.

Cu cinci decenii înainte, un chirurg din Topeka, Kansas, pe nume Samuel Zelman se întâlnise cu o situație asemănătoare: opera un pacient pe care îl cunoștea personal, deoarece bărbatul lucra ca asistent în spitalul unde era angajat. Știa sigur că bărbatul nu consuma alcool, așa că a fost surprins să descopere că zeci de ani mai târziu ficatul lui era acoperit de grăsime, exact precum cel al pacientului meu.

De fapt, bărbatul acesta chiar bea multă... Coca-Cola. Zelman știa că bărbatul consuma o cantitate enormă din băutura acidulată, până la 20 (sau mai multe) sticle într-o zi. Pe vremea aceea erau sticlele vechi, mai mici, de Coca-Cola, nu dimensiunile enorme pe care le avem acum, dar oricum, Zelman a estimat să pacientul său asimila un surplus de 1.600 de calorii pe zi în afara celor din mesele sale bogate. Printre colegii săi, a observat Zelman, era „renumit pentru pofta de mâncare".

Acest lucru i-a stârnit curiozitatea, așa că Zelman a mai recrutat[1] alți 19 subiecți obezi, dar nealcoolici, pentru un studiu clinic. Le-a analizat sângele și urina și le-a făcut tuturor biopsii hepatice, o procedură dificilă, realizată cu un ac mare. Toți subiecții manifestau cel puțin un simptom de afectare a ficatului, într-un fel foarte asemănător cu bine-cunoscutele etape ale leziunilor hepatice puse pe seama alcoolismului sau hepatitei. Când a început să fie vizibilă la adolescenți, în anii 1970-1980, medicii îngrijorați au atras atenția asupra unei epidemii ascunse de consum excesiv de băutură de către adolescenți. Dar nu alcoolul era de vină. În 1980, o echipă de la Clinica Mayo a denumit această „boală până atunci nenumită" steatohepatită nonalcoolică[2] sau NASH (*nonalcoholic steatohepatitis*). De atunci, a căpătat proporțiile unui flagel global. Mai mult de una din patru persoane[3] de pe această planetă suferă într-o anumită măsură de NASH sau de o precursoare ei, cunoscută sub denumirea de boala ficatului gras nonalcoolic sau NAFLD (*nonalcoholic fatty liver disease*), ceea ce observasem la pacientul nostru în sala de operații.

NAFLD este strâns corelată atât cu obezitatea, cât și cu hiperlipidemia (colesterolul în exces), dar cu toate acestea rămâne nedepistată, mai ales în etapele incipiente. Majoritatea pacienților nu sunt conștienți că suferă de ea — și nici medicii nu știu, deoarece NAFLD și NASH nu au simptome evidente. În general, primele semne apar doar la o analiză de sânge pentru enzima hepatică alaninaminotransferază (pe scurt ALT). Nivelurile în creștere de ALT sunt adesea primul indiciu că nu e în regulă ceva cu ficatul, deși ar putea să fie și un simptom al unei alte suferințe, cum ar fi o infecție virală recentă sau o reacție la un medicament. Dar există multe persoane în jur, ai căror medici nu au nici cea mai vagă idee că pacienții lor sunt în primele etape ale acestei boli deoarece nivelurile lor de ALT sunt încă „normale".

Următoarea întrebare: ce este normal? Conform Labcorp, o importantă companie de analize medicale, intervalul acceptabil pentru ALT este sub 33 IU/L pentru femei și sub 45 IU/L pentru bărbați (deși intervalele pot varia de la laborator la laborator). Dar „normal" nu este același lucru cu „sănătos". Intervalele de referință pentru aceste teste se bazează pe percentilele actuale,* însă, pe măsură ce, în general, populația devine din ce în ce mai puțin sănătoasă, media se poate depărta de nivelurile optime. Seamănă cu ce s-a întâmplat cu greutatea. La finalul anilor 1970, bărbatul adult american obișnuit cântărea[4] 78 kg. Acum, bărbatul american înclină cântarul la aproape 90 kg. În anii 1970, un bărbat de 90 kg ar fi fost considerat supraponderal; azi, el are

* În general, „normal" înseamnă între percentilele 2,5 și 97,5, un interval foarte mare.

doar o greutate obișnuită. Așa că puteți vedea cum, în secolul XXI, „mediu" nu e neapărat optim.

În ceea ce privește valorile ALT hepatice,[5] Colegiul American de Gastroenterologie și-a revizuit indicațiile pentru a recomanda o evaluare clinică pentru boala hepatică la bărbații cu ALT peste 33 și femei cu ALT peste 25 — semnificativ sub intervalele „normale". E posibil ca nici măcar această valoare să nu fie suficient de mică:[6] un studiu din 2002, care excludea persoanele care aveau *deja* ficat gras, a sugerat ca limita superioară să fie 30 la bărbați și 19 la femei. Așadar, chiar dacă analizele pentru funcția hepatică se încadrează în intervalul de referință, asta nu înseamnă că ficatul tău chiar este sănătos.

NAFLD și NASH sunt de fapt două etape ale aceleiași boli. NAFLD este prima, provocată (pe scurt) de pătrunderea de mai multă grăsime în ficat sau producerea ei acolo în cantități mai mari decât cele excretate de el. Al doilea pas pe pasarela metabolică este NASH, care în esență este NAFLD plus inflamație, asemănător cu hepatita, dar fără o infecție virală. Inflamația produce cicatrici pe ficat, însă, din nou, nu există simptome evidente. Asta poate să sune înspăimântător, dar nu e totul pierdut. Atât NAFLD, cât și NASH sunt încă reversibile. Dacă poți cumva să elimini grăsimea de pe ficat (în mod obișnuit, prin scăderea în greutate), inflamația se va retrage, iar funcția hepatică revine la normal. Ficatul este un organ extrem de rezilient, aproape miraculos în acest sens. E posibil să fie cel mai regenerativ organ din corpul uman. Când o persoană sănătoasă își donează o parte din ficat, atât donatorul, cât și beneficiarul ajung să aibă un ficat aproape de dimensiuni normale, complet funcțional, în decurs de opt săptămâni de la operație, iar cea mai mare parte din acea creștere are loc în primele două săptămâni.

Cu alte cuvinte, ficatul tău își poate reveni în urma leziunilor destul de extinse, inclusiv în urma extirpării parțiale. Dar, dacă NASH nu este ținută sub control sau vindecată, deteriorarea și leziunile pot progresa spre ciroză. Acest lucru se întâmplă la aproximativ 11% dintre pacienții cu NASH și este evident ceva mult mai grav. La acest nivel, începe să afecteze arhitectura celulară a organului, ceea ce face stoparea ei mult mai dificilă. Un pacient cu ciroză riscă să moară din cauza diferitelor complicații provocate de ficatul său nefuncțional, dacă nu primește un transplant hepatic. În 2001, când l-am operat pe bărbatul cu ficat gras, NASH era oficial responsabilă de peste 1% dintre transplanturile de ficat din Statele Unite; până în 2025, se așteaptă ca NASH cu ciroză[7] să fie cauza majoră a transplanturilor hepatice.

Chiar dacă devastatoare, ciroza nu este singurul deznodământ de care sunt îngrijorat aici. Sunt preocupat de NAFLD și NASH — și ar trebui să fii și tu preocupat — deoarece reprezintă genul de vârf al icebergului unei epidemii globale de afecțiuni metabolice, care variază de la rezistența la insulină la diabetul de tip 2. Teoretic, diabetul de tip 2 este o boală în sine, definită de valori foarte clare ale glucozei, dar eu o percep pur și simplu ca pe ultima stație pe un traseu al unui tren care trece prin mai multe alte stații, inclusiv hiperinsulinemia, prediabetul și NAFLD/NASH. Dacă descoperiți că vă aflați oriunde pe această cale ferată, chiar și în stadiile incipiente ale NAFLD, probabil că sunteți de asemenea pe drum spre una sau mai multe dintre celelalte trei boli provocate de „cei patru călăreți“ (boală cardiovasculară, cancer și boala Alzheimer). Așa cum vom vedea în următoarele câteva capitole, disfuncția metabolică sporește semnificativ riscul de a dezvolta toate aceste boli. Așa că nu vă puteți lupta cu „cei patru călăreți“ fără să înfruntați întâi disfuncția metabolică.

Observați că spun „disfuncție metabolică“ și nu „obezitate“, sperietoarea preferată a oricui din domeniul sănătății publice. Este o diferență importantă. Conform Centrelor pentru Controlul Bolilor (Centers for Disease Control — CDC),[8] peste 40% din populația SUA este obeză (definită ca având un IMC* mai mare de 30), în timp ce aproximativ o treime este supraponderală (IMC între 25 și 30). Din punct de vedere statistic, faptul că o persoană este obeză înseamnă că are un risc mai mare de boli cronice, așa că se acordă multă atenție „problemei obezității“, dar eu am o abordare mai largă: obezitatea este doar un simptom al unei dereglări metabolice existente, cum ar fi hiperinsulinemia, care întâmplător ne face să ne îngrășăm. Dar nu toți cei care sunt obezi au probleme de sănătate metabolică și nu toți cei care nu

* IMC este departe de a fi perfect, deoarece nu surprinde proporția de grăsime versus mușchi, dar este suficient de bun pentru scopul nostru aici.

sunt sănătoşi metabolic sunt obezi. Sănătatea metabolică este mai complexă decât pare la prima vedere.

Încă din anii 1960, când obezitatea devenise o problemă larg răspândită, un endocrinolog de la Stanford, pe nume Gerald Reaven, observase că greutatea în exces mergea adesea mână în mână cu alți indicatori specifici ai sănătății afectate. El și colegii săi au observat că pacienții care sufereau infarcturi aveau adesea atât niveluri ridicate de glicemie măsurate pe nemâncate și trigliceride ridicate, precum și tensiune arterială mare și obezitate abdominală. Cu cât un pacient bifa mai mulți dintre acești factori, cu atât era mai mare riscul său de boală cardiovasculară.

În anii 1980, Reaven a etichetat această colecție de afecțiuni înrudite „Sindrom X" — în care factorul X, a stabilit el până la urmă, era rezistența la insulină. Azi numim acest mănunchi de probleme „sindrom metabolic" (sau MetSyn), definit în funcție de următoarele cinci criterii:

1. Tensiune arterială ridicată (>130/85)
2. Trigliceride ridicate (>150 mg/dL)
3. Colesterol HDL scăzut (<40 mg/dL la bărbați sau <50 mg/dL la femei)
4. Țesut adipos central (circumferința taliei >101 cm la bărbați sau >88 cm la femei)
5. Valoare ridicată a glicemiei pe nemâncate (>110 mg/dL)

Dacă bifezi trei[9] sau mai multe dintre aceste criterii, atunci suferi de sindrom metabolic — alături de nu mai puțin de 120 milioane de alți americani, conform unui articol din 2020 din *JAMA*. Aproximativ 90% din populația SUA[10] bifează cel puțin unul dintre aceste criterii. Dar observă că obezitatea este doar unul dintre criterii; *nu* este necesar ca sindromul metabolic să fie diagnosticat. În mod evident, problema este mai profundă decât o simplă luare în greutate nedorită. Acest lucru tinde să susțină opinia mea că obezitatea în sine nu este problema, ci doar un simptom al altor probleme.

Studiile au descoperit că aproximativ o treime dintre aceste persoane care sunt obeze conform IMC sunt de fapt *sănătoase* metabolic, pe baza multora dintre aceiași parametri folosiți pentru a defini sindromul metabolic (tensiune arterială, trigliceride, colesterol și glicemia pe nemâncate, printre altele). În același timp, unele studii au descoperit că între 20 și 40% dintre adulții neobezi pot fi nesănătoși din punct de vedere metabolic, conform acelorași măsurători. Un procent ridicat dintre persoanele obeze sunt, bineînțeles, și bolnave din punct de vedere metabolic — dar, așa cum prezintă figura 3, multe persoane cu o greutate normală sunt în aceeași barcă, ceea ce ar trebui să fie un semnal de alarmă pentru toată lumea. Treaba asta *nu* se rezumă la ce greutate ai. Chiar dacă întâmplător ești slab, tot trebuie să citești capitolul aceasta.

FIGURA 3. Decuplarea obezității de sănătatea metabolică

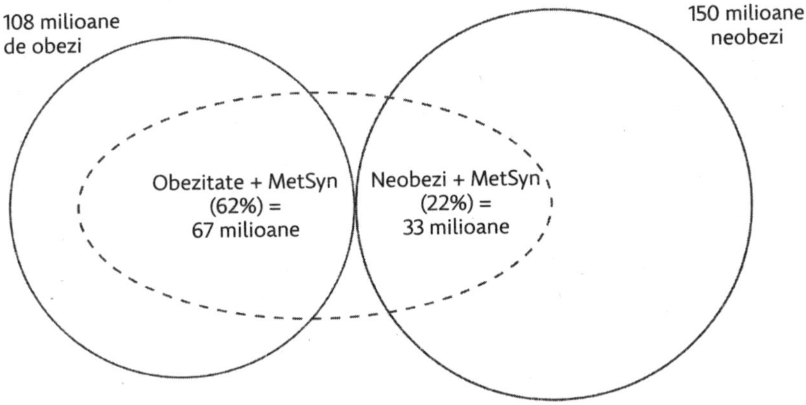

Prevalența relativă a disfuncției metabolice („MetSyn") în rândul segmentelor obeze și neobeze din populație.

Sursa: Analiză internă bazată pe informații de la Institutul Național de Diabet și Boli Digestive și Renale (2021).

Această imagine (bazată pe date de la Institutele Naționale de Sănătate și nu pe articolul *JAMA* pe care tocmai l-am menționat) demonstrează într-un fel chiar dramatic modul în care obezitatea și disfuncția metabolică nu sunt același lucru — de fapt nici vorbă de așa ceva. Cam 42% din populația SUA este obeză (IMC>30). Într-o estimare prudentă, din 100 milioane de americani care întrunesc criteriile pentru sindrom metabolic (adică: bolnavi din punct de vedere metabolic), o treime *nu* sunt obezi. Multe dintre aceste persoane sunt supraponderale conform IMC (25–29,9), însă aproape 10 milioane de americani au o greutate normală (IMC 19–24,9), dar sunt bolnavi din punct de vedere metabolic.

Unele cercetări sugerează că e posibil ca ei să fie în cel mai mare pericol. O meta-analiză vastă a studiilor[11] care au o medie a timpului de monitorizare de 11,5 ani a demonstrat că persoanele din această categorie au un risc de trei ori mai mare de deces din toate cauzele și/sau cauzată de accidente cardiovasculare, decât persoanele sănătoase metabolic și cu o greutate normală. Între timp, subiecții sănătoși din punct de vedere metabolic, dar obezi, din aceste studii *nu* au un risc semnificativ crescut. Concluzia este că nu doar obezitatea are consecințe negative pentru sănătate, ci și disfuncția metabolică. De aceasta ne ocupăm aici.

Metabolismul este procesul prin care consumăm substanțe nutritive și le descompunem pentru a le folosi în corp. La o persoană cu un metabolism sănătos, aceste substanțe nutritive sunt procesate și trimise spre destinațiile lor corecte. Dar, când cineva nu este sănătos din punct de vedere metabolic, multe dintre caloriile pe care le consumă ajung acolo unde nu sunt necesare, în cel mai bun caz — sau acolo unde sunt nocive, în cel mai rău caz.

Dacă, de exemplu, mănânci o gogoașă, corpul trebuie să hotărască cum să procedeze cu caloriile din gogoașă. Cu riscul de a simplifica puțin lucrurile, carbohidrații din gogoașa noastră au două sorți posibile. Prima, pot fi convertiți în glicogen, forma sub care este depozitată glucoza, potrivită pentru utilizarea într-un interval scurt de timp. Aproximativ 75% din acest glicogen ajung în musculatura scheletică, iar celelalte 25% ajung în ficat, deși aceste procente pot varia. Un bărbat adult poate stoca în general aproximativ 1.600 calorii din glicogen împărțit între aceste două destinații sau suficientă energie pentru aproximativ două ore de exerciții viguroase de anduranță. Din acest motiv, dacă alergi un maraton sau faci un drum lung cu bicicleta și nu-ți reîmprospătezi cumva rezervele de energie, există riscul să „cedezi“ sau să rămâi fără energie, ceea ce nu este o experiență plăcută.

Una dintre sarcinile importante ale ficatului este să reconvertească glicogenul depozitat în glucoză și apoi să-l elibereze după cum este nevoie pentru a menține glicemia la același nivel, proces cunoscut sub denumirea de *homeostaza glucozei*. Aceasta este o sarcină incredibil de delicată: un bărbat adult obișnuit va avea aproximativ cinci grame de glucoză circulantă în orice moment sau aproximativ o linguriță. Acea linguriță de glucoză nu va dura mai mult de câteva minute, deoarece glucoza este preluată de mușchi și mai ales de creier, așa că ficatul trebuie în permanență să le alimenteze, titrând-o cu precizie pentru a păstra un nivel mai mult sau mai puțin constant. Gândiți-vă că cinci grame de glucoză, răspândite în tot sistemul circulator al unui individ, reprezintă un nivel normal, în timp ce șapte grame — o linguriță și jumătate — înseamnă că ai diabet. Cum spuneam, ficatul este un organ fascinant.

Avem o capacitate mult mai mare, aproape nelimitată, de a stoca energia sub formă de grăsime — a doua destinație posibilă pentru caloriile din gogoașă. Chiar și un adult relativ zvelt poate să aibă zece kilograme de grăsime în corp, reprezentând o cantitate uimitoare de 90.000 de calorii de energie stocată.

Decizia de a direcționa energia din gogoașă este luată de organism prin intermediul hormonilor, dintre care esențială este insulina secretată de pancreas atunci când corpul simte prezența glucozei, produsul final de descompunere a majorității carbohidraților (cum sunt cei din gogoașă). Insulina ajută la transportarea glucozei acolo unde este nevoie de ea, păstrând în același timp homeostaza glucozei. Dacă întâmplător concurezi într-o etapă a Turului Franței în timp ce mănânci gogoașa sau faci alte tipuri de exerciții fizice intense, aceste calorii vor fi consumate aproape instantaneu în mușchi. Dar, la o persoană tipic sedentară, care nu consumă rapid glicogenul din mușchi, excesul de energie provenit de la gogoașă va ajunge în mare parte în celulele adipoase (sau, mai exact, în trigliceridele din celulele adipoase).

Șmecheria aici este că grăsimea — adică grăsimea subcutanată, stratul de grăsime chiar de sub pielea noastră — este de fapt cel mai *sigur* loc pentru stocarea excesului de energie. Grăsimea ca atare nu este rea. Acolo ar trebui să ne depozităm excesul de calorii. Așa am evoluat. Deși e posibil ca grăsimea să nu fie dezirabilă din punct de vedere cultural sau estetic în lumea noastră modernă, grăsimea subcutanată joacă de fapt un rol important în menținerea sănătății metabolice. Endocrinologul Gerald Shulman de la Yale, unul dintre cercetătorii de top în domeniul diabetului, a publicat odată un experiment elegant care demonstra de ce este necesară grăsimea: când a implantat chirurgical țesut gras[12] șoarecilor rezistenți la insulină, făcându-i astfel *și mai* grași, a descoperit că disfuncția lor metabolică s-a vindecat aproape instantaneu. Noile lor celule de grăsime au absorbit excesul de glucoză din sânge și l-au depozitat în siguranță.

Gândiți-vă că grăsimea acționează ca un soi de zonă tampon metabolică, absorbind excesul de energie și depozitându-l în siguranță până când este necesar. Dacă mâncăm mai multe gogoși, acele calorii sunt depozitate în grăsimea noastră subcutanată; când ne ducem, de exemplu, într-o drumeție lungă sau înotăm mult, o parte din acea grăsime este eliberată pentru a fi folosită de mușchi. Acest flux de grăsime este continuu și, atât timp cât nu ți-ai depășit capacitatea de stocare a grăsimii, lucrurile funcționează destul de bine.

Dar, dacă tu continui să consumi energie mai mult decât ai nevoie, aceste celule adipoase subcutanate se vor umple lent, mai ales dacă este utilizată doar o mică parte din energia stocată. Când un individ ajunge la limita capacității sale de stocare a energiei în grăsimea subcutanată, dar continuă să consume calorii în exces, toată energia aceea trebuie să se ducă undeva. Gogoșile sau orice altceva sunt probabil în continuare convertite în grăsime, dar acum corpul trebuie să găsească alte locuri unde să o depoziteze.

E aproape ca și cum ai avea o cadă și ai umple-o de la robinet. Dacă lași robinetul deschis chiar și după ce cada e plină și scurgerea este blocată (adică: ești sedentar), apa începe să dea pe dinafara căzii, ajungând în locuri unde nu este dorită sau unde nu este nevoie de ea, cum ar fi pe podeaua băii sau pe scări. Se întâmplă la fel cu excesul de grăsime. Pe măsură ce caloriile inundă țesutul adipos subcutanat, ele depășesc capacitatea maximă și surplusul începe să dea pe dinafară în alte zone ale corpului: în sânge, ca trigliceride în exces, în ficat, contribuind la instalarea NAFLD, în țesutul tău muscular, contribuind direct la apariția rezistenței la insulină din mușchi (așa cum vom vedea) și chiar în jurul inimii și pancreasului (figura 4). Evident că niciunul dintre acestea nu sunt locuri ideale pentru colectarea grăsimii; NAFLD este doar una dintre multele consecințe nedorite[13] ale acestui excedent de grăsime.

De asemenea, grăsimea începe să se infiltreze în organism, acumulându-se printre organe. În timp ce grăsimea subcutanată este considerată oarecum inofensivă, „grăsimea viscerală" nu e deloc așa. Aceste celule de grăsime secretă citokine inflamatorii cum ar fi TNF-alpha și IL-6, indicatori esențiali și factori declanșatori ai inflamației, foarte aproape de cele mai importante organe ale tale. E posibil ca din acest motiv grăsimea viscerală să fie corelată cu un risc crescut atât de cancer, cât și de boli cardiovasculare.

Capacitatea de depozitare a grăsimii variază de la o persoană la alta. Revenind la analogia noastră cu cada, unele persoane au capacitatea unei căzi normale de stocare a grăsimii subcutanate, în timp ce altele e posibil să se apropie mai degrabă de dimensiunile unui jacuzzi sau ale unei băi termale. În același timp, altele pot avea doar echivalentul unei găleți de 20 de litri. Mai contează, evident, și cât de multă „apă" *intră* în cadă prin robinetul căzii (sub forma caloriilor din mâncare) și cât de multă se scurge *afară* (sau este consumată prin mișcare sau alte mijloace).

Capacitatea individuală de depozitare a grăsimii pare să fie influențată de factori genetici. Aceasta este o generalizare, dar persoanele cu strămoși asiatici (de exemplu), tind să aibă o capacitate mult mai scăzută de stocare a grăsimii decât caucazienii. Mai sunt și alți factori care intervin aici, dar așa se explică parțial de ce unele persoane pot fi totuși obeze, dar sănătoase din punct de vedere metabolic, în timp ce altele pot să pară „slabe", deși bifează trei sau mai mulți indicatori ai sindromului metabolic. Acestea sunt persoanele cu riscul cel mai mare, conform cercetărilor lui Mitch Lazar de la Universitatea Pennsylvania, deoarece o persoană „slabă" poate pur și simplu să aibă o capacitate mai scăzută de a depozita în siguranță grăsimea. În condițiile în care toate celelalte aspecte sunt identice, un individ care are ceva grăsime corporală poate de asemenea să aibă o capacitate mai mare de depozitare a grăsimii și ca atare mai mult spațiu metabolic de manevră, decât un individ care pare mai slab.

Figura 4. Modul în care grăsimea în exces crește riscul cardiometabolic

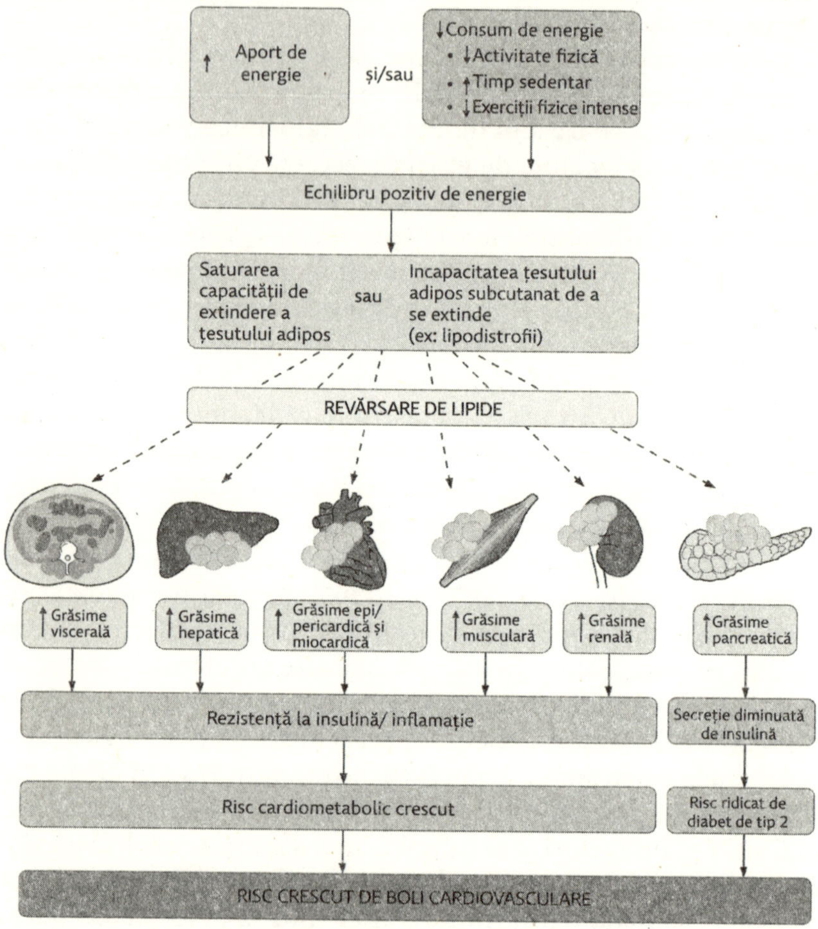

Sursa: Tchernof and Després (2013)

Nu e nevoie de multă grăsime viscerală pentru a avea probleme. Să spunem că ești un bărbat de 40 de ani cu o greutate de 90 kg. Dacă ai 20% grăsime corporală, ceea ce te poziționează mai mult sau mai puțin pe media (percentila 50) pentru vârsta și sexul tău, asta înseamnă că ai 18 kg de grăsime răspândite în tot corpul. Chiar dacă doar 2 kg din acestea sunt grăsime viscerală, s-ar considera că ai un risc excepțional de ridicat de boli cardiovasculare și diabet de tip 2, în primele 5 procente de risc pentru vârsta și sexul tău. Din acest motiv, insist ca pacienții mei să facă anual o scanare DEXA — și sunt mult mai preocupat de grăsimea viscerală decât de grăsimea lor totală.

Poate ți-a luat mult timp să ajungi acolo, dar acum ești în pericol — chiar dacă tu și medicul tău poate nu vă dați seama. Ai grăsime acumulată în multe locuri unde nu ar trebui să fie, cum ar fi în ficat, printre organele abdominale, chiar și în jurul inimii — indiferent de greutatea ta efectivă. Dar unul dintre primele locuri unde grăsimea în exces va provoca probleme este în mușchi, pe măsură ce-și croiește drum printre fibrele musculare, precum dungile de grăsime de pe o bucată de friptură. În timp ce procesul acesta continuă să se deruleze, picăturile de grăsime microscopică apar chiar și *în interiorul* celulelor musculare.

Aici începe probabil rezistența la insulină,[16] conchide Gerald Shulman după studii desfășurate timp de trei decenii. E posibil ca picăturile acestea de grăsime să fie printre primele destinații ale excesului de energie/grăsime, iar pe măsură ce se acumulează, încep să afecteze rețeaua complexă de mecanisme de transport dependente de insulină, care în mod normal aduc glucoza pentru a alimenta celula musculară. Când aceste mecanisme își pierd funcția, celula devine „surdă“ la mesajele insulinei. În cele din urmă, rezistența la insulină va ajunge la alte țesuturi, cum ar fi ficatul, dar Shelman e de părere că ea își are originea în mușchi. Merită menționat că unul dintre ingredientele esențiale în acest proces pare să fie inactivitatea. Dacă o persoană nu este activă fizic și nu consumă energie prin intermediul mușchilor, atunci rezistența la insulină alimentată de excesul de grăsime se dezvoltă mult mai repede. (Din acest motiv, Shulman le cere subiecților din studii, majoritatea studenți, să se abțină de la activitățile fizice pentru a le provoca rezistența la insulină.)

Rezistența la insulină este o sintagmă pe care o auzim des, dar ce înseamnă de fapt? Din punct de vedere tehnic, celulele, inițial cele musculare, au încetat să mai asculte semnalele insulinei; o altă modalitate de a vizualiza rezistența la insulină este să ne imaginăm celula ca pe un balon umplut cu aer. Balonul se umflă până la punctul în care devine dificil să mai bagi aer înăuntru. Trebuie să sufli din ce în ce mai tare. Aici intervine insulina, pentru a facilita procesul de suflare a aerului în balon. Pancreasul începe să secrete și mai multă insulină pentru a încerca să îndepărteze excesul de glucoză din circulația sanguină și să-l înghesuie în celule. Pe moment funcționează, iar nivelul de glucoză din sânge rămâne normal, dar până la urmă ajungi la o limită unde „balonul" (celulele) nu mai pot accepta „aer" (glucoză).

Acesta este momentul când apar problemele la o analiză de sânge de rutină, deoarece glicemia pe nemâncate începe să crească. Asta înseamnă că ai nivel ridicat de insulină *și* glicemia mare, iar celulele tale închid porțile pentru pătrunderea glucozei. Dacă lucrurile continuă așa, atunci pancreasul obosește și devine mai puțin capabil să contracareze cu insulină. Acest lucru este agravat de, ai ghicit, grăsimea care se găsește acum chiar în pancreas. Poți să vezi cum se formează aici spirala periculoasă: excesul de grăsime ajută la inițierea rezistenței la insulină, care duce la acumularea de și mai multă grăsime, care până la urmă ne afectează abilitatea de a depozita calorii sub orice *altă* formă decât grăsime. Mai sunt mulți alți hormoni implicați în producerea și distribuirea de grăsime, inclusiv testosteronul, estrogenul, lipaza sensibilă la hormoni* și cortizolul. Cortizolul este în mod deosebit puternic, cu dublu tăiș: de scădere a grăsimii subcutanate (care în general este benefică) și de înlocuire a ei cu și mai multă grăsime viscerală nocivă. Acesta este unul dintre motivele pentru care nivelul de stres și somnul, afectând amândouă eliberarea de cortizol, sunt relevante pentru metabolism. Dar insulina pare să fie cea mai puternică[17] în ceea ce privește stimularea acumulării de grăsime, deoarece acționează ca un fel de poartă cu sens unic, permițând grăsimii să pătrundă în celulă în timp ce perturbă eliberarea de energie din celulele de grăsime (printr-un proces denumit lipoliză). Insulina este în totalitate legată de stocarea grăsimii, nu de utilizarea ei.

Când nivelul de insulină este crescut cronic, apar mai multe probleme. Depunerea de grăsime și într-un final obezitatea sunt doar un simptom al acestei afecțiuni, denumită

* O enzimă care se manifestă în celule adipoase și ajută la transformarea trigliceridelor depozitate în acizi grași liberi.

hiperinsulinemie. Aș susține că nu sunt nici pe departe cele mai grave simptome: așa cum vom vedea în capitolele care urmează, insulina este și un hormon puternic de creștere și are un rol atât în stimularea aterosclerozei, cât și a cancerului. Iar când rezistența la insulină începe să se dezvolte, trenul e deja de mult timp pe drum spre diabetul de tip 2, care aduce o mulțime de consecințe neplăcute.

Conștientizarea lentă a NAFLD și NASH e similară cu apariția epidemiei globale de diabet de tip 2 cu un secol în urmă. Ca și cancerul, maladia Alzheimer și bolile cardiace, diabetul de tip 2 este cunoscut drept o „boală a civilizației", ceea ce înseamnă că a ajuns să se manifeste plenar abia în epoca modernă. În rândul triburilor primitive și în epocile anterioare, era în mare parte necunoscut. Simptomele lui fuseseră recunoscute de mii de ani, încă din Egiptul Antic (precum și din India antică), dar medicul grec Aretaus din Cappadocia a fost cel care l-a denumit *diabetes*, descriindu-l ca pe o „topire a cărnii[18] și membrelor în urină".

Pe atunci, era teribil de rar, observat doar ocazional. Pe măsură ce diabetul de tip 2 s-a manifestat, la începutul secolului al XVIII-lea, inițial a fost în mare parte o boală a superelitelor, papilor, artiștilor, a negustorilor bogați și nobililor care-și puteau permite acest nou aliment de lux denumit zahăr. Se crede că și compozitorul Johann Sebastian Bach[19] a fost afectat, printre alte personalități celebre. Diabetul se suprapunea cu guta, o afecțiune mai des recunoscută, a claselor superioare decadente. Asta, așa cum vom vedea curând, nu era o coincidență.

Deja la începutul secolului XX, diabetul devenea o boală a maselor. În 1940, celebrul diabetolog Elliott Joslin[20] estima că aproximativ o persoană din 300 sau 400 era diabetică, ceea ce reprezenta o creștere enormă față de un deceniu în urmă, dar boala tot era relativ rară. În 1970, cam pe când m-am născut eu,[21] prevalența ei era de una la 50 de persoane. Azi, peste 11% din populația americană adultă, o persoană din nouă, are diabet de tip 2 clinic, conform unui raport CDC din 2022,[22] și peste 29% dintre adulții cu vârste peste 65 de ani. Un alt procent de 38% dintre adulții americani — mai mult de unu din trei — îndeplinește cel puțin unul dintre criteriile pentru prediabet. Asta înseamnă că aproximativ o jumătate din populație este fie pe cale să dezvolte diabet de tip 2, fie deja se află acolo.

O observație rapidă: diabetul este doar a șaptea sau a opta cauză principală de deces în Statele Unite, după altele, precum bolile renale, accidentele și demența Alzheimer. În 2020,[23] puțin peste 100 000 de decese au fost cauzate de diabetul de tip 2,[24] o fracție din numărul deceselor provocate fie de boli cardiovasculare, fie de cancer. Dacă ne luăm după numere, diabetul nu prea intră în categoria „celor patru călăreți". Dar cred că, în realitate, decesele provocate de diabetul de tip 2 sunt mult mai numeroase și că subevaluăm impactul său adevărat. Pacienții cu diabet au un risc mult mai mare de boli cardiovasculare, precum și de cancer și boala Alzheimer sau alte forme de demență; s-ar putea demonstra că diabetul, cu disfuncția metabolică înrudită, este aspectul pe care toate aceste afecțiuni îl au în comun. Acesta este motivul pentru care pun atât de mult accent pe sănătatea metabolică și pentru care de mult timp mă preocupă epidemia de boli metabolice nu doar din Statele Unite, ci din toată lumea.

De ce are loc epidemia acum?

Cea mai simplă explicație este probabil că metabolismul nostru, așa cum a evoluat în decurs de mii de ani, nu este echipat să facă față dietei ultramoderne, care a apărut doar aproximativ în ultimul secol. Evoluția nu mai este prietenul nostru, deoarece mediul s-a schimbat mult mai repede decât ar putea vreodată să o facă genomul nostru. Evoluția vrea să ne îngrășăm când nutrienții există din abundență: cu cât puteam depozita mai multă energie în trecutul ancestral, cu atât erau mai mari șansele noastre de supraviețuire și de reproducere. Trebuia să fim capabili să rezistăm perioade de timp fără multă hrană și selecția naturală ne făcea pe plac, înzestrându-ne cu gene care ne ajutau să ne conservăm și să depozităm energia sub formă de grăsime. Asta le-a permis strămoșilor noștri îndepărtați să supraviețuiască în perioade de foamete, în condiții de climă rece și factori fiziologici de stres, precum boala și sarcina. Dar aceste gene s-au dovedit a fi mai puțin avantajoase în mediul nostru actual, în care multe persoane din lumea dezvoltată au acces la calorii aproape nelimitate.

O altă problemă este că nu toate aceste categorii sunt la fel și nu toate sunt metabolizate în același mod. Una dintre sursele abundente de calorii din dieta noastră actuală, fructoza, se dovedește de asemenea a fi un stimul foarte puternic al disfuncției metabolice dacă este consumată în exces. Evident că fructoza nu este un nutrient nou. Este acea formă de zahăr care se găsește în aproape toate fructele și ca atare este esențială în dietele multor specii, de la lilieci la păsări colibri, până la urși și maimuțe și oameni. Dar, după cum se dovedește, noi oamenii avem o capacitate[25] unică de a converti caloriile din fructoză în grăsime.

Multor persoane le place să demonizeze fructoza, mai ales pe cea sub formă de sirop de porumb cu conținut ridicat de fructoză, fără să înțeleagă de fapt de ce se presupune că e așa de nocivă. Povestea este complicată, dar fascinantă. Aici, factorul esențial este că fructoza este metabolizată într-o manieră diferită de celelalte zaharuri. Când metabolizăm fructoza, împreună cu alte tipuri de alimente, ea produce cantități mari de acid uric; acesta este cel mai bine cunoscut drept una dintre cauzele gutei, dar a fost asociat și cu tensiunea arterială crescută.

Cu mai bine de două decenii în urmă, un nefrolog de la Universitatea Colorado, pe nume Rick Johnson, a observat cum consumul de fructoză părea să fie un factor favorizant deosebit de puternic nu doar al tensiunii arteriale crescute, ci și al depunerii de grăsime. „Ne-am dat seama că fructoza avea efecte[26] care nu puteau fi explicate prin conținutul său caloric", spune Johnson. Vinovatul părea să fie acidul uric. Alte mamifere și chiar și unele primate au o enzimă denumită uricază care le ajută să dizolve acidul uric. Dar oamenilor le lipsește această enzimă importantă și aparent benefică, așa că acidul uric se depune, împreună cu toate consecințele sale negative.

Johnson și echipa lui au început să studieze[27] istoria noastră evoluționistă, în colaborare cu un antropolog britanic pe nume Peter Andrews, un cercetător pensionat, de la Natural History Museum din Londra și expert în evoluția primatelor. Alții observaseră că specia noastră își pierduse această enzimă, uricaza, din cauza unui soi de mutație genetică, cu mult timp în urmă, dar motivele rămâneau un mister. Johnson și Andrews au căutat printre dovezile evoluționiste și fosile și au elaborat o teorie interesantă: aceea că este posibil ca mutația aceasta să fi fost esențială pentru apariția speciei umane.

Povestea pe care au scos-o la iveală a fost aceea că, milioane de ani în trecut, strămoșii noștri primate au migrat spre nord din Africa în ceea ce acum este Europa. Pe atunci, Europa era un teritoriu bogat și semitropical, dar, pe măsură ce clima s-a răcit treptat, pădurea s-a schimbat. Foioasele și pajiștile întinse au înlocuit pădurea tropicală, iar pomii fructiferi de care depindeau maimuțele pentru hrană au început să dispară, mai ales smochinii, un aliment de bază din dieta lor. Mai mult, maimuțele trebuiau acum să îndure un nou anotimp rece și neplăcut, cunoscut sub denumirea de „iarnă". Pentru a supraviețui, aceste maimuțe aveau acum nevoie să poată să depoziteze sub formă de grăsime unele dintre caloriile pe care le mâncau. Dar ele nu erau echipate genetic pentru stocarea grăsimii, deoarece evoluaseră în Africa, unde hrana era mereu disponibilă. Așadar metabolismul lor nu a făcut o prioritate din depozitarea grăsimii.

La un moment dat, strămoșii noștri primate au trecut printr-o mutație genetică aleatorie care efectiv le-a declanșat capacitatea de a transforma fructoza în grăsime: gena pentru enzima uricază a fost inhibată sau pierdută. Acum, când aceste maimuțe consumau fructoză, produceau o mulțime de acid uric care le făcea să depoziteze mult mai multe calorii din fructoză sub formă de grăsime. Această abilitate nou descoperită de a depozita grăsime le-a permis să supraviețuiască într-o climă mai rece. Își puteau petrece vara îndopându-se cu fructe, îngrășându-se pentru iarnă.

Aceeași specie de maimuțe sau urmașii lor pe scara evoluției au migrat înapoi în Africa, unde, în timp, au evoluat în hominizi și apoi în *Homo sapiens* — transmițându-le mai departe oamenilor mutația răspunzătoare de inhibarea uricazei. Aceasta, la rândul ei, le-a permis oamenilor să se răspândească în lung și în lat pe glob pentru că puteau stoca energie care să-i ajute să supraviețuiască pe vreme rece și în anotimpuri fără hrană din abundență.

Dar, în lumea noastră modernă, acest mecanism de stocare a grăsimii și-a depășit utilitatea. Nu mai trebuie să ne facem griji să căutăm fructe sau să depunem grăsime pentru a supraviețui unei ierni reci. Grație miracolelor tehnologiei alimentare moderne, înotăm aproape la propriu într-o mare de fructoză, mai ales sub formă de băuturi carbogazoase, dar și ascunsă în alimente aparent mai nevinovate, precum sosurile gata preparate pentru salată și borcănelele de iaurt.*

Indiferent de forma sub care apare, fructoza nu reprezintă o problemă când este consumată așa cum o mâncau strămoșii noștri, înainte ca zahărul să devină o marfă ubicuă: în principal sub formă de fructe ca atare. De exemplu, este foarte greu să te îngrași pentru că ai mâncat prea multe fructe, deoarece fructoza din măr intră în sistemul nostru relativ lent, amestecată cu fibre și apă, iar intestinul și metabolismul nostru o pot gestiona normal. Dar, dacă bem litri întregi de suc de mere, asta e o altă poveste, așa cum voi explica imediat.

Fructoza nu este singura care creează acid uric; alimentele bogate în substanțe chimice, cum ar fi anumite cărnuri, anșoa și berea, generează de asemenea acid uric. Din acest motiv guta, o afecțiune provocată de excesul de acid uric, era atât de obișnuită în rândul aristocraților gurmanzi pe vremuri (și este încă și azi). Le testez pacienților mei nivelul de acid uric, nu doar pentru că nivelurile ridicate pot stimula depunerea de grăsime, ci și deoarece este corelat cu tensiunea arterială ridicată. Nivelul ridicat de acid uric este un semnal timpuriu de alarmă că trebuie să ne ocupăm de sănătatea metabolică a pacientului, de dieta lui sau de ambele.

Un alt aspect este legat de faptul că glucoza și fructoza sunt metabolizate foarte diferit la nivel celular. Când o celulă cerebrală, una musculară, intestinală sau orice alt tip de celulă descompune glucoza, aproape instantaneu va avea la dispoziție mai mult ATP (adenozin trifosfat), „moneda“ de schimb a energiei celulare. Dar această energie nu este liberă: celula trebuie să cheltuiască o cantitate mică de ATP pentru a produce mai mult ATP, în același fel în care uneori trebuie să cheltuiești bani pentru a face bani. În metabolismul glucozei, acest consum de energie este reglat de o enzimă specifică; aceasta împiedică celula să „cheltuiască“ prea mult ATP pe metabolism.

Dar, când metabolizăm fructoza în cantități mari, o altă enzimă preia controlul, iar aceasta *nu* înfrânează „consumul“ de ATP.[28] În schimb, nivelul de energie (ATP) din interiorul celulei

* Deși poate fi la modă să demonizăm siropul de porumb cu conținut ridicat de fructoză, care conține 55% fructoză și 45% glucoză, merită să subliniem că zahărul de masă obișnuit (sucroza) este cam la fel, fiind alcătuit din 50% fructoză și 50% glucoză. Așadar nu e cine știe ce diferență între cele două.

scade rapid și dramatic. Această scădere rapidă a nivelului de energie face celula să creadă că organismului încă îi mai este foame. Mecanismele sunt puțin mai complicate, dar ideea de bază este că, deși abundă de energie, în esență fructoza ne păcălește metabolismul să creadă că epuizăm energia — și că trebuie să consumăm și mai multă mâncare și să depozităm și mai multă energie sub formă de grăsime.* La un nivel macro, consumul de cantități mari de fructoză lichidă copleșește pur și simplu capacitatea intestinului de a o gestiona; excesul este deviat spre ficat, unde multe dintre aceste calorii au șanse mari să fie transformate în grăsime. Am văzut pacienți care au ajuns la NAFLD bând prea multe smoothie-uri „sănătoase" din fructe, din același motiv: ingerează prea multă fructoză, prea repede. Așadar disponibilitatea aproape infinită de fructoză lichidă din dieta noastră modernă deja hipercalorică ne programează pentru dereglare metabolică dacă nu suntem atenți (și, mai ales, dacă nu suntem activi fizic).

Uneori, mă gândesc la pacientul care m-a familiarizat prima oară cu boala ficatului gras. El și Pacientul Zero al lui Samuel Zelman, bărbatul care consuma 12 sticle de Coca-Cola pe zi, aveau aceeași problemă: consumau mult mai multe calorii decât aveau nevoie. Până la urmă, continui să cred că excesul caloric este ceea ce contează cel mai mult.

Bineînțeles, pacientul meu era în spital nu din cauza NAFLD, ci din cauza cancerului de colon. Operația lui s-a desfășurat minunat: am îndepărtat partea canceroasă din colon și l-am pus pe calea unei recuperări rapide. Cancerul lui de colon era bine instalat, dar nu făcuse metastaze și nu se răspândise. Îmi aduc aminte de chirurgul care opera, care a avut o părere destul de bună despre operație, deoarece depistasem cancerul la timp. Bărbatul acesta avea probabil 40 sau 45 de ani, cu o viață încă lungă în față.

---

* Această scădere a ATP celular declanșează o enzimă denumită *AMP deaminază*, care e un fel de geamăn malefic al AMPK, enzima indicator inversat de combustibil, despre care am vorbit în capitolul anterior. Când AMPK este activată, declanșează tot felul de programe de supraviețuire celulară, inclusiv arderea de grăsime depozitată, pentru a le permite organismelor să supraviețuiască fără hrană. Pe de altă parte, când fructoza declanșează AMPD, ne determină organismul să stocheze grăsime. (Și această cascadă declanșează foamea, blocând leptina, hormonul sațietății.)

Dar ce s-a întâmplat cu el? În mod clar se afla și în etapele incipiente ale bolii metabolice. Mă tot întreb dacă nu cumva e posibil cele două să fi fost legate cumva, ficatul lui gras și cancerul. Cum arăta oare, din punct de vedere metabolic, la zece ani după ce venise pentru operație? Așa cum vom vedea în capitolul 8, obezitatea și disfuncția metabolică sunt ambele factori importanți de risc pentru cancer. E oare posibil ca problemele metabolice existente ale acestui bărbat să fi alimentat cumva cancerul? Ce s-ar fi întâmplat dacă aceste probleme existente, produse în mod clar de ficatul lui gras, ar fi fost identificate cu un deceniu sau mai mult înainte? Ne-am mai fi întâlnit?

Pare puțin probabil ca Medicina 2.0 să se fi ocupat de situația lui. Procedura standard, așa cum am menționat în capitolul 1, este ca medicul să aștepte până când pacientului îi crește valoarea HbA1c peste pragul magic de 6,5%, înainte de a-l diagnostica cu diabet de tip 2. Dar, până atunci, așa cum am văzut în capitolul acesta, e posibil ca persoana să fie deja într-o fază de risc crescut. Pentru a gestiona această epidemie agresivă de afecțiuni metabolice, dintre care NAFLD este doar un precursor, trebuie să abordăm situația mult mai devreme.

Unul dintre motivele pentru care conceptul de sindrom metabolic mi se pare valoros este că ne ajută să percepem aceste afecțiuni ca făcând parte dintr-un continuum și nefiind doar o problemă singulară, binară. Cele cinci criterii relativ simple ale sale sunt utile pentru a prezice riscul la nivelul populației. Dar în continuare mi se pare că dacă ne bazăm pe asta înseamnă că așteptăm prea mult pentru a afirma că există o problemă. De ce să așteptăm până când cineva bifează trei sau patru indicatori? Oricare dintre ei este în general un semn rău. O abordare în stilul Medicinei 3.0 ar fi să căutăm semnele prevestitoare cu ani înainte. Vrem să intervenim chiar înainte ca un pacient să dezvolte sindrom metabolic.

Asta înseamnă să fim atenți, pentru a observa semnalele timpurii că există probleme. La pacienții mei monitorizez mai mulți markeri biologici corelați cu metabolismul, fiind atent la fenomene precum valori mari de acid uric și homocisteină, inflamație cronică și chiar și valori ușor crescute ale enzimelor hepatice ALT. Lipoproteinele, despre care vom vorbi în detaliu în capitolul următor, sunt de asemenea importante, mai ales trigliceridele; mă uit la raportul trigliceride — colesterol HDL (ar trebui să fie mai mic de 2:1 sau, și mai bine, mai mic de 1:1), precum și la nivelul VLDL, o lipoproteină care transportă trigliceride — toate acestea putând să se manifeste cu mulți ani înainte ca un pacient să corespundă definiției sindromului metabolic din manual. Acești markeri biologici ne ajută să obținem o imagine mai clară a sănătății metabolice generale, decât HbA1c, care în sine nu este foarte specific.

Dar primul lucru după care mă uit, elefantul din prăvălia cu bibelouri a disfuncției metabolice, este valoarea mare a insulinei. Așa cum am văzut, prima reacție a corpului la o primă rezistență la insulină este de a produce *mai multă* insulină. Amintește-ți de analogia noastră cu balonul: pe măsură ce devine din ce în ce mai dificil să suflăm aer (glucoză) în balon (celulă), trebuie să suflăm din ce în ce mai tare (adică să producem mai multă insulină). La început, asta pare să funcționeze: corpul încă mai poate să-și mențină homeostaza glucozei, un nivel constant al glicemiei sangvine. Dar insulina, mai ales cea măsurată după masă, este deja în creștere.

Una dintre analizele pe care îmi place să le-o fac pacienților este testul oral de toleranță la glucoză sau OGTT, în timpul căruia pacientul înghite 300 ml dintr-o băutură greţos de dulce, aproape imposibil de băut, denumită Glucola, care conține 75 grame de glucoză pură sau aproximativ de două ori mai mult zahăr decât o Coca-Cola obișnuită.* Apoi măsurăm glicemia pacientului *și* insulina la fiecare 30 minute în următoarele două ore. În general, nivelurile de glicemie vor crește, urmate de un maximum de insulină, dar apoi glucoza va scădea constant pe măsură ce insulina își face treaba și o elimină din circulație.

La suprafață, asta e în regulă: insulina și-a făcut treaba și a controlat glicemia. Dar, la o persoană care se află în primele stadii ale rezistenței la insulină, insulina va crește foarte agresiv în primele 30 de minute și apoi va rămâne crescută sau va crește chiar și mai mult în ora următoare. Maximul postprandial de

* Pentru comparație, o doză obișnuită de Coca-Cola de 330 ml conține 39 grame de sirop de porumb cu conținut ridicat de fructoză, din care aproximativ jumătate este glucoză și jumătate fructoză.

insulină este unul dintre cele mai importante semnale de alarmă că nu e ceva în regulă.

Gerald Raven, care a murit în 2018 la vârsta de 89 de ani, ar fi fost de acord. Zeci de ani a trebuit să se lupte ca rezistența la insulină să fie recunoscută drept cauză principală a diabetului de tip 2, o idee care acum este acceptată pe scară largă. Cu toate acestea, diabetul este doar unul dintre pericole: studiile au descoperit că rezistența la insulină ca atare este asociată cu o creștere uriașă[29] a riscului de cancer (de 12 ori mai mare), boala Alzheimer (de 5 ori) și de deces din cauze cardiovasculare (aproape de 6 ori) — toate acestea subliniind motivele pentru care gestionarea și, ideal, prevenirea disfuncției metabolice sunt o etapă esențială în felul în care eu abordez longevitatea.

Pare cel puțin plauzibil faptul că pacientul meu cu ficat gras a avut la un moment dat un nivel ridicat de insulină, cu mult înainte de operație. Dar este de asemenea extrem de puțin probabil ca Medicina 2.0 să fi luat măcar în calcul tratarea lui, ceea ce mă dă peste cap. Dacă oricare alt hormon ar fi ajuns atât de dezechilibrat ca acesta, cum ar fi hormonul tiroidian sau chiar și cortizolul, medicii ar fi acționat rapid pentru a rezolva situația. Acesta din urmă ar putea fi un simptom al bolii Cushing, în timp ce primul ar putea fi un semn al bolii Graves sau o altă formă de hipertiroidism. Ambele afecțiuni endocrine (a se citi: *hormonale*) necesită și primesc tratament imediat cum sunt diagnosticate. A nu face nimic ar reprezenta malpraxis. Dar, în cazul hiperinsulinemiei, dintr-un motiv sau altul, așteptăm și nu facem nimic. Asta e ca și cum am aștepta ca boala Graves să provoace *exoftalmie* (globii oculari proeminenți, reprezentativi pentru persoanele cu hipertiroidism netratat) înainte de a interveni cu tratament.

E mai mult decât anapoda faptul că nu tratăm hiperinsulinemia ca pe o tulburare endocrină *bona fide* în sine. Părerea mea este că, dacă am face asta, am avea un impact mai mare asupra sănătății și longevității umane decât cu orice alt obiectiv terapeutic. În următoarele trei capitole vom analiza cele trei boli principale ale îmbătrânirii — boala cardiovasculară, cancerul și bolile neurodegenerative — toate alimentate de disfuncția metabolică. Sper că va deveni clar pentru tine, așa cum este pentru mine, faptul că primul pas logic în aventura noastră de întârziere a morții este de a face ordine în căminul nostru metabolic.

Vestea bună este că avem instrumente puternice pentru a acționa asupra acestui aspect. Schimbarea modului în care facem mișcare, a alimentației și a modului în care dormim (vezi Partea a III-a) poate întoarce complet sorții în favoarea noastră. Vestea proastă este că lucrurile acestea necesită efort pentru a scăpa de mediul modern standard care a conspirat împotriva genelor noastre vechi (și anterior utile) de stocare a grăsimii, hrănindu-ne excesiv, făcându-ne pe toți să ne mișcăm și să dormim mai puțin.

CAPITOLUL 7

Ceasornicul

Cum să gestionăm și să prevenim bolile de inimă, cel mai mare ucigaș de pe planetă

Acțiunea implică întotdeauna niște riscuri. Dar este mult mai riscant să nu acționăm.
HARRY S. TRUMAN

Unul dintre dezavantajele profesiei mele este că prea multe cunoștințe devin propriul lor blestem. În timp ce mă afundam din nou în practica medicală, după pauza petrecută în lumea afacerilor, mi-am dat seama că știu deja cum e posibil să mor: par să fiu menit să mor de o boală de inimă.

Mă întreb de ce mi-a luat atât să mă prind. Când aveam cinci ani, fratele mai mare al tatălui meu, Francis — preferatul lui dintre cei opt frați —, a murit din cauza unui infarct neașteptat la vârsta de 46 de ani. Fratele meu, Paul, s-a născut două zile mai târziu, iar tata, îndurerat, i-a pus al doilea nume Francis. Așa cum anumite nume circulă în familii, în a mea pare să circule o predispoziție spre boli cardiovasculare. Un alt unchi a suferit un infarct fatal la 42 de ani, în timp ce un al treilea a ajuns până la vârsta de 69 de ani și a murit tot din cauza inimii, ceea ce probabil e ceva mai obișnuit, dar tot e prea devreme.

Tata e norocos pentru că trăiește încă, la vârsta minunată de 85 ani. Dar chiar și el are un stent pe una dintre arterele coronariene, o amintire a unui infarct minor suferit la vârsta de 65 de ani. A simțit o durere în piept într-o zi, la cariera de calcar unde lucra, și a ajuns la Urgențe, unde s-a stabilit că avusese de curând un infarct. Stentul, o mică teacă din sârmă metalică, i-a fost implantat după aproximativ un an. Nu sunt convins că stentul a făcut ceva — nu avea simptome la momentul când i-a fost montat —, dar poate că l-a speriat suficient, ca să fie mai disciplinat cu medicamentele și dieta.

Așa că, deși profilul colesterolului meu este excelent și mănânc echilibrat, nu fumez deloc, am o tensiune arterială normală și rareori beau alcool, tot am un risc. Mi se pare că sunt blocat în acea glumă cu Charlie Munger, despre tipul care vrea doar să știe *unde* o să moară, ca să se asigure că nu se duce niciodată acolo. Din nefericire, de prea multe ori, bolile de inimă te găsesc.

Când eram la facultatea de medicină, profesorului meu de patologie din primul an îi plăcea să pună o întrebare-capcană: care este cea mai obișnuită „manifestare“ (sau simptom) a bolii cardiovasculare? Nu era durerea în piept, durerea în brațul stâng sau respirația întretăiată, cele mai obișnuite răspunsuri; era moartea subită. Știi că un pacient suferă de o boală de inimă pentru că tocmai a murit din cauza ei. Din acest motiv, spunea el, singurii medici care chiar înțeleg boala cardiovasculară sunt patologii. Argumentul lui: la momentul când un patolog îți vede țesutul arterial, ești deja mort.

În timp ce ratele mortalității cauzate de aceste prime infarcturi neașteptate au scăzut semnificativ, grație îmbunătățirilor tratamentelor cardiace de menținere a vieții și intervențiilor realizate la timp, precum cateterizarea cardiacă și administrarea anticoagulantelor care aproape că pot opri un infarct în desfășurare, în continuare infarcturile sunt fatale în aproximativ o treime din cazuri, conform lui Ron Krauss, cercetător principal și director de cercetare aterosclerotică la Children's Hospital Oakland Research Institute.

La nivel global, boala de inimă și atacul vascular cerebral[1] (sau boala cerebrovasculară), pe care le încadrez laolaltă sub o denumire unică de boală aterosclerotică cardiovasculară (*atherosclerotic cardiovascular disease* — ASCVD), reprezintă cauza principală de deces, omorând aproximativ 2 300 de persoane[2] în fiecare zi în Statele Unite, conform CDC — mai mult decât orice altă cauză, inclusiv cancerul. Nu doar bărbații au un risc crescut:[3] americancele riscă de aproape zece ori mai mult să moară din cauza bolii aterosclerotice decât de cancer de sân (nu e o greșeală de tipar: una din trei, față de una din 30). Dar fundele roz pentru cancerul de sân depășesc cu mult fundele roșii ale asociației Americane de Cardiologie în ceea ce privește conștientizarea acestei boli de inimă în rândul femeilor.

Morțile unchilor mei rămân un mister pentru mine. Trăiau în Egipt și nu am nici cea mai vagă idee cum le arătau analizele sau, mai important, în ce stare erau arterele lor coronariene. Sunt destul de sigur că fumau, dar poate că, dacă ar fi avut acces la o îngrijire medicală mai bună, ar fi putut supraviețui și ei infarcturilor, ca tata. Sau poate că destinele lor au fost inevitabile, determinate de gene. Tot ce știu este că 42 de ani pare o vârstă prea tânără să mori din cauza unui infarct.

Cunoscusem povestea unchilor mei dintotdeauna, dar implicațiile le-am conștientizat doar pe la 36 de ani, când am devenit prima oară tată. Deodată, conștientizarea propriei mele mortalități m-a izbit ca un val sălbatic, venind de nicăieri într-una dintre lungile mele ture de înot. Probabil că prezenta carte nu ar fi fost scrisă dacă nu ar fi existat acea poveste de familie.

Ca majoritatea celor de 36 de ani, Peter Cel-Nu-Prea-Slab nu s-a gândit aproape deloc la bolile de inimă. De ce aș fi făcut-o? Inima îmi era suficient de puternică pentru a mă propulsa prin canalul Catalina, lat de 34 km, lucrând constant mai bine de 14 ore, precum un motor de Mercedes pe motorină și torcându-mi regulat în piept. Eram într-o formă grozavă, mă gândeam eu. Dar oricum eram îngrijorat, având în vedere povestea familiei mele. Așa că am insistat ca medicul să-mi prescrie o tomografie cardiacă și asta a ajuns să-mi schimbe în totalitate perspectiva asupra vieții.

Tomografia a fost calibrată pentru a descoperi calcifieri în arterele mele coronariene, un indiciu al aterosclerozei avansate. Rezultatele au indicat că aveam un „scor" de calciu de 6. Pare un nivel scăzut, iar în termeni absoluți chiar era; cineva într-un stadiu avansat al bolii ar avea peste 1 000. Dar, pentru o persoană de 36 de ani, ar fi trebuit să fie zero. Scorul meu de 6 însemna că aveam mai mult calciu în arterele coronariene decât 75–90% dintre persoanele de vârsta mea. Pe măsură ce am sondat mai în profunzime patologia acestei boli, am fost dezamăgit să aflu că era deja destul de târziu. Se consideră că un scor de calciu prezice un risc viitor, ceea ce și este, dar mai este și un indicator al gradului de afectare istoric și actual. Iar eu ieșeam deja din medie. Eram doar la jumătatea celui de-al treilea deceniu de viață, dar aveam arterele unei persoane de 55 de ani.

Am fost supărat de această revelație, deși, știind ce știu acum, nu e deloc surprinzătoare. La momentul acela, eram supraponderal și mă aflam aproape de limita la care se declanșează rezistența la insulină, doi factori imenși de risc care în sine participă la crearea unui mediu ce facilitează și accelerează dezvoltarea leziunilor aterosclerotice. Cu toate acestea, deoarece scorul meu de calciu era „doar" 6 și colesterolul LDL („cel rău"), important mai presus de orice, era „normal", sfatul medical pe care l-am primit a fost — stați așa! — să nu fac nimic. Sună cunoscut?

Să nu fac nimic nu-mi stă în caracter, cum probabil v-ați dat seama deja. Am simțit că nu sunt pe un drum bun și trebuia să-mi dau seama cum să-l schimb. Curiozitatea m-a propulsat într-o căutare de ani de zile pentru a înțelege cu adevărat ateroscleroza. Povestea pe care am scos-o la iveală, cu ajutorul generos al mentorilor mei Tom Dayspring, Allan Sniderman și Ron Krauss (printre alții), toți experți renumiți la nivel mondial în patologie cardiacă și studiul lipidelor, a fost năucitoare.

Deși boala de inimă este afecțiunea cea mai răspândită odată cu înaintarea în vârstă, este mai ușor de prevenit decât cancerul sau boala Alzheimer. Știm multe lucruri despre cum și de ce debutează și modul în care evoluează. Deși nu poate fi efectiv vindecată și nu putem determina reversia bolii, așa cum se poate întâmpla în cazul diabetului de tip 2 (uneori), debutul ei e relativ ușor de amânat dacă ești inteligent și te apuci de treabă din vreme. Ea este de asemenea un exemplu rar de boală cronică în cazul căreia Medicina 2.0 se concentrează deja pe prevenție într-o anumită măsură. Avem un dulap plin de medicamente care scad tensiunea arterială și colesterolul, care reduc riscul de deces al multor pacienți și avem analize de sânge și teste imagistice (precum tomografia, pentru a determina valoarea calciului) care pot măcar să ne ofere un instantaneu, oricât de încețoșat, al sănătății cardiovasculare a individului. E un început.

În pofida faptului că înțelegem bine boala aterosclerotică și evoluția ei și avem multe instrumente pentru a o preveni, ea *încă* omoară mai mulți oameni decât cancerul în Statele Unite în fiecare an, pe mulți dintre ei complet pe neașteptate. Pierdem războiul. Nu pretind că am toate răspunsurile, dar cred că asta se datorează parțial faptului că încă mai există câteva unghiuri moarte importante în felul în care înțelegem ce anume alimentează factorii de risc pentru boală, cum evoluează și mai ales când trebuie să acționăm pentru a învinge inerția.

Cred că problema fundamentală este Medicina 2.0 clasică: recomandările pentru gestionarea riscului cardiovascular se bazează pe un orizont de timp foarte scurt, prin comparație cu intervalul de timp în care evoluează boala. Trebuie să începem să o tratăm și să o prevenim mult mai devreme. Dacă am reuși să facem ce trebuie, răsplata potențială ar fi uriașă: incidența ridicată a centenarilor bărbați pe insula Sardinia, de exemplu, a fost atribuită în mare parte abilității lor de a evita sau de a întârzia bolile vasculare. Mai puțini bărbați cu vârste între 80 și 100 de ani mor de boli de inimă în Sardinia[4] decât oriunde altundeva în Italia.

Dar nu ne apropiem deloc de aceste cifre. Boala de inimă rămâne cel mai mare ucigaș, cel mai agresiv dintre toți „cei patru călăreți". În următoarele câteva pagini, sper să vă conving că nu trebuie să fie așa — cu o strategie bună și atenție la factorii corecți de risc la *momentul potrivit*, ar trebui să putem elimina o mare parte din morbiditatea și mortalitatea încă asociate cu boala cardiovasculară aterosclerotică și cerebrovasculară.

Vorbind pe șleau: asta ar trebui să fie a zecea cauză de deces, nu prima.

Oamenii de știință au cercetat misterele medicale ale inimii umane de aproape tot atâta timp de când poeții i-au sondat profunzimile metaforice. Este un organ miraculos, un mușchi neobosit care pompează sânge în tot corpul, în fiecare clipă a vieților noastre. Bate cu putere când facem sport, încetinește când dormim și chiar își ajustează infinitezimal timpii dintre bătăi, un fenomen extrem de important denumit variația ritmului cardiac. Iar când se oprește, ne oprim și noi.

Rețeaua noastră vasculară este la fel de uimitoare,[5] o „hartă" de vene, artere și capilarii care, întinse și puse cap la cap, ar înconjura pământul de peste două ori (aproximativ 96 500 kilometri, dacă vă interesează). Fiecare vas de sânge este în sine o minune a științei materialelor și ingineriei, capabil să se extindă și să se contracte de zeci de ori pe minut, permițând substanțelor vitale să-i traverseze membranele și să se adapteze la variații uriașe de presiune a fluidelor cu un minimum de uzură. Niciun material creat de om nu se poate nici măcar apropia de așa ceva. Dacă un vas este deteriorat, cresc altele pentru a-l înlocui, asigurând un flux continuu de sânge în tot corpul.

Totuși, oricât de incredibil ar fi, sistemul nostru circulator nu e nici pe departe perfect — de fapt, este aproape perfect elaborat pentru a genera boală aterosclerotică în cursul vieții. Acest lucru se datorează parțial unei alte funcții importante a sistemului nostru vascular. În afară de transportul oxigenului și nutrienților spre țesuturi și eliminarea reziduurilor, sângele nostru face schimb de molecule de colesterol între celule.

Practic, este un cuvânt urât: *colesterol*. Probabil că medicul tău îl va rosti încruntându-se, deoarece, așa cum știe toată lumea, colesterolul e o chestie nasoală. Ei bine, o parte din el da — știi tu, LDL sau colesterolul „rău“, este în mod firesc echilibrat de HDL sau colesterolul „bun“. Practic, trebuie să fiu calmat când aud acești termeni, pentru că sunt atât de lipsiți de sens. Iar „colesterolul total“, prima valoare pe care o oferă oamenii când vorbim despre boli de inimă, este doar puțin mai relevant pentru riscul tău cardiovascular decât culoarea ochilor tăi. Așa că hai să apăsăm butonul de derulare de la capăt și să vedem ce este de fapt colesterolul, ce face și cum contribuie la boala cardiacă.

Colesterolul este esențial pentru viață. Este necesar pentru a produce unele dintre cele mai importante structuri din corp, inclusiv membranele celulare, hormoni precum testosteronul, progesteronul, estrogenul și cortizolul și acizii biliari, care sunt necesari pentru a digera hrana. Toate celulele își pot sintetiza singure colesterolul, dar aproximativ 20% din depozitul (mare) de colesterol din corpul nostru se găsește în ficat, care acționează ca un fel de magazie de colesterol, trimițându-l mai departe spre celulele care au nevoie de el și primindu-l înapoi prin circulație.

Deoarece colesterolul aparține familiei lipidelor (adică, grăsimilor), nu este solubil în apă, ca atare nu se poate dizolva în plasma noastră cum fac glucoza și sodiul și nu poate călători liber prin sistemul circulator. Așa că trebuie transportat peste tot în minuscule particule sferice denumite *lipoproteine* — „L"-ul final din LDL și HDL — care funcționează ca niște submarine de marfă. Așa cum sugerează denumirea, aceste lipoproteine sunt parțial lipide (în interior) și parțial proteine (în exterior); în principiu, proteina este recipientul care le permite să călătorească prin plasma noastră în timp ce-și transportă încărcătura — insolubilă în apă — de lipide, inclusiv colesterol, trigliceride și fosfolipide, plus vitamine și alte proteine care trebuie să fie distribuite țesuturilor noastre îndepărtate.

Motivul pentru care sunt numite lipoproteine cu densitate ridicată și scăzută (respectiv HDL și LDL) este legat de cantitatea de grăsime raportată la proteină pe care o transportă fiecare. LDL transportă mai multe lipide, în timp ce HDL transportă mai multe proteine raportate la grăsime și, ca atare, acestea sunt mai dense. De asemenea, aceste particule (și alte lipoproteine) își schimbă adesea încărcătura între ele, fenomen care explică parțial de ce eu o iau razna când aud că sunt etichetate ca fiind „bune" sau „rele". Când o particulă HDL își transferă „colesterolul bun" unei particule LDL, acel colesterol devine deodată rău?

Răspunsul este nu — pentru că nu colesterolul în sine provoacă probleme, ci natura particulei în care este transportat. Fiecare particulă de lipoproteină este învelită într-una sau mai multe molecule mari, denumite apolipoproteine, care conferă structură, stabilitate și mai ales solubilitate particulei. Particulele HDL sunt învelite într-un tip de moleculă denumită apolipoproteină A (sau apoA), în timp ce LDL este învelit în apolipoproteina B (sau apoB). Diferența poate să pară banală, dar ajunge chiar la cauza esențială a bolii aterosclerotice: fiecare lipoproteină care contribuie la ateroscleroză — nu doar LDL, ci multe altele* — poartă această semnătură apoB.

* Există de asemenea lipoproteine de densitate foarte scăzută, sau VDVL, pe care le-am amintit în capitolul anterior, precum și lipoproteine de densitate intermediară sau IDL. Acestea transportă și mai multă grăsime decât LDL, o mare parte din ea sub formă de trigliceride, și sunt și ele marcate cu apoB. De asemenea: în timp ce particulele de HDL au apoA-uri multiple, fiecare particulă LDL (sau VDVL sau IDL) are doar o particulă de apoB, ceea ce ușurează destul de mult măsurarea concentrației lor.

*

O altă concepție greșită importantă cu privire la boala cardiacă spune că este cumva provocată de colesterolul pe care-l consumăm prin alimentație. Conform acestui punct de vedere expirat și simplist, consumul de alimente bogate în colesterol face ca așa-zisul colesterol rău să se acumuleze în sângele nostru și apoi să se depoziteze pe pereții arterelor, ca și cum ai vărsa grăsimea de la baconul prăjit în scurgerea de la bucătărie de fiecare dată când ai pregăti micul-dejun. Mai devreme sau mai târziu, chiuveta o să se înfunde.

Mai ales umilul ou[6] a fost scos în evidență într-un anunț din 1968 făcut de American Heart Association, acuzat că provoacă boala cardiacă din cauza conținutului ridicat de colesterol. A rămas în purgatoriul nutrițional zeci de ani, chiar și după ce teancuri întregi de lucrări științifice au demonstrat că e posibil ca respectivul colesterol alimentar (și mai ales consumul de ouă) să nu aibă niciun fel de influență asupra bolii cardiace. Consumul unei cantități mari de grăsimi saturate[7] *poate* crește nivelurile de lipoproteine din sânge, care provoacă ateroscleroza, dar cea mai mare parte din colesterolul pe care-l consumăm[8] efectiv în alimentele noastre ajunge să fie excretat. Marea majoritate a colesterolului din circulația noastră este de fapt produs de propriile noastre celule. Cu toate acestea, recomandările alimentare din SUA i-au avertizat pe americani să se ferească de alimentele bogate în colesterol zeci de ani, iar etichetele nutriționale încă îi mai informează pe consumatorii americani cu privire la cantitatea de colesterol existentă în fiecare porție de alimente ambalate.

Chiar și Ancel Keys, celebrul cercetător nutriționist care a fost unul dintre părinții ideii că grăsimea saturată provoacă boli cardiace, știa că asta e o aiureală. Problema pe care recunoscut-o a fost că o mare parte din cercetările de bază despre colesterol și ateroscleroză fuseseră derulate pe iepuri, care au o capacitate unică de a absorbi colesterolul din alimentație în sânge și de a forma plăci aterosclerotice; greșeala a fost să se presupună că și oamenii absorb colesterolul alimentar la fel de ușor. „Nu există niciun fel de legătură între colesterolul din alimentație și colesterolul din sânge“, a spus Keys într-un interviu din 1997. „Niciuna.

Și am știut asta tot timpul. Colesterolul din dietă nu contează decât dacă ești găină sau iepure."

A mai durat aproape 20 de ani până când comitetul consultativ responsabil pentru recomandările alimentare ale Guvernului SUA să accepte (în 2015): „colesterolul nu este un nutrient al cărui supraconsum să ne îngrijoreze".[10] Mă bucur că am stabilit asta.

Ultimul mit pe care trebuie să-l demontăm este ideea că boala cardiovasculară îi afectează în principal pe oamenii „bătrâni" și că, în consecință, nu trebuie să ne facem cine știe ce griji cu privire la prevenție la pacienții cu vârste de 20 sau 30 sau 40 de ani. Nu e adevărat. Nu o să uit niciodată chestionarul rapid cu o singură întrebare pe care Allan Sniderman mi l-a dat când luam cina la aeroportul Dulles, prin 2014: „Care este procentul de infarcturi care apar la persoanele mai tinere de 65 de ani?" Am făcut o estimare ridicată, de unu din patru, dar eram mult prea departe. Nu mai puțin de *jumătate* din toate evenimentele cardiovasculare[11] importante la bărbați (și o treime la femei), cum ar fi infarct, accident vascular sau orice procedură care presupune montarea unui stent sau a unei grefe se petrec înainte de vârsta de 65 de ani. La bărbați, un sfert din toate aceste evenimente apar înainte de vârsta de 55 de ani.

Dar, în timp ce e posibil ca evenimentele în sine să fi apărut pe neașteptate, probabil că problema stătea la pândă de ani de zile. Ateroscleroza este o boală care evoluează încet, parșivă, motiv pentru care am o atitudine așa de tranșantă față de ea. Riscul nostru de a avea astfel de „evenimente" crește vertiginos în a doua parte a duratei de viață, dar unii oameni de știință cred că procesele subiacente sunt declanșate la finalul adolescenței, poate chiar din timpul ei. Riscul crește pe parcursul vieților noastre, iar factorul critic este timpul. Așadar este esențial să înțelegem cum se dezvoltă și evoluează, ca să putem elabora o strategie pentru a încerca să o oprim.

Pe când aveam un birou, înainte de COVID, îmi păstram masa de lucru ordonată, dar o anumită carte se afla mereu acolo: *Atlas of Atherosclerosis Progression and Regression*[12] (Atlasul progresiei și regresiei aterosclerozei) de Herbert C. Stary. Nu va fi niciodată un bestseller, dar în domeniul patologiei cardiovasculare cartea este celebră. Întâmplător, este și un instrument foarte eficient în comunicarea gravității acestei boli pacienților mei, grație bogăției de fotografii sinistre cu leziuni arteriale în timp ce se formează, se dezvoltă și se fisurează — toate extrase de pe arterele persoanelor decedate, multe dintre ele la vârste de 20–30 de ani. Povestea pe care o prezintă, cu detalii explicite, este în egală măsură fascinantă și înspăimântătoare. Până terminam comunicarea, pacienții meu aveau adesea acel gen de expresie oripilată pe fețe, de parcă tocmai ar fi răsfoit un album care le documentează propria moarte.

Asta nu e o analogie perfectă, dar mă gândesc la ateroscleroză ca la un soi de scenă a crimei — intrare prin efracție, mai mult sau mai puțin. Hai să zicem că avem o stradă, care reprezintă vasul de sânge, iar strada este presărată cu case, care reprezintă peretele arterial. Gardul din fața fiecărei case seamănă cu ceva denumit endoteliu, un strat delicat, dar esențial, de țesut care căptușește toate arterele și venele noastre, precum și anumite alte țesuturi, cum ar fi rinichii. Compus dintr-un singur strat de celule, endoteliul acționează ca o barieră semipermeabilă între lumenul vasului (adică strada, pe unde curge sângele) și peretele arterial ca atare, controlând transferul de materiale, nutrienți și de celule albe în și din fluxul nostru sangvin. De asemenea, ajută la menținerea echilibrului electrolitic și fluid; problemele endoteliale pot provoca edeme și umflături. O altă sarcină foarte importantă pe care o are este să se dilate și să se contracte pentru a permite un flux mai mare sau mai mic de sânge, un proces modulat de oxidul nitric. În cele din urmă, endoteliul reglează mecanismele de coagulare a sângelui, care pot fi importante dacă te rănești din întâmplare. Este o structură mică destul de importantă.

Strada este foarte aglomerată, cu un flux constant de celule sangvine și lipoproteine și plasmă și tot ce mai transportă sistemul nostru circulator, toate trecând pe lângă endoteliu. Inevitabil, unele dintre aceste particule de lipoproteine purtătoare de colesterol vor trece prin barieră ajungând într-o zonă denumită spațiu subendotelial — sau, în analogia noastră, pe veranda din față. În mod normal, asta e în regulă, ca atunci când vin musafirii în vizită. Intră și apoi pleacă. Asta fac în general particulele HDL: cele etichetate cu apoA (HDL) pot traversa bariera endotelială ușor în ambele direcții, înăuntru și afară. Particulele LDL și alte particule cu proteina apoB sunt mult mai predispuse să rămână blocate în interior.

Asta este de fapt ceea ce face ca particulele de HDL să fie teoretic „bune“, iar particulele LDL teoretic „rele“ — nu colesterolul, ci particulele care îl transportă. Problemele încep când particulele LDL rămân în peretele arterial și ulterior sunt oxidate, ceea ce înseamnă că moleculele de colesterol (și fosfolipide) pe care le conțin intră în contact cu o moleculă extrem de reactivă cunoscută drept o specie de oxigen reactiv (*reactive oxygen species* — ROS), cauza stresului oxidativ. Oxidarea lipidelor de pe LDL declanșează toată cascada aterosclerotică.

Acum, că este găzduită în spațiul subendotelial și oxidată, devenind oarecum toxică, particula LDL/apoB încetează să se mai comporte ca un musafir politicos, refuzând să plece și invitându-și prietenii, alte particule LDL, să vină la petrecere. Mulți dintre aceștia sunt și ei reținuți și oxidați. Nu e deloc o întâmplare că doi mari factori de risc pentru boala cardiovasculară, fumatul și tensiunea arterială ridicată, provoacă stricăciuni în endoteliu. Fumatul îl afectează din punct de vedere chimic, în timp ce tensiunea arterială ridicată face asta mecanic, dar rezultatul final este o afectare a endoteliului care, la rândul său, duce la o retenție mai mare de LDL. Pe măsură ce LDL oxidat se acumulează, acesta afectează și mai mult endoteliul.

Am tot spus LDL, dar factorul esențial aici este de fapt *expunerea* la particule apoB, în timp. Cu cât ai mai multe astfel de particule în sistemul circulator, nu doar LDL, ci și VLDL și alte câteva, cu atât este mai mare riscul ca unele dintre ele să pătrundă prin endoteliu și să rămână blocate. Revenind la analogia noastră cu strada, imaginează-ți că avem, să zicem, o tonă de colesterol care se deplasează pe stradă, împărțit în patru camioane mari. Șansele să se petreacă un accident sunt destul de mici. Dar, dacă aceeași cantitate totală de colesterol este transportată pe 500 de scutere din acelea de închiriat, care viermuiesc prin orașe precum Austin, unde locuiesc eu, o să ne confruntăm cu un haos* total. Așa că, pentru a evalua dimensiunea reală a riscului nostru, *trebuie* să

* Termenul științific este *stocastic*, ceea ce înseamnă că este în mare parte un proces aleatoriu.

știm câte dintre aceste particule apoB circulă în fluxul tău sangvin. Acel număr este mult mai relevant decât cantitatea totală de colesterol pe care o transportă celulele.

Dacă iei o arteră coronariană sănătoasă și o expui la concentrații suficient de mari de particule apoB suficient de mult timp, o anumită cantitate de LDL (și VLDL) va rămâne blocată în spațiul subendotelial și va ajunge să fie oxidată, fapt care duce apoi la alipirea particulelor în conglomerate sau agregate. Ca reacție la această invazie, endoteliul face apel la echivalentul biochimic al ambulanței, chemând celulele imunitare specializate denumite monocite la fața locului pentru a-i înfrunta pe nepoftiți. Monocitele sunt celule albe mari care intră în spațiul endotelial și se transformă în macrofage, celule imunitare mai mari și mai înfometate care sunt uneori comparate cu jocul video Pac-Man. Celula macrofagă, a cărei denumire înseamnă „mare mâncău", înghite LDL-ul agregat și oxidat, încercând să-l îndepărteze din peretele arterial. Dar, dacă ea consumă prea mult colesterol, atunci se umflă devenind o celulă spumoasă, un termen pe care e posibil să-l fi auzit — denumită așa deoarece la microscop arată ca spuma sau bulele de săpun. Când se adună laolaltă suficiente celule spumoase, formează o „dungă grasă" — efectiv o dungă de grăsime pe care o poți vedea cu ochiul liber în timpul unei autopsii a unei artere coronariene.

Dunga grasă este un precursor al plăcii aterosclerotice și, dacă citești asta și ai mai mult de 15 ani, există o șansă destul de mare să ai deja câteva astfel de dungi ascunse prin arterele tale. Da, am spus „15" și nu „50" — acesta este un proces care durează toată viața și începe foarte devreme. Datele din autopsiile făcute pe persoane tinere care au murit în accidente, crime sau din alte cauze necardiovasculare au scos la iveală faptul că nu mai puțin de o treime din cei cu vârste între 16 și 20 de ani aveau *deja* leziuni aterosclerotice sau plăci în arterele coronariene când au murit. Când erau adolescenți.

FIGURA 5 Boala aterosclerotică la o persoană de 23 de ani

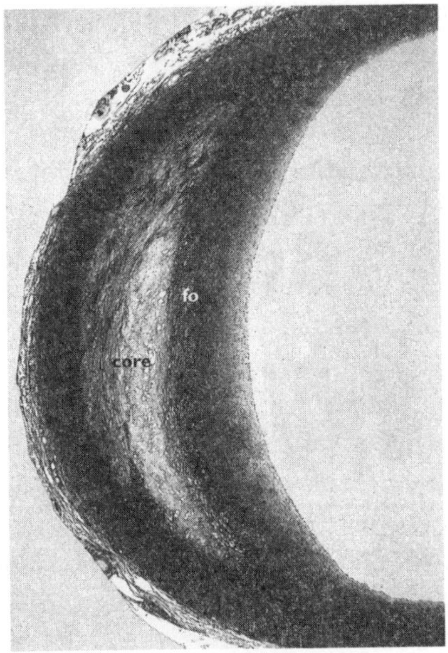

Aceasta este o imagine în secțiune transversală a arterei anterioare descendente stângi, unul dintre vasele esențiale care alimentează inima cu sânge, a unei victime de 23 de ani într-o omucidere. Observă că are deja leziuni extinse aterosclerotice în peretele arterei: o zonă centrală importantă („centru“) de lipide acumulate, macrofage și celule spumoase („fo“) în spațiul endotelial, care încep să se apropie de lumen, traseul pe unde curge sângele. Probabil nu ar fi suferit un infarct prea curând, dar oricum este o etapă foarte avansată a bolii.

Sursa: Stary, (2003)

Nu înseamnă că mai avem puțin și facem infarct. Procesul aterosclerotic evoluează lent. Asta se poate datora parțial acțiunii particulelor HDL. Dacă o particulă HDL ajunge la scena crimei, cu celule spumoase și dungi de grăsime, poate scoate colesterolul *afară* din macrofage într-un proces denumit delipidare (*delipidation*). Apoi se strecoară înapoi prin stratul endotelial și intră în fluxul sangvin, pentru a transporta excesul de colesterol înapoi la ficat și la alte țesuturi (inclusiv celule adipoase și glande producătoare de hormoni) pentru reutilizare.

Rolul său în procesul de „eflux al colesterolului“ este unul dintre motivele pentru care HDL este considerat „bun“, dar el face mai mult de atât. Cercetări noi sugerează că HDL are multiple alte funcții ateroprotectoare care includ ajutorul pentru menținerea integrității endoteliului, scăderea inflamației și neutralizarea sau oprirea oxidării LDL, ca un fel de antioxidant arterial.

Rolul HDL este mult mai puțin înțeles decât cel al LDL. Conținutul de colesterol din particulele de LDL, valoarea colesterolului „rău" (exprimat din punct de vedere tehnic drept LDL-C),* este de fapt un indicator decent, chiar dacă imperfect, al impactului său biologic; multe studii au demonstrat o corelație puternică între LDL-C și riscul de evenimente cardiace. Dar valoarea importantă mai presus de orice a „colesterolului bun" din analizele de sânge, HDL-C, nu-mi spune de fapt cine știe ce sau chiar nimic despre profilul general de risc. Riscul pare într-adevăr să scadă pe măsură ce crește HDL-C, ajungând pe la percentila 80. Dar nu s-a dovedit că o simplă creștere a concentrațiilor de colesterol HDL prin forță brută, cu medicamente specializate, ar reduce riscul cardiovascular. Secretul pare să fie creșterea *funcționalității* particulelor — dar până una-alta nu avem nicio modalitate de a face asta (sau de a o măsura).

HDL ar putea sau nu să explice de ce anumiți centenari dezvoltă boli cardiace două decenii mai târziu decât media sau deloc; nu uita, trei dintre cele mai proeminente „gene ale longevității" descoperite până acum sunt implicate în transportul și procesarea colesterolului (APOE și alte două, CETP și APOC3). Și nu doar la centenari: am pacienți care trăiesc și ale căror analize de lipoproteine sună ca o condamnare la moarte, cu valori LDL-C și apo-B până în tavan, dar conform oricărei alte măsurători pe care o avem — scorul de calciu, angio-CT, orice altceva — nu prezintă niciun semn de boală. Totuși, până la momentul actual, nu putem oferi o explicație satisfăcătoare de ce. Sunt foarte convins că, dacă vom continua să atacăm bolile cardiovasculare cu medicamente, trebuie să începem prin a înțelege mai bine HDL și să sperăm că ne vom da seama cum să-i potențăm funcția.

Dar divaghez. Înapoi la scena crimei, celulele spumoase în continuă creștere încep să se adune laolaltă într-o masă de lipide,

* Câteva lucruri pe scurt despre terminologie: când spunem LDL sau HDL, ne referim de obicei la un tip de *particulă*; când spunem LDL-C sau HDL-C, vorbim despre o valoare de laborator a *concentrației* colesterolului din aceste particule.

precum conținutul lichefiat al unei grămezi de saci de gunoi care au fost aruncați pe peluza din față. Aceasta va deveni nucleul plăcii aterosclerotice. Iar acesta este punctul în care intrările prin efracție se transformă într-un jaf de proporții. În încercarea de a controla stricăciunile, celulele de „mușchi neted“ din peretele arterial migrează apoi în această zonă de deșeuri toxice și secretă un fel de matrice în încercarea de a construi un fel de barieră în jurul ei, ca o cicatrice. Matricea ajunge să fie capacul fibros pe nou formata placă arterială.

Și mai multe vești proaste: nimic din ce s-a întâmplat până acum nu e ușor de depistat la diferitele analize pe care le folosim de obicei pentru a evalua riscul cardiovascular la pacienți. Ne-am putea aștepta să găsim dovezi ale inflamației, cum ar fi nivel ridicat al proteinei C reactive, un indicator popular (dar slab) al inflamației arteriale. Dar în mare parte rămâne sub raza radarului nostru medical. Dacă te uiți la arterele coronariene cu un tomograf în această etapă foarte timpurie, probabil vei rata inflamația dacă vrei să descoperi doar depozitele de calciu. (Ai șanse mai mari să identifici acest nivel de deteriorare dacă folosești o formă mai avansată de tomografie, denumită angiografie CT [angio-CT], pe care o prefer în detrimentul obișnuitei CT cardiace* deoarece poate identifica și placa necalcificată sau „moale“ care precedă calcificarea.)

Pe măsură ce acest proces dezadaptativ de reparare sau de remodelare continuă, placa va continua să crească. La început, extinderea ei este direcționată spre peretele arterial exterior, dar, pe măsură ce continuă, poate înconjura lumenul, pasajul prin care curge sângele — în analogia noastră, blocând traficul efectiv de pe stradă. Această îngustare a diametrului luminal, cunoscută sub denumirea de *stenoză*, poate de asemenea fi văzută la o angiografie.

* Deși angio-CT costă puțin mai mult, necesită o perfuzie cu culoare și expune pacientul la ceva mai multe radiații, nu reușesc să găsesc argumente credibile împotriva utilizării ei. Aproximativ 15% dintre persoanele care au un scor de calciu normal (0) descoperă că au plăci moi sau chiar și calcificări mici la angio-CT, iar nu mai puțin de 2 până la 3% dintre persoanele cu un scor zero de calciu se descoperă la o angio-CT că au un risc ridicat de plăci. Din acest motiv, aproape întotdeauna prefer ca pacienții mei să facă o angio-CT și nu o CT cardiacă, dacă suntem în căutare de dovezi ale bolii cu ajutorul studiilor imagistice.

La un moment dat în acest proces, e posibil ca placa să înceapă să devină calcificată. Asta apare (într-un final) la o tomografie uzuală pentru scorul calciului. Calcificarea este doar o altă modalitate prin care corpul încearcă să repare deteriorarea, stabilizând placa pentru a proteja arterele foarte importante. Dar e ca și cum ai turna beton pe reactorul de la Cernobîl: te bucuri că e acolo, dar știi că zona este foarte deteriorată, dacă se justifică o astfel de intervenție. Un scor pozitiv de calciu ne spune de fapt că în mod sigur există alte plăci în vecinătate, care e posibil să fie stabilizate sau nu (calcificate).

Dacă placa devine instabilă, erodând sau chiar fisurând, chiar ai probleme serioase. Placa afectată poate să provoace în cele din urmă formarea unui cheag care poate îngusta și până la urmă bloca lumenul vasului de sânge — sau, mai rău, să se desprindă și să provoace un infarct sau un accident vascular. Din acest motiv, ne facem mai multe griji pentru plăcile necalcificate, decât pentru cele calcificate.

Totuși, în mod normal, majoritatea plăcilor aterosclerotice nu sunt așa de dramatice. Cresc lent și invizibil, blocând treptat vasul de sânge până când, într-o zi, obstrucția, fie din cauza plăcii în sine, fie a cheagului favorizat de placă, devine o problemă. De exemplu, e posibil ca o persoană sedentară să nu observe că are o arteră coronariană parțial blocată până când nu se duce afară să dea zăpada. Solicitările bruște ale sistemului său circulator pot provoca ischemie (alimentare scăzută cu oxigen a sângelui) sau infarct (moartea țesutului, ca urmare a lipsei fluxului sangvin) — sau, în termeni profani, un atac de inimă sau un atac cerebral.

Poate să pară neașteptat, dar pericolul a stat la pândă în tot acest timp.

Când mi-am dat seama până la urmă de riscul meu cardiovascular, pe la vârsta de 30 de ani, nu aveam nici cea mai vagă idee cum funcționa vreuna dintre aceste boli complicate. Privind retrospectiv, este clar că bifasem destui factori majori și mai puțin importanți. Nu fumam, obicei care probabil este cel mai puternic stimulator al riscului de mediu, iar tensiunea mea arterială era normală, dar aveam alte probleme. Și, așa cum a dezvăluit scorul meu de calciu, aveam o placă mică, deja calcificată, în partea superioară a arterei anterioare descendente stângi, una dintre multele artere care alimentează inima. E posibil să se mai fi întâmplat și alte lucruri rele acolo, dar, pentru că la momentul acela nu am făcut o angio-CT, nu aveam nicio idee ce fel de deteriorări existau în celelalte artere coronariene ale mele. Ce nu este calcificare *nu* este identificat de scorul de calciu.

În mod clar, Peter Cel-Nu-Prea-Slab era deja pe drum spre boală cardiacă. Dimensiunea taliei mele urma să depășească 100 cm când aveam să împlinesc 40 de ani, un indicator clar al disfuncției mele metabolice. Sub curea, acumulam probabil grăsime viscerală. Aveam și rezistență la insulină, un factor enorm de risc pentru bolile cardiovasculare. Deși tensiunea mea arterială era în regulă, bănuiesc că urma să se deterioreze destul de repede pe măsură ce îmbătrâneam, deoarece hipertensiunea pare să facă ravagii în familia mea. Aveam probabil și nivel ridicat de acid uric, care am văzut în capitolul anterior că adesea coexistă cu hipertensiunea și alte semne de disfuncție metabolică. Toate acestea contribuie la o altă condiție necesară (dar nu suficientă) pentru apariția aterosclerozei, aceasta fiind inflamația. Bariera endotelială, mai ales, este în mod deosebit vulnerabilă la deteriorare din cauza inflamației.

Dar probabil că niciun medic nu m-ar fi tratat pentru vreuna dintre aceste afecțiuni. Analizele mele de sânge nu indicau niciun risc semnificativ. Valoarea LDL-C era 110-120 mg/dL, doar puțin mai ridicată decât normal, dar nu un motiv de îngrijorare, mai ales la o persoană mai tânără. Trigliceridele erau în intervalul superior, puțin peste 150 mg/dL, dar nici asta nu trăgea niciun semnal de alarmă. Acum știu că valorile acestea indicau aproape sigur o concentrație ridicată de particule apoB aterogenice — dar nimeni nu și-a bătut capul nici să-mi testeze valoarea apoB.

Pe vremea aceea, acum aproape 15 ani, analiza apoB (pe scurt, măsurarea concentrației de particule etichetate apoB) nu se făcea în mod obișnuit. De atunci, s-au adunat dovezi care indică apoB ca fiind un factor care prezice mult mai bine boala cardiovasculară decât LDL-C singur, măsurătoarea standard a „colesterolului rău“. Potrivit unei analize publicate în *JAMA Cardiology* în 2021, fiecare creștere a abaterii standard a apoB sporește riscul de infarct miocardic cu 38% la pacienții fără o istorie de evenimente cardiace sau un diagnostic de boală cardiovasculară (adică: prevenție de bază). Asta este o corelație importantă. Totuși, chiar și acum, recomandările Asociației Americane de Cardiologie încă preferă analiza LDL-C în locul apoB. Îi pun pe toți pacienții mei să își testeze periodic apoB și ar trebui să soliciți această analiză data viitoare când mergi la medicul tău. (Nu te lăsa intimidat de argumente fără sens legate de „costuri": costă cam 20-30 de dolari.)

Aveam doar 30 și ceva de ani și cu toate acestea probabil bifam deja trei dintre factorii majori ai unei boli de inimă: o încărcătură semnificativă de lipoproteine sau apoB, oxidarea sau modificarea LDL (care duce la formarea plăcilor pe care le-a evidențiat tomografia mea cardiacă) și un nivel ridicat al inflamației de fond. Niciuna dintre acestea nu este suficientă pentru a *garanta* că vei face o boală de inimă, dar toate cele trei sunt *necesare* pentru a ajunge să suferi de inimă. Suntem norocoși că multe dintre aceste afecțiuni pot fi modulate sau aproape eliminate — inclusiv apoB, că veni vorba — prin schimbări ale stilului de viață și medicamente. Așa cum vom discuta în secțiunea finală, am o abordare foarte agresivă legată de scăderea valorii apoB, particula care provoacă aceste probleme. (Pe scurt: micșoreaz-o cât poți de mult, cât de devreme posibil.)

Dar, înainte de a ajunge acolo, vreau să vorbim despre o altă lipoproteină fatală, dar puțin cunoscută, care este probabil responsabilă de multe victime ale unor stopuri cardiace neașteptate, persoane ale căror analize obișnuite de colesterol și profiluri ale factorilor de risc arătau altminteri în regulă. Eu nu am problema asta, din fericire, dar o are un prieten foarte bun și faptul că a aflat despre ea la timp i-a salvat probabil viața.

L-am cunoscut pe Anahad O'Connor în 2012 la o conferință de presă în Franța, prin bunăvoința Fundației Franco-Americane și a unui premiu pe care-l câștigaserăm amândoi, și imediat s-a creat o legătură între noi. Cred că s-a întâmplat din cauză că eram singurii tipi de acolo care nu mâncaseră *pain au chocolat* și care-și petreceau timpul liber la sala de sport. De asemenea, el scria articole despre sănătate și știință în *New York Times*, așa că aveam multe de vorbit.

Deoarece sunt obsedat de colesterol, l-am bătut la cap pe Anahad să-și facă analize complete de lipoproteine înainte să ajungem în Statele Unite. S-a uitat la mine amuzat — de ce să facă asta? Abia împlinise 30 de ani, era un vegetarian cu o stare fizică extrem de bună, probabil cu 6 sau 7% procent de grăsime corporală. Ar fi trebuit să fie în regulă la capitolul lipide. Dar nu se știe niciodată; tatăl lui murise din cauza unui anevrism, care ar fi putut fi un indicator al unei probleme de circulație sangvină.

Așa cum era de așteptat, valorile lui standard de lipide arătau super. O singură chestie părea să nu fie în regulă, așa că am sugerat că ar trebui probabil să facă o angiocoronarografie CT cu scor de calciu, așa cum făcusem și eu, ca să ne putem da seama mai bine care era starea arterelor sale. Aici s-au complicat lucrurile. Repet, scorul meu de calciu fusese calculat la 6, ceea ce mă poziționa la un nivel mai ridicat de risc decât 75–90% dintre persoanele de vârsta mea. Scorul de calciu al lui Anahad era 125 — în afara graficului, pentru cineva atât de tânăr și altminteri sănătos. „Poate fi adevărat?" a întrebat el.

Era. S-a dovedit că vinovatul era o particulă puțin cunoscută, dar fatală, denumită Lp(a). Nebunia asta de lipoproteină se formează când o particulă de LDL obișnuită se lipește de alta, un tip mai rar de proteină denumită apoliprotein(a) sau apo(a) pe scurt (a nu se confunda cu apoliproteina A sau apoA, proteina care marchează particulele de HDL). Această apo(a) se înfășoară strâns în jurul particulei de LDL, cu mai multe segmente încolăcite de aminoacid denumite „covrigi *kringle*", numite așa deoarece structura lor seamănă cu forma inelată a produsului danez de patiserie cu acel nume. Acești *kringle* sunt motivul pentru care Lp(a) este așa de periculoasă: pe măsură ce particulele de LDL trec prin sânge, adună bucățele de molecule de lipide oxidate și le duc cu ele mai departe.

Așa cum subliniază specialistul meu în lipide Tom Dayspring, asta nu e o chestie în totalitate nocivă. Există câteva dovezi că e posibil ca Lp(a) să acționeze ca un soi de agent de curățare, ca un camion care mătură strada și adună deșeuri neplăcute cu potențial nociv și le livrează ficatului. Dar, deoarece Lp(a) este un membru în familia particulei apoB, are de asemenea potențialul de a pătrunde prin endoteliu și de a se așeza pe peretele arterial;

din cauza structurii sale, e posibil ca Lp(a) să aibă chiar șanse mai mari decât o particulă normală de LDL să rămână blocată, cu încărcătura ei suplimentară de lipide deteriorate. Mai rău, odată aflată acolo, acționează parțial ca un factor trombotic sau favorizant de cheaguri, care grăbește formarea plăcilor arteriale.

Adesea, felul în care Lp(a) își anunță prezența este printr-un infarct neașteptat, aparent prematur. Asta s-a întâmplat cu gazda emisiunii *Biggest Loser*, Bob Harper, care a suferit un infarct la sala de sport în New York, în 2017, la vârsta de 52 de ani. Viața lui Harper a fost salvată de un martor care i-a făcut resuscitare până când a ajuns ambulanța. Se pare că nivelul său foarte ridicat de Lp(a) a fost cel care l-a afectat. Nu avea nici cea mai vagă idee că avea un risc crescut de așa ceva.

Acesta nu este un scenariu neobișnuit: când un pacient vine la mine și-mi spune că tatăl sau bunicul ori mătușa sau toți trei au murit din cauza unei boli cardiace „premature“, nivelul ridicat de Lp(a) este primul lucru pe care îl caut. Este cel mai răspândit factor ereditar pentru boală cardiacă, iar pericolul este amplificat de faptul că în mare parte rămâne încă neidentificat de radarul Medicinei 2.0, deși asta începe să se schimbe.

Cei mai mulți oameni au concentrații relativ mici din această particulă, dar unele persoane pot avea valori și de o sută de ori mai mari decât alții. Variația este în mare parte genetică și se estimează că 20 până la 30% din populația SUA[16] are niveluri suficient de ridicate încât să aibă un risc crescut; de asemenea, persoanele cu strămoși africani tind să aibă, în medie, niveluri mai ridicate de Lp(a) decât caucazienii. Din acest motiv, dacă ai o istorie de infarcturi premature în familie, în mod clar ar trebui să ceri o analiză Lp(a). Testăm toți pacienții pentru Lp(a) la primul lor set de analize de sânge. Deoarece nivelurile ridicate de Lp(a) sunt în mare parte genetice, testul trebuie făcut doar o dată (iar protocoalele pentru boli cardiovasculare încep să recomande să fie făcut o dată în viață).

Anahad a fost norocos că a aflat despre această situație atunci. Scorul lui de calciu însemna că deja suferise leziuni aterosclerotice semnificative din cauza Lp(a). Dincolo de deteriorarea pe care o provoacă în arterele coronariene, Lp(a) este în mod deosebit distructiv pentru valva aortică, una dintre cele mai importante structuri din inimă, ajutând formarea de particule minuscule, osoase, în pliurile valvei, care duc la stenoză sau la îngustarea orificiului de ieșire al aortei.

Nu există nicio rezolvare rapidă pentru Anahad sau pentru oricine altcineva cu un nivel ridicat de Lp(a). Nu pare să reacționeze la intervenții comportamentale cum ar fi sportul și schimbările în alimentație în felul în care, să zicem, reacționează LDL-C. O categorie de medicamente denumită inhibitori de PCSK9,[17] al căror scop este să micșoreze concentrația de apoB, chiar pare capabilă să reducă nivelurile de Lp(a) cu aproximativ 30%, dar până acum nu există date care să sugereze că reduc evenimentele excesive (infarcturile) cauzate de această particulă. Așadar acum singurul tratament real pentru un nivel ridicat de Lp(a) este managementul agresiv al apoB în ansamblu. Deși nu putem reduce Lp(a) direct, dincolo de ceea ce poate face inhibitorul PCSK9, putem micșora restul concentrației de apoB suficient pentru a reduce riscul general al pacientului.* Datorită faptului că Anahad este relativ tânăr, are și mai mult timp să abordeze acești factori de risc.

Din fericire, am găsit problema înainte să-l găsească problema pe el.

Cum să reduci riscul cardiovascular

Dintr-un anumit punct de vedere, Peter-Cel-Nu-Prea-Slab și Anahad O'Connor erau precum cele două fețe ale aceleiași monede. Deși poveștile noastre nu par să aibă multe în comun, ambele subliniază natura perfidă, aproape vicleană a bolii cardiace: riscul meu ar fi trebuit să fie evident, pe baza istoriei familiei mele, în timp ce boala lui Anahad a rămas complet invizibilă până când s-a întâmplat să facă o tomografie cardiacă pentru scor de calciu, care în mod normal nu este făcută pe persoane care par sănătoase și au 30 de ani. Am aflat despre riscul nostru doar mulțumită unui noroc chior, deoarece puțini medici ar fi

* Există o categorie nouă de medicamente numită oligonucleotide antisens, sau ASO, care în clipa de față sunt în teste clinice, pentru a elimina teoretic Lp(a) din circulație. Până acum, aceste studii par promițătoare în sensul că reduc dramatic concentrația de Lp(a), dar e prea repede să știm dacă sunt eficiente pentru ceea ce contează cel mai mult: reducerea evenimentelor cardiovasculare.

luat în calcul testarea vreunuia dintre noi pentru boli cardiovasculare la vârsta aceea.

Împreună, poveștile noastre ilustrează trei unghiuri moarte ale Medicinei 2.0 când vine vorba de managementul bolii aterosclerotice: primul, o viziune simplistă asupra lipidelor, care nu reușește să înțeleagă importanța încărcăturii totale de lipoproteine (apoB) și cât de mult trebuie să fie redusă pentru a scădea cu adevărat riscul; al doilea, o lipsă generală de cunoștințe cu privire la alte personaje negative precum Lp(a), iar al treilea, un eșec de a înțelege în totalitate durata îndelungată a bolii aterosclerotice și implicațiile acestui lucru, dacă vrem să reușim să o prevenim cu adevărat.

Când mă uit prima oară la analizele de sânge ale unui pacient, privirea mi se duce imediat la două valori: apoB și Lp(a). Mă uit și la celelalte valori, dar acestea două îmi spun cel mai mult când vine vorba de anticiparea riscului lor de ASCVD. ApoB nu îmi spune doar care este concentrația de particule LDL (care, îți aduci aminte, este un factor predictiv mai bun al bolii decât concentrația de colesterol care se găsește *în* particulele de LDL, și anume LDL-C), ci surprinde și concentrația de particule VLDL care, fiind membri ai familiei apoB, pot de asemenea să contribuie la ateroscleroză. Mai mult, chiar și cineva al cărui nivel apoB este scăzut poate totuși să aibă un nivel Lp(a) periculos de ridicat.*

Odată ce am stabilit importanța centrală a apoB, următoarea întrebare este: cu cât trebuie scăzută valoarea acesteia (sau a reprezentantului ei, LDL-C) pentru o reducere semnificativă a riscului? Diversele recomandări de tratament specifică intervale ideale pentru LDL-C, în general 100 mg/dL pentru persoanele cu risc normal și 70 mg/dL pentru pacienții cu risc ridicat. În opinia mea, și acest nivel e tot prea ridicat. Pur și simplu, nu cred că poți micșora apoB și LD-C prea mult fără efecte secundare. Ar trebui ca nivelul să fie cât mai scăzut posibil.

Peter Libby, una dintre autoritățile de top din domeniul bolilor cardiovasculare, și colegii săi au scris într-un articol apărut în *Nature Reviews*, în 2019: „*Probabil* că ateroscleroza *nu ar apărea*

* Se întâmplă asta deoarece numărul total de particule LDL este mult mai mare decât numărul de particule Lp(a), dar Lp(a) are în continuare capacitatea de a ajunge la dimensiuni mari, chiar în număr relativ mic.

(sublinierea îmi aparține) dacă nu ar exista concentrații de LDL-C mai mari decât nevoile fiziologice (de ordinul a 10-20 mg/dL)". Mai mult, au scris autorii: „Dacă toată populația și-ar păstra nivelurile de LDL asemănătoare cu cele ale unui nou-născut (sau cu cele ale adulților multor alte specii de animale), ateroscleroza ar putea fi o boală rară".

Traducere: dacă ne-am păstra toți același nivel de apoB pe care îl aveam când eram bebeluși, nu ar exista suficiente cazuri de boală cardiacă pe planetă, pentru ca oamenii să știe ce este. Cam ca și cu aciduria 3-hidroxibutirică. Ce? N-ați auzit de ea? Ei bine, asta din cauză că au existat doar 13 cazuri raportate.[19] Vreodată. Asta e o boală rară. Fac un pic pe glumețul, dar ce vreau să spun este că boala aterosclerotică nici măcar nu s-ar afla în primele zece cauze de deces dacă am trata-o mai agresiv. În schimb, avem peste 18 milioane de cazuri[20] de boală aterosclerotică fatală în fiecare an la nivel global.

Mulți medici, și de fapt mulți dintre voi care citiți asta, ar fi șocați să vadă că stabilim un obiectiv atât de scăzut pentru LDL-C: 10-20 mg/dL? Majoritatea recomandărilor consideră că un nivel LDL-C de 70 mg/dl este „agresiv" chiar și pentru prevenția secundară la pacienții cu risc ridicat, cum ar fi cei care deja au avut un atac de cord. De asemenea este firesc să ne întrebăm dacă astfel de niveluri extrem de scăzute de LDL-C și apoB sunt sigure, având în vedere ubicuitatea și importanța colesterolului în corpul uman. Dar gândiți-vă la asta: bebelușii, care teoretic au nevoie de *cel mai mult* colesterol pentru a satisface nevoile uriașe ale sistemului lor nervos central în creștere rapidă, au niveluri la fel de scăzute ale colesterolului circulant, fără să le fie afectată în vreun fel dezvoltarea. De ce? Deoarece cantitatea totală de colesterol conținută în toate lipoproteinele noastre — nu doar LDL, ci și HDL și VLDL — reprezintă doar aproximativ 10-15% din depozitul total de colesterol al corpului. Așadar îngrijorarea nu este justificată, așa cum demonstrează numeroasele studii care arată că nu există efecte negative[21] ale concentrațiilor extrem de scăzute de LDL.

Acesta este punctul din care pornesc cu orice pacient, fie că este precum Anahad (cu un factor proeminent de risc) sau ca mine (mai mulți factori mai mici). Primul lucru pe lista noastră de priorități este reducerea încărcăturii de particule apoB, în principal LDL, dar și VLDL, care pot fi în sine periculoase. Și trebuie să facem asta într-un mod semnificativ, nu puțin câte puțin sau treptat. Vrem ca valorile să fie cât mai scăzute posibil, cât de repede se poate. Putem să fim atenți și la alți indicatori de risc, mai exact cei asociați cu sănătatea metabolică, precum insulina, grăsimea viscerală și homocisteina, un aminoacid care, în concentrații mari,* este puternic corelat cu riscul crescut de infarct, accident vascular și demență.

O să observi că nu acord cine știe ce atenție HDL-C, deoarece, deși un nivel HDL-C foarte scăzut este *asociat* cu un risc mai mare, nu pare să fie o relație *cauzală*. Din acest motiv, medicamentele al căror scop este creșterea HDL-C nu au reușit în general să reducă riscul și evenimentele în studiile clinice. Motivele sunt sugerate de două studii elegante de randomizare mendeliană, care au analizat ambele aspecte ale dilemei legate de HDL-C: oare HDL-C scăzut crește *cauzal* riscul de infarct miocardic?[22] Nu. Oare creșterea HDL-C scade *cauzal* riscul de infarct miocardic?[23] Nu.

De ce? Probabil din cauză că, indiferent de beneficiile oferite de HDL în lupta pentru supremație arterială, acesta pare (din nou) să fie alimentat de *funcția* acestor lipoproteine, care nu pare să aibă legătură cu conținutul lor de colesterol. Dar nu putem testa funcționalitatea HDL, iar până când vom înțelege mai bine cum funcționează de fapt HDL, va rămâne probabil un obiectiv greu de atins al terapiei.

Lipoproteinele nu sunt singurii factori semnificativi de risc pentru boala cardiovasculară; așa cum am observat mai devreme, atât fumatul, cât și tensiunea arterială crescută afectează direct endoteliul. Renunțarea la fumat și controlul tensiunii sunt așadar primi pași nenegociabili pentru reducerea riscului cardiovascular.

Vom vorbi despre nutriție în mult mai multe detalii, dar primul pas pe care l-am făcut pentru controlul propriului risc cardiovascular a fost să-mi schimb dieta ca să scad valoarea trigliceridelor (care contribuie la apoB când este ridicată, așa cum era cazul

* Homocisteina este descompusă de vitaminele B, motiv pentru care deficitul de B-uri sau mutațiile genetice din enzimele implicate în metabolismul lor (de exemplu: *MTHFR*) pot de asemenea să crească nivelul homocisteinei.

meu), dar, mai important, să-mi gestionez nivelul de insulină. Trebuia să-mi fac ordine în casa metabolică. Ar trebui să observ că propria soluție găsită la momentul acela, o dietă ketogenă, e posibil să nu funcționeze pentru toată lumea și nici nu este o dietă pe care să o urmez în continuare. În experiența mea clinică, cam o treime dintre persoanele care consumă cantități mari de grăsimi saturate (care uneori merg mână în mână cu o dietă ketogenică) vor experimenta o *creștere* dramatică a numărului particulelor apoB, ceea ce în mod evident nu ne dorim.* Grăsimile mononesaturate, care se găsesc în cantități mari în ulei de măsline extravirgin, nuci macadamia și avocado (printre alte alimente) nu au acest efect, așa că am tendința să le recomand pacienților să consume mai multe dintre acestea, cam 60% din aportul total de grăsimi. Ideea nu este neapărat să limiteze în general consumul de grăsimi, ci să facă trecerea spre grăsimi care susțin un profil lipidic mai bun.

Dar, pentru mulți pacienți, dacă nu pentru majoritatea, scăderea nivelului de apoB până la cel pe care îl avem în vedere — nivelul care există la copii — nu poate fi realizată doar prin alimentație, așa că trebuie să folosim intervenții nutriționale în tandem cu medicamente. Din acest punct de vedere suntem norocoși pentru că aici avem mai multe variante de prevenție decât pentru cancer sau bolile neurodegenerative. Statinele sunt de departe cele mai prescrise medicamente pentru managementul lipidelor, dar mai există câteva variante care ar putea să fie potrivite pentru o anumită persoană, iar adesea trebuie să combinăm mai multe clase de medicamente, așa că nu e neobișnuit ca un pacient să ia două medicamente de scădere a valorii lipidelor care acționează prin intermediul a două mecanisme distincte. Acestea sunt în general considerate medicamente de „scădere a colesterolului“, dar cred că ne ajută mai mult să ne gândim la ele în termeni de intensificare a *eliminării* de apoB, de creștere a capacității organismului de a scoate apoB din circulație. De fapt, acesta este obiectivul nostru. În mare parte, acest lucru este

* Există cel puțin două motive pentru asta. Primul: se pare că grăsimea saturată contribuie direct la sinteza colesterolului în exces. Al doilea și mai important: grăsimea saturată în exces face ficatul să reducă manifestarea receptorilor LDL, reducând ca atare cantitatea de LDL îndepărtat din circulație.

realizat prin amplificarea activității receptorilor LDL (LDLP) din ficat, care absorb colesterol din fluxul sangvin.

Medicamentele ajung la acest efect pe trasee diferite. În general, prima noastră linie de apărare (sau atac), statinele inhibă sinteza colesterolului, stimulând ficatul să sporească eliminarea de LDLR, scoțând mai mult LDL din circulație. E posibil să aibă și alte beneficii, inclusiv un aparent efect antiinflamator, așa că, deși nu cred că statinele ar trebui dizolvate în apa de băut, așa cum au sugerat unii, sunt de părere că ele sunt medicamente foarte utile pentru reducerea apoB și a concentrației de LDL la mulți pacienți. Nu toată lumea poate să ia statine fără probleme; cam 5% dintre pacienți suferă efecte secundare insuportabile,[24] mai exact dureri musculare. De asemenea, o subgrupă mai mică, dar nu vidă, de pacienți care iau statine suferă o dereglare a homeostazei glucozei, ceea ce poate explica de ce statinele sunt asociate cu o ușoară creștere[25] a riscului de diabet de tip 2. Un alt procent de pacienți suferă o creștere asimptomatică a numărului de enzime hepatice,[26] un efect și mai frecvent la pacienții care iau medicamentul ezetimib. Toate aceste efecte secundare sunt complet și rapid reversibile când medicamentul nu mai este administrat. Dar cei care suportă statinele (adică, majoritatea oamenilor) le folosesc de la început și frecvent. (Pentru mai multe informații despre statine și medicamente de scădere a valorii apoB, vezi fișa de la paginile 158-159.)

Asta aduce în discuție ultimul unghi mort, și probabil cel mai important, al Medicinei 2.0: timpul.

Procesul pe care l-am descris în acest capitol se derulează foarte lent — nu în doi sau trei și nici măcar cinci ani, ci timp de zeci de ani. Faptul că la oamenii mai tineri s-au descoperit leziuni și plăci, fără ca ei să fi suferit multe evenimente ne spune că există o perioadă semnificativă în care boala nu este nocivă. Evident că decesul în urma bolii cardiovasculare nu este inevitabil: centenarii îl amână decenii la rând și mulți îl evită complet, arterele lor rămânând la fel de curate precum cele ale oamenilor cu o generație mai tineri. Cumva, reușesc să încetinească procesul.

Aproape toți adulții au un anumit procent de deteriorare vasculară, indiferent cât de tineri și de plini de viață pot să pară sau cât de imaculate par arterele lor la tomografii. Întotdeauna există deteriorări, mai ales în regiuni cu stres de forfecare parietal și tensiune arterială locală crescută, cum ar fi în curbele și ramificările sistemului vascular. Ateroscleroza ne însoțește, într-o anumită formă, pe tot parcursul vieții noastre. Cu toate acestea, cei mai mulți medici consideră a fi un „supratratament" să intervii când riscul calculat pe zece ani de eveniment cardiac major (adică un infarct sau accident vascular cerebral) este sub 5%, explicând că beneficiile nu sunt mai mari decât riscurile sau că tratamentul costă prea mult. După părerea mea, asta trădează o ignoranță mai mare cu privire la evoluția inexorabilă și pe termen lung a bolii cardiace. Zece ani este un orizont de timp mult prea scurt. Dacă vrem să reducem decesele provocate de boala cardiovasculară, trebuie să începem să ne gândim la prevenție pentru persoane de 40 sau chiar 30 de ani.

O altă modalitate de a ne gândi la toate astea este că o persoană poate fi considerată ca având un „risc scăzut" la un anumit moment — dar în ce orizont de timp? Standardul este de zece ani. Dar dacă orizontul tău de timp este „restul vieții tale"?

Atunci nimeni nu are un risc scăzut.

Când mi-am făcut prima CT cardiacă pentru scorul de calciu în 2009, la vârsta de 36 de ani, riscul meu pe zece ani era extrem de scăzut — efectiv incalculabil. Modelele matematice dominante pentru evaluarea riscului au o limită mai mică pentru vârsta de 40 sau 45 de ani. Parametrii mei nici măcar nu puteau fi introduși în aceste modele. Așa că nu e de mirare că nimeni nu a fost îngrijorat de ce descoperisem. În pofida scorului de calciu 6, riscul meu de atac de cord pe zece ani era mai mic de 5%.

În 2016, la șapte ani după ce am făcut CT cardiacă pentru scor de calciu, am făcut o angio-CT (scanare mai bună, cu rezoluție mai mare), care mi-a arătat aceeași pată mică de calciu, dar nicio dovadă de plăci suplimentare în alte părți. În 2022, m-am dus din nou să repet angio-CT, iar rezultatul a fost același. Nici de data asta nu a existat niciun indiciu de placă moale și a rămas doar acea mică pată de calciu din 2009.* Așadar, la rezoluția celui mai performant tomograf disponibil, nu există niciun motiv să cred că ateroscleroza mea a evoluat în decurs de 13 ani.

N-am nici cea mai vagă idee dacă asta înseamnă că am scăpat de risc — sincer, mă îndoiesc —, dar nu îmi mai este teamă că o să mor din cauza bolii cardiovasculare așa cum îmi era odinioară. Programul meu lung, complex de prevenire pare să fi dat rezultate. Mă simt acum mult mai bine, la vârsta de 50 de ani, decât mă simțeam la 36, iar riscul meu este mult mai scăzut conform oricărui alt indicator în afara celui de vârstă. Unul dintre motivele importante este faptul că am început devreme, cu mult timp înainte ca Medicina 2.0 să fi sugerat *vreo* intervenție.

Cu toate acestea, majoritatea medicilor și specialiștilor în cardiologie ar insista totuși că la vârsta de 30 este mult prea devreme pentru a începe să te concentrezi pe prevenție primară pentru boala cardiacă. Acest punct de vedere este contestat direct de o lucrare publicată în *JAMA Cardiology* 2018,[27] unul dintre autori fiind Allan Sniderman, care compară orizonturile de risc de 10 ani cu cel de 30 de ani, în termeni de prevenție. Analiza lui Sniderman și a colegilor săi a descoperit că raportarea la un interval de timp de 30 de ani, și nu la unul standard de 10 ani, și luarea de măsuri agresive de precauție *din timp* — cum ar fi începerea tratamentului cu statine mai devreme la anumiți pacienți — ar putea să prevină sute de mii de evenimente cardiace și, implicit, salva multe vieți.

Pentru a stabili un context, multe studii despre statine folosite în prevenția primară (adică, prevenția unui prim eveniment cardiac) durează aproximativ cinci ani și în general găsesc „un număr de pacienți care au nevoie de tratament" (*number needed to treat* — NNT, numărul de pacienți care trebuie să ia un medicament pentru a le salva viața) între aproximativ 33 și 130, în funcție de profilul fundamental de risc al pacienților. (Uimitor, *cele mai lungi* studii pe statine de până acum au durat doar șapte ani.) Dar analizarea potențialului lor de reducere a riscului într-un interval

* Singura diferență a fost că, la analizele din 2016, scorul de calciu era 0; în 2022, scorul de calciu era 2, iar tomografia inițială evalua aceeași placă minusculă la 6. Asta îmi întărește convingerea că, deși scorurile de calciu sunt utile, nu sunt în niciun caz suficiente luate separat.

de timp de 30 de ani, așa cum a făcut studiul lui Sniderman, reduce NNT la mai puțin de șapte: pentru fiecare șapte persoane care încep tratament cu statine în această etapă timpurie, am putea salva poate o viață. Motivul este un calcul elementar: riscul este proporțional cu expunerea la apoB în timp. Cu cât micșorăm mai repede expunerea la apoB, reducând astfel riscul, cu atât beneficiile se adună în timp — și cu atât mai mare va fi reducerea generală a riscului.

Aceasta reprezintă diferența fundamentală dintre Medicina 2.0 și Medicina 3.0, când vine vorba de bolile cardiovasculare. Prima percepe prevenția în mare parte ca pe o modalitate de gestionare a riscului pe termen relativ scurt. Medicina 3.0 are în vedere un termen mai lung — și, mai important, caută să identifice și să elimine *agentul cauzal primar* în procesul îmbolnăvirii: apoB. Acest lucru modifică în totalitate modul în care abordăm tratamentul. De exemplu, o persoană de 45 de ani cu o valoare apoB crescută are un risc pe zece ani mai scăzut decât una de 75 de ani cu o valoare apoB scăzută. Medicina 2.0 ar spune să tratăm persoana de 75 de ani (din cauza vârstei), dar nu pe cea de 45. Medicina 3.0 spune să nu luăm în calcul riscul pe 10 ani și să tratăm în schimb agentul cauzal în *ambele* cazuri — reducând particulele apoB ale persoanei de 45 de ani cât mai mult posibil.

Odată ce înțelegi că particulele apoB — LDL, VLDL, Lp(a) — sunt legate *cauzal* de ASCVD, lucrurile se schimbă complet. Singura modalitate de a opri boala este prin îndepărtarea cauzei și cel mai bun moment pentru a face asta este acum.

Încă te mai străduiești să accepți ideea asta? Gândește-te la următorul exemplu: știm că fumatul are o legătură cauzală cu cancerul de plămâni. Ar trebui să-i spunem cuiva să nu mai fumeze doar după ce riscul său pe 10 ani de cancer de plămâni atinge un anumit prag? Adică, să credem că e în regulă ca oamenii să continue să fumeze până când împlinesc 65 și apoi să renunțe? Sau ar trebui oare să facem tot ce putem să-i ajutăm pe cei tineri, care poate abia s-au apucat de acest obicei, să renunțe complet?

Când pui problema așa, răspunsul nu mai este ambiguu. Cu cât retezi mai repede capul șarpelui, cu atât riscul să te muște este mai mic.

Scurtă prezentare generală a medicamentelor pentru scăderea lipidelor

Deși există șapte statine pe piață, am tendința să încep cu **rosuvastatină** (**Creator**) și să-l schimb doar dacă există vreun efect negativ (adică simptom sau indicator biologic). Obiectivul meu este unul agresiv: așa cum a explicat Peter Libby, vreau să scad concentrația de apoB a unei persoane adulte până la 20-30 mg/dL, valoare regăsită la copii.

La persoanele care nu pot suporta statinele, îmi place să folosesc un medicament mai nou, denumit **acid bempedoic** (**Nexletol**), care manipulează un traseu diferit pentru a ajunge aproape la același rezultat: inhibarea sintezei colesterolului ca o modalitate de a obliga ficatul să crească LDRL și, ca atare, excreția LDL. Dar, în vreme ce statinele inhibă sinteza colesterolului în tot corpul și mai ales în mușchi, acidul bempedoic face asta doar în ficat. Așadar nu provoacă efectele secundare asociate cu statinele, mai ales dureri musculare. Problema principală la acest medicament este costul.

Un alt medicament denumit **ezetimib** (**Zetia**) blochează absorbția colesterolului în tractul digestiv.* La rândul său, acesta scade depozitele de colesterol din ficat, ducând încă o dată la o eliminare mai mare a LDLR și o excreție crescută a particulelor de apoB, ceea ce ne dorim. Ezetimib face pereche foarte bună cu statinele deoarece acestea, care blochează sinteza colesterolului, au tendința să determine organismul să crească în mod reflex reabsorbirea colesterolului în intestin — exact efectul pe care ezetimib îl previne așa de eficient.

Receptorii LDL pot fi reglați pozitiv de o clasă de medicamente pe care am menționat-o mai devreme, denumite **inhibitori PCSK9**, care atacă o proteină denumită PCSK9 ce degradează receptorii LDL. Aceasta crește timpul de înjumătățire a receptorilor, îmbunătățind astfel capacitatea ficatului de a elimina apoB. Ca monoterapie, au aproximativ aceeași forță de scădere a apoB și LDL-C ca și statinele în doze mari, dar utilizarea lor cea mai frecventă este în completarea statinelor; combinația de statine și inhibitori PCSK9 este cel mai puternic instrument farmacologic pe care-l avem împotriva apoB.

* Nu colesterolul pe care îl mănânci, care oricum nu este absorbit, ci cel pe care îl produci și reciclezi prin intermediul sistemului tău hepatic și biliar.

Din păcate, statinele nu reduc Lp(a), dar inhibitorii PCSK9 fac asta la majoritatea pacienților, în general cu aproximativ 30%.

Trigliceridele pot și ele să contribuie la încărcătura de particule apoB deoarece sunt în general transportate în VLDL. Intervențiile noastre alimentare au ca scop reducerea trigliceridelor, dar, în cazurile în care schimbările nutriționale sunt insuficiente și în cele în care genetica face ca intervențiile în dietă să fie inutile, **fibrații** sunt medicamentul preferat.

Acidul etil eicosapentaenoic (**Vascepa**), un medicament derivat din ulei de pește și care conține patru grame de acid eicosapentaenoic (EPA) de calitate farmaceutică, are de asemenea aprobarea FDA pentru reducerea LDL la pacienții cu nivel ridicat de trigliceride.

CAPITOLUL 8

Celula scăpată de sub control

Modalități noi de abordare a cancerului ucigaș

E posibil să fie nevoie să duci aceeași luptă de mai multe ori, ca să o câștigi.
MARGARET THATCHER

Steve Rosenberg era încă un tânăr rezident, când l-a întâlnit pe pacientul care avea să-i determine cursul carierei — și, posibil, al tratamentului pentru cancer, în general. Era de gardă la un spital pentru veterani din Massachusetts în 1968, când un bărbat pe la 60 de ani s-a internat pentru că avea nevoie de o operație relativ simplă de vezică biliară. Bărbatul, al cărui nume era James DeAngelo, avea deja o cicatrice mare de-a curmezișul abdomenului, despre care spunea că este de la o operație făcută cu mult timp în urmă, în care i se înlăturase o tumoră gastrică. Avea de asemenea tumori metastatice care se răspândiseră la ficat, adăuga el, dar chirurgii nu se atinseseră de acelea.

Rosenberg era convins că pacientul său era confuz. Ar fi fost un miracol dacă ar fi supraviețuit chiar și șase luni cu cancer gastric metastatic. Dar, conform dosarului medical al lui DeAngelo, exact asta se întâmplase. Cu doisprezece ani în urmă, intrase în același spital plângându-se de o stare de rău și un nivel scăzut de energie. La momentul acela, era menționat pe fișa lui, consuma în fiecare săptămână trei sau patru sticle de whisky și fuma un pachet sau două de țigări pe zi. Chirurgii descoperiseră o tumoră de dimensiunea unui pumn în stomac și mai multe tumori metastatice în ficat. Au îndepărtat tumora din ficat, cu tot cu jumătate din stomac, dar nu s-au atins de tumorile hepatice, hotărând că era prea riscant să încerce să le îndepărteze în același timp. Iar apoi îl cususeră și-l trimiseseră acasă să moară, ceea ce evident că el nu reușise să facă.

Rosenberg s-a apucat de operația de vezică biliară și, în timp ce făcea asta, a hotărât să se uite prin abdomenul lui DeAngelo. A pipăit în spatele ficatului, croindu-și drum cu grijă pe sub lobii purpurii, așteptându-se să simtă umflăturile tumorilor rămase — o senzație unică, de ceva tare și rotund, aproape nepământean —, dar nu a găsit absolut nicio urmă de excrescențe. „Acest bărbat avusese un cancer[1] virulent și netratabil care ar fi trebuit să-l ucidă rapid“, a scris Rosenberg în cartea lui din 1992, *The Transformed Cell*. „Nu primise niciun fel de tratament pentru boală din partea noastră sau a altcuiva. Și se vindecase.“

Cum era posibil așa ceva? În toată literatura medicală, Rosenberg a putut găsi doar patru exemple de remisiuni complete și spontane ale cancerului metastatic de stomac. Era năucit. Dar într-un final a emis o ipoteză: era de părere că sistemul imunitar al lui DiAngelo învinsese cancerul și ucisese tumorile rămase în ficat, așa cum eu sau tu ne putem descotorosi de o răceală. Propriul lui corp îi vindecase cancerul. Cumva.

La momentul acela, ideea aceasta se detașa cu mult de curentul principal al cercetării oncologice. Dar Rosenberg bănuia că descoperise ceva important. *The Transformed Cell* a spus povestea încercării lui Rosenberg de a folosi sistemul imunitar pentru lupta cu cancerul. Totuși, în pofida unor mici succese presărate ici și colo, oricare ar fi fost fenomenul care eliminase tumorile lui James DeAngelo s-a dovedit a fi unui volatil; în primii zece ani, nici măcar unul dintre pacienții lui Rosenberg nu supraviețuise. Nici măcar unul. Dar el a continuat.

Se descurca mai bine în calitate de chirurg oncolog, decât în calitate de cercetător oncolog: l-a operat pe președintele Ronald Reagan în 1985, îndepărtându-i niște polipi canceroși din colon și intervenția decursese bine. Dar obiectivul lui Rosenberg era să elimine nevoia operațiilor de cancer, definitiv. În cele din urmă, pe la jumătatea anilor 1980, a avut o scânteie de succes — suficientă cât să-l facă să continue.

Imediat cum am citit *The Transformed Cell*, fiind student la medicină, am știut că voiam să devin chirurg oncolog și că trebuia să lucrez cu Steve Rosenberg. Mă gândisem la cancer chiar înainte să mă înscriu la facultatea de medicină. În timpul anului de după bacalaureat, în timp ce făceam cursurile cerute pentru admiterea la facultatea de medicină, m-am oferit voluntar în secția de oncologie pediatrică de la Kingston General Hospital din Ontario, petrecând timp cu copiii care făceau tratament pentru cancer. Din fericire, leucemia infantilă este unul dintre domeniile în care Medicina 2.0 a făcut progrese adevărate. Dar nu toți supraviețuiau, iar curajul acestor copii, durerea pe care o suportau ei și părinții lor și compasiunea echipelor medicale m-au impresionat mai tare decât orice problemă de inginerie sau matematică. Experiența aceasta mi-a confirmat hotărârea de a trece de la inginerie la medicină.

În al treilea an de studenție, am avut ocazia de a petrece patru luni în laboratorul lui Rosenberg, în epicentrul cercetării oncologice americane. Până să ajung acolo, trecuseră aproape trei decenii de când Richard Nixon declarase război național împotriva cancerului, în 1971. Inițial, s-a sperat că acesta va fi „vindecat" în decurs de cinci ani, exact la timp pentru Bicentenar. Cu toate acestea, a rămas încăpățânat pe baricade în 1976 și până la momentul când am terminat facultatea de medicină, în 2001. Și azi la fel, din toate punctele de vedere.

În pofida a mai bine de 100 miliarde de dolari cheltuiți de Institutul Național pentru Cancer, plus multe miliarde de dolari din industria privată și donații publice — în pofida tuturor fundelor roz și brățărilor galbene și efectiv a milioanelor de lucrări publicate în baza de date PubMed — cancerul este a doua cauză principală de deces în Statele Unite, imediat după afecțiunile cardiace. Împreună, aceste două boli sunt responsabile de aproape jumătate dintre decese în America. Diferența este că înțelegem geneza și evoluția bolilor cardiace destul de bine și avem câteva instrumente eficiente cu care să le prevenim și tratăm. În consecință, ratele mortalității din cauza bolilor cardiovasculare și cerebrovasculare au scăzut cu două treimi de la jumătatea secolului XX. Dar cancerul continuă să-i omoare pe americani în aproape același ritm cum făcea acum 50 de ani.

FIGURA 6. Incidența cancerului în funcție de vârstă în Statele Unite

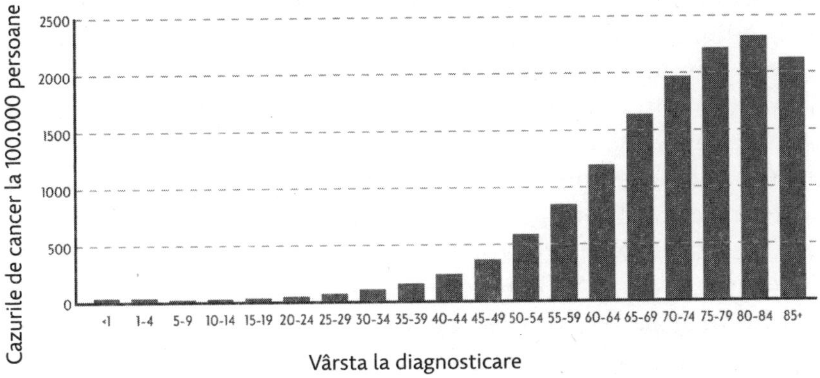

Sursa: Institutul Național pentru Cancer (2021)

Am făcut câteva progrese în lupta cu anumite cancere, mai exact cu leucemia (în special leucemia infantilă, așa cum observam mai devreme). Pentru adulții cu leucemie, ratele de supraviețuire pe 10 ani s-au dublat[2] între 1975 și 2000, sărind de la 23% la 44%. Ratele de supraviețuire în cazul limfoamelor Hodgkin și non-Hodgkin au crescut și ele, mai ales în cazul primelor. Totuși acestea reprezintă victorii mici într-un „război" care nu a decurs prea bine.

Ca și boala de inimă, cancerul este o boală a bătrâneții. Adică, devine exponențial mai prevalentă odată cu trecerea fiecărui deceniu de viață, așa cum arată figura 6. Vârsta medie pentru diagnosticul de cancer este 66 de ani, dar în 2017 au fost mai multe decese provocate de cancer[3] în rândul persoanelor de 45-64 de ani decât de bolile cardiace, bolile hepatice și accidentele vasculare cerebrale la un loc. Anul acesta, dacă se mențin tendințele actuale[4], aceeași grupă de vârstă va fi responsabilă pentru aproximativ 40% din cele 1,7 milioane cazuri noi estimate de cancer care vor fi probabil diagnosticate în Statele Unite, conform Institutului Național pentru Cancer. Totuși, la momentul când cancerul este depistat, probabil el a evoluat deja timp de ani de zile și posibil decenii. În timp ce scriu aceste cuvinte, mă gândesc cu tristețe la cei trei prieteni ai mei din liceu care au murit de cancer în ultimii zece ani, toți mai tineri de 45 de ani. Am putut să-mi iau la revedere doar de la o singură prietenă, înainte să moară. Toți cei care citesc această carte au probabil povești asemănătoare.

Problema de care ne lovim este că, odată cancerul instalat, ne lipsesc tratamentele foarte eficiente împotriva lui. Trusa noastră de instrumente este limitată. Multe (deși nu toate) tumori solide pot fi îndepărtate chirurgical, o tactică ce datează din Egiptul antic. Combinarea operației cu terapia radiologică este o metodă destul de eficientă împotriva cancerelor locale cu tumori solide. Dar, deși am devenit destul de performanți în această abordare, în esență am ajuns la limita capacităților noastre de tratare a cancerului în acest fel. Nu mai reușim să scoatem nimic altceva din acest procedeu. Iar chirurgia are o valoare limitată dacă un cancer a făcut metastaze sau s-a răspândit. Cancerele metastatice pot fi încetinite de chimioterapie, dar în principiu revin întotdeauna, adesea mai rezistente la tratament decât oricând. Etalonul nostru pentru succes, sau remisia, reprezintă în general o perioadă de supraviețuire de cinci ani a pacientului și atât. Nu îndrăznim să rostim cuvântul *vindecare*.

A doua problemă este că abilitatea noastră de a detecta cancerul într-o etapă incipientă rămâne una foarte scăzută. Mult prea adesea, descoperim tumori doar când provoacă alte simptome, moment în care sunt adesea prea avansate să fie îndepărtate — sau, mai rău, cancerul s-a răspândit deja în alte părți ale corpului. Am văzut asta întâmplându-se de multe ori în timpul pregătirii mele: îndepărtam tumora unui pacient (sau tumorile), doar pentru ca acesta să moară după un an din cauză că respectivul cancer se răspândise în altă parte, ca de exemplu la ficat sau plămâni.

Din această experiență se inspiră strategia noastră în trei părți pentru gestionarea cancerului. Prima și cea mai evidentă dorință a noastră este să evităm complet cancerul, precum centenarii — cu alte cuvinte, prevenția. Dar prevenția cancerului este dificilă deoarece nu înțelegem încă în totalitate ce stimulează inițierea și evoluția bolii, cu același grad de claritate pe care îl avem în cazul aterosclerozei. Mai mult, ghinionul banal pare să joace un rol în acest proces în mare parte stocastic. Dar avem niște indicii, despre care vom vorbi în următoarele două secțiuni.

Urmează utilizarea unor tratamente mai noi și mai inteligente care au în vedere multiplele slăbiciuni ale cancerului, inclusiv foamea metabolică de nepotolit a celulelor canceroase care se dezvoltă rapid și vulnerabilitatea lor la imunoterapie, rezultatul multor decenii de muncă ale unor savanți precum Steve Rosenberg. Mi se pare că imunoterapia, mai ales, este extrem de promițătoare.

În al treilea rând, și probabil cel mai important, trebuie să încercăm să detectăm cancerul cât de devreme posibil, pentru ca tratamentele să poată fi puse în aplicare mai eficient. Susțin testarea timpurie, agresivă și cu spectru larg pentru pacienții mei — cum ar fi colonoscopia (sau ale modalități de testare pentru cancerul colorectal) la vârsta de 40 de ani, în contrast cu recomandarea standard la 45 sau 50 de ani — deoarece există dovezi copleșitoare că este mult mai ușor să gestionăm majoritatea cancerelor în stadiile timpurii. Sunt de asemenea moderat de optimist cu privire la cuplarea acestor teste de bază, încercate și validate, de identificare a cancerului cu metodele emergente, precum „biopsiile lichide" care pot detecta urme de ADN de celule canceroase într-o simplă analiză de sânge.

După cinci decenii de la începutul războiului împotriva cancerului, pare evident că nu prea iese în evidență niciun „remediu". Mai degrabă, se pare că ne putem face cele mai multe speranțe pentru descoperirea unor modalități mai bune de atacare a cancerului pe toate aceste trei fronturi: prevenție, tratamente mai direcționate și mai eficiente și detecție completă și corectă.

Ce este cancerul?

Unul dintre motivele principale pentru care cancerul este fatal — și atât de înspăimântător — este din cauză că încă știm destul de puține despre cum începe și de ce se răspândește.

Celulele canceroase diferă de celulele normale în două feluri importante. Contrar credinței populare, celulele canceroase nu cresc mai repede decât omoloagele lor necanceroase; doar că nu se *opresc* din crescut atunci când ar trebui. Dintr-un anumit motiv, nu mai ascultă semnalele corpului care le spune când să crească și când să se oprească din crescut. Se crede că acest proces începe când celulele normale dobândesc o anumită mutație genetică. De exemplu, o genă denumită *PTEN*,[5] care în mod normal oprește creșterea sau diviziunea celulelor (care într-un final devin tumori), suferă adesea o mutație sau este „suprimată" la persoanele cu cancer, inclusiv la aproximativ 31% dintre bărbații cu cancer de prostată și 70% dintre cei cu cancer avansat de prostată. Astfel de gene „de suprimare tumorală" sunt absolut importante pentru a înțelege boala.

A doua proprietate definitorie pentru celulele canceroase este capacitatea lor de a călători dintr-o parte a corpului până într-o zonă îndepărtată unde nu ar trebui să se afle. Aceasta este denumită *metastază* și este cea care îi permite unei celule canceroase din sân să se răspândească la plămâni. Această răspândire transformă un cancer dintr-o problemă locală, gestionabilă, într-o boală fatală, sistemică.

Totuși, dincolo de aceste două proprietăți comune, similitudinile dintre diferitele categorii de cancere se opresc în mare parte aici. Unul dintre cele mai importante obstacole pentru găsirea unui „remediu" este faptul că nu e o singură boală simplă și clară, ci o afecțiune de o complexitate năucitoare.

Cam în urmă cu două decenii, Institutul Național pentru Cancer a lansat un studiu uriaș și ambițios denumit *The Cancer Genome Atlas*, al cărui obiectiv a fost să secvențieze celulele tumorale canceroase în speranța de a descoperi exact acele schimbări genetice care provoacă diferite tipuri de cancer, cum ar fi cel de sân, rinichi și ficat. Înarmați cu aceste cunoștințe, oamenii de știință ar putea dezvolta terapii direcționate exact spre aceste mutații. Așa cum a spus unul dintre savanții care a propus proiectul: „Acestea sunt elementele de bază[6] de care avem nevoie pentru a elabora un remediu".

Dar primele rezultate ale *The Cancer Genome Atlas*, publicate într-o serie de lucrări începând cu 2008, au scos la iveală mai multă confuzie decât claritate. În loc să dezvăluie un tipar clar de schimbări genetice care alimentează fiecare tip de cancer, studiul a descoperit o complexitate imensă. Fiecare tumoră avea în medie peste 100 de mutații diferite, iar acestea păreau să fie aproape aleatorii. Câteva gene s-au evidențiat ca factori de stimulare, inclusiv *TP53* (cunoscută și sub denumirea de p53, care se găsește în majoritatea cancerelor), *KRAS* (obișnuită la cancerul pancreatic), *PIC3A* (obișnuită în cancerul de sân) și *BRAF* (obișnuită în melanom), dar foarte puține sau niciuna dintre aceste mutații bine-cunoscute nu erau împărtășite de toate tumorile. De fapt, nu păreau să existe anumite gene care să „provoace" cancerul; în schimb, părea că mutațiile somatice aleatorii se combinau pentru a provoca cancerul. Așadar nu doar că un cancer de sân este diferit de un cancer de colon (cum se așteptau cercetătorii), dar nu există două tumori de sân care să semene foarte mult. Dacă două femei au cancer de sân în același stadiu, genomurile lor tumorale au șanse să fie foarte diferite unele de altele. Așadar ar fi dificil, dacă nu imposibil, să elaborăm un tratament pentru ambele femei pe baza profilului genetic al tumorilor acestora. Atunci, în loc să scoată la iveală forma pădurii, *The Cancer Genome Project* ne-a atras și mai în profunzime prin labirintul de copaci.

Sau cel puțin așa a părut la momentul acela. Într-un final, secvențierea genetică s-a dovedit a fi cel mai puternic instrument împotriva cancerului — doar că nu în felul anticipat cu două decenii în urmă.

Chiar și atunci când tratăm cu succes un cancer local, nu putem fi niciodată siguri că a dispărut complet. Nu avem de unde să știm dacă nu cumva celulele canceroase nu s-au răspândit deja și nu stau la pândă prin alte organe, așteptând să se stabilească acolo. Acest cancer metastatic este responsabil de cele mai multe decese cauzate de cancer. Dacă vrem să reducem rata mortalității cu un procent semnificativ, trebuie să facem o treabă mai bună în prevenirea, detectarea și tratarea cancerelor metastatice.

Cu câteva excepții, cum ar fi glioblastomul sau alte tumori cerebrale agresive, precum și unele cancere de plămâni și hepatice, tumorile solide de organe omoară în general doar când s-au răspândit la alte organe. Cancerul de sân omoară doar când face metastaze. Cancerul de prostată omoară doar când devine metastatic. Ai putea trăi fără oricare dintre organele acestea. Așa că, atunci când auzi povestea tristă a cuiva care a murit de cancer de sân sau de prostată ori de cancer pancreatic sau de colon s-a întâmplat deoarece cancerul s-a răspândit la alte organe mai importante, cum ar fi creierul, plămânii, ficatul și oasele. Când cancerul ajunge în aceste locuri, ratele de supraviețuire scad abrupt.

Dar ce face cancerul să se răspândească? Nu știm de fapt și e puțin probabil că vom descoperi prea curând deoarece doar aproximativ 5 până la 8% din fondurile[7] pentru cercetările de cancer din SUA sunt alocate studiului metastazei. Capacitatea noastră de a detecta cancerul metastatic este de asemenea foarte slabă, deși cred că suntem pe cale să facem câteva descoperiri esențiale în testarea pentru cancer, așa cum vom discuta ulterior. Ne-am concentrat cea mai mare parte din energie pe tratarea cancerului metastatic, care este o problemă extrem de dificilă. Odată ce cancerul s-a răspândit, totul se schimbă: trebuie să-l tratăm *sistematic,* mai degrabă decât local.

Acum, asta înseamnă de obicei chimioterapie. Contrar convingerilor populare, uciderea celulelor canceroase e de fapt o chestie destul de ușor de făcut. Am cam o duzină de agenți cu potențial chimioterapic în garaj și sub chiuveta de la bucătărie. Etichetele lor îi descriu ca fiind lichid pentru geamuri sau pentru desfundarea chiuvetei, dar ar ucide ușor și celule canceroase. Evident că problema este că otrăvurile acestea vor măcelări de asemenea și fiecare celulă normală care există printre ele, omorând probabil pacientul în acest proces. Jocul se câștigă dacă ucidem cancerul, cruțând celulele normale. Uciderea *selectivă* este soluția.

Chimioterapia tradițională ocupă o zonă neclară între otravă și medicament; gazul de muștar folosit ca armă în Primul Război Mondial era un precursor direct al unora dintre cele mai timpurii citostatice, unele dintre ei fiind folosite în continuare. Aceste medicamente atacă ciclul de replicare a celulelor și, deoarece celulele canceroase se divid rapid, citostaticele le fac mai mult rău decât celulelor normale. Dar și multe celule necanceroase normale se divid mai des, cum ar fi cele care căptușesc gura și intestinul, foliculii de păr și unghiile, motiv pentru care citostaticele provoacă efecte secundare precum căderea părului și probleme gastrointestinale. Între timp, așa cum subliniază cercetătorul în domeniul cancerului Robert Gatenby, aceste celule canceroase care reușesc să supraviețuiască chimioterapiei sfârșesc adesea prin a dobândi mutații care le fac mai puternice, precum gândacii care dezvoltă rezistență la insecticide.

Efectele secundare ale chimioterapiei ar putea să pară inițial o plată corectă pentru „șansa de a avea câțiva ani utili în plus", cum spunea regretatul autor Christopher Hitchens[8] în cartea lui de memorii despre cancer, *Mortality*. Dar, pe măsură ce tratamentul pentru cancer metastatic de esofag continua, el s-a răzgândit. „Zăceam zile în șir încercând inutil să amân momentul când va trebui să înghit. De fiecare dată când chiar înghițeam, un val cumplit de durere se ridica din gâtul meu, culminând cu ce părea să fie o lovitură de măgar în partea lombară... Iar atunci îmi venea un gând ticălos nedorit: dacă mi s-ar fi spus toate astea dinainte, aș mai fi ales tratamentul?"

Hitchens experimenta problema principală a chimioterapiei moderne: este sistemică, dar tot nu e suficient de specifică încât să ajungă doar la celulele canceroase și nu la cele normale, sănătoase. De unde și efectele secundare cumplite de care suferea. Până la urmă, tratamentele de succes vor trebui să fie atât sistemice, *cât și* specifice unui anumit tip de cancer. Să exploateze vreo slăbiciune care este unică celulelor canceroase, cruțând în mare parte celulele normale (și, evident, pacientul). Dar care ar putea fi aceste slăbiciuni?

Doar pentru că un cancer este puternic nu înseamnă că este invincibil. În 2011, doi cercetători de top în domeniul cancerului, pe nume Douglas Hanahan și Robert Weinberg, au identificat două trăsături distinctive pentru cancer[9] care pot duce — și de fapt chiar au dus — la tratamente noi, precum și la metode posibile de reducere a riscului de cancer. Prima dintre aceste caracteristici este faptul că multe celule canceroase au un metabolism modificat, consumând cantități mari de glucoză. A doua, celulele canceroase par să aibă o capacitate stranie de a scăpa de sistemul imunitar care în mod normal vânează celulele deteriorate și periculoase — cum ar fi celulele canceroase — și le are în vizor pentru a le distruge. Această a doua problemă este cea pe care Steve Rosenberg și alții încearcă de zeci de ani să o rezolve.

Metabolismul și supravegherea imunității mă entuziasmează pentru că ambele sunt sistemice, o condiție necesară pentru orice tratament nou de combatere a cancerelor metastatice. Ambele exploatează acele caracteristici ale cancerului care teoretic sunt mai specifice tumorilor, decât simpla replicare a celulelor deviante. Dar nici abordarea metabolică și nici cea de tip imun a cancerului nu sunt chiar noi: cercetători experimentați construiesc de zeci de ani bazele pentru progres în ambele zone.

Metabolismul cancerului

După cum probabil v-ați dat seama până acum, avem tendința să ne raportăm la cancer în principal ca la o boală genetică, alimentată de mutații cu cauză necunoscută. În mod clar, celulele canceroase sunt diferite genetic de celulele umane normale. Dar, aproximativ în ultimul secol, o mână de cercetători a studiat o altă proprietate unică a celulelor canceroase, iar aceasta este metabolismul lor.

În anii 1920, un fiziolog german pe nume Otto Warburg[10] a descoperit cum celulele canceroase aveau o ciudată poftă de glucoză, devorând-o de aproape 40 de ori mai repede față de ritmul în care o consumă țesuturile sănătoase. Dar aceste celule canceroase nu „respirau“ așa cum fac celulele normale, consumând oxigen și producând mult ATP, moneda de energie a celulei, prin mitocondrii. Mai degrabă, păreau să folosească un traseu diferit decât cel folosit în mod normal de celule pentru a produce energie în condiții anaerobe, adică fără suficient oxigen, ca atunci când alergăm rapid. Chestia ciudată era că respectivele celule canceroase se foloseau de acest traseu metabolic ineficient, în pofida faptului că aveau la dispoziție mult oxigen.

Asta i s-a părut lui Warburg o alegere foarte ciudată. În respirația normală aerobică, o celulă poate transforma o moleculă de glucoză chiar și în 36 unități de ATP. Dar, în condiții anaerobe, aceeași cantitate de glucoză produce doar două unități nete de ATP. Acest fenomen a fost botezat efectul Warburg[11] și chiar și azi una dintre modalitățile de localizare a unor posibile tumori este prin injectarea pacientului cu glucoză etichetată radioactiv și efectuarea apoi a unei tomografii cu emisie de pozitroni (scanare PET) pentru a vedea unde migrează cea mai mare parte din glucoză. Zonele cu concentrații anormal de mari de glucoză indică posibila prezență a unei tumori.

Warburg a primit Premiul Nobel în Fiziologie și Medicină în 1931 pentru faptul că a descoperit o enzimă esențială în lanțul de transport al electronilor (un mecanism esențial pentru producerea energiei din celulă). La momentul când a murit în 1970,[12] șmecheria ciudată a metabolismului cancerului pe care-o descoperise el aproape că fusese uitată. Descoperirea structurii ADN de către James Watson, Francis Crick, Maurice Wilkins și Rosalind Franklin în 1953 a provocat o schimbare majoră de paradigmă, nu doar în domeniul cancerului, ci în biologie în general.

Așa cum a povestit Watson[13] într-un editorial din 2009 din *New York Times*: „La finalul anilor 1940, când lucram pentru doctorat, vedetele biologiei erau biochimiștii care încercau să descopere cum erau produse și descompuse moleculele intermediare din metabolism. După ce eu și colegii mei am descoperit spirala dublă a ADN, vedetele biologiei au devenit biologii moleculari, al căror principal rol era să descopere cum era folosită informația codificată în secvențele de ADN pentru a produce acidul nucleic și componentele proteice ale celulelor".

Totuși, după aproape 40 de ani de război împotriva cancerului, chiar și Watson devenise convins să genetica nu deținea până la urmă cheia unui tratament de succes al cancerului. „E posibil să fim nevoiți să deviem principala linie de cercetare de la decodarea instrucțiunilor genetice din spatele cancerului către înțelegerea reacțiilor chimice din interiorul celulelor canceroase", scria el. Era momentul, susținea, să începem să căutăm terapii care să vizeze metabolismul cancerului, și nu doar genetica acestuia.

O mână de oameni de știință se preocupaseră de aspectele metabolice ale cancerului în tot acest timp. Lew Cantley, care lucrează acum la Dana-Farber Cancer Center de la Harvard, a analizat metabolismul cancerului începând cu anii 1980, când ideea nu era la modă. Una dintre întrebările mai dificile, la care a căutat răspuns, a fost *de ce* erau nevoite celulele canceroase să producă energie în felul acesta atât de ineficient. Pentru că e posibil ca explicația să se găsească în ineficiența efectului Warburg, așa cum au explicat într-o lucrare din 2009 Cantley, Matthew Vander Heiden și Craig Thompson.[14] Deși nu generează cine știe ce energie, au descoperit ei, efectul Warburg generează o mulțime de produse secundare, cum ar fi lactatul, o substanță care este de asemenea produsă în timpul exercițiilor fizice intense. De fapt, transformarea glucozei în lactat creează atât de multe molecule suplimentare, încât autorii au susținut că acea cantitate relativ mică de energie pe care o produce poate fi de fapt „produsul secundar".

Există o logică în spatele acestei aparente nebunii: când o celulă se divide, nu se împarte doar în două celule mai mici. Procesul necesită nu doar diviziunea nucleului și toate chestiile pe care le-am învățat în liceu la biologie, ci și materialele fizice efective, necesare pentru a construi o celulă complet nouă. Acestea nu apar pur și simplu de nicăieri. Respirația celulară aerobică normală produce doar energie, sub formă de ATP, plus apă și dioxid de carbon, care nu prea sunt utile ca materiale de construcție (de asemenea, pe acestea două din urmă le eliminăm prin expirație). Efectul Warburg, cunoscut și sub denumirea de glicoliză anaerobă, transformă aceeași cantitate de glucoză într-o fărâmă de energie și o mulțime de cărămizi chimice — care sunt apoi folosite pentru a construi rapid celule noi. Astfel, efectul Warburg este felul în care celulele canceroase își alimentează propria proliferare. Dar mai reprezintă și o posibilă vulnerabilitate în armura cancerului.*

Acesta rămâne un punct de vedere controversat în mediile tradiționale de cercetare a cancerului, dar a devenit din ce în ce mai dificil de ignorat legătura dintre cancer și disfuncția metabolică. În anii 1990-2000, pe măsură ce procentele de fumători și de cancere provocate de fumat au scăzut, a apărut o nouă amenințare pentru a înlocui fumul de tutun. Obezitatea și diabetul de tip 2 se transformau rapid în epidemii naționale și apoi globale și păreau să reprezinte un risc crescut pentru multe tipuri de cancer, inclusiv esofagian, hepatic și pancreatic. Societatea Americană pentru Cancer raportează că greutatea în exces este

* Aceasta nu este singura explicație a felului în care efectul Warburg este util unei celule canceroase. O altă teorie spune că ajută la protejarea tumorii de celulele imune, transformând-o într-un micromediu mai puțin primitor din cauza unui pH mai scăzut (adică, mai acid) provocat de producerea de acid lactic și a unor specii reactive de oxigen. Pentru o excelentă trecere în revistă a acestor subiecte, vezi Liberti și Locasale (2016).

printre primii factori de risc atât pentru cancer, cât și pentru deces, al doilea după fumat.

La nivel global, se consideră că aproximativ 12 până la 13%[15] dintre toate cazurile de cancer pot fi puse pe seama obezității. Obezitatea ca atare este puternic asociată cu treisprezece tipuri diferite de cancer, inclusiv pancreatic, esofagian, renal, ovarian și de sân, precum și mieloame multiple (vezi figura 7). De asemenea, diabetul de tip 2[16] crește și el riscul anumitor tipuri de cancer, până la de două ori în anumite cazuri (cum ar fi cancerele pancreatice și endometriale). Iar obezitatea extremă (IMC ≥ 40) este asociată cu un risc cu 52% mai mare de deces cauzat de cancer la bărbați și 62% la femei.

Bănuiesc că legătura dintre obezitate, diabet și cancer este în principal alimentată de inflamație și de factorii de creștere precum insulina. Mai ales obezitatea, când este însoțită de acumularea de grăsime viscerală (și de alte tipuri de grăsime, în afara depozitelor subcutanate), promovează inflamația deoarece celulele de grăsime care mor elimină o varietate de citokine inflamatorii în circulație (vezi figura 4 din capitolul 6). Această inflamație cronică ajută la crearea unui mediu care ar putea face celulele să devină canceroase. Contribuie de asemenea la dezvoltarea rezistenței la insulină, făcând nivelurile de insulină să urce — și, așa cum vom vedea curând, insulina ca atare este un personaj negativ în metabolismul cancerului.

Această descoperire a fost făcută grație activității ulterioare a lui Lew Cantley. El și colegii săi au descoperit o familie de enzime denumite PI3-kinaze sau PI3K,[17] care joacă un rol esențial în alimentarea efectului Warburg prin grăbirea asimilării glucozei în celulă. De fapt, PI3K ajută la deschiderea unei căi de acces în peretele celular, permițând glucozei să o inunde pentru a-i alimenta creșterea. Celulele canceroase posedă mutații specifice care stimulează activitatea PI3L în timp ce opresc activitatea proteinei PTEN de suprimare a tumorii, despre care am vorbit mai devreme în acest capitol. Când PI3K este activată de insulină și IGD-1, factorul de creștere asemănător cu insulina, celula poate devora glucoza într-un ritm mai rapid pentru a-și alimenta creșterea. Astfel, insulina acționează ca un fel de facilitator al cancerului, accelerându-i creșterea.

FIGURA 7 Cancere asociate cu greutatea în exces și cu obezitatea

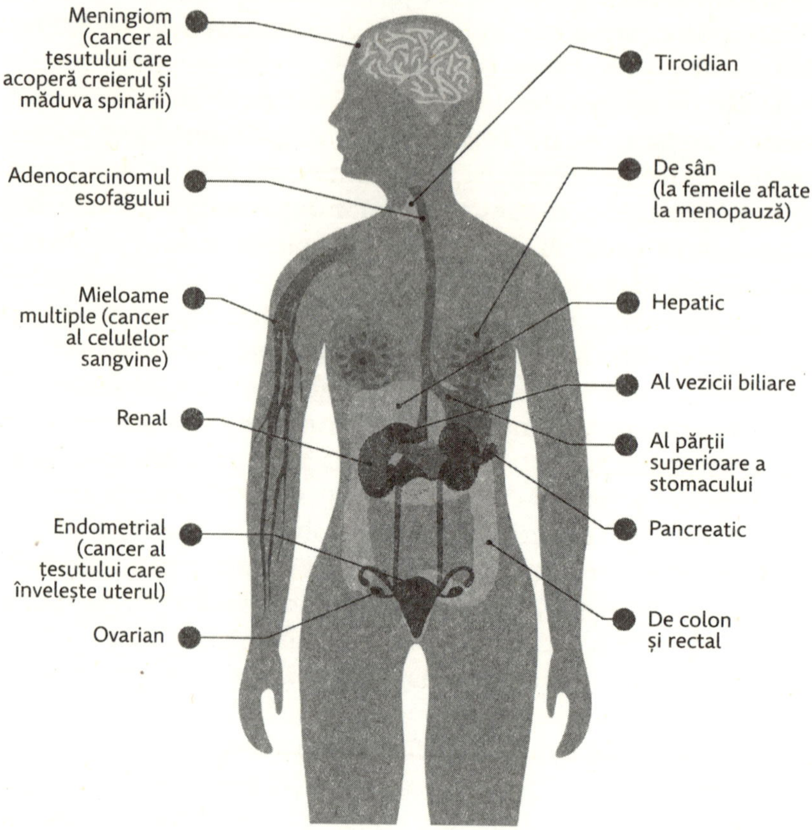

Sursa: NCI (2022a)

La rândul său, aceasta sugerează că terapiile metabolice, inclusiv manipulările prin dietă care scad nivelul de insulină, ar putea teoretic să ajute la încetinirea dezvoltării anumitor cancere și reduce riscul de cancer. Există deja niște dovezi că ajustarea metabolismului poate afecta ratele cancerului. Așa cum am văzut, animalele de laborator cu diete cu restricție calorică (RC) tind să moară de cancer în procente mult mai scăzute decât cele din grupul de control care au o dietă *ad libitum* („la discreție“). Faptul că mănâncă mai puțin pare să le ofere un anumit grad de protecție. E posibil ca lucrul acesta să fie adevărat și la oameni: un studiu al restricției calorice la oameni[18] a descoperit că limitarea aportului caloric inhibă direct traseul asociat cu PI3K, deși în mușchi (mușchii nu sunt susceptibili la cancer). Aceasta poate să depindă de scăderea cantității de insulină, mai degrabă decât de scăderea nivelului de glucoză.

Deși e dificil sau aproape imposibil să evităm sau să prevenim mutațiile genetice care provoacă apariția cancerului, este relativ ușor să abordăm factorii metabolici care-l hrănesc. Nu sugerez că este posibil să „înfometăm" cancerul sau că vreo dietă anume va face cancerul să dispară ca prin farmec; celulele canceroase par mereu să aibă capacitatea de a obține aportul de energie de care au nevoie. Ce vreau să spun este că nu vrem să ne poziționăm nicăieri pe intervalul acela de la rezistența la insulină, la diabetul de tip 2, unde riscul nostru de cancer este clar mărit. Pentru mine, acesta este fructul ușor de cules când vine vorba de prevenția cancerului, aflat pe același loc fruntaș cu renunțarea la fumat. Echilibrarea sănătății noastre metabolice este esențială pentru strategia anticancer. În următoarea secțiune, vom analiza felul în care intervențiile metabolice au fost de asemenea folosite pentru a potența alte feluri de terapie împotriva cancerului.

Tratamente noi

Descoperirea traseului PI3K de către Lew Cantley a dus la dezvoltarea unei clase complet noi de medicamente care vizează metabolismul cancerului. Trei dintre aceste medicamente, cunoscute ca inhibitori ai PI3K, au fost aprobate de FDA pentru anumite leucemii și limfoame recidivante, iar un al patrulea a fost aprobat spre finalul lui 2019 pentru cancerul de sân. Dar nu par să fi funcționat așa de bine precum se anticipa, având în vedere rolul esențial al PI3K în traseele de creștere a celulelor canceroase. De asemenea, aveau efectul secundar enervant de mărire a glicemiei, care la rândul său a provocat un salt al nivelurilor de insulină și de IGF-1, în timp ce celula încerca să rezolve problema inhibării PI3K — exact lucrul pe care vrem să-l evităm, conform acestei teorii.

Situația a apărut la o cină în 2014, când m-am alăturat lui Cantley, care era atunci director al Meyer Center de la Weill Cornell Medical College din Manhattan, și lui Siddhartha Mukherjee, oncolog practicant, cercetător și scriitor câștigător al premiului Pulitzer pentru *Împăratul tuturor bolilor*,[19]* o „biografie" a cancerului. Eram un mare fan al muncii lui Sid, așa că am fost entuziasmat să stau la masă cu acești doi giganți ai oncologiei.

În timpul cinei, le-am povestit despre un caz în care un tratament cu un medicament de inhibare a PI3K fusese potențat de un fel de terapie metabolică. Mă tot gândeam la asta pentru că pacientul era soția unui prieten foarte apropiat de-ai mei. Sandra (nu e numele ei adevărat) fusese diagnosticată cu cancer de sân în urmă cu șase ani. Cancerul se răspândise deja la ganglionii limfatici și la oase. Din cauza prognosticului nefavorabil, s-a calificat pentru un studiu clinic al unui medicament experimental de inhibare a PI3K, în combinație cu terapii standard.

Sandra era o pacientă foarte motivată. Încă din prima zi a diagnosticului, devenise obsedată să facă tot ce era posibil pentru a-și îmbunătăți șansele. A devorat tot ce putea citi despre impactul alimentației asupra cancerului și trăsese concluzia că o dietă care reducea insulina și IGF-1 avea să o ajute în tratament. Așa că și-a pus la punct un regim alcătuit în principal din legume cu frunze verzi, ulei de măsline, avocado, nuci și cantități mici de proteină, în mare parte provenind din pește, ouă și carne de pui. Dieta era de reținut și prin prisma a ceea ce nu conținea: zahăr adăugat și carbohidrați rafinați. În tot acest timp, a făcut analize frecvente de sânge pentru a se asigura că nivelul de insulină și IGF-1 rămânea scăzut, ceea ce s-a și întâmplat.

În următorii câțiva ani, toate celelalte femei care fuseseră înscrise în studiul la care participa au murit. Absolut toate. Pacientele urmaseră tratamentul chimioterapic de ultimă oră la care se adăuga inhibitorul de PI3K, dar cu toate acestea cancerul de sân metastatic le copleșise. Studiul a trebuit oprit deoarece era clar că medicamentele nu funcționau. Cu excepția cazului Sandrei. De ce mai trăia ea în timp ce sute de alte femei cu aceeași boală, în aceeași etapă, nu mai erau vii? Era doar norocoasă? Sau

---

* *Împăraruł tuturor bolilor, O biografie a cancerului* de Siddhartha Mukherjee, traducere de Carmen Nedelcu, All, București, 2011. (*N.t.*)

poate că dieta ei foarte strictă, care probabil îi inhibase producția de insulină și IGF-1, jucase un rol în soarta ei?

Aveam o bănuială că era posibil. Cred că trebuie să fim atenți la cei care nu se încadrează în medie, la acești supraviețuitori „miraculoși". Chiar dacă sunt doar informale, poveștile lor pot să conțină niște revelații utile despre această boală letală, misterioasă. Așa cum spunea Steve Rosenberg: „Pacienții aceștia ne ajută să ne punem întrebările corecte".

Cu toate acestea, în lucrarea sa voluminoasă despre cancer, publicată în 2010, Mukherjee aproape că nu scrisese nimic despre metabolism și terapii metabolice. Părea prematur să scrie despre ele, mi-a spus el ulterior. Acum, în timp ce spuneam povestea aceasta la cină, părea interesat, dar sceptic. Cantley a luat un șervețel și a început să deseneze un grafic: problema cu inhibitorii de PI3K, a explicat el, este că, atunci când închid traseul PI3K corelat cu insulina, ajung de fapt să *crească* nivelurile de insulină și de glicemie. Deoarece accesul glucozei în celulă este blocat, rămâne mai multă în fluxul sangvin. Atunci corpul crede că trebuie să producă mai multă insulină ca să scape de toată glucoza aceea, negativizând poate unele dintre efectele medicamentului prin activarea PI3K. Atunci cum ar fi să combinăm inhibitorii de PI3K cu o dietă de scădere a insulinei sau ketogenică?

Din acel desen rudimentar de pe șervețel, s-a născut un studiu. Publicat în *Nature* în 2018,[20] cu Mukherjee și Cantley ca autori principali, studiul a descoperit că o combinație de dietă ketogenică și inhibitori de PI3K îmbunătățea reacțiile la tratament ale șoarecilor cărora le fuseseră implantate tumori cancerigene umane. Rezultatele sunt importante deoarece demonstrează nu doar că metabolismul celulei canceroase este un obiectiv valid pentru terapie, ci și că starea metabolică a unui pacient poate afecta eficiența unui medicament. În acest caz, dieta ketogenică a animalelor părea să lucreze în sinergie cu ceea ce altminteri era un tratament dezamăgitor într-o anumită măsură, iar împreună s-au dovedit a fi mult mai puternice decât oricare dintre ele luate separat. E ca la box, unde o combinație se dovedește adesea mult mai eficientă decât un singur pumn. Dacă primul tău pumn ratează, al doilea e deja în mișcare, îndreptat direct spre locul unde anticipezi că se va mișca adversarul tău. (Mukherjee și Cantley au început de atunci un parteneriat cu un start-up pentru a explora mai în profunzime ideea de a combina tratamentul medicamentos cu intervențiile nutriționale.)

S-a descoperit că alte tipuri de intervenții în dietă ajută la îmbunătățirea eficacității chimioterapiei, limitând în același timp pagubele colaterale asupra țesuturilor sănătoase. Prin munca lui Valter Longo la Universitatea California de Sud și a altora, s-a descoperit că postul sau dietele asemănătoare postului cresc capacitatea celulelor normale de a rezista la chimioterapie făcând în același timp celulele canceroase mai vulnerabile la tratament. Poate să pară contraintuitiv să recomanzi pacienților cu cancer să țină post, dar cercetătorii au descoperit că postul nu a provocat niciun efect secundar important la pacienții tratați cu chimioterapie, iar în unele cazuri e posibil să fi îmbunătățit calitatea vieții pacienților. Un studiu randomizat derulat pe 131 de pacienți[21] care făceau chimioterapie a descoperit că persoanele care au urmat o „dietă asemănătoare cu postul" (în esență, o dietă cu foarte puține calorii, menită să le ofere nutrienții esențiali, reducând în același timp senzația de foame) reacționau mai bine la chimioterapie și se simțeau mai bine fizic și emoțional.

Asta contrazice practica tradițională care încearcă să-i determine pe pacienții cu chimioterapie să mănânce cât de mult pot, mai exact sub forma unor diete cu conținut ridicat de calorii și zaharuri. Societatea Americană de Cancer sugerează utilizarea înghețatei „ca glazură pentru prăjitură".[22] Dar rezultatele acestor studii indică faptul că poate nu e o idee așa de bună ca unei persoane cu cancer să-i crească nivelul de insulină. Trebuie făcute mai multe studii, dar ipoteza de lucru este că, din cauză că celulele canceroase sunt atât de înfometate metabolic, sunt ca atare mai vulnerabile decât celulele normale la o reducere a nutrienților — sau, mai probabil, la o reducere a insulinei care activează traseul PI3K, esențial pentru efectul Warburg.

Acest studiu și cel coordonat de Mukherjee și Cantley, despre care am vorbit mai devreme, atrag de asemenea atenția asupra unei alte concluzii importante a acestui capitol, și anume aceea că rareori există *o singură* cale de a trata cu succes cancerul. Așa cum mi-a explicat Keith Flaherty, medic specializat în oncologie medicală și director al departamentului de dezvoltare de noi terapii de la Massachusetts General Hospital, cea mai bună strategie pentru vizarea cancerului este probabil atacul mai multor puncte slabe ale bolii în același timp sau pe rând. Folosind diferite terapii simultan, cum ar fi combinarea unui inhibitor PI3K cu o dietă ketogenică, putem ataca cancerul pe mai multe fronturi, micșorând în același timp probabilitatea ca un cancer să dezvolte rezistență (prin mutații) la un singur tratament. Aceasta devine o practică mai răspândită în chimioterapia convențională — dar, pentru ca ea să aibă cu adevărat succes, avem nevoie de tratamente mai eficiente care în primul rând să funcționeze, să reușească să evidențieze mai bine celulele cancerigene care trebuie distruse, lăsându-le pe cele sănătoase neafectate.

În următoarea secțiune vom analiza felul în care ideea odinioară excentrică a imunoterapiei a dus la elaborarea mai multor terapii anticancer cu potențial inovator decât și-ar fi imaginat cineva.

Promisiunea imunoterapiei

Ca și metabolismul, imunoterapia nu apărea în *Împăratul tuturor bolilor*. Abia dacă apăruse în vizor când a fost cartea publicată în 2010. Dar, când Ken Burns a făcut documentarul bazat pe această carte, după doar cinci ani, atât imunoterapia, cât și Steve Rosenberg au ocupat un loc central, ceea ce spune ceva despre felul în care modul nostru de a ne raporta la cancer și mai ales la imunoterapie a început să se schimbe abia în ultimul deceniu.

Sistemul imunitar este programat să diferențieze „non-sinele" de „sine" — adică, să recunoască patogenii și corpurile străine invadatoare printre propriile sale celule sănătoase și apoi să ucidă sau să neutralizeze agenții nocivi. O imunoterapie este acea terapie care încearcă să stimuleze sau să folosească sistemul imunitar al pacientului pentru a se lupta cu o infecție sau alte afecțiuni (de exemplu, vaccinurile). Problema când încerci să tratezi cancerul în acest fel este că, deși celulele canceroase sunt anormale și periculoase, teoretic ele tot celulele noastre sunt („sine"). Au evoluat cu abilitate pentru a se ascunde de sistemul imunitar și mai ales de celulele T, acei ucigași ai sistemului imunitar, care în mod normal ar ucide celule străine. Așadar, pentru ca imunoterapia să aibă succes în cazul unui cancer, în esență trebuie să învățăm sistemul imunitar să-și recunoască și să-și ucidă propriile celule care au devenit canceroase. El trebuie să poată face diferența dintre „sinele rău" (cancerul) și „sinele bun" (restul organismului).

Rosenberg nu a fost singura persoană care a încercat să activeze sistemul imunitar împotriva cancerului. Prin secolul al XIX-lea, un chirurg școlit la Harvard, pe nume William Coley, observase că un pacient cu o tumoră importantă se vindecase miraculos, aparent ca urmare a unei infecții majore postoperatorii. Coley a început să facă experimente cu inoculări bacteriene care, a sperat el, ar declanșa o reacție imunitară similară la alți pacienți. Dar colegii săi medici au fost îngroziți de ideea injectării pacienților cu microbi, iar când alții nu au reușit să reproducă rezultatele lui Coley, ideile lui au fost date deoparte și condamnate ca șarlatanie. Cu toate acestea, cazuri de remisie spontană de cancer — precum cel observat de Rosenberg când era tânăr rezident — au continuat să apară, dar nimeni nu putea de fapt să le explice. Aceste remisii ofereau o licărire a puterii de vindecare a corpului uman.

Nu era o problemă ușor de rezolvat. Rosenberg a încercat abordări una după alta, fără succes. Un „vaccin" împotriva cancerului nu a avut succes. Și-a petrecut mulți ani făcând experimente cu interleukina-2 (IL-2), o citokină care joacă un rol important în reacția imună (în esență amplifică activitatea limfocitelor, celulele albe din sânge care luptă cu infecția). Funcționase la subiecți animale cu cancer metastatic, dar rezultatele pe subiecți umani erau mai amestecate: pacienții au fost nevoiți să-și petreacă zile, dacă nu săptămâni, la terapie intensivă și puteau să moară foarte ușor din cauza efectelor secundare grave. Într-un final, în 1984, o pacientă cu melanom în stadiu avansat, pe nume Linda Taylor, a intrat în remisie doar ca urmare a unei doze ridicate de IL-2.

Acesta a fost un punct de cotitură esențial deoarece a demonstrat că sistemul imunitar *putea* să lupte cu cancerul. Dar eșecurile erau încă mai numeroase decât succesele, deoarece o doză mare de IL-2 părea să fie eficientă doar împotriva melanomului și cancerelor renale, și doar la 10-20% dintre pacienții cu aceste două tipuri de cancere.* Era o abordare țintită a unei probleme care necesita mai multă precizie. Așa că Rosenberg s-a concentrat direct pe celulele T. Cum puteau să fie antrenate să identifice și să atace celulele canceroase?

A durat încă mulți ani și câteva replicări, dar Rosenberg și echipa lui au adaptat o tehnică ce fusese elaborată în Israel și care presupunea prelevarea celulelor T din sângele pacientului, apoi utilizarea ingineriei genetice pentru a adăuga receptori antigeni care erau îndreptați exact asupra tumorilor pacienților. Acum, celulele T erau programate să atace celulele canceroase ale pacientului. Cunoscute sub denumirea de celule T cu receptor de antigen himeric (*chimeric antigen receptor T cells* — CAR-T), aceste celule T modificate puteau fi înmulțite în laborator și apoi introduse înapoi în organismul pacientului.

În 2010, Rosenberg și echipa lui[23] au raportat primul succes al tratamentului cu CAR-T, la un pacient cu limfom folicular avansat care trecuse prin mai multe serii de tratamente convenționale, inclusiv chimioterapie, precum și printr-o imunoterapie diferită, toate fără succes. Alte grupuri au preluat și ele tehnica și, într-un final, în 2017, primele tratamente bazate pe CAR-T au fost aprobate de FDA (acestea devenind primele terapii celulare și genice aprobate vreodată de FDA), unul pentru limfom la adulți și altul pentru leucemie acută limfoblastică, cel mai obișnuit cancer la copii. Durase aproape cincizeci de ani, dar teoria odinioară excentrică a lui Steve Rosenberg dusese până la urmă la un rezultat.

Totuși, oricât ar fi de elegante, tratamentele CAR-T s-au dovedit a avea succes doar împotriva unui tip anume de cancer, denumit limfom cu celule-B. Toate celulele B, indiferent că sunt normale sau canceroase, produc o proteină denumită CD19, care este ținta pe care se concentrează celula CAR-T pentru a le ucide. Deoarece putem trăi fără celule B, CAR-T funcționează eliminând toate celulele purtătoare de CD-19. Din nefericire, nu s-a identificat încă un marker similar pentru alte cancere.

* La momentul acela, nu era clar de ce se întâmpla așa, dar azi este evident că abordarea a funcționat deoarece aceste două tipuri de cancer tind să aibă un număr mare de mutații genetice, ceea ce înseamnă că este mai probabil ca sistemul imunitar să recunoască celulele canceroase ca fiind dăunătoare și să le atace.

Dacă vrem să scădem numărul deceselor din cauza cancerului, avem nevoie de o categorie de tratamente cu succes pe scară mai largă. Din fericire, abordarea de tipul imunoterapiei a continuat să evolueze. Acum, după mai bine de un deceniu, câteva medicamente oncologice bazate pe imunoterapie au fost aprobate. În afară de CAR-T, există o categorie de medicamente denumite „inhibitori ai punctelor de control", care au o abordare opusă terapiilor bazate pe celule T. În loc să activeze celulele T, pentru ca ele să meargă să distrugă cancerul, inhibitorii punctelor de control fac cancerul vizibil pentru sistemul imunitar.

Pentru a simplifica o poveste foarte lungă și fascinantă,* un cercetător din Texas pe nume James Allison, care s-a preocupat de imunoterapie de aproape la fel de mult timp ca Steve Rosenberg, și-a dat seama cum se ascund celulele canceroase de sistemul imunitar, exploatând așa-numitele puncte de control care în mod normal ar trebui să regleze celulele T și să le controleze, astfel încât acestea să nu se comporte exagerat și să nu atace celulele normale, fapt care ar duce la boală autoimună. În esență, punctele de control le întreabă pe celulele T, încă o dată: „Sunteți *sigure* că vreți să ucideți această celulă?"

Allison a descoperit că, dacă bloca anumite puncte de control, mai exact unul denumit CTLA-4, scotea în evidență și demasca celulele canceroase, iar celulele T le distrugeau apoi. A încercat tehnica pe șoarecii predispuși să dezvolte cancer și, într-un experiment timpuriu, a ajuns la laboratorul lui într-o dimineață ca să descopere că toți șoarecii care primiseră terapie de inhibare a punctelor de control trăiau încă, în timp ce aceia care nu beneficiaseră de ea erau morți. E plăcut când rezultatele sunt așa de clare, încât nici nu ai nevoie de analiză statistică.

În 2018, Allison a împărțit premiul Nobel cu un om de știință japonez pe nume Tasuku Honjo, care lucrase la un punct de control puțin diferit, denumit PD-1. Munca acestor doi oameni de știință a produs două medicamente de inhibare a punctelor de control aprobate, ipilimumab (Yervoy) și pembrolizumab (Keytruda), care au în vizor CTLA-4 și respectiv PD-1.

---

* Pentru a afla mai multe informații despre imunoterapie, citește cartea lui Charles Graeber, *Breakthrough*, publicată în 2018, care intră în mai multe detalii cu privire la cercetările lui Jim Allison asupra inhibitorilor punctelor de control.

Toate premiile Nobel sunt impresionante, dar eu sunt destul de subiectiv când vine vorba de acesta. Inhibitorii punctelor de control nu doar că au salvat viața unui al treilea laureat al premiului Nobel, fostul președinte Jimmy Carter, care a fost tratat cu Keytruda pentru melanom metastatic în 2015, dar au sărit și în ajutorul unui prieten foarte bun al meu, un fost coleg pe care-l voi numi Michael. Pe când abia împlinise vârsta de 40 de ani, Michael a fost diagnosticat cu o tumoră de colon de dimensiuni mari care a necesitat o operație de urgență. Încă îmi mai aduc aminte de coperta revistei pe care am răsfoit-o stresat în sala de așteptare, în timpul operației sale. Michael cred că este cel mai bun suflet pe care l-am cunoscut vreodată, iar inteligența și spiritul lui puteau să facă cea mai nasoală zi să pară plăcută în anii când am lucrat împreună. Nu-mi puteam imagina să-l pierd.

Familia și prietenii săi au fost entuziasmați când operația s-a dovedit un succes și raportul patologic nu a descoperit semne de cancer în ganglionii limfatici apropiați, în pofida stadiului avansat al tumorii principale. Câteva luni mai târziu, bucuria noastră s-a transformat la loc în disperare, când am aflat că acel cancer al lui Michael fusese rezultatul unei afecțiuni genetice denumite sindromul Lynch. Persoanele care suferă de acest sindrom știu de obicei că îl au, pentru că se moștenește într-o manieră dominantă. Dar Michael fusese adoptat, așa că nu știa deloc că e în pericol. Mutațiile care definesc sindromul Lynch aproape că garantează faptul că purtătorii lui dezvoltă devreme cancere de colon, ca și Michael, dar sunt de asemenea în pericol mare de a face alte cancere. Bineînțeles, la cinci ani după ce scăpase de cancerul de colon, Michael m-a sunat să-mi spună că avea acum adenocarcinom pancreatic. Asta era și mai îngrijorător deoarece, așa cum știam amândoi, acest cancer este aproape întotdeauna fatal.

Michael s-a dus să discute cu cel mai bun specialist în chirurgie pancreatică din zona lui, care i-a confirmat scenariul cel mai rău: operația nu era posibilă. Cancerul era prea avansat. Michael urma să mai aibă cel mult 12 luni de trăit. Pentru a face situația și mai sfâșietoare, Michael și soția lui tocmai deveniseră părinții a două fetițe gemene, născute în acel an. Dar *The New England Journal of Medicine* scrisese de curând[24] că unii pacienți cu deficiența mecanismului de reparare a ADN (obișnuită la sindromul

Lynch) fuseseră tratați cu succes cu Keytruda, medicamentul anti-PD-1. Era un tratament cu bătaie lungă, dar părea plauzibil că ar fi eficient în cazul lui Michael. Medicii lui au fost de acord să-l testeze și analizele au confirmat că era un candidat potrivit pentru Keytruda. A fost imediat înscris într-un studiu clinic. Deși nu există garanția că tratamentul va funcționa la toți pacienții de acest gen, a funcționat la Michael, activându-i sistemul imunitar împotriva tumorii și eliminând într-un final toate semnele de cancer pancreatic din corp.

Așadar a scăpat de cancer a doua oară și este mai mult decât recunoscător că a supraviețuit unei boli care ar fi trebuit să-l ucidă, când fetele lui gemene ar mai fi purtat încă scutece. Acum le poate vedea crescând. Prețul pe care l-a plătit este că, în timp ce sistemul său imunitar se lupta cu cancerul, i-a distrus și pancreasul în acest proces. În consecință, acum are diabet de tip 1 deoarece nu mai poate produce insulină. Și-a pierdut pancreasul, dar i-a fost salvată viața. Pare un schimb corect.

Michael a fost unul dintre cei norocoși. Până acum, diversele tratamente de imunoterapie care au fost aprobate sunt utile doar unui procent relativ mic de pacienți. Aproximativ o treime dintre cancere pot fi tratate cu imunoterapie, iar dintre acești pacienți, doar un sfert vor supraviețui. Asta înseamnă că doar 8% dintre posibilele decese cauzate de cancer ar putea fi prevenite prin imunoterapie, conform unei analize făcute de oncologii Nathan Gay și Vinay Prasad.[25] Tratamentele funcționează uneori, dar doar la un număr mic de pacienți și cu costuri mari. Cu toate acestea, cu doar douăzeci de ani în urmă — când mă simțeam frustrat în postura de chirurg oncolog în pregătire —, pacienții precum fostul președinte Carter sau prietenul meu Michael și nenumărați alții ar fi murit cu toții.

Dar eu (și alții care știu mult mai multe decât mine) credem că am avut parte de un mic indiciu referitor la ceea ce poate fi realizat prin imunoterapie.

Una dintre ideile care sunt explorate acum este cea de combinare a imunoterapiilor cu alte tratamente. O lucrare recentă[26] descrie un studiu clinic în care a fost folosită o chimioterapie bazată pe platină în combinație cu un inhibitor al punctelor de control, care a dus la o rată de supraviețuire îmbunătățită la pacienții cu cancer de plămâni. Acești pacienți nu sunt sensibili doar la inhibitorul punctelor de control, ci ceva care are legătură cu chimioterapia a influențat cancerul să fie mai sensibil sau mai „vizibil", dacă vreți, pentru imunoterapie. Este o prelungire a ideii de „a colecta" terapii, despre care am vorbit mai devreme.

Pentru a face imunoterapia mai eficientă la scară largă, trebuie să elaborăm modalități prin care să ajutăm celulele imunitare să identifice și să ucidă o varietate mare de cancere, nu doar câteva tipuri specifice. Analiza genetică evidențiază că vreo 80% din cancerele epiteliale (respectiv, cele cu tumori solide) posedă mutații pe care sistemul imunitar le poate recunoaște[27] — ceea ce le face potențial mai vulnerabile la tratamentele bazate pe imunitate.

O tehnică ce promite foarte mult este terapia cu celule adoptive sau transferul de celule adoptive (*adoptive cell transfer* — ACT). Aceasta este o categorie de imunoterapii prin care celule T suplimentare sunt transferate unui pacient, ca atunci când adăugăm întăriri unei armate, pentru a-i spori capacitatea de a lupta cu propria tumoră. Aceste celule T au fost programate genetic cu antigeni specific concepuți pentru a ataca tumora specifică a persoanei. Seamănă cu terapia cu celule CAR-T, despre care am vorbit mai devreme, dar are o anvergură mult mai mare. Pe măsură ce cancerul se dezvoltă, acesta întrece curând abilitatea sistemului imunitar de a-l detecta și ucide; efectiv nu există suficiente celule T să facă treaba asta, mai ales când cancerul atinge punctul în care poate fi detectat clinic. Din acest motiv, remisia spontană, cum s-a întâmplat în cazul lui James DeAngelo, este așa de rară. Ideea pe care se bazează ACT este în esență aceea de a copleși cancerul cu un număr uriaș de celule T țintite, ca atunci când aduci o brigadă de ucigași antrenați.

Există două modalități prin care poate fi folosită terapia ACT. Prima, putem extrage o probă din tumora pacientului și izola acele celule T care recunosc tumora ca fiind o amenințare. Acestea sunt numite limfocite care infiltrează tumora (*tumor-infiltrating lymphocytes* — TILs), dar e posibil să existe doar vreun milion, insuficiente pentru a elabora o reacție completă împotriva tumorii.

Îndepărtând TILs din corp, multiplicându-le de aproximativ 1000 de ori și apoi reintroducându-le în organismul pacientului, ne putem aștepta să vedem un răspuns mai bun. Altminteri, celule T pot fi extrase din sângele pacientului și modificate genetic pentru a-i recunoaște tumora specifică. Fiecare dintre aceste abordări are avantaje și dezavantaje,* dar partea interesantă la ACT este că înseamnă efectiv elaborarea unui medicament nou împotriva cancerului, adaptat fiecărui pacient în parte.

Evident că asta este o premisă costisitoare și un proces de muncă intensă, dar promite foarte mult. Dovada validității principiului există, dar e nevoie de mult mai multă muncă, nu doar pentru a îmbunătăți eficacitatea acestei abordări, ci și pentru a ne permite să livrăm tratament pe scară mai largă și mai ușor. Și, deși e posibil ca prețul să pară prohibitiv la început, aș vrea să subliniez că și chimioterapia convențională este foarte scumpă — iar remisia pe care o determină nu este aproape niciodată permanentă.

O caracteristică frapantă a tratamentului oncologic de tip imunoterapie este că, atunci când funcționează, chiar dă rezultate. Nu e deloc neobișnuit ca un pacient cu cancer metastatic să intre în remisie după chimioterapie. Problema este că aproape niciodată nu durează. Aproape întotdeauna cancerul revine într-o anumită formă. Dar, când pacienții reacționează la imunoterapie și intră în remisie completă, adesea *rămân* așa. Între 80 și 90%[28] dintre cei care reacționează complet la imunoterapie continuă să nu manifeste boala nici după cincisprezece ani. Asta este extraordinar — mult mai bine decât termenul scurt, cu al său orizont de timp de cinci ani, după care declarăm de obicei victoria în tratamentul convențional al cancerului. Evităm să folosim cuvântul *vindecat*, dar, la pacienții care răspund la imunoterapie, suntem îndreptățiți să credem că a dispărut complet cancerul.

Aici, mesajul important este că există speranță. Pentru prima oară în viața mea, se înregistrează un progres în războiul

* De exemplu, prin definiție, TILs au demonstrat deja o afinitate pentru tumoră; cu toate acestea, e posibil să „îmbătrânească" pe măsură ce se multiplică (celulele „îmbătrânesc" de fiecare dată când se divid), pierzându-și o parte din putere. În schimb, celulele T modificate genetic tind să fie mai tinere și mai ușor de crescut, dar nu au neapărat aceeași abilitate de a ucide tumorile ca și TILs.

împotriva cancerului, dacă îl putem numi așa. Există acum tratamente care pot și chiar salvează viețile a mii de persoane care inevitabil ar fi murit în urmă cu doar zece ani. În urmă cu 20 de ani, o persoană cu melanom metastatic se putea aștepta să trăiască aproximativ șase luni, în medie. Acum durata a ajuns la 24 de luni, cca 20% dintre pacienți fiind complet vindecați. Asta reprezintă un progres măsurabil — aproape în totalitate mulțumită imunoterapiei. Îmbunătățirea depistării timpurii a cancerului, despre care vom vorbi în ultima secțiune din acest capitol, va face probabil tratamentele de tipul imunoterapiei și mai eficiente.

Imunoterapia a parcurs un traseu accidentat și ar fi putut fi abandonată complet în multe puncte de pe parcurs. La final, a supraviețuit datorită faptului că succesele sale himerice s-au dovedit a nu fi chiar atât de ireale, dar mai ales grație hotărârii și perseverenței cercetătorilor vizionari precum James Allison, Tasuku Honjo, Steve Rosenberg și alții, care au continuat să lucreze atunci când munca lor părea inutilă și poate nebunească.

Depistarea timpurie

Ultimul și probabil cel mai important tratament în arsenalul oncologic este screeningul timpuriu și agresiv. Acesta rămâne un subiect controversat, dar sunt copleșitoare dovezile că descoperirea din vreme a cancerului este aproape întotdeauna net benefică.

Din nefericire, aceeași problemă de care m-am lovit în timpul rezidențiatului există și azi: prea multe cancere sunt depistate prea târziu, după ce au crescut și s-au răspândit prin metastază. Sunt foarte puține tratamente care funcționează împotriva acestor cancere avansate; în cele mai multe cazuri, în afara cancerelor care reacționează la imunoterapii, putem spera maximum la o scurtă întârziere a momentului morții. Rata de supraviețuire pe 10 ani la pacienții cu cancer metastatic este în principiu aceeași ca și acum 10 ani: zero. Trebuie să facem mai mult decât să ne punem speranța în terapii noi.

Când cancerele sunt depistate rapid, în etapa I, ratele de supraviețuire cresc exponențial. Asta se datorează parțial unui simplu calcul matematic: aceste cancere într-o fază incipientă cuprind mai puține celule canceroase în total, cu mai puține mutații și sunt ca atare mai vulnerabile la tratament cu medicamentele pe care le avem, inclusiv unele imunoterapii. Aș merge chiar până la a susține că depistarea timpurie este *cea mai mare* șansă a noastră de a reduce radical mortalitatea cancerului.

Această afirmație e intuitiv logică, dar este susținută chiar și de o analiză simplă a datelor care compară ratele de succes în tratarea cancerelor specifice în context metastatic versus context adjuvant (adică postoperatoriu). Hai să analizăm întâi cancerul de colon. Un pacient cu cancer metastatic de colon, care înseamnă că boala s-a răspândit dincolo de colon și ganglionii limfatici adiacenți spre o altă parte a corpului, cum ar fi ficatul, va fi tratat în mod obișnuit cu o combinație de trei medicamente cunoscute sub denumirea de schema terapeutică FOLFOX. Acest tratament are ca rezultat un timp mediu de supraviețuire de aproximativ 31,5 luni*, ceea ce înseamnă că circa o jumătate dintre pacienți trăiesc mai mult de atât, iar jumătate nu supraviețuiesc. Oricum, aproape niciunul dintre acești pacienți nu va mai fi în viață peste 10 ani. Dacă un pacient este operat cu succes pentru cancer de colon în faza a III-a, ceea ce înseamnă că tot cancerul a fost îndepărtat și nu a existat o răspândire vizibilă la organe îndepărtate, atunci îngrijirea ulterioară constă într-un tratament cu exact aceeași schemă terapeutică FOLFOX. Dar, în acest scenariu, un total de 78,5% dintre pacienți va supraviețui încă *șase* ani — de două ori mai mulți decât rata medie de supraviețuire la pacienții cu cancer metastatic — iar 67% dintre ei[29] vor fi încă în viață la 10 ani de la operație. Asta e o diferență impresionantă.

Așadar cum se explică? Diferența e legată de încărcătura generală de celule canceroase la fiecare pacient. La cancerele avansate, metastatice, există zeci, dacă nu sute de miliarde de celule canceroase care necesită tratament. La cancerele mai puțin avansate, deși există fără îndoială milioane, dacă nu miliarde de celule canceroase care au scăpat de bisturiul chirurgului, populația mult mai scăzută înseamnă de asemenea și mai puține mutații și, ca atare, rezistență mai mică la tratament.

* La 95% dintre pacienții cu cancer metastatic de colon.

Povestea este asemănătoare pentru pacientele cu cancer de sân. Pacientele cu cancer de sân metastatic HER2-pozitiv* au un interval mediu de timp de supraviețuire mai mic de cinci ani, tratamentul standard fiind alcătuit din trei medicamente chimioterapice. Dar, dacă pacienta are o tumoră HER2+ mai mică (de 3 cm), localizată, care este îndepărtată chirurgical, și primește și tratament adjuvant cu doar două dintre aceste medicamente chimioterapice, va avea șanse de 93%[30] să trăiască cel puțin încă șapte ani fără ca boala să revină. Cu cât încărcătura tumorală generală a pacientului este mai mică, cu atât tind medicamentele să fie mai eficiente — și cu atât mai mari sunt șansele de supraviețuire ale pacientului. Din nou, ca și în cazul tratamentului cu imunoterapii, este un joc al numerelor: cu cât avem mai puține celule canceroase, cu atât șansele noastre de succes sunt mai mari.

Problema este că în continuare nu ne pricepem — încă — prea bine să depistăm cancerul în aceste stadii incipiente. Din zecile de tipuri diferite de cancer, am căzut de acord asupra unor metode solide de testare doar pentru *cinci*: plămâni (pentru fumători), sân, prostată, colorectal și cervical. Chiar și așa, recomandările generale au îndepărtat oamenii de unele tipuri de teste, cum ar fi mamografia la femei și analizele de sânge pentru PSA, antigenul specific de prostată, la bărbați. Motivul este pe de o parte legat de costuri și pe de alta de riscul de rezultate fals pozitive care pot duce la tratamente inutile și chiar periculoase (care produc alte costuri). Ambele sunt probleme valide, dar hai să lăsăm deoparte problema costului și să ne concentrăm pe cea a rezultatelor fals pozitive.

Medicina 2.0 spune că, din cauză că există rezultate fals pozitive semnificative la anumite teste, nu ar trebui să facem aceste analize la majoritatea oamenilor, punct. Dar, dacă ne punem ochelarii de Medicina 3.0, vedem lucrurile diferit: aceste teste sunt potențial utile și sunt cam tot ce avem. Așadar cum le putem face mai utile și mai exacte?

* Acesta se referă la manifestarea receptorului uman 2 pentru factorul de creștere epidermică, acel receptor proteic de pe suprafața celulelor cancerului de sân care stimulează dezvoltarea. Acesta se manifestă excesiv în aproximativ 30% din cancerele de sân.

La toate testele diagnostice, există un echilibru între *sensibilitate* sau abilitatea testului de a depista o afecțiune existentă (adică, rata de rezultate pozitive adevărate, exprimată sub formă de procent) și *specificitate,* care este capacitatea de a stabili dacă o persoană *nu* suferă de boala respectivă (adică rata rezultatelor negative adevărate). Laolaltă, acestea reprezintă acuratețea generală a testului. Totuși, în plus, trebuie să luăm în calcul prevalența acelei boli în populația noastră țintă. Cât de probabil este ca persoana pe care o testăm să aibă acea boală? Mamografia are un nivel de sensibilitate pe la 85% și o specificitate pe la 90%. Dar, dacă analizăm o populație cu risc relativ scăzut, în care 1% are probabil cancer de sân, atunci chiar și un test cu o sensibilitate decentă va genera un număr suficient de mare de rezultate pozitive false. De fapt, în acest grup de risc scăzut, „valoarea predicției pozitive" a mamografiei este doar de 10% — ceea ce înseamnă că, dacă ai un rezultat pozitiv, există doar aproximativ o posibilitate din zece să ai de fapt cancer de sân. La alte populații, cu o prevalență generală (și un risc) mai mare, testul dă rezultate mult mai bune.

Situația cu mamografia ilustrează de ce trebuie să avem o strategie foarte bună când stabilim *pe cine* testăm și care ar putea fi profilul de risc al pacientului și să înțelegem ce ne poate comunica testul și ce nu. Niciun test diagnostic luat separat, indiferent ce testează, nu are acuratețe de 100%. Așa că este o prostie să ne bazăm doar pe un test, nu doar pentru cancer de sân, ci și în multe alte zone. Trebuie să ne gândim la comasarea modalităților de testare — în care să includem și radiografii, și RMN-uri în afară de mamografie, de exemplu, când căutăm să depistăm cancerul de sân. Dacă avem mai multe teste, soluția pe care o oferim se îmbunătățește și vom realiza mai puține proceduri care nu sunt necesare.

Pe scurt, nu testele în sine sunt problema, ci cum le folosim. Screeningul de cancer de prostată oferă un exemplu și mai bun. Nu mai e așa de simplu cum era: „Valoarea PSA este X sau mai mare și în consecință trebuie să-ți facem o biopsie a țesutului prostatei, o procedură dureroasă cu multe efecte secundare neplăcute posibile". Acum știm să căutăm alți parametri, cum ar fi viteza PSA (cât de rapid s-a schimbat PSA în timp), densitatea PSA (valoarea PSA împărțită la volumul glandei prostatei) și PSA liber (compararea cantității de PSA atașată de proteine cu PSA neatașată de proteinele care o transportă prin sânge). Când acești factori sunt luați în considerare, PSA devine un indicator mult mai bun al riscului de cancer de prostată.

Apoi mai sunt și alte teste, cum ar fi analiza de sânge 4K, care caută anumite proteine ce ne-ar putea oferi o idee mai bună cu privire la cât de agresiv și potențial periculos ar putea fi cancerul de prostată al pacientului. Întrebarea esențială la care vrem să răspundem este: pacientul nostru va muri *cu* cancer de prostată, așa cum pățesc mulți bărbați, sau va muri *din cauza* lui? Am prefera să nu-i perturbăm viața și posibil să-i facem rău, în timp ce descoperim asta. Combinarea acestor analize de sânge pe care tocmai le-am descris cu tehnicile de imagistică prin rezonanță magnetică multiparametrică înseamnă că probabilitatea de a face o biopsie sau o operație inutilă este acum foarte mică.

Există o controversă asemănătoare, dar mai liniștită, cu privire la screeningul pentru cancer colorectal (CRC), care de mult timp a fost un rit de trecere pentru cei de vârstă mijlocie.* Scopul colonoscopiei este să caute nu doar tumori formate, ci și polipi, care sunt excrescențe ce se formează în căptușeala colonului. Majoritatea polipilor rămân mici și inofensivi și nu devin niciodată canceroși, dar unii au potențialul de a deveni maligni și de a invada peretele colonului. Nu toți polipii devin cancer, dar toate cancerele de colon provin din polipi. Asta face colonoscopia un instrument așa de puternic. Medicul care realizează endoscopia poate nu doar să identifice excrescențe potențial canceroase înainte ca ele să devină periculoase, ci și să intervină pe loc, folosind instrumente introduse prin colonoscop pentru a îndepărta polipii pentru o analiză ulterioară. Colonoscopia combină o metodă de screening cu o operație într-o singură procedură. Este un instrument uimitor.

* Există mai multe metode diferite de testare pentru cancerul de colon, care se împart în două categorii: analizele fecalelor și teste de vizualizare directă. Analizele fecalelor sunt în esență un test de screening pentru un test de screening. Un test pozitiv al fecalelor impune un test de vizualizare directă a colonului: fie o sigmoidoscopie flexibilă, care îi permite medicului să vadă partea inferioară a colonului (inclusiv sigmoidul și colonul descendent), fie o colonoscopie tradițională, care analizează tot colonul. În opinia mea, niciunul dintre teste nu se compară cu colonoscopia.

Directivele tradiționale recomandă screeningul pentru cancer colorectal la persoanele cu risc mediu, cu vârste între 50 și 75 de ani. Aceste screeninguri preventive sunt acoperite în totalitate de asigurări și, dacă nu se găsesc polipi și pacientul are risc mediu, procedura trebuie repetată doar o dată la zece ani, conform recomandărilor general acceptate. Dar există dovezi importante că e posibil ca la vârsta de 50 de ani să fie prea târziu pentru un prim screening, chiar și la pacienții cu risc mediu (adică, niciun caz în familie de cancer de colon și nicio boală intestinală inflamatorie în istoricul personal). Aproximativ 70% dintre persoanele[31] diagnosticate cu CRC înainte de vârsta de 50 de ani nu au cazuri în familie sau condiții ereditare favorizante pentru boală. În 2020, aproximativ 3 640 americani au murit[32] de cancer colorectal înainte să împlinească 50 de ani — și, având în vedere evoluția lentă a bolii, e posibil ca mulți dintre cei care au murit mai târziu să fi avut deja boala la aniversarea vârstei de 50 de ani. Din acest motiv, Societatea Americană de Cancer și-a actualizat recomandările în 2018, scăzând vârsta primei colonoscopii la 45 de ani pentru persoanele cu risc mediu.

În clinica mea, facem un pas mai departe, încurajând în principiu persoanele cu risc mediu să facă o colonoscopie până la vârsta de 40 de ani — și chiar și mai devreme dacă există informații din istoria lor care să sugereze că e posibil să aibă un risc mai mare. Apoi repetăm procedura chiar și la doi sau trei ani, în funcție de descoperirile de la colonoscopia anterioară. Dacă un polip sesil (plat) este descoperit, de exemplu, tindem să o repetăm mai repede decât dacă nu se descoperă nimic. Doi sau trei ani pot să pară o fereastră foarte îngustă de timp pentru a repeta o procedură așa de invazivă, dar dovezile arată că un cancer de colon poate apărea și în decurs de doar șase luni până la doi ani, după o colonoscopie normală. Paza bună trece primejdia rea.*

* Un studiu publicat în 2022 a descoperit că riscul de CRC a fost redus cu doar 18% (în valoare relativă) și 0,33 % (valoare absolută) la persoanele cărora li s-a recomandat să facă o colonoscopie o dată la zece ani față de cei care nu au primit această recomandare. Cu toate acestea, doar 42% dintre cei care au primit recomandarea pentru colonoscopie chiar au făcut-o, și au făcut doar una în timpul perioadei de studiu. Părerea mea e că nu a fost un test de eficacitate a colonoscopiilor frecvente în prevenirea CRC, ci un test de eficacitate a emiterii de recomandări de a face colonoscopii (rare).

De ce recomand în general o colonoscopie înaintea termenului general acceptat? În mare parte deoarece, dintre toate cancerele importante, cancerul colorectal este unul dintre cele mai ușor de depistat, cu cele mai mari șanse de reducere a riscului. Rămâne unul dintre primele cinci cancere ca mortalitate din Statele Unite, după cel de plămâni (#1) și sân/ prostată (#2 pentru femei/ bărbați) și înaintea doar a cancerului de pancreas (#4) și de ficat (#5). Dintre acestea cinci totuși CRC are cele mai mari șanse să fie descoperit devreme. Deoarece se dezvoltă într-un loc relativ accesibil, colonul, îl putem vedea fără să fie nevoie de tehnici de imagistică sau de o biopsie chirurgicală. Datorită faptului că este observat atât de devreme, îi înțelegem evoluția de la țesut normal la polip și tumoră. Faptul că-l descoperim devreme reprezintă o diferență enormă, deoarece putem elimina eficient polipii sau excrescențele pe loc. Măcar de-am putea face asta cu plăcile arteriale!

Argumentul meu de bază este că e mult mai bine să testăm din vreme decât să o facem prea târziu. Gândește-te la riscul asimetric: e posibil ca varianta de a *nu* testa devreme și suficient de des să fie cea mai periculoasă.*

Alte cancere care sunt relativ ușor de identificat la examinarea vizuală sunt cancerul de piele și melanoamele. Testul Papanicolau pentru cancer cervical este o altă analiză bine încetățenită, minim invazivă pe care le-o recomand pacientelor mele s-o facă anual. Când vorbim despre cancere care se dezvoltă *în interiorul* corpului, în organele noastre interne, lucrurile se complică. Nu le putem

---

* Pentru cei care au nevoie de recomandări mai detaliate, acum câțiva ani am scris următoarele (Attia 2020a) într-o postare pe blog despre screeningul pentru CRC: „Înainte de prima colonoscopie, există câteva lucruri pe care le poți face pentru a-ți îmbunătăți raportul risc/beneficii. Ar trebui să întrebi care este procentul de depistare a adenoamelor (ADR). ADR reprezintă procentul de persoane care fac o colonoscopie și li se depistează unul sau mai multe adenoame (sau polipi pe colon). Standardul de referință pentru ADR este mai mare de 30% la bărbați și de 20% la femei. Ar trebui, de asemenea, să întrebi medicul câte perforații a provocat, precum și ce alte complicații serioase, cum ar fi episoade de sângerare intestinală (într-un context de screening de rutină) a generat. O altă întrebare pe care ar trebui s-o pui este care e timpul de retragere, definit ca intervalul în care medicul vizualizează imaginile pe măsură ce colonoscopul este retras. Un timp de retragere mai lung sugerează o analiză mai detaliată. Un timp de retragere de 6 minute reprezintă în clipa de față standardul de îngrijire".

vedea direct, așa că trebuie să ne bazăm pe tehnologii imagistice, cum ar fi tomografii cu doze scăzute de substanță de contrast, pentru cancerul de plămâni. Aceste tomografii sunt recomandate acum fumătorilor și foștilor fumători, dar (ca de obicei) cred că ar trebui folosite pe scară mai largă deoarece aproximativ 15% dintre cancerele de plămâni sunt diagnosticate la persoanele care nu au fumat *niciodată*. Cancerul de plămâni este cauza numărul 1 a deceselor cauzate de cancer în general, iar la nefumători acesta se află pe locul șapte.

RMN are un avantaj clar față de tomografie, în sensul că nu produce nicio radiație ionizată și oferă o rezoluție bună. O tehnică mai nouă, care poate spori acuratețea cu care un screening RMN face diferența dintre cancer și o tumoră benignă este ceva denumit imagistica prin rezonanță magnetică de difuzie ponderată (*diffusion-weighted imaging with background subtraction* sau DWI). Ideea de la care pornește DWI este analizarea mișcărilor moleculelor de apă din țesuturi și din jurul lor, în diferite momente foarte apropiate unele de altele (în general, între zece și cincizeci de microsecunde). Dacă apa este conținută sau blocată, atunci asta ar putea indica prezența unui mănunchi dens de celule, o posibilă tumoră. Așadar cu cât este mai mare densitatea celulelor, cu atât este mai puternic semnalul în faza DWI a investigației RMN, făcând din DWI un „detector radiografic de excrescențe". În clipa de față, DWI funcționează cel mai bine pentru creier deoarece suferă cel mai puțin din cauza artefactelor de mișcare.

Continui să fiu optimist că tehnica poate fi îmbunătățită în timp, odată cu optimizarea software-ului și standardizarea tehnicii. În pofida tuturor acestor aspecte, chiar și ceva atât de avansat cum este cea mai bună investigație RMN de tip DWI nu e lipsită de probleme, dacă este singura investigație. Deși sensibilitatea testului este foarte ridicată (ceea ce înseamnă că este foarte capabil să descopere dacă există o tumoră acolo, de unde și raritatea rezultatelor negative false), specificitatea este relativ scăzută (ceea ce înseamnă că nu se pricepe să determine când nu e vorba despre o tumoră, de unde mulțimea de rezultate pozitive false). Acesta este compromisul inevitabil, yin și yang, să zicem așa, dintre sensibilitate și specificitate. Cu cât crește una mai mult, cu atât scade cealaltă.*

Le spun pacienților că, dacă vor face un RMN complet, există șanse foarte mari să dăm peste un nodul tiroidian (sau de altă natură) neimportant, dar să avem în schimb o vizualizare foarte bună a celorlalte organe. În consecință, e de înțeles de ce cam un sfert dintre pacienții mei aleg să nu facă o astfel de investigație. Iar asta mă duce la următorul instrument din trusa pentru investigarea cancerului, unul care poate veni în completarea sensibilității ridicate/specificității scăzute a testelor imagistice.

Sunt un optimist temperat legat de apariția așa-numitelor „biopsii lichide“ care încearcă să depisteze prezența cancerelor prin intermediul unei analize de sânge.** Acestea sunt folosite în două situații: pentru a identifica recurența cancerului la pacienții care urmează un tratament și pentru a examina pacienții altminteri sănătoși, un domeniu cu o dezvoltare rapidă și incitant denumit depistarea timpurie multicancer.

Max Diehn, unul dintre colegii mei de an, acum profesor de oncologie la Stanford, a fost în avangarda acestor cercetări din 2012. Max și colegii săi au început prin a-și pune inițial o întrebare simplă. După ce unui pacient cu cancer de plămâni i-a fost extirpată tumora, există vreo modalitate prin care o analiză de sânge să poată fi folosită pentru a evalua dacă reapar semne de tumoră la pacient?

Tradițional, acest lucru este făcut cu ajutorul testelor imagistice, cum ar fi tomografiile, care ne permit să „vedem“ o tumoră. Lăsând deoparte expunerea la radiații, problema principală este că testele acestea nu au o rezoluție prea mare. Este foarte dificil pentru aceste tehnologii imagistice să discearnă un cancer mai mic, având diametrul de aproximativ un centimetru. Chiar dacă presupunem că nodulul acesta de un centimetru este singura acumulare de celule canceroase din corpul pacientului (nu e o presupunere prea bună; șoarecele din capcană e rareori singurul din

* Specificitatea unui RMN este în mod deosebit redusă de țesutul glandular. RMN-ul este așa de bun pentru depistarea cancerului glandular, încât exagerează mai ales în această direcție. Probabil că glanda tiroidă este cel mai mare inamic.

** Acestea sunt denumite biopsii lichide pentru a le diferenția de biopsiile tradiționale făcute pe țesuturi solide.

casă), este vorba de peste un miliard de celule canceroase până la momentul când ajungem la pragul depistării tradiționale. Dacă am putea descoperi aceste cancere recurente mai devreme, am putea avea o șansă mai mare de a păstra pacienții în remisie — din același motiv pentru care este mai ușor să administrăm un tratament adjuvant față de unul pentru cancer metastatic, așa cum am discutat cu câteva pagini în urmă.

Max și colegii săi au inventat o metodă complet diferită. Deoarece celulele canceroase se dezvoltă în permanență, au tendința să elimine materie celulară, inclusiv bucățele din ADN-ul tumorii în circulație. Cum ar fi dacă ar exista o analiză de sânge care ar putea depista aceste așa-numite ADN-uri fără celule? Am cunoaște deja semnătura genetică a tumorii ca urmare a operației — adică, de exemplu, felul în care diferă celulele canceroase de celulele pulmonare normale. Astfel, ar trebui să fie posibil să evaluăm prezența ADN fără celule din plasma unui pacient și să stabilim în consecință prezența cancerului.

Să nu ne facem iluzii: în continuare e ca și cum am căuta acul în carul cu fân. La un cancer incipient, cum sunt cancerele pe care am vrea să le descoperim prin biopsii lichide, e posibil să vorbim despre 0,01-0,001% ADN fără celule care să provină de la cancer (sau aproximativ unu din 10 000 până la 100 000). Doar cu ajutorul generației următoare de tehnologie de screening ADN cu debit ridicat (*high-throughput screening*) va fi posibil acest lucru. Analizele acestea sunt din ce în ce mai mult folosite într-un context postoperator, dar tehnologia este încă relativ tânără. Secretul este să știi ce cauți — tipare de mutații care diferențiază cancerul de celulele normale.

Unii cercetători încep să dezvolte modalități de utilizare a analizelor de sânge pentru un screening general al cancerului la persoane altminteri sănătoase. Aceasta are un nivel de dificultate mai mare, ca și cum ai căuta un ac în zece căpițe de fân; mai rău, în acest caz nici măcar nu știm cum ar trebui să arate acul. Nu avem nicio informație despre mutațiile tumorale ale pacientului deoarece încă nu suntem siguri că persoana *are* cancer. Astfel, trebuie să căutăm alți markeri potențiali. Una dintre companiile care se află în fruntea inițiativei cu acest tip de analiză este Grail, o subsidiară a companiei de secvențiere genetică Illumina.

Testul Grail, cunoscut sub denumirea de Galleri, analizează tiparele de metilație ale ADN-ului fără celule, care în esență sunt schimbări chimice ale moleculelor de ADN ce sugerează prezența cancerului. Folosind o metodă de screening cu debit ridicat și un motor IA de mare capacitate, testul Galleri poate distinge două informații esențiale dintr-un eșantion de sânge: este cancerul prezent? Iar dacă da, unde se află? Din ce parte a corpului este cel mai probabil să provină?

La orice test diagnostic, trebuie luată o decizie legată de calibrarea, de reglarea lui. Va fi axat pe sensibilitate ridicată sau pe specificitate mai mare? Galleri a fost validat[33] pe o bază de date denumită *Circulating Cell-free Genome Atlas* (CCGA), care se bazează pe eșantioane de sânge de la peste 15 000 de pacienți, cu și fără cancer. În acest studiu, testul Galleri s-a dovedit a avea o specificitate ridicată, de aproximativ 99,5%, ceea ce înseamnă că doar 0,5% dintre teste au produs un rezultat fals pozitiv. Dacă testul spune că ai cancer undeva în corp, atunci probabil că așa este. În schimb, sensibilitatea rezultată poate fi scăzută, în funcție de etapă. (Adică, chiar dacă testul spune că nu ai cancer, nu ai scăpat neapărat.)

Ceea ce trebuie să reținem este că analiza are cu toate acestea o rezoluție mai mare decât investigațiile radiografice, cum ar fi RMN sau mamografia. Aceste teste bazate pe imagini necesită o „vizualizare" a tumorii care se poate întâmpla doar când aceasta ajunge la o anumită dimensiune. În cazul testului Galleri, acesta analizează ADN-ul fără celule, care poate proveni de la tumori de orice dimensiune — chiar și de la cele care rămân invizibile la testele imagistice.

Una dintre observațiile inițiale legate de studiul CCGA a fost aceea că abilitatea testului de a depista tumora este asociată nu doar cu etapa în care se află aceasta, ceea ce era de așteptat (cu cât este mai avansată, cu atât sunt șanse mai mari de a descoperi ADN fără celule în sânge), ci și cu subtipul de tumoră. De exemplu, rata de depistare a cancerului de sân cu status *pozitiv* pentru receptori hormonali, în stadiul I/II, este de aproximativ 25%, în timp ce rata de depistare a cancerului de sân cu status *negativ* pentru receptori hormonali, în stadiul I/II, este de aproximativ 75%. Ce ne spune această diferență? Știm despre cancerul de sân că nu este o boală uniformă și că tumorile cu status negativ pentru receptori hormonali sunt mai letale decât cele cu status pozitiv. Astfel, analiza se dovedește mai exactă în detectarea subtipului mai periculos de cancer de sân.

Biopsiile lichide ar putea fi considerate ca având două funcții: prima, să stabilească prezența sau absența cancerului, o întrebare binară; iar a doua, și probabil mai importantă, să descopere aspecte legate de biologia specifică a cancerului. Cât de periculos e posibil să fie acest cancer? Se pare că acele cancere care elimină mai mult ADN fără celule tind de asemenea să fie mai agresive și mortale — și sunt așadar cancerele pe care vrem să le depistăm și tratăm cât mai repede posibil. Această tehnologie este încă în fazele incipiente, dar sper că o corelare a diferitelor analize diagnostice, a celor radiografice (de exemplu, RMN) cu vizualizare directă (de exemplu, colonoscopia) și cu cele biologice/genetice (de exemplu, biopsiile lichide), ne va permite să identificăm corect cancere care necesită cel mai rapid tratament, cu cele mai puține rezultate pozitive false.

Cred că implicațiile acestei metode sunt cutremurătoare: dacă biopsiile lichide își țin promisiunea, am putea determina o reversie completă a evoluției cancerului, intervenind în mod curent într-un stadiu incipient, când avem șansa de a controla sau chiar de a elimina cancerul — spre deosebire de cum facem de obicei acum, intervenind într-o etapă târzie, când șansele sunt deja negative pentru pacient și rugându-ne pentru un miracol.

Dintre toți „cei patru călăreți", cancerul este probabil cel mai dificil de prevenit. Este de asemenea boala în care ghinionul joacă cel mai important rol sub diverse forme, cum ar fi cea a mutațiilor somatice acumulate. Singurele riscuri modificabile care ies în evidență din date sunt fumatul, rezistența la insulină și obezitatea (care trebuie evitate) — și poate poluarea (apa, aerul etc.), dar în acest caz informațiile sunt mai puțin clare.

Chiar avem câteva variante de tratament pentru cancer, spre deosebire de boala Alzheimer (așa cum vom vedea în capitolul următor), iar imunoterapia promite în mod deosebit foarte mult. Cu toate acestea, strategiile noastre de tratament și prevenție sunt în continuare mult mai puțin eficiente decât instrumentele pe care le avem pentru a gestiona boala cardiovasculară și spectrul disfuncțiilor metabolice, de la rezistența la insulină la diabetul de tip 2.

Până când vom învăța cum să prevenim sau să „vindecăm“ complet cancerul, ceva ce nu cred că se va întâmpla în timpul vieților noastre dacă nu apar niște descoperiri miraculoase, trebuie să ne concentrăm mult mai multă energie pe depistarea timpurie a cancerului, pentru a permite utilizarea unor tratamente specifice adresate unor cancere specifice în timp ce acestea se află în etapele lor cele mai vulnerabile. Dacă prima regulă a cancerului este: „Nu te îmbolnăvi de cancer“, a doua este: „Descoperă-l cât mai repede posibil“.

Din acest motiv sunt un susținător atât de fervent al testării timpurii. Este un adevăr cât se poate de elementar faptul că tratarea unor tumori mai mici, cu mai puține mutații este mult mai ușoară decât să așteptăm ca un cancer să evolueze și posibil să dobândească mutații care îl ajută să scape de tratamentele noastre. Singura modalitate de a-l descoperi din timp este testarea agresivă.

Asta vine la pachet cu un cost semnificativ, motiv pentru care Medicina 2.0 tinde să fie mai conservatoare cu privire la testare. Evident că există un cost financiar, dar mai există și unul emoțional, mai ales când este vorba de teste care pot genera rezultate pozitive false. Și mai sunt și alte riscuri conexe, cum ar fi riscul mic al unei colonoscopii sau riscul mai important al unei biopsii care nu este necesară. Aceste trei costuri trebuie puse în balanță cu cel al tratării unui cancer sau nedepistării lui din vreme, când acesta poate fi tratat.

Nu a spus nimeni că o să fie simplu. Încă mai avem un drum lung de parcurs. Dar există în sfârșit o speranță pe mai multe fronturi — semnificativ mai mare decât atunci când mă pregăteam să devin chirurg oncolog. La mai bine de 50 de ani de la declanșarea războiului contra cancerului, putem în sfârșit să zărim calea spre o lume în care un diagnostic oncologic să însemne în principiu depistarea timpurie a unei probleme tratabile și nu descoperirea târzie a uneia sinistre. Grație tehnicilor mai bune de screening și tratamentelor mai eficiente, cum ar fi imunoterapia, cancerul ar putea să devină într-o zi o boală gestionabilă care poate nu se va mai încadra în categoria „celor patru călăreți“.

CAPITOLUL 9

În căutarea memoriei

Cum să înțelegem boala Alzheimer și alte boli neurodegenerative

Cea mai mare piedică în calea descoperirii nu este ignoranța — ci iluzia cunoașterii.

DANIEL J. BOORSTIN

Cei mai mulți oameni merg în general la medic când nu se simt bine sau cred că e posibil să fie bolnavi. Aproape toți pacienții mei vin prima oară la mine când sunt relativ sănătoși sau cred că sunt sănătoși. Așa a fost în cazul lui Stephanie, o femeie de 40 ani care a intrat în cabinetul meu pentru prima consultație la începutul lui 2018, fără să aibă vreo problemă reală. Era doar „interesată" de longevitate.

Istoria familiei ei nu era grozavă. Trei din patru bunici muriseră din cauza complicațiilor aterosclerozei la finalul deceniului al șaptelea sau la începutul deceniului al optulea de viață, iar al patrulea murise de cancer. Cam acesta era traseul celor care făcuseră parte din Greatest Generation.* Singurul semnal de alarmă era faptul că mama ei, altminteri sănătoasă la 70 de ani, începea să sufere de o pierdere a memoriei pe care Stephanie o punea pe seama „bătrâneții".

Am stabilit o altă consultație o săptămână mai târziu pentru a discuta analizele ei inițiale de sânge. Mă bazez cât pot de mult pe markeri biologici, așa că facem o gamă completă de analize,

* În traducere liberă: generația cea mai bună, mai valoroasă. Americanii născuți între 1900 și 1925. Mulți dintre ei au luptat în Al Doilea Război Mondial. (*N.t.*)

dar sunt câteva lucruri la care sunt imediat atent când primesc rezultatele unui pacient nou. Printre ele se află nivelul de Lp(a), lipoproteina cu risc ridicat despre care am vorbit în capitolul 7, împreună cu concentrația de apo-B. Un al treilea aspect pe care îl verific este genotipul *APOE*, gena corelată cu riscul de boală Alzheimer, despre care am vorbit în capitolul 4.

Analizele lui Stephanie au evidențiat faptul că avea alela *APOE e4*, care este asociată cu un risc mai mare de boală Alzheimer — și nu doar un exemplar, ci două (*e4/e4*), ceea ce însemna că riscul ca ea să facă boala Alzheimer era cu până la de 12 ori mai mare decât al cuiva cu două cópii ale alelei obișnuite *e3*. Varianta *e2* a *APOE*[1] pare să îi protejeze pe purtători de boala Alzheimer: un risc redus cu 10% la cineva cu *e2/e3* și cu aproximativ 20% la cei cu *e2/e2*. Stephanie avea ghinion.

Era doar al patrulea pacient pe care-l cunoscusem vreodată cu acest genotip cât se poate de neobișnuit, care se regăsește doar la aproximativ 2 până la 3% din populație și nu știa deloc că avea acest risc — deși, privind retrospectiv, e posibil ca uitucenia mamei sale să fi fost un simptom de început de Alzheimer. Acum mă confruntam cu o provocare dublă: cum să-i dau vestea, direct, dar cu blândețe; și, chiar și mai problematic, cum să-i explic ce însemna și ce nu însemna.

În general, în astfel de situații, cred că e bine să trec direct la subiect, așa că, după ce ne-am așezat, am spus ceva de genul: „Stephanie, mă preocupă ceva ce am descoperit în analizele tale de sânge — nu pentru că ar fi ceva în neregulă acum, ci din cauza riscului pe care îl presupune cam în 20 sau 30 de ani. Ai o combinație de gene care îți crește riscul de a face boala Alzheimer. Dar e la fel de important să înțelegi că lucrurile pe care urmează să le discutăm reprezintă doar un marker de risc, nu un fapt împlinit, și că sunt convins că putem minimaliza manifestarea riscului".

Stephanie a fost distrusă. În primul rând, se confrunta cu mult stres: un divorț, o situație complicată la muncă și acum asta. E complicat să explici nuanțele genelor și riscului cuiva care te privește cu ochii holbați de teamă și spune doar *sunt blestemat*. A fost nevoie de mai multe discuții pe parcursul mai multor săptămâni, înainte să înceapă să înțeleagă și restul mesajului care spunea că, de fapt, nu era blestemată.

Boala Alzheimer este probabil cea mai dificilă și mai necruțătoare dintre bolile aduse de „cei patru călăreți". Înțelegem mult mai puțin cum și de ce debutează, și cum să o încetinim sau să o prevenim decât în cazul aterosclerozei. Spre deosebire de cancer, în clipa de față nu avem nicio modalitate de a o trata odată ce s-au manifestat simptomele. Și, spre deosebire de diabetul de tip 2 și disfuncțiile metabolice, nu pare să poată fi ușor contracarată (deși încă se mai dezbate acest subiect). Din acest motiv, aproape fără excepție, pacienților mei le e teamă de demență mai mult decât de oricare altă consecință a îmbătrânirii, inclusiv de moarte. Mai degrabă ar muri de cancer sau de boli de inimă, decât să-și piardă mințile și identitatea.

Boala Alzheimer este cea mai frecventă, dar există și alte boli neurodegenerative care ne preocupă. Cele mai des întâlnite dintre acestea sunt demența cu corpi Lewy și boala Parkinson, care de fapt sunt forme diferite ale unei afecțiuni înrudite, cunoscută sub denumirea (derutantă) de „demența cu corpi Lewy". Principala diferență dintre ele este că demența cu corpi Lewy este în principal o tulburare de demență, ceea ce înseamnă că afectează cogniția, în timp ce boala Parkinson este considerată în principal (dar nu în totalitate) o tulburare de mișcare, deși duce și ea la declin cognitiv. În Statele Unite, aproximativ 6 milioane de persoane sunt diagnosticate cu boala Alzheimer, în timp ce 1,4 milioane au demență cu corpi Lewy și 1 milion au fost diagnosticate cu Parkinson, boala degenerativă care se dezvoltă cel mai rapid. În afară de asta, există o varietate de afecțiuni neurodegenerative mai puțin răspândite, dar de asemenea grave, cum ar fi scleroza amiotrofică laterală (ALS sau boala Lou Gehring) și boala Huntington.

Toate acestea duc la o anumită formă de neurodegenerare și până acum nu există remediu pentru niciuna dintre ele — în pofida miliardelor de dolari care au fost cheltuite pentru studierea acestor afecțiuni complexe. Poate va exista o descoperire în viitorul apropiat, dar momentan cea mai bună și singura strategie a noastră este să încercăm să le prevenim. Unica veste bună este că, deși aceste tulburări au fost considerate tradițional boli complet separate și distincte, dovezile care continuă să se adune sugerează că există o continuitate mai mare între ele decât am înțeles până acum, ceea ce înseamnă că unele dintre strategiile noastre de prevenție s-ar putea aplica mai multora dintre ele.

Mulți medici evită testarea genetică *APOE*. Conform cunoștințelor pe care le avem, o persoană care are alela *e4*, de risc crescut, aproape sigur va face boala Alzheimer și nu se poate face nimic pentru persoana respectivă. Așa că de ce să punem pe umerii pacientului greutatea acestor informații cumplite?

Deoarece există două tipuri de vești proaste: cele despre lucruri pe care le putem schimba și despre lucruri pe care nu le putem schimba. A presupune că valoarea *e4* a unui pacient se încadrează în categoria aceasta din urmă este, după părerea mea, o greșeală. Deși este adevărat că mai mult de jumătate dintre persoanele cu Alzheimer au cel puțin un exemplar al genei *e4*, simplul fapt că ai gena de risc nu este același lucru cu a fi diagnosticat cu demență Alzheimer. Există centenari purtători de *e4/e4* care nu manifestă niciun semn de demență, probabil pentru că au alte gene care îi protejează de *e4*; de exemplu, o anumită variantă a genei *Klotho (KL)*[2] denumită *kl-vs*, pare să-i protejeze pe purtători de *e4* de apariția demenței. Și o mulțime de purtători „normali“ de *e3/e3* vor ajunge să dezvolte Alzheimer. Faptul că ai varianta *e4* a genei nu face decât să semnalizeze un risc crescut. Nu e o condamnare finală.

Celălalt argument pe care am încercat să i-l prezint lui Stephanie a fost că avea timpul de partea ei. Boala progresează rareori până la un stadiu clinic înainte de vârsta de 65 de ani, chiar și la pacienții cu două exemplare *e4*. Asta ne oferă 25 de ani în care putem încerca să o prevenim sau să o încetinim din evoluția ei spre o boală cumplită, folosindu-ne de instrumentele pe care le avem acum la dispoziție. Între timp, sperăm că oamenii de știință vor descoperi tratamente mai eficiente. Era o situație asimetrică clasică, în care a nu face nimic era de fapt cel mai riscant mod de a acționa.

Cum să înțelegem maladia Alzheimer

Deși maladia Alzheimer a fost numită așa prima oară la începutul anilor 1990, fenomenul „senilității“ a fost observat încă din vremuri străvechi. Platon credea că, deoarece înaintarea în vârstă părea să „producă nenumărate feluri de tristețe și melancolie, nesăbuință și lașitate, uitare și tâmpenie"*, bărbații mai în vârstă nu erau potriviți pentru poziții de conducere care necesitau perspicacitate și o minte limpede. William Shakespeare ne-a oferit un portret memorabil al unui bătrân chinuit de mintea care îl trădează, în *Regele Lear*.

Ideea că asta ar putea fi o boală a fost sugerată prima oară de Dr. Alois Alzheimer, un psihiatru care lucra ca director medical la azilul de stat din Frankfurt, Germania. În 1906, în timp ce făcea autopsia unei paciente pe nume Auguste Deter, o femeie pe la 55 de ani care suferise de pierderi de memorie, halucinații, agresivitate și confuzie în ultimii ani de viață, a observat că era ceva clar în neregulă cu creierul ei. Neuronii erau încâlciți și semănau cu o pânză de păianjen, acoperiți cu o substanță ciudată, de un alb dentar. A fost așa de marcat de aspectul lor ciudat, încât i-a desenat.

Ulterior, un alt coleg a denumit această afecțiune „boala Alzheimer", dar, după ce Alzheimer însuși a murit în 1915 (din cauza unor complicații provocate de o răceală, la vârsta de 51 de ani), boala identificată de el a fost mai mult sau mai puțin uitată timp de 50 de ani, izgonită în obscuritate laolaltă cu alte afecțiuni neurologice mai puțin obișnuite, cum ar fi boala Huntington și Parkinson, precum și demența cu corpi Lewy. Pacienții cu genul de simptome pe care le asociem acum cu aceste afecțiuni, inclusiv schimbări de dispoziție, depresie, pierderi de memorie, iritabilitate și comportament irațional, erau de obicei instituționalizați, așa cum fusese Auguste Deter. Între timp, vechea și banala „senilitate" era considerată o parte inevitabilă a îmbătrânirii, ca pe vremea lui Platon.

Abia spre finalul anilor 1960, oamenii de știință au început să accepte faptul că „demența senilă" era o stare de boală și nu doar o consecință firească a îmbătrânirii. Trei psihiatri britanici, Garry Blessed, Bernard Tomlinson și Martin Roth, au analizat creierul a 70 de pacienți care muriseră de demență și au descoperit că mulți dintre ei aveau același gen de plăci și gheme pe care le observase

* Platon, *Opere, vol. VI*, traducere de Petru Creția și Cătălin Partenie, Editura Științifică, București, 1993, p. 209. (*N.t.*)

Alois Azheimer. Studii ulterioare au dezvăluit faptul că gradul de afectare cognitivă a unui pacient părea să fie corelat cu amploarea plăcilor descoperite în creierul său. Acești pacienți, au concluzionat medicii, sufereau și ei de boala Alzheimer. La mai puțin de un deceniu după aceea, la începutul anilor 1980, alți cercetători au identificat substanța din plăci ca fiind o peptidă denumită beta-amiloid. Datorită faptului că se găsește adesea la locul faptei, beta-amiloidul a fost imediat bănuit că este una dintre cauzele principale ale bolii Alzheimer.

Beta-amiloidul este un produs secundar creat atunci când o substanță care apare în mod normal, denumită proteina precursoare a beta-amiloidului (*amyloid precursor protein* — APP), o proteină de membrană care se găsește în sinapsele neuronale, este ruptă în trei bucăți. În mod normal, APP se rupe în două și totul e în regulă. Dar, când APP-ul este împărțit în trei, unul dintre fragmentele care rezultă devine apoi „pliat greșit", ceea ce înseamnă că-și pierde structura normală (și ca atare funcția) și devine mai lipicios din punct de vedere chimic, predispus la agregarea în mănunchiuri. Acesta este beta-amiloidul și în mod clar e ceva nociv. Șoarecii de laborator care au fost determinați să acumuleze beta-amiloid prin inginerie genetică (ei nu fac asta în mod natural) au dificultăți la realizarea sarcinilor cognitive care în mod normal sunt ușoare, cum ar fi să găsească hrană într-un labirint simplu. În același timp, amiloidul mai declanșează și agregarea unei alte proteine denumită *tau*, care la rândul său duce la inflamație neuronală și, în cele din urmă, la micșorarea creierului. Se pare că *tau* era cea responsabilă de „încâlcelile" neuronale pe care Alois Alzheimer le-a observat la Auguste Deter.

Oamenii de știință au identificat câteva mutații genetice care favorizează o acumulare foarte rapidă de beta-amiloid, toate garantând că o persoană va manifesta boala, adesea la o vârstă relativ tânără. Aceste mutații, cele mai obișnuite dintre toate fiind denumite *APP, PSEN1* și *PSEN2*, afectează în special despicarea APP. În familiile care poartă aceste gene, boala Alzheimer cu debut foarte timpuriu face ravagii, membrii familiei ajungând adesea să manifeste simptome pe la 30-40 de ani. Din fericire, aceste mutații sunt foarte rare,[3] dar apar la 10% dintre cazurile timpurii de Alzheimer (sau la aproximativ 1% din numărul total de cazuri). Persoanele cu sindrom Down au de asemenea tendința de a acumula cantități mari de plăci de amiloid în timp, din cauza genelor corelate cu despicarea APP, care se găsesc în cromozomul 21.

Nu a fost decât un pas până să se ajungă, pe baza dovezilor disponibile, la concluzia că boala Alzheimer este provocată direct de această acumulare de beta-amiloid în creier. „Ipoteza amiloidului", așa cum este numită, a fost teoria dominantă pentru boala Alzheimer încă din anii 1980 și de la ea au pornit prioritățile de cercetare ale Institutelor Naționale de Sănătate și, în egală măsură, ale industriei farmaceutice. Dacă am putea elimina amiloidul, s-au gândit cercetătorii, atunci am putea opri evoluția sau chiar determina reversia bolii. Dar lucrurile nu au mers așa. Au fost dezvoltate mai multe zeci de medicamente care țintesc beta-amiloidul într-un fel sau altul. Dar, chiar și atunci când reușesc să curețe amiloidul sau să-i încetinească producția, aceste medicamente mai au încă până să-și dovedească beneficiile când vine vorba de îmbunătățirea funcției cognitive a pacienților sau încetinirea evoluției bolii. Toate au eșuat fără excepție.[4]

Una dintre ipotezele care au apărut, pe măsură ce aceste medicamente dădeau greș unul după altul, a fost aceea că pacienții primeau medicamentele prea târziu, când boala era deja avansată. Se știe foarte bine că Alzheimer se dezvoltă încet, în zeci de ani. Dacă am administra mai devreme medicamentele? Această ipoteză promițătoare a fost testată în studii de anvergură și foarte mediatizate, care au inclus persoane cu o mutație moștenită care în esență face ca apariția timpurie a bolii să fie predestinată, dar și acestea au eșuat până la urmă. Un studiu clinic vast a fost lansat în 2022 de Roche și Genentech, testând administrarea timpurie a unui compus anti-amiloid la persoane normale genetic cu o acumulare verificată de amiloid în creier, dar fără simptome clare de demență; rezultatele sunt așteptate pentru 2026. Unii cercetători cred că procesul de îmbolnăvire ar putea fi reversibil în momentul în care este prezent amiloidul, dar nu și *tau*, care apare mai târziu. Teoria aceasta este testată într-un alt studiu aflat momentan în derulare.

Între timp, în iunie 2021, FDA a aprobat un medicament care vizează amiloidul, denumit aducanumab (Aduhelm). Fabricantul medicamentului, Biogen, trimisese de două ori până atunci informații pentru aprobare și avusese parte de un răspuns negativ. Aceasta era a treia lor încercare. Comisia de consultanți experți a agenției a făcut recomandarea ca medicamentul să nu fie aprobat nici de data aceasta, spunând că dovezile referitoare la beneficii erau slabe sau contradictorii, dar agenția a continuat procesul și l-a aprobat totuși. A fost întâmpinat cu o atitudine moderată în piață, Medicare și unii asiguratori refuzând să plătească 28 000 USD, costul anual, dacă nu fusese folosit într-un studiu clinic al unei universități.

Această avalanșă de eșecuri ale medicamentelor a provocat frustrare și confuzie în domeniul bolii Alzheimer, deoarece amiloidul a fost considerat mult timp un aspect semnificativ al bolii. Așa cum a explicat Dr. Ronald Petersen, director al Centrului de cercetare pentru boala Alzheimer al Clinicii Mayo, pentru *New York Times,* în 2020: „Amiloidul și *tau* sunt definitorii pentru boală[5]... nu are nicio logică să nu atacăm amiloidul".

Dar unii oameni de știință au început să pună fățiș la îndoială ideea că amiloidul provoacă *toate* cazurile de boală Alzheimer, citând eșecul acestor medicamente mai înainte de orice. Îndoielile lor au părut să fie validate în iulie 2022, când *Science* a publicat un articol care punea sub semnul întrebării un studiu din 2006, citat pe scară largă, care oferise un impuls nou teoriei amiloidului, într-un moment când deja părea să piardă din putere. Studiul din 2006 identificase un anumit subtip de amiloid despre care afirma că provoca direct neurodegenerarea. Acesta, la rândul său, a inspirat numeroase cercetări concentrate pe acel subtip. Dar, conform articolului din *Science*, imaginile esențiale din acel studiu fuseseră falsificate.

Existau deja suficiente dovezi care puneau la îndoială relația cauzală considerată de mult timp existentă între amiloid și neurodegenerare. Studiile din autopsii au descoperit că peste 25% din persoanele normale cognitiv aveau totuși depozite mari de amiloid în creier când au murit — unele dintre ele cu același nivel de acumulare de placă precum pacienții care mureau de demență gravă. Dar, dintr-un anumit motiv, aceste persoane nu manifestau simptome cognitive. De fapt, aceasta nu era o observație nouă: Blessed, Tomlinson și Roth notau în 1968 că alți cercetători observaseră

„formarea de plăci și alte schimbări[6] care uneori erau la fel de puternice la subiecții normali ca și în cazurile de demență senilă".

Unii experți susțin că pacienții aceștia aveau de fapt boala, dar că durase mai mult până să le apară simptomele sau că reușiseră cumva să acopere sau să compenseze deteriorarea creierului. Dar studii mai recente au descoperit că reciproca poate fi de asemenea valabilă: unii pacienți cu toate simptomele bolii Alzheimer, inclusiv un declin cognitiv semnificativ, au foarte puțin amiloid în creier sau chiar deloc, conform unor teste de identificare a biomarkerilor prin tomografie PET a plăcilor de amiloid și/sau lichid cerebrospinal (CSF), două tehnici obișnuite de diagnostic. Cercetătorii de la Centrul pentru Memorie și Îmbătrânire[7] de la Universitatea California San Francisco au descoperit cu ajutorul tomografiilor că aproximativ unu din trei pacienți cu demență ușoară spre moderată nu prezenta nicio dovadă de amiloid în creierul său. Și alte studii au descoperit doar o corelație slabă între cantitatea de masă de amiloid și severitatea bolii. Atunci, se pare că e posibil ca prezența plăcilor de beta-amiloid să nu fie nici necesară pentru dezvoltarea bolii Alzheimer și nici suficientă pentru a o provoca.

Asta indică o altă posibilitate: aceea că afecțiunea pe care Alois Alzheimer a observat-o în 1906 nu era aceeași cu boala Alzheimer care afectează milioane de persoane din toată lumea. Un indiciu important e legat de vârsta la care se declanșează. În general, ce numim boală Alzheimer (sau boală Alzheimer cu debut târziu) nu este reprezentată de valori semnificative până la vârsta de 65 de ani. Dar chiar Pacientul Zero al Dr. Alzheimer, Auguste Deter, manifestase simptome grave până la vârsta de 50 de ani, un traseu mai asemănător cu boala Alzheimer cu debut timpuriu, decât cu demența care începe treptat să-i afecteze pe oameni după 60, 70 și 80 de ani. O analiză din 2013 a țesutului conservat[8] din creierul lui Auguste Deter a descoperit că avea de fapt o mutație *PSEN1*, una dintre genele responsabile de demența timpurie. (Aceasta afectează despicarea proteinei precursoare a amiloidului, producând cantități mari de amiloid.) Pacienta chiar suferea de boala Alzheimer, dar de o formă a ei pe care o faci *doar* pentru că ai una dintre aceste gene extrem de deterministe. E posibil să fi greșit când am presupus că celelalte 99% dintre cazurile de boală Alzheimer evoluează ca al ei.

Asta nu e deloc ceva neobişnuit în medicină, unde cazul inițial al unei anumite boli se dovedește a fi excepția, mai degrabă decât regula; extrapolarea de la acest unic caz poate duce la probleme şi neînțelegeri pe parcurs. În acelaşi timp, dacă boala lui Auguste Deter s-ar fi manifestat când aceasta ar fi avut 75, în loc de 50 de ani, atunci poate că astăzi nu ar mai fi părut deloc deosebită.

Aşa cum boala Alzheimer este definită (corect sau greşit) prin acumulări de amiloid și *tau*, demența cu corp Lewy şi boala Parkinson sunt asociate cu acumularea unei proteine neurotoxice denumită alfa-sinucleină, care se depune în formațiuni cunoscute sub denumirea de corpi Lewy (observate prima oară de un coleg al lui Alois Alzheimer, pe nume Friedrich Lewy). Varianta *APOE e4* nu doar creşte riscul individului de a face Alzheimer, ci îi amplifică semnificativ și riscul de demență cu corpi Lewy, precum și de boală Parkinson[9] cu demență, susținând şi mai mult ideea că afecțiunile acestea sunt înrudite la un anumit nivel.

Toate acestea îi plasează pe pacienții cu risc ridicat, precum Stephanie, într-un context cumplit: au un risc crescut de a face o boală sau boli ale căror cauze încă nu le înțelegem bine și pentru care ne lipsesc tratamentele eficiente. Asta înseamnă că trebuie să ne concentrăm pe ceea ce până de curând am considerat a fi un subiect tabu în boala neurodegenerativă: prevenția.

Pot fi prevenite bolile neurodegenerative?

Stephanie era îngrozită. Tratasem alți pacienți care aveau cele două cópii ale genei *e4*, dar niciunul dintre ei nu reacționase cu atât de multă spaimă și anxietate. Ne-au trebuit patru discuții lungi într-o perioadă de două luni pentru a depăși șocul inițial al veștilor. Apoi a venit momentul să discutăm despre ce era de făcut.

Nu dădea niciun semn evident de afectare cognitivă sau de pierdere de memorie. Încă. Doar ca observație suplimentară, unii dintre pacienții mei se sperie din cauză că-și pierd cheile de la mașină sau telefoanele din când în când. Aşa cum le tot aduc aminte, asta nu înseamnă că au Alzheimer. În general, înseamnă doar că sunt ocupați și absenți (ca o ironie, adesea chiar din cauza acelorași telefoane mobile pe care le tot pierd). Stephanie era diferită. Riscul ei era unul adevărat și acum știa de el.

În cazul pacienților mei cu riscul cel mai ridicat, ca Stephanie, colaborez uneori cu dr. Richard Isaacson, care a deschis prima clinică de prevenție a bolii Alzheimer din Statele Unite în 2013. Richard își aduce aminte că, atunci când a discutat prima oară cu decanul de la Weill Cornell Medical College și i-a descris proiectul pe care-l propunea, ea a părut uimită de această idee radicală; nu se credea că boala poate fi prevenită. De asemenea, la nici 30 de ani, el nu prea părea convingător. „Ea se aștepta la Oliver Sacks",[10] mi-a spus el. „În schimb, stătea la masă față în față cu Doogie Howser."*

Isaacson mersese la facultate la 17 ani într-un program mixt de licență–masterat la Universitatea Missouri în Kansas City și își luase diploma de medic până să împlinească 23 de ani. Era motivat de teamă să învețe cât mai mult posibil despre boala Alzheimer, pentru că se transmitea în familie.

Pe vremea când era copil în Commack, Long Island, Richard își văzuse ruda preferată, pe străunchiul lui, Bob, murind de Alzheimer. Când Richard avea trei ani, unchiul Bob îl salvase de la înec într-o piscină, la o petrecere de familie. Dar, cam la zece ani după aceea, unchiul său mult iubit începuse să se schimbe. Repeta aceleași povești. Simțul umorului începuse să-i dispară. Privea în gol și părea să nu mai proceseze ce auzea în jurul lui. Până la urmă a fost diagnosticat cu Alzheimer — dar era deja dus. Era de parcă ar fi dispărut.

Richard nu a putut să suporte să-și vadă unchiul preferat atât de transformat. Mai era îngrijorat și pentru că știa că riscul de a face boala Alzheimer are o componentă genetică puternică. Era și el în pericol? Părinții lui erau în pericol? Oare boala putea fi cumva prevenită?

Când a început să practice medicina la Universitatea Miami, Richard a pornit să adune toate studiile și recomandările pe care le-a putut găsi despre posibile modalități de a reduce riscul de boală Alzheimer, adunându-le într-un dosar; a făcut mai multe

* Personaj principal în serialul TV american omonim cu tematică medicală (*N.t.*)

cópii și le împărțea pacienților. A publicat dosarul în 2010 sub forma unei cărți intitulate *Alzheimer's Treatment, Alzheimer's Prevention: A Patient and Family Guide.*

Curând a descoperit că, în cercurile de specialiști în boala Alzheimer, cuvântul *prevenție* era cumva tabu. „Asociația pentru Alzheimer a spus că nu prea poți folosi acest cuvânt", își aduce el aminte. În același an, o comisie de experți convocată de Institutele Naționale de Sănătate a declarat: „În clipa de față, nu pot fi trase concluzii clare[11] despre legătura dintre vreun factor modificabil de risc și declinul cognitiv sau boala Alzheimer".

Asta l-a făcut pe Isaacson să-și dea seama că singura modalitate de a demonstra că o abordare preventivă poate funcționa într-un fel care să fie acceptat de comunitatea medicală mai largă era de a face asta într-un context academic mai generos. Cei de la Cornell erau dispuși să încerce, iar clinica lui s-a deschis în 2013. A fost prima de genul ei din țară, dar acum există șase alte centre similare, inclusiv unul în Puerto Rico. (Isaacson lucrează acum pentru o companie privată din New York; colega lui, dr. Kellyann Niotis, s-a alăturat cabinetului meu, concentrându-se pe pacienții cu risc de boli neurodegenerative.)

Între timp, ideea de a preveni boala Alzheimer a început să câștige susținere științifică. Un studiu randomizat controlat, realizat pe o perioadă de doi ani[12] în Finlanda și publicat în 2015, a descoperit că intervențiile axate pe nutriție, activitate fizică și antrenament cognitiv au ajutat la menținerea funcției cognitive și prevenirea declinului cognitiv într-un grup de peste 1 200 adulți mai în vârstă cu risc ridicat. Alte două studii mai mari europene[13] au descoperit că intervențiile în diverse zone ale stilului de viață au îmbunătățit performanța cognitivă în rândul adulților cu risc. Așadar există semne de speranță.

Pentru un medic obișnuit, cazul lui Stephanie ar fi părut o pierdere de timp: nu avea simptome și era încă relativ tânără, la 40 și ceva de ani, cu mai bine de două decenii înainte ca demența clinică să se manifeste. Medicina 2.0 ar spune că încă nu aveam nimic de tratat. În Medicina 3.0, asta face din ea un pacient ideal, iar cazul său este unul urgent. Dacă e să existe boli care să necesite abordarea Medicinei 3.0 — în care prevenția nu este doar importantă, ci și *singura noastră variantă* — acestea sunt boala Alzheimer și bolile neurodegenerative înrudite.

Sincer, ar putea să pară ciudat ca o clinică așa de mică precum este a noastră să angajeze un neurolog cu normă întreagă cum este Kellyann Niotis. De ce facem asta? Deoarece credem cu adevărat că putem influența soarta începând din timp și fiind foarte riguroși în felul în care cuantificăm și încercăm apoi să abordăm riscul fiecărui pacient. Unii pacienți, precum Stephanie, au în mod clar un risc mai mare; dar, într-un sens mai larg, cu toții avem un anumit risc de a face boala Alzheimer și alte boli neurodegenerative.

Privit prin lentila prevenției, faptul că Stephanie avea genotipul *APOE e4/e4* era de fapt o veste bună, dintr-un anumit punct de vedere. Da, avea un risc mult mai mare decât cineva cu *e3/e3*, dar măcar știam cu ce gene ne confruntam și care era traiectoria posibilă a bolii, dacă ajungea să se manifeste. Este mai îngrijorător când un pacient se prezintă cu o istorie copleșitoare de demență în familie sau cu semnele timpurii ale declinului cognitiv, dar nu *are* niciuna dintre genele cunoscute de risc pentru Alzheimer, cum ar fi *APOE e4* și alte câteva. Asta înseamnă că ar putea fi implicate alte gene de risc și nu știm care ar putea fi ele. Măcar Stephanie se confrunta cu un risc cunoscut. Era un început.

Mai avea doi factori suplimentari de risc pe care nu-i putea controla: faptul că era caucaziană și femeie. Deși persoanele cu strămoși africani au un risc în general crescut de a face boala Alzheimer, din motive neclare, *APOE e4* pare să prezinte un risc *mai mic* pentru aceste persoane decât pentru cele de origine caucaziană, asiatică și hispanică. Totuși, indiferent de genotipul *APOE*, boala Alzheimer este aproape de două ori mai des întâlnită la femei decât la bărbați. E tentant să punem asta pe seama faptului că mai multe femei trăiesc până la vârsta de 85 de ani sau mai mult, când incidența bolii se apropie de 40%. Dar acest factor nu explică singur diferența. Unii oameni de știință cred că e posibil să fie ceva legat de menopauză și declinul abrupt al semnalizării hormonale care crește exponențial riscul de neurodegenerare la femeile mai în vârstă. În special, se pare că o scădere rapidă a estradiolului la femeile[14] cu o alelă *e4* este un factor predispozant; acesta, la rândul său, sugerează un posibil rol al terapiei de substituție hormonală la premenopauză pentru aceste femei.

Menopauza nu este singura problemă aici. Alte aspecte legate de istoria reproductivă, cum ar fi numărul de copii pe care i-a avut femeia, vârsta primei menstruații și expunerea la contraceptive orale pot avea de asemenea un impact semnificativ asupra riscului de Alzheimer și asupra cogniției la bătrânețe. Iar cercetări noi sugerează că femeile[15] sunt mai predispuse să acumuleze *tau*, o proteină neurotoxică despre care am vorbit mai devreme. Concluzia finală este că femeile au un risc mai mare de a face Alzheimer, precum și rate mai rapide de evoluție a bolii în ansamblu, indiferent de vârstă și de nivelul educațional.

În timp ce pacientele cu Alzheimer îi depășesc numeric pe pacienți, cu o rată de doi la unu, reciproca este valabilă pentru demența cu corp Lewy și Parkinson, ambele fiind de două ori mai frecvente la bărbați. Cu toate acestea, Parkinson pare de asemenea[16] să evolueze mai rapid la femei decât la bărbați, din motive neclare.

Boala Parkinson este de asemenea complicată din punct de vedere genetic: deși am identificat mai multe variante de gene care cresc riscul de boală Parkinson (BP), cum ar fi *LRRK2* și *SNCA*, cam 15% dintre pacienții diagnosticați au o istorie familială legată de boală — și ca atare se presupune că au un factor genetic —, dar nu au nicio genă de risc cunoscută sau SNP.

Ca și alte boli dintre „cei patru călăreți", demența are un prolog extrem de lung.[17] Începuturile ei sunt așa de subtile, încât adesea boala nu este identificată până când persoana nu ajunge deja în ultimele stadii. Acela este momentul când simptomele depășesc ocazionalele scăpări și amnezii, ajungând la probleme observabile de memorie, cum ar fi uitarea unor cuvinte obișnuite și pierderea frecventă a obiectelor importante (uitarea parolelor devine și ea o problemă). Prietenii și familia observă schimbările, iar performanța la testele cognitive începe să scadă.

Medicina 2.0 a început să recunoască această etapă clinică timpurie a bolii Alzheimer, care este cunoscută sub denumirea de tulburare cognitivă ușoară (TCU). Dar TCU nu este prima etapă pe drumul lung spre demență: o analiză de proporții a datelor din studiul de cohortă Whitehall II din Marea Britanie, realizată în 2011, a descoperit că semnele mai subtile ale schimbărilor cognitive ajung adesea să se manifeste cu mult timp înainte ca pacienții să îndeplinească criteriile pentru TCU. Aceasta este numită etapa I preclinică a bolii Alzheimer, iar numai în Statele Unite se estimează că peste 46 de milioane de persoane[18] se află în această etapă, în care boala construiește lent eșafodajul patologic în neuroni și în jurul lor, dar simptomele principale sunt încă absente în mare parte. Deși nu este clar câți dintre acești pacienți vor ajunge să dezvolte Alzheimer, este evident că, exact așa cum cea mai mare parte a unui iceberg se găsește sub suprafața oceanului, tot așa demența poate evolua neobservată ani întregi înainte să apară simptomele.

Același lucru este valabil pentru alte boli neurodegenerative, deși fiecare are semnale de alarmă timpurii diferite. Parkinson se poate manifesta sub forma unor schimbări subtile în modul de a se mișca, o expresie facială imobilă, o postură aplecată sau un mers târșâit, un ușor tremur sau chiar și schimbări în scrisul de mână al persoanei (care poate deveni mic și înghesuit). O persoană aflată în primele stadii ale demenței cu corpi Lewy poate manifesta simptome fizice asemănătoare, dar și cu ușoare schimbări cognitive; ambele pot manifesta modificări de dispoziție, cum ar fi depresie sau anxietate. Ceva pare „în neregulă“, dar e greu pentru un nespecialist să explice exact ce.

De aceea, un prim pas important în cazul oricărui pacient care poate suferi de tulburări cognitive este să fie supus unei baterii complexe de teste. Unul dintre motivele pentru care îmi place să am alături un neurolog specializat pe prevenție este că testele acestea sunt așa de complicate și de dificil de administrat, încât mi se pare că optim e să se ocupe specialiștii de ele. Ele sunt, în plus, esențiale pentru un diagnostic corect — pentru a evalua dacă pacientul se află deja pe drumul spre boala Alzheimer sau o altă formă de demență neurodegenerativă și cât de departe e posibil să fie pe acest traseu. Acestea sunt teste validate clinic, foarte complexe, care acoperă fiecare domeniu al cogniției și memoriei, inclusiv funcția executivă, atenția, viteza de procesare, fluența verbală și memoria (rememorarea unei liste de cuvinte), memoria logică (rememorarea unei propoziții din mijlocul unui paragraf), memoria asociativă (asocierea unui nume cu o față), memoria spațială (localizarea obiectelor într-o încăpere) și memoria semantică (de exemplu, câte animale poți enumera într-un minut). Aproape întotdeauna pacienții mei revin cu plângeri legate de dificultatea testelor. Eu zâmbesc doar și aprob.

Complexitatea și nuanțele testelor ne oferă indicii importante despre ce e posibil să se întâmple în creierul pacienților care sunt încă foarte la început în procesul de schimbare cognitivă care se petrece odată cu înaintarea în vârstă. Ne permit mai ales să facem diferența între îmbătrânirea normală a creierului și schimbările care ar putea duce la demență. O secțiune importantă a testării cognitive evaluează simțul olfactiv al pacientului. Poate identifica mirosurile corect, cum ar fi, de exemplu, cel de cafea? Neuronii olfactivi sunt printre primii afectați de boala Alzheimer.

Specialiști precum Richard și Kellyann recunosc și alte schimbări, mai puțin cuantificabile, la persoanele care se îndreaptă spre boala Alzheimer, inclusiv schimbări ale mersului, expresii faciale în timpul discuțiilor, chiar și mișcări ale ochilor. E posibil ca schimbările acestea să fie subtile și imposibil de recunoscut de o persoană obișnuită, dar cineva mai abil le poate detecta.

Cea mai dificilă parte a testării este interpretarea rezultatelor pentru a face diferența între diferite tipuri de boli neurodegenerative și demență. Kellyan disecă rezultatele testelor pentru a încerca să identifice localizarea posibilă a patologiei în creier și neurotransmițătorii specifici implicați: aceștia determină trăsăturile patologice ale bolii. Demențele frontale și vasculare afectează în principal lobul frontal, o regiune a creierului responsabilă de funcția executivă, cum ar fi atenția, organizarea, viteza de procesare și rezolvarea problemelor. Așadar aceste forme de demență îi afectează unei persoane caracteristicile cognitive de rang înalt. Pe de altă parte, boala Alzheimer afectează predominant lobii temporali, așadar cele mai clare simptome sunt legate de memorie, limbaj și procesare auditivă (formarea și înțelegerea vorbirii) — deși cercetătorii încep să identifice diferite posibile subtipuri de boală Alzheimer, în funcție de regiunile din creier care sunt cele mai afectate. Boala Parkinson e puțin diferită, în sensul că se manifestă ca o tulburare de mișcare care decurge (în principal) dintr-un deficit de dopamină, un neurotransmițător esențial. În timp ce existența bolii Alzheimer poate fi confirmată prin analiza amiloidului din fluidul cerebrospinal, aceste forme diferite de neurodegenerare sunt în mare parte diagnostice clinice, bazate pe testare și interpretare. Așadar ele pot fi mai subiective, dar, în cazul tuturor acestor afecțiuni, este esențial să le identificăm cât de repede posibil pentru a permite strategiilor de prevenție să acționeze mai mult timp.

Creierul nostru foarte complex tinde să compenseze deteriorarea într-un fel care ascunde aceste forme timpurii de neurodegenerare, ceea ce reprezintă unul dintre motivele pentru care boala Alzheimer și demențele înrudite pot fi atât de dificil de diagnosticat. Când gândim sau simțim ceva, nu doar structura noastră neurală este responsabilă pentru acea revelație sau acea decizie, ci și multe rețele individuale care lucrează simultan la aceeași problemă, conform lui Francisco Gonzalez-Lima,[19] cercetător în neuroștiințe comportamentale la Universitatea Texas din Austin. Aceste rețele paralele pot ajunge la concluzii diferite. Apoi creierul alege răspunsul cel mai obișnuit. Sistemul se bazează pe redundanță.

Cu cât avem mai multe astfel de rețele și subrețele pe care le-am construit în timp, pe parcursul vieții noastre, prin educație sau experiență sau dezvoltându-ne abilități complexe, cum ar fi să vorbim o limbă străină sau să cântăm la un instrument muzical, cu atât tendința este să rezistăm mai mult în fața declinului cognitiv. Creierul poate continua să funcționeze mai mult sau mai puțin normal, chiar în timp ce unele dintre aceste rețele încep să dea rateuri. Acest fenomen este denumit „rezervă cognitivă" și s-a demonstrat că îi ajută pe unii pacienți să lupte cu simptomele bolii Alzheimer. Pare că bolii îi ia mai mult timp să afecteze funcționarea. „Persoanele care suferă de boala Alzheimer și sunt foarte implicate cognitiv, având un circuit bun de backup, nu vor suferi un declin așa de rapid", spune Richard.

Există un concept paralel, cunoscut sub denumirea de „rezervă de mișcare", concept care devine relevant în cazul bolii Parkinson. Persoanele cu tipare de mișcare mai bune și o istorie mai îndelungată de activitate fizică, precum sportivii profesioniști sau persoanele care fac frecvent sport, au tendința să se împotrivească instalării bolii sau să-i încetinească evoluția, spre deosebire de persoanele sedentare. Din acest motiv, mișcarea și activitatea fizică, nu doar exercițiile aerobice, ci și activități mai complexe precum antrenamentele de box, sunt un tratament/o strategie principală de prevenție pentru Parkinson. Activitatea fizică este singura intervenție despre care s-a dovedit că încetinește evoluția bolii Parkinson.

Dar este complicat să separăm rezerva cognitivă de alți factori cum ar fi statutul socioeconomic și educația, care la rândul lor sunt legate de o sănătate metabolică mai bună și de alți factori (cunoscuți și sub denumirea de „favorizarea utilizatorului sănătos").[20] Astfel, dovezile referitoare la modul în care poate fi „antrenată" sau folosită rezerva cognitivă ca strategie de prevenție, de exemplu învățând să cânți la un instrument sau prin alte forme de „antrenament al creierului", sunt foarte amestecate și neconcludente. Niciuna dintre aceste activități nu are ce să strice, așa că de ce să nu le facem?

Dovezile sugerează că sarcinile sau activitățile care presupun provocări mai variate, care necesită procese de gândire și analiză mai rapide, sunt mai productive când vine vorba de construirea și menținerea rezervei cognitive. Pe de altă parte, simpla rezolvare a unui careu cu cuvinte încrucișate în fiecare zi pare să îmbunătățească doar capacitatea oamenilor de a rezolva cuvinte încrucișate. Același lucru este valabil pentru rezerva de mișcare: dansul pare să fie mai eficient decât mersul, în întârzierea simptomelor bolii Parkinson, probabil pentru că implică un tip mai complex de mișcare.

Acesta este unul dintre aspectele care veneau în avantajul lui Stephanie, o profesionistă de succes și cu educație solidă. Rezerva ei cognitivă era foarte solidă și scorurile de bază erau bune. Asta însemna că probabil aveam destul timp la dispoziție pentru a elabora o strategie de prevenție pentru ea, probabil decenii — dar având în vedere riscul ei genetic crescut, nu ne puteam permite să întârziem. Trebuia să punem la punct un plan. Cum avea să arate planul? Cum poate fi oprită această boală aparent necruțătoare?

O să începem prin a analiza mai amănunțit schimbările care ar putea avea loc *în interiorul* creierului unei persoane care se îndreaptă spre boala Alzheimer. Cum contribuie aceste schimbări la evoluția bolii și oare putem face ceva să le oprim sau să limităm deteriorarea?

Odată ce începem să analizăm boala Alzheimer în afara paradigmei teoriei amiloidului, începem să observăm anumite trăsături definitorii diferite ale demenței, care ne-ar putea oferi șansa de a le preveni — niște puncte slabe din armura adversarului.

Alternative la amiloid

Timp de zeci de ani, aproape în tandem cu observațiile despre plăci și gheme de amiloid, cercetătorii au observat de asemenea probleme cu fluxul sangvin cerebral, sau „perfuzia" la pacienții cu demență. La autopsii, creierul bolnavilor de Alzheimer prezintă adesea calcificări vizibile* ale vaselor de sânge și capilarelor care le alimentează. Aceasta nu este o observație nouă: în importanta lor cercetare din 1968[21], care definea Alzheimer drept o boală specifică înaintării în vârstă, Blessed, Tomlinson și Roth observaseră și o deteriorare vasculară gravă a creierului subiecților decedați. Fenomenul fusese observat în trecere de zeci de ani, tocmai din 1927. Dar în general se considera că este o consecință a neurodegenerării și nu o cauză potențială.

La începutul anilor 1990, un neurolog de la Case Western Reserve pe nume Jack de la Torre zbura la Paris pentru o conferință și se gândea la originile bolii Alzheimer. Ipoteza amiloidului era încă relativ nouă, dar de la Torre nu se împăca bine cu ea din cauza lucrurilor pe care le observase în propriul laborator. În cursa spre Paris, a avut o revelație. „Dovezile din zeci de experimente pe șobolani păreau să-mi strige în față", a scris el ulterior. În acele experimente, restricționase cantitatea de sânge care circula prin creierul șobolanilor și, în timp, aceștia manifestaseră simptome teribil de asemănătoare cu cele ale bolii Alzheimer la oameni: pierderea memoriei și atrofierea gravă a cortexului și hipocampului. Restabilirea fluxului sangvin putea să oprească sau să repare deteriorarea într-o anumită măsură, dar aceasta părea să fie mai gravă și mai îndelungată la animalele mai bătrâne decât la cele tinere. Descoperirea esențială a fost aceea că un flux de sânge puternic părea să fie esențial pentru păstrarea sănătății mintale.

* Vă aduceți poate aminte din capitolul 7 cum calcificarea face parte din procesul de reparare a vaselor de sânge afectate de ateroscleroză.

Creierul este un organ lacom.[22] Reprezintă doar până la 2% din greutatea noastră, dar cu toate acestea este responsabil de aproximativ 20% din consumul total de energie. Cei 86 de miliarde de neuroni ai săi au *fiecare* între 1 000 și 10 000 de sinapse care îi conectează cu alți neuroni sau celule-țintă, creându-ne gândurile, personalitățile sau amintirile, ele fiind motivul din spatele tuturor deciziilor, bune sau proaste, pe care le luăm. Există calculatoare care sunt mai mari și mai rapide, dar nicio mașinărie făcută până acum de om nu poate egala capacitatea creierului de a intui și învăța, ca să nu mai vorbim despre a simți și a crea. Niciun computer nu posedă nimic care să se apropie de multidimensionalitatea sinelui uman. În timp ce un calculator este alimentat cu electricitate, mașinăria splendidă care este creierul uman depinde de un flux constant de glucoză și oxigen, livrate prin intermediul unei rețele uriașe și delicate de vase de sânge. Chiar și mici dereglări ale acestei rețele vasculare pot provoca handicapuri sau chiar atacuri vasculare fatale.

În plus, celulele cerebrale metabolizează glucoza într-un fel diferit de restul corpului; nu depind de insulină, absorbind în schimb direct glucoza circulantă, prin intermediul transportatorilor care în esență deschid o cale de acces în membrana celulei. Asta permite creierului ca alimentarea sa să fie prioritară când nivelurile de glucoză sunt scăzute. Dacă ne lipsesc resurse noi de glucoză, combustibilul preferat al creierului, ficatul convertește grăsimea în corpi cetonici ca o sursă alternativă de energie ce ne poate susține un timp foarte îndelungat, în funcție de cantitatea depozitelor adipoase. (Spre deosebire de mușchi sau ficat, creierul în sine nu stochează energie.) Când grăsimea se epuizează, vom începe să consumăm din propriul țesut muscular, apoi din cel al altor organe și chiar al oaselor, toate pentru a face creierul să funcționeze întruna cu orice preț. Creierul este ultimul care se stinge.

În timp ce avionul lui traversa Atlanticul, de la Torre și-a notat ideile pe singura suprafață de scris disponibilă, care întâmplător a fost o pungă de hârtie pentru rău de avion. Însoțitorii de bord au părut îngrijorați când le-a mai cerut o pungă și încă una. „Teoria pungii de vomă“,[23] așa cum a denumit-o în glumă, susținea că boala Alzheimer este în principal o tulburare vasculară a creierului. Simptomele de demență pe care le vedem provin dintr-o reducere treptată a fluxului sangvin care într-un final creează ceea ce el numește prin sintagma „o criză neuronală de energie", care la rândul ei declanșează o cascadă de evenimente nefericite ce afectează neuronii și în cele din urmă provoacă neurodegenerarea. Plăcile de amiloid și ghemele apar mai târziu, ca o consecință mai degrabă, decât ca o cauză. „Am crezut și încă mai credem[24] că beta-amiloidul este un *produs* patologic important al neurodegenerării", a scris de la Torre de curând, „...(dar) nu e cazul în boala Alzheimer."

Existau deja dovezi care susțineau această teorie. E mai degrabă posibil ca boala Alzheimer să fie diagnosticată la persoanele care au suferit un accident vascular cerebral care în general este produs de un blocaj brusc al fluxului sangvin într-o anumită regiune a creierului. În astfel de cazuri, simptomele apar inopinat, de parcă s-ar fi atins un comutator. În plus, s-a stabilit că persoanele cu istoric de afecțiuni cardiovasculare au un risc mai mare de a face boala Alzheimer. Dovezile demonstrează de asemenea că există o relație liniară între declinul cognitiv și o creștere a grosimii tunicii interne la nivelul arterei carotide, un vas de sânge principal care alimentează creierul. Fluxul sangvin cerebral scade oricum în mod natural în timpul procesului de îmbătrânire, iar această îngroșare arterială, un indicator al îmbătrânirii arteriale, ar putea provoca o reducere suplimentară a alimentării creierului cu sânge. Boala vasculară nu este singura vinovată nici în acest caz. În total, aproximativ două duzini de factori de risc cunoscuți pentru boala Alzheimer reduc și ei fluxul sangvin, inclusiv tensiunea arterială ridicată, fumatul, loviturile la cap și depresia, printre altele. Dovezile circumstanțiale sunt puternice.

Tehnicile neuroimagistice îmbunătățite au confirmat faptul că problema nu este doar că perfuzia cerebrală este scăzută la creierii afectați de boala Alzheimer, ci și că o scădere a fluxului sangvin pare să prezică momentul *când* o persoană va face trecerea de la boala Alzheimer în stadiul preclinic la MCI și apoi la demență completă. Deși în clipa de față demența vasculară este considerată diferită[25] de demența provocată de Alzheimer, fiind responsabilă de aproximativ 15-20% dintre diagnosticele de demență din America de Nord și Europa și până la 30% din Asia și țările în curs de dezvoltare, simptomele și patologiile acestora se suprapun atât de semnificativ, încât de la Torre le consideră manifestări diferite ale aceleiași tulburări de bază.

O altă teorie convingătoare și poate paralelă despre boala Alzheimer spune că provine din metabolismul anormal al glucozei în creier. Oamenii de știință și fizicienii au observat de mult timp o legătură între boala Alzheimer și disfuncția metabolică. Diabetul de tip 2 îți dublează sau triplează riscul[26] de a face boala Alzheimer, ajungând aproape la același nivel precum cei care au un exemplar al genei *APOE e4*. La un nivel pur mecanic, nivelul cronic crescut al glucozei din sânge, cum apare la diabetul de tip 2 și la prediabet/rezistența la insulină, poate afecta direct rețeaua vasculară a creierului. Dar e suficientă doar rezistența la insulină[27] pentru a crește riscul.

Insulina pare să joace un rol esențial în funcționarea memoriei. Receptorii de insulină sunt extrem de concentrați în hipocamp, centrul de memorie al creierului. Mai multe studii au descoperit că pulverizarea de insulină în nările subiecților[28] — administrarea ei cât mai direct posibil — îmbunătățește rapid performanța cognitivă și memoria, chiar și la persoane care au fost deja diagnosticate cu boala Alzheimer. Un studiu a descoperit că insulina intranazală[29] a ajutat la menținerea volumului creierului la pacienții cu Alzheimer. În mod clar, este util ca glucoza să ajungă la neuroni; rezistența la insulină blochează acest proces. Așa cum au scris autorii, „mai multe serii de dovezi converg pentru a sugera că rezistența centrală la insulină joacă un rol cauzal în dezvoltarea și evoluția bolii Alzheimer".

Aici evenimentul declanșator[30] pare să fie (din nou) o scădere a alimentării cu energie a creierului, asemănătoare cu ceea se observă la instalarea demenței vasculare. Studiile de imagistică realizate la nivelul creierului evidențiază[31] o valoare mai scăzută a metabolismului glucozei cu zeci de ani înainte de instaurarea altor simptome de demență vasculară. Partea interesantă este că reducerea aceasta pare[32] să fie în mod deosebit dramatică în acele regiuni ale creierului afectate și de boala Alzheimer, inclusiv lobul parietal, care este important pentru procesarea și integrarea informațiilor senzoriale, și în hipocampul lobului temporal, care este esențial pentru memorie. Ca și în cazul fluxului sangvin redus, în esență, metabolismul scăzut al glucozei înfometează acești neuroni rămași fără energie, provocând o cascadă de reacții care includ inflamația, stresul oxidativ crescut, disfuncția mitocondrială — și într-un final chiar neurodegenerarea.

Rolul *APOE e4*

Încă nu este complet clar în ce mod sau din ce cauză, dar *e4* pare să accelereze alți factori de risc și mecanisme de stimulare pentru Alzheimer — mai ales factori metabolici, precum metabolismul scăzut al glucozei, despre care tocmai am vorbit. Pe scurt, pare să înrăutățească totul, inclusiv diferența de gen în cazul bolii Alzheimer: o femeie cu o copie[33] a genei *e4* are un risc de patru ori mai mare să facă boala decât un bărbat cu același genotip.

Proteina pe care o codifică, APOE (apolipoproteina E), joacă un rol important atât în transportul colesterolului, cât și în metabolismul glucozei. Este folosită ca principal transportator de colesterol în creier, trecând colesterolul prin bariera hematoencefalică, pentru a alimenta neuronii cu cantitățile mari de care au nevoie. Hussain Yassine, un neurocercetător de la Universitatea California de Sud care studiază rolul APOE în boala Alzheimer, îi compară rolul cu cel al unui dirijor de orchestră. Dintr-un anumit motiv, spune el, persoanele cu alela *e4* par să aibă deficiențe atât în transportul colesterolului, cât și în metabolismul glucozei, într-o măsură care nu se manifestă la cei cu *e2* sau *e3*. Deși proteina APOE e4 de risc mai mare diferă de *e3* inofensivă doar printr-un aminoacid, aceasta pare să fie mai puțin eficientă la transportul colesterolului în și mai ales din creier. Există de asemenea câteva dovezi[34] că proteina APOE e4 poate de asemenea să provoace o distrugere timpurie chiar a barierei hematoencefalice, făcând creierul mai susceptibil la deteriorare și o eventuală degradare.

Partea ciudată este că *APOE e4* nu a fost întotdeauna un personaj negativ. Timp de milioane de ani, *toți* strămoșii noștri de după primate aveau *e4/e4*. Era alela umană inițială.[35] Mutația *e3* a apărut aproximativ acum 225 000 de ani, în timp ce *e2* a apărut relativ de curând, manifestându-se doar în ultimii 10 000 de ani. Datele din populațiile actuale cu o prevalență ridicată a *e4* sugerează că e posibil să fi fost utilă pentru supraviețuirea în medii cu niveluri ridicate de boli infecțioase: de exemplu, copiii purtători de *APOE e4*[36] din mahalalele braziliene rezistă mai bine la diaree și au o dezvoltare cognitivă mai puternică. În mediile unde bolile infecțioase erau una dintre principalele cauze de deces, e posibil ca purtătorii de *APOE e4* să fi fost cei norocoși, din punctul de vedere al longevității.

E posibil ca beneficiul acesta pentru supraviețuire să fi fost o consecință a rolului APOE e4 în promovarea inflamației, care poate fi benefică în anumite situații (de exemplu, pentru a se lupta cu infecția), dar nocivă în altele (de exemplu, în viața modernă). Așa cum am văzut în capitolul 7, inflamația susține deteriorarea aterosclerotică a vaselor noastre de sânge, făcând terenul propice pentru boala Alzheimer și demență. Persoanele care suferă de Alzheimer au adesea niveluri ridicate de citokine inflamatorii cum ar fi TNF-alpha și IL-6 în creierul lor, iar studiile au descoperit de asemenea niveluri mai ridicate de neuroinflamație la purtătorii de *e4*.[37] Evident că niciunele dintre cele enumerate nu sunt bune pentru sănătatea pe termen lung a creierului; așa cum am observat mai devreme, *e4* pare să agraveze pur și simplu toți factorii de risc pentru boala Alzheimer.

Varianta *e4* pare de asemenea să fie neadaptată și din alte puncte de vedere, cum ar fi atunci când trebuie să gestioneze dietele noastre moderne. Purtătorii de *e4* nu au doar risc mai mare să dezvolte în primul rând un sindrom metabolic, dar e posibil ca proteina APOE e4 să fie parțial responsabilă pentru asta, prin perturbarea capacității creierului de a regla nivelul de insulină și de a menține homeostaza glucozei în corp. Fenomenul devine vizibil când acestor pacienți le este monitorizat în permanență nivelul de glicemie (*continuous glucose monitoring* — CGM), despre care vom vorbi mai în detaliu în capitolul 15. Chiar și pacienți tineri cu *e4* manifestă creșteri bruște ale glucozei din sânge după ce consumă alimente bogate în carbohidrați, deși semnificația clinică a acestui fenomen este neclară.

Astfel, *e4* ca atare ar putea alimenta aceeași disfuncție metabolică ducând la creșterea riscului de demență. În același timp, pare să agraveze deteriorarea pe care o produce *în* creier disfuncția metabolică. Cercetătorii au descoperit că, în medii cu un nivel ridicat de glucoză, forma aberantă de proteină APOE codificată prin *APOE e4* blochează receptorii de insulină din creier, formând agregate lipicioase care împiedică neuronii să se alimenteze cu energie.

Dar nu toți cei care au genotipul *APOE e4* sunt afectați de el în același mod. Efectele sale asupra riscului de boală și asupra evoluției bolii sunt extrem de variate. Factori precum sexul biologic, etnia și stilul de viață joacă în mod clar un rol, dar acum se crede că riscul de Alzheimer și efectul *APOE* sunt de asemenea foarte dependente de *alte* gene relevante, cum ar fi *Klotho*, gena protectoare despre care am vorbit mai devreme. Așa s-ar putea explica, de exemplu, de ce e posibil ca unele persoane cu *e4* să nu ajungă niciodată să facă Alzheimer, în timp ce altele se îmbolnăvesc așa de repede.

Toate acestea sugerează că e posibil ca motivele acestea metabolice și vasculare ale demenței să se suprapună cumva, așa cum pacienții cu rezistență la insulină sunt de asemenea predispuși la boală vasculară. Și ne atrage atenția că, în cazul pacienților cu risc crescut, ca Stephanie, trebuie să fim în mod deosebit atenți la sănătatea lor metabolică.

Planul de prevenție

În pofida tuturor dovezilor, îmi păstrez un optimism temperat față de pacienți precum Stephanie, chiar și cu riscul ei genetic crescut. Conceptul în sine de prevenție a bolii Alzheimer este încă relativ nou; abia suntem la început în ceea ce privește ce se poate realiza în acest domeniu. Pe măsură ce înțelegem mai bine boala, tratamentele și intervențiile noastre pot deveni mai sofisticate și, sperăm, mai eficiente.

Chiar cred că știm mai multe despre prevenirea bolii Alzheimer decât despre prevenirea cancerului. Principalul nostru instrument pentru prevenirea cancerului este să nu fumăm și să ne controlăm sănătatea metabolică, dar aceasta este o abordare foarte vagă, care nu ne duce prea departe. În continuare, trebuie să testăm agresiv și să sperăm că vom reuși cumva să descoperim toate cancerele care se dezvoltă, înainte să fie prea târziu. În cazul bolii

Alzheimer, avem o colecție de instrumente mult mai generoasă la dispoziție și de asemenea metode de diagnostic mult mai bune. E relativ ușor de identificat declinul cognitiv în etapele lui incipiente, dacă suntem atenți. Și descoperim mai multe informații și despre factorii genetici, inclusiv despre cei care compensează măcar parțial genele cu risc crescut, precum *APOE e4*.

Deoarece metabolismul joacă un rol atât de important în cazul pacienților cu risc *e4* ca Stephanie, primul pas este să rezolvăm toate problemele lor metabolice. Obiectivul nostru este să îmbunătățim metabolismul glucozei, inflamația și stresul oxidativ. O posibilă recomandare pentru cineva ca Stephanie ar fi să treacă la o dietă în stil mediteraneean, bazându-se mai mult pe grăsimi mononesaturate și mai puțin pe carbohidrați rafinați, la care să se adauge un consum regulat de pește gras. Există anumite dovezi că suplimentele de acid gras omega-3 DHA, care se găsește în uleiul de pește,[38] ar putea ajuta la menținerea sănătății creierului, mai ales la purtătorii de *e4/e4*. E posibil să fie nevoie de doze mai mari de DHA, din cauza schimbărilor metabolice provocate de *e4* și disfuncția barierei hematoencefalice.

Aceasta este de asemenea o zonă în care o dietă ketogenică ar putea oferi un avantaj funcțional adevărat: când un organism e în starea de cetoză, creierul se bazează pe un amestec de cetone și glucoză pentru combustibil. Studiile pe pacienții cu Alzheimer au descoperit că, deși creierii lor devin mai puțin capabili să folosească glucoza, capacitatea de a metaboliza cetone nu scade. Așa că e posibil să aibă sens o diversificare a sursei de combustibil pentru creier, de la glucoză la glucoză și cetone. O analiză sistematică a studiilor randomizate controlate a descoperit că terapiile ketogenice au îmbunătățit cogniția generală[39] și memoria la subiecți cu o ușoară deteriorare cognitivă și boala Alzheimer în etapa incipientă. Gândiți-vă la asta ca la o strategie de combustibil alternativ.

În cazul lui Stephanie, a exclus din alimentație nu doar zahărul adăugat și carbohidrații foarte rafinați, ci și alcoolul. E posibil ca rolul exact al alcoolului în relație cu Alzheimer să rămână cumva controversat: unele dovezi sugerează că e posibil ca alcoolul să protejeze puțin împotriva bolii Alzheimer, în timp ce alte dovezi demonstrează că un consum exagerat este în sine un factor de risc[40] pentru boală și e posibil ca purtătorii de *e4* să fie mai predispuși să sufere de efectele nocive ale alcoolului. Prefer să greșesc fiind mai precaut, ca și Stephanie.

Instrumentul cel mai puternic din trusa noastră de prevenție este mișcarea, care are un impact dublu asupra riscului de a face boala Alzheimer: ajută la menținerea homeostazei glucozei și îmbunătățește sănătatea vasculară. Așa că, în afară de faptul că i-am schimbat regimul alimentar, i-am recomandat lui Stephanie să reia un program regulat de sport, concentrat pe exerciții de anduranță, pentru a-i îmbunătăți eficiența mitocondriilor. Acesta a avut un beneficiu secundar, în sensul că a ajutat la gestionarea nivelurilor mari de cortizol, provocate de stres; riscurile care vin la pachet cu stresul și anxietatea[41] par să fie mai semnificative la femei. Așa cum vom vedea în capitolul 11, exercițiile de anduranță produc factori care țintesc direct acele regiuni din creier responsabile de cogniție și memorie. Ajută, de asemenea, la scăderea inflamației și a stresului oxidativ.

Antrenamentul de forță este probabil la fel de important. Un studiu care a analizat o jumătate de milion de pacienți din Marea Britanie a descoperit că forța de strângere a mâinii, un excelent indicator[42] al sănătății în ansamblu, era puternic și invers asociată cu incidența demenței (vezi figura 8). Persoanele din sfertul inferior al forței de strângere a mâinii (adică acelea cu forța cea mai mică) aveau o incidență a demenței cu 72% mai mare, prin comparație cu cele din sfertul superior. Autorii au descoperit că asocierea aceasta s-a menținut chiar și după ajustarea factorilor obișnuiți de confuzie, precum vârsta, sexul, statutul socioeconomic, boli precum diabetul și cancerul, fumatul, și a factorilor stilului de viață precum tiparele de somn, ritmul de mers și timpul petrecut în fața televizorului. Și aparent nu a existat nicio limită superioară sau vreun „platou“ pentru această corelație: cu cât forța de strângere a unei persoane e mai mare, cu atât riscul ei de demență este mai mic.

E tentant să trecem cu vederea astfel de descoperiri, din aceleași motive pentru care ar trebui să fim sceptici cu privire la epidemiologie. Dar, spre deosebire de epidemiologia în nutriție (mai multe despre asta în capitolul 14), epidemiologia care corelează forța și capacitatea cardiorespiratorie cu un risc scăzut de neurodegenerare este atât de uniformă ca direcție și anvergură, încât propriul meu scepticism de prin 2012 cu privire la puterea activității fizice s-a topit încet. Acum le spun pacienților că mișcarea este, pur și simplu și fără nicio îndoială, cel mai bun instrument pe care îl avem în trusa pentru prevenția neurodegenerării. (Vom analiza toate dedesubturile ei în detaliu în capitolele 11 și 12.)

FIGURA 8. Legătura dintre forța de strângere a mâinii și incidența demenței

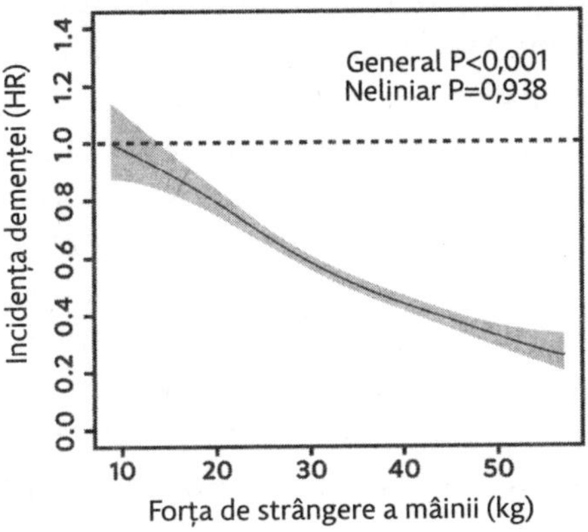

Acest grafic prezintă felul în care incidența cazurilor de demență scade odată cu creșterea forței de strângere a mâinii. Observă că datele sunt prezentate sub formă de rată de risc, prin comparație cu grupul cel mai slab; de exemplu: 0,4 = 40%. Astfel, o persoană cu o forță de strângere de 40 kg are aproape 40% risc de demență, în timp ce o persoană cu o forță de strângere de 10 kg e la risc maxim.

Sursa: Esteban-Cornejo et al. (2022)

Somnul este de asemenea un instrument puternic împotriva bolii Alzheimer, așa cum vom vedea în capitolul 16. În timpul somnului, creierul se vindecă; când dormim profund, creierul nostru face de fapt „o curățenie generală“, debarasând deșeurile intracelulare care se pot aduna între neuroni. Somnul defectuos și cel de proastă calitate[43] pot crește riscul de demență. Dacă un somn de proastă calitate este cuplat cu un nivel ridicat de stres și de cortizol, ca în cazul lui Stephanie, acesta acționează aproape ca un multiplicator de risc deoarece contribuie la rezistența la insulină și în același timp la deteriorarea hipocampului. În plus, hipercortizolemia (cortizolul în exces provocat de stres) afectează eliberarea de melatonină, hormonul care în mod normal transmite creierului mesajul că e momentul să se culce (și care e posibil să ajute la prevenirea pierderilor de memorie și a declinului cognitiv). Așadar problemele pe care Stephanie le avea cu somnul trebuiau rezolvate de urgență. Divorțul și situația de la locul de muncă făceau să-i fie aproape imposibil să prindă mai mult de patru ore de somn neîntrerupt în fiecare noapte.

Un alt factor de risc oarecum surprinzător care a ieșit la iveală este pierderea auzului. Studiile au descoperit că pierderea auzului[44] este în mod clar asociată cu boala Alzheimer, dar nu este un simptom direct. Mai degrabă, se pare că pierderea auzului poate fi asociată cauzal cu declinul cognitiv, deoarece oamenii care își pierd auzul tind să evite și să se retragă din interacțiunile cu ceilalți. Când creierul este văduvit de stimuli — în acest caz, stimuli auditivi — se degradează. Pacienții cu pierderi de auz ratează socializarea, stimularea intelectuală și senzația de conexiune; e posibil ca prescrierea de aparate auditive să ajute la alinarea unora dintre simptome. Momentan, aceasta este doar o ipoteză, dar este testată chiar acum într-un studiu clinic denumit ACHIEVE (*Aging and Cognitive Health Evaluation in Elders*), în curs de derulare.

Deși depresia este și ea asociată cu boala Alzheimer, pare să fie mai degrabă un simptom, decât un factor de risc sau o cauză a bolii. Oricum, tratarea depresiei la pacienții cu deficit cognitiv ușor sau boala Alzheimer în faza inițială chiar pare să reducă unele dintre celelalte simptome ale declinului cognitiv.

O altă intervenție surprinzătoare care ar putea să ajute la reducerea inflamației sistemice și poate și a riscului de Alzheimer este periatul *și* curățatul dinților cu ață dentară. (Da, m-ați auzit bine: *curățatul cu ață dentară.*) Există din ce în ce mai multe studii care fac legătura între sănătatea orală, mai ales starea în care se află țesutul gingival, și sănătatea generală. Cercetătorii au descoperit că mai ales un anumit patogen, un microb denumit *P. gingivalis* care provoacă de obicei afecțiuni gingivale, este responsabil pentru creșteri mari ale nivelului markerilor inflamatori precum IL-6. Și mai ciudat este că *P. gingivalis* a apărut[45] și în creierul pacienților cu boala Alzheimer, deși cercetătorii nu sunt siguri dacă bacteria aceasta provoacă direct demența, observă Dr. Patricia

Corby, profesoară de sănătate dentară la Universitatea New York. Oricum, legătura este prea puternică pentru a fi ignorată. (De asemenea, o sănătate orală mai bună este corelată cu o sănătate mai bună în general, mai ales în privința riscului de boală cardiovasculară, așa că sunt mai atent acum la utilizarea aței dentare și la sănătatea gingiilor mele decât altădată.)

Un alt aspect apărut destul de recent în privința modului în care mă raportez la prevenirea demenței (și a bolii vasculare aterosclerotice) este utilizarea saunelor uscate. Cam până prin 2019 eram foarte sceptic cu privire la informațiile care corelau sănătatea creierului cu cea a inimii. Totuși, cu cât am petrecut mai mult timp citind cu atenție aceste articole, cu atât m-am convins mai mult de dimensiunea beneficiului, uniformitatea studiilor și mecanismele care demonstrează veridicitatea datelor. Nu sunt la fel de sigur că utilizarea regulată a saunei îți va reduce riscul de a face Alzheimer, pe cât sunt de sigur că o va face mișcarea, dar sunt mult mai sigur decât eram la începutul căutărilor mele. Cea mai bună interpretare la care am putut ajunge pe baza articolelor citite sugerează că minimum patru sesiuni pe săptămână, minimum 20 de minute sesiunea, la 82°C sau mai mult, par să fie optime pentru reducerea riscului de Alzheimer cu aproximativ 65%[46] (și riscul de ateroscleroză cu 50%).[47]

Alte posibile intervenții care s-au dovedit promițătoare în studiile de cercetare includ scăderea homocisteinei cu complex de vitamine B,[48] corelată cu optimizarea acizilor grași omega-3.[49] Nivelurile mai mari de vitamina D[50] au fost corelate cu o memorie mai bună la pacienții cu *e4/e4*, dar este dificil de înțeles din articolele existente dacă asta înseamnă că administrarea de suplimente cu vitamina D va reduce riscul de Alzheimer. Și, așa cum am menționat mai devreme, terapia de substituție hormonală la femei, în timpul trecerii de la premenopauză la menopauză, pare promițătoare, mai ales la cele care au măcar o copie a genei *e4*.

Cel mai înspăimântător aspect al bolii Alzheimer la asta se reduce: Medicina 2.0 nu ne poate ajuta. Deloc. Momentul când intervine Medicina 2.0, momentul diagnosticului, este de asemenea și cel în care nu mai este cale de întoarcere pentru cei mai mulți pacienți cu Alzheimer, punctul dincolo de care nu se mai poate face decât puțin sau nimic. Odată ce demența este diagnosticată, este extrem de dificil de încetinit, iar reversia bolii este probabil imposibilă (deși nu suntem siguri de asta). Așa că suntem obligați să părăsim terenul familiar al medicinei pe care o cunoaștem, cu promisiunea ei de siguranță, și să adoptăm conceptele de prevenție și reducere a riscului ale Medicinei 3.0.

Așa cum este poziționată acum, boala Alzheimer este ultima dintre „cei patru călăreți" de care trebuie să scăpăm, pe drumul spre a deveni centenari; este ultimul obstacol de care ne lovim. În general, este diagnosticată mai târziu în viață — iar centenarii primesc diagnosticul *mult* mai târziu în viață, dacă îl primesc. Cu cât rezistăm mai mult fără să ne îmbolnăvim de demență, cu atât sunt mai mari șansele noastre de a trăi mai mult și mai sănătoși. (Nu uita, cogniția este unul dintre cei trei vectori esențiali ai duratei stării de sănătate.) Dar, până când știința va descoperi tratamente mai eficiente, prevenția este singura noastră variantă. Așadar trebuie să adoptăm o abordare foarte timpurie și completă pentru prevenirea bolii Alzheimer și a altor forme de boală neurodegenerativă.

În termeni generali, strategia noastră ar trebui să se bazeze pe următoarele principii:

1. CE E BUN PENTRU INIMĂ E BUN PENTRU CREIER. Adică sănătatea vasculară (nivel apoB scăzut, inflamație scăzută și stres oxidativ redus) este esențială pentru sănătatea creierului.

2. CE E BUN PENTRU FICAT (ȘI PANCREAS) E BUN PENTRU CREIER. Sănătatea metabolică este esențială pentru sănătatea creierului.

3. TIMPUL ESTE ESENȚIAL. Trebuie să ne gândim la prevenție din timp și, cu cât sorții îți sunt mai potrivnici din punct de vedere genetic, cu atât trebuie să muncești mai asiduu și cu atât mai devreme trebuie să începi. Ca și în cazul bolilor cardiovasculare, trebuie să jucăm un meci lung.

4. CEL MAI PUTERNIC INSTRUMENT PE CARE-L AVEM PENTRU PREVENIREA DECLINULUI COGNITIV ESTE SPORTUL. Am vorbit mult despre dietă și metabolism, dar sportul pare să acționeze într-o multitudine de

feluri (vasculare, metabolice) pentru a menține sănătatea creierului; vom intra în mai multe detalii în Partea a III-a, dar mişcarea — în cantități mari — este baza programului nostru de prevenire a bolii Alzheimer.

Am mari speranțe că în viitor vom afla mult mai multe lucruri despre modalitatea de a preveni și a trata toate formele de demență. Dar va fi nevoie de muncă asiduă și de gândire creativă din partea cercetătorilor care studiază boala, o investiție semnificativă în teorii și abordări noi, o atenție mai mare acordată strategiilor de prevenție și curaj din partea pacienților precum Stephanie, care trebuie să se confrunte cu cel mai de temut și mai puțin înțeles dintre toți „cei patru călăreți".

PARTEA A III-A

CAPITOLUL 10

Cum să gândim tactic

Elaborarea unui cadru de acțiune pe baza principiilor care funcționează în cazul tău

Absoarbe ce este util, renunță la ce e inutil și adaugă ce îți este specific.
BRUCE LEE

Pe la jumătatea secolului al XIX-lea, un medic francez pe nume Stanislas Tanchou a observat cum cancerul devenea tot mai răspândit în orașele care se dezvoltau rapid în Europa. Revoluția Industrială se derula în plină viteză, schimbând societatea în feluri inimaginabile. Medicul a văzut o legătură între cele două: „Cancerul, ca și nebunia,[1] pare să se dezvolte în ritm cu progresul civilizației".

A anticipat corect. Într-un final, cancerul, precum și bolile de inimă, diabetul de tip 2 și demența (împreună cu alte câteva) au început să fie cunoscute laolaltă ca „boli ale civilizației" deoarece păreau că s-au răspândit în același ritm cu industrializarea și urbanizarea Europei și a Statelor Unite.

Asta nu înseamnă că este „rea" civilizația și că trebuie să revenim la stilul de viață al vânătorilor-culegători. Aș prefera mai degrabă să trăiesc în lumea noastră modernă, unde-mi fac griji că aș putea să-mi pierd iPhone-ul sau să ratez un avion, decât să suport bolile devastatoare, violența aleatorie și fărădelegile îndurate de strămoșii noștri secole la rând (și pe care le mai îndură încă unii oameni în anumite locuri din lume). Dar, chiar în timp ce existența modernă ne-a ajutat să ne prelungim durata vieții și să ne îmbunătățim standardele, a creat de asemenea condiții care conspiră la a ne *limita* longevitatea în anumite feluri.

Dilema cu care ne confruntăm este că mediul nostru s-a schimbat dramatic în ultimul secol sau două, în aproape toate felurile imaginabile — rezerva de hrană și obiceiurile alimentare, nivelurile de activitate și structura rețelelor sociale — în timp ce genele noastre abia dacă s-au modificat. Am văzut un exemplu clasic în acest sens, în capitolul 6, cu rolul transformator pe care l-a jucat fructoza în dieta noastră. Cu mult timp în urmă, când consumam fructoză în principal sub formă de fructe și miere, aceasta ne permitea să stocăm energie sub formă de grăsime pentru a supraviețui în iernile reci și perioadele de penurie. Fructoza era prietena noastră. Acum, fructoza abundă în dieta noastră, o parte prea mare din ea sub formă lichidă, care ne deregleaza metabolismul și echilibrul general energetic. E foarte ușor să ingerăm mult mai multe calorii din fructoză, decât pot corpurile noastre să gestioneze fără probleme.

Acest mediu nou pe care l-am creat este potențial toxic referitor la ce mâncăm (cronic, nu acut),* cum ne mișcăm (sau nu), cum dormim (sau nu) și la efectul său generalizat asupra sănătății noastre emoționale (pentru a vedea asta, petrece câteva ore pe rețelele sociale). Este la fel de străin de genomul nostru evoluat cum ar fi fost un aeroport de, să zicem, Hipocrate. Acest aspect, împreună cu nou descoperita noastră capacitate de a supraviețui epidemiilor, rănilor și bolilor care anterior ne omorau, a ajuns să constituie aproape o provocare la adresa selecției naturale. Genele noastre nu se mai potrivesc cu mediul. Astfel, trebuie să fim foarte abili în tacticile noastre dacă vrem să ne adaptăm și să ne meargă bine în această lume nouă și periculoasă.

Acesta este motivul pentru care am parcurs cele două sute de pagini anterioare despre obiectivele și strategia noastră. Ca să ne dăm seama ce să facem, trebuie să ne cunoaștem adversarul în detaliu, așa cum Ali îl cunoștea pe Foreman. La momentul acesta,

* Din punct de vedere acut, rezerva noastră de hrană este mai sigură grație refrigerării și evoluției procesării hranei și regulamentelor care împiedică utilizarea substanțelor chimice în mâncare. Din punct de vedere cronic, lucrurile nu prea stau așa (vezi capitolul 15).

ar trebui deja să înțelegem destul de bine strategia. Ți-am oferit, sper, măcar o idee despre mecanismele biologice care ne predispun la anumite boli și cum evoluează aceste afecțiuni.

Acum a venit momentul să explorăm tacticile, căile și metodele prin care vom încerca să navigăm prin acest mediu nou, ciudat și uneori periculos. Cum ne vom depăși așteptările vechi și cum ne vom trăi cele mai bune decenii bonus? Ce acțiuni concrete putem întreprinde pentru a ne reduce riscul de boală și moarte și a ne îmbunătăți calitatea vieții pe măsură ce îmbătrânim?

În Medicina 3.0, avem cinci domenii tactice pe care le putem aborda pentru a îmbunătăți sănătatea cuiva. Primul este *activitatea fizică*, pe care o consider de departe cel mai puternic domeniu în termeni de impact atât asupra duratei noastre de viață, cât și asupra duratei stării de sănătate. Evident, ceea ce numim activitate fizică nu este un singur lucru, așa că o împart în mai multe componente: eficiență aerobică, randament aerobic maxim (VO_2 max), forță și stabilitate, despre care voi vorbi mai detaliat. Urmează dieta sau nutriția — sau, așa cum prefer să îi spun, *biochimia nutrițională*. Al treilea domeniu este *somnul*, care a rămas neapreciat de Medicina 2.0 până relativ de curând. Al patrulea domeniu cuprinde un set de instrumente și tehnici de gestionare și îmbunătățire a *sănătății emoționale*. Un al cincilea și ultim domeniu este alcătuit din diverse medicamente, suplimente și hormoni despre care medicii învață la facultate și după aceea. Le bag pe toate astea într-o găleată denumită *molecule exogene*, ceea ce înseamnă molecule pe care le ingerăm și care provin din exteriorul corpului nostru.

În această secțiune nu voi vorbi mult despre moleculele exogene, în afară de cele pe care deja le-am menționat în detaliu (de exemplu: medicamentele de scădere a nivelului lipidelor, rapamicina și metformina, acel medicament pentru diabet care este testat pentru identificarea posibilelor efecte asupra longevității). În schimb, vreau să mă concentrez pe celelalte patru domenii, niciunul dintre ele nefiind detaliat cu adevărat sau măcar menționat la facultatea de medicină sau în perioada rezidențiatului. Nu am învățat aproape nimic despre activitate fizică, nutriție, somn sau sănătate emoțională. E posibil ca asta să se schimbe treptat, dar, dacă unii medici înțeleg acum aceste lucruri și chiar pot să te ajute, asta se întâmplă probabil datorită faptului că au căutat acele informații pe cont propriu.

La prima vedere, unele dintre tacticile noastre ar putea să pară puțin cam simpliste. Mișcare. Nutriție. Somn. Sănătate emoțională. Evident, vrem să le optimizăm pe toate. Dar necuratul (sau, pentru mine, plăcerea) se ascunde în detalii. *În ce feluri* ar trebui să facem mișcare? *Cum* o să ne îmbunătățim dieta? *Cum* putem dormi mai mult și mai bine?

În fiecare dintre cazuri, în timp ce obiectivele în linii mari sunt clare, detaliile și nuanțele nu sunt la fel. Opțiunile pe care le avem sunt aproape infinite. Pentru asta e nevoie să sondăm în profunzime și să ne dăm seama cum să elaborăm un plan tactic eficient — și să putem schimba direcția după cum e nevoie. Trebuie să sondăm mai în profunzime, pentru a depăși lucrurile evidente.

Ce înseamnă o tactică eficientă?

Una dintre modalitățile în care îmi place să explic asta este folosind exemplul accidentelor de mașină care întâmplător mă obsedează întrucâtva. Acestea ucid mult prea multe persoane din toate categoriile de vârstă — câte o persoană la fiecare 12 minute,[2] conform Administrației Naționale a Siguranței Traficului pe Autostradă — dar, cu toate acestea, cred că un număr rezonabil de astfel de decese ar putea fi evitate cu tacticile potrivite.

Ce putem face pentru a ne reduce riscul de a muri la volan? Măcar e posibil să evităm accidentele de mașină, având în vedere că par atât de aleatorii?

Tacticile evidente le cunoaștem deja: purtarea centurii de siguranță, fără mesaje trimise în timp ce conducem (o chestie aparent dificilă pentru unele persoane) și să nu conducem după ce am băut, deoarece alcoolul este un factor prezent în aproape o treime dintre accidente. Statisticile despre decesele ca urmare a accidentelor de mașină dezvăluie și faptul că aproape 30% dintre ele sunt provocate de excesul de viteză. Acestea sunt atenționări utile, dar nu foarte surprinzătoare sau revelatoare.

Recunoașterea pericolului este primul pas în elaborarea unor tactici bune. Am presupus aproape automat că autostrăzile se vor dovedi cele mai fatale locuri în care poți conduce mașina, din cauza vitezelor mari pe care le implică. Dar datele colectate zeci de ani din accidente dezvăluie faptul că, în realitate, un procent foarte mare al accidentelor mortale[3] se petrece la intersecții. Cel mai obișnuit mod de a fi ucis, ca șofer, este de o altă mașină care te lovește din stânga, pe partea șoferului, pentru că a trecut pe roșu sau a mers cu viteză mare. În general, este o lovitură perpendiculară sau o izbitură în plin, iar adesea șoferul care moare nu este cel vinovat.

Vestea bună este că în intersecții avem variante. Putem influența lucrurile. Putem decide dacă și când să intrăm în intersecții. Asta ne oferă o ocazie de a elabora tactici specifice pentru a încerca să evităm să fim loviți într-o intersecție. Cea mai mare grijă a noastră sunt mașinile care vin din stânga, spre portiera din dreptul nostru, așa că ar trebui să fim atenți la acea parte. În intersecțiile aglomerate, e logic să te uiți în stânga, apoi în dreapta, apoi din nou în stânga, pentru că poate ai ratat ceva prima oară. Un prieten din liceu care este acum șofer de tir este de acord cu mine: înainte de a se angaja în *orice* intersecție, chiar dacă are prioritate (adică verde), *mereu* se uită întâi în stânga, apoi în dreapta, exact pentru a evita acest gen de accident. Și nu uita că el conduce un camion imens.

Acum avem o tactică *precisă, aplicabilă* pe care o putem folosi de fiecare dată când conducem. Chiar dacă nu poate să ne garanteze că suntem 100% în siguranță, ne reduce riscul într-o manieră măruntă, dar demonstrabilă. Și mai mult, tactica noastră are un avantaj: un efort relativ minor produce o reducere semnificativă a riscului.

Ne abordăm tacticile în același fel, trecând de la vag și general la specific și țintit. Ne folosim de informații și de intuiție, ca să ne dăm seama pe ce să ne concentrăm eforturile, și de feedback, pentru a stabili ce funcționează și ce nu. Iar modificările aparent mărunte pot produce un avantaj semnificativ, dacă se adună în timp.

Analogia mea cu accidentul de mașină poate să pară tangențială, dar chiar nu e așa de diferită de o situație pe care o întâlnim în aventura noastră de căutare a longevității. Autovehiculul este ubicuu în societatea noastră, un pericol de mediu cu care trebuie să învățăm să trăim. În mod asemănător, pentru a rămâne sănătoși pe măsură ce îmbătrânim, trebuie să învățăm să navigăm printr-o lume care este plină de și mai multe pericole și riscuri pentru sănătatea noastră. În această a treia și ultimă parte a cărții, vom explora diferite metode prin care putem diminua sau elimina aceste riscuri și îmbunătăți și crește durata stării de sănătate — și cum să le aplicăm în cazul fiecărui pacient unic.

Cele mai complexe domenii tactice ale noastre sunt nutriția și mișcarea și am descoperit că majoritatea persoanelor trebuie să facă schimbări în ambele — rareori doar într-unul sau altul. Când evaluez pacienți noi, pun mereu trei întrebări esențiale:

a. Sunt supranutriți sau subnutriți? Respectiv, consumă prea multe sau prea puține calorii?
b. Au prea puțină sau suficientă masă musculară?
c. Sunt sănătoși din punct de vedere metabolic sau nu?

Deloc surprinzător, tabăra supranutriților are multe în comun cu aceia care au o sănătate metabolică proastă, dar am consultat și mulți pacienți slabi cu probleme metabolice. Totuși, aproape de cele mai multe ori, sănătatea metabolică proastă merge mână în mână cu masa musculară insuficientă, ceea ce spune ceva despre legătura dintre nutriție și activitatea fizică.

Vom vorbi despre toate aceste situații diferite în detaliu, dar pe scurt, acesta este motivul pentru care este important să coordonăm *toate* intervențiile tactice pe care le utilizăm. De exemplu, în cazul unui pacient supraalimentat, vrem să descoperim o modalitate de a-i reduce aportul caloric (există trei modalități prin care se poate face asta, așa cum vom vedea în capitolul 15). Dar, dacă are și prea puțină masă musculară, un lucru obișnuit, vrem să fim atenți, ca să ne asigurăm că primește totuși suficiente proteine, deoarece obiectivul nu este pierderea în greutate, ci pierderea grăsimii, cuplată cu creșterea masei musculare. Poate să devină o treabă complicată.

Niciunul dintre domeniile noastre tactice nu este complet separat de celelalte. De exemplu, în capitolul 16, vom vedea că somnul are un efect enorm asupra sensibilității noastre la insulină și performanței fizice (și, de asemenea, asupra stării noastre de bine emoționale). Acestea fiind spuse, în cazul celor mai mulți pacienți, îmi dedic o mare parte din atenție capacității lor fizice și nutriției, care sunt strâns legate. Ne bazăm semnificativ de mult pe date, în procesul de luare a deciziilor și de elaborare a tacticilor, inclusiv pe biomarkeri statici, cum ar fi analizele trigliceridelor și ale funcției hepatice, precum și pe biomarkeri dinamici, cum sunt testul oral de toleranță la glucoză, alături de valori antropometrice, precum informațiile despre compoziția corporală, țesutul adipos visceral, densitatea osoasă și masa musculară.

O mare parte din ceea ce urmează să citești seamănă cu discuțiile pe care le am zilnic cu pacienții mei. Vorbim despre obiectivele lor și despre știința care stă la baza strategiei noastre. Când vine vorba de tactici specifice, le ofer direcția care îi ajută să-și creeze propriul ghid de utilizare. Aproape niciodată nu le scriu o rețetă pe care ei să o urmeze orbește. Obiectivul meu este să mă asigur că au puterea de a acționa pentru a-și restabili condiția fizică, nutriția, somnul și susținerea emoțională. (Observă faptul că, pentru cele mai multe dintre aceste aspecte, nici măcar nu am *nevoie* de un rețetar.) Dar partea care implică *acțiunea* este responsabilitatea lor; nu sunt multe lucruri ușoare. Trebuie să-și schimbe obiceiurile și să facă ce e de făcut.

Ceea ce urmează nu este un plan pas cu pas pe care să-l urmezi orbește. Nu există o soluție universală pentru toată lumea. Oferirea de indicații concrete de activități fizice, dietă sau sfaturi privind stilul de viață necesită feedback individual și repetiție, ceva ce nu am cum să realizez în siguranță și cu exactitate într-o carte. Mai degrabă, sper că vei învăța niște principii de bază pentru mișcare, nutriție, somn și sănătate emoțională, care te vor duce mult mai departe decât orice rețetă vagă despre câte grame dintr-un anumit macronutrient trebuie să consume toate ființele de pe pământ. Cred că asta este ce putem face mai bine acum, pornind de la modul în care înțelegem în prezent datele științifice relevante și de la propria mea experiență clinică (unde intervine de fapt „meșteșugul"). În permanență ajustez, experimentez, schimb lucruri în propria schemă terapeutică și în cele ale pacienților mei. Iar pacienții mei se schimbă și ei în permanență.

Nu suntem limitați de vreo anumită ideologie sau școală de gândire sau de etichete de niciun fel. Nu suntem „keto" sau „cu conținut redus de grăsimi" și nu scoatem în evidență antrenamentul aerobic în detrimentul celui de forță sau invers. Avem o plajă largă de acţiune şi identificăm şi alegem şi testăm tactici care sperăm să funcţioneze în cazul nostru. Suntem dispuşi să ne răzgândim. De exemplu, odinioară recomandam perioade lungi de post doar cu apă unora dintre pacienţii mei — şi am folosit metoda chiar eu. Dar nu mai fac asta deoarece m-am convins că dezavantajele (legate în principal de pierderea de masă musculară şi subnutriţie) sunt mai importante decât beneficiile sale metabolice la aproape toţi pacienţii, cu excepţia celor supranutriţi. Ne adaptăm tacticile pornind de la nevoile noastre în continuă evoluţie şi schimbarea felului în care înţelegem cele mai bune informaţii ştiinţifice care există.

Singurul nostru obiectiv este să trăim mai mult şi mai bine — să ne *depăşim speranţa de viaţă*. Pentru a face asta, trebuie să rescriem povestea declinului pe care atât de mulţi l-au îndurat înaintea noastră şi să ne punem la punct un plan pentru a face fiecare deceniu de viaţă mai bun decât anteriorul.

CAPITOLUL 11

Activitatea fizică

Cel mai puternic medicament pentru longevitate

Niciodată nu am câștigat un meci în ring; întotdeauna l-am câștigat în pregătirea dinainte.
MUHAMMAD ALI

Acum mai mulți ani, prietenul meu John Griffin m-a stârnit cu o întrebare despre ce tip de activitate fizică ar trebui să aibă: ar trebui să facă mai mult antrenament cardio sau mai mult de forță? Ce părere aveam?

„Efectiv sunt zăpăcit de toate informațiile contradictorii pe care le găsesc", mi-a scris el.

În spatele întrebării lui aparent simple, am auzit o cerere de ajutor. John este un tip inteligent, cu o minte curioasă și totuși chiar și el era frustrat de toate sfaturile care se bat cap în cap, emise de „experți" care promovează diverse tipuri de antrenamente ca fiind calea sigură spre sănătatea perfectă. Nu reușea să-și dea seama ce trebuia să facă la sală sau de ce.

Asta se întâmpla înainte ca eu să fi revenit la practicarea permanentă a medicinei. La momentul acela, eram afundat în lumea cercetării din domeniul nutriției, care este chiar *mai* amețitoare decât știința sportului și educației fizice, plină de descoperiri contradictorii și dogme susținute cu aplomb și bazate pe date superficiale. Ouăle sunt rele sau bune? Dar cafeaua? Și pe mine mă aduceau la disperare.

Am început să scriu un răspuns și am continuat să scriu. Până să apăs butonul SEND, scrisesem aproape 2 000 de cuvinte, mult mai mult decât îmi ceruse el. Bietul om voia doar un răspuns rapid, nu un memoriu. Nici măcar nu m-am rezumat la asta. Ulterior, am extins acel e-mail într-un manifest de 10 000 de cuvinte despre longevitate, care până la urmă a crescut și a ajuns cartea pe care o ții în mână.*

În mod clar, ceva din întrebarea lui John a fost declanșatorul. Nu e vorba că aș fi un susținător acerb al antrenamentului de forță în defavoarea celui de anduranță sau invers; făcusem o mulțime din ambele. Reacționam de fapt la natura binară a întrebării lui. Dacă nu v-ați dat seama până acum, nu-mi place cum reducem aceste întrebări complexe, nuanțate, de o importanță vitală, la simple alegeri de tip ori/ori. Cardio sau greutăți? Conținut redus de carbohidrați sau dietă vegetariană? Ulei de măsline sau grăsime de vacă?

Nu știu. Chiar trebuie să fim de o anumită parte?

Problema, pe care o vom observa din nou în capitolele despre nutriție, este că avem nevoia asta de a transforma totul într-un soi de război religios despre Singura Biserică Adevărată. Unii experți insistă că antrenamentul de forță este superior celui cardio, în timp ce la fel de mulți afirmă exact contrariul. Dezbaterea este nesfârșită pe cât e de inutilă, sacrificând știința de dragul susținerii unei cauze. Problema este că privim aceste aspecte enorm de importante ale vieții — activitatea fizică, dar și nutriția — printr-o lentilă mult prea îngustă. Aici nu este vorba despre care parte a sălii de sport o preferi. E mult mai important de atât.

Mai mult decât oricare alt domeniu tactic despre care vorbim în această carte, activitatea fizică are cea mai mare capacitate de a stabili cum îți vei petrece restul vieții. Există extrem de multe de date care susțin ideea că până și o activitate fizică moderată îți poate prelungi viața cu câțiva ani. Întârzie debutul bolilor cronice, dar este de asemenea uimitor de eficientă în prelungirea și îmbunătățirea duratei stării de sănătate. Nu doar că oprește declinul fizic, ceea ce bănuiesc că e ceva evident, dar poate încetini sau opri și declinul cognitiv. (Are de asemenea beneficii

* Așa că, dacă îți place cartea asta, mulțumește-i lui John Griffin. Dacă nu, dă vina pe mine.

pentru sănătatea emoțională, deși acestea sunt mai dificil de cuantificat.)

Așa că, dacă e să adopți doar un set de obiceiuri pornind de la această carte, *trebuie* să fie cele legate de activitatea fizică. Dacă în clipa de față faci sport, probabil vei dori să regândești și să-ți schimbi programul. Iar dacă activitatea fizică nu face parte din viața ta în clipa de față, nu ești singurul — 77% din populația Statelor Unite e ca tine.[1] Acum a venit momentul să schimbi asta. Imediat. Chiar și puțină activitate zilnică e mai bună decât nimic. O trecere de la zero exerciții fizice pe săptămână[2] la doar 90 de minute de mișcare pe săptămână îți poate reduce riscul de deces din orice cauză cu 14%. E foarte dificil să găsim un medicament care să poată face asta.

Așadar răspunsul meu la întrebări precum cea pusă de prietenul meu John Griffin este „da" și „da". Da, ar trebui să faci mai mult cardio. Și da, ar trebui să faci mai multe antrenamente de forță.

La celălalt capăt al intervalului, dacă ești unul dintre cei care, ca mine, a făcut mișcare încă din copilărie, îți promit că următoarele capitole îți vor oferi informații despre cum să-ți structurezi mai bine programul — nu ca să obții un timp mai bun la maraton sau dreptul de a te lăuda la sală, ci pentru a trăi o viață mai lungă și mai bună și, mai ales, o viață în care să poți continua să te bucuri de activitatea fizică mult timp, în anii bătrâneții.

Evident că nu e o revelație faptul că sportul îți face bine; același lucru este valabil despre supa de pui dacă te doare în gât. Dar nu sunt mulți cei care conștientizează cât de profunde sunt de fapt efectele lui. Numeroase studii au descoperit că persoanele care fac regulat sport trăiesc chiar și cu un *deceniu* mai mult[3] decât persoanele sedentare. Nu doar că alergătorii și cicliștii care fac asta de obicei[4] tind să trăiască mai mult, dar își păstrează o sănătate mai bună și au o morbiditate mai scăzută din cauze legate de disfuncțiile metabolice. Pentru cei care nu fac sport regulat (încă), veștile sunt bune: beneficiile mișcării încep să se manifeste[5] de la orice nivel de activitate — chiar și mers rapid — și cresc de acolo. Exact așa cum aproape orice dietă reprezintă o imensă îmbunătățire față de consumul exclusiv de fast-food, aproape orice activitate fizică este mai bună decât să rămâi sedentar.

Deși eu și colegii mei de la facultatea de medicină nu am învățat aproape nimic despre exercițiul fizic, ca să nu mai vorbim despre cum să-l „prescriem“ pacienților, cel puțin Medicina 2.0 îi recunoaște valoarea. Din nefericire, sfaturile rareori depășesc etapa recomandărilor generice de a face mai multă mișcare și de a sta mai puțin pe scaun. Recomandările Guvernului SUA privind activitatea fizică sugerează[6] ca „adulții activi“ să facă cel puțin 30 de minute de „activitate aerobică de intensitate medie“ de cinci ori pe săptămână (sau 150 minute în total). La acestea trebuie să se adauge două zile de antrenament de forță care să activeze „toate grupele principale de mușchi“.

Imaginează-ți cum ar fi dacă medicii ar vorbi în termeni așa de vagi despre tratamentul pentru cancer:

MEDIC: Doamnă Smith, îmi pare rău că trebuie să vă spun asta, dar aveți cancer de colon.

DNA SMITH: Asta e o veste groaznică. Ce ar trebui să fac?

MEDIC: Aveți nevoie de tratament chimioterapic.

DNA SMITH: Ce fel de chimioterapie? Ce doză? Cât de des? Cât de mult timp? Care sunt efectele secundare?

MEDIC: ¯_(ツ)_/¯

Avem nevoie de indicații precise, care să ne ajute să ne atingem obiectivele și să facem asta într-o manieră care să fie eficientă, dar și sigură. Dar, pentru început, vreau să petrec puțin timp analizând *motivele* pentru care activitatea fizică este atât de importantă, deoarece mi se pare că datele vehiculate despre ea sunt foarte convingătoare. Când le împărtășesc aceste informații pacienților mei, aceștia sunt rareori surprinși de faptul că antrenamentele aerobice și de forță sunt asociate cu durate mai lungi de viață și de sănătate —, dar sunt mereu uimiți de *dimensiunea* beneficiilor. Informațiile despre exercițiile fizice ne comunică foarte clar: cu cât facem mai multe, cu atât ne va fi mai bine.

Hai să începem cu capacitatea cardiorespiratorie sau aerobică. Asta înseamnă cât de eficient poate corpul tău să livreze oxigen mușchilor și cât de bine pot mușchii să extragă oxigenul, permițându-ți să alergi (sau să mergi) sau să pedalezi sau să înoți pe distanțe lungi. Cu cât ai o capacitate aerobică mai bună, cu atât vei avea mai multă energie pentru orice îți place să faci — chiar dacă activitatea ta preferată sunt cumpărăturile.

S-a dovedit că exercițiile cardio intense, în termeni de VO_2 max, sunt probabil cel mai puternic marker al longevității. VO_2 max reprezintă volumul maxim de oxigen pe minut pe kilogram corp, pe care îl poate consuma individul la performanța maximă. Acesta se măsoară, desigur, când persoana se antrenează la limita superioară a efortului de care e capabilă. (Dacă ai făcut vreodată acest test, știi cât de neplăcut este.) Cu cât corpul tău este capabil să folosească mai mult oxigen, cu atât mai mare este VO_2 max.

Corpul uman are o capacitate extraordinară de a reacționa la ceea ce îi cerem. Hai să zicem că stau pe canapea, uitându-mă la un film. În starea de odihnă, o persoană de dimensiunile mele necesită aproximativ 300 ml de oxigen pe minut pentru a produce suficient ATP, „combustibilul" chimic care ne alimentează celulele pentru ca ele să îndeplinească toate funcțiile fizio-biologice necesare pentru a rămâne în viață și a privi un film. Acesta este un nivel destul de scăzut de energie, dar, dacă mă duc afară și alerg prin cartier, necesarul de energie crește exponențial. Răsuflu mai repede și bătăile inimii mele sunt accelerate pentru a mă ajuta să extrag și să utilizez și mai mult oxigen din aerul pe care-l respir, pentru a-mi păstra mușchii funcționali. La acest nivel de intensitate, cineva de dimensiunea mea ar putea să aibă nevoie de 2 500 până la 3 000 ml de oxigen pe minut, o creștere de opt până la zece ori față de momentul când stăteam pe canapea. Dar, dacă o să încep să urc un deal în alergare cât de repede pot, nevoia de oxigen a corpului meu va crește de la acel nivel: 4 000 ml, 4 500 ml, chiar 5 000 ml sau mai mult, în funcție de ritm și de condiția mea fizică. Cu cât am o condiție fizică mai bună, cu atât pot consuma mai mult oxigen pentru a produce ATP și cu atât pot alerga mai repede în susul dealului.

La un moment dat, voi ajunge într-un punct de la care efectiv nu mai pot produce mai multă energie prin traseele dependente de oxigen și voi fi obligat să trec la modalități mai puțin eficiente, mai puțin sustenabile de producere de energie, cum ar fi cele folosite la sprinturi. Cantitatea de oxigen pe care o folosesc la acest nivel de efort reprezintă valoarea VO_2 max. (Iar la puțin timp după asta, voi „eşua“, ceea ce înseamnă că nu mai sunt în stare să continui să alerg la deal în acel ritm.) VO_2 max este în general exprimat ca volumul de oxigen pe care-l poate folosi o persoană, pe kilogram corp, pe minut. Un bărbat obişnuit de 45 de ani va avea un VO_2 max de 40 ml/kg/min, în timp ce un sportiv de anduranţă va avea probabil la limita superioară 60 ml/kg/min sau peste. O persoană fără condiţie fizică, pe la 30-40 de ani, pe de altă parte, ar putea să aibă un VO_2 max de circa 20-30 ml/kg/min, conform lui Mike Joyner, specialist în fiziologia sportului şi cercetător la Clinica Mayo. Efectiv nu va putea urca dealul acela în alergare.* Cu cât valoarea VO_2 max este mai mare, cu atât mai mult oxigen poate consuma individul pentru a produce ATP, şi cu atât mai rapid poate pedala sau alerga — pe scurt, cu atât mai mult efort poate face.

Această valoare se dovedeşte a fi relevantă nu doar pentru sportivi; se pare că este puternic corelată cu longevitatea. Un studiu publicat în *JAMA*[8] în 2018, care a monitorizat peste 120 000 de persoane, a descoperit că un VO_2 max mai ridicat (măsurat printr-un test pe banda de alergare) era asociat cu o rată scăzută a mortalităţii la toate categoriile de persoane. Cei cu condiţia fizică cea mai bună aveau cele mai scăzute rate de mortalitate — la o diferenţă surprinzătoare. Gândeşte-te aşa: o persoană care fumează are un risc cu 40% mai mare de deces din orice cauză (adică, riscul de a muri în orice clipă) decât cineva care nu fumează, ceea ce reprezintă un indice de risc (*hazard ratio* — HR) de 1,40. Acest studiu a descoperit că un individ cu un VO_2 max sub medie pentru vârsta şi sexul său (adică undeva între percentilele 25 şi 50) are un risc *dublu* de deces din orice cauză, prin comparaţie cu cineva din sfertul superior (între percentilele 75 şi 97,6). Aşadar o capacitate cardiorespiratorie slabă reprezintă un risc relativ mai mare de deces decât fumatul.[9]

Asta e doar începutul. Cineva din sfertul inferior al valorilor VO_2 max[10] pentru grupa sa de vârstă (adică, acei 25% cu condiţia fizică cea mai proastă) are o probabilitate de patru ori mai mare să moară, decât cineva din sfertul superior — şi de cinci ori mai

* Cei mai mulţi ciclişti de top din Tour de France vor avea un VO_2 max situat între limita superioară a intervalului 70-80 şi limita inferioară a intervalului 80-90. *Cel mai ridicat* VO_2 max înregistrat vreodată este o valoare absolut incredibilă de 97,5 ml/kg/min.

FIGURA 9. Riscul de mortalitate pentru un individ cu o condiție fizică obișnuită și anumite comorbidități

Variabilă	HR (95% CI)*
Riscul de mortalitate raportat la condiția fizică maximă	
Cea mai proastă	4,09 (3,94–4,24)
Scăzută	2,88 (2,78–2,99)
Moderată	2,13 (2,05–2,21)
Bună	1,66 (1,60–1,73)
Foarte bună	1,39 (1,34–1,45)
Riscul de mortalitate al comorbidităților	
Boală cronică de rinichi	1,49 (1,46–1,52)
Fumat	1,40 (1,39–1.42)
Diabet	1,34 (1,33–1,36)
Cancer (toate tipurile)	1,33 (1,30–1,35)
Boli cardiovasculare	1,28 (1,27–1,29)
Hipertensiune	1,14 (1,13–1,16)

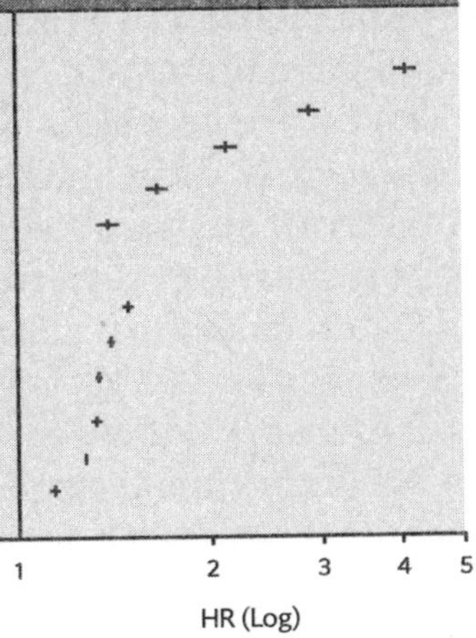

*Toate valorile $P<0,001$

Acest tabel prezintă riscul de deces din orice cauză pentru diferite niveluri de condiție fizică prin comparație cu persoane din primele 2 procente ale VO_2 max pentru vârsta și sexul lor („condiție fizică maximă") [JOS] și pentru diferite comorbidități — adică persoane fără niciuna dintre aceste boli. [SUS] Grupele de condiție fizică sunt împărțite în percentile: cea mai proastă (< percentila 20); scăzută (percentilele 21-40), moderată (percentilele 41-60); bună (percentilele 61-80); foarte bună (percentilele 81-97).

Sursa Kokkinos et al. (2022)

mare decât o persoană de la nivelul de elită al VO_2 max (primele 2,3%). Asta e ceva uimitor. Aceste beneficii nici măcar nu sunt doar apanajul persoanelor cu cea mai bună condiție fizică; chiar și o îmbunătățire a VO_2 max urcând de la ultimele 25% până în intervalul dintre percentilele 25 și 50 (adică, de la cei cu cea mai proastă condiție fizică la cei situați imediat sub medie) înseamnă că ți-ai înjumătățit aproape riscul de a muri, conform acestui studiu.

Aceste rezultate au fost confirmate de un studiu mult mai amplu și mai recent,[11] publicat în 2022 în *The Journal of the American College of Cardiology*, care a analizat datele de la 750 000 de veterani americani cu vârste între 30 și 95 de ani (vezi figura 9). Aceasta a fost o populație complet diferită, care a inclus ambele sexe și toate rasele, și totuși cercetătorii au ajuns la un rezultat aproape identic: o persoană aflată în cele 20% cu condiția fizică cea mai proastă are un risc de 4,09 ori mai mare de a muri decât o persoană aflată în primele 2 procente pentru vârsta și sexul său. Chiar și un individ cu o condiție fizică medie (percentilele 40-60) tot are un risc de peste două ori mai mare de deces din orice cauză, decât grupul cu cea mai bună condiție fizică, a descoperit acest studiu. „O condiție fizică proastă a reprezentat un risc mai mare decât oricare dintre factorii de risc cardiac analizați", au concluzionat autorii.

Evident că există aproape sigur factori de confuzie aici, ca în cazul tuturor studiilor observaționale, inclusiv cel nutrițional. Dar cel puțin cinci factori* îmi sporesc încrederea într-o cauzalitate măcar parțială a acestei relații. În primul rând, *amploarea* mărimii efectului este foarte mare. În al doilea, datele sunt consecvente și *pot fi reproduse* în mai multe studii pe populații diferite. Al treilea, există o *reacție dependentă de doză* (cu cât ai o condiție fizică mai bună, cu atât trăiești mai mult). Al patrulea, acest efect este foarte *plauzibil din punct de vedere biologic*, prin intermediul mecanismelor cunoscute de acțiune a exercițiului fizic asupra duratei de viață și de stare de sănătate. Iar al cincilea, aproape toate *datele experimentale* despre activitatea fizică la oameni sugerează că sportul are efect asupra îmbunătățirii sănătății.

Așa cum au conchis autorii studiului *JAMA*, „capacitatea cardiorespiratorie bună este invers asociată[12] cu mortalitatea pe termen lung *fără nicio limită superioară observabilă a beneficiului* (sublinierea îmi aparține). O condiție fizică aerobică foarte bună a fost asociată cu cea mai mare rată de supraviețuire".

Nu pot să vă garantez, pornind de la aceste date, că simplul fapt de a avea o valoare VO_2 max ridicată va compensa tensiunea arterială crescută sau obiceiul fumatului exact în măsura în care aceste rapoarte de risc sugerează că ar putea să o facă. Fără un studiu randomizat controlat, nu putem să știm sigur, dar cumva mă îndoiesc de asta. Însă pot să spun cât se poate de sigur că o

* Acești factori reprezintă cinci dintre cele nouă criterii definite în anii 1930 de Austin Bradford Hill, unul dintre părinții metodei științifice, ca instrument pentru evaluarea descoperirilor epidemiologice și de laborator. Ne vom întâlni din nou cu Bradford Hill în capitolele despre nutriție.

valoare VO_2 max ridicată este mai bună pentru sănătatea ta generală și longevitate decât una mai scăzută. Fără îndoială.

Veștile și mai bune, având în vedere scopul nostru, sunt că VO_2 max poate fi crescut prin antrenament fizic. Putem mișca semnificativ acul acestui indicator de condiție fizică, așa cum vom vedea.

Asocierea puternică dintre capacitatea cardiorespiratorie bună și longevitate este cunoscută de mult timp. S-ar putea să te surprindă, așa cum am pățit eu, să afli că e posibil ca masa musculară să fie aproape la fel de puternic corelată cu o viață mai lungă. Un studiu observațional pe 10 ani[13], derulat pe aproximativ 4 500 de subiecți în vârstă de 50 de ani sau mai mult a descoperit că persoanele cu masă musculară scăzută aveau un risc cu 40-50% mai mare de deces decât cele din grupul de control, pe perioada studiului. Analize suplimentare au dezvăluit faptul că nu doar *masa* musculară este cea care contează, ci *puterea* acestor mușchi, capacitatea mușchilor de a genera forță. Nu e suficient să-ți dezvolți pectorali sau bicepși mari la sală — mușchii ăștia trebuie să fie și puternici. Trebuie să fie capabili să creeze forță. Subiecții cu forță musculară scăzută aveau un risc dublu de deces, în timp ce aceia cu masă musculară scăzută și/sau forță musculară scăzută plus sindrom metabolic aveau un risc de 3 până la 3,33 ori mai mare de deces din orice cauză.

E posibil ca forța să întreacă și capacitatea cardiorespiratorie, cel puțin un studiu sugerează asta.[14] Cercetătorii care au monitorizat un grup de aproximativ 1 500 de bărbați cu vârste peste 40 de ani și hipertensiune, timp de în medie 18 ani, au descoperit că, și dacă un bărbat se situa în jumătatea inferioară a capacității cardiorespiratorii, riscul lui de deces din orice cauză era în continuare cu aproape 48% mai scăzut față de cei din treimea inferioară, dacă se situa în treimea superioară a grupului în ceea ce privește forța.*

Cam aceeași este situația pe care am observat-o în cazul VO_2 max: cu cât ai o condiție fizică mai bună, cu atât ai un risc de deces mai scăzut. Repet, nu există nicio altă intervenție, medicamente sau altceva, care să poată întrece dimensiunea acestui beneficiu. Sportul

* Capacitatea cardiorespiratorie a fost măsurată pe o bandă de alergare folosind un Protocol Balke modificat, iar forța măsurată a reprezentat greutatea maximă ridicată într-o singură repetare prin împins de la piept și extensia picioarelor.

este atât de eficient împotriva bolilor bătrâneții — împotriva celor „patru călăreți" —, încât adesea a fost comparat cu medicamentele.

John Ioannidis, cercetător la Stanford, care are darul de a pune întrebări provocatoare, a hotărât să testeze efectiv această metaforă, făcând o comparație unu la unu între studiile referitoare la activitatea fizică și studiile referitoare la medicamente.[15] Ioannidis a descoperit că, în numeroase studii clinice randomizate, intervențiile bazate pe exerciții fizice au dat rezultate la fel de bune sau *mai bune* decât mai multe categorii de medicamente pentru reducerea mortalității din cauza bolii coronariene,* a prediabetului sau diabetului și a atacului cerebral.

Partea și mai bună: nu ai nevoie de un medic care să-ți recomande mișcarea.

O mare parte a acestui efect are legătură, cred eu, cu o mecanică îmbunătățită: exercițiile întăresc inima și ajută la întreținerea sistemului circulator. Așa cum vom vedea ulterior în acest capitol, ele îmbunătățesc de asemenea și sănătatea mitocondriilor, organitele esențiale care produc energie în celulele noastre (printre altele). Asta, la rândul său, ne îmbunătățește abilitatea de a metaboliza atât glucoza, cât și grăsimile. O masă musculară mai mare și mușchii mai puternici susțin și protejează corpul — și mențin de asemenea sănătatea metabolică, deoarece acești mușchi consumă eficient energie. Lista continuă mult și bine, dar, pe scurt, sportul ajută „mașinăria" umană să funcționeze mult mai bine pentru mai mult timp.

La un nivel biochimic mai profund, sportul chiar acționează ca un medicament. Mai exact, stimulează corpul să-și producă propriile substanțe chimice endogene, asemănătoare cu medicamentele. Când ne antrenăm, mușchii noștri generează molecule cunoscute sub denumirea de citokine care trimit semnale altor părți ale corpului, ajutând la întărirea sistemului imunitar și stimulând creșterea fibrelor musculare noi și oaselor mai puternice. Exercițiile de anduranță, precum alergatul sau mersul pe bicicletă[16], ajută la producerea unei alte molecule puternice denumite factor neurotrofic derivat din creier (*brain derived neurotrophic*

* Excepția, în analiza lui Ioannidis, a fost stopul cardiac, care a reacționat mai bine la tratament cu medicamente diuretice decât la intervențiile bazate pe exerciții fizice.

factor—BDNF), care îmbunătățește sănătatea și funcția hipocampului, acea zonă a creierului care joacă un rol esențial în memorie. Activitatea fizică ajută la menținerea sănătății rețelei vasculare a creierului[17] și e posibil să poată de asemenea ajuta la menținerea volumului său. Din acest motiv, percep sportul ca pe o parte în mod deosebit importantă din trusa de instrumente pentru pacienții cu risc de îmbolnăvire de boala Alzheimer — ca Stephanie, femeia cu gene cu risc ridicat de îmbolnăvire, pe care am cunoscut-o în capitolul 9.

Datele care demonstrează eficacitatea activității fizice în prelungirea duratei vieții sunt incontestabile în biologia umană. Mai mult decât orice, cred că sportul este *mai eficient* în păstrarea unei sănătăți de durată, decât în prelungirea duratei de viață. Există mai puține dovezi clare, dar cred că, de fapt, în această zonă, sportul face minuni atunci când este aplicat corect. Le spun pacienților mei că și dacă sportul ți-ar *scurta* viața cu un an (ceea ce în mod clar nu face), tot ar merita practicat, doar din motive legate de durata stării de sănătate, mai ales la vârsta mijlocie și după aceea.

Una dintre principalele caracteristici ale îmbătrânirii este că ne este afectată capacitatea fizică. Capacitatea noastră cardiorespiratorie scade din varii motive care pornesc de la un randament cardiac mai mic, în principal cauzat de scăderea ritmului cardiac maxim. Pierdem din forță și masă musculară la fiecare zece ani, oasele noastre devin fragile și articulațiile înțepenesc, iar echilibrul dă rateuri, un aspect pe care mulți bărbați și multe femei îl descoperă într-un mod neplăcut, căzând de pe o scară sau coborând o bordură.

Pentru a-l parafraza pe Hemingway, procesul are loc în două feluri: treptat, apoi brusc. Realitatea situației este că bătrânețea poate fi foarte dificilă pentru corpul nostru. Studiile longitudinale și transversale[18] au descoperit că masa lipsită de grăsime (adică în principal masa musculară) și nivelul de activitate rămân relativ constante pe măsură ce oamenii înaintează de la 20 la 30 de ani și ajung la vârsta mijlocie. Dar atât nivelul de activitate, *cât și* masa musculară intră într-un declin abrupt cam după vârsta de 65 de ani și apoi chiar și mai abrupt după 75 de ani. E ca și cum oamenii cad efectiv de pe o stâncă, la un moment dat, pe la 75 de ani.

Până la vârsta de 80 de ani, o persoană obișnuită va fi pierdut opt kilograme de mușchi față de forma ei maximă. Dar persoanele care-și păstrează un nivel mai ridicat de activitate pierd mult mai puțină masă musculară, în jurul a trei–patru kilograme în medie. Deși nu este clar care este fluxul cauzal aici, bănuiesc că probabil curge în ambele sensuri: oamenii sunt mai puțin activi pentru că se simt mai slăbiți și sunt mai slăbiți pentru că sunt mai puțin activi.

Pierderea continuă de masă musculară și inactivitatea ne pun efectiv viețile în pericol. Seniorii cu cea mai mică masă musculară (cunoscută și sub denumirea de masă corporală slabă) au cel mai mare risc de a muri din orice cauză. Un studiu din Chile[19] a analizat aproximativ o mie de bărbați și patru sute de femei cu o vârstă medie de 74 de ani la înscrierea în studiu. Cercetătorii au împărțit subiecții în percentile, în funcție de indicele de masă slabă apendiculară (în esență, masa musculară a extremităților lor, brațe și picioare, ajustată la înălțime) și i-au monitorizat în timp. După 12 ani, aproximativ 50% dintre cei din percentila cea mai mică muriseră, prin comparație cu doar 20% dintre cei încadrați în cea mai mare percentilă a masei corporale slabe. Deși nu putem stabili o cauzalitate aici, relevanța acestor deosebiri și posibilitatea de a le reproduce sugerează că e mai mult decât o simplă corelație. Mușchii ne ajută să supraviețuim la bătrânețe.

Aceasta este o altă zonă în care durata de viață și durata stării de sănătate se suprapun într-o mare măsură. Adică, ipoteza mea este că o masă musculară mai mare întârzie moartea tocmai *datorită* faptului că menține și durata stării de sănătate. Din acest motiv insist atât de mult asupra menținerii structurii noastre musculo-scheletale — pe care eu o numesc „exoschelet“, în stilul *Terminator*, în lipsa unui termen mai bun.

Exoscheletul (masa musculară) este ceea ce menține scheletul (oasele) vertical și intact. O cantitate mai mare de masă musculară pe exoschelet[20] pare să ne protejeze de tot soiul de probleme, chiar și de consecințele negative ale operațiilor — dar cel mai important este că e foarte bine corelată cu un risc scăzut de cădere,[21] o cauză majoră, dar adesea ignorată a decesului și dizabilității la cei vârstnici. Așa cum ne dezvăluie figura 10, căderile sunt *de departe* cauza principală a morții accidentale la cei cu vârste de peste 65 de ani — fără să luăm în calcul persoanele care mor la 3, 6 sau 12 luni după ce căderea lor nefatală, dar gravă, le-a împins pe o parte descendentă, lungă și dureroasă. 800 000 de vâstnici[22] sunt internați din cauza căderilor în fiecare an, conform CDC.

Această legătură funcționează probabil în două sensuri: o persoană cu mai multă masă musculară are un risc mai mic să cadă și să se rănească, în timp ce acelora care au o probabilitate mai mică să cadă din alte motive (un echilibru mai bun, o percepție mai bună a corpului) le va fi de asemenea mai ușor să-și păstreze masa musculară. Pe de altă parte, atrofia musculară și sarcopenia[23] (pierderea musculară cauzată de vârstă) cresc riscul de a cădea și, poate, de a avea nevoie de operații — scăzând în același timp șansele de a supraviețui acestor operații fără complicații. Ca și în cazul VO_2 max, este important să ne păstrăm masa musculară cu orice preț.

Sportul sub toate formele sale este cel mai puternic instrument de luptă împotriva acestui dezastru și de reducere a riscului general de deces. Încetinește declinul, nu doar din punct de vedere fizic, ci pe toate cele trei dimensiuni ale duratei stării de sănătate, inclusiv cea cognitivă și emoțională. Un studiu recent derulat pe adulți britanici mai în vârstă[24] a descoperit că persoanele cu sarcopenie în punctul de pornire erau de *șase ori* mai predispuși să raporteze o calitate scăzută a vieții după un deceniu, decât cei care-și mențineseră masa musculară.

FIGURA 10. Decese accidentale în Statele Unite

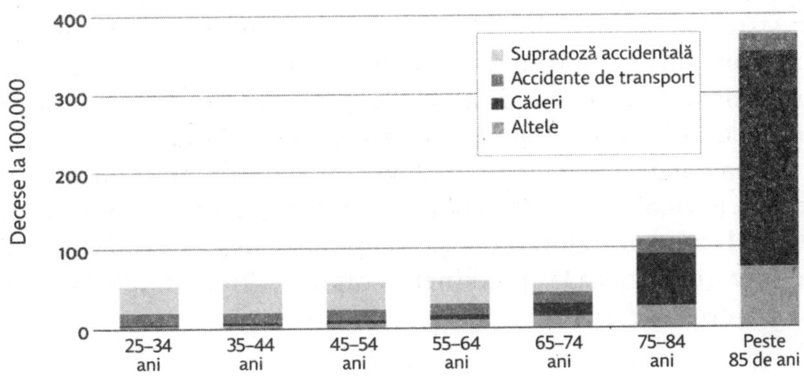

Sursa: CDC (2021)

Este ceea ce vrem să evităm. Putem face asta cu ajutorul „medicamentului“ puternic, denumit activitate fizică, acel medicament care prelungește miraculos durata de viață și îmbunătățește durata stării de sănătate. Diferența este că necesită mult mai multă muncă și cunoștințe decât simpla acțiune de a lua o pastilă. Dar, cu cât ești dispus să investești mai mult efort acum, cu atât te vei bucura de mai multe beneficii în viitor.

Din acest motiv insist atât de mult pe antrenamentele de forță — și pe faptul că trebuie făcute acum, indiferent de vârsta pe care o ai. Nu e niciodată prea târziu să începi; mama s-a apucat de ridicat greutăți abia la vârsta de 67 de ani și asta i-a schimbat viața. Există zeci de studii care demonstrează că programele de antrenament de forță pot îmbunătăți semnificativ mobilitatea și funcționarea fizică a subiecților care sunt obezi[25] sau care se recuperează după tratamentul pentru cancer,[26] chiar și a celor care sunt deja în vârstă și slăbiți.[27] Astfel, eu fac cumva să ridic greutăți mari, sub o formă sau alta, de patru ori pe săptămână, indiferent de activitatea mea sau unde călătoresc.

Dar sportul abia dacă este menționat în trecere de Medicina 2.0. Când ți-a testat ultima oară medicul forța de strângere a mâinii și ți-a pus întrebări detaliate despre programul tău de antrenament de forță? Medicul știe care este VO_2 max al tău? Sau ți-a oferit sugestii pentru îmbunătățirea acestei valori? Bănuiala mea este că asta nu s-a întâmplat niciodată — pentru că nimic din ce discutăm aici sau în capitolele despre nutriție nu se consideră că face parte din „standardul de îngrijire a sănătății“, cel puțin nu în sistemul nostru. Unele companii de asigurări oferă reduceri sau bonusuri membrilor care se duc la sală, dar genul de atenție concentrată de care cred că avem toți nevoie (inclusiv eu) depășește cu mult competențele majorității medicilor.

Abia *după* ce ne rănim sau devenim atât de slăbiți, încât suntem în pericol să ne pierdem independența, suntem considerați eligibili pentru fizioterapie și recuperare. Așa că gândește-te la ceea ce urmează ca la „pre-kinetoterapie“ — kinetoterapie *înainte* să ai nevoie de ea.

Când vorbesc cu pacienții mei despre activitatea fizică, rememorez adesea cu ei povestea lui Sophie, mama prietenei mele

Becky, pe care am cunoscut-o în capitolul 3. De fapt, ea chiar fusese o persoană relativ activă, chiar și la pensie. Juca golf o dată sau de două ori pe săptămână și lucra aproape în fiecare zi în grădină. Nu era un program de „antrenament" structurat; doar făcea lucrurile care îi plăceau. Dar la un moment dat s-a rănit la umăr și apoi la genunchi, având nevoie de operații pentru ambele. După operații, nu a reușit să se recupereze în totalitate. Nivelul ei de activitate a scăzut, ajungând aproape la zero. Așa cum mi-a povestit Becky, mama ei stătea mai mult prin casă, simțindu-se deprimată. A urmat destul de rapid declinul cognitiv.

Asta m-a întristat teribil de tare în timp ce stăteam acolo în biserică, la înmormântare. Cu toate acestea, povestea ei era chiar prea obișnuită. Cu toții am văzut prieteni mai în vârstă și rude trecând printr-un chin asemănător, devenind lent (sau mai rapid) slăbiți, până când nu mai puteau să se bucure de lucrurile pe care le făceau cu plăcere odinioară. Ce s-ar fi putut face, mă întrebam eu, pentru a-i schimba soarta lui Sophie?

Oare avusese nevoie pur și simplu să „facă mai mult sport"? Să se ducă la sală și să folosească bicicleta eliptică? Oare asta ar fi salvat-o cumva?

Nu era evident că răspunsul era așa de simplu. Eu însumi făcusem mult sport în viața mea, dar, deja la momentul înmormântării lui Sophie, îmi oblojeam diverse accidentări minore pe care le acumulasem în decursul anilor. Indiferent de condiția fizică pe care o aveam, eram oare pe un drum mai bun decât cel pe care pășise Sophie?

În cea mai mare parte a vieții mele, fusesem obsedat de condiția fizică, concentrându-mă mereu pe un anumit aspect — și ducându-l întotdeauna la extrem. După ce mă epuizasem cu boxul, apoi cu alergatul și într-un final cu înotul pe distanțe lungi în largul oceanului, mă apucasem de ciclism. M-am dedicat cu totul acestui sport: scopul meu principal în viață a fost să câștig concursurile de ciclism contratimp, o cursă individuală de 21 de kilometri contratimp, de care aproape nimănui nu părea să-i pese. Mi-am petrecut ore întregi analizând datele din potențiometru și calculându-mi coeficientul aerodinamic, încercând să economisesc secunde prețioase folosindu-mă de modele simpliste de calcul făcute în Excel.

Adevărul este că devenisem destul de inutil în rest, *cu excepția* pedalatului pe bicicleta de teren, cât de repede posibil, pe o distanță de 20 de kilometri. Aveam un VO_2 max ridicat și puteam să generez multă forță prin pedale, dar nu eram cu adevărat puternic sau flexibil și nici nu aveam cine știe ce echilibru sau stabilitate. Eram un sportiv unidimensional și, dacă aș fi continuat așa, aș fi înțepenit în poziția de competiție, încă în stare să merg pe bicicletă, dar incapabil să fac orice altceva util, mai ales cu partea superioară a corpului. Până la urmă am renunțat la ciclismul competițional din cauză că a devenit evident că de la un punct încolo această abordare obsesivă nu poate fi susținută în aproape nicio activitate. Câți maratoniști bătrâni cunoști care continuă să participe la competiții? Probabil că nu foarte mulți.

După asta, m-am scufundat într-un fel de purgatoriu lipsit de direcție în care săream de la un sport la altul. Am încercat să revin la alergat. M-am dus la ședințe de pilates cu soția mea. Am făcut o vreme antrenamentul „tabăra militară a lui Barry". Am încercat orice se putea. Apoi mi-am făcut abonament la o sală de sport specializată pe antrenamente cu intervale de intensitate mare (*high intensity interval training* — HIIT). Mi-au plăcut antrenamentele intense pe care le oferea, cum ar fi sprinturile pe banda de alergare și seturi de treizeci de secunde de *burpees** și durau doar o mică parte din timpul pe care mi-l ocupa ciclismul, așa că mi-a plăcut chestia asta. Dar nu aveam un alt obiectiv în afară de „a face sport".

Toate astea s-au schimbat în timp ce stăteam în strana bisericii la înmormântarea lui Sophie. Oficial, murise de pneumonie, dar ceea ce o ucisese de fapt, mi-am dat eu seama, era forța gravitațională lentă a îmbătrânirii corpului ei. Asta nu începuse în ultimul an și nici măcar în ultimul ei deceniu de viață. Lucrase împotriva ei, trăgând-o în jos, încă dinainte să o cunosc — în decurs de zeci de ani. Și ne ucidea și pe noi ceilalți: fiica ei, Becky, împreună cu pacienții mei, cu mine și cu toți cei care citesc această carte se îndreaptă probabil spre același declin abrupt.

Gândul acesta m-a întristat cumplit. Dar apoi am avut revelația: singura modalitate prin care am putea să ne luptăm cu asta

* Exercițiu care presupune o succesiune de genuflexiuni, sărituri și flotări, într-un ritm foarte intens *(N.t.)*.

este să adoptăm filosofia unui sportiv de decatlon — și să o aplicăm la îmbătrânire.

Dintre toți sportivii olimpici, cei care concurează la decatlon sunt cei mai apreciați. Câștigătorii medaliilor de aur la bărbați și la femei sunt declarați „cei mai buni sportivi din lume". Cu toate acestea, nu sunt cei mai buni la niciuna dintre probele individuale în care concurează; probabil că nici nu ar câștiga vreo medalie. Dar sunt considerați cei mai buni deoarece sunt remarcabili la atât de multe probe. Sunt cu adevărat niște generaliști — dar cu toate acestea se antrenează ca niște specialiști.

Trebuie să adoptăm o abordare similară față de îmbătrânire, am hotărât eu: cu toții trebuie să ne antrenăm pentru decatlonul centenarilor.

Decatlonul centenarilor

Ce naiba este decatlonul centenarilor?

Nu mă refer aici la un anumit concurs la care să participe cei de o sută de ani, deși chiar există evenimente de genul acesta: Jocurile Sportive Naționale pentru Seniori, organizate o dată la doi ani, adună laolaltă sportivi în vârstă remarcabili, unii dintre ei cu vârste peste 90 de ani sau mai mult. Recordul pentru cursa de o sută de metri la femei cu vârsta peste o sută de ani este de aproximativ 41 de secunde.

Decatlonul centenarilor este un cadru conceptual pe care-l folosesc pentru a organiza obiectivele fizice ale pacienților mei pentru deceniile mai târzii ale vieții lor, mai ales pentru deceniul marginal. Știu, e un subiect cumva morbid să ne gândim la propriul nostru declin fizic. Dar, dacă nu ne gândim el, asta nu-l face mai puțin inevitabil.

Gândește-te la decatlonul centenarilor ca la primele zece sarcini fizice ca importanță, pe care îți vei dori să le poți face pentru restul vieții tale. Unele dintre activitățile de pe listă seamănă cu niște probe sportive adevărate, în timp ce altele sunt mai apropiate de activități din viața de zi cu zi, iar altele pot să reflecte propriile tale interese. Mi se pare util pentru că ne ajută să vizualizăm, cu mare acuratețe, exact ce gen de condiție fizică trebuie să ne construim și să menținem pe măsură ce înaintăm în vârstă. Se creează un tipar pentru antrenamentele noastre.

Încep prin a le prezenta pacienților mei o listă lungă de sarcini fizice, care poate să includă unele dintre următoarele activități:

1. Să facă o drumeție de 2,5 km pe dealuri.
2. Să se ridice de pe podea prin forță proprie, folosind maxim un braț pentru susținere.
3. Să ridice un copil mic de pe jos.
4. Să care două pungi cu cumpărături de 2,5 kg fiecare pe o distanță de cinci cvartale.
5. Să ridice o valiză de 10 kg în compartimentul de bagaje al avionului.
6. Să-și țină echilibrul pe un picior timp de 30 de secunde, cu ochii deschiși. (Puncte bonus: cu ochii închiși, 15 secunde.)
7. Să facă sex.
8. Să urce patru etaje în trei minute.
9. Să deschidă un borcan.
10. Să facă 30 de sărituri consecutive cu coarda.

Lista completă este mult mai lungă, cu peste 50 de activități diferite, dar te-ai prins despre ce e vorba. După ce au citit-o, le cer să aleagă pe care dintre aceste sarcini vor să le poată face în al nouălea sau, și mai bine, al zecelea deceniu de viață. Pe care le aleg?

În general, pe toate. Vor să poată face drumeții de 2,5 kilometri sau să-și poată căra singuri cumpărăturile sau să poată ridica un strănepot sau să se ridice dacă se întâmplă să cadă. Sau să joace 18 găuri de golf sau să deschidă un borcan sau să zboare undeva cu avionul. Evident că vor asta.

E minunat, le spun eu. O să-i înseninezi ziua puștiului când o să-l ridici de pe jos. Dar acum hai să facem niște calcule. Hai să zicem că puștiul are 11 sau 13 kilograme. În esență e același lucru ca atunci când ridici o ganteră de 13 kg în față (adică: o genuflexiune *goblet*). Poți face asta acum, la patruzeci de ani? Probabil. Dar acum hai să analizăm puțin viitorul. În următorii treizeci sau patruzeci de ani, forța ta musculară va scădea[28] cu aproximativ 8-17% la fiecare zece ani — o scădere accelerată pe măsură ce trece timpul. Așa că, dacă vrei să ridici acel nepot sau strănepot de 13 kilograme la 80 de ani, atunci va trebui să poți ridica acum cam 22-25 de kilograme. Fără să te accidentezi. Poți face asta?

Insist asupra problemei. Vrei, de asemenea, să poți să mergi în drumeție pe dealuri? Pentru a face asta cu ușurință ai nevoie de un VO_2 max de aproximativ 30 ml/kg/min. Hai să ne uităm puțin la rezultatele ultimului tău test de VO_2 max — și, ghici ce, ai un scor de 30. Te încadrezi în media pentru vârsta ta, dar din păcate asta nu e suficient deoarece și valoarea VO_2 max o să scadă. Așa că va trebui să tăiem drumeția aia de pe lista ta. Te descurci acum, dar probabil nu o să poți face asta la o vârstă mai înaintată.

Și continuă așa. Ca să poți ridica valiza aia de 10 kilograme când vei fi mai în vârstă înseamnă că trebuie să poți ridica 18 sau 22 kilograme acum. Ca să poți urca patru etaje la vârsta de 80 de ani, ar trebui ca acum să urci scările alea în alergare. Oricum, trebuie să poți face *mult mai mult acum*, ca să te blindezi împotriva declinului natural și accelerat al forței și capacității aerobice, prin care vei trece pe măsură ce îmbătrânești.

Până la urmă, pacienții mei se prind ce trebuie să facă. Împreună, elaborăm o listă de zece sau cincisprezece activități pentru un decatlon personalizat al centenarilor, reprezentând obiectivele lor pentru ultimele decenii de viață. În funcție de acestea stabilim apoi cum ar trebui să se antreneze.

Frumusețea decatlonului centenarilor este că e în același timp generos, dar și unic pentru fiecare persoană. În plus, nu este limitat la zece activități; pentru cele mai multe persoane, ajung să fie mai multe, în funcție de obiectivele lor. Varianta mea de decatlon este adaptată intereselor mele particulare, cum ar fi înotul și trasul cu arcul. Este de asemenea destul de agresiv, recunosc, transmițând importanța unei condiții fizice foarte bune în viața mea. Așa că probabil aș adăuga unele dintre următoarele activități:

11. Să înot 800 metri în 20 de minute.
12. Să merg cu câte o ganteră de 13 kilograme în fiecare mână timp de un minut.
13. Să armez și să trag cu un arc de 23 de kilograme.
14. Să fac cinci tracțiuni.
15. Să urc 90 de trepte în două minute (VO_2 max = 32).

16. Să stau atârnat un minut.
17. Să conduc o mașină de curse cu o viteză cu doar 5-8% mai mică decât viteza cu care o fac acum.
18. Să merg în drumeție cu un rucsac de 10 kilograme în spate timp de o oră.
19. Să-mi duc singur bagajul.
20. Să urc un deal abrupt.

Până la urmă, pentru cele mai multe persoane, probele decatlonului centenarilor se vor suprapune probabil într-o anumită măsură. Cineva căruia îi place, de exemplu, să vâslească stând în picioare pe o placă, ar alege probabil „activități" concentrate pe dezvoltarea abdomenului și forței transversale. Dar probabil că își va antrena aceleași grupe de mușchi cum fac eu pentru trasul cu arcul și-și va menține un nivel similar de energie și echilibru.

Decatlonul centenarilor este ambițios, fără doar și poate. O persoană de 90 de ani care se poate urca într-un avion prin forțe proprii, ca să nu mai vorbim de căratul unui bagaj de cală, se descurcă foarte bine. Dar există o metodă în toată nebunia asta. Aceste sarcini individuale nu sunt imposibil de atins. Există chiar acum octogenari, nonagenari și chiar și centenari care aleargă maratoane, participă la curse cu biciclete, ridică greutăți, pilotează avioane, sar cu parașuta *din* avioane, schiază în Munții Stâncoși, participă la decatloane adevărate și fac tot felul de chestii uimitoare. Așa că toate aceste activități sunt de domeniul posibilului.

Un obiectiv al decatlonului centenarilor, de fapt, este să ne ajute să redefinim ce este posibil la o vârstă înaintată și să înlăturăm presupunerea standard că majoritatea persoanelor vor fi nesigure și incapacitate la acel moment din viețile lor. Trebuie să demontăm acel stereotip decrepit și să creăm o poveste nouă — poate urmând exemplul gurului de fitness Jack LaLanne care a continuat să-și facă programul zilnic intens de antrenament până la moarte, la vârsta de 96 de ani. Spre deosebire de multe persoane care au trăit mult, el nu a ajuns la vârsta aceea întâmplător sau printr-un noroc. Și-a dezvoltat și menținut o condiție fizică excelentă pe tot parcursul vieții sale, începând din anii 1930, când foarte puțin oameni făceau regulat sport și nu existau „săli de fitness". Pe măsură ce a îmbătrânit, și-a propus să dezmintă stereotipul conform căruia bătrânețea este o perioadă de chin și declin. Și-a făcut treaba și a reușit, oferindu-ne o imagine a ceea ce poate fi cu adevărat capabilă să realizeze o persoană în vârstă.

Dacă vrem să-i urmăm exemplul lui LaLanne, trebuie să încetăm să ne mai „antrenăm" fără scop, doar pentru că ni se pare că așa trebuie, consumându-ne energia pe bicicleta eliptică în pauza de masă. Îți garantez că poți mai bine de atât. Îți sugerez să mi te alături și să începi să te *antrenezi* cu un obiectiv specific, și anume să fii un centenar supertare. Când pacienții îmi spun că sunt mai interesați să fie cincuagenari supertari decât sportivi de decatlon centenari, le răspund că nu există nicio altă cale mai bună de a realiza asta decât a parcurge o traiectorie plină de energie către vârsta de 100 de ani (sau de 90, sau 80), ca atunci când un arcaș care se antrenează pentru 90 metri va fi mai exact la 45. Stabilindu-ne ca obiectiv decatlonul centenarilor, putem face ca fiecare deceniu dintre momentul actual și cel viitor să fie la rândul lui mai bun.

Având ca obiectiv decatlonul centenarilor, mă antrenez acum cu atenția pe care mi-o foloseam altădată exclusiv la ciclism, înot sau box. Ideea nu e să fii grozav într-o singură activitate, ci să fii destul de bun la aproape toate. Ca sportivi în decatlonul centenarilor, nu ne mai antrenăm pentru un eveniment specific, ci pentru a deveni sportivi de un cu totul alt fel: sportivi ai vieții.

CAPITOLUL 12

Antrenamentul 101

Cum să ne pregătim pentru decatlonul centenarilor

Este imposibil să ai o performanță superioară dacă nu faci ceva diferit de majoritatea.
SIR JOHN TEMPLETON

Majoritatea tratamentelor prin activitate fizică sunt fie foarte specifice (de exemplu: cum să te antrenezi pentru primul tău maraton), fie excesiv de vagi (de exemplu: continuă să te miști!). Ori scot în evidență partea de „cardio“ în detrimentul celei de „forță“ sau invers. În acest capitol, încercăm să ne optimizăm schema de antrenament pornind de la principiul longevității. Ce combinație de modalități ne vor ajuta să întârziem declanșarea bolilor cronice și moartea, menținându-ne în același timp durata stării de sănătate cât de mult timp posibil?

Întrebarea aceasta se dovedește a fi mai complicată decât cum să diminuezi riscul de boli cardiovasculare, deoarece există mai multe variabile și mai multe variante în cadrul fiecărei variabile. Nu este o problemă unidimensională, ci mai degrabă una tridimensională. Cele trei direcții pe care vrem să ne optimizăm condiția fizică sunt anduranța și eficiența aerobică (adică partea de cardio), forța și echilibrul. Toate acestea sunt esențiale pentru menținerea sănătății și forței, pe măsură ce îmbătrânim. (Și, așa cum am văzut, prelungesc și durata de viață.) Dar atât partea de cardio, cât și cea de forță sunt mult mai nuanțate decât își dau seama majoritatea oamenilor — și e posibil ca dimensiunea echilibrului să fie cel mai prost înțeleasă dintre toate.

Când spunem „cardio" nu vorbim despre un singur lucru, ci despre un continuum fiziologic, care variază de la o plimbare ușoară la un sprint cu viteză maximă. Diversele niveluri de intensitate reprezintă toate antrenament cardio, dar sunt alimentate de diferite sisteme energetice. Pentru scopurile noastre, suntem interesați în particular de două zone ale acestui continuum: efortul de anduranță, lung și constant, cum ar fi joggingul, ciclismul sau înotul, când ne antrenăm în ceea ce fiziologii numesc zona 2, și eforturi aerobice maxime, când intervine VO_2 max.

Partea de forță din ecuație pare inițial mai simplă: dacă-ți folosești mușchii să învingi o anumită rezistență, sub formă de greutăți sau alte forțe (de exemplu: forța gravitațională sau benzi elastice), ei se vor adapta și vor deveni mai puternici. Așa funcționează mușchii și e minunat. Există câteva mișcări specifice pe care le consider de bază, dar în această zonă obiectivul nostru cel mai important este nu doar să ne dezvoltăm forța și masa musculară. E la fel de important să evităm să ne accidentăm în timpul acestui proces.

Aici intervine stabilitatea corpului. Vom vorbi despre ea mai detaliat în capitolul următor, dar o consider la fel de importantă ca și antrenamentul aerobic și cel de forță. E puțin dificil de definit, dar pentru mine stabilitatea este fundația solidă care ne permite să facem orice altceva, fără să ne rănim. Stabilitatea corpului ne face rezistenți. Sophie avea o condiție fizică relativ bună pentru vârsta ei, dar probabil că îi lipsea stabilitatea, ceea ce o făcea să fie vulnerabilă la accidentare. Multe persoane sunt în aceeași situație fără ca măcar să-și dea seama — chiar și eu, pe când aveam 20 de ani. Aproape că nici nu contează ce condiție fizică ai, tot poți să ai un risc crescut. Din acest motiv, felul în care abordăm antrenamentele trebuie să ne îmbunătățească nu doar valorile tradiționale ale condiției fizice, cum ar fi VO_2 max și forța musculară, ci mai presus de orice rezistența la accidentare.

În secțiunile care urmează, vom construi o paradigmă în jurul fiecăruia dintre aceste aspecte, pentru a te ajuta să-ți elaborezi un program de antrenament pentru decatlonul centenarului tău.

Eficiența aerobică: zona 2

Observă că din discuția noastră despre activitatea fizică de până acum a lipsit un cuvânt: *caloriile*. Majoritatea oamenilor cred că unul dintre principalele beneficii ale practicării sportului, dacă nu cel mai important, este acela că „arde calorii". Și chiar face asta, dar ne interesează o distincție mai fină — nu calorii, ci *combustibili*. Felul în care folosim diferite tipuri de combustibil, glucoza și acizii grași, este esențial nu doar pentru condiția noastră fizică, ci și pentru sănătatea metabolică și generală. Exercițiile aerobice, făcute într-un anumit fel, ne îmbunătățesc capacitatea de a utiliza glucoza și mai ales grăsimea pe post de combustibil.

Esențiale aici sunt mitocondriile, aceste organite minuscule intracelulare care produc o mare parte din energie. Aceste „motoare" celulare pot să ardă atât glucoză, cât și grăsime și ca atare sunt fundamentale pentru sănătatea noastră metabolică. Mitocondriile sănătoase sunt de asemenea importante pentru menținerea sănătății creierului și controlarea participanților potențial malefici, precum stresul oxidativ și inflamația. Sunt convins că e imposibil să fii sănătos fără să ai și mitocondrii sănătoase, motiv pentru care insist foarte mult pe antrenamentul de anduranță de lungă durată și constant în zona 2.

Zona 2 este unul dintre cele cinci niveluri de intensitate[1] folosite de coach și antrenori în sporturile de anduranță pentru a le organiza sportivilor programele de antrenament. Poate să devină derutant, deoarece unii dintre antrenori definesc zonele de antrenament în funcție de ritmul cardiac, în timp ce alții se concentrează pe diferite niveluri de randament de forță; pentru a spori confuzia, unele modele au cinci zone, iar altele au șase sau șapte. În general, zona 1 este o plimbare în parc, iar zona 5 (sau 6, sau 7) este un sprint la viteză maximă. Zona 2 este mai mult sau mai puțin aceeași în toate modelele de antrenament: o viteză suficient de mică încât să poți purta o discuție, dar suficient de rapidă pentru ca discuția să fie puțin întretăiată. Se definește ca o activitate aerobică într-un ritm undeva între ușor și moderat.

Făcusem o mulțime de antrenamente în zona 2 în perioada în care practicam ciclismul; acest tip de antrenament este de bază pentru orice sport de anduranță. Dar niciodată nu-mi dădusem cu adevărat seama de importanța antrenamentului în zona 2 pentru sănătatea generală, până când nu m-am întâlnit cu un cercetător deosebit de inteligent din domeniul sportului, pe nume Inigo San Milan, în 2018. Zburasem cu avionul până în Emiratele Arabe Unite pentru o întâlnire și, la puțin timp după aterizare, pe la 11 seara, într-o seară răcoroasă de decembrie, am făcut cunoștință cu San Millán, lector universitar la Facultatea de Medicină a Universității Colorado, care fusese angajat de curând ca director medical al echipei UAE Emirates de ciclism profesionist. Se afla acolo pentru a face testarea dinaintea sezonului a unora dintre cicliștii din echipa UAE și, când a descoperit că eram fost ciclist, m-a pus pe o bicicletă staționară chiar atunci și acolo, în mijlocul nopții, ca să facem un test de VO_2 max. Genul meu de om.

Originar din Spania și el însuși fost ciclist profesionist, San Millán a lucrat cu tot felul de sportivi și coach din multe sporturi, inclusiv cu sute de cicliști profesioniști. Este de asemenea antrenorul personal al lui Tadej Pogačar, campionul Turului Franței în 2020 și 2021 (și finalist în cursa din 2022). În pofida CV-ului lui impresionant în domeniul sportiv, adevărata pasiune a lui San Millán este studierea legăturii dintre sport, sănătatea mitocondrială și boli precum cancer și diabet de tip 2. Așa cum a explicat, speră să-și folosească descoperirile din studiile asupra indivizilor cu cea mai bună condiție fizică din lume, cicliștii profesioniști și alți sportivi de anduranță de elită, pentru a-i ajuta pe indivizii cu cea mai slabă condiție fizică — o treime, până la aproape o jumătate din populație, cu boli sau dereglări metabolice.

În opinia lui San Millán, mitocondriile sănătoase sunt esențiale atât pentru performanța sportivă, *cât și* pentru sănătatea metabolică. Mitocondriile noastre pot transforma atât glucoza, cât și acizii grași în energie — dar, în timp ce glucoza poate fi metabolizată în multe feluri, acizii grași pot fi transformați în energie *doar* în mitocondrii. În general, o persoană care face exerciții fizice de o intensitate mai scăzută va arde mai multă grăsime, în timp ce la intensități mai ridicate organismul se bazează mai mult pe glucoză. Cu cât mitocondriile tale sunt mai sănătoase și mai eficiente, cu atât este mai mare capacitatea ta de a utiliza grăsimea, care este de departe sursa de combustibil cea mai eficientă și existentă din abundență în corp și, în plus, ceea ce ne dorim: în capitolele 6 și 7 am văzut cum permanenta acumulare și revărsare de grăsime declanșează tulburări precum diabetul și bolile cardiovasculare. Mitocondriile sănătoase (stimulate de antrenamentele în zona 2) ne ajută să controlăm această acumulare de grăsime.

Acum câțiva ani, San Millán și colegul său George Brooks au publicat un studiu fascinant[2] care ajută la demonstrarea acestei idei. Au comparat trei grupuri de subiecți: cicliști profesioniști, bărbați cu un nivel mediu de activitate și bărbați sedentari care îndeplineau criteriile pentru sindrom metabolic, ceea ce în esență înseamnă că aveau rezistență la insulină. Au instruit fiecare grup să folosească o bicicletă staționară setată la un anumit nivel de intensitate, în funcție de capacitatea lor fizică (la aproximativ 80% din ritmul cardiac maxim), timp în care cercetătorii au analizat cantitatea de oxigen consumată și dioxidul de carbon expirat, pentru a stabili cât de eficient produceau forță — și ce combustibili primari foloseau. Diferențele pe care le-au descoperit au fost șocante. Cicliștii profesioniști puteau să pedaleze oricât și produceau o cantitate enormă de forță arzând în principal doar grăsime. Dar subiecții cu sindrom metabolic se bazau în totalitate pe glucoză ca sursă de combustibil, chiar de la prima apăsare pe pedală. Aveau practic o capacitate nulă de a se folosi de depozitele de grăsime, ceea ce înseamnă că erau *inflexibili* din punct de vedere metabolic: capabili să folosească doar glucoză, dar nu și grăsime.

Evident, aceste două grupuri — sportivi profesioniști și persoane sedentare, nesănătoase — erau cât se poate de diferite. Descoperirea lui San Millán a fost aceea că subiecții sedentari aveau nevoie să se antreneze într-o manieră similară cu cicliști din Turul Franței, cu care lucra. Un ciclist profesionist poate să petreacă între 30 și 35 de ore de antrenament pe bicicleta sa, iar 80% din acel timp în zona 2. Pentru un sportiv, aceasta constituie o bază pentru toate celelalte antrenamente mai intense. (Șmecheria este că randamentul unui ciclist profesionist în zona 2 se simte ca antrenamentul din zona 5 a majorității oamenilor.)

Totuși, chiar dacă antrenamentul în zona 2 este esențial pentru cicliștii de performanță, San Millán crede că este *și mai* important pentru cei care nu sunt sportivi, din două motive. În primul rând, construiește o bază de anduranță pentru orice altceva faci în viață, fie că este vorba de mers pe o bicicletă în cursa de 160 de kilometri a secolului sau să te joci cu copiii sau nepoții tăi. În al doilea rând, el consideră că antrenamentul acesta are un rol esențial în prevenirea bolilor cronice prin îmbunătățirea sănătății și eficienței mitocondriilor, motiv pentru care antrenamentul anduranței și eficienței aerobice (adică efortul din zona 2) este primul element din programul de antrenament pentru decatlonul centenarilor.

Când ne antrenăm în zona 2, cea mai mare parte din efort este depus de fibrele musculare de tip 1 sau cele care „se contractă lent". Acestea sunt extrem de pline de mitocondrii și ca atare potrivite pentru efortul lent, eficient, de anduranță. Nu rezistăm mult fără să ne simțim obosiți. Dacă mărim intensitatea, începem să utilizăm mai multe fibre musculare de tip 2 („cu contracție rapidă"), care sunt mai puțin eficiente, dar mai puternice. De asemenea, aceasta generează și mai mult lactat pe parcurs din cauza felului în care creează ATP. Lactatul în sine nu este nociv; sportivii antrenați îl pot recicla sub forma unui combustibil. Problema este că lactatul devine acid lactic când se leagă de ioni de hidrogen, ceea ce provoacă acea senzație acută de arsură din mușchii tăi* în timpul unui efort intens.

În termeni tehnici, San Milán descrie zona 2 ca pe nivelul maxim de efort pe care-l putem menține fără să acumulăm lactat. Încă îl producem, dar putem să echilibrăm producția cu eliminarea. Cu cât „motorul" nostru mitocondrial este mai eficient, cu atât putem elimina mai repede lactatul și cu atât mai intens este efortul pe care-l putem susține rămânând în zona 2. Dacă „simțim arsura" în acest tip de antrenament, atunci probabil că ritmul este prea intens, creând mai mult lactat decât putem elimina.

Deoarece sunt un tip pasionat de numere și îmi plac markerii și feedbackul biologic, adesea îmi testez propriul nivel de lactat în timp ce mă antrenez în acest fel, folosind un mic monitor de lactat pentru a mă asigura că intensitatea este cea corectă. Obiectivul este să-mi mențin constant nivelul de lactat, în mod ideal între

* Asta se întâmplă deoarece ionul de hidrogen nu permite filamentelor de actină și miozină din mușchii tăi să se relaxeze, provocând durerea și înțepenirea mușchilor.

1,7 și 2,0 milimoli. Acesta este pragul zonei 2 pentru cele mai multe persoane. Dacă mă antrenez prea intens, nivelul de lactat va crește, așa că o iau mai încet. (Uneori, e tentant să intensifici prea tare antrenamentul în zona 2, deoarece pare destul de „ușor" în zilele bune.) Subliniez asta deoarece lactatul este efectiv ceea ce definește zona 2. În acest interval, totul se rezumă la a menține nivelul de lactat constant și efortul sustenabil.

Dacă nu ai un indicator de lactat la îndemână, ca majoritatea oamenilor, există alte modalități de a estima intervalul zonei 2 care sunt destul de exacte. Dacă știi care este ritmul tău cardiac maxim — nu o estimare, ci chiar maximum efectiv, cea mai mare valoare pe care ai văzut-o pe un monitor de ritm cardiac — zona 2 se va încadra între aproximativ 70 și 85% din acea valoare maximă, în funcție de condiția ta fizică. Acesta este un interval mare, așa că, atunci când încep să lucrez cu pacienții, prefer ca ei să se bazeze pe rata efortului perceput (*rate of perceived exertion* — RPE), cunoscută și sub denumirea de „testul conversației". Cât de intens te antrenezi? Cât de ușor îți este să vorbești? Dacă ești la maximul de intensitate a zonei 2, ar trebui să poți vorbi, dar să nu fii neapărat interesat să menții o conversație. Dacă nu poți vorbi deloc în propoziții întregi, atunci ești probabil în zona 3, ceea ce înseamnă că te antrenezi prea intens, dar, dacă poți vorbi ușor, probabil ești în zona 1, care este prea lejeră.

Randamentul zonei 2 este extrem de variabil, în funcție de condiția fizică a fiecăruia. În studiul făcut de San Millán și Brooks, cicliștii de performanță au produs 300 wați de putere în zona 2, în timp ce subiecții sedentari și cu probleme metabolice au putut genera doar aproximativ 100 wați la același nivel relativ de intensitate. Asta e o diferență enormă. Dacă exprimăm acest randament în termeni de wați pe kilogram corp, diferența devine și mai izbitoare: cicliștii de 70 de kilograme au produs mai mult de 4 wați pe kilogram corp, în timp ce subiecții sedentari, de peste 100 de kilograme puteau să producă doar un watt pe kilogram corp.

Această diferență pronunțată se reduce la faptul că mitocondriile subiecților nesănătoși — motoarele lor — erau mult mai puțin eficiente decât cele ale sportivilor, așa că au trecut foarte repede de la respirație aerobică, arzând grăsimea și glucoza în mitocondrii cu oxigen, la glicoliza mult mai puțin eficientă, un traseu de producere de energie care consumă doar glucoză și generează o cantitate mare de lactat (într-un mod asemănător cu felul în care celulele canceroase produc energie, prin efectul Warburg). Odată ce am început să producem energie în acest fel, lactatul se acumulează și efortul nostru devine rapid nesustenabil. Există alte boli genetice (din fericire, rare) care atacă mitocondriile și produc sechele mult mai grave, dar în ceea ce privește afecțiunile cronice dobândite, diabetul de tip 2 are efecte cu adevărat nocive asupra mitocondriilor, iar datele obținute de San Millán demonstrează foarte elegant dizabilitatea pe care o creează.

Chiar și când ne odihnim, nivelul de lactat ne spune multe lucruri despre sănătatea metabolică. Persoanele obeze sau cu alte probleme metabolice tind să aibă niveluri de lactat mult mai ridicate în starea de odihnă, un semn clar că mitocondriile lor nu funcționează optim deoarece deja muncesc din greu chiar și numai să mențină nivelurile de bază. Asta înseamnă că se bazează aproape în totalitate pe glucoză (sau glicogen) pentru toate nevoile lor energetice — și că sunt complet incapabile să-și acceseze depozitele de grăsime. Pare nedrept, dar persoanele care au cea mai mare nevoie să ardă grăsimi, persoanele care au cele mai mari depozite de grăsime, sunt incapabile să utilizeze în principiu *orice cantitate* din acea grăsime ca energie, în timp ce sportivii supli, bine antrenați, pot face asta foarte ușor deoarece au o flexibilitate metabolică mai mare (și mitocondrii mai sănătoase).*

Sănătatea mitocondriilor devine în mod deosebit importantă pe măsură ce înaintăm în vârstă deoarece unul dintre cele mai importante semne ale bătrâneții este un declin al numărului și calității mitocondriilor noastre. Dar declinul nu e neapărat o stradă cu sens unic. Mitocondriile sunt incredibil de plastice, iar când facem exerciții aerobice, acestea stimulează crearea de multe mitocondrii noi și mai eficiente printr-un proces denumit biogeneză mitocondrială,[3] în timp ce sunt eliminate cele care au devenit disfuncționale, printr-un proces de reciclare denumit

* Pacienții care urmează un tratament chimioterapic pentru cancer par adesea să aibă o problemă similară legată de eficiența mitocondriilor. Se speculează, pe baza unor dovezi, că asta îi afectează și pe pacienții cu așa-numitul „COVID de durată".

mitofagie (care seamănă cu autofagia, despre care am vorbit în trecere în capitolul 5, dar se aplică la mitocondrii). O persoană care face frecvent exerciții în zona 2 își îmbunătățește mitocondriile la fiecare alergare, înot sau cursă cu bicicleta. Dar, dacă nu le folosești, le pierzi.

Acesta este un alt motiv pentru care zona 2 este un mediator așa de puternic[4] al sănătății metabolice și homeostazei glucozei. Mușchii sunt cea mai mare unitate de stocare de glicogen din corp și, pe măsură ce creăm mai multe mitocondrii, ne creștem semnificativ capacitatea de utilizare a combustibilului stocat, în loc să-l lăsăm să se transforme în grăsime sau să rămână în plasmă. Valorile cronic ridicate ale glicemiei afectează organele, de la inimă la creier și până la rinichi și aproape orice altceva pe parcurs — contribuind până și la disfuncția erectilă la bărbați. Studiile au descoperit că, atunci când ne antrenăm, absorbția generală a glucozei crește chiar de până la 100 de ori[5] prin comparație cu momentele când ne odihnim. Partea interesantă este că absorbția aceasta a glucozei are loc pe mai multe trasee. Există cel obișnuit, marcat de insulină, cu care suntem familiarizați, dar antrenamentul activează și alte trasee,[6] inclusiv unul denumit absorbție de glucoză nemediată de insulină (*non-insulin-mediated glucose uptake* — NIMGU), prin intermediul căruia glucoza este transportată direct prin membrana celulară, fără ca insulina să fie implicată.

Aceasta explică la rândul său de ce antrenamentul, mai ales în zona 2, poate fi așa de eficient în gestionarea atât a diabetului de tip 1, cât și a celui de tip 2. Efortul fizic permite în principiu corpului să evite rezistența la insulină din mușchi pentru a reduce nivelul de glucoză din sânge. Am un pacient cu diabet de tip 1, ceea ce înseamnă că nu produce deloc insulină, care-și controlează nivelul de glucoză aproape în totalitate prin plimbări rapide de 9 până la 16 kilometri în fiecare zi și uneori chiar mai lungi. În timp ce merge, celulele lui musculare scot glucoza din fluxul sangvin prin intermediul NIMGU. Tot trebuie să-și injecteze insulină, dar doar un procent minuscul din cantitatea de care ar avea altminteri nevoie.

Un alt avantaj al zonei 2 este că antrenamentul e foarte ușor de făcut, chiar și pentru o persoană care a fost sedentară. Pentru unii oameni, o plimbare rapidă îi poate duce în zona 2; pentru cei cu o condiție fizică mai bună, zona 2 presupune să urce un deal. Există multe modalități de a ajunge în zona 2: poți exersa pe o bicicletă staționară la sală, poți merge sau alerga pe pista de la liceul local sau poți înota câteva ture în bazin. Secretul este să descoperi o activitate care se potrivește stilului tău de viață, pe care-ți face plăcere să o faci și care-ți permite să te miști într-un ritm constant, ce îndeplinește criteriul de testare pentru zona 2: să-ți fie greu să vorbești în propoziții complete.

Antrenamentul de care ai nevoie în zona 2 depinde de cine ești. Cineva care tocmai începe acest gen de antrenament va avea beneficii enorme chiar și numai din două ședințe de 30 de minute pe săptămână la început. Pe baza numeroaselor discuții purtate cu San Millán și alți fiziologi sportivi, se pare că aproximativ trei ore pe săptămână în zona 2 sau patru ședințe de 45 de minute sunt minimum necesar pentru ca majoritatea oamenilor să obțină un beneficiu și să constate îmbunătățiri, după ce treci de hopul inițial în care încerci să faci asta prima oară. (Evident că persoanele care se antrenează pentru evenimente importante de anduranță, cum ar fi participarea la un maraton, au nevoie de mai multe astfel de antrenamente.) Sunt atât de convins de beneficiile zonei 2, încât acest antrenament a devenit unul dintre elementele fundamentale ale planului meu. De patru ori pe săptămână, voi petrece aproximativ o oră pe bicicleta staționară până la pragul superior al zonei 2.

Una dintre modalitățile de a-ți monitoriza evoluția în zona 2 este măsurarea randamentului în wați, la acest nivel de intensitate. (Multe biciclete staționare pot măsura puterea în wați în timp ce pedalezi.) Valoarea randamentului în wați în timpul unei ședințe de antrenament în zona 2 se împarte la greutate pentru a obține wați pe kilogram, valoarea care ne interesează. Așa că, dacă ai 60 kg și poți genera 125 wați în zona 2, asta reprezintă puțin mai mult de 2 wați/kg, ceea ce ne-am putea aștepta de la o persoană cu o condiție fizică destul de bună. Acestea sunt niște valori estimative, dar cineva cu o condiție fizică foarte bună va putea produce 3 wați/kg, în timp ce cicliștii profesioniști produc 4 wați/kg sau mai mult. Nu valoarea în sine contează, ci cât de mult o îmbunătățești în timp. (Dacă ești o persoană care aleargă sau merge, se aplică același principiu: pe măsură ce devii mai bun, ritmul tău în zona 2 va deveni mai rapid.)

Antrenamentul în zona 2 poate fi ușor plictisitor ca atare, așa că de obicei folosesc timpul acesta pentru a asculta podcasturi sau audiobookuri sau pur și simplu ca să mă gândesc la lucrurile care mă preocupă — un beneficiu conex al zonei 2[7] este acela că este utilă și pentru cogniție, crescând fluxul sangvin cerebral și stimulând producția de BDNF, factorul neurotrofic derivat din creier, despre care am vorbit mai devreme. Acesta este un alt motiv pentru care zona 2 este o parte așa de importantă a programului de prevenție a bolii Alzheimer.

Mă gândesc la zona 2 ca la ceva asemănător cu construirea fundației pentru o casă. Majoritatea oamenilor nu o vor vedea niciodată, dar este un efort important care susține aproape tot ce facem în rest, în programul nostru de antrenament și în viețile noastre.

Randamentul aerobic maxim: VO_2 max

Dacă zona 2 reprezintă o stare echilibrată, în care depui efort într-un ritm sustenabil, eforturile VO_2 max sunt aproape la polul opus. Acesta este un nivel de intensitate mult mai mare — un efort dificil, care durează câteva minute, dar care încă nu a ajuns un sprint propriu-zis. În starea de VO_2 max, folosim o combinație de trasee aerobice și anaerobice pentru a produce energie, dar am atins rata maximă de consum de oxigen. Consumul de oxigen este secretul.

În afară de faptul că îmbunătățește sănătatea mitocondrială, absorbția glucozei și flexibilitatea metabolică, și toate celelalte lucruri pozitive, antrenamentul în zona 2 crește de asemenea într-o anumită măsură și VO_2 max. Dar, dacă vrei cu adevărat să crești VO_2 max, trebuie să te antrenezi mai specific pentru această zonă. În esență, pentru pacienții care s-au apucat de curând de sport, introducem antrenamentul de VO_2 max cam după 5-6 luni de rutine constante în zona 2.

Unul dintre motivele pentru care evidențiez acest lucru atât de mult este pentru că valoarea capacității aerobice maxime[8] este puternic corelată cu longevitatea, așa cum am văzut în capitolul 11. Îi pun pe toți pacienții mei să-și testeze VO_2 max și apoi să se antreneze pentru a-și îmbunătăți scorul. Chiar dacă nu participi la competiții sportive care necesită un nivel ridicat de anduranță, valoarea VO_2 max este importantă pentru tine, poți și trebuie să o cunoști.

Testarea este disponibilă pe scară largă, chiar în anumite rețele de săli de sport. Vestea proastă este că testul de VO_2 max este destul de neplăcut, pentru că presupune să mergi pe o bicicletă sau să alergi pe o bandă la intensități din ce în ce mai mari, purtând în acest timp o mască menită să măsoare consumul de oxigen și producția de CO_2. Cantitatea maximă de oxigen pe care o consumi aproape de punctul în care „eșuezi", adică atunci când nu mai poți continua, oferă valoarea VO_2 max. Îi punem pe toți pacienții noștri să facă testul măcar o dată pe an și aproape toți îl urăsc. Apoi comparăm rezultatele, ajustate în funcție de greutate, la populația de vârsta și sexul lor.

De ce e important acest lucru? Deoarece valoarea VO_2 max este un indicator destul de bun al capacității noastre fizice. Ne spune ce putem face — și ce nu putem face. Privește figura 11 care prezintă valorile VO_2 max scăzute, medii și ridicate în funcție de vârstă. Două lucruri ies în evidență. În primul rând, există o mare diferență de condiție fizică între cele 5 procente superioare și inferioare pentru fiecare grupă de vârstă (liniile superioare versus cele inferioare). În al doilea rând, este uimitor cât de rapid scade VO_2 max odată cu vârsta și cum este acest declin asociat cu o capacitate funcțională diminuată. Cu cât scade mai mult, cu atât faci mai puțin.

De exemplu, un bărbat de 35 de ani cu o condiție fizică medie pentru vârsta lui — un VO_2 max în jur de 35 — ar trebui să poată alerga într-un ritm de 6,20 minute pe kilometru (9,67 km/h). Dar, deja la vârsta de 70 de ani, doar cei 5% cu condiția fizică cea mai bună vor putea face asta. La fel, o persoană obișnuită de 45-50 de ani va putea să urce rapid scările (VO_2 max = 32), dar, la 75 de ani, pentru o astfel de ispravă, o persoană trebuie să se situeze în eșalonul superior pentru grupa sa de vârstă. Activități care sunt ușoare când suntem tineri sau de vârstă mijlocie devin dificile, dacă nu imposibile, pe măsură ce îmbătrânim. Așa se explică de ce mulți oameni sunt nefericiți în deceniul marginal. Pur și simplu nu pot *face* mai nimic.

FIGURA 11. Cum scade VO_2 max odată cu vârsta

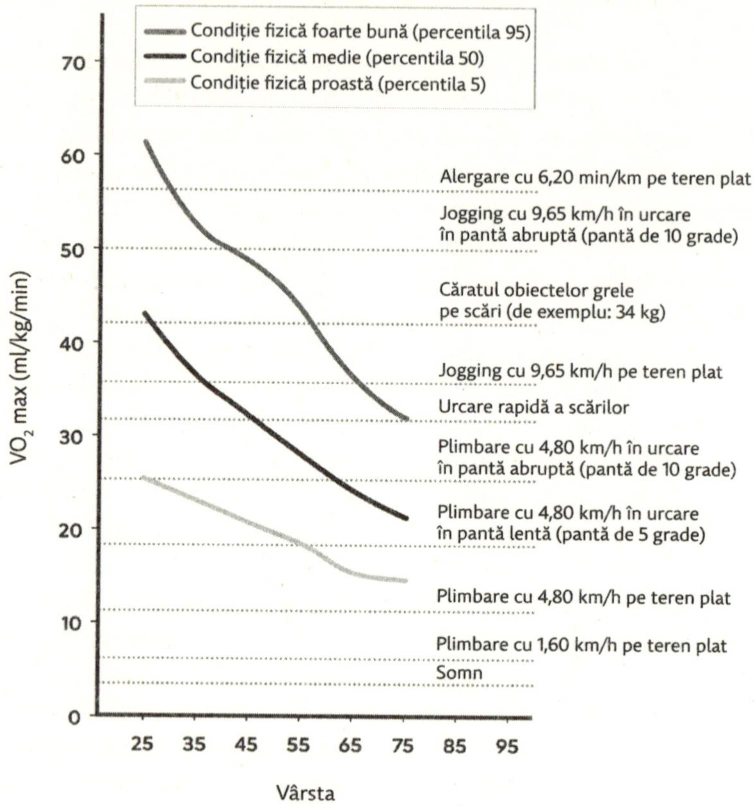

Sursa: Grafic de Jayson Gifford, Universitatea Brigham Young, pe baza datelor din Ligouri (2020)

Îi încurajez pe pacienții mei să se antreneze pentru un VO_2 max cât mai ridicat posibil, ca să-și poată păstra un nivel performant al funcționării fizice pe măsură ce îmbătrânesc. La modul ideal, vreau ca obiectivul să fie zona de „elită" pentru vârsta și sexul lor (aproximativ cele 2 procente superioare). Dacă ajung la acel nivel, le spun că au făcut o treabă bună; acum hai să atingem nivelul de elită pentru sexul tău, dar pentru o *vârstă cu 20 de ani mai mică*. Asta poate să pară un obiectiv extrem, dar îmi place ca ei să-și propună chestii ambițioase, dacă nu v-ați dat seama până acum.

Există o explicație logică pentru asta. Hai să zicem că ești o femeie de 50 de ani și-ți place să faci drumeții montane; așa vrei să-ți petreci timpul la pensie. Acest gen de activitate ar necesita un VO_2 max de aproximativ 30. Hai să mai presupunem, de dragul discuției, și că ești în percentila 50 pentru vârsta ta, asta însemnând aproximativ 32 ml/kg/min. Poți face drumeția aceea acum!

Asta pare vestea bună — dar de fapt e vestea proastă. Studiile sugerează că VO_2 max va scădea[9] cu aproximativ 10% în fiecare deceniu de viață — și cu până la 15% în fiecare deceniu de viață după vârsta de 50 de ani. Așa că simplul fapt că ai un VO_2 max mediu sau puțin peste medie efectiv nu o să fie suficient. Planul e să mai trăiești încă 30 sau 40 de ani. Dacă acum, la 50 de ani, pornești doar de la 32 ml/kg/min, te poți aștepta ca la 80 să te apropii de 21 ml/kg/min. Acestea nu sunt valori abstracte, ci reprezintă un declin semnificativ al capacității funcționale. E diferența dintre a urca ușor niște scări și efortul de a merge pur și simplu pe o suprafață înclinată. E foarte departe de o drumeție în Dolomiți. Pentru a ajunge în al nouălea deceniu de viață cu o condiție fizică suficient de bună pentru a-și atinge obiectivul, persoana de 50 de ani ar trebui să aibă un VO_2 max de aproximativ 45-49 chiar acum. Acesta este intervalul superior pentru sexul persoanei, dar pentru o vârstă cu 20 de ani mai mică.

Este important ca obiectivele tale să-ți reflecte prioritățile — activitățile pe care-ți place să le faci și ce vrei să poți realiza în deceniile târzii ale vieții. Cu cât intenționezi să fii mai activ pe măsură ce înaintezi în vârstă, cu atât trebuie să te antrenezi mai mult acum.

Nu uita că o creștere a VO_2 max *oricât de mică* îți va îmbunătăți viața, nu doar în termeni de durată, dar și de calitate, azi și în viitor. Îmbunătățirea VO_2 max, de la ultima quartilă la cea imediat superioară (adică până sub medie), este asociată cu o reducere de aproape 50% a riscului de deces din orice cauză, așa cum am văzut mai devreme. Cred că aproape toată lumea poate să facă asta — și ar trebui să o facă, deoarece alternativa este inacceptabilă. Odată ce consumul maxim de oxigen sau VO_2 max scade sub un anumit nivel (mai precis, aproximativ 18 la bărbați și 15 ml/kg/min la femei), începe să-ți compromită abilitatea[10] de a trăi pe cont propriu. Motorul tău începe să dea rateuri.

Din acest motiv este de asemenea esențial să-ți antrenezi VO_2 max și în afara zonei 2. Este esențial pentru menținerea unei vieți împlinite, independente, pe măsură ce înaintezi în vârstă. Dar e nevoie de muncă asiduă pe o perioadă lungă de timp să menții un nivel ridicat.

Cât de ușor poate fi îmbunătățit VO_2 max prin antrenament? Ideile tradiționale, care se bazează pe literatura de specialitate, sugerează că respectiva capacitate aerobică a vârstnicilor poate fi îmbunătățită cu aproximativ 13% în decurs de 8-10 săptămâni de antrenament și cu 17% în decurs de 24-42 de săptămâni, conform unui articol. Este un start bun, dar cred că reprezintă doar începutul a ceea ce este posibil; ca de obicei în Medicina 2.0, aceste studii sunt aproape întotdeauna prea scurte. Vorbim despre programe de antrenament pe toată durata vieții, nu de unul care durează doar 8 săptămâni. Cu toții suntem diferiți, în ceea ce privește potențialul formei noastre fizice și răspunsul la antrenament, dar Mike Joyner crede că antrenamentele mai lungi și mai concentrate pot duce la câștiguri mult mai mari pe perioade lungi de timp — probabil măsurate în ani, nu în săptămâni. Le spun pacienților mei că acesta nu este un proiect de două luni, ci unul de doi ani.

Nu e clar cât de mult poate fi îmbunătățit, dar literatura de specialitate sugerează că un program de antrenament susținut, consecvent, poate să dea rezultate. Un studiu de mici dimensiuni realizat pe 9 sportivi de elită octogenari bine antrenați[11] (practicanți de schi fond) a descoperit că valoarea lor medie VO_2 max era 38 față de 21 în cazul unui grup de control de bărbați octogenari neantrenați — o diferență de peste 80%. Asta e enorm. Sportivii aveau capacitatea aerobică a unor persoane cu zeci de ani mai tinere decât ei,* în timp ce bărbații din grupul de control decăzuseră atât de mult, încât erau pe cale să-și piardă capacitatea de a trăi independenți. E adevărat, subiecții de studiu fuseseră sportivi toată viața — dar asta e ideea. Obiectivul nostru este să devenim sportivi de elită ai îmbătrânirii.

* Doi dintre sportivii în vârstă au înregistrat scoruri de VO_2max mai mari de 40, iar cel mai în vârstă participant, fost sportiv olimpic, în vârstă de 91 de ani, s-a apropiat mult de această valoare, cu un scor de 36, ceea ce l-ar plasa în quartila superioară a bărbaților de 60 de ani.

Răsplata este că o creștere a VO_2 max[12] te face mai tânăr din punct de vedere funcțional. Un studiu a descoperit[13] că o creștere a VO_2 max la subiecți în vârstă cu 6ml/kg/min, sau aproximativ 25%, era echivalentă cu scăderea a 12 ani din vârsta lor. Dacă ești un bărbat de 60 de ani și începi de la un VO_2 max de 30, te încadrezi mai mult sau mai puțin în media pentru grupa ta de vârstă (vezi figura 12). (În general, femeile au un VO_2 max puțin mai scăzut, datorită mai multor factori, așa că o femeie „obișnuită", la 60 de ani, ar avea cam 25 ml/kg/min.) Dacă poți crește acea valoare până la 35 prin antrenament, te vei încadra clar în primele 25 de procente pentru grupa ta de vârstă. O treabă bună. Dar uite un alt punct de vedere: la 60 de ani, vei avea capacitatea aerobică a unui bărbat obișnuit de 50 de ani, cu zece ani mai tânăr decât tine. Dacă poți crește VO_2 max și mai mult, la 38 sau 39, vei avea condiția fizică aerobică a unui bărbat de 30 și ceva de ani. Asta înseamnă că ai câștigat o schimbare de fază, așa cum am discutat în cazul centenarilor: ai acum capacitatea fizică a unei persoane cu zeci de ani mai tânără decât tine.[14] Așa că poți să te feliciți; o meriți.

Partea frumoasă este că nivelul VO_2 max poate fi *întotdeauna* îmbunătățit prin antrenament, indiferent cât de în vârstă ești. Nu mă crezi? Atunci permite-mi să-ți prezint un francez uimitor pe nume Robert Marchand,[15] care a stabilit un record mondial de grupă de vârstă în 2012, parcurgând pe bicicletă 24,25 kilometri într-o oră, la vârsta de 101 ani. Se pare că nu a fost mulțumit de acea performanță, așa că a hotărât că trebuie să se antreneze mai intens. Urmând un program strict, elaborat de antrenori de top și psihologi, a reușit să-și îmbunătățească VO_2 max de la valoarea deja impresionantă de 31 ml/kg/min până la 35ml/kg/min, ceea ce l-ar face să se situeze în elita bărbaților de optzeci de ani din primele 2,5%. După doi ani, acum la vârsta de 103 ani, a revenit și și-a doborât propriul record, parcurgând aproape 27 de kilometri într-o oră. Asta e impresionant și dovedește că niciodată nu e prea târziu să-ți îmbunătățești VO_2 max.

Chiar dacă nu ne dorim să stabilim recorduri mondiale, felul în care ne antrenăm pentru creșterea VO_2 max este destul de asemănător cu cel în care o fac sportivii de elită: adăugând la programele din zona 2 unu sau două antrenamente pe săptămână pentru creșterea VO_2 max.

În timp ce intervalele HIIT sunt foarte scurte, în general măsurate în secunde, intervalele VO_2 max sunt puțin mai lungi, de la trei la opt minute — și o idee mai puțin intense. Fac antrenamentele acestea pe bicicleta mea de asfalt, urcată pe un suport staționar sau pe un aparat de vâslit, dar alergarea pe bandă (sau pistă) ar putea de asemenea să funcționeze. Formula verificată pentru aceste intervale este de a te antrena patru minute la intensitatea maximă pe care o poți susține — nu un sprint cu viteză maximă, dar totuși un efort foarte intens. Apoi să mergi pe bicicletă sau să alergi patru minute ușor, timp care ar trebui să fie suficient pentru ca inima ta să revină la un ritm de sub 100 de bătăi pe minut. Repetă asta de patru până la cinci ori și apoi fă relaxarea.*

Vrei să te asiguri că ți-ai revenit cât se poate de mult înainte să începi următorul set. Dacă nu reușești să-ți revii suficient între seturi, nu vei putea să atingi nivelul maxim de efort în intervalele de antrenament și ca atare vei rata adaptarea dorită. De asemenea, asigură-te că-ți aloci suficient timp pentru încălzire și relaxare în urma acestui efort intens.

Bănuiesc că vestea bună este că nu trebuie să petreci mult timp în „peștera durerii". Cu excepția cazurilor în care te antrenezi să fii competitiv în întreceri sportive de anduranță precum ciclism, înot, alergare, triatlon sau schi fond, un singur antrenament în această zonă va fi în general suficient. Curând, vei descoperi că își îmbunătățește performanța și în restul programelor de antrenament — și, mai important, în restul vieții tale.

Am descoperit asta într-un mod foarte intens nu cu mult timp în urmă, când eu și soția mea am avut un interval foarte scurt între două avioane pe Aeroportul Heathrow din Londra. Oricine a făcut escală acolo știe că să ajungi de la Terminalul 5 la Terminalul 3 este în esență o călătorie în sine. Singurul fel în care am fi putut

* În realitate, am descoperit că ritmul meu ideal pentru VO_2 max este la o intensitate cam cu 33% mai mare decât cel din zona 2, dacă fac intervale de 4 cu 4 minute. Așa că, dacă ritmul tău pentru zona 2 reprezintă o putere de 150 wați, atunci ritmul de antrenament pentru VO_2 max ar trebui să fie cam la 200 wați timp de 4 minute, urmate de 4 minute de odihnă. Chiar mai bine, dacă îți cunoști puterea de prag funcțională (*functional threshold power* — FTP), care este cea mai mare putere pe care o poți produce timp de șaizeci de minute, ar trebui să ai ca obiectiv să atingi 120% din FTP în intervale de 3 minute și 106% din FTP în intervale de 8 minute și să reglezi între intervale.

FIGURA 12. VO_2 max în funcție de vârstă, sex, condiție fizică

	Grupuri de performanță în funcție de VO_2 max (ml/kg/min)				
Vârsta	Scăzută	Sub medie	Peste medie	Ridicată	Elită
Femei					
18-19	< 35	35-39	40-45	40-52	≥ 53
20-29	< 28	28-35	36-40	41-50	≥ 51
30-39	< 27	27-33	34-38	39-48	≥ 49
40-49	< 26	26-31	32-36	37-46	≥ 47
50-59	< 25	25-28	29-35	36-45	≥ 46
60-69	< 21	21-24	25-29	30-38	≥ 40
70-79	< 18	18-21	22-24	25-35	≥ 36
≥ 80	< 15	15-19	20-22	23-29	≥ 30
Bărbați					
18-19	< 38	38-45	46-49	50-57	≥ 58
20-29	< 36	36-42	43-48	49-55	≥ 56
30-39	< 35	35-39	40-45	46-52	≥ 53
40-49	< 34	34-38	39-43	44-51	≥ 52
50-59	< 29	29-35	36-40	41-49	≥ 50
60-69	< 25	25-29	30-35	36-45	≥ 46
70-79	< 21	21-24	25-29	30-40	≥ 41
≥ 80	< 18	18-22	23-25	26-35	≥ 36

Comparațiile VO_2 max între grupe sunt realizate pentru următoarele intervale: scăzut (ultima quartilă, până la percentila 25), sub medie (percentilele 26-50), peste medie (percentilele 51-75), ridicat (percentilele 75-97,6) și elită (primele 2,3%).

prinde zborul următor era să alergăm echivalentul a 1,5 km în mai puțin de 8 minute, fiecare cărând un bagaj de 10 kg. Acesta nu avea să fie un efort de zona 2; urma să fim nevoiți să ne străduim mult mai mult de atât, 8 minute fără pauză. Trebuia să putem produce o explozie de putere care se apropia mai degrabă de VO_2 max al nostru, decât de zona 2.

În acel moment, ne aflam într-o situație deloc diferită de cea cu care se confruntau frecvent strămoșii noștri vânători-culegători (făcând abstracție de context, evident). În afară de faptul că e mult mai amuzant decât călătoritul prin aeroporturi, vânatul necesită în proporție de 95% un efort lent și constant și 5% unul de intensitate maximă. Pentru a ucide antilopa sau mamutul sau orice alt animal, chiar aveai nevoie de o forță suplimentară pentru a finaliza treaba.

Ce vreau să spun este că, dacă te gândești la tipul de capacitate aerobică de care au *nevoie* cei mai mulți oameni în viețile lor, în esență totul se reduce la a putea funcționa bine într-un ritm lent o perioadă lungă de timp, dar și de a fi capabil să depui efort și să fii rapid când este nevoie. Antrenarea și menținerea unei capacități aerobice ridicate și a face asta acum sunt esențiale pentru păstrarea acestui interval de funcționare în anii bătrâneții.

Dintr-un anumit punct de vedere, randamentul aerobic este precum amplificatorul special al chitaristului Nigel Tufnel, din filmul clasic *Spinal Tap*: în condițiile în care majoritatea amplificatoarelor îți permit să dai volumul până la 10, al lui ajungea la 11. Așa cum a explicat într-un stil memorabil: „E cu o treaptă mai sus".

Din când în când, e bine să dispui de acel interval. Am ajuns la avionul nostru chiar cu câteva secunde mai devreme.

Antrenamentul de forță

Antrenamentul cu greutăți a fost pentru mine o piatră de temelie încă de când aveam 14 ani și, împreună cu John, cel mai bun prieten al meu, ambii aspiranți la titlul de campioni, am intrat prima oară în sala de sport din campusul Scarborough al Universității Toronto. Era o temniță împuțită la două etaje sub pământ, populată cu tipi foarte transpirați care erau efectiv obsedați să ridice greutăți metalice mari. Nu avea nicio sursă de încălzire, nici ferestre și nici aer condiționat, așa că iarna era congelator, iar vara era atât de fierbinte, încât nu era deloc ceva neobișnuit să leșine cineva după un set de repetări la efort maxim. Iubeam locul acela. Avea pentru noi aceeași însemnătate legendară ca și Gold's Gym de la Venice Beach.

Pe atunci, mă duceam la sală să-mi hrănesc ambițiile în box. Efectiv nu mă gândeam deloc cum o să arate viața mea după vârsta de 23 de ani. Acum, ajuns și eu la vârsta mijlocie, înțeleg în sfârșit seriozitatea cu care tipii ăia mai mari își abordau antrenamentele. Eu visez la altceva — la decatlonul centenarilor, în caz că ai uitat —, dar bănuiesc că sunt acum pe aceeași lungime de undă cu ei.

Realitatea tristă este că masa noastră musculară începe să scadă chiar începând cu vârsta de 30 de ani. Un bărbat de 80 de ani[16] va avea cu 40% mai puțin țesut muscular (măsurat în secțiunea transversală a *vastus lateralis*, adică mușchiul cvadriceps al coapsei) decât avea la 25 de ani. Dar probabil că masa musculară este valoarea cea mai puțin importantă în acest context. Conform lui Andy Galpin, profesor de kinetoterapie la Universitatea California din Fullerton și una dintre cele mai importante autorități în domeniul forței și performanței, pierdem forță musculară de aproximativ două sau trei ori mai repede decât masă musculară. Și pierdem putere (forță x viteză) de două sau trei ori mai repede decât pierdem forță. Se întâmplă asta deoarece cea mai mare și singura schimbare în mușchiul care îmbătrânește este atrofierea contracției rapide sau a fibrelor musculare de tip 2. Așadar antrenamentul nostru trebuie concentrat pe îmbunătățirea acestora prin exerciții de rezistență. E posibil ca solicitările din viața de zi cu zi și efortul în zona 2 de anduranță să fie suficiente pentru a preveni atrofia fibrelor de tip 1 — dar, dacă nu te antrenezi cu o rezistență semnificativă, fibrele tale musculare de tip 2 vor intra în declin.

Durează mult mai puțin să pierzi masă și forță musculară decât să le câștigi, mai ales dacă ești sedentar. Chiar dacă un individ s-a antrenat cu consecvență, o scurtă perioadă de inactivitate poate elimina multe dintre aceste câștiguri. Dacă inactivitatea este provocată de o cădere sau de un os rupt și durează mai mult de câteva zile, poate adesea să declanșeze un declin abrupt din care e posibil să nu ne mai revenim niciodată complet, cam ceea ce i s-a întâmplat lui Sophie. Un studiu derulat pe 12 voluntari sănătoși[17] cu o vârstă medie de 67 de ani a descoperit că, după doar 10 zile de repaus la pat, aproximativ perioada de convalescență după o boală gravă sau o accidentare ortopedică, participanții la studiu au pierdut în medie 1,5 kg de masă slabă (mușchi). Este foarte semnificativ și demonstrează cât de periculoasă poate fi inactivitatea. Dacă un individ este sedentar și consumă prea multe calorii, pierderea musculară este accelerată deoarece una dintre principalele destinații ale revărsării de grăsime sunt mușchii.

În forma sa cea mai extremă, această pierdere musculară este denumită sarcopenie,[18] așa cum am menționat în capitolul 11.

O persoană care suferă de sarcopenie va avea un nivel scăzut de energie, senzații de slăbiciune și probleme cu echilibrul. Sarcopenia este unul dintre principalele semne ale unei tulburări clinice mai vaste denumită fragilitate,[19] când o persoană bifează trei din aceste cinci criterii: pierdere nedorită în greutate, epuizare sau nivel scăzut de energie, nivel scăzut de activitate fizică, mers încet și o forță de strângere slabă (despre asta, în curând). Statul în picioare și mersul pot deveni dificile și persoana e în mare pericol să cadă sau să-și fractureze oasele.

Odată ajunși în această etapă, recuperarea mușchilor nu este o sarcină facilă. Un studiu a analizat 62 de seniori fragili[20] (cu o medie de vârstă de 78 de ani) care au fost implicați într-un program de antrenament cu greutăți și a descoperit că, după șase luni de antrenament exclusiv de forță, o jumătate dintre subiecți nu câștigaseră *deloc* masă musculară. De asemenea, ei nici nu au pierdut masă musculară, probabil grație antrenamentului de forță, dar concluzia este că e foarte dificil să dezvolți masă musculară la vârste avansate.

Un alt indicator pe care-l monitorizăm îndeaproape la pacienții noștri este densitatea minerală osoasă (*bone mineral density* — BMD). Măsurăm BMD a fiecărui pacient, în fiecare an, printr-o analiză DEXA a oaselor bazinului și a coloanei vertebrale lombare. Aceasta măsoară de asemenea grăsimea corporală și masa slabă, așa că este un instrument util pentru toate aspectele compoziției corpului care ne interesează.

Aceste trei regiuni osoase sunt în general folosite în punerea diagnosticului de osteopenie sau osteoporoză. Recomandările generale susțin necesitatea testării doar la femeile peste 65 de ani sau la bărbații peste 70 de ani — ceva tipic pentru Medicina 2.0: să aștepți până când e posibil ca individul să se afle față în față cu pericolul, înainte de a face ceva. Credem că este important să ne facem o idee despre acest aspect mult mai devreme, înainte să apară vreo problemă.

Ideea este că densitatea osoasă scade urmând o traiectorie paralelă cu cea a masei musculare, atingând un maximum pe la finalul deceniului al treilea de viață, înainte de a intra într-un declin lent și constant. La femei, acest declin se petrece mult mai rapid, odată ce ajung la menopauză, dacă nu urmează un tratament de substituție hormonală (încă un motiv pentru care îl recomandăm), deoarece estrogenul este esențial pentru forța oaselor — atât la bărbați, cât și la femei. Alți factori de risc pentru densitatea osoasă scăzută sunt cei genetici (cazuri în familie), obiceiul fumatului, utilizarea de lungă durată a corticosteroizilor (de exemplu, pentru astm sau afecțiuni autoimune), medicamente care blochează estrogenul (de exemplu, femei care iau astfel de medicamente pentru cancer de sân), masă musculară scăzută (din nou) și subnutriție.

De ce ne pasă așa de mult de acest lucru? Ca și în cazul mușchilor, totul se reduce la protecție. Vrem să încetinim acest declin, să ne protejăm de accidentare și de slăbiciune fizică. Rata deceselor cauzate de o fractură de șold sau de femur este uluitoare după vârsta de 65 de ani. Ea variază de la un studiu la altul, dar se încadrează între 15 și 36% într-un an — ceea ce înseamnă că până la o treime dintre persoanele peste 65 de ani care-și fracturează șoldul mor în decurs de un an. Chiar dacă persoana nu moare ca urmare a accidentării, regresul poate fi echivalentul funcțional al morții, având în vedere masa musculară și, prin urmare, capacitatea fizică pierdută în timpul perioadei de repaus la pat (adu-ți aminte cât de repede pierd masă musculară persoanele peste 65 de ani bolnave la pat).

Obiectivul nostru este să încercăm să identificăm această problemă, dacă se manifestă, cu zeci de ani înainte să poată apărea o fractură. Când identificăm un BMD scăzut sau în declin rapid la o persoană de vârstă medie, folosim următoarele patru strategii:

1. Optimizarea nutriției, concentrarea pe proteine și nevoile de energie totală (vezi capitolele despre nutriție).
2. Activitate care implică ridicarea de greutăți mari. Antrenamentul de forță, în special cu greutăți mari, stimulează creșterea oaselor — mai mult decât sporturile de impact, precum alergarea (deși alergarea este mai bună decât înotul sau ciclismul). Oasele reacționează la tensiune mecanică și estrogenul este hormonul esențial care transformă semnalul mecanic (ridicarea greutăților) într-unul chimic, spunându-i corpului să mai producă masă osoasă.

3. Terapie de substituție hormonală, dacă este indicată.
4. Medicamente care să crească BMD, dacă sunt indicate.

La modul ideal, putem rezolva problema cu primele două, dar nu ne temem să le folosim nici pe următoarele două, acolo unde e nevoie. Concluzia în acest caz, pentru cititori, este că BMD este important și necesită cel puțin la fel de multă atenție ca și masa musculară, așa că ar trebui să-ți verifici BMD măcar o dată la câțiva ani. (Mai ales dacă activitățile tale sportive principale, cum ar fi ciclismul sau înotul, nu includ ridicarea greutăților.)

Mă gândesc la antrenamentul de forță ca la un fel de cont de economii pentru pensie. Așa cum ne dorim să ne pensionăm și să avem suficienți bani care să ne susțină pentru restul vieții noastre, vrem să ajungem la vârste mai înaintate cu o „rezervă" suficientă de mușchi (și densitate osoasă) care să ne protejeze de accidentare și să ne permită să continuăm să facem activitățile care ne plac. E mult mai bine să economisim și să investim și să planificăm în avans, consolidându-ne rezervele treptat, în decenii de viață, decât să încropim un cont de pensie spre 60 de ani și să sperăm că zeii bursei ne vor ajuta. Ca și investițiile financiare, antrenamentul de forță este și el cumulativ, beneficiile sale capitalizându-se în timp. Cu cât îți construiești mai devreme o rezervă mai mare, cu atât o să-ți fie mai bine pe termen lung.

Dar, spre deosebire de alți tipi de la sală, mă preocupă mai puțin cât de mari îmi sunt bicepșii sau ce greutate pot să împing de la piept. Acestea contează dacă ești culturist sau halterofil, iar părerea mea este că ele contează mai puțin în decatlonul centenarilor (sau în viața reală). Am ajuns la concluzia că un indicator mult mai important al forței este ce greutate poți să cari. Spun asta bazându-mă pe intuiția mea, dar și după documentarea despre vânătorii-culegători și evoluția umană. Căratul greutăților este superputerea noastră ca specie. Este unul dintre motivele pentru care avem degete opozabile, precum și picioare (și brațe) lungi. Niciun alt animal nu poate să care obiecte mari dintr-un loc în altul cât de cât eficient. (Iar cele care pot, precum caii și alte animale de povară, fac asta pentru că le-am crescut, antrenat și îmblânzit în acest scop.) Acesta este contextul în care văd eu antrenamentul de forță. În mare parte, este vorba despre îmbunătățirea capacității tale de a căra lucruri.

Mereu mi-a plăcut să duc obiecte grele cu mâinile. Ca adolescent care lucra pe un șantier de construcții în timpul verilor, mereu mă ofeream voluntar să car echipamente și materiale dintr-o parte în alta, iar azi încă mai includ în majoritatea programelor mele de antrenament activități care presupun să car ceva, în general greutăți *dumbbell* sau *kettlebell* sau saci de nisip. Am devenit de asemenea aproape obsedat de o activitate pe care o numesc *rucking*, care presupune în principiu să merg în drumeție sau să merg într-un ritm rapid cu un rucsac plin în spate. De trei sau patru ori pe săptămână, petrec o oră făcând *rucking* prin cartier, în general pe un traseu de 5-6 kilometri cu diferență de nivel mai mare de 100 de metri. Rucsacul de 22-27 de kilograme din spate face ca plimbarea să fie destul de dificilă, așa că-mi întăresc gambele și trunchiul în timp ce am parte și de un antrenament cardiovascular serios. Cea mai bună parte este că niciodată nu iau telefonul cu mine în aceste ieșiri; sunt doar eu, în natură, poate cu un prieten sau un membru al familiei sau un oaspete (pentru care *rucking*-ul este obligatoriu; am doi rucsaci de rezervă în garaj).

Michael Easter este cel care m-a familiarizat cu acest mod de a-mi petrece timpul, în cartea lui revelatoare *The Comfort Crisis*. Teoria lui fascinantă este că, din cauză că am îndepărtat orice fel de disconfort din viața noastră modernă, am pierdut legătura cu abilitățile fundamentale (ca să nu mai vorbim de suferința frecventă) care odinioară defineau omul. Căratul lucrurilor pe distanțe mari este una dintre aceste abilități; probabil că strămoșii noștri trebuiau să meargă la mare depărtare pentru a vâna hrana pentru familiile lor și apoi să-și care prada înapoi în tabără pentru a-i hrăni pe toți. Dar este o activitate atât de eficientă, încât armata a inclus-o în antrenamentul ei.

„Căratul greutăților ne-a modelat ca specie“,[21] spune el. „Strămoșii noștri cărau adesea lucruri. Le oferea o forță funcțională robustă și o anduranță care probabil îi proteja foarte bine. Dar am reușit să eliminăm prin tehnologie căratul greutăților, ca și alte forme de disconfort. *Rucking* este o modalitate practică de a aduce căratul greutăților înapoi în viața noastră.“

Principala diferență este că, în loc să car 27 de kilograme de carne de antilopă în rucsacul meu, în general car greutăți mari de metal care, recunosc, sunt mai puțin atrăgătoare. Unul dintre aspectele asupra căruia mă concentrez în special când fac *rucking* sunt dealurile. Să urc îmi oferă șansa de a-mi activa sistemul de energie VO_2 max; cei care fac prima oară *rucking* sunt uimiți cât de multă energie consumi urcând o pantă de 15% chiar și numai cu 10 kilograme în spate — iar apoi coborând-o. (Un obiectiv bun este să poți căra un sfert până la o treime din greutatea ta corporală după ce capeți suficientă forță și rezistență. Soția și fiica mea cară în mod normal aceste greutăți când mi se alătură.)

Pe cât de minunat este *rucking*-ul, nu este singurul lucru pe care mă bazez pentru a-mi crește forța. În esență, îmi structurez antrenamentul pe exerciții care îmbunătățesc următoarele:

1. *Forța de strângere*, cât de tare poți strânge cu mâinile, care implică totul de la mâini până la mușchii laterali ai spatelui. Aproape toate acțiunile încep cu strângerea.
2. *Încărcarea concentrică*, dar și cea *excentrică* în toate mișcările, adică atunci când mușchii noștri se contractă (concentric) *și* când se întind (excentric). Trebuie să putem să ridicăm greutatea și să o punem la loc, încet și controlat. *Rucking*-ul în josul pantelor este o modalitate extraordinară de a exersa forța excentrică, pentru că te obligă să activezi „frânele".
3. *Mișcări de tragere*, din toate unghiurile de deasupra până în fața ta, care necesită și ele forță de strângere (de exemplu: tracțiuni și vâsliri).
4. *Mișcări de aplecare din bazin*, cum ar fi îndreptări (*deadlifts*) și genuflexiuni, dar și exerciții de pășire (*step-ups*), ridicări ale bazinului (*hip-thruster*) și nenumărate variante cu un singur picior ale exercițiilor care întăresc gambele, fesierii și zona lombară.

Mă concentrez pe aceste 4 elemente de bază ale forței deoarece sunt cele mai relevante pentru decatlonul centenarilor — și de asemenea pentru a trăi o viață împlinită și activă în ultimele noastre decenii. Dacă poți strânge cu forță, poți deschide ușor un borcan. Dacă poți trage, poți căra cumpărături și ridica obiecte grele. Dacă poți să te apleci corect din bazin, poți să te ridici fără probleme de pe un scaun. Te asiguri că vei îmbătrâni frumos. Ideea nu e ce greutate poți ridica acum la piept, ci cât de bine vei funcționa în 20 sau 30 sau 40 de ani.

Așez forța de strângere pe primul loc deoarece e ceva la care cei mai mulți oameni nu se gândesc. Chiar și eu am fost surprins să constat că există un volum foarte mare de literatură de specialitate care face conexiunea dintre forța de strângere la jumătatea vieții și după aceea, și riscul scăzut de deces din orice cauză.* De fapt, datele sunt la fel de solide ca și pentru VO_2 max și masa musculară. Multe studii sugerează că forța de strângere[22] — efectiv cât de tare poți strânge ceva cu o mână — prezice cât de mult vei trăi, iar o forță scăzută de strângere la vârstnici este considerată un simptom al sarcopeniei, atrofia musculară specifică vârstei înaintate, despre care tocmai am vorbit. În aceste studii, probabil că forța de strângere acționează ca un echivalent al forței musculare generale, dar mai este și un indicator mai cuprinzător al robusteții generale *și* al capacității de a te proteja dacă aluneci sau îți pierzi echilibrul. Dacă ai forța necesară pentru a te prinde de o bară sau de o creangă și de a te ține bine, e posibil să eviți o cădere.

În mod surprinzător, având în vedere cât de obișnuite au devenit activitățile de fitness și mersul la sală în cultura noastră în ultimele decenii, adulții americani par să aibă o forță de strângere mult mai slabă — și implicit mai puțină masă musculară — decât aveau chiar și cu numai o generație în urmă. În 1985, bărbații cu vârste între 20 și 24 de ani[24] aveau o forță medie de strângere de 54 de kilograme, în timp ce în 2015, bărbații de aceeași vârstă aveau în medie o forță de strângere de 45 de kilograme. Asta sugerează că persoanele care au acum circa 30 de ani ajung la vârsta de mijloc cu mult mai puțină forță decât părinții lor, fapt care le-ar putea cauza probleme pe măsură ce îmbătrânesc.

Forța de strângere este importantă la toate vârstele. Fiecare interacțiune pe care o avem începe cu mâinile (sau picioarele, cum vom discuta mai târziu). Strângerea noastră este punctul

* Definiția general acceptată pentru sarcopenie[23] include prezența unei mase musculare scheletice scăzute și fie o forță musculară scăzută (de exemplu, forța de strângere a mâinii), fie performanțe fizice limitate (de exemplu, viteza de mers).

principal de contact în aproape toate sarcinile fizice, de la balansarea crosei de golf la tăiatul lemnelor; este interfața noastră cu lumea. Dacă forța cu care strângem este una slabă, atunci totul este compromis.

Antrenarea forței de strângere nu este extrem de complicată. Una dintre modalitățile mele preferate este căratul unor greutăți în stilul clasic al fermierilor: merg aproximativ un minut cu o bară cu greutăți, o ganteră *dumbbell* sau *kettlebell* în fiecare mână. (Puncte bonus: ține greutatea ridicată vertical, de parcă ai căra-o printr-o încăpere aglomerată.) Unul dintre standardele stabilite pentru pacienții noștri este să-și care jumătate din greutatea corporală în fiecare mână (deci greutatea completă a corpului în total) timp de cel puțin un minut, iar pentru paciente obiectivul este de 75% din acea greutate. Evident că este un obiectiv ambițios — vă rog să nu încercați să faceți asta la următoarea vizită la sală. Unii dintre pacienții noștri au nevoie chiar de un an de antrenamente înainte să încerce să treacă acest test.

În general, le cerem pacienților noi să înceapă cu mult mai *puțin* decât au ridicat în trecut, uneori revenind chiar la exercițiile exclusiv cu greutatea corpului la început. Așa cum vom vedea în capitolul următor, despre stabilitatea corpului, este mult mai important să înveți și să exersezi tipuri ideale de mișcare decât să tragi tot timpul de greutăți mari. Acestea fiind spuse, căratul greutăților în stilul fermierului este destul de simplu (o greutate în fiecare mână, brațele pe lângă corp, mers). Cea mai importantă recomandare este să-ți ții omoplații în jos și trași spre spate, nu ridicați sau aplecați în față. Dacă abia te-ai apucat de antrenamentele de forță, începe cu greutăți ușoare, de 4-6 kilograme și crește treptat.

O altă modalitate de a-ți testa forța de strângere este să stai atârnat de o bară cât de mult timp poți. (Acesta nu este un exercițiu de făcut în fiecare zi; mai degrabă, este un test ocazional.) Apuci bara și te lași pur și simplu să atârni, susținându-ți greutatea corpului. Este un exercițiu simplu, dar înșelător de dificil, care ajută de asemenea la întărirea mușchilor stabilizatori scapulari (ai umărului), atât de importanți, despre care vom vorbi în capitolul următor. La acest test, dorim să-i vedem pe bărbați atârnând cel puțin două minute și pe femei cel puțin 90 de secunde la vârsta de 40 de ani. (Reducem puțin obiectivul cu fiecare zece ani peste vârsta de 40.)

Nicio discuție despre forță nu este completă fără să menționăm încărcarea *concentrică* versus cea *excentrică*. Din nou, încărcarea excentrică înseamnă că mușchiul este încărcat în timp ce se întinde, ca atunci când faci mișcarea de coborâre la flexia cu gantera (*biceps curl*). Când ridici o greutate, este mai intuitiv să te concentrezi pe faza concentrică, adică ridicarea ganterei cu ajutorul bicepșilor. Aceasta este forța unui mușchi care se micșorează. Unul dintre testele pentru pacienții noștri presupune ca ei să urce și să coboare de pe un cub cu latura de 45 de centimetri și să atingă solul în trei secunde (un pas în față și jos, ca atunci când cobori o treaptă foarte înaltă). Partea cu urcatul e destul de ușoară, dar cei mai mulți oameni se chinuie la început cu coborârea în trei secunde. Pentru asta e nevoie de forță excentrică și de control. (Voi vorbi în detaliu despre urcări și coborâri la finalul capitolului 13.)

În viață, mai ales pe măsură ce înaintăm în vârstă, forța este domeniul în care multe persoane încep să aibă probleme. Forța excentrică a cvadricepsului este cea care ne oferă controlul de care avem nevoie când coborâm pe o pantă sau un șir de scări. Este foarte importantă, pentru că ne ferește de căzături și de accidentări ortopedice. Atunci când ne putem încărca excentric musculatura, acest lucru împiedică articulațiile să preia tensiunea în exces, mai ales genunchii. Gândește-te cum e să pășești ușor la vale pe un deal foarte abrupt față de a-l coborî în alergare necontrolată. Diferența de forță transmisă spre genunchii tăi este majoră (așa cum este diferența între posibilele consecințe — coborârea în siguranță față de căderea și posibila accidentare a genunchilor).

Antrenarea forței excentrice este relativ simplă. La nivel general, înseamnă să te concentrezi pe partea de „coborâre“ a greutăților, fie că este vorba de tracțiuni sau coborâri, îndreptări sau ramări (*rows*); *rucking* în coborâre este o modalitate excelentă de a-ți dezvolta atât forța excentrică, cât și orientarea și controlul, care sunt o parte importantă a antrenamentului de stabilitate (capitolul următor). Te mai și protejează de durerile de genunchi. Nu e nevoie să faci asta la fiecare repetare a fiecărui set. Uneori, vrei doar să te concentrezi pe mișcarea rapidă a greutății sau pe ridicarea unei greutăți mai mari, dar asigură-te la un moment dat, în toate antrenamentele tale, că îți aloci timp pentru stimularea fazei excentrice a ridicărilor.

Urmează forța de tragere care este înrudită îndeaproape cu forța de strângere. Mișcările de tragere sunt felul în care îți impui voința asupra lumii, fie că scoatem o pungă de cumpărături din portbagaj sau ne cățărăm pe stânca El Capitan. Este o mișcare de ancorare. La sală, în general aceasta se face prin ramări, când tragi greutatea spre corpul tău sau prin tracțiuni. Un aparat de vâslit, pe care îmi place să-l folosesc pentru antrenamentul VO_2 max, este o altă modalitate simplă și eficientă de a exersa forța de tragere.

Ultimul element de bază al forței este flexia din bazin, care este exact ceea ce pare: te apleci din bazin — *nu* arcuind spatele — pentru a-ți utiliza mușchii cei mai mari din corp, *gluteus maximus* și tendoanele mușchilor coapselor. (Repet: Nu arcui spatele!) Este o mișcare foarte puternică, esențială pentru viață. Fie că faci o săritură olimpică cu schiurile, culegi un bănuț norocos de pe asfalt sau te ridici pur și simplu de pe un scaun, tot o flexie din bazin faci.

Flexia din bazin cu o greutate axială mare, ca în cazul unei îndreptări sau al unei genuflexiuni cu greutăți, ar trebui abordată cu grijă din cauza riscului de accidentare. Din acest motiv, îi punem pe pacienții noștri să ajungă foarte lent la flexia din bazin cu greutăți, începând în general cu urcări cu un singur picior (vezi descrierea mai jos) sau cu o îndreptare românească cu un picior în spate, fie fără greutăți, fie doar cu greutăți foarte ușoare ținute în mâini.

În mod normal, aceasta ar fi secțiunea unde aș scrie un tratat lung despre aspectele mai detaliate ale tehnicii de realizare a tracțiunilor și flexiilor din bazin. Am ajuns la concluzia că, de fapt, nu pot fi făcute corect fără zeci de imagini și mii de cuvinte, într-o carte care e deja prea lungă. Din două motive am hotărât să nu dau detalii. Primul, deoarece cred că genul acesta de conținut se învață cel mai bine direct, de la cineva care știe cum să explice mișcările. De exemplu, partea „dificilă“ în a învăța pe cineva să se aplece corect din bazin nu este să exemplifici corect poziția coloanei vertebrale față de femur și partea de jos a gambei sau unghiul bazinului într-o diagramă. Partea dificilă este să știi cum să încarci excentric mușchii fesieri și tendoanele *înainte* de a te apleca și să simți că picioarele apasă podeaua uniform cu toată suprafața tălpii.

Dacă asta ți se pare greu de urmărit, îți dai seama exact de ce am ajuns la concluzia că modalitatea optimă de a-ți comunica această informație pentru a o pune în aplicare este să-ți arăt, în loc să-ți spun. Iar cea mai bună modalitate de a-ți arăta este să mă privești făcând aceste exerciții, cu colega mea Beth Lewis dându-mi indicații. (Am pus linkul cu aceste înregistrări și o scurtă descriere la finalul capitolului următor.)

Al doilea motiv pentru care am preferat să nu-ți descriu toate aceste exerciții în detaliu este că atunci când vin pacienți noi la consultație, în general le spunem să *oprească* antrenamentul de forță, mai ales cu greutăți mari. Primul lucru pe care-l facem este să-i supunem unei serii de teste de forță și de mișcare menite să le evalueze nu doar condiția fizică, ci și gradul de stabilitate. Așa că, înainte de a face vreun exercițiu la sală, te-aș ruga să citești următorul capitol, pentru a începe să înțelegi conceptul esențial și complex de stabilitate.

CAPITOLUL 13

Evanghelia stabilității

Să reînvățăm să ne mișcăm ca să prevenim accidentările

Cu cât clădirea este mai măreață, cu atât trebuie să fie fundația mai adâncă.
THOMAS À KEMPIS

Până acum ar trebui să fie deja evident că e important să-ți păstrezi o condiție fizică bună pe măsură ce înaintezi în vârstă. Dar acum gândește-te la o altă întrebare conexă: de ce nu reușesc mai mulți oameni să facă asta?

O persoană obișnuită de 70 de ani va face mai puțin de jumătate dintre activitățile fizice „moderate spre energice" pe care le făcea la vârsta de 40 de ani — iar după 70 de ani declinul este accelerat. Persoanele de 70 și 80 de ani cu o condiție fizică bună sunt excepția, nu regula.

E tentant să punem asta pe seama îmbătrânirii, a durerilor și afecțiunilor care se acumulează la vârsta mijlocie și după aceea, ca să nu mai vorbim de pierderea constantă de capacitate aerobică și forță. Alți factori, precum luarea în greutate și somnul de proastă calitate, te pot face de asemenea să te simți epuizat. Dar cred că factorul X care lipsește și care explică *de ce* atât de multe persoane efectiv nu se mai mișcă este altul: accidentările. Adică, persoanele mai în vârstă au tendința să facă mai puțină mișcare sau deloc deoarece pur și simplu nu pot. S-au accidentat la un moment dat în viața lor și nu și-au revenit niciodată. Așa că declinul a continuat.

Asta s-a întâmplat în mod clar cu Sophie, mama prietenei mele Becky, dar și eu aș fi putut să o iau ușor pe panta asta. Pe la douăzeci de ani, când eram student la medicină și încă mă antrenam intens, ridicând greutăți aproape zilnic, am suferit o accidentare ciudată la spate care a necesitat două operații (una dintre ele ratată), urmate de o recuperare lungă și foarte dificilă. Timp de mai multe luni am fost aproape incapabil să funcționez, supraviețuind cu cantități mari de analgezice. Nici măcar nu mă puteam spăla pe dinți fără dureri cumplite de spate și-mi petreceam o mare parte din zi stând întins pe jos. Situația s-a înrăutățit așa de tare, încât mama a trebuit să vină cu avionul în Palo Alto ca să aibă grijă de mine. Ideea este că oamenilor li se pare îngrozitor să trebuiască cineva să treacă prin asta la 20 de ani (și chiar așa este), dar aproape că se așteaptă să i se întâmple cuiva de vârsta lui Sophie.

Sophie și cu mine nu suntem singurii: acest gen de accidentare și durere cronică sunt șocant de frecvente. Conform CDC,[1] peste 27% dintre americanii cu vârste peste 45 de ani spun că suferă de dureri cronice și aproximativ 10-12% spun că durerea le-a limitat activitățile în „majoritatea zilelor sau în fiecare zi" în timpul ultimelor 6 luni. În majoritatea zilelor sau în fiecare zi! Mai ales durerea de spate[2] este un factor favorizant semnificativ al recomandărilor de opioide și de proceduri chirurgicale, care adesea au o valoare îndoielnică. Este o cauză principală de dizabilitate în toată lumea, iar numai Statele Unite cheltuie aproximativ 635 de miliarde de dolari în costuri medicale și productivitate pierdută.

Așa cum am aflat, niciun program de antrenament aerobic sau de forță din lume nu te va ajuta dacă te accidentezi și trebuie să iei o pauză de câteva luni — sau permanentă — de la exerciții. Studiile derulate pe studenții sportivi[4] care au suferit accidentări în cariera lor raportează că aceștia vorbesc întotdeauna despre o calitate scăzută a vieții la vârsta mijlocie sau mai târziu. Accidentările continuă să-i afecteze nu doar fizic, ci și psihic zeci de ani din viețile lor. În timpul chinului meu de lungă durată, am ajuns să înțeleg cât de importantă este capacitatea de a funcționa fizic pentru starea noastră de bine generală.

Toate cele de mai sus — cercetările și propria experiență —, susțin prima mea regulă pentru o condiție fizică bună: *În primul rând, nu-ți face rău singur*!

Cum realizăm asta? Cred că stabilitatea este principalul ingredient. Dar mai este nevoie și de o schimbare a modului de a gândi. Trebuie să scăpăm de mentalitatea conform căreia trebuie să dăm gata toate antrenamentele de fiecare dată când mergem la sală — să facem cele mai multe repetări, cu cele mai mari greutăți, zi după zi. Așa cum am descoperit, să cerem atât de mult de la noi tot timpul, fără o stabilitate bună a corpului, duce aproape inevitabil la accidentare. Dacă te chinui să-ți termini antrenamentul, atunci probabil că faci apel la felurile în care organismul „trișează", la tiparele de mișcare înnăscute, dar posibil periculoase.

În schimb, trebuie să ne schimbăm abordarea ca să ne concentrăm pe a face lucrurile *corect*, a cultiva tipare de mișcare sigure, ideale, care să permită corpului nostru să funcționeze așa cum a fost programat și să ne reducă riscul de accidentare. Mai bine să muncim inteligent, decât să muncim prea din greu. Dar, așa cum aveam să descopăr singur, nu este o sarcină ușoară să înveți din nou aceste tipare de mișcare.

Stabilitatea a fost adesea confundată cu „trunchiul", dar e vorba de mult mai mult decât despre mușchi abdominali puternici. Din punctul meu de vedere, stabilitatea este esențială pentru orice fel de mișcare, mai ales dacă obiectivul tău e să poți continua să faci acea mișcare mai mulți ani sau mai multe zeci de ani. Este baza pe care cei doi stâlpi gemeni, sănătatea cardiovasculară și forța, trebuie să se sprijine. În absența ei, ai încurcat-o. Poate că nu imediat, dar mai devreme sau mai târziu vei suferi probabil o accidentare care-ți limitează mișcările, te oprește din desfășurarea activităților zilnice pe măsură ce îmbătrânești și poate chiar te exclude definitiv din decatlonul centenarilor.

Un aspect pe care l-am învățat din antrenamentele de stabilitate este că accidentările cele mai „acute", cum ar fi un ligament cruciat anterior rupt sau o ruptură de tendon, sunt rareori inopinate. Deși se pot manifesta cu rapiditate — durere lombară sau cervicală sau de genunchi instantanee — probabil exista o afecțiune cronică sau o instabilitate la baza articulației, care a fost adevăratul vinovat. Acesta este de fapt icebergul din apă. Accidentarea „acută" este doar partea pe care o vezi, manifestarea unei afecțiuni preexistente. Așa că, dacă vrem să ne atingem obiectivele pe care ni le-am stabilit în decatlonul centenarilor, trebuie să putem anticipa și evita orice fel de accidentări care pot fi presărate pe traseu ca icebergurile în ocean. Asta presupune o înțelegere a stabilității și includerea sa în programul nostru de antrenament.

Stabilitatea e greu de definit exact, dar intuitiv știm ce este. O definiție tehnică ar putea fi: stabilitatea este capacitatea inconștientă de a utiliza, decelera sau opri o forță. O persoană cu o stabilitate bună poate reacționa la stimuli interni sau externi pentru a-și ajusta poziția și tensiunea musculară în mod adecvat, fără să se gândească prea mult la asta.

Îmi place să explic stabilitatea folosind o analogie din sportul meu preferat, cursele de mașini. Acum câțiva ani, m-am dus la o pistă de curse din California de Sud să fac câteva antrenamente cu coachul meu. Pentru încălzire, am făcut câteva „ture de sedan" în mașina mea de oraș de la momentul acela, un BMW M3 coupe „tunat", cu un motor puternic de 460+ HP. După luni de zile în care mă târâsem pe autostrăzile din sudul Californiei, a fost extraordinar de amuzant să intru în viteză în curbe și să accelerez în linie dreaptă.

Apoi am trecut pe mașina de curse pe care o închiriasem, în esență o variantă simplificată, adaptată pentru curse, a cunoscutului BMW 325i. Deși motorul acestui vehicul producea doar aproximativ o treime din puterea mașinii mele obișnuite (165 HP), timpii mei pe pistă erau cu câteva secunde mai mici, ceea ce la cursele de mașini reprezintă o eternitate. De unde diferența asta? Greutatea mașinii de curse, mai mică cu 20%, a jucat un rol, dar mult mai importante au fost șasiul ei mai rigid și anvelopele cu o aderență mai bună, speciale pentru curse. Împreună, acestea transmiteau mai multă forță a motorului spre asfalt, permițând acestei mașini să ruleze mult mai rapid în curbe. Deși mașina mea obișnuită era mai rapidă în linie dreaptă, era mult mai lentă în general deoarece nu putea să ruleze la fel de eficient în curbe. Mașina de curse era mai rapidă deoarece avea mai multă stabilitate pe pistă.

În absența stabilității, motorul foarte puternic al mașinii mele de stradă nu era de cine știe ce ajutor. Dacă aș fi încercat să o conduc în curbe la fel de repede cum făceam cu mașina de curse, m-aş fi rostogolit în ţărână. În contextul sălii de sport, maşina mea obişnuită este tipul ăla cu muşchi imenşi care-şi umple bara cu greutăţi, dar care pare mereu să se accidenteze (şi mare lucru nu poate să facă *decât* să ridice greutăţi la sală). Maşina de curse este tipul cu aspect modest care poate face îndreptări cu o greutate dublă faţă de cea a corpului său, poate servi cu forţă la tenis şi apoi poate să se ducă să alerge pe munte a doua zi. Nu arată ca un tip puternic. Dar, datorită faptului că şi-a antrenat şi stabilitatea pe lângă forţă, muşchii lui pot să transmită mult mai multă forţă în tot corpul, de la umeri la picioare, protejându-i în acelaşi timp spatele vulnerabil şi articulaţiile genunchilor. Seamănă cu o maşină de curse pregătită de pistă: puternic, rapid, stabil — şi sănătos deoarece nivelul lui ridicat de stabilitate îi permite să facă toate aceste lucruri accidentându-se rareori sau deloc.

Evident că maşina mea de oraş ar fi mult mai confortabilă pentru o călătorie pe şosea; nicio analogie nu este perfectă. Dar această comparaţie maşină de oraş/maşină de curse funcţionează pentru că ne obligă să luăm în calcul stabilitatea într-un context dinamic. Din nefericire, cuvintele *stabil* şi *stabilitate* sunt adesea luate împreună cu termeni statici precum *puternic* şi *în echilibru*. Un copac este mai stabil decât un puiet. Un turn Jenga din cuburi nu poate rămâne în picioare dacă nu e stabil. Dar, în contextul antrenamentelor, nu suntem la fel de interesaţi de rigiditate. În schimb, vrem să ne gândim cât de eficient şi de sigur poate să fie transmisă forţa *prin* ceva.

Cuvântul-cheie este *în siguranţă*. Fără stabilitate, toată forţa aceea suplimentară trebuie să se ducă undeva. Dacă motorul puternic al maşinii mele de oraş transmite doar o parte din forţa sa în asfalt prin intermediul cauciucurilor, ceea ce rămâne din acea energie se scurge, se pierde în principal prin frecare şi mişcare neproductivă. Acele părţi ale maşinii care nu ar trebui să se mişte unele faţă de altele fac exact asta. Oricât ar fi de amuzant să pierzi controlul unei maşini într-o curbă, acea energie irosită distruge cauciucurile şi pune o presiune mare pe suspensii. Niciuna dintre acestea nu va rezista mult. Când se întâmplă acest lucru în corpul nostru, disiparea forţei (cum este numită) are loc pe calea celei mai mici rezistenţe — în general prin articulaţii precum genunchii, coatele şi umerii şi/sau coloana vertebrală, unele sau toate cedând la un moment dat. Accidentările articulațiilor sunt aproape întotdeauna rezultatul acestui tip de scurgere de energie.

Pe scurt, stabilitatea ne ajută să creăm cea mai mare forță în cea mai sigură manieră posibilă, stabilind conexiuni între diferitele grupe de mușchi din corpul nostru, cu un risc mult mai scăzut de accidentare a articulațiilor, a țesutului moale și mai ales a coloanei vertebrale vulnerabile. Obiectivul este să fii puternic, fluid, flexibil și agil în timp ce te miști prin lume.

În practică, stabilitatea poate fi uimitoare. Stabilitatea îi permite unui aruncător slăbuț să lanseze o minge cu viteza fulgerului. Stabilitatea îi permite lui Kai Lenny să facă surf pe valuri uriașe la Jaws. Dar stabilitatea este de asemenea ceea ce îi permite unei femei de 75 de ani să continue să joace tenis fără să se accidenteze. Stabilitatea este cea care o împiedică pe o bunică de 80 de ani să cadă când coboară de pe o bordură neașteptat de înaltă. Stabilitatea îi oferă unui bătrân de 95 de ani încrederea necesară pentru a se duce să-și plimbe câinele în parc. Ne permite să continuăm să facem ce ne place. Iar când nu avem stabilitate, e inevitabil să se întâmple lucruri neplăcute — așa cum am pățit eu și Sophie și milioane de alte persoane care înainte aveau o condiție fizică bună.

Episodul dureros cu accidentarea coloanei a fost doar începutul șirului meu de accidentări. Am finalizat una dintre cursele înot din Catalina cu o ruptură de labrum, care aproape sigur a fost agravată de faptul că am petrecut patru ore pe zi antrenându-mă în piscină și ocean și continuând să fac asta și după ce am început să simt durerea.* Tot am avut nevoie de operație pentru a rezolva problema după mai bine de 15 ani. Acela a fost prețul pe care l-am plătit pentru faptul că am exagerat cu un anumit sport. Dar mi-a mai luat câteva decenii până să încep să înțeleg cu adevărat *de ce* mă accidentasem la coloană.

* O ruptură de labrum este o accidentare destul de obișnuită, dar multe persoane nu au niciodată nevoie de operație pentru a o vindeca. Deși înotul a agravat-o, accidentarea a fost provocată de subluxațiile sau micile dislocări frecvente pe care le-am suferit în perioada de creștere. De fiecare dată când articulația unui umăr este subluxată, aceasta macină labrumul și sporește riscul de instabilitate viitoare a umărului și durere.

Am aflat acest lucru grație lui Beth Lewis, fostă dansatoare profesionistă și halterofilă, care devenise antrenor la All Around Movement și care lucra pe atunci în New York. (De atunci am convins-o să se mute în Austin.) Nici nu am apucat bine să ne salutăm că mi-a și cerut să-mi scot tricoul și să fac o genuflexiune. Am făcut întocmai și nu a fost deloc impresionată. Am rămas descumpănit. Mereu mă considerasem o persoană care știa ce are de făcut la sală. Acum mi se spunea că nici măcar o genuflexiune nu făceam corect.

Înregistrarea făcută cu iPhone-ul ei spunea o poveste tristă, după cum poți vedea în fotografia „înainte", din stânga (vezi figura 13): în timp ce mă lăsam în jos, îmi mutam automat tot corpul spre dreapta. Parcă mai aveam puțin și mă răsturnam. Problema, după cum o prezintă dureros de clar aceste fotografii, era că îmi lipsea stabilitatea. Doare chiar și numai când mă uit la asta acum, deoarece îmi aduce aminte de miile de genuflexiuni sinistre, tensionate, pe care le făcusem în această poziție ciudată.

FIGURA 13

Înainte (29.01.2019) | După (24.10.2019)

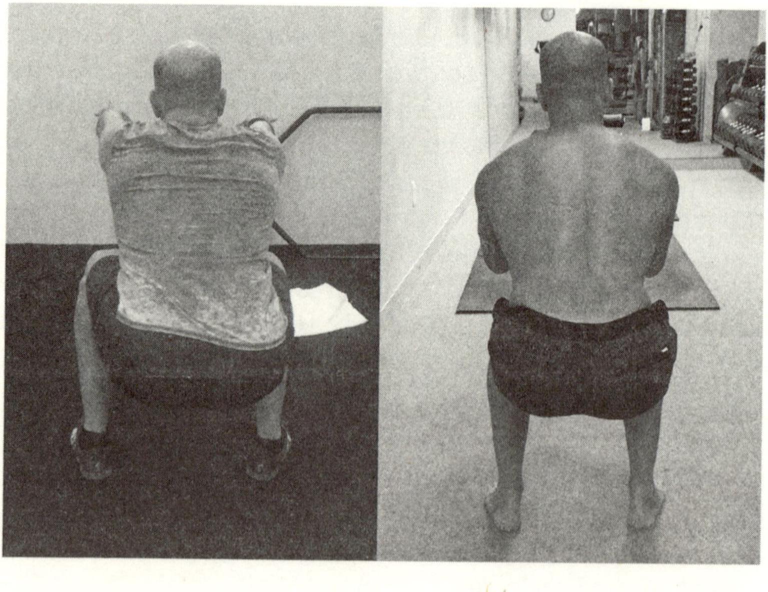

Nici măcar nu eram conștient că făceam asta, dar probabil compensam diferite accidentări și slăbiciuni pe care le acumulasem în decursul anilor. Așa funcționează lucrurile, după cum aveam să aflu: încercăm să trișăm sau să găsim o cale de a fenta accidentările și limitările existente și sfârșim prin a ne crea probleme noi. Această aplecare spre dreapta ar putea să explice accidentarea coloanei când aveam doar 20 de ani; chiar dacă la momentul acela ridicam greutăți mari de mulți ani. Remedierea situației s-a dovedit a fi un proces de 9 luni, dar care până la urmă m-a îndreptat, așa cum poți vedea în fotografia de „după", din dreapta. A trebuit să-mi reantrenez nu doar corpul, ci și creierul.

Atât Beth, cât și Michael Stromsness, un antrenor cu care lucrasem în California și care îmi făcuse cunoștință cu Beth, erau familiarizați cu ceva de care nu auzisem niciodată, denumit DNS (*dynamic neuromuscular stabilization*). Prescurtarea pentru *stabilizare neuromusculară dinamică*, DNS sună complicat, dar se bazează pe cele mai simple și mai naturale mișcări pe care le facem: felul în care ne mișcam când eram bebeluși.

Teoria pe care se bazează DNS[5] spune că seria de mișcări pe care copiii foarte mici le fac atunci când învață să meargă nu este aleatorie sau întâmplătoare, ci face parte dintr-un program de dezvoltare neuromusculară esențial pentru capacitatea noastră de a ne mișca corect. Pe măsură ce parcurgem această serie de mișcări, creierul nostru învață să controleze corpul și să-și elaboreze tipare ideale de mișcare.

DNS a fost inițiată de un grup de neurologi cehi care lucrau cu copii mici cu paralizie cerebrală într-un spital din Praga în anii 1960. Au observat că, din cauza bolii lor, acești copii *nu* parcurgeau ca ceilalți bebeluși etapele normale de rostogolire, târâre și așa mai departe. Ca atare, aveau probleme de mișcare toată viața lor. Dar, când copiii cu paralizie cerebrală au urmat un program de „antrenament" alcătuit dintr-o anumită serie de mișcări care imită etapele obișnuite ale procesului prin care învață să se târască, să se ridice și în cele din urmă să stea în picioare, simptomele lor s-au ameliorat și au fost mai capabili să-și controleze mișcările pe măsură ce s-au maturizat. Cercetătorii și-au dat seama că, pe măsură ce avansează în vârstă, cei mai mulți oameni trec de fapt prin procesul opus — pierd aceste tipare naturale, sănătoase, aproape înnăscute de mișcare.

Astfel, băiatul meu cel mai mic, Ayrton, poate să facă perfect o genuflexiune completă, lăsându-și practic fundulețul până jos, îndoind la maximum genunchii și rămânând complet echilibrat și sigur pe el. Asta e pur și simplu o aplecare perfectă din bazin și mă impresionează de fiecare dată. E un adevărat maestru la așa ceva. Totuși, când am încercat să fac aceeași mișcare, am sfârșit aplecat într-o parte, în poziția aceea ridicolă din fotografia „înainte", cu un șold îndreptat spre sol, umerii strâmbi și labele picioarele întoarse în afară. Bebelușul meu poate să facă genuflexiuni, iar eu se pare că nu puteam.

Nici fiica mea de 14 ani, Olivia, nu a putut (înainte ca Beth să lucreze și cu ea). Flexibilă precum Gumby, slabă, dar puternică precum un bici, ar trebui să poată face o genuflexiune la fel de bine, dacă nu mai bine decât fratele ei mai mic. Dar nu putea deoarece chiar și la vârsta ei fragedă își petrecuse deja două treimi din viață la școală, stând în cea mai mare parte a timpului așezată pe scaune. Tiparele ideale de mișcare pe care le deprinsese când era bebeluș și copil mic au fost șterse înainte să-și poată dezvolta stabilitatea necesară a bazinului, pentru a face corect o genuflexiune. Dacă-și petrece următorii 30, 40 sau 50 de ani stând în principal pe scaune, cum e probabil să facă, atunci o să fie în aceeași barcă cu mulți dintre pacienții mei și cu mine: am uitat de fapt cum să ne mișcăm corpurile.

Cei mai mulți adulți nu pot face corect genuflexiuni, chiar și fără o greutate adăugată. Singura modalitate prin care mulți dintre noi ne putem apropia de imitarea mișcării unui bebeluș este de a sta pe spate, așa cum mi-a demonstrat Michael Stromsness pe pielea mea, într-una dintre primele ședințe. Atunci devine mult mai ușor să ne ridicăm genunchii într-o poziție perfectă de genuflexiune, curbura corectă a coloanei vertebrale, de la baza cutiei craniene la osul coccisului. Asta ne indică faptul că nu amplitudinea mișcării ca atare este cea care îi împiedică pe cei mai mulți adulți să facă genuflexiuni corect, ci, atunci când un adult obișnuit susține o greutate, chiar și doar a propriului corp, stabilizarea trunchiului devine dificilă.

Scopul DNS este de a ne reantrena corpul — și creierul — pentru a folosi aceste tipare de mișcare perfectă pe care le-am deprins când eram copii. Așa cum spune Michael Rintala, specialist american de top în domeniul DNS: „DNS se integrează minunat[6] în tot efortul de calitate pe care-l faci deja — e ca un upgrade de software pentru orice faci".

Propriul meu software avea neapărat nevoie de un upgrade. Detaliile traseului parcurs de mine sunt prea specifice pentru a fi expuse pe larg aici, dar în restul acestui capitol voi încerca să explic măcar unele dintre principiile de bază care se află la baza antrenamentului de stabilitate. E posibil ca ele să pară puțin ciudate la început și, dacă te-ai apucat de acest capitol așteptându-te la un program de antrenament intens, e posibil să fii dezamăgit. Dar asta e parțial ideea: în clinica mea, nu ne place să impunem un antrenament intens de forță, inclusiv multe dintre probele despre care am vorbit, cum ar fi atârnări de bară și urcări cu greutăți, până când nu am stabilit un nivel acceptabil de stabilitate. Nu considerăm că merită să ne asumăm riscul. Ca și în construcții, merită să petreci mai mult timp construind o fundație solidă, chiar dacă asta întârzie proiectul cu câteva luni.

O scurtă avertizare: în timp ce antrenamentul de forță și cel de sporire a capacității aerobice sunt relativ clare, toată lumea are diverse probleme în ceea ce privește stabilitatea. Așadar este imposibil să elaborăm o recomandare generală care să se aplice tuturor. Obiectivul meu în continuare, în cadrul acestui capitol, este să îți ofer câteva concepte de bază la care să te gândești și pe care să le încerci, ca să te ajut să înveți și să înțelegi cum interacționează propriul corp cu lumea — pentru că, până la urmă, stabilitatea la asta se rezumă. Dacă o să vrei să afli mai mult după ce ai citit acest capitol, îți recomand să vizitezi site-urile DNS (www.rehabps.com) și Postural Restoration Institute (PRI) (www.posturalrestoration.com), cele mai reprezentative pentru subiectul abordat aici. Stabilitatea este o parte integrantă din programul meu de antrenament. De două ori pe săptămână, urmez câte o oră un antrenament special de stabilitate pornind de la principiile DNS, PRI și alte recomandări, și 10 sau 15 minute pe zi în alte zile.

*

Antrenamentul pentru stabilitate începe la nivelul cel mai simplu cu respirația.

Aceasta presupune mult mai mult decât un banal schimb de gaze sau o capacitate cardiorespiratorie bună. Expirăm și inspirăm de peste 20 000 de ori pe zi și felul în care facem asta are o influență enormă asupra modului în care ne mișcăm corpul și chiar și asupra stării noastre psihice. După cum spune Beth, felul în care respirăm este ceea ce suntem.

Legătura dintre corp, minte și respirație nu e ceva nou pentru nicio persoană care a făcut măcar câteva ore de pilates, yoga sau de meditație. În aceste antrenamente, respirația este ancora noastră, punctul nostru de referință, măsura timpului nostru. Respirația nu doar reflectă starea noastră psihică, ci o și afectează. Dacă nu respirăm bine, echilibrul nostru emoțional poate fi perturbat, dând naștere la anxietate și neliniște; dar anxietatea poate de asemenea să înrăutățească toate problemele de respirație pe care e posibil să le avem. Explicația este că respirația profundă și echilibrată activează sistemul nervos parasimpatic, în timp ce respirația rapidă și întretăiată declanșează opusul, sistemul nervos simpatic antrenat în reacția de tip luptă sau fugi.

În plus, respirația este importantă și pentru stabilitate și mișcare, și chiar și pentru forță. Studiile au scos la iveală faptul că respirația deficitară sau întretăiată ne poate afecta controlul funcțiilor motorii și ne poate predispune la accidentare. Într-un experiment, cercetătorii au descoperit că, prin combinarea unei probe respiratorii (reducerea cantității de oxigen disponibilă subiecților studiați) cu o probă de ridicare de greutăți s-a ajuns la o reducere a capacității subiecților de a-și stabiliza coloana vertebrală. În termeni de zi cu zi, asta înseamnă că o persoană care respiră greu (și prost) în timp ce dă zăpada cu lopata are un risc crescut de accidentare a coloanei.

Este extrem de subtil, dar felul în care respiră o persoană oferă informații incredibile despre cum își mișcă corpul și, mai important, despre cum își stabilizează mișcările. Le facem pacienților noștri o serie de teste respiratorii și de mișcare pentru a obține imaginea completă asupra strategiei lor respiratorii și felul în care aceasta este corelată cu dificultățile lor cu forța și stabilitatea.

Un test simplu pe care-l facem tuturor, de la început, arată așa: stai întins pe spate, cu o mână pe abdomen și alta pe piept și respiră pur și simplu normal, fără să depui vreun efort sau să te gândești la asta. Observă care mână se ridică și se lasă — cea de pe piept, de pe abdomen sau ambele (sau niciuna)? Unele persoane au tendința să-și umfle cutia toracică și să-și extindă pieptul când inspiră, în timp ce abdomenul este plat sau chiar coboară. Asta creează tensiune în partea superioară a corpului și în zona de mijloc, iar când cutia toracică rămâne umflată este dificil să realizeze o expirație completă. Alții respiră în principal „cu" abdomenul, ceea ce le împinge bazinul în față. Iar alții sunt comprimați, ceea ce înseamnă că le este greu să miște aerul spre interior și exterior, pentru că nu pot extinde cutia toracică la fiecare inspirație.

Beth identifică trei tipuri de stiluri de respirație și fenotipuri asociate lor, pe care le numește în glumă „Domnul Stay Puft*", „Tipul trist" și „Yoghinul" — fiecare dintre ele având un set diferit de strategii de stabilizare:

DOMNUL STAY PUFT

HIPERUMFLAT. Persoana aceasta respiră cu partea superioară a pieptului (din torace) și tinde să tragă aerul în sus prin întinderea coloanei vertebrale, atât pentru respirație, cât și pentru stabilitate. Coloana sa vertebrală este în hiperextensie, în timp ce bazinul este menținut într-o înclinație anterioară (spre față), ceea ce înseamnă că stă cu șezutul în afară. Mereu se umflă când trage aerul în piept, încercând să pară că este stăpân pe situație. Are o senzație scăzută de stabilitate în picioare și o abilitate limitată de a se apăsa în tălpi pentru a absorbi șocul (labele picioarelor sunt întoarse în afară sau spre interior). Toate acestea o fac să fie predispusă la durere lombară, precum și la tensiune în gambe și șolduri.

* Personaj fictiv din seria de filme *Vânătorii de fantome*, care apare sub forma unui monstru imens, umflat și stângaci. (*N.t.*)

TIPUL TRIST

COMPRIMAT. Totul la el este oarecum ghemuit și tensionat. Capul e îndreptat în față, ca și umerii, care se rotesc cumva spre față deoarece mereu se apleacă pentru a încerca să inhaleze mai mult aer. Zona lombară este curbată într-o postură flexată și hipercifotică și are o flexibilitate limitată a gâtului și membrelor superioare. Uneori, gambele i se rotesc spre exterior și labele picioarelor sunt în suprapronație. Forța gravitațională îl trage în jos.

YOGHINUL

NECONTROLAT. Persoanele de genul ăsta au o gamă de mișcări (adică o flexibilitate) extrem de pasivă — și o capacitate limitată de a o controla. Pot adesea să își atingă vârfurile picioarelor și să-și așeze palmele pe podea, dar, din cauza lipsei lor de control, aceste persoane sunt mai degrabă predispuse la accidentări ale articulațiilor. Mereu încearcă să-și găsească locul în spațiu, foindu-se și tresărind; compensează pentru flexibilitatea lor excesivă încercând să se stabilizeze în principal cu gâtul și maxilarul inferior. Le este foarte greu să-și dezvolte masa slabă (mușchii). Uneori au niveluri ridicate de anxietate și probabil și o tulburare a tiparului de respirație.

Nu toată lumea se încadrează exact într-unul dintre aceste trei tipuri, dar mulți dintre noi vom recunoaște măcar câteva trăsături care ne caracterizează. Există de asemenea și câteva aspecte comune; de exemplu, e posibil să fii în același timp un Tip trist sau un Domn Stay Puft și un Yoghin, deoarece tipul Yoghinului e caracterizat de lipsa controlului muscular.

Eu eram un hiperumflat Domn Stay Puft, conform lui Beth: când inhalam, cutia mea toracică se umfla în față și în sus, ca un cocoș care-și scoate pieptul în față. Mișcarea aceasta îmi introducea aerul în plămâni, dar îmi și trăgea centrul de greutate în față. Pentru a mă echilibra, coloana vertebrală mi se curba în cifoză, iar șezutul îmi ieșea în afară (Beth numea asta „fund de rață"). Poziția aceasta îmi întindea excesiv tendoanele coapselor, efectiv separându-le de restul corpului, așa că nu-mi puteam accesa mușchii. În toți anii aceștia, înainte să-mi dau seama de asta, făceam îndreptări cu haltere folosindu-mă *doar* de spate și de mușchii fesieri, cu aproape niciun ajutor de la tendoanele coapselor. Pentru antrenarea respirației, trebuia să mă gândesc la *eliminarea* aerului, la expirație — în timp ce o persoană care seamănă mai mult cu Tipul trist ar trebui să se concentreze pe *introducerea* aerului, inspirare pe nas, nu pe gură.

Ideea care stă la baza antrenamentului respirației este că o respirație corectă influențează foarte mulți alți parametri fizici: poziția coastelor, extensia gâtului, forma coloanei vertebrale, chiar și poziția picioarelor pe sol. Felul în care respirăm reflectă modul în care interacționăm cu lumea. „Să te asiguri că respirația ta este generoasă, tridimensională și ușoară este esențial pentru a crea mișcări bune, eficiente, coordonate", spune Beth.

Lui Beth îi place să înceapă cu un exercițiu care ajută la conștientizarea respirației și întărește diafragma care este importantă nu doar pentru respirație, ci mai joacă și un rol stabilizator în corp. Îl pune pe pacient să stea pe spate cu picioarele ridicate pe o bancă sau un scaun și îi cere să inspire cât de silențios poate, mișcându-se cât mai puțin. O inspirare ideală lărgește toată cutia toracică — față, laterale și spate — în timp ce abdomenul se extinde în același timp, permițând diafragmei respiratorii și pelviene să coboare. Trebuie să fie o mișcare silențioasă. O inspirație gălăgioasă arată și se simte mult mai dramatică, deoarece gâtul, pieptul sau abdomenul se vor mișca primele, iar diafragma nu poate coborî liberă, îngreunând procesul de introducere a aerului în plămâni.

Acum, expiră complet prin buzele întredeschise pentru o compresie maximă și opunând rezistență aerului, pentru a-ți întări diafragma. Suflă tot aerul afară, golindu-te complet înainte ca umerii să ți se curbeze sau ca fața sau maxilarul să se încordeze. Curând, vei descoperi cum o expirație completă te pregătește pentru o inspirație bună și invers. Repetă procesul timp de cinci respirații și fă două sau trei seturi. Asigură-te că faci o pauză după fiecare expirație până numeri la doi pentru a menține o contracție izometrică — acest lucru este esențial în DNS.

În DNS înveți să te gândești la abdomen ca la un cilindru, înconjurat de un perete de mușchi, cu diafragma deasupra și planşeul pelvian dedesubt. Când cilindrul este umflat, ceea ce simţi se numeşte *presiune intraabdominală* (*intra-abdominal pressure* — IAP). Este esenţială pentru o activare corectă a zonei mediane a corpului şi de bază pentru antrenamentul DNS. Să înveţi să presurizezi complet cilindrul creând IAP este important pentru a putea să te mişti în siguranţă deoarece cilindrul realmente stabilizează coloana vertebrală.

Uite încă un exerciţiu rapid ca să te ajute să înţelegi cum să creezi IAP: inspiră complet, ca să simţi că umfli cilindrul pe toate părţile şi tragi aer până jos spre planşeul pelvian, fundul cilindrului. De fapt, nu „respiri" acolo, în sensul că aerul nu-ţi intră în abdomen; vrei să obţii o expansiune maximă a plămânilor, care la rândul său împinge diafragma în jos. La fiecare inhalare, concentrează-te pe expandarea cilindrului, nu doar pe umflarea abdomenului. Dacă faci asta corect, vei simţi toată circumferinţa şortului tău mărindu-se, chiar şi la spate, nu doar în faţă. Când expiri, diafragma revine la loc, iar coastele ar trebui să se rotească din nou spre interior în timp ce mijlocul se contractă.

Această inspirare produce tensiune, iar în timp ce expiri, împingând aerul afară, *menţii* acea tensiune musculară în tot peretele cilindrului. Această presiune intraabdominală este fundaţia esenţială pentru tot ce facem în antrenamentul de stabilitate — îndreptări, genuflexiuni, orice altceva. E ca şi cum ai avea o sticlă de plastic: fără capac, poţi zdrobi sticla într-o mână, cu capac, presiunea e prea mare (adică stabilitatea), iar sticla nu poate fi zdrobită. Exersez această respiraţie abdominală de 360 de grade în fiecare zi, nu doar la sală, ci şi când stau la birou.*

Ce „tip" eşti indică de asemenea cum ar trebui să te antrenezi, într-o anumită măsură. Persoanele Stay Puft au în general nevoie

---

* Pe vremea când călătoream cu avionul în fiecare zi, am încercat o şmecherie pe care mi-a arătat-o Michael Rintala: să plasez două mingi de tenis puse într-o şosetă de sport la o distanţă de 10-15 centimetri şi să le aşez cam la nivelul rinichilor sau acolo unde se face trecerea de la coloana vertebrală toracică la cea lombară. Apoi, la fiecare respiraţie, încerc să mă asigur că mă umflu suficient de mult ca să simt mingile de tenis de ambele părţi. Ideea este că procedura îţi oferă indicii despre respiraţie. Când am făcut asta, am putut să cobor după un zbor de cinci ore şi să simt că nu am stat jos mai mult de cinci minute. (De asemenea, i-a rugat pe vecinii mei de scaun să nu vorbească cu mine în timp ce încercam să lucrez la asta.) Merită să încerci într-un zbor lung sau la un drum lung cu maşina.

de un contact mai bun cu solul prin tălpi și de mai mult antrenament cu greutăți ținute în față, ca să le tragă umerii și șoldurile într-o poziție neutră. În general, Beth pune persoanele ca mine să țină o greutate în fața corpului, la câțiva centimetri în fața sternului. Asta obligă centrul de greutate să se miște spre spate, deasupra bazinului. Încearcă să faci asta cu o ganteră ușoară sau chiar cu o cutie de lapte și o să-ți dai seama la ce mă refer. Este o schimbare de poziție subtilă, dar observabilă.

Cu Tipii triști, Beth lucrează în general mai mult pe rotația transversală a corpului, punându-i să-și balanseze brațele dintr-o parte în alta a corpului pentru a deschide pieptul și umerii. E atentă să nu încarce spatele și umerii, preferând să înceapă cu exerciții care folosesc greutatea corpului și exerciții de antrenare individuală a gambelor, cum ar fi o fandare din mers cu întinderea mâinilor fie transversal, fie spre tavan, la fiecare pas.

Pentru Yoghini, Beth recomandă exercițiile de tip „lanț închis" cum ar fi flotările, folosind podeaua sau peretele ca suport, precum și utilizarea echipamentelor pentru antrenamente cu o gamă de mișcări bine definită și limitată, având în vedere controlul limitat al articulațiilor pe care îl au Yoghinii. Echipamentele sunt importante pentru aceste persoane, dar și pentru cei care nu prea au ridicat greutăți, deoarece le păstrează mișcările în limite sigure. Pentru Yoghini, ca și pentru novici în general, e important să conștientizeze mai bine unde se găsesc în spațiu și față de raza lor de mișcare.

Argumentul general este că stilul de respirație al unei persoane ne oferă indicii despre strategia sa mai amplă de stabilitate, setul de tipare de mișcare pe care și le-a dezvoltat în decursul anilor, pentru a o ajuta să se descurce în lumea fizică. Cu toții avem aceste strategii și, în 95% din timp, în viața de zi cu zi, ele funcționează bine. Dar, odată ce adaugi diferiți factori stresanți, cum ar fi viteza, greutatea și noutatea sau necunoscutul (de exemplu, coborâtul unei scări pe întuneric), aceste strategii, aceste reacții fizice instinctive pot crea probleme. Iar dacă și respirația ne este solicitată, atunci celelalte probleme vor fi amplificate.

Dacă drumul spre stabilitate începe cu respirația, el trece mai apoi prin laba picioarului — cel mai important punct de contact dintre corpul nostru și lume. Laba piciorului este efectiv fundația pentru orice mișcare pe care o putem face. Fie că ridicăm ceva greu, mergem sau alergăm (sau facem *rucking*), urcăm scări sau stăm în picioare așteptând un autobuz, întotdeauna canalizăm puterea prin laba piciorului. Din păcate, prea mulți dintre noi am pierdut forța elementară și capacitatea de conștientizare a labei piciorului sau a tălpii din cauza timpului excesiv petrecut în pantofi, mai ales pantofi voluminoși cu tălpi groase.

Revenind la analogia mea cu mașinile de curse, tălpile noastre sunt precum cauciucurile, singurul punct de contact dintre mașină și drum. Forța motorului, stabilitatea și soliditatea șasiului, abilitatea șoferului — toate sunt inutile dacă respectivele cauciucuri nu se așază bine pe suprafața de rulare. Aș spune chiar că tălpile sunt mai importante pentru noi decât sunt cauciucurile pentru o mașină, deoarece joacă și un rol esențial de amortizare a forței înainte ca ea să ajungă la genunchi, șolduri și spate (măcar o mașină are brațe de suspensie pentru asta). Să nu acorzi importanță picioarelor și tălpilor tale, așa cum facem majoritatea, e ca și cum ai cumpăra un McLaren Senna (mașina visurilor mele) și apoi te-ai duce la Walmart și ai cumpăra cele mai ieftine cauciucuri pe care le găsești. Asta înseamnă pentru noi anii petrecuți în pantofi tociți.

Mai uită-te o dată la genuflexiunea mea „dinainte". Da, șoldurile sunt în mod clar strâmbe, dar privește-mi cu mai mare atenție labele picioarelor. Stau lipite de podea? Nu, nici vorbă. Așa cum poți vedea ușor, sunt rotite și calcă spre exterior — în „supinație", conform limbajului de specialitate. Ar trebui să fie lipite de sol, stabile și puternice, ca să-mi susțină greutatea. În schimb, calcă în exterior și sunt nesigure. Nu-i de mirare că genuflexiunea mea arată așa de jalnic.

Ca să ne ajute să ne reobișnuim cu tălpile noastre, lui Beth Lewis îi place să mă pună pe mine și pe pacienții noștri să facem un program de exerciții pe care îl numește „yoga degetelor de la picioare". Acest program (pe care, apropo, îl urăsc) constă într-o serie de exerciții menite să ne îmbunătățească dexteritatea și forța implicită a degetelor de la picioare, precum și capacitatea noastră de a le controla. E posibil ca forța degetelor de la picioare să nu fie ceva la care te gândești când te duci la sală, dar ar trebui să fie: degetele de la picioare ne sunt esențiale pentru mers, alergat, ridicat greutăți și, mai ales, decelerare sau coborâre. Mai ales degetul mare este necesar pentru impulsul de desprindere din fiecare pas. Lipsa extensiei degetului mare poate provoca disfuncții ale mersului și poate fi de asemenea un factor limitativ atunci când ne ridicăm de jos fără ajutor pe măsură ce îmbătrânim. Dacă forța degetelor de la picioare este afectată, tot lanțul superior este vulnerabil — gleznă, genunchi, șold, coloană vertebrală.

Yoga degetelor de la picioare este mult mai dificilă decât pare, motiv pentru care am pus o demonstrație filmată cu asta și alte exerciții pe www.peterattiamd.com/outlive/videos. Pentru început, Beth le spune elevilor ei să se gândească că tălpile au patru colțuri, fiecare dintre acestea trebuind să fie ancorat stabil pe sol în orice moment, precum picioarele unui scaun. În timp ce stai așa, încearcă să-ți simți fiecare „colț" al fiecărei tălpi apăsând solul: baza degetului tău mare, baza degetului tău mic, interiorul și exteriorul călcâiului. Asta e ceva ușor și revelator; când te-ai simțit ultima oară atât de echilibrat?

Apoi încearcă să ridici toate cele 10 degete de la picioare de pe sol și să le răsfiri cât de mult poți. Încearcă apoi să pui doar degetul mare înapoi pe podea, păstrându-ți celelalte degete ridicate. Mai complicat decât ți-ai imaginat, nu? Acum fă mișcarea opusă: păstrează 4 degete pe podea și ridică doar degetul mare. Apoi ridică toate cele cinci degete și încearcă să le lași în jos unul câte unul, începând cu cel mare. (Te-ai prins care e ideea.)*

Dacă poți face toate astea, probabil e nevoie de un efort mintal concertat, creierul tău *spunându*-i degetului mare să coboare sau să se ridice — chiar asta e ideea. Unul dintre obiectivele antrenamentului pentru stabilitate este de a recâștiga controlul mintal, conștient sau nu, asupra mușchilor și părților esențiale ale corpului. Din cauză că tălpile noastre petrec așa de mult timp înghesuite în pantofi care e posibil să ni se potrivească sau nu și probabil au multă amortizare dedesubt, mulți dintre noi am

* Dacă vrei într-adevăr să te apuci serios de yoga degetelor de la picioare, cumpără-ți o pereche de „depărtătoare de degete" care ajută la restabilirea poziției naturale, mai spațiate a degetelor de la picioare, mai ales la persoanele cu bătături sau alte probleme legate de degetele de la picioare. Chiar acum le port în timp ce scriu. Copiii râd de mine întruna.

pierdut legătura cu tălpile noastre sau, în timp, le-am contorsionat în poziții deloc utile.

Așa cum am observat mai sus, în fotografia cu genuflexiunea „dinainte", ambele mele tălpi sunt curbate spre exterior sau în supinație, un fenotip obișnuit. O altă strategie obișnuită pentru tălpi este poziționarea în „pronație" sau spre interior — un termen cu care ești probabil obișnuit dacă ți-ai cumpărat pantofi de alergare. Beth compară pronația cu condusul unei mașini cu prea puțin aer în cauciucuri, ceea ce înseamnă că te târâi cumva de la o mișcare la alta, incapabil să transferi eficient forță spre sol. Pe de altă parte, supinația este ca și cum ai umflat prea mult cauciucurile, așa că aluneci și sari de colo-colo. Picioarele tale sunt incapabile să absoarbă șocul și toate salturile și mișcările dezordonate ajung să fie transferate spre glezne, șolduri, genunchi și zona lombară. Ambele sindroame, pronația și supinația, ne expun de asemenea la riscul de a face fasciită plantară și de a ne accidenta la genunchi, printre alte probleme. Trebuie să ne putem schimba de la supinație la pronație pentru o mișcare eficientă. Acum, când execut genuflexiuni sau fac orice ridicare din picioare, primul pas pe care-l fac este să-mi ancorez laba picioarelor, să devin conștient de toate cele patru „colțuri" și să distribui greutatea în mod egal. (La fel de important: prefer să ridic greutăți desculț sau cu pantofi minimaliști, fără sau cu foarte puțină amortizare, deoarece îmi permite să-mi simt suprafața tălpilor tot timpul.)

Tălpile sunt vitale pentru echilibru, un alt element al stabilității. Un test esențial al evaluării mișcării, pe care o realizăm, este să-i punem pe pacienți să stea cu un picior în fața altuia și să încerce să se echilibreze. Acum închide ochii și vezi cât de mult poți sta în poziția asta. Zece secunde este un interval bun de timp[7]; de fapt, capacitatea de a sta într-un picior la vârsta de 50 de ani și mai târziu a fost corelată cu o longevitate mai mare, ca și forța de strângere. (Recomandare: echilibrarea devine mult mai ușoară dacă te concentrezi întâi pe așezarea corectă a tălpilor, așa cum am descris anterior.)

Structura pe care vrem cel mai mult să o protejăm — și unul dintre aspectele pe care ne concentrăm cel mai mult în antrenamentul de stabilitate — este coloana vertebrală. Petrecem atât de mult timp în scaunele noastre de mașină, pe cele de la birou, în fața calculatoarelor și privind în diverse dispozitive, încât lumea modernă seamănă uneori cu un asalt din toate părțile asupra integrității coloanei noastre.

Coloana noastră are trei părți: coloana lombară (partea de jos a spatelui), toracică (partea de mijloc a spatelui) și cervicală (ceafa). Radiologii descoperă atât de multe cazuri de degenerare a coloanei cervicale, provocată de mulți ani de poziție cocoșată pentru a privi în telefoane, încât au o denumire pentru ea: *tech neck*.[8]

Din acest motiv este important să (a) punem jos telefonul și (b) să încercăm să ne dezvoltăm un fel de conștientizare proprioceptivă a coloanei noastre, ca să putem înțelege cu adevărat cum se simt extensia (aplecare spre spate) și flexia (aplecare spre față) la nivelul fiecărei vertebre. Cea mai ușoară cale de a începe acest proces este să te așezi sprijinit pe palme și genunchi și să execuți o secvență foarte încetinită, controlată, a exercițiului „pisică/vacă“, pozițiile de yoga cu aceleași denumiri.*

Diferența este că trebuie *să încetinești cu adevărat*, mișcându-te lent și conștient de la un capăt al coloanei la celălalt, astfel încât să poți simți cum fiecare vertebră separată își schimbă poziția, de la coccis până la ceafă, până când coloana ta vertebrală este arcuită ca a unei vaci cu spatele convex. Apoi fă mișcarea inversă, împingându-ți bazinul în față și curbându-ți pe rând vertebrele din coloană până când spatele tău este arcuit din nou, concav, ca al unei pisici foarte speriate. Observație: inspiră în poziția vacă, expiră în poziția pisică.

Scopul acestui exercițiu nu este să atingi maximul de extensie sau flexionare în pozițiile pisică sau vacă duse la extrem, ci mai degrabă să obții cât mai mult control asupra segmentelor vertebrale, mergând de la un capăt la altul al coloanei. Ar trebui să înveți să simți poziția fiecărei vertebre care la rândul ei te ajută să distribui mai bine greutatea și forța pe toată coloana. Acum, când fac îndreptări cu bara, acest control al segmentelor îmi permite

* Unele dintre aceste mișcări de stabilitate DNS de bază, pe care le descriu au echivalente în pozițiile clasice de yoga, iar un instructor bun te poate ajuta să dobândești controlul neuromuscular și conștientizarea care sunt esențiale pentru o stabilitate corectă; majoritatea orelor de yoga sunt prea vagi și prea relaxate pentru gustul meu.

să mențin o curbură mai neutră de la coloana toracică la cea lombară, distribuind uniform greutatea; înainte, coloana mea avea o curbă bruscă, lordozică, pentru că plasam o forță prea mare în fațetele ei de articulare. În asta constă stabilitatea: o transmitere sigură și puternică a forței prin mușchi și oase, nu prin articulații și fațetele de articulare ale coloanei.

Apoi ajungem la umeri, care sunt atât complecși, cât și interesanți din punct de vedere evoluționist. Scapulele (omoplații) sunt așezate deasupra coastelor și se pot mișca foarte bine în toate părțile. Articulația umărului este controlată de un set complex de mușchi care se prind în diverse poziții de scapulă și de porțiunea superioară a humerusului, osul lung din antebraț (motiv pentru care noi, cei din domeniul medical, îi spunem articulație glenohumerală). Dacă asemeni această articulație de tip rulment și bucșă cu cea mult mai stabilă și puternică a șodului, devine evident faptul că evoluția a făcut un schimb semnificativ atunci când strămoșii noștri au început să se ridice în picioare: am renunțat la o mare parte din stabilitatea articulației umărului în schimbul unei game mai variate de mișcări și, în termeni practici, al unei abilități foarte importante: aceea de a arunca o suliță. Dar din cauză că există atât de multe prinderi musculare în umăr (nu mai puțin de 17), acesta este mult mai vulnerabil decât șoldul, după cum am descoperit în cariera mea de boxer și înotător.

Beth m-a învățat un exercițiu simplu ca să mă ajute să înțeleg importanța poziționării și controlului scapular, o mișcare cunoscută sub denumirea de *rotații articulare controlate* (*controlled articular rotations*) sau CAR scapular: stai cu picioarele depărtate la distanța dintre umeri și pune o bandă de rezistență medie spre ușoară sub tălpi, ținând cu fiecare mână de câte o parte (poți face asta și cu o ganteră foarte ușoară). Ținându-ți brațele pe lângă corp, ridică omoplații, apoi trage-i spre spate și apropie-i; aceasta este *retracția*, poziția în care vrem să fim când ducem o greutate. Apoi lasă-i în jos spre spate. În cele din urmă, adu-i înapoi în față în punctul de pornire. Începem să ne mișcăm descriind acest pătrat, dar obiectivul este să deprindem suficient control astfel încât să putem mișca scapulele realizând cercuri continue. O mare parte dintre aspectele pe care le exersăm în antrenamentul pentru stabilitate reprezintă acest gen de control neuromuscular, restabilirea conexiunii dintre creier și grupele esențiale de mușchi și articulații.

Aproape tot ceea ce facem în antrenamente și în viața de zi cu zi trece prin mâini. În timp ce tălpile sunt în contact cu solul, absorbind forța, mâinile sunt modalitatea prin care transmitem forța. Ele sunt interfața noastră cu restul lumii. Forța de apucare — cât de tare poți să strângi — e doar o parte din ecuație. De fapt, mâinile noastre sunt cât se poate de uimitoare, în sensul că sunt suficient de puternice pentru a stoarce sucul dintr-o lămâie, dar au și suficientă dexteritate pentru a cânta o sonată de Beethoven la pian. Putem strânge cu fermitate, dar și ușor, transmițând forță și delicatețe.

Totul se reduce la modul în care distribuim forța. Dacă poți transmite și modula forța prin mâini, atunci poți împinge și trage eficient. Această forță izvorăște din mușchii puternici din trup și este transmisă mai departe, de la centura scapulară la cot, spre antebraț și articulația mâinii. Există o corelație puternică între un umăr cu o centură scapulară slabă și o forță de strângere slabă.

Dar totul începe cu forța degetelor de la mâini — care, din păcate, este un alt aspect pe care l-am sacrificat în favoarea confortului și comodității. Pe vremea când căram lucruri, ne trebuiau mâini puternice ca să putem supraviețui. Nu mai e nevoie de ele. Mulți dintre noi nici măcar nu ne folosim cine știe ce mâinile, în afară de a scrie pe tastatură și de a derula paginile pe internet. Această slăbiciune înseamnă că mișcările de împingere și de tragere cresc riscul de accidentare a cotului și a umărului.

Din cauza faptului că nu ne „antrenăm“ strângerea în viața de zi cu zi, trebuie să ne propunem ca în antrenamentele noastre să ne concentrăm pe inițierea mișcării cu mâinile și folosirea tuturor degetelor în mișcările cu partea superioară a corpului. Adăugarea unor exerciții de cărat greutăți în antrenamentul nostru este o modalitate minunată de a antrena strângerea, dar întotdeauna este important să fim atenți la ce fac degetele noastre și cum este forța transmisă prin ele.

Unul dintre felurile în care îi place lui Beth să exemplifice importanța acestui aspect este prin intermediul unei simple flexiuni a bicepsului cu o ganteră (ușoară). Inițial, încearcă să flexezi bicepsul cu articulația mâinii dată puțin pe spate, doar puțin nealiniată cu antebrațul. Acum încearcă aceeași flexiune a bicepsului cu articulația dreaptă. Care ți s-a părut mai puternică și mai plină de forță? În care dintre ele ai simțit că sunt degetele implicate? Ideea e să ajungi să conștientizezi importanța degetelor ca ultima verigă din lanț.

O ultimă situație în care strângerea este importantă este aceea care necesită reactivitate — să poți apuca lesa unui câine (sau să-i dai drumul) când este nevoie sau să te apuci de o balustradă ca să nu cazi. Forța noastră de apucare și tălpile sunt ceea ce ne conectează la lume pentru ca mușchii să poată face ce trebuie. Chiar și într-o îndreptare cu bara: unul dintre aspectele esențiale pe care le-am învățat de la Beth a fost că într-o îndreptare sunt la fel de importante picioarele și mâinile, dar și tendoanele și fesierii. Împingem podeaua în timp ce ridicăm cu degetele mâinii.

Aceste mișcări și repetiții pe care le-am descris până acum reprezintă doar câteva elemente de bază în antrenamentul nostru pentru stabilitate. Pot să pară simple, dar necesită multă concentrare; în practica mea medicală, nici nu le permitem pacienților să exerseze cu greutăți mari până când nu deprind aceste principii de bază timp de cel puțin 6 luni.

Încă o observație: antrenorii pot fi utili în anumite scopuri, cum ar fi indicațiile de bază, responsabilizarea și motivarea, dar nu-i încurajăm pe pacienți să se bazeze excesiv pe antrenori care să le spună exact ce să facă de fiecare dată când se antrenează. Compar acest lucru cu a învăța să înoți într-un costum de scafandru. Inițial, un astfel de costum poate să-ți ofere încredere datorită flotabilității suplimentare. Dar, pe termen lung, un astfel de costum te văduvește de necesitatea de a-ți găsi echilibrul în apă. Echilibrul este o adevărată provocare la înot, deoarece centrul nostru de greutate este foarte departe de centrul de volum, provocând scufundarea bazinului. Înotătorii buni învață să depășească acest dezechilibru prin antrenament. Dar, dacă nu-ți scoți niciodată costumul profesionist, nu vei descoperi niciodată cum se rezolvă această problemă.

În mod asemănător, antrenorii pot fi utili ca să te învețe aspectele esențiale ale diverselor exerciții și să te motiveze să deprinzi obiceiul de a face mișcare. Dar, dacă nu înveți niciodată să faci singur exercițiile, nu vei căpăta niciodată propriocepția necesară pentru a controla tiparele ideale de mișcare. Vei fi privat de evoluția procesului de învățare, care este o parte atât de importantă a antrenamentului pentru stabilitate — acel proces care micșorează diferența dintre ceea ce crezi că faci și ce faci de fapt.

Tot ce am discutat în această ultimă secțiune are un dublu scop: este un tip de mișcare și totodată evaluare. Ți-aș recomanda să te filmezi din când în când, în timp ce te antrenezi, să compari ceea ce crezi că faci cu ceea ce faci de fapt cu corpul tău. Eu fac asta în fiecare zi — telefonul montat pe trepied este cel mai valoros echipament în sala de sport. Îmi filmez 10 dintre cele mai importante seturi de exerciții în fiecare zi și apoi mă uit la înregistrări între seturi, pentru a compara ce văd cu ce cred că făceam. În timp, diferența s-a micșorat.

La început a fost dificil să accept că nu voi mai ridica deloc greutăți mari, dar Beth și Michael Stromsness m-au convins. Nici măcar nu puteam să execut corect o genuflexiune sau o tracțiune, așa că orice aș fi făcut îmi creștea riscul de a mă accidenta (și mai mult).

O vreme am fost supărat pe situația asta. Cum să trăiesc fără antrenament cu greutăți? Mi-a luat câteva luni de muncă, dar, până la urmă, învățasem suficient de multe să pot face din nou îndreptări. Dacă în trecut am făcut asta cu 180 kg sau mai mult, acum Beth m-a pus să încep cu doar 40 kg, care mi s-au părut un nimic.

Asta m-a ajutat să-mi aduc aminte ceva ce antrenorul meu de curse, Thomas Merrill, îmi spune adesea. Thomas e un șofer incredibil, care în 2022 a ieșit pe locul doi într-unul dintre cele mai cunoscute circuite de mașini din lume, cel de 24 de ore de la Le Mans; știe ce spune. Una dintre mantrele sale este că, pentru a merge mai repede, trebuie să mergi mai încet.

Iată la ce se referă: când „supraconduci“ o mașină, când încerci să conduci cât mai repede posibil, faci greșeli. La condus, greșelile se adună. Când te rotești la curba 5, se întâmplă asta pentru că probabil ai ratat vârful curbei 2 și nu ai luat corect curba 3. Trebuie să încetinești și să așezi mașina în punctul potrivit, iar ea se va ocupa de restul.

Ia-o încet, mergi repede. E același lucru, cred eu, cu deprinderea stabilității.

Aplecarea din bazin 101: cum să pășești în sus

În loc să încerc să descriu mai multe exerciții, cred că este mai instructiv să ofer o explicație mai detaliată a unui exercițiu. Am ales pășirea în sus, ca atunci când te urci pur și simplu pe o cutie sau pe un scaun, din trei motive. În primul rând, pentru că este o mișcare de aplecare din bazin, unul dintre elementele de bază ale antrenamentului de forță. În al doilea rând, este un exercițiu cu un singur picior, care nu necesită multă încărcare axială (a coloanei vertebrale), chiar și cu greutăți în mâini, ceea ce înseamnă că este foarte sigur și pentru începători (o să începi doar cu greutatea corpului). În al treilea rând, este unul dintre cele mai bune exerciții care vizează faza excentrică a mișcării. De asemenea, îmi place pentru că demonstrează unele dintre conceptele esențiale de stabilitate despre care am învățat în acest capitol.

Pentru început, găsește o cutie sau un scaun solid, în așa fel încât, atunci când talpa piciorului stă pe el, coapsa să fie paralelă cu podeaua. Pentru majoritatea, asta înseamnă o înălțime de 40-50 de centimetri, dar dacă e prea greu așa, începe cu 30 de centimetri. Pune un picior pe cutie, asigurându-te că degetul mare, celelalte degete și tot călcâiul sunt așezate stabil pe suprafața acesteia (îmi place să fac exercițiul acesta desculț). Piciorul din spate rămâne pe podea, cam la 30 de centimetri în spatele cutiei, aproximativ 40% din greutate este distribuită pe piciorul din spate și 60% pe cel din față. Articulația șoldului din față este flexată, coloana are poziție verticală, pieptul cu coastele orientate în jos, brațele relaxate în lateral și privirea în față.

Acum mută puțin capul, cutia toracică și pelvisul în față și în același timp inhalează complet pe nas, permițând diafragmei să coboare și să creeze presiune abdominală. Ar trebui să simți presiune în centrul piciorului din față, către călcâi, dar păstrează-ți degetele lipite de cutie. Deplasează ușor în spate femurul, ca să simți o întindere atât în tendoane, cât și în mușchiul *gluteus maximus;* ar trebui să fie foarte ușor încărcate. Această senzație este esența aplecării în față din bazin. Vrei să conduci mișcarea cu mușchii fesieri și cu tendoanele, nu cu pelvisul sau cu coastele. Toată forța ta va veni din colaborarea acestor mușchi, nu din coloană. Menține-ți genunchiul în spatele degetelor de la picioare, pelvisul și cutia toracică aliniate, și încarcă uniform piciorul din față, fără să favorizezi nici degetele/partea din față, nici călcâiul.

Cu piciorul din față apasă în jos spre cutie cu forță și cu un *ajutor minim de împingere din partea piciorului din spate.* Ridică-te de pe podea, expirând în timp ce inițiezi mișcarea, întinzând bazinul și stai drept pe cutie. Capul și coastele ar trebui să se afle la final direct deasupra bazinului. Adu-ți piciorul din spate pentru a finaliza mișcarea și așază-l puțin în fața piciorului solicitat. Totul ar trebui să se încheie în același timp, în momentul în care finalizezi expirația (simțind compresia coastelor). Rămâi în această poziție timp de una sau două secunde.

Pentru a coborî, împinge piciorul cu care nu se lucrează (acum, cel din față) dincolo de marginea din spate a cutiei, în timp ce capul, coastele și umerii se apleacă ușor în față, iar flexorii bazinului pregătesc (din nou) tendoanele coapselor și mușchii fesieri pentru a coborî greutatea. Încarcă partea din față a piciorului staționar, cu degetele flexate activ înspre cutie. În timp ce deplasezi corpul în jos și în spate, simți cum greutatea se mută de la partea din față a piciorului spre mijlocul acestuia și apoi, într-un final, pe călcâi, lin și coordonat, într-o mișcare controlată de tendoane (gândește-te că te balansezi ușor în spate).

Păstrează un ritm cât mai lent posibil; încearcă să treacă trei secunde de la inițierea coborârii până când atingi podeaua (o chestiune dificilă; și două secunde e bine). În timp ce piciorul din spate se lasă în jos, greutatea ta continuă să coboare până când „aterizezi". Evită să muți mai mult de 40% din greutate pe piciorul din spate, spre a reduce tentația de a folosi elanul pentru a începe următorul pas. Repetă.

Fă cinci sau șase repetiții de fiecare parte. Începe doar cu greutatea corpului, dar odată ce ai deprins mișcarea și senzația, poți adăuga greutăți, ideal o halteră simplă sau o halteră tip *kettlebell* în fiecare mână.

(Puncte bonus: acum îți antrenezi și forța de strângere, în afară de aplecarea din bazin.)

Exercițiul cu greutăți este în principiu la fel, din punctul de vedere al secvențelor de parcurs și al poziției, dar atenție la câteva lucruri:

1. Încărcarea depinde acum de două aspecte: de greutăți și înălțimea cutiei. Aceasta din urmă poate să fie o problemă dacă mobilitatea (flexibilitatea și toleranța la încărcare) este un aspect sensibil.

2. Greutățile trebuie să atârne direct în jos din umeri. Creierul va găsi orice cale de conservare a energiei și de a „trișa", așa că evită nevoia inconștientă de a balansa greutățile în față sau de a ridica umerii pentru a iniția urcarea (foarte probabilă, dacă greutatea este mare). Mușchiul fesier și tendonul popliteu ar trebui să facă *toată* munca.

3. Dacă faza excentrică (coborârea) nu poate fi controlată, atunci greutatea este prea mare. Nu trebuie să simți că parcă ai cădea pe spate. Încearcă să folosești mai puțină greutate sau o coborâre mai scurtă (de două secunde) la început.

4. Este esențial să-ți menții coastele și capul deasupra și ușor în fața pelvisului în timp ce inițiezi urcarea. Când conduci mișcarea cu pelvisul, îți vei îndoi spatele și de asemenea vei pune presiune prea mare pe genunchi.

Vei găsi mai multe demonstrații video pe site-ul meu, la adresa www.peterattiamd.com/outlive/videos.

Forța antrenamentului: Barry

Ca fost sportiv și persoană care s-a antrenat toată viața, deja îmi construisem o bază consistentă de condiție fizică, chiar dacă nu mă mișcam sau nu ridicam neapărat corect greutățile. Multe probleme proveneau din faptul că ridicam *prea mult*, făceam *prea mult* ciclism sau înotam *prea mult*. Cei mai mulți oameni au problema opusă: nu fac suficient. Sau nu au făcut suficient. Sau nu pot face mare lucru. Pentru cele mai multe persoane, asta e adevărata provocare. Au nevoie să înceapă cumva. Vestea bună este că exact aceștia sunt oamenii care beneficiază cel mai mult. Ei au cel mai mult de câștigat.

Acesta este și punctul în care vedem adevărata putere a sportului — capacitatea de a-i transforma pe oameni, de a-i face mai tineri din punct de vedere funcțional. E chiar incredibilă. Am menționat mai devreme cum faptul că s-a apucat de antrenamente de forță la

60 de ani i-a schimbat viața mamei mele. Dar nu cred că există un exemplu mai bun decât Barry cel uimitor, o sursă de inspirație.

Barry a fost un alt client al lui Beth (dar nu și pacient al meu), un antreprenor și director care-și petrecuse cariera construindu-și o afacere de succes, stând multe ore la muncă și fără să aibă aproape deloc timp pentru orice altceva, inclusiv pentru sport. Uneori, se ducea în excursii cu bicicleta, dar cam atât.

Văd de multe ori asta la pacienții mei: dau sănătatea pe bogăție. Apoi ajung la o anumită vârstă și-și dau seama că sunt pe drumul greșit. Așa era Barry: după ce și-a petrecut 50 de ani stând efectiv pe scaun, a ieșit la pensie și a avut revelația că era într-o formă fizică groaznică. Nu doar că avea o capacitate fizică foarte limitată, dar avea aproape în permanență dureri. Se apropia atunci de 80 de ani și îl așteptau niște ani de suferință — o decadă marginală proastă.

Atunci a început să-și pună problema: de ce muncise așa de mult? Având în vedere starea în care se afla, pensia nu mai părea ceva atrăgător.

La un moment dat, a avut o revelație: în loc să iasă la pensie, avea să-și ofere un job nou. Acest „loc de muncă" așa cum îl percepea el era să-și reconstruiască organismul neglijat ca să se poată bucura mai mult de viață. A început să lucreze cu Beth și a continuat chiar și când pandemia a făcut imposibil antrenamentul față în față o perioadă de timp. Era extrem de motivat. Beth trebuie să le aducă aminte multora dintre clienții ei să-și respecte programul de antrenamente, dar în cazul lui Barry avea problema opusă: aceasta voia să petreacă *prea mult* timp la sală. Trebuia să-l oblige să ia pauze și să se odihnească.

Evident că obiectivele lui Barry sunt diferite de ale mele, dar erau mult mai precise decât exprimarea vagă să „fie mai sănătos". Voia să poată face o tracțiune — acesta era obiectivul lui de fitness. Ce voia de fapt era să se simtă puternic și să se poată mișca din nou prin lume cu încredere, cum făcuse când era tânăr, fără să-i fie teamă că ar putea să cadă. Dar era cât se poate de departe de asta; dacă Beth l-ar fi pus la o bară de tracțiuni, probabil că s-ar fi accidentat. Abia dacă putea să meargă fără dureri. Așa că trebuia să înceapă de la un nivel incipient, să învețe cum să facă mișcări simple în siguranță.

Beth a început să lucreze cu el câteva exerciții introductive pe care le făcusem și eu: respirația abdominală, progresând spre trecerea lentă, segmentată de la poziția pisică la poziția vacă. Pentru a-i micșora riscul de cădere, Beth l-a pus să se concentreze pe mișcări de echilibru, începând cu labele picioarelor — învățându-l cum să se miște și să-și simtă din nou degetele de la picioare, după decenii în care stătuseră în pantofi. Apoi a trecut mai departe la exerciții de mers și de stat într-un picior. Beth l-a pus chiar și să danseze, ca să-l ajute să învețe din nou cum să-și miște picioarele și cum să reacționeze la stimuli vizuali pentru a-și menține echilibrul.

Au trecut apoi la construirea forței de bază, începând cu fandări din mers pentru a-i întări corpul. Mușchii lui abdominali erau în continuare slăbiți de la o operație făcută în urmă cu 20 de ani — am observat că nu e ceva neobișnuit ca lucrurile acestea să-i afecteze pe oameni mulți ani după eveniment. Așa că au lucrat la forța lui abdominală, începând (ca mine) prin construirea presiunii intraabdominale. Și, treptat, au lucrat pentru dezvoltarea forței superioare și a zonei mediane a corpului — și a stabilității scapulare — de care urma să aibă nevoie. Nu după mult timp, putea să facă flotări mai bine decât majoritatea tipilor de 20 și ceva de ani care merg la sală.

Beth l-a pus să facă seturi de exerciții menite să-i îmbunătățească capacitatea de reacție și păstrarea echilibrului. L-a pus să folosească o scăriță pentru agilitate, asemănătoare cu cele pe care le folosesc jucătorii de NFL și de alte sporturi de teren pentru a-și dezvolta echilibrul, viteza și mișcările labelor picioarelor. Dacă te antrenezi să fii un sportiv al vieții, atunci te antrenezi să fii sportiv, punct.

În cele din urmă, l-a pus pe Barry să facă exerciții de sărit, ceea ce în mod clar este în afara zonei de confort pentru majoritatea octogenarilor. Era stresat, dar până la urmă a ajuns în punctul în care putea să sară de pe câteva cărămizi de yoga și să aterizeze în genuflexiune — și să rămână acolo. Ideea era să-l pregătească pentru situațiile neașteptate așa încât, dacă se găsea în postura de a coborî de pe o treaptă sau o bordură neașteptată, să-și poată ține echilibrul și să nu cadă. Cei mai mulți oameni se încordează instinctiv, de frică; nu au încredere în „frânele" lor, în forța lor excentrică și asta face aproape întotdeauna ca aterizarea să fie mai puțin sigură. Ca să fii stabil, trebuie să fii flexibil și pregătit să reacționezi, aproape ca un dansator.

O altă mișcare importantă la care au lucrat a fost cea care îi permitea lui Barry să se ridice de la sol folosind doar un braț (și, ideal, fără sprijin pe brațe). Acesta este unul dintre aspectele pe care noi, cei care suntem mai tineri, le considerăm de la sine înțelese. Evident că ne putem ridica de jos — până când, deodată, nu mai putem. Copiii învață să facă asta fără să se gândească. Dar undeva pe parcurs adulții își pierd capacitatea de a face această mișcare elementară. Chiar dacă avem forța fizică necesară, e posibil să ne lipsească controlul neuromuscular; efectiv, mesajul de la creier nu ajunge la mușchi. Pentru o persoană de 81 de ani, ca Barry (la momentul când scriu asta), e mare lucru; ar putea să facă diferența între a continua să trăiască independent și a trebui să se gândească la internarea într-un cămin pentru vârstnici. Așa că Beth l-a învățat o secvență de mișcări coregrafiate, care să-i permită să se ridice în picioare din poziția așezat pe podea, și Barry a lucrat la ele până când le-a învățat.

„Ridicarea Barry“ a devenit o parte importantă a evaluării condiției fizice pe care o facem tuturor pacienților noștri, precum și unul dintre evenimentele esențiale ale decatlonului centenarilor (ar trebui să se regăsească și în decatlonul tău). Este o mișcare importantă, fie că te ridici de jos după ce te-ai împiedicat sau după ce te-ai jucat cu nepotul pe podea. (Pentru o demonstrație video a „ridicării Barry“, accesează www.peterattiamd.com/outlive/videos.) Toată lumea ar trebui să poată face asta.

Dar cred că mai este și o metaforă pentru ceea ce devine posibil cu ajutorul antrenamentului (și, evident, al stabilității). Persoanele precum Barry ne ajută să rescriem povestea declinului care a blocat-o pe prietena mamei mele, Sophie, și pe atât de mulți oameni. Sportul și mișcarea au puterea să ne schimbe la nivel profund, chiar dacă începem de la zero, ca și Barry. Ne oferă abilitatea de a ne ridica — la propriu și la figurat — și de a deveni mai puternici și mai capabili. Ideea nu e doar că ne încetinește declinul, ci că ne face să ne simțim din ce în ce mai bine.

Așa cum spune Barry, „dacă nu muncești pentru ceea ce urmează, regresezi“.

CAPITOLUL 14

Nutriția 3.0

Tu spui cartof, eu spun „biochimie nutrițională"

Religia este o cultură a credinței, știința — una a îndoielii.
RICHARD FEYNMAN

Mi-e groază să merg la petreceri deoarece, atunci când oamenii află cu ce mă ocup (când nu-mi cred minciunile obișnuite, cum că aș fi cioban sau șofer de curse), mereu vor să vorbim despre subiectele de care îmi este cel mai groază: „dietă" și „nutriție".

Fac tot posibilul să ies din acea discuție — mă duc să-mi iau ceva de băut, chiar dacă deja am un pahar în mână, sau mă prefac că răspund la telefon sau, dacă nimic nu funcționează, mă prefac că mi se face rău. Ca și politica și religia, nutriția pur și simplu nu e un subiect potrivit de discuție, după părerea mea. (Și dacă ți s-a părut că sunt cam nesimțit odată, la o petrecere, îmi cer scuze.)

Dieta și nutriția sunt atât de prost înțelese de știință, atât de încărcate emoțional și atât de amestecate cu informații de proastă calitate și cu atâta lene în gândire, încât e imposibil să vorbești despre ele în termeni nuanțați la o petrecere sau, să zicem, pe platformele sociale. Cu toate acestea, în zilele noastre, cei mai mulți oameni sunt condiționați să-și dorească liste numerotate, sloganuri autocolante și alte forme de analize superficiale. Asta mi-aduce aminte de o poveste cu marele fizician (și unul dintre eroii mei) Richard Feynman, care a fost rugat[1] la o petrecere să explice, scurt și simplu, de ce a primit Premiul Nobel. A răspuns că, dacă ar putea să explice ceea ce face scurt și simplu, probabil nu ar fi meritat Premiul Nobel.

Regula lui Feynman se aplică la nutriție, cu un singur amendament: de fapt, știm mult mai *puțin* despre acest subiect decât despre particulele subatomice. Pe de o parte, avem „studii" epidemiologice cu titluri care atrag accesări și care afirmă chestii absurde, cum că mâncând 28 de grame de nuci[2] în fiecare zi îți reduci riscul de cancer cu exact 18% (chiar nu inventez asta). Pe de alta, avem studii clinice care în general sunt eronate, aproape fără excepție. Ca urmare a calității scăzute a cercetărilor, de fapt nu prea știm așa de multe despre modul în care ceea ce mâncăm ne afectează sănătatea. Asta creează o ocazie extraordinară ca diverși așa-numiți guru ai nutriției și experți autoproclamați să insiste, foarte apăsat, că doar *ei* știu care este dieta adevărată și corectă. Pe Amazon există 40 000 de cărți de diete; nu au cum să aibă toate dreptate.

Ceea ce mă aduce la ultima mea obiecție cu privire la universul nutriției și dietelor, și anume la tribalismul extrem care pare să domine totul. Cu conținut redus de grăsimi, vegan, carnivor, Paleo, cu conținut scăzut de carbohidrați sau Atkins — fiecare dietă are luptătorii ei zeloși care vor afirma superioritatea modului lor de a mânca asupra tuturor celorlalte, până la ultima suflare, în pofida lipsei totale de dovezi concludente.

La un moment dat, și eu am fost unul dintre acești susținători înfocați. Mi-am petrecut 3 ani ținând un regim ketogen, am scris pe blog și am vorbit extensiv despre acea experiență. La bine și la rău, sunt permanent asociat cu dietele cu conținut scăzut de carbohidrați și ketogene. Renunțarea la zahărul adăugat — am pus efectiv jos sticla de cola pe care o aveam în mână pe 8 septembrie 2009, la câteva minute după ce draga mea soție mi-a sugerat să mă „străduiesc să nu mai fiu atât de gras" — a fost primul pas dintr-o călătorie lungă, care mi-a schimbat viața, dar și una frustrantă, prin universul științific al dietelor și nutriției. Vestea bună este că așa m-am vindecat de un început de sindrom metabolic și probabil mi-am salvat viața. Tot asta m-a făcut să scriu această carte. Vestea proastă este că mi-a epuizat resursele de răbdare pentru „dezbaterea despre diete".

Considerați acest capitol ca pe o penitență a mea.

În general, cred că majoritatea oamenilor își petrec prea puțin sau prea mult timp gândindu-se la acest subiect. Probabil mai mulți sunt în categoria „prea puțin“, după cum evidențiază epidemia de obezitate și sindrom metabolic. Dar cei din categoria „prea mult“ sunt gălăgioși și insistenți (caută *nutriție* pe Twitter!). Am fost și eu complet vinovat de asta în trecut. Privind retrospectiv, îmi dau acum seama că eram mult spre stânga curbei Dunning-Kruger, caricaturizată mai jos în figura 14 — nivelul meu maxim de încredere și cunoștințele limitate propulsându-mă destul de aproape de vârful „Muntelui Prostiei“.

Figura 14. Efectul Dunning-Kruger

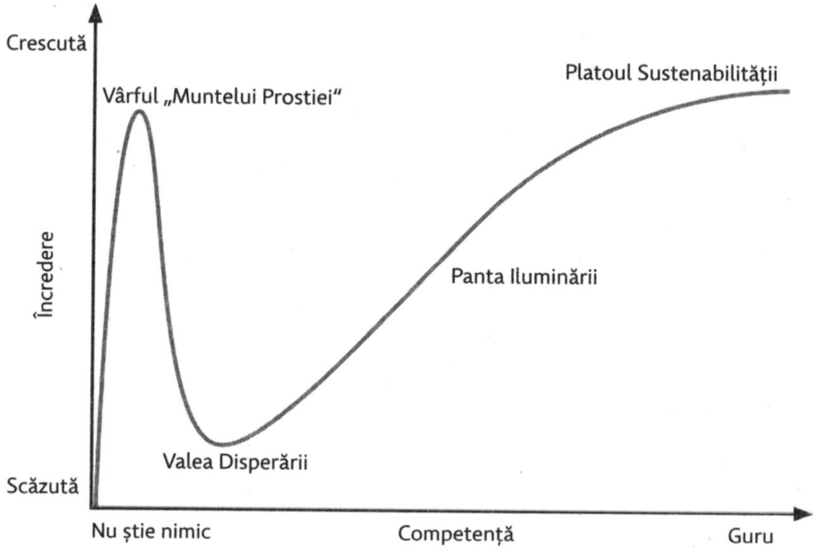

Sursa: Wikimedia Commons (2020)

Acum e posibil să mă aflu pe la jumătatea Pantei Iluminării în zilele bune, dar o schimbare esențială pe care am făcut-o este că nu mai sunt un susținător dogmatic al niciunui stil de alimentație, cum ar fi dietele ketogene sau orice formă de post. Mi-a luat mult timp să-mi dau seama de asta, dar ipoteza fundamentală care se află la baza războaielor dietelor și majorității studiilor nutriționale — că există o dietă perfectă care funcționează cel mai bine la toți oamenii — este complet incorectă. Mai mult decât orice, le datorez această lecție pacienților mei, ale căror eforturi m-au învățat să fiu umil în ceea ce privește nutriția, o atitudine pe care nu aș fi putut să o deprind doar citind lucrări științifice.

Îmi încurajez pacienții să evite complet să folosească termenul *dietă* și, dacă aș fi un dictator, probabil că l-aș interzice în totalitate. Când mănânci o felie de *prosciutto* sau un pătrățel de Rice Krispies, ingerezi o multitudine de compuși chimici diferiți. Așa cum structura lor chimică îi face să aibă gusturi diferite, moleculele din alimentele pe care le consumăm afectează mai multe enzime, trasee și mecanisme din organismele noastre; despre multe dintre ele am discutat în capitolele anterioare. Moleculele din mâncare — care în esență nu sunt nimic altceva decât diferite combinații de atomi de carbon, azot, oxigen, fosfor și hidrogen — interacționează de asemenea cu genele, metabolismul și microbiomul nostru și cu starea noastră fiziologică. În plus, fiecare dintre noi va reacționa diferit la aceste molecule din mâncare.

În loc de dietă, ar trebui să vorbim despre *biochimie nutrițională*. Asta scoate discuția din universul ideologiei și religiei — și, mai presus de orice, al emoției — și o repune cu fermitate în cel al științei. Ne putem gândi la această abordare nouă ca la Nutriția 3.0: riguroasă din punct de vedere științific, extrem de personalizată și (așa cum vom vedea) bazată pe feedback și date, în loc de ideologie și etichete. Ideea nu e să-ți spun ce să mănânci, ci să descoperi ce funcționează pentru corpul și obiectivele tale — și, la fel de important, ce poți respecta.

Ce problemă încercăm să rezolvăm aici? Care este obiectivul nostru cu Nutriția 3.0?

Cred că se reduce la întrebările simple pe care le-am pus în capitolul 10:

1. Ești *sub*alimentat sau *supra*alimentat?
2. Ai prea *puțină* masă musculară sau una *potrivită*?
3. Ești sănătos din punct de vedere metabolic sau nu?

Legătura dintre o sănătate metabolică proastă, pe de o parte, și supraalimentație și masă musculară insuficientă, pe de altă parte, este foarte strânsă. Așadar pentru majoritatea pacienților, obiectivul este să reducă aportul de energie, adăugând masă slabă. Asta înseamnă că trebuie să găsim modalități prin care ei să consume mai puține calorii, crescându-le în același timp aportul de proteine și corelând asta cu exerciții fizice corecte. Aceasta este cea mai întâlnită problemă pe care încercăm să o rezolvăm în domeniul nutriției.

Când pacienții mei sunt subalimentați, în general nu consumă suficientă proteină pentru a-și susține masa musculară care, am văzut în capitolele anterioare, este un factor determinant esențial atât pentru durata de viață, cât și pentru cea a stării de sănătate. Așa că orice intervenție alimentară care compromite mușchii sau masa corporală slabă este din start un eșec — atât pentru grupele de persoane subalimentate, cât și pentru cele supraalimentate.

Odinioară, credeam că dieta și nutriția sunt singura modalitate prin care se poate ajunge la sănătatea perfectă. Anii de experiență, atât personală, cât și cu pacienții mei, m-au învățat să-mi temperez puțin așteptările. Intervențiile nutriționale pot fi instrumente puternice cu care să restabilim echilibrul metabolic al individului și să reducem riscul de boli cronice. Dar pot ele oare prelungi și îmbunătăți durata de viață și pe cea a stării de sănătate aproape ca prin farmec, așa cum face activitatea fizică? Nu mai sunt convins de asta.

Cred în continuare că majoritatea oamenilor trebuie să-și gestioneze alimentația pentru a câștiga controlul asupra sănătății lor metabolice sau măcar pentru a nu înrăutăți lucrurile. Dar mai cred și că trebuie să facem diferența între comportamentele care *mențin* o sănătate bună și tacticile care *corectează* o stare proastă de sănătate și boala. Purtarea unui ghips pe un os rupt îi va permite acestuia să se vindece. Purtarea unui ghips pe un braț perfect normal îl va face să se atrofieze. Deși acest exemplu este evident, este uimitor cât de multe persoane nu reușesc să-l transpună în nutriție. Pare destul de clar că o intervenție nutrițională al cărei scop este corectarea unei probleme serioase (de exemplu: diete extrem de restrictive, chiar și post, pentru a trata obezitatea, NAFLD și diabetul de tip 2) poate să fie diferită de un plan nutrițional calibrat pentru a menține o sănătate bună (de exemplu: dietele echilibrate la persoanele sănătoase metabolic).

De fapt nutriția este destul de simplă. Se rezumă la câteva reguli de bază: nu mânca prea multe sau prea puține calorii, consumă suficiente proteine și grăsimi esențiale, procură-ți vitaminele și mineralele de care ai nevoie și evită patogenii precum *E. coli* și toxinele, cum sunt mercurul și plumbul. În afară de asta, știm relativ puține lucruri cu certitudine. Te rog, citește din nou propoziția asta.

La nivel teoretic, multe dintre clișeele vechi au probabil dreptate: dacă străstrăbunica ta nu ar recunoaște alimentul respectiv, e mai bine să nu-l consumi. Dacă l-ai găsit pe rafturile mai îndepărtate e probabil mai bun decât dacă l-ai luat din mijlocul magazinului alimentar. Vegetalele sunt foarte bune de mâncat. Proteina animală este „sigură“ pentru consum. Am evoluat ca omnivori; așadar cei mai mulți dintre noi putem probabil ajunge la o sănătate excelentă ca omnivori.

Nu mă înțelege greșit, în continuare mai am multe de spus — motiv pentru care aceste capitole despre nutriție nu sunt scurte. Sunt atât de multe dispute ideologice și se spun atât de multe tâmpenii, încât sper să pot introduce măcar puțină claritate în discuție. Dar cea mai mare parte din acest capitol și din următorul va avea scopul de a schimba felul în care te *gândești* la dietă și nutriție, în loc să-ți spună să mănânci *asta, nu aia*. Obiectivul meu aici este să-ți ofer instrumentele care să te ajute să descoperi stilul de alimentație potrivit pentru tine, unul care să-ți îmbunătățească viața protejându-ți și menținându-ți starea de sănătate.

Ce știm oarecum despre biochimie nutrițională (și cum am ajuns să știm asta)

Una dintre cele mai mari frustrări ale mele din zona de nutriție — scuze, *biochimie nutrițională* — e legată de cât de puține lucruri știm cu siguranță. Problema are rădăcini în calitatea slabă a cercetărilor nutriționale, care duce la relatări de proastă calitate în mass-media, o mulțime de dezbateri pe rețelele sociale și confuzii flagrante în rândul publicului. Ce ar trebui să mâncăm (și ce nu)? Care este dieta potrivită pentru *tine*?

Dacă nu ne putem baza decât pe rapoarte despre cel mai recent studiu de anvergură de la Harvard sau pe înțelepciunea vreunui guru autoproclamat, atunci nu vom scăpa niciodată de starea asta de confuzie neajutorată. Așa că, înainte să intrăm în detalii, merită să facem un pas în spate ca să încercăm să înțelegem ce știm și ce nu știm despre nutriție — la ce gen de studii ar merita să fim atenți și pe care putem să le ignorăm fără probleme. A înțelege cum să facem diferența între semnale și zgomote este un prim pas important în elaborarea unui plan personal.

Cunoștințele noastre despre nutriție provin în principal din două tipuri de studii: epidemiologice și clinice. În epidemiologie, cercetătorii adună date despre obiceiurile unor grupuri mari de oameni, căutând asocieri semnificative sau corelații cu rezultate precum un diagnostic de cancer, boală cardiovasculară sau cu mortalitatea. Aceste studii epidemiologice produc o mare parte din „veștile" despre diete care apar în fluxul nostru zilnic de internet, despre cât de bună este cafeaua*, dar cât de rău e baconul sau invers.

Epidemiologia a fost un instrument util pentru identificarea cauzelor epidemiilor, inclusiv pentru (celebra) oprire a răspândirii holerei în Londra secolului XIX și (mai puțin celebra) salvare a coșarilor de la o epidemie de cancer de scrot care s-a dovedit a fi legată de meseria lor.* A impulsionat câteva victorii în domeniul sănătății publice, precum apariția legilor de interzicere a fumatului și tratarea pe scară largă a apei de băut. Dar în nutriție s-a dovedit mai puțin inspirată. Chiar și la nivel superficial, „asocierile" pe care le fac epidemiologii nutriționiști sunt adesea absurde: oare dacă mănânc 12 alune de pădure pe zi *chiar*[3] îmi prelungesc viața cu doi ani, așa cum a sugerat un studiu?** Aș vrea eu.

---

* Prin 1775, Percival Pott, un chirurg englez, a fost prima persoană despre care se știe că a demonstrat faptul că un cancer poate fi provocat de un factor de mediu (cunoscut acum sub denumirea de carcinogen). Pott a observat o creștere a numărului de negi pe scrot la coșarii tineri care aveau sarcina de a se urca în coșurile de fum pentru a curăța cenușa și mizeria. Cercetările lui Pott l-au dus la concluzia că tipul acesta de cancer al pielii — un carcinom cu celule scuamoase — era provocat de particulele de cenușă care rămâneau blocate în pliurile scrotului.

** Conform unui studiu din 2013, realizat de Bao et al., persoanele care au mâncat 12 alune de pădure pe zi și-au redus riscul de a muri în următorii 30 de ani cu 20%. (Nu există niciun detaliu despre mecanismul exact care provoacă acest rezultat miraculos.)

Problema este că epidemiologia este incapabilă să facă diferența dintre corelație și cauzalitate. Acest lucru, susținut și gonflat de jurnalismul de proastă calitate, creează confuzie. De exemplu, nenumărate studii au descoperit o legătură strânsă între consumul de băuturi acidulate fără zahăr și grăsimea abdominală,[4] hiperinsulinemia și riscul cardiovascular. Se pare că băuturile acidulate fără zahăr sunt chestii rele care provoacă obezitate, corect? Dar de fapt nu asta demonstrează acele studii, deoarece nu reușesc să pună o întrebare importantă: cine bea băuturi acidulate fără zahăr?

Persoanele preocupate de greutatea și riscul lor de diabet, acelea le consumă. E posibil să bea băuturi fără zahăr *pentru că* au o greutate mare sau își fac griji că s-ar putea îngrășa. Problema este că epidemiologia nu este echipată pentru a stabili direcția cauzalității între un anumit comportament (de exemplu: consumul de băuturi acidulate fără zahăr) și un rezultat anume (de exemplu: obezitatea), după cum nici găina nu poate să-mi facă o omletă din oul pe care tocmai l-a ouat pentru mine.

Pentru a înțelege de ce, trebuie să ne consultăm (din nou) cu sir Austin Bradford Hill,[5] un savant britanic pe care l-am cunoscut în capitolul 11. Hill ajutase la descoperirea legăturii dintre fumat și cancerul de plămâni la începutul anilor 1950 și a elaborat nouă criterii pentru a evalua gradul de relevanță a descoperirilor epidemiologice și a stabili direcția probabilă a cauzalității, la care am făcut referire și în legătură cu activitatea fizică.* Cel mai important dintre acestea și cel care poate separa cel mai bine corelația de cauzalitate este cel mai dificil de implementat în nutriție: experimentul. Încearcă să propui un studiu în care ai testa efectele consumului de fast-food pe toată durata vieții prin randomizarea tinerilor și tinerelor fie cu Big Mac, fie cu o dietă care nu include fast-food. Chiar ai reuși cumva să primești aprobarea

* Criteriile Bradford-Hill sunt (1) forța asocierii (dimensiunea efectului), (2) consecvența (posibilitatea de a reproduce descoperirile), (3) specificitatea (este posibilă o observare a bolii pe o populație foarte specifică dintr-un anumit loc, fără nicio altă explicație?), (4) temporalitatea (cauza precede efectul?), (5) reacția la doză (efectul devine mai puternic în cazul unei doze mai mari?), (6) plauzibilitatea (are logică?), (7) coerența (e în concordanță cu date din experimente controlate pe animale?), (8) experimentarea (există dovezi experimentale care susțin aceste descoperiri?) și (9) analogia (poate fi luat în calcul efectul unor factori asemănători?).

comisiei oficiale de control pentru această idee cumplită, există mai multe feluri în care chiar și un simplu experiment poate să o ia razna. Unii dintre puștii cu Big Mac ar putea să devină în secret vegetarieni, în timp ce aceia din grupul de control ar putea decide să frecventeze Arcadele aurii. Ideea este că oamenii nu sunt subiecți buni pentru studiile de nutriție (sau aproape pentru nimic altceva) deoarece sunt ființe greu de stăpânit, neascultătoare, dezordonate, uituce, derutate, înfometate și complicate.

Din acest motiv ne bazăm pe epidemiologie, care își extrage datele din observare și adesea direct de la subiecți. Așa cum am văzut mai devreme, epidemiologia aplicată la activitatea fizică bifează cu brio criteriile Bradford Hill — dar utilizarea epidemiologiei pentru a studia nutriția duce la eșecuri lamentabile în aceste teste, începând cu dimensiunea efectului, forța asocierii, adesea exprimată sub formă de procent. În timp ce epidemiologia fumatului (ca și a exercițiului fizic) trece ușor testele Bradford Hill deoarece dimensiunea efectului este așa de copleșitoare, în nutriție dimensiunile efectului sunt în general atât de mici, încât ar putea să fie foarte bine produsul altor factori derutanți.

Să luăm un caz concret: afirmația conform căreia consumul de carne roșie și de carne procesată „cauzează" cancerul de colon. Conform unui studiu din 2017, extrem de mediatizat,[6] al Școlii de Sănătate Publică Harvard și Organizației Mondiale a Sănătății, consumul acestor tipuri de carne crește riscul de cancer de colon cu 17% (HR = 1,17). Asta sună înspăimântător — dar trece oare de testele Bradford Hill? Nu cred, deoarece asocierea este foarte slabă. De dragul comparației, fumătorii[7] au un risc de cancer de plămâni mai mare cu 1 000-2 500% (de zece până la douăzeci și cinci de ori mai mare), în funcție de populația studiată. Asta sugerează că ar putea să existe de fapt un soi de legătură de cauzalitate. Cu toate acestea, foarte puține studii epidemiologice indică un risc crescut cu măcar 50% (HR = 1,50) pentru orice fel de aliment.

În al doilea rând, și mult mai copleșitor, este faptul că datele brute pe care se bazează în general aceste concluzii sunt în cel mai bun caz nesigure. Multe studii epidemiologice nutriționale adună informații pe diverse subiecte prin intermediul unui „chestionar de frecvență a alimentelor", o listă lungă cu itemi de bifat, care le cere utilizatorilor să-și aducă aminte tot ce au mâncat în cursul ultimei luni sau chiar în ultimul an, în cele mai mici detalii. Am încercat să completez un astfel de chestionar și este aproape imposibil să-mi aduc exact aminte ce am mâncat acum două zile, ce să mai vorbim de trei săptămâni.* Așadar cât de mult ne putem baza pe studii făcute pornind de la aceste date? Cât de multă încredere avem în, hai să zicem, studiul despre carne roșie?

Așadar carnea roșie și procesată provoacă sau nu cancer? Nu știm și probabil nu vom avea niciodată un răspuns mai clar deoarece este puțin probabil să se facă vreodată un studiu clinic pentru a testa această ipoteză. Domnește confuzia. Cu toate acestea, o să risc să spun că un procent de risc de 1,17 este atât de mic, încât s-ar putea să nu conteze așa de mult dacă mănânci sau nu carne roșie/procesată prin comparație cu o altă sursă de proteine, cum ar fi carnea de pui. În mod clar, acest studiu în particular e departe de a oferi un răspuns clar la întrebarea dacă e „sigură" carnea roșie. Cu toate acestea, oamenii se ceartă pe subiectul ăsta de ani de zile.

Asta e o altă problemă în lumea nutriției: prea multe persoane se concentrează pe aspectele minore și le ignoră pe cele majore, acordând prea multă atenție întrebărilor mărunte, în timp ce aproape trec cu vederea aspectele mai grave. Variațiile mici în ceea ce mâncăm contează probabil mult mai puțin decât cred cei mai mulți oameni. Dar epidemiologia de proastă calitate, ajutată și susținută de jurnalismul de proastă calitate, se bucură să facă din țânțar armăsar pe aceste subiecte.

Epidemiologia de proastă calitate domină atât de mult discuțiile publice despre nutriție, încât a inspirat o contraofensivă din partea scepticilor precum John Ioannidis de la Centrul de Cercetare Preventivă Stanford, care se luptă cu știința de proastă calitate în toate formele ei. Argumentul lui principal este că mâncarea este atât de complexă,[8] alcătuită din mii de compuși chimici în milioane de combinații posibile care interacționează cu fiziologia umană în atât de multe feluri — cu alte cuvinte, biochimie nutrițională —, încât epidemiologia efectiv nu face față sarcinii de

* Dacă vrei să încerci, caută pe Google „Food Frequency Questionnaire" [Chestionar de frecvență a alimentelor]. Mult succes!

a descâlci efectul oricărui nutrient sau aliment individual. Într-un interviu cu CBC, Ioannidis, care de obicei vorbește calm, a fost brutal de direct: „Epidemiologia nutrițională este o rușine“,[9] a spus el. „Ar trebui pur și simplu aruncată la gunoi.“

Adevărata slăbiciune a epidemiologiei, cel puțin ca instrument de extragere a informațiilor viabile, cauzale, cu privire la nutriția umană, este că astfel de studii sunt aproape întotdeauna și din păcate derutante. Factorii care determină alegerile noastre alimentare și obiceiurile de alimentație sunt incredibil de complecși. Aceștia sunt, printre alții, genetica, influențele sociale, factorii economici, educația, sănătatea metabolică, marketingul, religia și tot restul — aproape imposibil de separat de efectele biochimice ale alimentelor ca atare.

Acum câțiva ani, un om de știință și statistician pe nume David Allison a derulat un experiment elegant[10] care ilustrează felul în care metodele epidemiologice ne pot îndepărta de adevăr, chiar și într-un model de cercetare controlat cât mai bine posibil, pe șoareci de laborator, identici din punct de vedere genetic și locuind în condiții identice. Allison a creat un experiment randomizat, asemănător cu experimentele de restricționare calorică despre care am vorbit în capitolul 5. A împărțit subiecții în trei grupuri diferite, diferența fiind dată doar de cantitatea de hrană pe care au primit-o: un grup cu nivel scăzut de calorii, un grup cu nivel mediu de calorii și unul cu un nivel ridicat de calorii, grupul *ad libitum* de animale cărora li s-a permis să mănânce cât de mult voiau. S-a descoperit că șoarecii care consumau cele mai puține calorii trăiau cel mai mult, urmați de cei cu nivel mediu de calorii și de șoarecii cu nivel ridicat de calorii care trăiau, în medie, cel mai puțin. Acesta era rezultatul așteptat care fusese bine stabilit în multe studii anterioare.

Dar apoi Allison a făcut un lucru foarte ingenios. A analizat mai atent grupul cu nivel ridicat de calorii, șoarecii care nu aveau o limită maximă a aportului de hrană și a analizat grupul separat, ca pe propria sa cohortă epidemiologică nerandomizată. În cadrul acestui grup, Allison a descoperit că unii șoareci preferau să mănânce mai mult decât alții — și că șoarecii aceștia mai înfometați trăiau *mai mult* decât șoarecii cu nivel ridicat de calorii care preferau să mănânce mai puțin. Era exact opusul rezultatului descoperit în studiul randomizat mai mare, mai solid și repetat la scară mai largă.

A existat o explicație simplă: șoarecii cei mai puternici și mai sănătoși aveau cea mai mare poftă de mâncare și ca atare mâncau mai mult. Datorită faptului că erau din start mai sănătoși, trăiau și cel mai mult. Dar, dacă nu ne-am putea baza decât pe analiza epidemiologică a lui Allison pe acest subgrup și nu pe studiul clinic mai mare și mai bine elaborat, am putea conchide că un consum mai mare de calorii îi face *pe toți* șoarecii să trăiască mai mult, ceea ce știm aproape sigur că nu e cazul.

Acest experiment demonstrează cât de ușor poți fi indus în eroare de epidemiologie. Unul dintre motive este legat de faptul că sănătatea generală este un factor de confuzie major în acest gen de studii. Acest lucru este cunoscut și sub denumirea de biasul utilizatorului sănătos, o perspectivă unilaterală care determină rezultatele studiului să reflecte mai mult nivelul de sănătate bazală a subiecților, decât influența oricărui input studiat — cum a fost cazul cu șoarecii „flămânzi“ din acest studiu.*

Cred că un exemplu clasic în acest sens se găsește în acele articole bine mediatizate care fac legătura dintre consumul „moderat“ de alcool și o sănătate îmbunătățită. Ideea a devenit aproape un act de credință în mass-media populară, dar aceste studii sunt și ele aproape întotdeauna afectate de biasul utilizatorului sănătos — adică, persoanele care consumă alcool la vârste înaintate tind să facă asta *deoarece* sunt sănătoase, și nu invers. În mod asemănător, persoanele care nu beau deloc alcool au adesea un motiv legat de sănătate sau de dependență pentru care-l evită. Iar astfel de studii îi exclud pe cei care au murit deja din cauza consecințelor alcoolismului.

Epidemiologia vede doar câteva persoane aparent sănătoase care beau alcool și conchide că alcoolul este cauza stării lor bune de sănătate. Dar un studiu recent din *JAMA*,[12] care a folosit instrumentul randomizării mendeliene despre care am vorbit în capitolul 3, sugerează că e posibil să nu fie adevărat. Acest studiu a descoperit că, dacă nu iei în calcul efectele altor factori care

* Cred că biasul utilizatorului sănătos este cel mai mare factor de confuzie în literatura de specialitate în domeniul epidemiologiei și activității fizice. Persoanele sănătoase tind să facă mai multă mișcare parțial și datorită faptului că sunt sănătoase.

pot acompania un consum moderat de alcool — cum ar fi un IMC scăzut și lipsa fumatului, orice beneficiu observat al consumului de alcool dispare. Autorii au ajuns la concluzia că nu există *nicio* doză „sănătoasă" de alcool.

Studiile clinice ar părea o modalitate mult mai bună de a evalua dieta unui individ prin comparație cu a altuia: un grup de subiecți consumă dieta X, celălalt grup dieta Y și compari rezultatele. (Sau, ca să continuăm exemplul cu alcoolul, un grup bea cu moderație, un altul bea mult și grupul de control se abține complet.)

Acestea sunt mai riguroase decât epidemiologia și oferă o anumită capacitate de a stabili legătura cauzală grație procesului de randomizare, dar de cele mai multe ori sunt eronate. Există un compromis între dimensiunea eșantionului, durata studiului și control. Ca să faci un studiu lung pe un grup mare de subiecți, trebuie în principiu să ai încredere că ei urmează dieta recomandată, fie că este vorba de dieta Big Mac din exemplul nostru ipotetic de mai sus sau de o simplă dietă cu conținut redus de grăsimi. Dacă vrei să te asiguri că subiecții consumă acea dietă, trebuie să hrănești fiecare subiect în parte, să-l observi când mănâncă și să-i ții pe toți închiși în salonul metabolic al unui spital (ca să te asiguri că nu mănâncă nimic altceva). Toate astea sunt fezabile, dar doar pe câțiva subiecți, timp de câteva săptămâni, o singură dată, ceea ce nu e nici de pe departe suficient de complex sau de îndelungat pentru a ajunge la alte concluzii în afară de descoperiri mecaniciste cu privire la nutrienți și sănătate.

Aceste studii le fac pe cele farmaceutice să pară simple. Pentru a stabili dacă pastila X scade tensiunea arterială suficient de mult pentru a preveni infarctul este nevoie ca subiecții studiului să-și aducă aminte să ia pastila în fiecare zi timp de un anumit număr de luni sau ani și chiar și această cerință simplă reprezintă o dificultate. Acum imaginează-ți cum este să te asiguri[13] că subiecții studiului scad conținutul de grăsimi alimentare la maximum 20% din totalul caloriilor și consumă cel puțin 5 porții de fructe și legume pe zi timp de un an. De fapt, sunt convins că respectarea regulilor este problema *esențială* în cercetarea nutrițională și la diete în general: poți să le respecți? Răspunsul este altul aproape pentru fiecare. Din acest motiv este așa de dificil ca experimentele să răspundă la întrebări esențiale despre legătura dintre dietă și activitatea fizică, indiferent cât de mari și de ambițioase sunt.

Un exemplu clasic al unui studiu de nutriție cu intenții bune, care a creat mai multă confuzie decât claritate, este „Inițiativa pentru sănătatea femeilor" (*The Women's Health Initiative* — WHI), un vast studiu randomizat controlat al cărui scop era să testeze o dietă cu conținut scăzut de grăsimi și ridicat de fibre pe aproximativ 50 000 de femei. Început în 1993, a durat 8 ani și a costat aproape 750 milioane de dolari (iar dacă titlul sună familiar, este din cauza celeilalte părți a studiului, intens mediatizate, despre care am vorbit mai înainte, care analiza efectele terapiei de substituție hormonală la femeile mai în vârstă). Într-un final, în pofida întregului efort,[14] WHI nu a descoperit nicio diferență semnificativă din punct de vedere statistic între grupul cu conținut redus de grăsimi și cel de control, în ceea ce privește incidența cancerului de sân, celui colorectal, a bolilor cardiovasculare și a mortalității generale.*

Multe persoane, inclusiv eu, au explicat că rezultatele acestui studiu au demonstrat lipsa de eficacitate a dietelor cu conținut redus de grăsimi. Dar, în realitate, probabil că nu ne-a comunicat nimic despre o dietă cu conținut redus de grăsimi deoarece grupul de intervenție „cu conținut redus de grăsimi" consuma aproximativ 28% din calorii din grăsimi, în timp ce grupul de control primea aproximativ 37% din calorii din grăsimi. (Și asta presupunând că cercetătorii au putut să fie cât de cât exacți în evaluarea alimentelor consumate de subiecți de-a lungul anilor, o ipoteză ambițioasă.) Așadar acest studiu a comparat două diete care erau destul de asemănătoare și a descoperit că duceau la rezultate destul de asemănătoare. Mare surpriză! Oricum, chiar așa defectuos cum a fost, pe studiul WHI se ceartă de ani de zile susținătorii diferitelor tipuri de alimentație.

Ca o paranteză, studiul WHI oferă un exemplu clar al motivului pentru care este așa de important să evaluăm orice intervenție,

* Dar, deși acest studiu nu a descoperit o diferență semnificativă din punct de vedere statistic între decesele din cauza cancerului de sân la controalele după 8,5 ani și respectiv după 16,5 ani, a descoperit în schimb o reducere semnificativă a deceselor din orice cauză la femeile diagnosticate cu cancer de sân, dar diferența în termeni de risc absolut a fost nesemnificativă. După 8,5 ani, decesele scăzuseră cu 0,013% și după 16,5 ani doar de 0,025%.

nutrițională sau de altă natură, prin filtrul *eficacitate* versus *eficiență*. Eficacitatea stabilește cât de bine funcționează intervenția în condiții perfecte și cu o aderență maximă (dacă subiectul face totul exact cum a fost recomandat). Eficiența testează cât de bine funcționează intervenția în condiții de viață reală, pe oameni adevărați. Cei mai mulți oameni le confundă și ca atare nu reușesc să perceapă această nuanță a studiilor clinice. WHI nu a fost un test de eficacitate a dietei cu conținut redus de grăsimi din simplul motiv că: (a) nu a reușit să testeze efectiv o dietă cu conținut redus de grăsimi și (b) subiecții studiului nu au respectat în totalitate dieta. Astfel, din WHI nu se poate deduce că dietele cu conținut redus de grăsimi nu îmbunătățesc sănătatea, ci doar că *recomandarea* unei diete cu conținut redus de grăsimi pentru această populație de pacienți nu a îmbunătățit sănătatea. Înțelegi care e diferența?

Acestea fiind spuse, unele studii clinice ne-au oferit câteva fărâme utile de cunoștințe. Unul dintre cele mai bune sau cele mai puțin proaste studii clinice executate vreodată a părut să demonstreze existența unui avantaj clar al dietei mediteraneene — sau, cel puțin, al nucilor și uleiului de măsline. Studiul acesta s-a concentrat de asemenea pe rolul grăsimilor alimentare.

Studiul spaniol de mari dimensiuni cunoscut sub denumirea de „Prevenția cu ajutorul dietei mediteraneene“ (*PREvencion con Dieta MEDiterranea* — PREDIMED) a fost conceput într-un stil elegant: în loc să le spună celor aproximativ 7 500 de subiecți exact ce trebuia să mănânce, cercetătorii au oferit pur și simplu unui grup un „cadou“ săptămânal de un litru de ulei de măsline, al cărui scop era să-i stimuleze să facă alte schimbări alimentare (să prepare tot soiul de alimente care în general sunt gătite cu ulei de măsline). Un al doilea grup a primit o cantitate de nuci în fiecare săptămână și indicația de a mânca 28 de grame pe zi, în timp ce grupului de control i s-a recomandat doar să mănânce o dietă cu conținut scăzut de grăsimi, fără nuci, fără carne cu grăsime în exces, fără *sofritto* (un sos spaniol de roșii cu usturoi, ceapă și ardei care pare delicios) și, în mod ciudat, fără pește.

Studiul trebuia să dureze șase ani, dar în 2013 cercetătorii au anunțat că l-au oprit prematur, după doar patru ani și jumătate, din cauză că rezultatele erau atât de dramatice. Grupul care primea uleiul de măsline avea o incidență cu o treime mai mică (31%) de accident vascular cerebral, infarct și deces decât grupul cu conținut redus de grăsimi, iar grupul cu nuci amestecate prezenta un risc similar redus (28%). Ca atare, s-a considerat că este lipsit de etică să continue partea cu conținut redus de grăsimi a studiului. Conform cifrelor, dieta cu nuci sau ulei de măsline, „mediteraneeană“,[15] părea să fie la fel de puternică precum statinele în ceea ce privește numărul necesar de tratat (*number needed to treat* — NNT), pentru prevenția primară a bolii de inimă — adică într-o populație care nu suferise încă niciun „eveniment“ sau un diagnostic clinic.*

Părea mură-n gură; se întâmplă rar ca oamenii de știință să poată raporta rezultate importante precum un deces sau un infarct, spre deosebire de o simplă pierdere în greutate, într-un studiu asupra dietelor. A fost foarte util faptul că subiecții aveau deja cel puțin trei factori importanți de risc — diabet de tip 2, fumat, hipertensiune, LDL-C crescut, HDL-C scăzut, greutate excesivă sau obezitate ori o istorie de boli cardiace coronariene premature în familie. Cu toate acestea, în pofida acestui risc ridicat, dieta cu ulei de măsline (sau nuci) îi ajutase în mod clar să întârzie apariția bolilor de inimă și decesul. O analiză ulterioară a datelor din PREDIMED[16] a descoperit de asemenea o îmbunătățire cognitivă la cei cărora li se alocase o dietă în stil mediteraneean, față de declinul cognitiv al celor care primiseră o dietă cu conținut scăzut de grăsimi.

Dar oare asta înseamnă că o dietă mediteraneeană este bună pentru toată lumea sau că uleiul de măsline extravirgin este cel mai sănătos fel de grăsime? Poate — dar nu neapărat.

Pentru mine, poate cel mai frustrant aspect al studiilor de dietă și nutriție este gradul de variație dintre *indivizi*, care este

* În prevenția secundară, statinele tind să prezinte o valoare NNT oarecum mai scăzută. Studiul PREDIMED a fost ulterior retras și reanalizat pentru a corecta erorile de randomizare (subiecților nu li s-a alocat o anumită intervenție într-un stil cu adevărat aleatoriu); totuși analiza nouă nu a modificat material concluziile studiului. După părerea mea, cea mai mare problemă cu PREDIMED este *biasul de performanță*, ceea ce înseamnă că e posibil ca subiecții din cele două grupuri studiate să-și fi schimbat comportamentul ca urmare a unei interacțiuni mai extinse cu cercetătorii, decât grupul de control.

descoperit, dar adesea nedezvăluit. Acest lucru este în mod deosebit adevărat în cazul studiilor care analizează aproape în totalitate sau exclusiv pierderea în greutate. Studiile publicate raportează rezultate medii care sunt aproape întotdeauna dezamăgitoare, subiecții slăbind doar câteva kilograme în medie. De fapt, e posibil ca unele persoane să fi slăbit destul de mult urmând acea dietă, în timp ce altele aproape deloc sau chiar s-au îngrășat.

Aici intervin două aspecte. Primul este conformitatea: cât de bine poți să te ții de dietă? Asta este diferit pentru fiecare; avem cu toții diferite comportamente și tipare de gândire legate de mâncare. A doua problemă este cum te afectează pe tine o anumită dietă, având în vedere metabolismul individual și alți factori de risc. Din păcate, acestea sunt de prea multe ori trecute cu vederea și ajungem la generalizări despre cum dietele „nu funcționează". Asta înseamnă de fapt că dieta X sau dieta Y nu funcționează la *toată lumea*.

Obiectivul nostru în următorul capitol este să te ajut să-ți dai seama care este cel mai bun plan alimentar pentru *tine*, ca persoană unică. Pentru a face asta, trebuie să renunțăm la etichete și să ne afundăm în biochimia nutrițională.

CAPITOLUL 15

Cum să pui în aplicare biochimia nutrițională

Cum să descoperi tiparul de alimentație corect pentru tine

Medicul mi-a spus să nu mai mănânc cine intime pentru patru persoane, decât dacă mai sunt încă trei oameni prezenți.

ORSON WELLES

Cei mai mulți dintre pacienții mei urmează deja un fel de „dietă“ când vin la consultație. Unul dintre lucrurile pe care le au toți în comun este că nu sunt mulțumiți de rezultate.

Pot să înțeleg asta. În timpul programului de rezidențiat, când de fapt eram chiar mai gras decât Peter-cel-nu-prea-Slab, am încercat o vreme o dietă vegană. Teoretic, trecerea la veganism ar trebui să ușureze procesul de pierdere în greutate, pur și simplu pentru că trebuie să mesteci o mulțime de salată ca să ajungi la conținutul caloric al unui antricot. Dar, de fapt, îmi luam cele mai multe mese la spital, așa că asta însemna o mulțime de chipsuri și alte gustări, și un sandvici cu legume în fiecare zi la prânz. Nu am slăbit nici măcar un kilogram în șase luni. Privind retrospectiv, problema ar fi trebuit să fie evidentă. Deși din punct de vedere teoretic respectam o nobilă dietă „vegană“, în esență mâncam o mulțime de mâncare proastă care întâmplător nu conținea produse de origine animală. Cu alte cuvinte, eram o variantă SAD vegană (*Standard American Diet* — Dieta Americană Standard).

Nici măcar să mănânci vegan nu te salvează din ghearele SAD. Este mediul nostru alimentar standard, care ocupă partea centrală a magazinului alimentar: băgată în cutii, congelată și pusă în pungi, bogăția unui sistem agricol care produce porumb, făină, zahăr și boabe de soia subvenționate, în cantități uriașe. La un anumit nivel este grozav, o soluție pentru patru probleme care au măcinat umanitatea încă de la început: (1) cum să producem *suficiente* alimente pentru a hrăni aproape pe toată lumea; (2) cum să facem asta *cu costuri mici*; (3) cum să *conservăm* acele alimente ca să poată fi depozitate și transportate în siguranță și (4) cum să facem să fie extrem de *gustoase*. Dacă optimizezi procesele în conformitate cu toate aceste patru caracteristici, sfârșești aproape garantat cu SAD care nu prea e o dietă, ci mai degrabă un model de business cum să hrănești eficient mapamondul. De două ori „ura!" pentru sistemele industriale de alimentație.

Dar observă că lipsește un al cincilea criteriu: cum să faci dieta *inofensivă*. Evident că SAD nu a fost concepută specific pentru a face rău. Faptul că ne face rău celor mai mulți dintre noi, dacă este consumată în exces, este o consecință a celor patru puncte de mai sus care intră în coliziune cu milioane de ani de evoluție care ne-au optimizat pentru a fi mașinării extrem de eficiente de stocare de grăsime. E un factor extern nefericit al modelului său de business, cam cum e și cu țigările. Producătorii de tutun și-au propus să facă o mulțime de bani dintr-o marfă agricolă care exista din belșug, dar soluția pe care au elaborat-o, țigara, a avut un efect secundar nefericit: l-a ucis lent pe client.

Elementele componente ale SAD sunt aproape la fel de devastatoare pentru majoritatea oamenilor cum este tutunul consumat în cantități mari, conform intenției producătorilor: zahăr adăugat, carbohidrați extrem de procesați, cu un conținut scăzut de fibre, uleiuri procesate și alte alimente foarte dense caloric. Ar trebui să fac observația că asta nu înseamnă că *toate* alimentele „procesate" sunt rele. Aproape tot ce mâncăm, în afară de legumele proaspete, este procesat într-o anumită măsură. De exemplu, brânza este un aliment procesat, inventată ca o modalitate de a conserva laptele care altminteri s-ar strica foarte repede în absența refrigerării. La ce ne referim de fapt când vorbim despre SAD sunt alimentele *de proastă calitate* (*junk-food*).

Problema principală cu care ne confruntăm este că, poate pentru prima oară în istoria umanității, calorii în cantități mari sunt disponibile pentru mulți, dacă nu pentru cei mai mulți oameni de pe planetă. Dar evoluția nu ne-a pregătit pentru situația asta. Natura chiar se bucură să fim grași și, sincer, nici nu-i pasă dacă facem diabet. Așadar SAD ne dejoacă principalele obiective legate de nutriție: ne face să mâncăm mai mult decât ne trebuie, devenind supraalimentați, în timp ce preponderența ingredientelor de calitate slabă, ultraprocesate, tinde să înlocuiască alți nutrienți, cum ar fi proteina, de care avem nevoie pentru a ne păstra o sănătate optimă.

SAD afectează echilibrul metabolic al organismului. Pune o presiune enormă pe capacitatea de a ne controla nivelul de glucoză din sânge și ne face să depozităm grăsime, când de fapt ar trebui să o folosim. Cea mai importantă sursă de calorii pe care o consumă americanii este o categorie denumită „deserturi bazate pe cereale", precum plăcinte, prăjituri și biscuiți, conform Departamentului de Agricultură al SUA. Acesta este „grupul de alimente" *pe primul loc* pentru noi. Dacă mâncăm mai multe deserturi bazate pe cereale într-un exces la Cheesecake Factory,* nivelul nostru de glucoză din sânge va crește accelerat. Și dacă facem asta de nenumărate ori, așa cum am văzut în capitolele anterioare, până la urmă ne vom distruge capacitatea de a gestiona toate aceste calorii într-un mod sigur. În principal, SAD duce un război cu sănătatea noastră metabolică și, în suficient timp, cei mai mulți dintre noi vom pierde războiul.

Cu cât ne depărtăm mai mult de SAD, cu atât o să ne fie mai bine. Acesta este obiectivul comun al celor mai multe „diete" — să ne ajute să ne eliberăm de forța gravitațională puternică a SAD, ca să putem mânca mai puțin și poate mai bine. Dar să mâncăm mai puțin este scopul principal. După ce scapi de etichete și ideologii, aproape toate dietele se bazează pe cel puțin una dintre următoarele trei strategii pentru a realiza asta:

1. RESTRICȚIONARE CALORICĂ sau RC: să mănânci mai puțin per total, dar fără atenție la ce mănânci sau când mănânci.

* Lanț american de restaurante, celebre pentru torturile cu cremă de brânză (*cheesecake*). *(N.t.)*

2. DIETA RESTRICȚIONATĂ sau DR: să consumi mai puțin din anumite elemente ale dietei (de exemplu: carne, zahăr, grăsimi).
3. DIETA CU RESTRICȚIE DE TIMP sau RT: să mănânci doar în anumite perioade, ținând chiar și post mai multe zile.

Cu alte cuvinte, dacă ești supraalimentat și, din punct de vedere statistic, două treimi dintre noi suntem așa, va trebui să aplici cel puțin una dintre aceste metode de reducere a caloriilor: să monitorizezi intenționat ce mănânci (și să reduci cantitatea), să renunți la anumite alimente și/ sau să-ți acorzi mai puțin timp în care să mănânci. Atât. Această împărțire în trei strategii a modului în care abordăm nutriția ne permite să vorbim mai obiectiv despre intervenții în dietă, în loc să ne bazăm pe etichete precum „conținut redus de grăsimi" sau „mediteraneean" care nu ne spun mare lucru. Dacă modificăm una dintre aceste variabile — mâncăm orice vrem, oricând vrem, în orice cantități vrem — ajungem din nou la SAD.

Fiecare dintre aceste abordări are plusurile și minusurile sale, așa cum am constatat într-un deceniu în care am lucrat pe aspecte de nutriție cu nenumărați pacienți. Vom discuta despre ele în mai multe detalii în continuare, dar iată un rezumat:

1. Din punctul de vedere al eficacității pure, RC sau restricționarea calorică este câștigătoarea de departe. Prin această metodă slăbesc cei care fac bodybuilding, păstrându-și în același timp masa musculară, această variantă permițând de asemenea cea mai mare flexibilitate în alegerile alimentare. Secretul este că trebuie să o faci perfect — să monitorizezi fiecare aliment pe care-l consumi și să nu cedezi impulsului de a trișa sau de a consuma o gustare — pentru că atunci nu mai funcționează. Multe persoane au dificultăți să se țină de ea.
2. DR sau dieta restricționată este probabil cea mai obișnuită strategie folosită pentru reducerea aportului de energie. Din punct de vedere conceptual, este simplă: alege un tip de aliment și nu-l consuma. Evident că funcționează doar dacă alimentul există din abundență și este suficient de important

pentru ca eliminarea lui să creeze un deficit caloric. A urma o dietă „fără salată“ are șanse mari de eșec. Poți în continuare să mănânci prea mult, chiar dacă respecți în totalitate o anumită DR, după cum am descoperit când am încercat să fiu vegan.

3. RT sau dieta cu restricție de timp — cunoscută și sub denumirea de post intermitent — este cea mai recentă tendință de reducere a caloriilor. Din anumite puncte de vedere, cred că este cea mai simplă. Când făceam ciclism și încercam să scap de ultimele 3 kilograme din structura mea deja (pentru mine) foarte slabă, am făcut o obsesie pentru asta. Îmi permiteam să mănânc doar o masă pe zi, în pofida faptului că făceam zilnic trei ore de antrenament. Dar și asta poate avea repercusiuni dacă mănânci prea mult. Am avut ocazia, spre amuzamentul meu, să văd pacienți îngrășându-se cu o singură masă pe zi deoarece și-au transformat masa într-un concurs de tip cine poate mânca cea mai mare cantitate de pizza sau de înghețată. Dar dezavantajul mai important al acestei abordări este acela că majoritatea persoanelor care o încearcă ajung să aibă un deficit major de proteine (vom vorbi despre necesarul de proteine mai departe în acest capitol). Un scenariu deloc neobișnuit pe care îl vedem în TR este că o persoană slăbește pe cântar, dar compoziția corpului este modificată în sens negativ: pierde masă slabă (mușchi) în timp ce grăsimea sa corporală rămâne la fel sau chiar crește.

Aceste trei abordări sunt cele pe care le vom analiza în restul capitolului, începând cu cea mai importantă: cât de mult mâncăm.

RC: caloriile contează

Poate că am început să mă repet, dar ar trebui să fie evident deja că multe dintre problemele pe care vrem să le rezolvăm sau evităm izvorăsc din consumul de mai multe calorii decât putem folosi sau depozita în siguranță. Dacă acumulăm mai multă energie decât avem nevoie, surplusul ajunge cumva în țesutul nostru adipos.

Dacă dezechilibrul acesta continuă, depășim capacitatea țesutului nostru „sigur" de grăsime subcutanată, iar grăsimea în exces se varsă în ficat, intestine și mușchi, așa cum am discutat în capitolul 6.

Câte calorii consumi are un impact major asupra oricărui alt subiect discutat în această carte. Dacă în fiecare zi consumi 1.000 de calorii în exces, din orice, mai devreme sau mai târziu o să ai probleme. În capitolele anterioare am văzut cum caloriile în exces contribuie la multe boli cronice, nu doar tulburări metabolice, ci și boli cardiace, cancer și boala Alzheimer. Știm de asemenea din zeci de ani de date experimentale (capitolul 5) că un consum de *mai puține* calorii tinde să prelungească durata de viață, cel puțin la animale de laborator cum sunt șobolanii și șoarecii — deși există o dezbatere dacă asta reprezintă o prelungire reală a duratei de viață sau o eliminare a pericolelor cunoscute provocate de supraalimentare, starea obișnuită a animalelor din grupul de control în majoritatea acestor experimente. (Și, de asemenea, a celor mai mulți oameni moderni.)

La ființele umane, spre deosebire de animalele de laborator, restricționarea calorică are în general o denumire diferită: *numărarea* caloriilor. Există multe studii care demonstrează că persoanele care-și numără caloriile și le limitează pot să scadă în greutate și chiar reușesc, acesta fiind obiectivul final al cercetărilor. Așa funcționează programul american Weight Watchers. Cele mai mari obstacole sunt în primul rând foamea și în al doilea rând cerința de a monitoriza ce mănânci în cele mai mici detalii. Aplicațiile care te ajută să faci asta acum sunt mai bune decât cu 10 ani în urmă, dar tot nu e ușor. Pentru persoana potrivită, această abordare funcționează incredibil de bine — este preferată de culturiști și sportivi —, dar pentru mulți cerința de monitorizare permanentă o face imposibil de urmat.

Un oarecare avantaj este acela că număratul caloriilor este limitativ în privința alegerilor alimentare; poți mânca orice vrei atât timp cât nu depășești cantitatea zilnică permisă. Dar, dacă faci prea multe alegeri proaste, o să-ți fie foarte foame, așa că aviz amatorilor! Poți să slăbești cu o dietă cu restricționare calorică bazată doar pe batoane Snickers, dar o să te simți mult mai bine dacă alegi în schimb broccoli la abur și piept de pui.

Există de mult timp o controversă legată de întrebarea dacă restricționarea calorică ar putea și ar trebui să fie utilizată ca instrument de susținere a longevității. A părut să funcționeze pentru Luigi Cornaro, gentilomul italian care a ținut dieta în secolul al XVI-lea — a pretins că a trăit până la 100 de ani, deși probabil avea cam 80 când a murit. Acest beneficiu teoretic pentru longevitate este, evident, o ipoteză dificil de studiat pe termen lung la ființele umane din câteva motive pe care tocmai le-am menționat. Așa că ipoteza a fost testată în două studii de lungă durată derulate pe primate. Rezultatele au fost așa de surprinzătoare, încât se mai discută și acum despre ele.

În iulie 2009, un studiu publicat în *Science*[1] a descoperit că maimuțele rhesus care fuseseră hrănite mai bine de 20 de ani cu o dietă cu un număr redus de calorii trăiseră semnificativ mai mult decât cele cărora li se permisese să mănânce după bunul plac. „Maimuțele la dietă ne oferă speranța unei vieți mai lungi", [2] a declarat titlul de pe prima pagină a ziarului *The New York Times*. Fotografiile care l-au însoțit au spus povestea: în stânga era o maimuță pe nume Canto, care arăta zveltă și ageră la vârsta relativ avansată de 27 de ani, în timp ce în dreapta era Owen, doar cu doi ani mai bătrân, dar arătând ca unchiul moleșit și epuizat al lui Canto. Canto avusese o dietă cu restricționare calorică aproape toată viața, în timp ce Owen mâncase cam cât de multă mâncare dorise.

Owen și Canto erau două dintre cele 76 de maimuțe din studiul acesta, început în urmă cu 20 de ani la Universitatea Wisconsin din Madison. Jumătate dintre maimuțe (grupul de control) au fost hrănite *ad libitum*, ceea ce înseamnă că au putut mânca oricât de mult voiau, în timp ce restul maimuțelor au avut o „dietă" care le permitea să consume cu aproximativ 25% mai puține calorii decât cele din grupul de control. Ele și-au văzut de viețile lor, timp în care cercetătorii le-au ținut sub observație în procesul de îmbătrânire.

Studiile asupra îmbătrânirii tind să fie la fel de entuziasmante ca observarea vopselei în timp ce se usucă, dar rezultatele finale au fost destul de dramatice. La sfârșit, maimuțele cu restricționare calorică au trăit semnificativ mai mult și s-au dovedit mult mai puțin predispuse să moară din cauze naturale, decât maimuțele *ad libitum* din grupul de control. Erau sănătoase conform altor mulți indicatori, ca de exemplu sensibilitatea la insulină. Chiar și creierii lor erau într-o formă mai bună decât ale celor din grupul de control, păstrându-și mai multă materie cenușie pe măsură ce îmbătrâneau. „Aceste date demonstrează că restricționarea calorică încetinește îmbătrânirea la speciile de primate", au concluzionat autorii studiului.

Discuție încheiată sau cel puțin așa a părut.

Trei ani mai târziu, în august 2012, un alt studiu pe maimuțe[3] a ajuns pe primele pagini din *Times*, dar cu un titlu în mod clar diferit: „Dieta drastică nu prelungește viața",[4] declara sumbru ziarul, adăugând: „cel puțin nu la maimuțe". Acest studiu, început și el în anii 1980, a fost derulat sub auspiciile Institutului Național al Îmbătrânirii, unul dintre Institutele Naționale de Sănătate, iar structura studiului a fost aproape identică cu cea a studiului Wisconsin, în care un grup de maimuțe a fost hrănit cu aproape 25-30% mai puține calorii decât celălalt. Cu toate acestea, cercetătorii NIH au descoperit că maimuțele cu dietă restricționată caloric *nu* trăiseră mai mult decât cele din grupul de control. Nu a existat o diferență statistică semnificativă între duratele de viață ale celor două grupuri. Din punctul de vedere al unui jurnalist de scandal, restricționarea calorică nu „funcționase".

Jurnaliștilor le place teribil când un studiu contrazice tot ce a afirmat ultimul studiu mediatizat. În universul mic al specialiștilor care studiază îmbătrânirea, rezultatele de la NIH au provocat stupoare. Toată lumea se așteptase că studiul NIH pe maimuțe avea să confirme rezultatele observate în Wisconsin. Acum părea că două echipe de cercetători cheltuiseră zeci de milioane de dolari din fonduri federale pentru a demonstra că restricționarea calorică prelungește durata de viață a maimuțelor în Wisconsin, dar nu și în Maryland, unde erau ținute maimuțele de la NIH.

Dar uneori știința ne spune mai multe când un experiment „eșuează" decât atunci când ajunge la rezultatele așteptate și așa s-a întâmplat cu maimuțele. Când au fost analizate în paralel, cele două studii pe maimuțe aveau câteva diferențe aparent minore care s-au dovedit a fi extrem de importante — și foarte pertinente și pentru strategia noastră. Laolaltă, cele două studii contradictorii pe maimuțe constituie unul dintre cele mai riguroase experimente făcute vreodată cu privire la relația complexă dintre nutriție și sănătate pe termen lung. Și ca în multe dintre cele mai bune experimente științifice, acesta s-a datorat măcar parțial întâmplării.

Cea mai profundă diferență dintre cele două studii a fost de asemenea fundamentală, pentru un studiu despre dietă: mâncarea pe care au consumat-o maimuțele. Animalele din Wisconsin au mâncat un amestec comercial gata preparat de hrană pentru maimuțe care era „semipurificat", ceea ce însemna că ingredientele lui erau foarte procesate și riguros ajustate. Maimuțele de la NIH au fost hrănite cu o dietă asemănătoare ca profil de macronutrienți, dar alimentația lor era „naturală" și mai puțin rafinată, după o formulă adaptată alcătuită din ingrediente neprocesate și elaborată de un nutriționist angajat la NIH. Cea mai izbitoare diferență: în timp ce amestecul pentru maimuțe de la NIH conținea aproximativ 4% zahăr, dieta Wisconsin avea un procent uimitor de 28,5% zaharoză, la aceeași greutate. Acesta e un procent mai mare de zahăr decât vei găsi în înghețata Haagen-Dazs de vanilie.

Oare ar fi putut doar asta să explice diferența în ratele de supraviețuire? E posibil: mai mult de 40% dintre maimuțele din grupul de control din Wisconsin, cele care nu au fost supuse unei limitări calorice, au dezvoltat rezistență la insulină și prediabet, în timp ce doar una din șapte din grupul de control de la NIH a făcut diabet.* Și s-a dovedit că maimuțele din grupul de control din Wisconsin aveau un risc mult mai mare de deces din cauze cardiovasculare și cancer decât maimuțele din oricare alt grup. Asta ar putea sugera că restricția calorică elimina decesele timpurii cauzate de dieta proastă din Wisconsin mai mult decât încetinea îmbătrânirea — ceea ce oricum este o informație utilă deoarece evitarea diabetului și tulburărilor metabolice aferente este un aspect important în strategia noastră.

Cercetătorii din Wisconsin și-au apărat dieta, argumentând că seamănă mai mult cu ceea ce mănâncă de fapt americanii, un argument corect. Comparația nu are cum să fie exactă, dar, în termeni umani, maimuțele din Wisconsin trăiau mai mult sau

* Cercetătorii din Wisconsin au înregistrat indicatori ai diabetului precum rezistența la insulină, în timp ce cercetătorii de la NIH au notat doar diagnosticul de diabet de tip 2.

mai puțin cu fast-food, în timp ce maimuțele de la NIH mâncau de la bufetul cu salată. Maimuțele din grupul de control de la Wisconsin consumau cele mai multe calorii din cea mai proastă hrană, iar sănătatea lor avea de suferit. E de înțeles; dacă dieta ta este alcătuită în general din cheeseburgeri și shake-uri cu lapte, atunci faptul că mănânci mai puțini cheeseburgeri și mai puține shake-uri cu lapte o să te ajute.

Dieta NIH avea o calitate mult mai ridicată. În loc de ingrediente ultraprocesate, precum ulei de porumb și amidon de porumb (care reprezentau alte 30% din dieta Wisconsin), hrana pentru maimuțe de la NIH conținea grâu și porumb integral măcinat și ca atare mai multe fitochimicale și alți micronutrienți probabil benefici, cum sunt cei care se găsesc în general în hrana proaspătă. Deși nu era 100% naturală, măcar semăna mai mult cu ceea ce maimuțele rhesus ar mânca de fapt în sălbăticie. Așa că e posibil ca faptul că maimuțele de la NIH au primit mai mult sau mai puțin din acea hrană să nu fi avut un impact așa de mare deoarece dieta nu era așa de nocivă din start. Concluzie: *calitatea* dietei tale poate să conteze la fel de mult ca și *cantitatea*.

Așadar ce au să ne comunice laolaltă aceste două studii pe maimuțe cu privire la biochimia nutrițională?

1. Evitarea diabetului și tulburării metabolice aferente — mai ales prin eliminarea și reducerea hranei de proastă calitate — sunt foarte importante pentru longevitate.
2. Pare să existe o legătură puternică între calorii și cancer, cauza principală a decesului la maimuțele din grupul de control din ambele studii. Maimuțele pe regim tip RC aveau o incidență a cancerului cu 50% mai mică.
3. *Calitatea* hranei pe care o consumi poate fi la fel de importantă ca și *cantitatea*. Dacă mănânci SAD, atunci ar trebui să mănânci mult mai puțin.
4. Pe de altă parte, dacă dieta ta are o calitate ridicată din start și ești sănătos metabolic, atunci doar o ușoară restricționare calorică — sau pur și simplu să nu mănânci prea mult — poate fi totuși benefică.

Cred că acest ultim aspect este esențial. Aceste două studii sugerează că, dacă ai o dietă de o calitate mai bună — și ești din start sănătos din punct de vedere metabolic — atunci e posibil ca restricționarea calorică severă să nici nu fie necesară. Maimuțele din grupul de control de la NIH mâncau orice cantitate voiau din dieta lor mai bună și *tot* trăiau aproape la fel de mult ca maimuțele RC din ambele studii. Partea interesantă este că analizele *post factum* au dezvăluit de asemenea că maimuțele din grupul de control de la NIH consumau în mod natural cu 10% mai puține calorii pe zi decât cele din grupul de control din Wisconsin, probabil pentru că dieta lor de o calitate mai ridicată le făcea să se simtă mai puțin flămânde. Cercetătorii au speculat că e posibil ca până și acest nivel mic de reducere a caloriilor să fi fost semnificativ — cu siguranță ne susține teza conform căreia e bine să eviți să te supraalimentezi.

Reține faptul că rezultatele acestor studii *nu* sugerează că toată lumea trebuie să facă apel la o reducere drastică a aportului caloric. Limitarea caloriilor poate fi utilă pentru persoanele care nu sunt sănătoase din punct de vedere metabolic și/sau se supraalimentează. Dar nu sunt convins că restricționarea calorică drastică, indiferent de efectul ei pe termen lung asupra longevității, este justificată dacă luăm în calcul unele dintre dezavantajele sale — inclusiv o posibilă slăbire a imunității și o predispoziție mai ridicată la cașexie și sarcopenie (pierdere musculară), ca să nu mai vorbim de foamea permanentă. Aceste efecte secundare nedorite ar accelera unele dintre procesele negative care au deja loc odată cu îmbătrânirea, sugerând că, mai ales la persoanele mai vârstnice, restricționarea calorică ar putea să facă mai mult rău decât bine.

Maimuțele ne învață că, dacă ești sănătos din punct de vedere metabolic și nu ești supraalimentat, precum animalele de la NIH, atunci va trebui doar să eviți o dietă proastă. Unele dintre maimuțele cu dietă RC de la NIH au ajuns să aibă unele dintre cele mai lungi durate de viață înregistrate vreodată la maimuțele rhesus. Pare destul de clar, așadar că până și în cazul maimuțelor, limitarea aportului caloric *și* îmbunătățirea calității dietei „funcționează“ — felul în care faci asta e partea dificilă. Așa cum vom vedea în următoarea secțiune, există multe alte strategii pe care le putem adopta pentru a limita caloriile pe care le consumăm și a ne ajusta consumul de hrană în funcție de metabolismul și stilul nostru de viață.

DR: „dieta" biochimiei nutriționale

Dieta restricționată (DR) reprezintă tărâmul „dietelor" convenționale, în care este concentrată 90% din atenția acordată biochimiei nutriționale — dar și fondurile pentru cercetare, energia, furia și, bineînțeles, dezbaterile. E destul de simplă, până la urmă: identifică unul sau mai mulți suspecți din lumea nutrițională, cum ar fi glutenul din grâu (de exemplu), și exclude-l. Cu cât suspectul este mai omniprezent, cu atât mai restrictivă va fi „dieta" și cu atât mai probabilă va fi reducerea aportului caloric general. Chiar dacă ai decide să nu mănânci altceva în afară de cartofi, tot ai slăbi pentru că într-o zi poți mânca doar un număr limitat de cartofi. Am văzut persoane care au făcut asta și funcționează. Partea dificilă este să-ți dai seama *ce* alimente să scoți sau să restricționezi.

Asta nu era o problemă pentru strămoșii noștri. Există din plin dovezi care sugerează că erau omnivori oportuniști, din nevoie. Mâncau orice și toate alimentele de care puteau face rost: multe plante, mult amidon,[5] proteină animală de fiecare dată când puteau, miere și fructe de pădure când era posibil. De asemenea, păreau să fie, cel puțin dacă ne luăm după studiile făcute pe puținele societăți de vânători-culegători rămase, foarte sănătoși din punct de vedere metabolic.[6]

Ar trebui să facem la fel? Ar trebui să fim omnivori oportuniști care consumă orice și toate alimentele de care putem face rost? Așa ne-a format evoluția, dar mediul nostru alimentar modern ușurează puțin cam mult găsirea hranei. Astfel, să fim supraalimentați și să avem tulburări metabolice este acum ceva obișnuit. Avem prea multe posibilități de alegere și prea multe feluri delicioase de a introduce caloriile în organism. De unde și nevoia restricționării calorice. Trebuie să construim ziduri pentru a delimita ce putem și ce nu putem (sau nu ar trebui) să mâncăm.

Avantajul DR este că e extrem de individualizată; poți impune diverse grade de restricționare, în funcție de nevoi. De exemplu, ai putea hotărî să elimini toate băuturile îndulcite cu zahăr și ăsta ar fi un prim pas grozav (și unul relativ ușor). Ai putea să mai faci un pas și să renunți complet la sucurile de fructe. Ai putea renunța să mai mănânci alte alimente cu zahăr adăugat. Sau ai putea merge chiar până la a reduce sau elimina carbohidrații în general.

Unul dintre motivele pentru care restricționarea carbohidraților[7] este atât de eficientă pentru multe persoane este deoarece ea tinde să reducă pofta de mâncare, precum și alegerile alimentare. Dar unor persoane le este mult mai greu să o respecte decât altora. (Chiar și eu sunt destul de sigur că nu aș putea reveni la o dietă ketogenică pentru mai mult de câteva zile.) În timp ce restricționarea grăsimii limitează și alegerile alimentare, e posibil să fie mai puțin eficientă pentru reducerea poftei de mâncare, dacă alegi alimente cu conținut redus de grăsimi pe care să le consumi (de exemplu: mâncare de proastă calitate cu conținut ridicat de carbohidrați). De pildă, dacă cea mai mare cantitate de carbohidrați o consumi sub forma cerealelor Fruit Loops, o să-ți fie foame în continuare în cea mai mare parte din zi.

Un risc major în cazul DR este că poți să ajungi foarte ușor să fii supraalimentat dacă nu o respecți cu conștiinciozitate. Oamenii au tendința să presupună (greșit) că nu poți mânca prea mult dacă restricționezi alimentele care „umplu burta“ (de exemplu: carbohidrați). Asta e greșit. Chiar dacă este urmată corect și strict, DR tot poate să ducă la supraalimentare. Dacă elimini complet carbohidrații, dar exagerezi cu friptura Wagyu și cu baconul, vei ajunge foarte ușor într-o stare de exces caloric. Secretul este să alegi o strategie pe care să o poți respecta, dar care să te ajute și să-ți atingi obiectivele. Pentru asta e nevoie de răbdare, ceva voință și o disponibilitate de a experimenta.

De asemenea, vrem să ne asigurăm că nu ne compromitem celelalte obiective pe parcurs. De exemplu, orice formă de DR care restricționează proteinele e posibil să fie o idee proastă pentru majoritatea oamenilor deoarece probabil afectează menținerea și dezvoltarea masei musculare. În mod asemănător, înlocuirea carbohidraților cu o mulțime de grăsimi saturate poate avea efecte adverse dacă îți crește foarte mult concentrația de apoB (și, ca atare, riscul de boli cardiovasculare).

O problemă mai importantă a DR este că metabolismul fiecăruia este diferit. Unele persoane slăbesc foarte mult și-și îmbunătățesc indicatorii metabolici cu o dietă cu conținut redus de carbohidrați sau ketogenică, în timp ce altele se vor îngrășa de fapt și vor vedea cum analizele lor de lipide o iau razna — cu aceeași dietă. În schimb, unele persoane pot să slăbească cu o dietă cu conținut redus de grăsimi, iar altele să se îngrașe. Am văzut asta întâmplându-se de nenumărate ori în consultațiile mele, când diete asemănătoare duc la rezultate foarte diferite, în funcție de persoană.

De exemplu, când pacientul meu Eduardo a venit la consultație acum câțiva ani cu ceea ce s-a dovedit a fi un caz de diabet de tip 2 în plină evoluție, reducerea aportului de carbohidrați era în mod clar calea de urmat. Diabetul de tip 2 este, de fapt, o boală cauzată de metabolismul defectuos al carbohidraților. Din exterior, Eduardo părea un tip destul de sănătos, cu statura unui jucător de soccer și un job solicitant din punct de vedere fizic, în domeniul construcțiilor. În mod clar nu se încadra în stereotipul (fals) al diabeticului leneș, gurmand. Dar analizele au indicat că nu avea aproape deloc capacitatea de a depozita zahărul pe care-l consuma în exces. Hemoglobina lui A1c era la 9,7%, în zona diabetului. Faptul că era hispanic însemna[8] că Eduardo avea din start un risc mai mare de NAFLD și diabet, din cauza genelor sale. Nici măcar nu avea 40 de ani, dar, dacă nu făcea ceva drastic, mai mult ca sigur urma să moară în dureri și devreme.

Evident că primul pas a fost să-l dezobișnuiesc aproape complet pe Eduardo de carbohidrați. Fără tortilla, orez sau leguminoase — și, de asemenea, fără Gatorade. Din cauză că muncea afară în căldură, dădea pe gât cam trei sau patru litri de „băuturi sportive“ în fiecare zi. Nici măcar o dată nu am descris această dietă ca fiind „ketogenică“, iar Eduardo sigur nu le povestea tipilor de pe șantierul unde lucra despre noua lui dietă keto la modă. Doar că nu mai bea Gatorade. (De asemenea, i-am prescris medicamentul pentru diabet Metformin, care este ieftin, dar și eficient.) În decurs de cinci luni, toți indicatorii lui Eduardo se normalizaseră, ceea ce părea să fi provocat reversia bolii; hemoglobina A1c era acum la un procent normal de 5,3, doar grație schimbărilor în dietă și Metforminului. Iar pe parcurs a slăbit

11 kilograme. Nu spun că dieta era singura cale posibilă spre rezultat, dar această formă relativ simplă și fezabilă de DR a creat un dezechilibru suficient al energiei, pentru ca el să slăbească, iar toate celelalte s-au îmbunătățit în același ritm.

În trecut, am fost un mare susținător al dietelor ketogenice, considerându-le deosebit de utile pentru gestionarea și prevenirea diabetului la pacienți precum Eduardo. De asemenea, îmi place că au o definiție strictă, spre deosebire de cele cu „conținut redus de carbohidrați" sau „conținut redus de grăsimi". O dietă ketogenică înseamnă să restricționezi carbohidrații într-o asemenea măsură, încât corpul să înceapă să metabolizeze grăsimea în „corpi cetonici" pe care mușchii și creierul îi pot utiliza pe post de combustibil. O dietă ketogenică l-a ajutat pe Peter-cel-nu-prea-Slab să-și rezolve problema și probabil i-a salvat viața lui Eduardo. Credeam că este medicamentul de care aveau nevoie toate persoanele cu probleme metabolice.

Dar pacienții mei m-au adus cu picioarele pe pământ, cum fac de obicei. Ca medic, primești adesea feedback într-o manieră foarte directă și personală. Dacă îi prescriu cuiva un medicament sau îi recomand ceva, o să descopăr destul de repede dacă funcționează. Nu sunt „date" în sensul strict, dar pot fi la fel de relevante. Am avut mai mulți pacienți la care dieta ketogenică a eșuat complet. Nu au slăbit, iar enzimele hepatice și alți markeri biologici nu s-au îmbunătățit. Sau dieta li s-a părut imposibil de respectat. Am avut alți pacienți care au putut să țină regimul, dar apoi valorile lipidelor (mai ales apoB) au urcat foarte mult, probabil din cauza tuturor grăsimilor saturate pe care le consumau.

La momentul acela, am fost derutat. Care era problema lor? De ce nu puteau pur și simplu să respecte dieta? A trebuit să îmi aduc aminte ce spunea Steve Rosenberg când cancerul unui pacient continua să evolueze în pofida tratamentului: *nu pacientul a eșuat în respectarea tratamentului, ci tratamentul a eșuat în vindecarea pacientului.*

Acești pacienți au nevoie de un tratament diferit.

Adevărata artă a dietelor restricționate, în stilul Nutriția 3.0, nu este să alegem ce alimente nocive să eliminăm, ci, mai degrabă, să găsim cel mai bun amestec de macronutrienți pentru pacientul nostru — să elaborăm un stil de alimentație care îl ajută să-și atingă obiectivele, într-un fel pe care să-l poată susține. Acesta este un act dificil de echilibrare și ne solicită (din nou) să uităm de etichete și de puncte de vedere și să intrăm mai adânc în biochimia nutrițională. Felul în care facem asta este prin manipularea celor patru macronutrienți pe care-i avem: alcool, carbohidrați, proteine și grăsimi. Cât de bine tolerezi carbohidrații? De câtă proteină ai nevoie? Ce gen de grăsimi ți se potrivesc cel mai bine? De câte calorii ai nevoie în fiecare zi? Care este combinația optimă *pentru tine*?

Hai să analizăm acum fiecare dintre acești patru macronutrienți mai în detaliu.

ALCOOLUL

E ușor de trecut cu vederea, dar alcoolul ar trebui considerat o categorie în sine de macronutrienți deoarece este consumat pe scară așa de largă, are efecte atât de puternice asupra metabolismului nostru și este atât de dens din punct de vedere caloric, având 7 kcal/g (mai aproape de cele 9 kcal/g ale grăsimii, decât de cele 4 kcal/g ale proteinelor și carbohidraților).

Alcoolul nu are nicio utilitate nutrițională sau pentru sănătate, ci este o plăcere pur hedonistă care trebuie gestionată. Afectează mai cu seamă persoanele care se supraalimentează, din trei motive: este o sursă de calorii „goale" care nu oferă niciun fel de valoare nutrițională, oxidarea etanolului încetinește oxidarea grăsimilor, exact opusul a ceea ce ne dorim dacă încercăm să pierdem din masa de grăsime, iar consumul de alcool duce adesea la mâncat necontrolat.

Deși în mod clar mă bucur uneori de un pahar cu berea mea belgiană preferată, unul de vin roșu spaniol sau de o tequila mexicană (evident că niciodată toate odată), cred că alcoolul este un factor negativ pentru longevitate. Etanolul este un carcinogen puternic, iar consumul cronic de alcool este puternic asociat[9] cu boala Alzheimer, în principal prin efectul său negativ asupra somnului,[10] dar poate și prin intermediul unor mecanisme suplimentare. Ca și fructoza, alcoolul este metabolizat cu precădere în ficat, având bine-cunoscute consecințe pe termen lung asupra celor care îl consumă în exces. În cele din urmă, alcoolul anulează inhibițiile vizavi de consumul de alte tipuri de alimente; dă-mi să beau câteva pahare și o să mă găsești scotocind prin dulap în căutarea următoarei gustări.

Au existat numeroase studii bine mediatizate[11] care au sugerat că nivelurile moderate de consum de alcool pot fi benefice, de exemplu prin faptul că îmbunătățesc funcția endotelială și reduc factorii de coagulare, micșorând în principiu riscul de boli cardiovasculare. Dar consumul în exces tinde să inverseze aceste efecte. Și, așa cum este demonstrat de studiul randomizat mendelian publicat în *JAMA*[12], despre care am vorbit în capitolul anterior, „consumul moderat de alcool" este atât de pervertit de biasul utilizatorului sănătos, încât este imposibil să ne bazăm prea mult pe aceste studii care pretind că prezintă un beneficiu al consumului de alcool pentru sănătate.

Cu toate acestea, pe mulți dintre pacienții mei, stilul de viață care presupune un consum moderat de alcool (de exemplu: un pahar de vin bun cu o cină care nu e SAD) îi ajută să-și micșoreze stresul. Concluzia mea personală: dacă bei, încearcă să o faci cu cap. Te vei bucura mai mult de asta și vei suferi mai puține consecințe. Nu continua să bei doar pentru că se servește băutură în avion. Le recomand călduros pacienților mei să limiteze alcoolul la maximum șapte porții pe săptămână și ideal nu mai mult de două într-o zi și reușesc să fac o treabă foarte bună respectând eu însumi această regulă.

CARBOHIDRAȚII

Dieta noastră echilibrată este alcătuită din carbohidrați, proteine și grăsimi și în mare parte este vorba despre găsirea combinației potrivite pentru fiecare individ. În epoca dietelor cu etichete clare, ne-am aduna macronutrienții și am exclude diferite tipuri de alimente, folosind reguli și granițe arbitrare. În esență, am da cu zarul să găsim combinația potrivită. Iar apoi am aștepta să vedem dacă a „funcționat", în general acest lucru fiind definit prin faptul că persoana a slăbit sau nu într-un anumit număr de săptămâni sau luni. Acum avem modalități mai complexe de analizare a macronutrienților, începând cu cei care există din abundență: carbohidrații.

Probabil aceştia creează mai multă confuzie decât oricare alt macronutrient. Nu sunt nici „buni", nici „răi" — deşi unele tipuri sunt mai bune decât altele. În ansamblu, problema e mai degrabă să găsim doza potrivită în funcţie de toleranţă şi nevoie, un lucru mult mai dificil de făcut decât altădată. Graţie avansurilor tehnologiei, nu mai avem nevoie să ghicim, acum avem date concrete.

Carbohidraţii sunt principala noastră sursă de energie. În timpul digestiei, cei mai mulţi carbohidraţi sunt descompuşi în glucoză care este consumată de toate celulele pentru a crea energie sub formă de ATP. Glucoza în exces, dincolo de ceea ce avem nevoie imediat, poate fi depozitată în ficat sau muşchi ca glicogen, pentru utilizarea într-un interval scurt de timp, sau stocată în ţesutul adipos (ori alte locuri). Decizia cu privire la locaţie este luată cu ajutorul hormonului insulină, a cărui valoare creşte ca reacţie la creşterea nivelului glucozei din sânge.

Ştim deja că nu este bine să consumăm calorii în exces. Sub forma carbohidraţilor, aceste calorii suplimentare pot provoca o multitudine de probleme, de la NAFLD la rezistentă la insulină şi diabet de tip 2, aşa cum am văzut în capitolul 6. Ştim că nivelul crescut de glucoză din sânge, pe o perioadă lungă de timp, creşte riscul de apariţie a oricăruia dintre „cei patru călăreţi". Dar mai există şi dovezi care sugerează[13] că vârfurile acestea repetate ale glicemiei şi creşterea în tandem a insulinei pot avea consecinţe negative chiar şi numai ca atare.

Fiecare persoană va reacţiona diferit la un aflux de glucoză. E posibil ca o valoare care reprezintă prea multă glucoză (sau carbohidraţi) pentru o persoană abia să acopere nevoile alteia. Un sportiv care se antrenează sau participă la evenimente de anduranţă la nivel profesionist poate uşor să ingereze — şi să ardă — 600-800 de grame de carbohidraţi pe zi. Dacă aş consuma atât de mult acum, zi de zi, probabil că aş deveni diabetic în decurs de un an. Aşadar cât de mult este prea mult? Şi cum rămâne cu calitatea? Evident că bucata aceea de plăcintă îl va afecta diferit pe un sportiv de anduranţă faţă de o persoană sedentară — iar plăcinta va avea de asemenea un efect diferit faţă de cel al unui cartof copt sau al cartofilor prăjiţi.

Acum avem un instrument care să ne ajute să înţelegem toleranţa individuală la carbohidraţi şi modul în care reacţionăm la anumite alimente. Acesta este denumit monitorizare permanentă a glucozei (*continuous glucose monitoring* — CGM) și a devenit o parte importantă din arsenalul meu de luptă în ultimii ani.*

Dispozitivul este alcătuit dintr-un filament cu un senzor microscopic implantat în antebraț și conectat la un transmițător minuscul care transmite date** către telefonul pacientului în timp real. După cum sugerează și denumirea sa, CGM oferă informații permanente, în timp real, cu privire la nivelul de glucoză din sânge, ceea ce este extraordinar: pacientul poate vedea, clipă de clipă, cum reacționează la orice mănâncă, fie că este vorba de o gogoașă, o friptură sau o mână de stafide în ciocolată. Și mai important este faptul că dispozitivul monitorizează și nivelurile de glucoză în timp, surprinzând medii și variații istorice și înregistrând de fiecare dată când glicemia crește accelerat sau scade vertiginos.

CGM reprezintă o îmbunătățire uriașă față de standardul Medicinei 2.0, care recomanda o analiză de glicemie pe nemâncate o dată pe an, ceea ce, după părerea mea, nu-ți spune nimic cu adevărat valoros. Amintește-ți de analogia mea cu mașina care se conduce singură, din Partea I: glicemia pe nemâncate, măsurată anual, chiar ne spune ceva, dar nu e foarte departe de prinderea unei cărămizi de pedala de accelerație. În cazul CGM, începem să ne apropiem de senzorii care există la ora actuală pe mașinile cu aparatură complexă de asistență a șoferului.

Forța CGM constă în faptul că ne permite să vedem reacția unei persoane la consumul de carbohidrați în timp real și să facem rapid schimbări pentru a aplatiza curba și micșora valorile medii. Glicemia măsurată în timp real este utilă ca înlocuitor acceptabil al reacției la insulină, pe care de asemenea vrem să o minimalizăm. Iar, în cele din urmă, mi se pare mult mai exact și o valoare pe baza căreia poți acționa, mai mult decât HbA1c, analiza tradițională de sânge folosită pentru a aproxima media glicemiei într-un anumit interval de timp.

---

* Declarație: am folosit CGM periodic începând cu 2015, iar în 2021 am făcut publicitate plătită unei companii (Dexcom) care produce și vinde dispozitive CGM, deși colaborarea mea cu ei s-a concentrat pe măsurarea altor valori analitice (nu legate de glucoză).

** De fapt, filamentul nu atinge sângele pacientului, ci măsoară nivelul glucozei din fluidul interstițial și extrapolează nivelul de glucoză din sânge.

La momentul actual, CGM este disponibil doar pe bază de rețetă și este purtat de obicei de pacienți diagnosticați cu diabet de tip 1 sau 2, care trebuie să-și monitorizeze glicemia de la o clipă la alta. Pentru aceste persoane, CGM este un instrument esențial care le poate proteja de variațiile periculoase ale glicemiei. Dar cred că aproape toți adulții ar putea obține beneficii de pe urma lui, cel puțin câteva săptămâni, și probabil va fi disponibil fără rețetă pentru consumatori în viitorul nu foarte îndepărtat.* În clipa de față e destul de ușor ca o persoană fără diabet să obțină un dispozitiv CGM de la unul dintre multele *start-up*-uri de sănătate metabolică existente.

Cu toate acestea, unii experți și susținători ai medicinei bazate pe dovezi au criticat utilizarea din ce în ce mai răspândită a CGM la persoanele fără diabet. Aceștia susțin, așa cum fac ei de obicei, că este un „cost" excesiv. Dispozitivele CGM costă aproximativ 120 dolari pe lună, ceea ce nu este lipsit de importanță — dar argumentul meu ar fi că până și acest preț este mult mai mic decât să lași pe cineva să ajungă la tulburare metabolică și într-un final la diabet de tip 2. Doar tratamentul cu insulină poate să coste sute de dolari pe lună. De asemenea, pe măsură ce dispozitivele CGM vor deveni mai obișnuite și mai accesibile fără rețetă, costul sigur o să scadă. În general, pacienții mei sănătoși trebuie să folosească CGM doar o lună sau două ca să înceapă să înțeleagă ce alimente provoacă o creștere rapidă a glicemiei (și insulinei) și cum să-și ajusteze stilul alimentar pentru a obține o curbă mai stabilă a glucozei. Odată ce au aceste cunoștințe, mulți dintre ei nu mai au nevoie de CGM. Este o investiție justificată.

Al doilea argument împotriva utilizării CGM la pacienții sănătoși este de asemenea cât se poate de tipic: nu există studii clinice randomizate care să demonstreze un beneficiu al tehnologiei. Asta e adevărat, în termeni foarte stricți, dar mai este și un argument slab. În primul rând, utilizarea CGM se dezvoltă așa de repede și tehnologia evoluează atât de mult, încât până

* Între timp, poți aproxima ce face CGM folosind un aparat simplu de monitorizare a glicemiei, efectuând pur și simplu un test la fiecare oră și notând rezultatele pe un grafic (menționând de asemenea mesele și gustările). Este de asemenea revelator să măsori nivelul de glucoză înainte și după o masă, la intervale de 30 de minute până la 2 ore postprandial și să observi felul în care diferite alimente și combinații de alimente îți afectează „curba" glicemiei.

să ajungi să citești asta e foarte posibil să existe deja studii RCT publicate (presupunând că poate fi elaborat un studiu pentru a testa valorile care contează cel mai mult, pe o perioadă suficient de lungă de timp).

Sunt convins că astfel de studii vor demonstra un beneficiu, dacă sunt făcute corect, deoarece există deja suficiente date care arată cât de importantă este menținerea unui nivel scăzut și stabil de glucoză în sânge. Un studiu din 2011 care a analizat 20 000 de persoane[14] care în mare parte *nu aveau* diabet de tip 2, a descoperit că riscul de deces creștea în același ritm cu media glicemiei în timp (măsurată prin intermediul HbA1c). Cu cât era mai ridicată glicemia, cu atât riscul de deces era mai mare — chiar și în zona nediabetică a glicemiei. Un alt studiu din 2019[15] a analizat gradul de variație a nivelului de glicemie a subiecților și a descoperit că persoanele din quartila superioară a variației glicemiei aveau un risc de deces cu 2,67% mai mare decât cele în quartila inferioară (mai stabilă). Din aceste studii, pare destul de clar că trebuie să scădem media glicemiei în timp *și* să reducem cât de mult variază de la o zi la alta și de la o oră la alta. CGM este un instrument care ne poate ajuta să realizăm asta. Îl folosim pe persoanele sănătoase pentru a le ajuta să rămână sănătoase. Acest lucru nu ar trebui să fie controversat.

Când le-am recomandat pacienților mei dispozitivul CGM, am observat că există două faze separate în acest proces. Prima este faza de descoperire, în care înveți felul în care diferite alimente, activitatea fizică, somnul (mai ales lipsa acestuia) și stresul afectează valorile glucozei în timp real. Beneficiul adus de aceste informații nu poate fi evidențiat suficient. Aproape întotdeauna, pacienții par șocați să vadă cum unele dintre alimentele lor preferate determină o creștere uriașă a valorii glicemiei, pentru ca apoi aceasta să se prăbușească la loc. În această etapă afli în mare parte cum o să reacționeze glicemia la o pungă de chipsuri de cartofi și acea informație te va împiedica să o mănânci fără să te gândești. Am descoperit că CGM activează puternic efectul Hawthorne, un fenomen observat de mult timp, conform căruia oamenii își schimbă comportamentul când sunt priviți. (Efectul Hawthorne este de asemenea cel care îngreunează procesul de studiere a ceea ce mănâncă oamenii, din același motiv.)

În general, aproximativ prima lună de utilizare a CGM este plină de revelații. Apoi vine modificarea comportamentului. Schimbările sunt destul de puternice și, chiar și după ce pacienții mei nu mai folosesc CGM, descopăr că efectul Hawthorne persistă deoarece ei știu ce efecte va avea o pungă de chipsuri de cartofi asupra glicemiei lor. (Cei cărora le trebuie mai mult „antrenament" pentru a renunța la obiceiul gustărilor vor avea în general nevoie să folosească CGM mai mult timp.) CGM s-a dovedit în mod deosebit util în cazul pacienților cu *APOE e4*, la care vedem adesea creșteri rapide și mari ale glicemiei, chiar și la persoanele relativ tinere. La acești pacienți, modificarea comportamentală stimulată de CGM este o parte importantă din prevenția bolii Alzheimer.

Adevărata frumusețe a CGM este că îmi permite să ajustez dieta unui pacient, rămânând în același timp flexibil. Nu mai avem nevoie să atingem obiectivul arbitrar al aportului de carbohidrați sau grăsimi și să sperăm că o să fie bine. În schimb, putem observa în timp real cum gestionează corpul hrana pe care o consumă. Media glicemiilor este puțin crescută? Există „creșteri" de peste 160 ml/dL mai des decât mi-ar plăcea? Sau ar putea să tolereze poate ceva *mai mulți* carbohidrați în dieta lui? Nu toată lumea trebuie să limiteze carbohidrații, unele persoane pot gestiona cantități mai mari decât altele și unora le e dificil să respecte un regim cu carbohidrați restricționați drastic. În general, îmi place să păstrez nivelul mediu de glucoză de 100 mg/dL sau mai mic, cu o deviație standard mai mică de 15 mg/dL.* Acestea sunt niște obiective ambițioase: 100 mg/dL corespund unei valori HbA1c de 5,1%, care este foarte scăzută. Dar cred că răsplata, în termeni de scădere a riscului de deces și boală, chiar justifică prescrierea CGM pentru nediabetici, ca și pentru diabetici.

Pentru toate astea este nevoie de experimente și repetiții; dieta restricționată trebuie să se adapteze, schimbându-se în funcție de

* Deviația standard, un calcul statistic ce indică în ce măsură există variație în cadrul unui grup (sau al unui individ), ne ajută să ne facem o idee cu privire la cât de mult fluctuează nivelurile de glucoză ale pacientului *în jurul* unei medii și este de asemenea util ca indicator al cantității de insulină pe care o persoană o secretă probabil pentru a realiza sarcina de evacuare a glucozei din sânge. O deviație standard mai ridicată înseamnă că există fluctuații mai mari și că probabil este nevoie de mult mai multă insulină să controleze glucoza. Pentru mine, acesta este un semnal de alarmă esențial și timpuriu al hiperinsulinemiei.

stilul de viață al pacientului, de obiceiurile lui de activitate fizică și așa mai departe. Mă interesează mereu să văd mai exact care alimente au provocat înregistrarea de valori mari ale glicemiei la unii pacienți, dar nu la alții. SAD duce la o creștere vertiginoasă a valorilor glicemiei la majoritatea oamenilor, deoarece tot zahărul și carbohidrații se revarsă deodată în fluxul sangvin, provocând o reacție puternică a insulinei, ceea ce nu ne dorim. Dar și anumite alimente aparent „sănătoase", de exemplu anumite tipuri de taco vegetarian, pot de asemenea să crească accelerat nivelul glicemiei la unele persoane, dar nu și la altele. Depinde de asemenea când sunt consumați acești carbohidrați. Consumarea unei cantități de 150 grame de carbohidrați sub forma unei porții de orez sau fasole la o masă are un efect diferit decât consumarea aceleiași cantități de orez și fasole, împărțită pe tot parcursul zilei (și, evident, mult diferit de efectul consumării a 150 grame de carbohidrați sub formă de cereale Frosted MiniWheats). De asemenea, toată lumea tinde să fie mai sensibilă la insulină dimineața decât seara, așa că are sens să ne concentrăm consumul de carbohidrați spre începutul zilei.

Unul dintre lucrurile pe care le înveți repede de la CGM este că toleranța la carbohidrați este puternic influențată de alți factori, mai ales de nivelul de activitate fizică și de somn. Un sportiv de ultraanduranță, cineva care se antrenează pentru concursuri de ciclism, înot sau maraton, poate mânca mult mai multe grame de carbohidrați pe zi deoarece arde acești carbohidrați de fiecare dată când se antrenează — și își sporește de asemenea semnificativ capacitatea de a elimina glucoza prin intermediul mușchilor și al mitocondriilor mai eficiente.* De asemenea, somnul întrerupt sau redus afectează dramatic homeostaza glucozei în timp. După ani de experiență cu propriul CGM și cu cele ale pacienților mei, încă sunt uimit cât de mult poate doar o singură noapte de somn de proastă calitate să ne afecteze capacitatea de eliminare a glucozei din sânge a doua zi.

Un alt aspect surprinzător pe care l-am descoperit grație CGM se referă la ce se întâmplă cu nivelul de glucoză al unui pacient în timpul nopții. Dacă la culcare are, să zicem, 80 mg/dL, dar apoi

* Așa cum am văzut în capitolul anterior, eliminarea glucozei se face atât cu insulină, cât și fără.

glicemia crește la 110 aproape tot restul nopții, asta îmi spune că probabil pacientul se confruntă cu stres psihologic. Acesta provoacă o creștere a cortizolului care la rândul său stimulează ficatul să picure mai multă glucoză în sistem. Prin urmare, trebuie să ne ocupăm de nivelul de stres și probabil și de calitatea somnului pacientului.

Acest lucru nu ar trebui să fie un motiv pentru a ne priva de anumite alimente: unul dintre pacienții mei mi-a mărturisit fericit că aparatul său CGM, pe care doar cu reticență a fost de acord să îl poarte, îi oferise „superputerea" de a trișa. Consumând anumite tipuri „interzise" de carbohidrați doar în anumite momente, amestecate cu alte alimente sau după antrenament, își dăduse seama cum să-și mențină nivelul optim al glicemiei bucurându-se în același timp de alimentele care-i plăceau. Se juca cu aparatul, dar de asemenea descoperise, fără să vrea, o altă regulă a nutriției și anume faptul că momentul alimentării este important: dacă înfuleci un cartof mare copt înainte de antrenament, o să lase o amprentă mult mai mică asupra profilului tău glicemic zilnic, decât dacă-l mănânci înainte de culcare.

E important să ne aducem aminte de limitările CGM — în principiu, faptul că măsoară *o* variabilă. Întâmplător, aceasta este foarte importantă, dar nu este singura. Așadar doar datele măsurate cu CGM nu te vor ajuta să găsești dieta ideală. Consumul de bacon la micul-dejun, prânz și cină ar putea să-ți ofere un grafic minunat pe CGM, deși evident că nu este o dietă optimă. În mod asemănător, un cântar o să-ți sugereze că fumatul îți face bine, pentru că ai slăbit. Acesta este motivul pentru care le monitorizez pacienților mei și ceilalți markeri biologici, ca să mă asigur că alegerile dictate de CGM nu le cresc riscul altor boli, cum ar fi bolile cardiovasculare. Monitorizăm de asemenea alte variabile care sunt relevante pentru dietă, începând cu greutatea (evident), dar continuând cu structura corporală, procentul de masă slabă versus masă grasă și cum se schimbă acestea. Putem de asemenea să analizăm markerii biologici, cum sunt lipidele, acidul uric, insulina și enzimele hepatice. Toate acestea luate laolaltă încep să ne ofere o modalitate mai bună de a ne evalua progresul decât o singură valoare luată separat.

Lecții învățate din monitorizarea permanentă a glucozei

În anii când am folosit CGM, am făcut următoarele descoperiri — e posibil ca unele dintre ele să pară evidente, dar puterea confirmării nu poate fi ignorată:

1. Nu toți carbohidrații sunt la fel. Cu cât carbohidrații sunt mai rafinați (de exemplu: chifla de la cină, chipsurile de cartofi), cu atât mai rapid și mai mult crește glicemia. Carbohidrații mai puțin procesați și cei cu mai multe fibre, pe de altă parte, atenuează impactul glucozei. Încerc să mănânc peste 50 de grame de fibre pe zi.

2. Orezul și terciul de ovăz sunt surprinzător de glicemice (adică provoacă o creștere bruscă a nivelului de glucoză), în pofida faptului că nu sunt cine știe ce rafinate; mai surprinzător este faptul că orezul brun are un indice glicemic doar cu puțin mai mic decât al orezului alb cu bob lung.

3. Fructoza *nu* este măsurată de CGM, dar, deoarece fructoza este aproape întotdeauna consumată în combinație cu glucoza, alimentele bogate în fructoză vor declanșa probabil și creșteri ale glucozei.

4. Momentul din zi, durata și intensitatea exercițiului contează foarte mult. În general, exercițiile aerobice par cele mai eficace pentru eliminarea glucozei din circulație, în timp ce exercițiile de intensitate ridicată și antrenamentul de forță tind să *crească* temporar cantitatea de glucoză deoarece ficatul trimite mai multă glucoză în sistemul circulator pentru a alimenta mușchii. Nu te îngrijora din cauza creșterilor glicemiei în timpul antrenamentelor fizice.

5. O noapte bună de somn este extrem de diferită de una proastă, când vine vorba de controlul glucozei. Luând în calcul toate aspectele, se pare că un somn de doar 5 sau 6 ore (față de 8 ore) este responsabil de un salt de 10-20 ml/dL (asta e mult!) al valorii de vârf și aproximativ 5-10 mg/dL la nivelul mediei.

6. Se pare că stresul, prin intermediul cortizolului și al hormonilor de stres, are un impact surprinzător asupra glicemiei, chiar și când persoana ține post sau își reduce aportul de carbohidrați. E dificil de cuantificat, dar efectul se vede cel mai bine în timpul somnului și al perioadelor de ajunare dintre mese.

7. Legumele neamidonoase, cum ar fi spanacul și broccoli, nu au practic niciun impact asupra glicemiei. Înfruptă-te din ele.

8. Alimentele bogate în proteine și *grăsimi* (de exemplu: ouă, coaste de vită)[16] nu au practic niciun efect asupra glicemiei (asta dacă respectivele coaste nu sunt acoperite cu sos dulce), dar cantitățile mari de proteină slabă (de exemplu: piept de pui) vor crește ușor glucoza. Băuturile proteice, mai ales dacă au conținut scăzut de grăsimi, au un efect mai pronunțat (mai ales dacă au zahăr, evident).

9. Când aduni descoperirile de mai sus — din ambele direcții, pozitive sau negative — efectul este unul foarte puternic. Așa că, dacă ești stresat, dormi prost *și* nu poți să-ți faci timp pentru mișcare, fii cât se poate de atent la ce mănânci!

10. Care e probabil cea mai importantă concluzie dintre toate? Simplul fapt că-mi monitorizez glicemia are un impact pozitiv asupra comportamentului meu alimentar. Am ajuns să apreciez faptul că CGM își creează propriul efect Hawthorne, un fenomen prin care subiecții studiului își schimbă comportamentul *din cauză* că sunt observați. Mă face să mă gândesc de două ori când văd o pungă de stafide învelite în ciocolată în cămară sau orice altceva care mi-ar putea crește nivelul glucozei.

PROTEINA

De ce este proteina așa de importantă? Un indiciu se găsește în denumirea ei, care provine din cuvântul grecesc *proteios*, care înseamnă „primar“. Proteinele și aminoacizii sunt componentele esențiale ale vieții. În absența lor, pur și simplu nu ne putem dezvolta sau menține masa musculară slabă de care avem nevoie. Așa cum am văzut în capitolul 11, acest lucru este absolut esențial pentru strategia noastră, deoarece cu cât îmbătrânim mai mult, cu atât mai ușor pierdem masă musculară și cu atât mai dificil ne este să o refacem.

Îți aduci aminte de studiul despre care am vorbit în capitolul 11, care analiza efectul antrenamentului de forță asupra a 62 de vârstnici fragili? Subiecții care au făcut doar antrenament de forță timp de șase luni nu și-au dezvoltat deloc masa musculară. Ce nu am menționat acolo este că un alt grup de subiecți a primit suplimente de proteine (printr-o băutură proteică); acești subiecți au câștigat în medie 1,3 kilograme de masă slabă. Proteina suplimentară a făcut diferența.*

Spre deosebire de carbohidrați și grăsime, proteina nu este o sursă primară de energie. Nu ne bazăm pe ea pentru a produce ATP** și nici nu o depozităm așa cum stocăm grăsimea (în celule adipoase) sau glucoza (sub formă de glicogen). Dacă mănânci mai multe proteine decât poți sintetiza în masă slabă, pur și simplu vei elimina excesul în urină, sub formă de uree. La proteină, importantă este structura. Cei 20 de aminoacizi care alcătuiesc proteinele sunt componente esențiale ale mușchilor, enzimelor și multor hormoni importanți din organism. Sunt implicați în toate procesele, de la creșterea și menținerea sănătății părului, pielii și unghiilor până la susținerea formării anticorpilor în sistemul nostru imunitar. În plus, *trebuie* să ne luăm 9 dintre cei 20 de aminoacizi de care avem nevoie din dietă, deoarece nu-i putem sintetiza.

Primul lucru pe care trebuie să-l știi despre proteine este că recomandările standard de consum zilnic sunt o glumă. Acum, doza zilnică recomandată (*recommended dietary allowance* — RDA) de proteine în SUA este de 0,8 g/kg corp. E posibil ca asta să reprezinte cât de multă proteină avem nevoie pentru a rămâne în viață, dar este o glumă față de ceea ce avem nevoie ca să ne simțim bine. Există din plin dovezi care indică faptul că avem nevoie de mai mult de atât — și că un consum scăzut duce la consecințe grave. Mai multe studii au descoperit[17] că persoanele vârstnice care consumă RDA de proteină (0,8 g/kg/zi)[18] ajung să *piardă* masă musculară, chiar și într-o perioadă scurtă de două săptămâni. Pur și simplu nu e suficientă.

În mod similar, e posibil ca mulți dintre voi să aveți senzația că dietele cu conținut scăzut de proteine sunt bune pentru longevitate. Sigur, un anumit număr de studii pe șoareci a sugerat că restricționarea proteinelor poate îmbunătăți durata de viață a șoarecilor. Totuși nu sunt convins că rezultatele acestea pot fi

* Rezultate asemănătoare au fost descoperite în mai multe alte studii, deși este în continuare neclar dacă suplimentele cu proteine ajută la îmbunătățirea *forței* musculare, precum și a masei musculare.

** Deși poate. Ficatul poate transforma aminoacizi în glucoză printr-un proces cunoscut sub denumirea de glucogeneză. Aceasta nu este o sursă principală de glucoză și nici nu este una dintre modalitățile preferate de utilizare a proteinelor.

aplicate la oameni. Șoarecii și oamenii reacționează foarte diferit la un nivel scăzut de proteină și numeroase studii sugerează că, la vârstnici, un astfel de nivel duce la masă musculară scăzută, care duce la o calitate foarte scăzută a vieții și mortalitate ridicată. Mă conving mai degrabă datele pe oameni decât cele din studii pe șoareci, care pur și simplu nu sunt la fel ca noi.

De cât de multă proteină avem de fapt nevoie? Variază de la persoană la persoană. Pentru pacienții mei, stabilesc în general un nivel de minim 1,6 g/kg/zi, care este de două ori mai mare decât RDA. Cantitatea ideală poate să varieze în funcție de persoană, dar datele sugerează că, pentru persoanele active cu o funcție renală normală, 2,2 g/kg corp/zi[19] este un nivel bun pentru început — aproape de trei ori cât este recomandarea minimă.

Așa că, dacă cineva are o greutate de 81 de kilograme, trebuie să consume minim 130 grame de proteină pe zi, ideal mai aproape de 180 grame, mai ales dacă încearcă să dezvolte masă musculară. Asta înseamnă că trebuie să mănânce o mulțime de proteine și provocarea suplimentară este că întreaga cantitate nu ar trebui să fie ingerată la o singură masă, ci mai degrabă răspândită pe parcursul zilei pentru a evita să piardă aminoacizi din cauza oxidării (adică: să-i folosească pentru a produce energie, pe când noi vrem să fie disponibili pentru sinteza proteinei musculare). Literatura de specialitate sugerează că modalitatea ideală prin care se poate realiza asta[20] este consumând patru porții de proteine pe zi, fiecare la aproximativ 0,50 g/kg corp. O porție de 170 grame de carne de pui, pește sau carne roșie va avea un aport de aproximativ 40-45 grame (aproape 7 grame de proteină efectivă la fiecare 28 grame de carne), așa că persoana aceea imaginară de 80 de kilograme ar trebui să mănânce patru astfel de porții în fiecare zi.

Cei mai mulți oameni nu trebuie să-și facă griji că au mâncat prea multe proteine. Ar fi nevoie de un efort copleșitor să mănânci mai mult de 3,7g/kg/zi, limita superioară sigură a consumului de proteine (pentru a nu pune o presiune prea mare pe rinichi, de exemplu). Pentru cineva cât mine de mare, cantitatea maximă ar fi de aproape 300 grame de proteină pe zi sau echivalentul a șapte sau opt piepți de pui.

Cantitatea de proteină de care ai nevoie depinde de sexul, greutatea corporală și masa slabă, nivelul de activitate și alți factori, inclusiv vârsta. Există unele dovezi că persoanele mai vârstnice ar putea să aibă nevoie de mai multă proteină[21] din cauza rezistenței anabolice care se dezvoltă odată cu vârsta — adică, faptul că le este mai greu să dezvolte masă musculară. Din nefericire, nu există un CGM pentru proteină, așa că totul se transformă într-un proces de încercare și eroare. Încerc să consum suficientă proteină cât să-mi mențin masa musculară în timp ce mă antrenez. Dacă descopăr că pierd masă musculară, atunci îmi propun să mănânc mai multă. Mai ales vârstnicii ar trebui să-și monitorizeze masa slabă, de exemplu cu ajutorul unui cântar care măsoară și compoziția corpului (sau, mai bine, o ecografie DEXA) și să-și crească aportul proteic dacă scade masa slabă. Pentru mine și pacienții mei, acest lucru se traduce în patru porții, așa cum am descris, cel puțin una dintre ele fiind un shake proteic cu zer. (Îmi este foarte dificil să consum patru mese ca atare. În general, beau un shake proteic, mănânc o gustare cu conținut proteic ridicat și două mese cu proteine.)

Acum, câteva cuvinte despre proteina din plante. Trebuie să mănânci pește și lactate pentru un aport suficient de proteine? Nu. Dar, dacă alegi să-ți iei toată proteina din plante, trebuie să înțelegi două lucruri. În primul rând, faptul că proteina care se găsește în plante se află acolo spre beneficiul plantei, ceea ce înseamnă că este în mare parte blocată în fibre nedigerabile și ca atare mai puțin disponibilă persoanei care o mănâncă. Din cauza faptului că o mare parte din proteina plantei este blocată în rădăcini, frunze și alte structuri, doar aproximativ 60-70% din ceea ce consumi contribuie la satisfacerea nevoilor tale, conform lui Don Layman, profesor emerit de știința alimentelor și nutriție umană de la Universitatea Illinois Urbana-Champaign și expert în proteine.

O parte din problemă poate fi rezolvată prin gătirea plantei, dar ne confruntăm în continuare cu o a doua problemă. Distribuția de aminoacizi nu este aceeași ca la proteina animală. În special, proteina din plante are mai puțini aminoacizi precum metionină, lizină și triptofan, care pot duce la o sinteză redusă a proteinelor. Laolaltă, acești doi factori ne spun că în ansamblu calitatea proteinei provenite din plante este semnificativ mai slabă decât cea din produse animale.

Același lucru se aplică la suplimentele proteice. Izolatul proteic de zer (din lactate) este mai bogat în aminoacizi disponibili decât izolatul proteic din soia. Așa că, dacă renunți la proteina din surse animale, trebuie să-ți faci temele ca să descoperi care este scorul calității proteice. În realitate, chestia asta se poate complica destul de repede, deoarece ajungi să te învârți în jurul a ceva denumit scorul aminoacizilor indispensabili digerabili (Digestible Indispensable Amino Acid Score — DIAAS) și scorul aminoacizilor corectat prin digestibilitatea proteinei (Protein Digestibility-Corrected Amino Acid Score — PDCAAS). Chestiile astea sunt grozave dacă ai timp să perii toate bazele de date în fiecare zi, dar acelora dintre noi care muncim, Laymen ne recomandă să ne concentrăm pe câțiva aminoacizi importanți, precum leucina, lizina și metionina. Concentrează-te pe cantitatea absolută a acestor aminoacizi de la fiecare masă și asigură-te că te alimentezi cu aproximativ 3-4 grame de leucină și lizină pe zi și cel puțin 1 gram pe zi de metionină pentru menținerea masei slabe. Dacă încerci să crești masa slabă, o să ai nevoie de mai multă leucină, 2-3 grame pe porție, de 4 ori pe zi.

Numeroase studii sugerează că, în general, cu cât consumăm mai multă proteină, cu atât e mai bine. Un studiu prospectiv de anvergură, denumit „Studiul asupra îmbătrânirii sănătoase și a compoziției corpului“, cu peste 2 000 de subiecți vârstnici, a descoperit că persoanele care consumau cea mai mare cantitate de proteină (aproximativ 18% din aportul caloric) și-au păstrat mai mult din masa corporală slabă pe o perioadă de trei ani decât persoanele din ultima quintilă a consumului de proteină (10% din calorii). Diferența a fost semnificativă: grupul cu conținut scăzut de proteine a pierdut cu 40% mai multă masă musculară decât grupul cu conținut ridicat de proteină.

Ai putea argumenta că proteina este un macronutrient care îmbunătățește performanța. Alte studii au descoperit că o creștere a aportului proteic, chiar și moderată[23], peste RDA poate încetini pierderea progresivă de masă musculară la vârstnici, inclusiv la pacienți cu infarct și cașexie (slăbiciune generalizată). Într-un alt studiu, adăugarea a 30 de grame de proteină din lapte[24] în dieta vârstnicilor fragili le-a îmbunătățit acestora semnificativ performanța fizică.

În afară de rolul său în dezvoltarea musculară, proteina poate avea efecte benefice asupra metabolismului. Un studiu a descoperit că administrarea de suplimente care conțin aminoacizi esențiali persoanelor vârstnice[25] (adică imitarea unora dintre efectele creșterii aportului de proteine din alimentație) le-a scăzut acestora nivelurile de grăsime hepatică și trigliceride circulante. Un alt studiu derulat pe bărbați cu diabet de tip 2[26] a descoperit că dublarea aportului de proteină de la 15 la 30% din caloriile totale, cuplat cu reducerea la jumătate a carbohidraților, a îmbunătățit sensibilitatea la insulină și controlul glucozei. Consumul de proteină ne ajută să ne simțim sătui, blocând eliberarea hormonului care produce foamea, grelina, așa că în ansamblu consumăm mai puține calorii.

În cazul în care ceea ce vreau să spun aici nu este suficient de clar, dă-mi voie să reformulez: nu ignora proteina! Este macronutrientul absolut esențial pentru obiectivele noastre. Nu există o cantitate minimă pentru carbohidrați sau grăsimi (în termeni practici), dar, dacă nu ești atent la proteină, cu siguranță vei plăti un preț, mai ales pe măsură ce îmbătrânești.

GRĂSIMEA

Restul dietei noastre este alcătuit din grăsime — sau, mai degrabă, grăsimi la plural. Grăsimea este esențială, dar prea multă poate crea probleme atât din punctul de vedere al aportului total de energie, cât și metabolic. Ar trebui să fie destul de simplu, dar grăsimea alimentară are un trecut nefericit care dă naștere la o mulțime de confuzii.

Mult timp grăsimile au avut o reputație proastă din două motive: conținutul lor caloric ridicat (9 kcal/g) și rolul lor în creșterea colesterolului LDL și, ca atare, al riscului de boli cardiace. Ca și carbohidrații, grăsimile sunt adesea etichetate drept „bune" sau „rele" în funcție de branșă sau de politică; evident că, de fapt, lucrurile nu sunt chiar așa de tranșante. Grăsimile ocupă un loc important în orice dietă și în consecință este important să le înțelegem.

În timp ce carbohidrații sunt mai ales o sursă de combustibil și aminoacizii sunt în principal compuși celulari, grăsimile sunt ambele. Ele sunt un combustibil foarte eficient pentru oxidare (gândește-te la bușteni care ard încet) și, de asemenea, compuși esențiali pentru mulți dintre hormonii noștri (sub formă de colesterol) și membranele celulare. Consumul combinației corecte de grăsimi ne poate ajuta să ne păstrăm echilibrul metabolic, dar este de asemenea important pentru sănătatea creierului nostru, o mare parte din acesta fiind alcătuită din acizi grași. În practică, grăsimea alimentară tinde de asemenea să ne facă să ne simțim mai sătui[27] decât o fac multe tipuri de carbohidrați, mai ales când este combinată cu proteină.

Există (în mare) trei tipuri de grăsimi: acizi grași saturați (*saturated fatty acids* — SFA), acizi grași mononesaturați (*mono-unsaturated fatty acids* — MUFA) și acizi grași polinesaturați (*polyunsaturated fatty acids* — PUFA).* Deosebirile dintre aceștia provin din structura lor chimică diferită; o grăsime „saturată" are pur și simplu mai mulți atomi de hidrogen legați de lanțul ei de carbon.** În cadrul PUFA, facem o distincție importantă, și anume separăm variantele omega-6 de omega-3 (tot o diferență chimică, provenind din poziționarea primei legături duble). Putem împărți mai departe PUFA omega-3 în funcție de sursă: marină (EPA, DHA) și nemarină (ALA). Somonul și alte fructe de mare bogate în ulei sunt surse marine, iar nucile și semințele de in, surse nemarine.

---

* Mai sunt și îngrozitoarele grăsimi trans, dar acestea au fost în mare parte scoase din dieta noastră, așa că le voi omite din această discuție.

** Diferențele dintre tipurile de grăsimi provin din chimia organică. Acizii grași sunt în principal lanțuri de atomi de carbon de diferite lungimi. Din acest motiv, ne referim, de exemplu, la unele grăsimi ca la acizi grași cu lanț mediu, spre deosebire de acizii grași cu lanț lung. O grăsime saturată este denumită așa din cauză că este „saturată" complet cu atomi de hidrogen legați de acel lanț de carbon. O grăsime „mononesaturată" este cea al cărei lanț nu este complet saturat cu hidrogen, iar în acest caz motivul este că există o singură legătură dublă în lanțul de carbon, nu una simplă. În cazul grăsimilor polinesaturate, există mai mult de o legătură dublă (te-am zăpăcit deja?). Legăturile duble duc la curbarea lanțului de carbon și fac acizii grași mai predispuși la oxidare. Deoarece grăsimile saturate sunt liniare și pot fi dispuse foarte dens, pot fi mai solide la temperatura camerei. Din cauză că grăsimile nesaturate au defecte în structură, e mai probabil să fie lichide la temperatura camerei.

Cel mai important aspect de reținut — și cumva acesta este aproape întotdeauna trecut cu vederea — este că în principiu niciun aliment nu se încadrează într-un singur grup de grăsimi. S-ar putea ca uleiul de măsline și cel de șofrănel să fie cât se poate de apropiate de o grăsime pură mononesaturată, în timp ce uleiul de palmier și cel de cocos ar putea fi cât se poate de apropiate de o grăsime saturată pură, dar toate alimentele care conțin grăsimi includ în general *toate cele trei* categorii de acizi grași: PUFA, MUFA și SFA. Chiar și un antricot conține o mulțime de grăsimi mononesaturate.

Așa că de fapt nu este posibil sau fezabil să încercăm să eliminăm complet anumite categorii de acizi grași din dietă; în schimb, încercăm să ajustăm procentele. În cazul majorității pacienților mei, situația cea mai frecventă a grăsimilor consumate (adică: nivelul de bază al consumului de grăsimi în momentul când vin la consultație) se dovedește a fi la aproximativ 30-40% MUFA, 30-40% SFA și 20-30% PUFA — iar în cadrul grupului PUFA, în general, consumă aproximativ de 6-10 ori mai mulți acizi grași omega-6 decât omega-3 și de obicei cantități mici de EPA și DHA.

Din observațiile noastre empirice și ceea ce consider că sunt articolele de specialitate cele mai relevante, ceea ce nu e tocmai ideal, încercăm să creștem MUFA până aproape de 50-55 %, reducând SFA la 15-20% și ajustând PUFA total pentru a completa diferența. De asemenea, creștem EPA și DHA, acești acizi grași care probabil sunt importanți pentru sănătatea creierului și cea cardiovasculară, din surse de grăsime marină și/sau suplimente. Ajustăm nivelul de EPA și DHA din dietele pacienților noștri măsurând cantitatea fiecărui tip de grăsimi în membranele celulelor roșii ale acestora (*red blood cells* — RBC), folosind o analiză de sânge specializată, dar disponibilă.* Obiectivul nostru depinde de genotipul APOE al persoanei respective și de alți factori de risc pentru boli neurodegenerative și cardiovasculare, dar pentru cei mai mulți pacienți, obiectivul pe care-l avem în vedere este ca o proporție de 8-12% din membrana RBC să fie alcătuită din EPA și DHA.

* Varianta sofisticată a acestei analize poate să stabilească de asemenea proporția de omega-6/omega-3, precum și nivelurile de acizi grași din sânge.

Punerea în practică a tuturor acestor schimbări presupune un consum mai mare de ulei de măsline, de avocado și nuci, reducerea (dar nu neapărat eliminarea) alimentelor cum sunt untul și untura și reducerea uleiurilor bogate în omega-6 precum cele de porumb, soia și floarea soarelui — căutând în același timp modalități de creștere a PUFA de origine marină, bogați în omega-3, din surse precum somon și anșoa.*

Dar, repet, aici intervin SAD și mediul nostru alimentar modern, pentru a complica lucrurile. Acum o sută de ani, strămoșii noștri și-ar fi luat toate grăsimile de la animale, sub formă de unt, grăsime și untură și/sau fructe, precum măsline, nuci de cocos și avocado. Ar fi făcut în mare parte asta consumând aceste alimente în starea lor relativ naturală și le-ar fi fost destul de ușor să ajungă la un echilibru bun al acizilor grași. În decursul secolului XX, avansul tehnologiei de procesare a alimentelor ne-a permis să extragem din legume și semințe, prin mijloace chimice și mecanice, uleiuri pe care altminteri nu le-am fi putut obține. Aceste tehnologii noi au permis deodată unor cantități mari de uleiuri bogate în grăsimi polinesaturate, precum cele din porumb și semințe de bumbac (adică acidul linoleic, un PUFA) să inunde magazinele alimentare. De exemplu, consumul uleiului de soia[28] pe cap de locuitor a crescut de peste o mie de ori începând cu 1909; între timp, studiile au descoperit că nivelul de acid linoleic descoperit în țesutul adipos uman a crescut și el, cu 136% în decursul ultimei jumătăți de secol.

Această revoluție industrială a susținut de asemenea crearea grăsimilor trans, enumerate pe etichetele cu ingrediente ca „uleiuri vegetale parțial hidrogenate“ (de exemplu, margarină), care la rândul lor au susținut răspândirea SAD, în mare parte din cauză că au permis alimentelor să rămână nealterate pe raft pentru perioade mai lungi de timp. Dar grăsimile trans au contribuit de asemenea la ateroscleroză (prin creșterea apoB) și au fost interzise de FDA.

E tentant să dăm vina pe răspândirea pe scară largă a uleiului de soia și din alte semințe, considerându-le infractorul responsabil de epidemia de obezitate și sindrom metabolic. Orice

* Compoziția de bază a țesutului gras uman, alcătuit din aproximativ 55% MUFA, 30% SFA și 15% PUFA (Seidelin 1995) se potrivește perfect cu distribuția grăsimii *alimentare* care funcționează bine la majoritatea pacienților mei.

creștere de peste o mie de ori în același interval de câteva decenii, în care sănătatea noastră se duce pe apa Sâmbetei, nu are cum să fie ceva bun, nu-i așa? În urmă cu câțiva ani, mă gândeam că asta era explicația. Dar cu cât mă uit cu mai mare atenție la date, cu atât sunt din ce în ce mai puțin sigur că putem trage o concluzie în acest sens.

De fapt, cea mai completă analiză a acestui subiect,[29] *Polyunsaturated Fatty Acids for the Primary and Secondary Prevention of Cardiovascular Disease* (*Acizi grași polinesaturați pentru prevenția primară și secundară a bolilor cardiovasculare*), publicată de Cochrane Collaboration în 2018 — un rezumat de 422 de pagini al rezultatelor relevante din 49 de studii, cu o randomizare pe 24 000 de pacienți — a ajuns la următoarea concluzie: „Probabil că o creștere a PUFA are un impact minim sau inexistent în ceea ce privește riscul de deces din cauza bolilor cardiovasculare. Cu toate acestea, creșterea PUFA probabil reduce într-o oarecare măsură riscul evenimentelor de tipul bolilor cardiace și al evenimentelor cardiovasculare combinate (infarct și accident cerebral vascular) (dovezi de calitate moderată)“.

De reținut un ușor avantaj adus de creșterea cantității de PUFA. O publicație mai recentă[30] a Cochrane Collaboration, apărută în 2020 sub forma unui tratat de 287 de pagini intitulat *Reduction in Saturated Fat Intake for Cardiovascular Disease* (*Reducerea aportului de grăsimi saturate în bolile cardiovasculare*), a analizat 15 studii controlate randomizate realizate pe o populație de peste 56 000 de pacienți și a descoperit, printre altele, că „reducerea grăsimilor saturate din dietă a scăzut cu 17% riscul de evenimente cardiovasculare combinate“. Interesant. Dar același articol a descoperit de asemenea „un efect mic spre inexistent al reducerii grăsimilor saturate asupra riscului de deces din orice cauză sau a mortalității din cauze cardiace“. Mai mult, „efectul a fost mic spre inexistent asupra mortalității cauzate de cancer, asupra diagnosticelor de cancer, diagnosticelor de diabet, colesterolului HDL, trigliceridelor serice sau tensiunii arteriale și mici reduceri ale greutății corporale, colesterolului seric total, colesterolului LDL și IMC“.

Un ușor dezavantaj al grăsimilor saturate, dar niciun efect observat asupra riscului de deces. În cele din urmă, încă un articol recent,[31] publicat la finalul anului 2020, intitulat *Total Dietary Fat Intake, Fat Quality, and Health Outcomes: A Scoping Review of Systematic Reviews of Prospective Studies* (*Aportul total de grăsimi, calitatea grăsimilor și efectul asupra sănătății*), a trecut în revistă 59 de analize sistematice ale unor studii controlate randomizate și studii prospective de cohortă și nu a descoperit „în principal nicio asociere a grăsimii totale, a acizilor grași mononesaturați (MUFA), a acizilor grași polinesaturați (PUFA) și a acizilor grași saturați (SFA) cu riscul de boli cronice".

Aș putea continua, dar cred că ai înțeles. Datele sunt foarte neclare cu privire la acest subiect, cel puțin la nivel de populație. Așa cum am discutat în introducerea la Medicina 3.0 și mai devreme în acest capitol, orice speranță de a folosi descoperiri complexe din medicina bazată pe dovezi e sortită eșecului când vine vorba de nutriție, deoarece datele de la populație la acest nivel nu au mare valoare la nivel individual, când dimensiunile efectului sunt așa de mici, după cum este evident aici. Tot ce are Medicina 2.0 de oferit sunt linii generale: MUFA pare să fie „cea mai bună" grăsime din pachet (pe baza PREDIMED și a studiului Lyon Heart), iar apoi metaanalizele sugerează că PUFA are un ușor avantaj față de SFA. Dar, dincolo de asta, suntem pe cont propriu.

Medicina 3.0 întreabă care este „cea mai bună" combinație de grăsimi pentru pacientul nostru? Eu folosesc analize detaliate ale lipidelor pentru a urmări felul în care schimbările în consumul de acizi grași pot afecta sinteza și reabsorbția colesterolului pacientului, dar și reacția lipidică și inflamatorie generală. Schimbările subtile în aportul de grăsime, mai ales cel de grăsimi saturate, pot face o diferență semnificativă între nivelurile de lipide la anumite persoane, așa cum am descoperit de nenumărate ori — dar nu la altele. Unele persoane (ca și mine)* pot să consume grăsimi saturate aproape fără limită, în timp ce altele abia dacă se pot uita la o felie de bacon fără ca valoarea apoB să ajungă la percentila 90.

Medicina 2.0 spune că lucrul acesta dovedește că nimeni nu ar trebui să mănânce grăsimi saturate și punct. Medicina 3.0 ia aceste date și spune: „Deși e evident că nu e bine că valoarea apoB

* În zilele mele keto, consumam aproximativ 250-350 g de grăsimi pe zi, din care 40-50% erau clar PUFA, dar cu toate acestea aveam un nivel absolut normal de lipide și markeri inflamatorii nedecelabili. Nu am nici cea mai vagă idee de ce, în afară de faptul că probabil făceam și aproximativ 3-4 ore de antrenament pe zi.

a pacienților noștri a crescut așa de mult, acum avem de ales: oare ar trebui să luăm în calcul medicamente pentru a scădea apoB sau să le reducem aportul de grăsimi saturate? Sau ambele?" Nu există niciun răspuns clar și universal aici, iar gestionarea acestei situații destul de frecvente ajunge să fie o chestie de raționament.

În analiza finală, le spun pacienților mei că, potrivit ultimelor și celor mai puțin ambigue date disponibile, probabil că MUFA ar trebui să se găsească în proporția cea mai mare, ceea ce înseamnă ulei de măsline ultravirgin și uleiuri vegetale cu conținut ridicat de MUFA. În afară de asta, e un soi de loterie, iar procentul de SFA și PUFA se reduce probabil la doi factori individuali, precum reacția lipidică și valoarea inflamației. În cele din urmă, dacă pacientul nu consumă o mare cantitate de pește gras, asigurându-și necesarul de PUFA din omega-3 marin, aproape întotdeauna trebuie să ia suplimente de EPA și DHA sub formă de capsule sau ulei.

RT: pledoarie pentru (și împotriva) postului

Postul intermitent sau hrănirea cu restricție de timp (RT) (reglarea momentelor *când* mâncăm) ne pune într-o dificultate tactică. Pe de o parte, este un instrument puternic pentru realizarea unora dintre obiectivele noastre, mari și mici. Pe de altă parte, postul are câteva dezavantaje serioase care îi limitează utilitatea. În timp ce postul intermitent și „ferestrele" de hrănire au devenit populare și chiar la modă în ultimii ani, eu am ajuns să fiu sceptic cu privire la eficacitatea lor. Iar postul frecvent pe termen lung are suficiente aspecte negative, încât am rețineri să-l mai folosesc, cu excepția pacienților cu tulburări metabolice. Încă se dezbate utilitatea posturilor ocazionale (de exemplu: o dată pe an) și prelungite. În ansamblu, am ajuns să cred că intervențiile bazate pe ajunare trebuie folosite cu grijă și precizie.

Nu spune nimeni că nu se întâmplă și câteva lucruri bune când nu mâncăm. Insulina scade dramatic deoarece nu sunt ingerate calorii care să declanșeze o reacție a ei. Ficatul este golit de grăsime destul de repede. În timp, în decurs de aproximativ trei zile, corpul intră într-o stare denumită „cetoză de înfometare" în timpul căreia depozitele de grăsime sunt mobilizate pentru a satisface nevoia de energie — dar, în același timp, așa cum am observat adesea când am ținut periodic posturi lungi, foamea aproape că dispare. Acest fenomen paradoxal se datorează probabil nivelului foarte ridicat de cetone care diminuează senzația de foame.

Postul pe perioade lungi de timp[32] încetinește de asemenea mTOR, mecanismul pro-dezvoltare și pro-îmbătrânire despre care am vorbit în capitolul 5. Asta ar fi de asemenea ceva dezirabil, am putea să ne gândim, cel puțin în cazul anumitor țesuturi. În același timp, lipsa nutrienților accelerează autofagia,[33] procesul de „reciclare" celulară care ajută celulele să devină mai reziliente și activează *FOXO*,[34] genele de reparare celulară care e posibil să-i ajute pe centenari să trăiască așa de mult. Pe scurt, postul declanșează multe dintre mecanismele fiziologice și celulare dezirabile. Atunci de ce nu-l recomand tuturor pacienților mei?

E o întrebare dificilă deoarece literatura de specialitate este încă destul de redusă, ca să nu mai vorbim de mult prea numeroasele cărți de popularizare despre post în diversele lui forme. Am recomandat (și practicat) și eu diferite forme de ajunare, de la hrănirea cu restricție de timp (mâncatul într-o perioadă limitată de timp din zi) până la post doar cu apă maximum 10 zile. Deoarece părerea mea despre ajunare a evoluat semnificativ, simt că trebuie să abordez subiectul aici. Încă mai cred că poate fi util uneori, la unii pacienți — în general, cei care suferă de tulburările metabolice cele mai grave —, dar nu sunt la fel de convins că postul este panaceul pe care-l consideră unii.

Există de fapt trei categorii separate de hrănire cu restricție de timp și le vom analiza pe fiecare în ordine. În primul rând, avem ferestrele scurte de hrănire despre care am vorbit înainte, când o persoană își limitează consumul de alimente la un anumit interval de timp, cum ar fi 6 sau 8 ore din zi. În practică, asta ar putea să însemne ca individul să sară peste micul-dejun, să mănânce o primă masă la ora 11 dimineața și să termine cu cina la 19.00 în fiecare seară; sau alt individ ar putea să mănânce micul-dejun la 8 dimineața, o altă masă la 14.00 și nimic după aceea.

Există un număr aproape infinit de variații pe această temă, dar șmecheria este că metoda funcționează doar dacă faci fereastra de hrănire suficient de mică. Standardul de 16/8 (16 ore de post, 8 ore de hrănire) e aproape insuficient pentru cei mai mulți oameni, dar poate să funcționeze. De obicei, o fereastră mai îngustă, cum ar fi 18/6 sau 20/4 este necesară pentru a se realiza un deficit caloric. O vreme, am experimentat cu o fereastră de hrănire de 2 ore, ceea ce în esență însemna că mâncam o masă enormă o dată pe zi. Mereu m-a amuzat figura chelnerului când comandam mai multe aperitive.

Din experiența mea, cei mai mulți oameni descoperă că asta este cea mai ușoară modalitate de a-și reduce aportul caloric, concentrându-se pe *când* mănâncă, mai degrabă decât pe *cât* și/sau *ce* mănâncă. Dar nu sunt convins că postul intermitent aplicat pe termen scurt are cine știe ce beneficiu dincolo de asta.

Modelul inițial 16/8 a provenit dintr-un studiu derulat pe șoareci. Acesta a descoperit că șoarecii care erau hrăniți doar 8 ore pe zi și țineau post restul de 16 erau mai sănătoși decât cei hrăniți continuu. Șoarecii pe regim de post intermitent au luat mai puțin în greutate[35] decât cei care mâncau oricând voiau, chiar dacă cele două grupuri au consumat același număr de calorii. Acest studiu a creat moda dietei de 8 ore, dar oamenii au pierdut din vedere faptul că asta este o extrapolare mare pornind de la cercetarea *pe șoareci*. Datorită faptului că un șoarece trăiește doar aproximativ 2 sau 3 ani — și o să moară după doar 48 de ore fără hrană — un post de 16 ore pentru un șoarece[36] este similar cu unul de câteva zile pentru un om. Pur și simplu nu e o comparație validă.

Studiile derulate pe oameni cu acest stil de hrănire nu au reușit să identifice mari beneficii. Un studiu clinic realizat de Ethan Weiss[37] și colegii săi în 2020 a descoperit că nu a existat nicio scădere în greutate sau beneficii cardiometabolice într-un grup de 116 voluntari care au urmat un program de hrănire 16/8. Două studii similare au descoperit de asemenea beneficii minimale.[38] Un alt studiu a descoperit într-adevăr că plasarea ferestrei de hrănire în prima parte a zilei, de la 8 la 14, a produs nivel mai scăzut al glucozei în 24 de ore, dar, după părerea mea, un interval de 16 ore fără hrană pur și simplu nu este suficient pentru a activa autofagia sau a inhiba creșterea cronică a mTOR sau pentru a produce oricare dintre beneficiile pe termen lung ale postului, pe care vrem să le obținem.

Un alt dezavantaj este acela că aproape sigur nu îți vei realiza obiectivul de aport de proteine cu această abordare (vezi subcapitolul „Proteina“ mai sus). Asta înseamnă că o persoană care trebuie să dezvolte masă corporală slabă (adică una subalimentată sau cu insuficientă masă musculară) ar trebui fie să renunțe complet la această abordare, fie să consume o sursă pură de proteine în afara acestei ferestre de alimentare (ceea ce, mai mult sau mai puțin, duce la eșecul postului intermitent). De asemenea, e foarte ușor să cazi în capcana supraalimentării în timpul ferestrei de hrănire și să consumi, fără să te gândești, să zicem o cutie cu 1,8 litri de înghețată la o singură masă. Această combinație de prea puțină proteină și prea multe calorii poate avea exact efectul opus celui dorit: depunerea de grăsime și pierderea masei slabe. Din experiența mea clinică, acest rezultat este destul de obișnuit.

Așa cum am spus, uneori le voi prescrie anumitor pacienți regimul de hrănire cu restricție de timp deoarece am descoperit că îi ajută să-și reducă aportul caloric general fără să le fie prea foame. Dar este mai degrabă o măsură disciplinară, decât o dietă. Stabilirea unor limite de timp legate de consumul de alimente ajută la blocarea uneia dintre trăsăturile esențiale ale SAD și anume faptul că este dificil să *te oprești* din mâncat. Postul intermitent este o modalitate de a opri gustările și mesele luate seara târziu — acel stil de a mânca fără a gândi, pe care japonezii îl numesc *kuchisabishii*, de la „gură singură“. Dar, în afară de asta, nu cred că postul e în mod deosebit util.

Apoi, avem postul alternativ (*alternate-day fasting* — ADF), care a devenit de asemenea popular. În acest caz mănânci ca de obicei sau poate puțin mai mult decât de obicei într-o zi și apoi foarte puțin (sau deloc) în următoarea. Există cercetări mai detaliate cu privire la acest stil de hrănire la oameni — și, bineînțeles, s-au scris și cărți despre asta —, dar rezultatele nu sunt în mod deosebit atrăgătoare. Unele studii au descoperit că subiecții pot să piardă în greutate cu diete de post alternativ,[39] dar cercetări mai nuanțate sugerează că există câteva dezavantaje semnificative. Un studiu mic, dar revelatoriu,[40] a descoperit că subiecții care au respectat o dietă de post alternativ chiar au slăbit — dar au pierdut de asemenea mai multă masă slabă (adică mușchi) decât subiecții care au mâncat pur și simplu cu 25% mai puține calorii în fiecare zi.

Acest studiu a fost limitat, din cauza dimensiunii mici și duratei scurte, dar sugerează că postul îi poate face pe unii oameni, mai ales cei slabi, să piardă prea multă masă musculară.* În afară de asta, grupul ADF avea niveluri de activitate mult mai scăzute în timpul studiului, ceea ce sugerează că nu se simțeau prea bine în zilele când nu mâncau. În cazul postului pe termen mai lung, aceste efecte deveneau și mai pronunțate, mai ales pierderea de masă musculară. Ca atare, tind să fiu de acord cu cercetătorul principal James Betts: „Dacă urmezi o dietă cu post, merită să te gândești dacă nu cumva perioadele de post prelungit de fapt îngreunează menținerea masei musculare și a nivelului de activitate fizică, factori importanți pentru sănătatea pe termen lung".

Ca urmare a acestui studiu și a altora, m-am convins că e posibil ca postul frecvent și prelungit să nu fie nici o măsură necesară și nici una înțeleaptă pentru cei mai mulți pacienți. Costul, în termeni de masă slabă pierdută (mușchi) și nivel redus de activitate, pur și simplu nu justifică orice beneficii ar putea aduce. De fapt, regula mea intuitivă pentru orice stil de hrănire este că *trebuie* să mănânci suficient pentru a-ți păstra masa slabă (mușchii) și stilul de activitate fizică pe termen lung. Dintr-un anumit punct de vedere, în acest fel orice dietă este ușor de susținut. Dacă e să folosim un instrument puternic precum postul, trebuie să facem asta cu grijă și cu bună știință.

Dar postul se poate totuși dovedi util câteodată, la unii pacienți — în general, pacienți pentru care nu a funcționat nicio altă intervenție alimentară. Un caz concret: prietenul meu Tom Dayspring, specialistul în lipide pe care l-am cunoscut în capitolul 7. Tom mi-a devenit pacient acum câțiva ani pentru că îmi făceam griji cu privire la sănătatea lui metabolică. Pe la 65 de ani, avea 108 kilograme la o înălțime de 1,76 m, ceea ce însemna un IMC de

* Am experimentat ceva de genul acesta în etapa mea ciclistă. În perioada cea mai intensă, mă hrăneam conform unui orar foarte strict restricționat, tip 20/4. La prânz, mâncam în general o salată cu pui la ora 14:00, iar cina avea dimensiuni normale la ora 18:00, și aveam cu 9 kilograme mai puțin decât acum — în principal pentru că aveam mai puțină masă musculară. Era minunat pentru ciclism, în cazul căruia greutatea mică este un avantaj, dar prost pentru masa musculară din jumătatea superioară a corpului.

36,5, în intervalul de obezitate. Analizele au scos la iveală faptul că dezvoltase de asemenea un caz grav de boală a ficatului gras nonalcoolic (NAFLD), dacă nu chiar steatohepatită nonalcoolică (NASH). În decursul anilor, îl bătusem întruna la cap până când a fost de acord într-un final să facă ceva cu privire la asta. Având în vedere problemele lui, era evident că trebuia să înceapă cu o dietă ketogenică. Dacă îi limitam aportul de carbohidrați, mă gândeam eu, urma să slăbească și poate enzimele hepatice ar fi avut ocazia să se disipeze, iar greutatea și markerii biologici ar fi fost de asemenea controlați.

Dar nu s-a întâmplat așa. După ce Tom s-a chinuit timp de șase luni să respecte regimul, enzimele hepatice și greutatea nu s-au mișcat din loc. După un an, aceeași poveste. Au trecut 2, 3 ani, nu s-a schimbat nimic. Între timp, sănătatea lui a continuat să se deterioreze, până la punctul în care îi era greu să mai meargă chiar și câteva străzi. Într-un final, a avut nevoie atât de o proteză de șold, cât și de o fuziune spinală. Problema era că Tom pur și simplu nu putea să respecte regimul keto strict foarte mult timp. Câteva săptămâni era în regulă, dar apoi ceda și mânca un sandviș sau o farfurie de paste. Pur și simplu nu era fezabil pentru el.

În mod clar, Tom avea nevoie de un tratament mai puternic și am ajuns la concluzia că trebuia să încerce postul. Din nefericire, ca mulți alți nord-americani obișnuiți cu SAD, Tom ura chiar și numai gândul că i-ar putea fi foame. Din acest motiv avea dificultăți să respecte o dietă ketogenică strictă mai mult timp — îi era foame și poftea la alimentele lui obișnuite, pline de carbohidrați. Astfel, nu a putut niciodată să-și determine metabolismul să intre în faza de cetoză și să-și diminueze senzația de foame. Din cauza insulinei la valori permanent ridicate, celulele de grăsime refuzau să renunțe la energia pe care o depozitaseră. Așa că se simțea mereu flămând și nu putea să scape deloc de grăsime. În mod clar, trebuia să rupă acest cerc vicios.

La început, Tom a fost îngrozit chiar și de simpla idee de post. Dar el este și om de știință și, după ce a analizat unele dintre studiile despre privarea de nutrienți și le-a corelat cu ceea ce știa deja despre lipide, metabolism și riscul de îmbolnăvire, a fost de acord să încerce. Mintea lui științifică a fost convinsă, dar cred că la un moment dat și-a dat seama și că își contempla ceea ce puteau fi ultimii lui cinci ani din viață, dacă nu făcea niște schimbări dramatice. Am elaborat un plan agresiv, la limita a ceea ce credea că ar putea să suporte: o săptămână pe lună, de luni până vineri, Tom avea să supraviețuiască cu o dietă drastic redusă, de aproximativ 700 de calorii pe zi, cuprinsă în mare parte din grăsime, puțină proteină și aproape deloc carbohidrați.

Acest gen de post este denumit „hipocaloric“ pentru că nu postești în sensul că nu mănânci deloc. Mănânci doar suficient cât să-ți potolești cele mai puternice senzații de foame, dar nu atât de mult încât corpul să creadă că ești complet sătul. În celelalte 25 de zile din fiecare lună, Tom mânca o dietă „normală“ (deși, în cazul lui, cu foarte puțin amidon și zahăr) doar între 12:00 și 20:00; în timpul săptămânii de post, meniul dintr-o zi obișnuită avea să fie alcătuit dintr-o salată cu un sos ușor, un avocado și câteva nuci macadamia sau măsline. A fost surprins cât de bine se simțea. „Nu a fost așa de îngrozitor cum mi-am imaginat“, mi-a spus el ulterior. „După ziua a treia, foamea dispare.“

Nu a durat mult până când markerii lui biologici sangvini s-au îmbunătățit semnificativ: acolo unde rezultatele analizelor de sânge erau altădată în mare parte colorate în galben și roșu — ceea ce însemna că majoritatea valorilor erau la limită sau „în afara intervalului“ —, acum sunt aproape în totalitate colorate în verde. Lipidele sunt ținute sub control, iar enzimele hepatice au scăzut până în intervalul sigur, în limite normale. După mai multe astfel de cicluri, a putut să urce un etaj sau să meargă pe jos câteva străzi fără să mai gâfâie. Tensiunea lui arterială este mai mică și nu mai ia nenumăratele medicamente care i-au fost prescrise. În cele din urmă, acum are o greutate cu 30 de kilograme mai mică față de cât avea, un indiciu că sănătatea lui metabolică a revenit la normal și un motivator puternic să continue programul. „Kilogramele s-au scuturat efectiv de pe mine“, mi-a spus el.

Postul i-a resetat eficient metabolismul distrus într-un mod în care nicio altă intervenție alimentară nu a putut să o facă. Datorită faptului că are un efect atât de nociv asupra masei musculare, îl folosesc doar la pacienții greu de tratat precum Tom. El era din start atât de obez, încât putea să suporte pierderea musculară deoarece pierdea în același timp foarte mult din greutate. Dar cele mai multe persoane nu pot să piardă fără probleme masă muscularǎ, aşa cǎ postul este un instrument pe care îl putem folosi doar în ultimǎ instanţǎ, când nu existǎ alte variante eficiente.

Concluzie

În ultimele două capitole, am explorat impactul alimentelor pe care le mâncăm — şi uneori al celor pe care nu le mâncăm — asupra sănătăţii noastre şi motivul pentru care e important să ne schimbăm modul de a ne orienta spre o paradigmă de tip Nutriţia 3.0, bazată pe feedback şi date, în loc de etichete, tendinţe şi ideologie.

Odinioară credeam că regimul alimentar şi nutriţia pot să vindece aproape toate bolile, dar acum nu mai sunt aşa de convins de asta. Biochimia nutriţională este o componentă importantă în tacticile noastre, dar nu este singura cale spre longevitate şi nici măcar cea mai puternică. O percep mai degrabă ca pe o tactică de salvare, mai ales pentru pacienţii precum Eduardo şi Tom, cu probleme metabolice cu adevărat grave cum ar fi NAFLD şi diabet de tip 2. Este de asemenea esenţială pentru persoanele mai în vârstă care trebuie să-şi dezvolte sau să păstreze masa musculară. Dar capacitatea ei de a facilita o creştere a duratei de viaţă şi de sănătate este mai limitată. Alimentaţia de proastă calitate ne poate face mai mult rău, decât ne poate face bine alimentaţia de bună calitate. Dacă eşti deja sănătos metabolic, mare lucru nu pot să facă intervenţiile nutriţionale.

Ştiu că pare greu de crezut, după tot ce am fost condiţionaţi să gândim şi având în vedere toată grandomania implicată în promovarea unei diete în detrimentul alteia. Dar, de fapt, problema se reduce în primul, al doilea şi al treilea rând la echilibrul energetic. RC, DR sau RT sunt doar instrumente pentru a reduce aportul de energie, pentru a corecta starea de supraalimentare şi/sau tulburare metabolică.

Vestea proastă este că majoritatea americanilor *nu* sunt sănătoşi, aşa că trebuie să fie atenţi la nutriţie. În cele mai multe cazuri, rezolvarea problemei presupune reducerea aportului total de energie — reducerea caloriilor —, dar într-un mod care să fie fezabil pentru persoana respectivă. De asemenea, trebuie să ne concentrăm pe eliminarea acelor tipuri de alimente care cresc prea mult nivelul glicemiei, dar într-un fel care să nu compromită nici aportul de proteine și masa musculară slabă.

Aici se pot complica lucrurile. De fapt, proteina este cel mai important macronutrient, acel macro care nu ar trebui să fie compromis. Nu uita, majoritatea oamenilor tind să fie supraalimentați — dar și să aibă o masă musculară insuficientă. Este contraproductiv pentru ei să limiteze caloriile pe seama proteinei și, ca atare, a masei musculare.

Acesta este de asemenea punctul în care alte tactici pot să joace un rol. Așa cum am văzut în capitolul 12, antrenamentul aerobic în zona 2 poate avea un impact imens asupra capacității organismului de a folosi glucoza în siguranță și de asemenea asupra abilității lui de a accesa energia depozitată sub formă de grăsime. Și cu cât are mai multă masă musculară, cu atât are o capacitate mai bună de a folosi și stoca glucoza în exces și de a utiliza grăsimea depozitată. În capitolul următor, vom vedea cât de important poate fi somnul de calitate în păstrarea echilibrului metabolic.

Dacă problemele tale sunt mai degrabă de domeniul lipoproteinelor și al riscului cardiovascular, atunci are sens să te concentrezi și pe aspectele legate de grăsimi, ceea ce înseamnă mai ales pe grăsimi saturate, care cresc apoB la unele persoane, deși acesta este relativ ușor de controlat prin mijloace farmaceutice. Aportul excesiv de carbohidrați poate avea de asemenea un „efect de contagiune“ asupra apoB, sub forma trigliceridelor crescute. (Dacă ar fi să pot elimina un singur tip de aliment din dieta tuturor, ar fi băuturile îndulcite cu fructoză, inclusiv cele acidulate, *dar și* sucurile de fructe, care livrează prea multă fructoză, prea repede, unui intestin și ficat care preferă mai degrabă să proceseze lent fructoza. Consumă pur și simplu fructe și lasă natura să-ți ofere cantitatea corectă de fibre și apă.)

Până la urmă, cel mai bun plan nutrițional este cel pe care-l putem respecta. Felul în care manipulezi cele trei pârghii ale dietei — restricționare calorică, dietă restricționată și post intermitent — depinde de tine. La modul ideal, planul tău îmbunătățește și menține toți parametrii care ne interesează — nu doar glicemia și insulina, ci și masa musculară și nivelul de lipide și poate și greutatea — reducând în același timp riscul de a te apropia de unul dintre „cei patru călăreți“ sau de mai mulți. Obiectivele tale nutriționale depind de profilul individual de risc: ai un risc mai mare de disfuncție metabolică sau de boală cardiovasculară? Nu există un răspuns corect pentru toată lumea; fiecare pacient își descoperă propriul echilibru, propria abordare perfectă. Sper că în acest capitol ți-am oferit câteva instrumente care să te ajute să-ți elaborezi un plan care să funcționeze pentru tine.

Și încă ceva. Dacă, după ce ai citit acest capitol, ești deranjat pentru că nu prea ești de acord cu unele dintre detaliile despre care am discutat — fie că este vorba de proporția MUFA/PUFA/SFA sau de biodisponibilitatea exactă a proteinei de soia, rolul uleiurilor din semințe și al lectinelor sau obiectivul ideal pentru media glicemiei pe trei luni — sau dacă te-am jignit pentru că am spus că dieta *ta* nu e *cea mai bună*, mai am doar un sfat. Nu te mai gândi așa de mult la nutriție! Lasă cartea! Du-te afară și fă niște mișcare!

CAPITOLUL 16

Trezirea

Cum să înveți să iubești somnul, cel mai bun medicament pentru creier

În fiecare noapte, când mă culc, mor. Iar a doua zi de dimineață, când mă retrezesc, renasc.
MAHATMA GANDHI

Există un motiv pentru care rezidențiatul medical se numește „rezidențiat": în esență, ajungi să trăiești și locuiești la spital, zi și noapte, pe toată durata lui. La un moment dat, ajunsesem la o medie de 120 de ore de muncă pe săptămână, adesea mai mult de 30 de ore în șir. Îmi rămâneau în total aproximativ 48 de ore pentru mâncat, dormit, sport, întâlniri (majoritatea prima și ultima) și orice altceva din viață. Un prieten care fusese cu un an înaintea mea la facultatea de medicină mi-a oferit ceea ce a părut a fi un sfat înțelept: „Chiar dacă o să-ți petreci toate orele acestea libere dormind, tot obosit o să fii — iar dacă doar muncești și dormi, o să fii nefericit. Așa că trăiește puțin. Somnul poate fi sacrificat".

Într-o seară de vară din timpul rezidențiatului meu, după o gardă neobișnuit de lungă, am descoperit ce putea face lipsa acută de somn. Unul dintre colegii mei de rezidențiat era bolnav și m-am oferit să fac de gardă în locul lui, în noaptea dinaintea gărzii mele programate. Asta însemna că urma să muncesc nonstop de la 5:30 luni dimineața până la 18:00 miercuri. Când am plecat de la spital, m-am urcat în mașină și am condus spre autostradă să mă duc acasă. În timp ce stăteam la semafor, capul mi-a tresărit deodată. *La naiba*, mi-am spus, *tocmai am adormit la volan*. La următorul semafor, s-a întâmplat din nou, iar de data asta piciorul stâng a alunecat de pe ambreiaj și motorul s-a oprit.

Până în ziua de azi îi mulțumesc proniei cerești că, în pofida faptului că nu mai dormisem de mai bine de 60 de ore, am putut să-mi adun o rămășiță de raționament necesar pentru a-mi salva viața. Am parcat paralel cu trotuarul pe Eastern Avenue și am ieșit din mașină să respir niște aer curat. Era o adiere caldă și soarele care stătea să apună îmi încălzea plăcut fața. Întâmplător era o parcare chiar acolo și am hotărât să-mi pun alarma la pager (da, aveam pager) ca să mă trezească după 30 de minute și să mă întind în iarbă „să-mi odihnesc ochii".

După șase ore, m-am trezit în mijlocul Patterson Park din Baltimore, pe atunci o piață de heroină în aer liber și un hub de prostituție în plină efervescență. Camera noastră de gardă peticise destul de mulți localnici. Era acum miezul nopții și eram întins pe spate în salopeta mea verde de spital, într-o baltă de salivă. Aveam semne ciudate de mușcături pe antebrațe și erau câteva seringi aruncate prin preajmă. Altminteri, eram în regulă. Aparent nimeni nu avusese curajul să se ia de dementul care dormea pe jos îmbrăcat în salopeta de spital.

Mi-ar plăcea să pot spune că mi-am învățat lecția din acest episod sinistru și că mi-am dat seama imediat de importanța somnului. Nu a fost așa. Adevărul este că a mai durat aproape încă 10 ani pentru ca mesajul din acel episod să fie aprofundat, parțial pentru că astfel de situații extreme de lipsă acută de somn erau ușor de trecut cu vederea, ca fiind specifice rezidențiatului. Făceau doar parte din schemă. Asta nu a fost singura dată când mi s-a întâmplat așa ceva: cu altă ocazie, am adormit în mașină în parcarea sălii de fitness, cu radioul pornit, și a trebuit să vină Jill să mă trezească la 2 noaptea, după doar câteva luni de când eram împreună. (Sunt un tip norocos.)

La momentul puiului de somn neplanificat din parc, avea loc o dezbatere uriașă cu privire la programul de muncă al rezidenților și mi-e rușine să recunosc că mă opuneam cu înfocare reducerii lui. Propunerea era să se limiteze numărul maxim de ore pe care le puteam munci la 80 de ore, o scădere de la peste 110. Credeam că o să ne înmoaie pe toți și mulți dintre colegii mei mai mari erau de acord.

Privind retrospectiv, e șocant că o lipsă așa de crasă de somn era tolerată, chiar cultivată, într-un mediu medical. E aproape ca și cum ne-ar fi încurajat să fumăm și să consumăm alcool în timp ce lucram. Aceasta nu este o analogie la voia întâmplării: știm acum că fie și numai o noapte nedormită[1] poate crea o stare care este echivalentul funcțional al stării de ebrietate, conform normelor legale. Studiile au descoperit că în special personalul medical privat de somn[2] face mult mai multe greșeli și provoacă mult mai multe decese decât cei care sunt bine odihniți. Socotiți-mă unul dintre ei: unul dintre cele mai sinistre momente ale mele ca rezident lipsit de somn a avut loc în timpul unei alte gărzi absurd de lungi (peste 48 de ore), când am căzut peste câmpul chirurgical al unui pacient căruia trebuia să-i fac o colecistectomie laparoscopică, o îndepărtare laparoscopică a vezicii biliare. Din fericire, pacientul nu a pățit nimic, dar amintirea încă mă face să mă cutremur.

Acum aproape 20 de ani, știam relativ puține despre motivele pentru care dormim, ce se întâmplă *când* suntem adormiți și care este importanța somnului atât pentru performanța pe termen scurt, cât și pentru sănătatea pe termen lung. Știm acum că lipsa cronică de somn este un criminal mult mai perfid decât privarea acută de somn care te face să adormi la semafor. Multe studii au descoperit legături puternice între somnul insuficient (mai puțin de 7 ore pe noapte, în medie) și consecințele negative pentru sănătate, care variază de la o predispoziție mai mare la îmbolnăvire de tipul răcelii banale până la decesul în urma unui atac de cord. Somnul de proastă calitate crește dramatic riscul individului[3] de a dezvolta o tulburare metabolică, inclusiv diabet de tip 2[4] și poate face ravagii asupra echilibrului hormonal al corpului.[5] Privind retrospectiv, bănuiesc astăzi că cel puțin unele din problemele de sănătate pe care le aveam la 30 de ani aveau rădăcini în indiferența mea crasă față de somn.

Pe cât de important este somnul pentru corp, e posibil să fie și mai important pentru creier. Somnul bun, nu doar în termeni cantitativi,[6] ci și calitativi, este esențial pentru funcționarea cognitivă, pentru memorie și pentru echilibrul emoțional. Ne simțim bine din toate punctele de vedere după o noapte în care am dormit bine. În timp ce suntem inconștienți, creierul continuă să funcționeze, procesând gânduri și emoții (de aici, visele). Chiar se curăță singur,[7] într-un mod asemănător cu măturarea străzilor unui oraș. Legat de asta, există din ce în ce mai multe dovezi că somnul de calitate este esențial pentru a ne menține funcționarea cognitivă[8] pe măsură ce îmbătrânim și a ne feri de boala Alzheimer.

Aceste concluzii sunt bazate în principal pe studii observaționale, pe care le-am pus în discuție în capitolul 14 relativ la nutriție, și suferă la rândul lor parțial de aceleași erori — mai exact, e posibil ca subiecții să nu aibă cele mai precise amintiri despre cât de mult dorm. (Știi exact cât de mult și cât de bine ai dormit noaptea trecută? Probabil că nu.) Dar aceste studii diferă de cele de epidemiologie nutrițională deoarece există un singur input, somnul; câteva dintre descoperirile esențiale au fost confirmate în studii clinice mai riguroase, iar datele sunt mai uniforme, indicând consecvent în aceeași direcție.

Pe scurt, ideea este că somnul de proastă calitate îți poate afecta semnificativ atât sănătatea pe termen lung, cât și capacitatea de a funcționa în fiecare zi. Când analizezi efectele de undă ale acestui fenomen, într-o societate care pune la fel de puțin preț pe somn ca și până acum, iese la iveală o imagine devastatoare.

„Decimarea somnului[9] în toate țările industrializate are un impact catastrofal asupra sănătății noastre, asupra speranței de viață, a siguranței, productivității și educației copiilor noștri",[*] declară Matthew Walker, director al Centrului pentru știința somnului uman de la Universitatea California din Berkeley, în cartea sa *Despre somn*. Am descoperit că și problemele de sănătate ale pacienților mei pot fi puse pe seama somnului de proastă calitate — și că rezolvarea problemelor legate de somn îmbunătățește eficiența celorlalte tactici ale noastre.

Din fericire, nu a mai fost nevoie de încă un aproape dezastru care să-mi dezvăluie importanța somnului. A fost mai degrabă o întrebare țintită, din partea prietenului meu Kirk Parsley, fost

* *Despre somn* de Matthew Walker, traducere din engleză de Emilia Vasiliu, Vellant, București, 2018, p. 429. (*N.t.*)

membru al forțelor speciale ale Marinei, care ulterior a devenit medicul forțelor speciale. Într-o seară din 2012, la cină, îi explicasem lui Kirk că 5-6 ore de somn pe noapte erau mai mult decât suficiente și că, dacă mă simțeam obosit, atunci nu aveam nevoie să dorm mai mult. De fapt, am ajuns chiar până în punctul în care am declarat că era păcat că trebuia să pierdem timpul în pat. Imaginează-ți cât de multe lucruri am putea realiza dacă am reuși să renunțăm complet la somn!

Iată-mă, din nou, cățărându-mă curajos pe versanții Muntelui Prostiei. Dar Kirk m-a oprit cu o întrebare simplă, socratică. Dacă somnul este așa de puțin important, m-a întrebat el, de ce nu s-a descotorosit evoluția de el?

Logica lui era imbatabilă. Când dormim, nu facem nimic util: nu ne reproducem, nu strângem hrană și nu ne protejăm familia. Mai rău, în acea stare de amorțire suntem extrem de vulnerabili în fața prădătorilor și dușmanilor, așa cum fusesem și eu în parcul Patterson. Asta, a explicat el, demonstrează clar de ce este somnul important. De ce ne-ar permite evoluția să ne petrecem până la o treime din viață într-o stare de inconștiență, când am putea foarte ușor să fim uciși sau mâncați? A insistat: nu crezi că selecția naturală ar fi eliminat nevoia de a dormi acum sute de milioane de ani — dacă nu cumva era absolut esențială?

Avea atât de multă dreptate, încât parcă sunase o alarmă în capul meu. Toate animalele au o formă de somn;[10] până acum, savanții au descoperit că nu există excepții. Caii pot face asta stând în picioare, delfinii dorm cu câte o jumătate de creier pe rând și chiar și rechinii mari albi, care se mișcă întruna, își petrec un timp într-o stare de odihnă asemănătoare cu somnul. Elefanții dorm doar 4 ore pe zi, în timp ce liliacul cafeniu doarme 19 ore din 24, ceea ce mi se pare puțin cam mult, dar ideea este că toate animalele care au fost atent analizate până acum dorm într-un anumit fel. Kirk avea dreptate: din punct de vedere evoluționist, somnul nu este negociabil.

Nu eram singurul care ignora sau trecea cu vederea importanța somnului; mult timp fusese nedreptățit de știință în societatea vestică, industrializată. Cu zeci de ani în urmă, somnul era considerat doar o stare de vid, o perioadă de inconștiență în timpul căreia nu se întâmpla nimic important. În ziua de azi, cultura noastră superperformantă pare în continuare să perceapă somnul ca pe un timp pierdut, ceva de care au nevoie doar bebelușii, câinii și persoanele leneșe. Dar știința somnului s-a dezvoltat în ultimii 30 de ani și descoperiri mai noi sugerează că atitudinea aceasta este foarte greșită. Acum știm că somnul este fundamental pentru sănătatea noastră, așa cum stabilitatea este esențială pentru forță.

Odată ce am făcut din somn o prioritate în viața mea, mă bucur de toate beneficiile în fiecare zi. Nimic nu se compară cu senzația de forță pe care o am când mă trezesc după ce am dormit foarte, foarte bine. Creierul îmi mustește de idei noi, simt că pot face antrenamentul și sunt chiar o persoană mai bună cu cei din jurul meu. Dar când te-ai trezit ultima oară simțindu-te așa? Săptămâna trecută? Luna trecută? Nu poți să-ți aduci aminte?

Dacă ești în situația asta, atunci trebuie să fii atent la stilul și calitatea somnului tău și să te preocupi să le îmbunătățești — la fel de mult cum ar trebui să te preocupi de lipoproteine, sănătatea metabolică sau indicatorii condiției fizice. E la fel de important.

Cât de mult trebuie să dormim? Întrebarea asta e dificilă deoarece ciclurile de somn sunt puternic influențate de semnale externe, precum lumina soarelui, zgomot și lumină artificială, ca să nu mai vorbim de propriile emoții și de factorii de stres. De asemenea, ne pricepem destul de bine să ne adaptăm la un somn insuficient, cel puțin o vreme. Dar foarte multe studii au confirmat ce știi de la mama: trebuie să dormim 7 până la 8 ore și jumătate pe noapte. Există chiar câteva dovezi, din studii derulate în peșteri întunecate,[11] conform cărora ciclul nostru de aproximativ 8 ore de somn este într-o anumită măsură înnăscut, sugerând că nevoia aceasta nu e negociabilă. Dacă dormim semnificativ mai puțin sau semnificativ mai mult, vom ajunge inevitabil la probleme pe termen lung.

S-a descoperit că până și o singură noapte de somn de proastă calitate[12] are efecte nocive asupra performanțelor noastre fizice și cognitive. Sportivii care dorm prost în noaptea dinaintea unei competiții sau partide au performanțe vizibil mai slabe decât atunci când sunt bine odihniți. Anduranța scade, VO_2 max scade și repetiția maximă scade și ea. Chiar și capacitatea noastră de a transpira este afectată.[13] E și mult mai probabil să ne accidentăm: un studiu observațional[14] din 2014 a descoperit că sportivii tineri care dormeau mai puțin de 6 ore pe noapte aveau un risc de două ori și jumătate mai mare de a suferi o accidentare, decât colegii lor care dormiseră 8 ore sau mai mult.

Somnul de calitate este ca un medicament pentru stimularea performanței. Într-un studiu, jucătorii de baschet de la Stanford[15] au fost încurajați să încerce să doarmă 10 ore pe zi, cu sau fără reprize de somn diurne și să nu consume alcool sau cafeină. După 5 săptămâni, acuratețea cu care aruncau la coș se îmbunătățise cu 9%, iar timpii de sprint deveniseră și ei mult mai rapizi.* Pentru LeBron James, somnul este o parte esențială[16] din rutina de recuperare, acesta încercând întotdeauna să doarmă 9 și uneori 10 ore pe noapte, la care se adaugă o repriză scurtă de somn în timpul zilei. „Când ai parte de atât de mult somn de calitate, te trezești și pur și simplu te simți revigorat", a spus el. „Nu ai nevoie de un ceas deșteptător. Te simți pur și simplu bine. Pot să abordez ziua care urmează la cel mai înalt nivel posibil."

Pentru aceia dintre noi care nu suntem sportivi profesioniști, somnul este în continuare esențial pentru realizarea sarcinilor mai comune — și periculoase — cum ar fi condusul. Un studiu a descoperit că, după o noapte fără somn, un grup de șoferi profesioniști au manifestat un timp de reacție mult mai mare[17] în situații cum ar fi frânarea pentru a evita un accident. Din nefericire, nu există niciun instrument care să analizeze respirația șoferilor privați de somn, așa că este mai dificil să găsim statistici exacte. Dar un studiu derulat de AAA[18] a descoperit că aproape unu din trei șoferi (32%) au raportat că în ultimele 30 de zile conduseseră când erau așa de obosiți, încât le era greu să-și țină ochii deschiși.

Cu toate acestea, adesea nu suntem conștienți de efectul devastator pe care somnul de proastă calitate îl are asupra nivelului de energie și performanțelor noastre. Cercetările au descoperit că persoanele care sunt private de somn[19] subestimează aproape întotdeauna efectele pe care le are acest lucru asupra lor deoarece

* Problema nu e doar să dormi suficient: perioada din zi contează și ea. Studiile au analizat rata victoriilor echipelor câștigătoare din NBA/NFL/NHL și există un dezavantaj circadian clar pentru echipele care trebuie să joace în deplasare și să călătorească spre vest (Roy și Forest, 2018).

se adaptează la această situație. Așa cum știe oricine a avut copii mici, ajungem să acceptăm ca pe o nouă normalitate starea de ușoară epuizare și de ceață cerebrală care apare, un proces denumit „resetarea nivelului de referință". Știu că eu așa am făcut. Am presupus că dormeam suficient, ca medic rezident, apoi ca medic specialist, deoarece nu aveam la ce să mă raportez. Acum, dorm mai bine și sunt uimit că am supraviețuit atât de mult timp în acea stare. E ca atunci când imaginea la un televizor obișnuit ți se pare în regulă dacă nu cunoști altceva. Dar, după ce te uiți la un ecran 4K, îți dai seama că imaginea la televizorul tău vechi, cu tub catodic, nu era de fapt așa de clară. Diferența este extraordinară.

Sânge de bătrân

Oricât de înspăimântător poate să fie în anumite situații, răul pe termen lung făcut de o noapte sau trei nopți de somn deficitar pălește prin comparație cu cât de rău ne putem face dacă situația aceasta continuă. Kirk Parsley a observat asta când era medicul soldaților din forțele speciale. Pe dinafară, acești bărbați păreau să fie exemplare fizice de top, atent modelate de antrenamentele lor riguroase. Dar, când Parsley le-a studiat analizele de sânge, a fost șocat: mulți dintre acești tipi tineri aveau nivelurile de hormoni și de markeri inflamatorii ca ale bărbaților cu 70 de ani mai în vârstă decât ei — „sânge de bătrân", l-a numit Parsley. Din cauză că exercițiile lor de antrenament și misiunile începeau adesea la ore ciudate din noapte și le solicitau să stea treji timp de 24 de ore sau mai mult fără pauză, ei sufereau de o privare cronică de somn, ciclurile lor naturale de somn și trezire fiind complet perturbate.

Când Kirk mi-a povestit asta, am tresărit în semn de recunoaștere: și eu avusesem „sânge de bătrân" în timpul etapei mele Peter-cel-nu-prea-Slab, cu insulina și trigliceridele la valori ridicate și un nivel de testosteron aflat în ultimele 5 procente ale bărbaților din Statele Unite. Mereu am pus sănătatea deteriorată și dezechilibrul hormonal de la momentul acela exclusiv pe seama dietei proaste, dar în plus îmi petrecusem ultimii 10 ani într-o stare de privare severă de somn, în timpul rezidențiatului și după aceea. Târziu de tot, mi-am dat seama că lipsa somnului mă ajunsese din urmă. Probabil era evident și pe fața mea: studiile au demonstrat că persoanele care au un somn mai scurt în mod cronic[20] tind să aibă o piele cu aspect mai îmbătrânit și mai flască decât cele de aceeași vârstă, care dorm mai mult.

Acum îmi dau seama că somnul, dieta și riscul de boli pe termen lung sunt toate profund legate între ele. Cu ce știu acum, aș putea pune pariu că doar câteva luni de somn perfect ar fi rezolvat 80% dintre problemele mele de atunci, chiar și în condițiile unei diete proaste.

E posibil ca asta să te surprindă, cum am pățit și eu, dar somnul de proastă calitate face ravagii asupra metabolismului tău. Chiar și pe termen scurt, privarea de somn poate provoca rezistență la insulină. Cercetătoarea în domeniul somnului Eve van Cauter[21] de la Universitatea Chicago a supus mai mulți tineri sănătoși unui somn extrem de restricționat, doar 4,5 ore pe noapte, și au descoperit că, după patru zile, aveau nivelul de insulină al unui diabetic de vârstă mijlocie și, mai rău, sufereau de o reducere cu aproximativ 50% a capacității de eliminare a glucozei. Asta se dovedește a fi una dintre descoperirile cele mai frecvente ale cercetărilor în domeniul somnului. Nu mai puțin de nouă studii diferite[22] au descoperit că privarea de somn crește rezistența la insulină cu până la o treime. Rareori în medicină vedem descoperiri atât de unitare, dovezile experimentale confirmând atât de puternic epidemiologia, așa că merită să fim atenți la asta. Pare destul de clar că somnul de proastă calitate sau insuficient ne poate împinge spre o tulburare metabolică.

Din nefericire, studii asemănătoare pe termen lung nu au fost făcute, dar studiile observaționale sugerează o legătură clară între somnul scurt și tulburările metabolice pe termen lung. Mai multe metaanalize de mari dimensiuni[23] ale studiilor asupra somnului au scos la iveală o legătură strânsă între durata somnului și riscul de diabet de tip 2 și sindrom metabolic. Dar același lucru e valabil și în celălalt sens: somnul *de lungă durată* este de asemenea un semn că există o problemă. Persoanele care dorm 11 ore sau mai mult în fiecare noapte au un risc cu aproximativ 50% mai mare de deces din orice cauză, probabil datorită faptului că somnul de lungă durată = somn de proastă calitate, dar el poate de asemenea să reflecte o afecțiune existentă. Asocieri de risc asemănătoare au fost descoperite[24] între somnul de proastă calitate sau scurt și hipertensiune (17%), boli cardiovasculare (16%), boli coronariene (26%) și obezitate (38%). Laolaltă, aceste descoperiri sugerează că efectele pe termen lung ale somnului necorespunzător merg în paralel cu rezultatele din studiile de scurtă durată: rezistență scăzută la insulină și multe dintre bolile care vin la pachet cu ea, de la NASH la diabet de tip 2 și boli de inimă. Dacă somnul tău este compromis cronic, atunci e posibil ca același lucru să fie valabil cu privire la metabolismul tău.

Legătura aceasta dintre somn și sănătatea metabolică pare ciudată la început, dar cred că veriga lipsă aici este stresul. Nivelul ridicat de stres ne poate face să dormim mai prost, după cum știm cu toții, dar somnul de proastă calitate ne face de asemenea să fim mai stresați. E o buclă de feedback. Atât somnul de proastă calitate, cât și nivelul ridicat de stres activează sistemul nervos simpatic care — în pofida numelui său — numai „simpatic" nu este. Este responsabil de reacția noastră de tip luptă sau fugi, stimulând eliberarea de hormoni denumiți glucocorticoizi, inclusiv hormonul stresului, cortizolul. Acesta crește presiunea sangvină; provoacă de asemenea eliberarea de glucoză[25] din ficat, în timp ce inhibă preluarea și utilizarea glucozei în mușchi și țesuturi de grăsime, probabil pentru a da prioritate livrării de glucoză către creier. În corp, asta se manifestă printr-un nivel crescut de glucoză din cauza rezistenței la insulină provocate de stres. Văd adesea asta la mine și la unii dintre pacienții mei: un nivel nocturn ridicat de glucoză, măsurat de CGM, este aproape întotdeauna un indicator al cortizolului în exces, uneori exacerbat de consumul de alimente sau băuturi la ore târzii din noapte. Dacă persistă, acest nivel crescut de glucoză poate duce la diabet de tip 2.

Pentru a complica problema, somnul de proastă calitate schimbă felul în care ne comportăm față de mâncare. Studiile făcute de asociații lui Eve van Cauter[26] au descoperit că limitarea somnului subiecților la 4 sau 5 ore pe noapte le scădea nivelurile de leptină, hormonul care ne semnalează că suntem sătui, crescând nivelurile de grelină, hormonul „foamei". Când dormim prost, putem fi extrem și irațional de înfometați a doua zi și avem șanse mult mai mari să căutăm alimente cu conținut ridicat de calorii și zahăr în detrimentul alternativelor sănătoase. Studiile indică faptul că e mai probabil ca persoanele care sunt private de somn să tindă să se răsfețe cu o a patra masă luată seara târziu. Studiile de urmărire făcute de grupul lui van Cauter[27] au descoperit că subiecții care avuseseră un somn de scurtă durată consumau alimente cu aproximativ 300 de calorii suplimentare a doua zi, prin comparație cu zilele în care erau odihniți. Laolaltă, toate alcătuiesc rețeta perfectă pentru debutul NAFLD și al rezistenței la insulină.

Somnul și bolile cardiovasculare

E posibil ca sistemul nervos simpatic să ne ajute de asemenea să explicăm de ce somnul de proastă calitate este atât de puternic asociat cu bolile cardiovasculare și infarctul. Când percepem o amenințare, sistemul nervos preia controlul, mobilizând hormonii de stres precum cortizolul și adrenalina, care ne cresc pulsul și tensiunea. Din nefericire, somnul de proastă calitate are în mare parte același efect, punând sistemul nervos simpatic în permanentă stare de alertă; rămânem blocați în modul luptă sau fugi, iar tensiunea și pulsul rămân crescute. La rândul său, asta sporește presiunea pusă pe sistemul vascular. Am observat chiar eu, prin intermediul unora dintre echipamentele de monitorizare cu care îmi place „să mă joc": în timpul unei nopți în care nu am dormit bine, pulsul meu staționar e mai ridicat (un lucru rău) și variabilitatea ritmului cardiac e mai mică (de asemenea, un lucru rău).

Așa s-ar putea explica de ce somnul neadecvat, pe perioade lungi de timp, este asociat cu un risc crescut de evenimente cardiace. Acest fenomen e dificil de studiat într-un mod semnificativ, ca de exemplu într-un studiu randomizat controlat. Două metaanalize de mari dimensiuni[28] au descoperit că somnul scurt (definit ca mai scurt de 6 ore pe noapte) este asociat cu o creștere de aproximativ 6-26% a incidenței bolilor cardiovasculare. Asta nu ne spune nimic despre cauzalitate. Sigur că unele dintre motivele pentru care oamenii dorm prost pot de asemenea să contribuie la sporirea riscului de boli cardiace: program prelungit de muncă, venit scăzut, stres suplimentar etc. Dar un studiu deosebit de interesant[29] a comparat datele studiilor observaționale cu cele din randomizarea mendeliană de la persoane cu variante genetice anterior identificate, care fie le cresc, fie le scad expunerea pe tot parcursul vieții la un somn cu o durată mai lungă sau mai scurtă. Datele din RM au confirmat descoperirile observaționale[30], și anume că un somn mai scurt de 6 ore pe noapte era asociat cu un risc cu aproximativ 20% mai mare de infarct. Chiar și mai notabil a fost faptul că oamenii de știință au descoperit că un somn de 6-9 ore pe noapte (adică un somn adecvat, conform definiției cercetătorilor) era asociat cu o reducere a riscului de infarct — chiar și în rândul persoanelor cu o predispoziție genetică ridicată față de boala coronariană.

În traducere liberă: e posibil ca somnul de calitate să moduleze o parte din riscul genetic de boli cardiace pe care-l au persoanele ca mine. Toate cele de mai sus m-au convins să fac din somn o prioritate absolută în viață și să fiu atent la obiceiurile de somn ale pacienților mei.

Somnul și creierul

Ceea ce este cu adevărat uimitor cu privire la ce am discutat până acum în acest capitol — rolul esențial pe care-l joacă somnul în sănătatea metabolică și cardiovasculară — este cât de mult acest efect este mediat de creier. Somnul joacă un rol important în sănătatea creierului, mai ales pe măsură ce îmbătrânim, nu doar în ceea ce privește funcționarea cognitivă zilnică, ci și în termeni de sănătate cognitivă pe termen lung, un pilon esențial al duratei stării de sănătate.

Cu toții ne-am simțit amețiți și lenți după o noapte agitată; creierul nostru pur și simplu nu este pe cât de ager ar putea fi. Un somn de bună calitate sau chiar și un somn diurn consistent ne pun de obicei pe picioare. Dar cercetătorii dezvăluie o mulțime de moduri în care somnul de calitate este esențial pentru sănătatea pe termen lung a creierului — și cum somnul de proastă calitate provoacă daune majore. Somnul de proastă calitate a fost mult timp considerat unul dintre simptomele bolii Alzheimer în fază incipientă. Cu toate acestea, cercetările ulterioare au identificat somnul de proastă calitate ca fiind o potențială *cauză*[31] puternică a bolii Alzheimer și a demenței. Somnul, se pare, este la fel de esențial pentru menținerea sănătății creierului cum este și pentru funcționarea acestuia.

Când ne băgăm în pat și închidem ochii, încep să aibă loc o serie de schimbări fiziologice pe măsură ce ne afundăm în somn. Ritmul bătăilor inimii încetinește, temperatura bazală scade și respirația noastră devine regulată așteptând să adormim. Între timp, creierul pornește în propria călătorie.

Cercetătorii știu acum că dormim într-o serie de etape bine definite,[32] fiecare dintre ele având o funcție specifică și o „semnătură" de undă electrică cerebrală specifică, aceasta fiind modalitatea prin care cercetătorii au identificat inițial diferitele etape ale somnului. Pentru a vizualiza aceste etape, imaginează-ți că atunci când te culci și închizi ochii, te îmbarci într-un submarin pentru o coborâre în adâncul oceanului. În timp ce corpul tău se relaxează, adormi, ideal în câteva minute, și nava ta metaforică alunecă printre valuri și începe coborârea.

În mod normal, aceasta este foarte rapidă: plonjăm în adâncime, trecând printr-o perioadă de somn ușor înainte de a intra în somnul profund. Această etapă a somnului este denumită somn non-REM sau NREM și are două grade de intensitate, NREM ușor și NREM profund. Al doilea este mai important, mai ales pentru sănătatea neurologică. În analogia noastră cu submarinul, aceasta este etapa în care coborâm în cele mai adânci profunzimi ale mării, unde creierul nostru este imun la stimuli externi. Dar asta nu înseamnă că nu se petrece nimic. Pe măsură ce ne afundăm în somn, undele noastre cerebrale încetinesc până când ajung la o frecvență foarte scăzută, un ritm sacadat de aproximativ unu până la patru cicluri pe secundă. Acest somn profund domină prima jumătate a nopții, deși în general trecem de mai multe ori de la somn profund la NREM mai superficial și înapoi.

În general, mai târziu în timpul nopții, „submersibilul" nostru se ridică înapoi la suprafață într-o zonă denumită mișcarea rapidă a ochilor (REM). În această stare, globii oculari se vor mișca rapid sub pleoape. „Vedem" lucruri, dar doar în mintea noastră. În această etapă, visăm cel mai mult deoarece mintea procesează imagini și evenimente care par familiare, dar sunt în același timp ciudate sau scoase din contextul lor tipic. Este interesant că semnătura electrică a somnului REM este foarte asemănătoare cu cea din starea de veghe, principala diferență fiind că organismul nostru este paralizat, ceea ce probabil nu e ceva întâmplător, deoarece ne împiedică să acționăm ca urmare a gândurilor noastre ciudate din vise. Nu ar fi bine dacă am putea efectiv să ne ridicăm și să fugim de colo-colo în timp ce suntem în etapa somnului REM. (Așa se explică probabil și acele vise în care încercăm să fugim de ceva, iar corpul nostru pur și simplu nu pare să coopereze.)

În timpul unei nopți obișnuite, vom trece de mai multe ori prin aceste etape de somn. Aceste cicluri de somn durează aproximativ 90 de minute și este posibil să ne trezim intenționat între ele — asta fiind probabil soluția evoluționistă pentru a evita să fim mâncați de un leu sau atacați de dușmani în timpul nopții, observă dr. Vikas Jain, un medic specializat în somn, absolvent de Stanford, care lucrează cu mine asupra problemelor de somn ale pacienților mei.

Atât somnul REM, cât și cel NREM (pe care-l vom numi „somn profund", pentru comoditate) sunt esențiale pentru învățare și memorie, dar în feluri diferite. Somnul profund este perioada în care creierul își curăță memoria *cache*[33], cu amintiri pe termen scurt din hipocamp, selectându-le pe cele importante pentru stocare pe termen lung în cortex și ajutându-ne să ne depozităm și să ne consolidăm cele mai importante amintiri din zi. Cercetătorii au observat[34] o relație directă, liniară, între cantitatea de somn profund într-o noapte și scorul la un test de memorie a doua zi.

Când suntem tineri,[35] somnul REM este important pentru că ne ajută creierul să crească și să se dezvolte. Chiar și în timp ce dormim, creierul nostru își formează conexiuni noi, lărgindu-ne rețeaua neurală; din acest motiv, tinerii petrec mai mult timp în REM. La maturitate, intervalul nostru de somn REM tinde să se plafoneze, dar rămâne important, mai ales pentru creativitate și rezolvarea problemelor. Prin generarea de legături aparent aleatorii între fapte și amintiri și prin separarea conexiunilor importante de cele inutile, creierul poate adesea să descopere soluții la probleme care ne-au pus în încurcătură cu o zi înainte.

Cercetările au descoperit de asemenea că somnul REM este mai cu seamă util[36] pentru ceea ce se numește memoria procedurală: deprinderea de modalități noi de mișcare a corpului, pentru sportivi și muzicieni.

O altă funcție foarte importantă[37] a somnului REM este să ne ajute să procesăm amintirile emoționale, prin separarea emoțiilor de amintirea experienței negative (sau pozitive) care le-a provocat. Din acest motiv, dacă ne ducem la culcare supărați dintr-un anumit motiv, aproape întotdeauna situația pare mai bună dimineața. Ne aducem aminte de eveniment, dar (până la urmă) uităm suferința care l-a însoțit. În absența acestei pauze de vindecare emoțională, am trăi într-o stare permanentă de anxietate, fiecare amintire declanșând un val nou de emoții legate de acel eveniment. Dacă asta sună a sindrom de stres posttraumatic, ai dreptate: studiile făcute pe militari veterani care participaseră la lupte[38] au descoperit că ei sunt mai puțin capabili să separe amintirile de emoții, tocmai din cauză că le lipsește somnul REM. S-a dovedit că veteranii aveau niveluri ridicate de noradrenalină, hormonul responsabil de reacția de tip luptă sau fugi, care împiedica efectiv creierul să se relaxeze suficient pentru a intra în REM.*[40]

Poate și mai fascinant[39] este faptul că somnul REM ne ajută să fim atenți în plan emoțional. Studiile au descoperit că, atunci când suntem privați de REM, ne este mai greu să interpretăm expresiile faciale ale altora. Subiecții lipsiți de REM din studiu au interpretat chiar și expresii prietenoase sau neutre ca fiind amenințătoare. Asta nu e ceva lipsit de importanță: capacitatea noastră de a funcționa ca animale sociale** depinde de abilitatea de a înțelege și gestiona sentimentele altora. Pe scurt, somnul REM pare să ne protejeze echilibrul emoțional, ajutându-ne în același timp să procesăm amintiri și informații.

Pe de altă parte, somnul profund pare să fie esențial pentru sănătatea creierului ca organ. Acum câțiva ani, cercetătorii de

* Valoarea noradrenalinei poate fi scăzută cu ajutorul medicamentului pentru tensiune prazosin.

** Partea interesantă este că somnul REM a apărut relativ târziu în jocul evoluției; toate animalele au somn NREM, dar doar păsările și mamiferele nonacvatice experimentează REM, deși studiile recente sugerează că e posibil să existe o stare asemănătoare cu REM la reptilele neaviare. (Mamiferele acvatice trebuie să iasă periodic la suprafață pentru a respira, așa că nu ajung în starea de somn profund.)

la Rochester[42] au descoperit că, în timp ce parcurgem etapa de somn profund, creierul activează un fel de sistem de eliminare a deșeurilor interne, care permite lichidului cerebrospinal să curgă printre neuroni și să îndepărteze resturile intracelulare; în acest timp, chiar și neuronii se retrag pentru a permite acest lucru, în felul în care locuitorilor unui oraș li se cere uneori să-și mute mașinile pentru a permite spălarea străzilor. Acest proces de curățare elimină resturile, atât cele de beta-amiloid, cât și de *tau*, cele două proteine[43] cu rol în neurodegenerare. Dar, dacă nu ne petrecem suficient timp în starea de somn profund, sistemul nu poate funcționa eficient și proteinele amiloid și *tau* se depun printre neuroni. Studii mai ample au descoperit[44] că, în general, persoanele care au dormit mai puțin de 7 ore pe noapte zeci de ani la rând tind să aibă mai multe proteine beta-amiloid și *tau* depozitate în creier, decât cele care dorm 7 ore sau mai mult pe noapte. *Tau*, proteina care se atașează de „ghemele" din interiorul neuronilor bolnavi, este ea însăși corelată cu probleme de somn la persoanele sănătoase din punct de vedere cognitiv și la cei cu MCI sau afectare cognitivă slabă, o etapă timpurie a demenței.

Acest lucru se poate transforma într-un cerc vicios.[45] Dacă o persoană are boala Alzheimer, este foarte probabil să aibă probleme cu somnul. Persoanele cu Alzheimer își petrec din ce în ce mai puțin timp în starea de somn profund și REM și e posibil de asemenea să sufere schimbări dramatice ale ciclului circadian (ritmul de somn-veghe). De asemenea, aproape jumătate dintre persoanele[46] cu Alzheimer ajung să sufere de apnee de somn.

Dar, la rândul lor, problemele legate de somn pot ajuta la crearea condițiilor care permit bolii Alzheimer să evolueze. Insomnia afectează 30-50%[47] dintre adulții mai vârstnici și există cercetări detaliate care indică faptul că problemele de somn precedă adesea diagnosticul de demență cu câțiva ani; e posibil chiar să apară înaintea declinului cognitiv. Un studiu a identificat o legătură între un somn de proastă calitate[48] la persoanele normale din punct de vedere cognitiv și inițierea deteriorării cognitive — la doar un an după aceea.

Între timp, un somn de calitate superioară[49] la adulții mai în vârstă este asociat cu un risc mai scăzut de apariție a MCI și bolii Alzheimer și cu menținerea unui nivel mai ridicat de funcționare cognitivă. Tratarea cu succes a problemelor de somn[50] poate întârzia vârsta apariției MCI — cu aproximativ 11 ani, conform unui studiu — și poate îmbunătăți funcționarea cognitivă la pacienții cu boala Alzheimer deja diagnosticați.

În mod clar, somnul și sănătatea cognitivă sunt puternic interconectate; din acest motiv, unul dintre pilonii prevenției bolii Alzheimer, mai ales pentru pacienții noștri cu risc crescut, este îmbunătățirea somnului. Nu este suficient doar să petrecem timp în pat; somnul de *bună calitate* este esențial pentru sănătatea pe termen lung a creierului. Aceasta este distincția fundamentală. Un somn neregulat sau fragmentat, sau insuficient de profund nu-i va permite creierului să se bucure de aceste beneficii.

Din nefericire, capacitatea noastră de a avea un somn profund scade odată cu vârsta, începând chiar de la finalul deceniului al treilea și începutul deceniului al patrulea de viață, dar agravându-se pe măsură ce ajungem la vârsta de mijloc. Nu e în totalitate clar cât de mult acest declin al calității somnului se datorează efectiv îmbătrânirii, comparativ cu probabilitatea apariției tulburărilor de sănătate care duc la somn de proastă calitate pe măsură ce îmbătrânim. O analiză sugerează că marea majoritate a schimbărilor din somnul adulților au loc între vârsta de 19 și 60 de ani, iar declinul este minim după aceea, dacă persoana își păstrează o stare bună de sănătate (un mare „dacă").

Un posibil factor contributiv la această reducere a somnului profund, în funcție de vârstă, sunt schimbările în secretarea hormonului de creștere. Hormonul de creștere este în general secretat la aproximativ o oră după ce începem să dormim noaptea sau în jurul orei la care e cel mai probabil să ajungem în starea de somn profund. Pe de altă parte, inhibarea hormonului de creștere reduce somnul profund, așa că nu este clar care este cauza și care este efectul aici. Hormonul de creștere atinge un maxim în timpul adolescenței, scade rapid între tinerețe și vârsta mijlocie, iar după aceea scade mai lent. Acest tipar este similar cu cel al schimbărilor legate de cantitatea de somn profund pe măsură ce îmbătrânim.

Mai multe cercetări[51] indică faptul că somnul profund este mai cu seamă important pentru prevenirea bolii Alzheimer între 40 și 60 și ceva de ani. Persoanele care au dormit mai puțin în timpul acestor decenii de viață par să aibă un risc mai ridicat de îmbolnăvire de demență mai târziu. Așadar somnul de calitate la vârsta mijlocie pare să fie deosebit de important pentru păstrarea funcționării cognitive.

Acum conștientizez faptul că în toți anii aceia când dormeam 5 sau 6 ore pe noapte și îmi imaginam că sunt cel mai tare, aveam, de fapt, performanțe mult sub potențialul meu din cauza lipsei somnului. Iar în același timp probabil că îmi creșteam riscul de îmbolnăvire pe termen lung — metabolic, cardiac și cognitiv. Mereu mă lăudam: „O să dorm când o să mor".

Habar nu aveam că faptul că nu dormeam grăbea mult momentul când urma să se petreacă asta.

Cum să-ți evaluezi somnul

Ar fi minunat dacă știința ar putea localiza un soi de „comutator de somn", o cale neuronală cerebrală care să poată fi declanșată sau inhibată pentru a ne ajuta să adormim imediat și să trecem lin prin ciclurile de somn profund și somn REM toată noaptea, până când ne trezim simțindu-ne revigorați. Dar chestia asta nu s-a întâmplat încă.

Nu e din cauză că marile firme de farmaceutice nu s-ar fi străduit. Somnul este o problemă așa de mare pentru atât de multe persoane, încât există cam 12 medicamente de somn aprobate de FDA pe piață. Primul somnifer (sau sedativ), care a avut cu adevărat succes,[52] Ambien (zolpidem), a produs încasări de 4 miliarde de dolari în primii doi ani după lansare, în anii 1990. Cererea era imensă, dar fenomenul merge mult mai înapoi în timp. Medicamentul morfină, izolat prima oară din macul opiaceu în 1806, a fost denumit Morpheus, de la zeul viselor, deoarece îi făcea pe oameni să adoarmă ușor. Denumirea era potrivită, având în vedere că somnul și visatul pot fi un refugiu atât din calea durerii fizice, cât și a celei emoționale. Dar, cum morfina creează dependență, în mod clar nu este alegerea ideală pentru un sedativ.

În clipa de față, piața americană de sedative[53] este estimată la aproximativ 28 miliarde de dolari pe an. Dar, de curând, numărul rețetelor a scăzut, poate deoarece consumatorii au început să înțeleagă că, până la urmă, aceste medicamente nu funcționează chiar așa de bine. Pot fi bune pentru a induce starea de inconștiență, dar același efect îl avea și directa de dreapta a lui Muhammad Ali. Sedativele de genul Ambien și Lunesta nu susțin un somn sănătos și de durată lungă, ci tind mai degrabă să promoveze o stare de inconștiență asemănătoare cu somnul, care nu contribuie prea mult sau chiar deloc la vindecarea creierului, așa cum face somnul REM sau profund. Un studiu a descoperit că Ambien[54] diminua de fapt somnul cu unde lente (somnul profund) fără să crească REM, ceea ce însemna că oamenii care iau acest somnifer dau de fapt la schimb un somn de calitate ridicată pe un somn de calitate scăzută. Între timp, Ambien are un efect secundar cunoscut: unii utilizatori au fost descoperiți plimbându-se și făcând diverse lucruri în timp ce „dorm“, ceea ce duce la tot soiul de probleme.

Industria farmaceutică a inventat apoi o clasă nouă de somnifere[55] care aparent rezolvau problema somnambulismului, blocând o substanță chimică din creier care stimulează trezirea, denumită orexină. Interesant este că inițial s-a crezut că orexina este mai relevantă pentru pofta de mâncare, pe care o reglează (sporind foamea). Au fost aprobați așa-numiții inhibitori de orexină precum Dayvigo (lemborexant) și Quiviviq (daridorexant)[56] și par să fie promițători — măcar și pentru faptul că utilizatorii au o capacitate mai bună de a reacționa la stimuli auditivi în timpul nopții (de exemplu: un părinte care vrea să doarmă, dar și să poată reacționa dacă plânge un copil). Totuși aceste somnifere sunt destul de scumpe.

Apoi, mai sunt medicamentele mai vechi cu benzodiazepină,[57] precum Valium (diazepam) și Xanax (alprazolam), care continuă să fie foarte populare — prezente aproape peste tot în societatea noastră — și uneori folosite și pentru a trata insomnia. În principiu, acestea induc starea de inconștiență fără să îmbunătățească calitatea somnului. Un aspect oarecum îngrijorător este faptul că utilizarea lor a fost de asemenea asociată cu declinul cognitiv și în general nu sunt recomandate adulților vârstnici decât pentru un orizont de timp foarte scurt (apropo, nici Ambien nu este recomandat).

Când vin pacienți noi la clinică, nu e deloc neobișnuit ca ei să se bazeze pe unul dintre aceste sedative. Dacă folosesc Ambien sau Xanax o dată pe lună sau doar când călătoresc ori ca să îi ajute să doarmă într-o perioadă cu probleme emoționale nu e ceva îngrijorător. Dar dacă folosesc astfel de medicamente în mod regulat, principala noastră prioritate ajunge să fie să-i dezobișnuim de aceste somnifere și să-i ajutăm să înceapă să învețe să doarmă bine fără ele.

Un medicament pe care îl considerăm util în problemele de somn este trazodona, un antidepresiv destul de vechi (aprobat în 1981), care niciodată nu a avut un succes răsunător. La dozele folosite pentru a trata depresia, de 200 până la 300 miligrame pe zi, avea efectul nedorit de a-i face pe utilizatori să adoarmă. Dar gunoiul unora e comoara altora. Acel efect secundar este ceea ce dorim de la un somnifer, mai ales dacă îmbunătățește și arhitectura somnului,[58] exact ce face trazodona — și ceea ce nu fac majoritatea celorlalte sedative.* În general, folosim doze mult mai mici, între 100 până la 50 de miligrame sau chiar mai puțin; doza optimă depinde de la persoană la persoană, dar obiectivul este să găsim cantitatea care îmbunătățește calitatea somnului fără să dea amețeli a doua zi. (Avem de asemenea rezultate bune cu suplimentul ashwagandha.)

În continuare, nu există o baghetă magică pentru somn, dar există câteva lucruri destul de eficiente pe care le poți face pentru a-ți îmbunătăți capacitatea de a adormi și de a rămâne adormit — și, ideal, de a dormi suficient de bine pentru a evita toate chestiile înspăimântătoare despre care am vorbit în acest capitol. Totuși nu uita[59] că recomandările acestea și strategiile nu vor fi eficiente dacă într-adevăr suferi de o tulburare de somn, precum insomnia sau apneea în somn (vezi mai jos chestionare de evaluare pe care i le poți duce medicului tău pentru a le discuta).

Primul pas în acest proces seamănă cu prima etapă a unui program de recuperare: trebuie să renunțăm la „dependența" noastră de privarea cronică de somn și să recunoaștem că avem nevoie de mai mult somn, de o calitate și într-o cantitate suficientă. Ne dăm permisiunea de a dormi. Pentru mine de fapt asta a fost o

* Utilizarea trazodonei ca somnifer devine mai frecventă, dar este considerată în continuare o utilizare „în alte scopuri" de către FDA. Pare în mod deosebit eficientă pentru a-i ajuta pe pacienți să nu se mai trezească în timpul nopții.

chestie destul de dificilă, deoarece îmi petrecusem zeci de ani practicând exact opusul. Sper că până acum te-am convins de importanța somnului pe multiple paliere ale stării de sănătate.

Următorul pas este să-ți evaluezi obiceiurile de somn. Există numeroase dispozitive de monitorizare a somnului care îți pot oferi o idee destul de bună despre cât de bine dormi, de fapt. Funcționează măsurând variabile precum ritmul cardiac, variabilitatea ritmului cardiac, mișcarea, ritmul respirației și altele. Aceste valori sunt folosite pentru a aproxima durata și etapele somnului cu o acuratețe acceptabilă (dar nu perfectă). Deși mie dispozitivele mi s-au părut utile pentru optimizarea somnului, unele persoane ajung să se streseze prea mult cu privire la scorul somnului — ceea ce le poate afecta somnul. În astfel de situații, insist ca pacienții mei să ia o pauză de câteva luni de la echipamentul de monitorizare. Merită de asemenea să repetăm faptul că somnul *îndelungat* este adesea un semn nu doar al unei calități slabe a somnului, ci și a altor posibile probleme de sănătate.

În paralel, ar trebui să faci o evaluare pe termen lung a calității somnului tău din ultima lună. Probabil că cel mai bun chestionar validat de somn este Indexul Pittsburgh de calitate a somnului (*Pittsburgh Sleep Quality Index*), un document de 4 pagini care pune întrebări despre tiparele tale de somn din ultima lună: de exemplu, cât de des ai avut probleme să adormi în primele 30 de minute, cât de des te-ai trezit noaptea, dacă ai avut dificultăți cu respirația (adică ai sforăit), ți-a fost greu să stai treaz în timpul zilei (de exemplu, la volan) sau ai simțit „o lipsă de entuziasm pentru a face unele lucruri".

E ușor de găsit chestionarul și interpretarea chestionarului online* și adesea văd că îi ajută pe pacienții mei să-și dea seama că e momentul să trateze cu seriozitate somnul și să facă din el o prioritate în viață. Există un alt chestionar și mai simplu, denumit Scala Epworth de somnolență (*Epworth Sleepiness Scale*), care le cere utilizatorilor să noteze probabilitatea de a adormi în anumite situații, pe o scară de la 0 (puțin probabil) la 3 (foarte probabil):

* Chestionarul The Pittsburgh Sleep Quality Index este disponibil la www.sleep.pitt.edu/instruments/#psqi; pentru un ghid detaliat de interpretare a acestuia, vezi Buysee et al. (1989)

- Când stau și citesc;
- Când se uită la televizor;
- Când sunt într-o ședință sau într-un alt spațiu public;
- Ca pasager într-o mașină timp de o oră;
- Când se întind să se odihnească după-masa;
- Când stau așezați și vorbesc cu cineva;
- Când stau așezați după prânz (fără consum de alcool);
- Într-o mașină oprită câteva minute în trafic.

Un scor total de 10 sau mai mult indică o somnolență excesivă și probabil atrage atenția asupra unei probleme legate de calitatea somnului.*

Încă un instrument util este Indexul de severitate a insomniei (*The Insomnia Severity Index*) care îți oferă ocazia de a-ți analiza și nota problemele legate de somn și impactul pe care îl au acestea asupra funcționării și stării tale de bine.**

Un factor important, dar adesea trecut cu vederea, legat de evaluarea somnului este că persoanele pot avea „cronotipuri" extrem de diferite, ceea ce e o modalitate mai pretențioasă de a spune despre cineva că este sau nu o „persoană matinală". Cu toții avem o relație diferită cu ciclul circadian și o mare parte din această relație este genetică: o persoană matinală și o pasăre de noapte vor avea gene circadiene diferite.*** Studiile au descoperit că unele persoane[60] sunt predispuse genetic să sară din pat la prima oră de dimineață, în timp ce altele au în mod natural tendința să se trezească mai târziu (și să se culce mai târziu), neajungând la capacitatea maximă decât pe după-amiază. Aceștia din urmă nu sunt „leneși", așa cum s-a presupus mult timp; e pur și simplu posibil să aibă un cronotip diferit.

Ca multe alte lucruri din biologie, e posibil ca asta să se datoreze evoluției: dacă toți membrii unui clan sau ai unui trib ar fi avut exact același program de somn, tot grupul ar fi fost vulnerabil în

---

* The Epworth Sleepiness Scale și modalitatea de punctare pot fi consultate la www.cdc.gov/niosh/emres/longhourstraining/scale.html.

** The Insomnia Severity Index și informațiile despre punctarea și interpretarea lui sunt disponibile la www.ons.org/sites/default/files/InsomniaSeverityIndex_ISI.pdf.

*** Ca să descoperi ce cronotip de somn ai, completează chestionarul Morningness/Eveningness (MEQ) la https://reference.medscape.com/calculator/829/morningness-eveningness-questionnaire-meq.

fața prădătorilor și dușmanilor timp de mai multe ore în fiecare noapte. O chestie în mod evident deloc ideală. Dar, dacă programele lor de somn erau decalate, unii ducându-se să se culce devreme, iar alții fiind mai înclinați să stea treji până târziu și să aibă grijă de foc, în ansamblu grupul era mult mai puțin vulnerabil. Asta poate de asemenea să explice de ce adolescenții vor să se culce târziu și apoi să doarmă mai mult: cronotipul nostru pare să treacă printr-o schimbare temporară în adolescență. Din nefericire, orele la care încep cursurile la liceu, atât pentru adolescenți cât și pentru părinți, rămân fixate cu încăpățânare foarte matinal — dar există un curent de opinie din ce în ce mai puternic, la nivel național, care susține decalarea programului de studiu pentru a se potrivi mai bine cu orarele de somn ale adolescenților.

În ultimul rând, este important să excludem — sau să luăm în calcul — posibilitatea apneei obstructive în somn, care este surprinzător de răspândită și cu toate acestea subdiagnosticată. Poți să-ți faci un test, într-un laborator de somn sau acasă, dar mai există încă un chestionar, denumit STOP-BANG, foarte puternic asociat cu testul formal de apnee.* Dacă sforăi, ai tensiune arterială ridicată, te simți obosit aproape în toate zilele, dacă partenerul tău a observat că uneori nu mai respiri noaptea, chiar și numai o clipă, ești un candidat bun pentru un test detaliat de apnee făcut de un medic. (Printre alți factori de risc se numără un IMC mai mare de 30 și dacă ești bărbat.) Apneea în somn este o problemă medicală serioasă care poate avea implicații pentru sănătatea cardiovasculară și riscul de demență.

Cum să dormim mai bine

Odată ce ai exclus (sau ai rezolvat) problemele grave precum apneea în somn, există câțiva pași concreți pe care-i poți face pentru a-ți îmbunătăți somnul sau măcar șansele de a dormi bine.

Cel mai important este că trebuie să-ți creezi un mediu care să favorizeze un somn de calitate. Prima cerință pentru un somn bun este întunericul. Lumina este dușmanul somnului, categoric.

* Chestionarul STOP-BANG este disponibil la www.stopbang.ca/osa/screening.php.

Așadar dormitorul tău trebuie să fie cât mai întunecat posibil — montează draperii care să facă întuneric în cameră dacă locuiești undeva unde este foarte multă lumină exterioară seara și îndepărtează toate sursele de lumină din dormitor, chiar și cele de la echipamentele electronice, cum sunt televizoarele, receptoarele de cablu și altele de genul acesta. Luminițele lor LED sunt suficient de puternice să te împiedice să dormi bine. Ceasurile digitale sunt în mod deosebit periculoase, nu doar din cauza cifrelor luminoase, ci și fiindcă, dacă te trezești și vezi că e ora 3 și jumătate, poți să-ți faci griji cu privire la avionul care decolează la 7 dimineața și nu mai adormi la loc.

E mai ușor de zis decât de făcut, deoarece în esență asta înseamnă să izgonești secolul XXI din dormitorul tău. Viața modernă ne distruge aproape sistematic capacitatea de a dormi cum trebuie, începând cu ubicuitatea luminii electrice. Nu doar că lumina care nu este naturală[61] interferează cu ritmul nostru circadian natural, dar mai și blochează eliberarea de melatonină, hormonul activat de întuneric care îi spune creierului că e momentul să adoarmă. Seamănă cu felul în care SAD interferează cu hormonii sațietății, care în mod normal ne informează că suntem sătui și ne putem opri din mâncat.

Și mai nociv este avansul relativ recent al iluminării casnice cu LED-uri predominant aflate la capătul albastru al spectrului, ceea ce înseamnă că sunt mult mai asemănătoare cu lumina zilei. Când creierul detectează acea lumină albastră, crede că e zi și că ar trebui să ne trezim, așa că încearcă să ne împiedice să adormim. Așadar ar trebui să reduci și cantitatea de lumină puternică LED la care ești expus în timpul serii. Cu vreo două ore înainte de culcare, începe să stingi toate luminile care nu sunt necesare prin casă, reducându-ți treptat expunerea la lumina produsă de ele. De asemenea, încearcă să schimbi becurile cu lumină LED intensă cu cele aflate la capătul mai cald al spectrului.

Ecranele la care privim înainte de culcare — telefoane, laptopuri, console de jocuri video — sunt și mai nocive pentru somn. Nu doar că ne bombardează cu și mai multă lumină albastră, dar ne mai și activează mintea în moduri care ne afectează capacitatea de a adormi. Un studiu de anvergură[62] a descoperit că, pe măsură ce echipamentele folosite de subiecți înainte de culcare erau mai interactive, aceştia aveau mai multe dificultăţi să adoarmă şi să rămână adormiţi — în timp ce era mai puţin probabil ca echipamentele pasive, precum televizorul, combinele audio şi, cele mai bune, cărţile, să fie asociate cu somnul de proastă calitate. Asta poate explica parţial de ce privitul la televizor înainte de culcare nu pare să afecteze la fel de mult somnul precum jocurile video sau navigarea pe reţelele sociale, conform cercetărilor făcute de Michael Gradisar,[63] specialist în domeniul somnului şi profesor de psihologie la Universitatea Flinders din Australia.

Sunt din ce în ce mai convins că dependenţa 24/7 de ecrane şi reţele sociale este probabil cel mai distructiv obicei, nu doar pentru capacitatea noastră de a dormi, ci şi pentru sănătatea mintală în general. Aşa că le exclud seara (sau cel puţin încerc). Închide calculatorul şi lasă deoparte telefonul cu cel puţin o oră înainte de culcare. NU lua laptopul sau telefonul în pat cu tine.

Un alt factor foarte important de mediu este temperatura. Multe persoane asociază somnul cu căldura, dar de fapt opusul este adevărat: unul dintre evenimentele care indică[64] faptul că adormim este scăderea temperaturii corpului cu aproximativ 1°C. Pentru a facilita acest lucru, încearcă să menţii o temperatură scăzută în dormitor — aproximativ 18°C pare să fie optim. E posibil ca o baie caldă înainte de culcare să ajute, nu doar pentru că baia în sine este relaxantă, ci şi pentru că, atunci când ieşim din baie şi ne băgăm în patul rece, temperatura noastră bazală scade, ceea ce îi transmite creierului că e momentul să adoarmă. (Există de asemenea o mare varietate de saltele răcoroase care îi pot ajuta pe cei care vor să doarmă în răcoare.)

„Mediul“ nostru intern este la fel de important pentru un somn bun. Primul lucru pe care-l spun pacienţilor care au probleme cu adormirea este să reducă alcoolul — sau, şi mai bine, să renunţe complet la el. Este contraintuitiv,[65] deoarece alcoolul acţionează iniţial ca un sedativ, aşa că ne poate ajuta să adormim mai repede. Dar, pe măsură ce noaptea avansează, alcoolul se transformă din prieten în duşman deoarece este metabolizat în substanţe chimice care ne afectează capacitatea de a dormi. În funcţie de cât de mult am băut, în a doua jumătate a nopţii e posibil să ne fie mai greu să intrăm în stadiul de somn REM şi să fim mai predispuşi la treziri şi prelungirea stării de somn uşor, neproductiv.

Efectele alcoolului asupra memoriei și cogniției sunt evidente chiar și în cazul celor care beau cu măsură. Studiile au descoperit că e mai probabil ca tinerii care beau mult să uite chiar și sarcini elementare, precum încuierea ușii sau trimiterea unui e-mail. Studenții care au consumat în medie 9 băuturi alcoolice pe săptămână (ceea ce nu este mult, după standardele de la facultate) au avut performanțe mai proaste la un test de memorie bazat pe cuvinte. Iar conform unei concluzii care nu va surprinde pe nimeni, studenții care au băut mai mult au dormit până mai târziu și s-au simțit mai somnoroși în timpul zilei, pe lângă faptul că au avut rezultate mai proaste la teste. Mai îngrijorătoare este descoperirea[66] că studenții care au băut mult la două zile *după* o perioadă de învățare sau studiu intens au uitat sau nu au reușit să rețină cea mai mare parte din ce învățaseră.

Observă că toate acestea sunt descoperiri făcute pe tineri, studenți care teoretic sunt la capacitatea cognitivă maximă. Dacă extrapolăm concluziile la aceia dintre noi care ne aflăm la vârsta mijlocie sau dincolo de ea, care e posibil să avem o toleranță mai scăzută la alcool și o înclinație mai mare spre a uita lucruri, implicațiile sunt îngrijorătoare. Am descoperit că pentru mine două băuturi într-o seară reprezintă maximum: orice depășire face ca somnul să o ia razna, iar a doua zi activitatea mea profesională are de suferit, indiferent cât de multă cafea beau.

Cafeaua nu este o soluție pentru problema somnului deficitar, mai ales dacă este consumată în exces sau (mai ales) la momentul nepotrivit. Cei mai mulți oameni consideră cofeina un stimulent[67] care ne dă energie, dar de fapt funcționează mai degrabă ca un blocant al somnului. Aceasta funcționează prin inhibarea receptorului pentru o substanță chimică denumită adenozină, care în mod normal ne ajută să adormim în fiecare noapte. Pe parcursul zilei, adenozina se acumulează în creier, creând ceea ce specialiștii în somn numesc „presiunea somnului" sau nevoia de a dormi. E posibil să fim obosiți și să avem nevoie de somn, dar, dacă ingerăm cafeină, aceasta reușește foarte bine să întrerupă circuitul, astfel încât creierul nostru nu primește mesajul.

Acest lucru este în mod evident util dimineața, mai ales în cazul în care „cronotipul" nostru ne spune că ar trebui să dormim încă la ora 6. Dar timpul de înjumătățire al cafeinei în corp[68] e de până la șase ore, așa că, dacă bem o cafea la prânz, la ora 18:00 încă mai avem în organism cofeină cât pentru jumătate de cană. Acum înmulțește asta cu numărul de căni de cafea pe care le bei pe zi și calculează de la momentul ultimei tale cafele. Dacă dai pe gât un ultim espresso la ora 15:00, încă vei avea o doză completă de cofeină în organism la ora 21:00. În schimb, probabil că nu o să simți nevoia de a adormi curând.

Suntem toți diferiți în ceea ce privește toleranța la cofeină, în funcție de gene și alți factori (23andMe face teste pentru a identifica o genă legată de consumul de cofeină). Eu metabolizez cafeaua foarte repede, așadar fac față acelui espresso de după-amiaza fără să-mi afecteze prea mult somnul; pot chiar să beau cafea după cină și asta pare să nu aibă niciun impact (spre deosebire de alcool). O persoană care metabolizează lent cafeaua ar trebui să se limiteze probabil la maximum una sau două căni înainte de prânz.

Conceptul de *presiune a somnului* — nevoia sau dorința de a dormi —, este esențial pentru multe dintre tacticile noastre legate de somn. Vrem să cultivăm presiunea somnului, dar în cantitățile corecte, la momentele corecte — nu prea mult, nu prea puțin, nu prea devreme. Din acest motiv, una dintre tehnicile principale[69] pe care le folosesc medicii pentru a trata pacienții care suferă de insomnie este de fapt restricționarea somnului, limitarea numărului de ore când li se „permite" să doarmă la 6 sau mai puțin. În esență, asta îi face să fie suficient de obosiți, încât să adoarmă mai ușor la finalul zilei și (ideal) să le fie restabilit ciclul normal de somn. Presiunea somnului crește până la punctul în care copleșește orice factor care provoacă insomnia. Dar asta poate de asemenea să explice de ce somnul scurt diurn poate fi contraproductiv. Un somn scurt în timpul zilei, deși este uneori tentant, poate și să elibereze prea mult din acea presiune de somn, îngreunând procesul de adormire noaptea.

O altă modalitate de a cultiva[70] presiunea somnului este prin intermediul sportului, mai ales exerciții susținute de anduranță (adică în zona 2), ideal cu minimum două sau trei ore înainte de a adormi. Pacienții mei descoperă adesea că o ședință de 30 de minute de exerciții în zona 2 poate face minuni când vine vorba de capacitatea de a adormi. Și mai bună este o formă de exercițiu care presupune expunerea la lumina soarelui (adică afară). În timp ce lumina albastră seara târziu poate interfera cu somnul, o doză de jumătate de oră de lumină solară puternică în timpul zilei ne ajută să ne menținem ciclul circadian în limite normale, pregătindu-ne pentru un somn nocturn de calitate.

De asemenea, este important să ne pregătim mintal pentru somn. Pentru mine, asta înseamnă să evit orice poate crea stres sau anxietate, cum ar fi citirea e-mailurilor de la muncă sau mai ales a știrilor. Asta activează sistemul nervos simpatic (cel responsabil de reacția luptă sau fugi) într-un moment când vrem să ne relaxăm și în general să ne liniștim. Trebuie să mă forțez să mă îndepărtez de calculator seara: lista de e-mailuri va fi tot acolo dimineața. Dacă e vreo problemă arzătoare pe care nu mi-o pot scoate din cap, scriu câteva rânduri despre ea, creând un plan de acțiune pentru a doua zi de dimineață. O altă modalitate de a liniști[71] sistemul nervos simpatic este pregătirea creierului pentru somn prin meditație. Există mai multe aplicații bune care te pot ajuta cu meditații ghidate, chiar și unele care sunt concentrate exclusiv pe somn.

Aspectul esențial aici este că o noapte de somn bun poate să depindă parțial de o stare de veghe și o zi bună: una care include activitate fizică, timp petrecut afară, hrănire rațională (fără gustări târzii noaptea), o cantitate minimă sau inexistentă de alcool, managementul corect al stresului și descoperirea aspectelor care trebuie limitate, legate de muncă și alți factori stresanți ai vieții.

Cum să-ți îmbunătățești somnul

Iată câteva reguli și sugestii pe care încerc să le urmez pentru a mă ajuta să dorm mai bine. Nu sunt soluții magice, ci în mare parte se rezumă la crearea unor condiții mai bune pentru somn, pentru a le permite creierului și corpului să facă restul. Cu cât te poți apropia mai mult de aceste condiții de funcționare, cu atât vei avea un somn mai bun. Evident, nu sugerez că e necesar să faci toate aceste lucruri — în general e bine să nu fii obsedat de somn. Dar, cu cât poți bifa mai multe, cu atât ai șanse mai mari să dormi bine noaptea.

1. Nu bea deloc alcool, absolut deloc — iar dacă trebuie să bei, limitează-te la un singur pahar, înainte de ora 18:00. Probabil că alcoolul afectează calitatea somnului mai mult decât orice alt factor pe care-l putem controla. Nu confunda starea de amețeală pe care o produce alcoolul cu somnul de calitate.
2. Nu mânca nimic cu trei ore înainte de culcare — și ideal chiar cu mai mult timp înainte. E bine să te culci puțin flămând (deși, dacă ești teribil de înfometat, asta te poate distrage de la somn).
3. Oprește utilizarea echipamentelor electronice stimulatoare cu 2 ore înainte de culcare. Încearcă să eviți orice activitate care implică un ecran dacă ai dificultăți să adormi. Dacă trebuie, folosește o setare care reduce lumina albastră a ecranului.
4. Cu cel puțin o oră înainte de culcare, dacă nu mai mult, evită să faci orice poate să-ți producă anxietate sau să te stimuleze, cum ar fi să citești e-mailuri legate de muncă sau, Doamne ferește, să navighezi pe rețelele sociale. Acestea pun în mișcare acele zone ale creierului care analizează informația și tind să producă îngrijorare, lucru pe care nu-l dorești.
5. Pentru cei care au acces la așa ceva, petrece timp într-o saună sau o cadă fierbinte înainte de culcare. Odată ce te-ai băgat în patul răcoros, temperatura în scădere a corpului tău îi va transmite creierului că e momentul să adoarmă. (O baie sau un duș fierbinte funcționează și ele.)
6. Camera ar trebui să fie răcoroasă, ideal în jurul temperaturii de 18°C. Și patul ar trebui să fie răcoros. Folosește o saltea „răcoroasă" sau unele dintre nenumăratele echipamente de răcire a patului comercializate. Acestea sunt de asemenea instrumente grozave pentru cuplurile care preferă temperaturi diferite noaptea deoarece cele două jumătăți ale saltelei pot fi controlate separat.
7. Fă întuneric complet în încăpere. Trebuie să fie suficient de întuneric, încât să nu-ți poți vedea cu ochii larg deschiși mâna întinsă în față, dacă se poate. Dacă asta nu e fezabil, folosește o mască de dormit. Eu folosesc una mătăsoasă, denumită Alaska Bear, care costă cam 8 dolari și funcționează mai bine decât variantele mai sofisticate pe care le-am încercat.
8. Acordă-ți suficient timp pentru somn — ceea ce specialiștii în somn numesc ocazia de a dormi. Asta înseamnă să te culci cu

cel puțin opt ore înainte să trebuiască să te trezești, de preferat la 21:00. Dacă nici măcar nu-ți acorzi șansa de a dormi cum trebuie, atunci restul acestui capitol e apă de ploaie.

9. Fixează-ți ora de trezire — și nu face rabat de la ea, nici măcar în weekenduri. Dacă ai nevoie de flexibilitate, poți jongla cu ora de culcare, dar fă o prioritate din alocarea a opt ore petrecute în pat în fiecare noapte.
10. Nu fii obsedat de somn, mai ales dacă ai probleme. Dacă ai nevoie de un ceas deșteptător, asigură-te că nu e îndreptat spre tine, ca să nu poți vedea cifrele. Verificarea ceasului îngreunează adormirea. Iar dacă descoperi că-ți faci griji din cauza scorului prost de somn, ia o pauză de la echipamentul de monitorizare a somnului.

Dar ce facem dacă *tot* nu putem dormi? Asta ne duce la ultima problemă și cea mai frustrantă legată de somn, insomnia adevărată. Probabil că am experimentat cu toții la un moment dat imposibilitatea de a adormi, dar pentru multe persoane este o problemă cronică. Așa că prima întrebare care trebuie pusă este: chiar este insomnie? Sau pur și simplu nu ești pregătit pentru un somn de calitate?

Dacă descoperi că stai treaz în pat, incapabil să adormi la loc, sfatul meu este să nu te mai lupți cu asta. Ridică-te, du-te în altă cameră și fă ceva relaxant. Fă-ți o cană de ceai (fără cofeină, evident) și citește (de preferat) o carte plictisitoare până când te simți din nou adormit. Secretul, spune Vikas Jain, este să găsești ceva relaxant și care să-ți facă plăcere, dar care nu are nicio utilitate; nu vrei niciodată să-i dai un scop insomniei tale, cum ar fi să lucrezi sau să plătești facturile pentru că, dacă faci asta, creierul o să se asigure că te trezește periodic. Reține și că de fapt e posibil să nu suferi de insomnie; poate ai cronotipul păsării de noapte care crede că „trebuie“ să se culce mult mai devreme decât sunt pregătite creierul sau corpul tău. Așa că ajustează-ți, dacă e posibil, orele de culcare și de trezire.

Dacă lipsa somnului persistă, chiar după ce ai respectat sfaturile enumerate mai sus, cel mai eficient tratament este o formă de psihoterapie denumită terapie cognitiv-comportamentală pentru insomnie (*Cognitive Behavioural Therapy for Insomnia* — CBT-I). Obiectivul CBT-I este să-ți recapeți încrederea în capacitatea de a dormi, ajutându-te să renunți la obiceiurile proaste de somn și să elimini anxietatea care te poate împiedica să adormi. Terapeuții vor folosi de asemenea și restricționarea somnului, tot ca pe o modalitate de creștere a presiunii somnului. Aceasta, la rândul său, ajută la recăpătarea încrederii în capacitatea de a dormi. Studiile făcute pe tehnici CBT-I au descoperit că e posibil să fie mai eficiente decât somniferele.

După ce zeci de ani am ignorat somnul, acum sunt un mare fan. Îl consider un fel de substanță care îmbunătățește performanța, nu doar fizic, ci și cognitiv. Pe termen lung, somnul are de asemenea puterea de a ne îmbunătăți durata stării de sănătate în modalități uimitoare. Ca și activitatea fizică, somnul este în sine un medicament-minune, cu beneficii atât globale, cât și localizate, pentru creier, inimă și mai ales metabolismul nostru.

Așadar, dacă evoluția a făcut somnul un aspect nenegociabil, eu nu o să continui să mă împotrivesc. În schimb, l-am acceptat cu bucurie.

CAPITOLUL 17

Proiect în derulare

Prețul ridicat al ignorării sănătății emoționale

Orice om este o punte între moștenirea pe care a primit-o și cea pe care o dă mai departe.
TERENCE REAL

Pacienții noi sosesc în fiecare zi de luni și eu ajunsesem primul. Mai erau câteva săptămâni până la Crăciun și luasem un avion de la San Diego până în Nashville, iar apoi mă urcasem într-un taxi delabrat, care puțea a nicotină, pentru un drum de 2 ore spre un loc de care nu mai auzisem niciodată, denumit Bowling Green, în Kentucky. Era o dimineață rece, iar șoferul se tot uita la telefon în timp ce conducea. În mod ciudat, chestia asta nu mă deranja. *Voiam* să facem un accident. Măcar așa aveam să fiu cruțat de ce avea să urmeze.

Deja spre finalul dimineții stăteam în sala comună a unei instituții denumite The Bridge to Recovery (Puntea spre recuperare), un loc izolat construit în adâncul pădurii. Mirosea a mucegai. În timp ce așteptam să ajungă și ceilalți, m-am plimbat prin bucătărie și am văzut un afiș pe care scria: „Religia e pentru cei cărora le e frică de iad. Spiritualitatea e pentru cei care au fost acolo".

Unde dracu' sunt? m-am întrebat.

Prima dintre ceilalți nou-veniți era o femeie care părea să aibă cam 50 de ani. Ne-am uitat unul la altul fără să spunem nimic. Părea atât de tristă, de parcă ar fi plâns un an întreg. M-am întrebat dacă și eu îi păream la fel ei. Până pe seară, toți „neofiții“ ajunseseră. Erau epuizați, palizi, complet storși de vlagă. Mai mulți erau dependenți — de droguri, alcool, sex sau o combinație din astea. M-am uitat dezarmat la ei, gândindu-mă că nu sunt așa.

După câteva replici introductive, am făcut ceva denumit *check-in*, în care ne-am descris pe rând starea emoțională. Cum ne simțeam exact în clipa aceea. Nu aveam cuvinte pentru felul în care mă simțeam. Eram extrem de furios. O furie mocnită. Efectiv nu puteam să fac asta; îmi lipsea capacitatea de conștientizare emoțională necesară măcar pentru a-mi înțelege propriile sentimente, ce să mai vorbim despre exprimarea lor în propoziții. Eram furios că dădusem greș. Consideram că locul meu nu era aici, cu oamenii ăștia defecți. Fiecare celulă din corpul meu voia să sune la compania de taximetre cu șoferi neatenți la volan, ca să scap de aici.

Apoi, una dintre veterane, o femeie de vârsta mea, pe nume Sarah, care era în a treia săptămână aici (și care mereu reușea să spună ce trebuia, aveam să descopăr), mi-a văzut probabil expresia de pe față. Fără ca măcar să știe cum mă cheamă, s-a întors spre mine și a spus: „Hei, e în regulă — nimeni nu vine aici pentru că i-au mers toate din plin!“

E posibil să nu-mi fi dat seama că ajunsesem la cel mai de jos nivel, dar mă îndreptam rapid în direcția aia. Cu câteva săptămâni în urmă, aproape că mă luasem la bătaie cu un tip oarecare într-o parcare. Stăteam chiar în fața lui, rugându-mă să dea el primul pumn ca să-i pot rupe laringele, o procedură pe care i-am descris-o cu detalii chirurgicale amplificate de câteva epitete alese pe sprânceană. Sunt aproape sigur că aș fi câștigat lupta, dar aș fi putut pierde totul: casa, dreptul de liberă practică, libertatea, probabil ce mai rămăsese din căsnicia mea. Din exterior, păream un tip de succes cu un cabinet prosper, o soție frumoasă și copii, prieteni minunați, o sănătate de fier și un contract pentru scrierea acestei cărți. Dar în realitate lucrurile îmi scăpaseră de sub control.

Nu eram nici vreunul dintre ăia care urlă pe străzi. Era mult mai rău de atât. Cu câteva luni înainte — marți, 11 iulie 2017, mai exact la ora 17:45 — mă sunase Jill, soția mea. Era într-o ambulanță cu fiul nostru, Ayrton, bebeluș, pe drum spre spital. Din nu se știe ce motiv, acesta nu mai respira și leșinase. Avea ochii dați peste cap, trupul inert și vânăt, iar inima nu-i mai bătea. Doar reacția rapidă a bonei noastre îl salvase. L-a dus repede la Jill, care este asistentă medicală. Instinctele ei au preluat controlul și imediat Jill l-a întins pe podea și a început să-i facă manevrele de resuscitare, respectând ritmul, dar apăsând cu grijă cu degetele pe cutia lui toracică minusculă, în timp ce bona suna disperată la urgențe. Ayrton abia împlinise o lună.

Până când a ajuns ambulanța, cam după cinci minute, Ayrton respira din nou, iar culoarea pielii i se schimba din albastră înapoi în roz pe măsură ce oxigenul îi revenea în corp. Paramedicii au fost uimiți. Niciodată nu vedem copii revenindu-și, i-au spus lui Jill. Până în ziua de azi, tot nu am aflat cum sau de ce s-a întâmplat, dar probabil asta se petrece când bebelușii mor pe neașteptate în somn: se sufocă o clipă cu propria salivă sau apare un alt soi de eveniment vasovagal, iar sistemul lor nervos imatur nu reușește să le reporneacă respirația.

Când Jill m-a sunat din ambulanță, eram la New York, într-un taxi pe Strada 54, pe drum spre cină. După ce a terminat să-mi povestească întâmplarea, am spus, fără nicio urmă de emoție: „Bine, sună-mă când ajungi la spital ca să pot vorbi cu medicii de la camera de gardă".

A închis destul de repede și, bineînțeles, era supărată: fiul nostru aproape murise și ce ar fi trebuit eu să spun, *singurul* lucru pe care trebuia să-l spun, era că luam următorul zbor spre casă.

Jill a stat cu Ayrton în spital, singură, 4 zile. S-a rugat de mine să mă întorc acasă. Am sunat în fiecare zi să vorbesc cu medicii și să discut rezultatele analizelor, dar am rămas la New York, ocupat cu treburi „importante". Stopul cardiac al lui Ayrton s-a petrecut într-o marți, dar eu nu m-am întors acasă în San Diego decât vineri, săptămâna următoare. *După 10 zile.*

Chiar și azi, e suficient să mă gândesc la ce s-a întâmplat și mi se face silă de comportamentul meu. Nu-mi vine să cred că le-am făcut asta celor dragi, nu-mi vine să cred ce soț și tată orb, egoist și distant eram. Și știu că e posibil să nu mi-o iert niciodată, câte zile voi avea.

Probabil că emanam o energie foarte întunecată în această perioadă, deoarece cam pe atunci, prietenul meu Paul Conti, un fost coleg de la facultatea de medicină, acum psihiatru genial și cu o intuiție foarte bună, a început să mă roage să mă duc la chestia asta din Kentucky. Am căutat clinica pe net și părea să fie un loc pentru dependenți. „Nu are sens“, i-am spus, „eu nu sunt dependent.“

Mi-a explicat, în decurs de mai multe luni de discuții calme, că dependența poate îmbrăca multe forme, nu doar legate de alcool și droguri. Adesea, a continuat el, este urmarea unei traume care s-a petrecut în trecutul persoanei respective. Paul este expert în traumă și a observat că manifestam toate indiciile comportamentale: furie, detașare, obsesionalitate, o nevoie de a avea succes care era alimentată de nesiguranță. „Nu știu ce anume ți s-a întâmplat, dar trebuie să ai încredere în mine“, mi-a spus. A continuat neobosit să facă asta.

Am fost de acord să mă duc în Kentucky, dar tot mai căutam orice scuză să scap. La începutul lui noiembrie, o femeie de la The Bridge m-a sunat să-mi ia interviul pentru internare. A fost o conversație lungă, obositoare, iar răbdarea mi s-a terminat până la urmă, când m-a întrebat: „Ai fost vreodată abuzat în vreun fel?“

M-am enervat așa de tare, încât am strigat: „Du-te dracului!“ și am închis telefonul. După apelul acesta am hotărât să-mi amân șederea planificată acolo. Ce problemă aveau oamenii ăștia, de puneau astfel de întrebări imbecile?

Weekendul de *Thanksgiving* rămâne încă neclar. A fost singura sărbătoare de *Thanksgiving* din viața noastră comună când nu ne-am dus la cină cu prietenii sau familia sau nu am organizat noi petrecerea. Am stat acasă, singuri. Duminică noaptea, Jill s-a rugat din nou de mine să mă duc în Kentucky. Nu pot să lipsesc așa de mult de la cabinet, i-am spus. Pacienții mei au nevoie de mine și tu ai nevoie de ajutor cu copiii. Asta era o mare vrăjeală și știam amândoi asta. Mi-a răspuns cât se poate de sincer: „Nu mă ajuți deloc; de fapt, ne faci foarte mult rău mie și copiilor“.

Confruntat cu adevărul crunt, mi-am dat seama că trebuia să mă duc.

Ar trebui să fie evident deja că prezentul capitol va fi diferit de restul cărții deoarece în el nu sunt medicul, ci pacientul. Și sunt un pacient care se consideră norocos că e în viață. Până acum, m-am concentrat aproape în totalitate pe aspectele fizice ale duratei stării de sănătate și longevității, dar aici voi explora părțile lor emoționale și mintale, care, din anumite puncte de vedere, sunt mai importante decât orice altceva am detaliat până acum.

Călătoria aceasta nu doar ne-a transformat viața mie și familiei mele, ci și felul în care mă raportez la longevitate. Procesul este unul în derulare, care necesită muncă zilnică din partea mea — aproape la fel de mult timp și efort cât îmi dedic antrenamentului (ceea ce este mult, după cum știi deja). Așa trebuie să fie, am ajuns să-mi dau seama. Sănătatea emoțională și cea fizică sunt strâns interconectate, în feluri pe care medicina tradițională, Medicina 2.0, abia dacă începe să le perceapă. La un nivel mai evident, un episod de furie cum a fost conflictul din acea parcare ar fi putut cu ușurință să provoace un infarct, mai ales având în vedere presupusa mea înclinație spre boli cardiace. Aș fi putut să mor pe picioare chiar în acea după-masă.

O altă modalitate foarte directă[1] în care sănătatea mintală afectează durata de viață este sinuciderea, care se situează în top 10 cauze de deces pentru toate categoriile de vârstă, de la adolescenți la octogenari. Când mă gândesc la sinucidere, îmi aduc adesea aminte de un bărbat pe nume Ken Baldwin,[2] care a sărit de pe Podul Golden Gate în 1985, când avea 28 de ani. În timp ce cădea, i-a spus el ulterior scriitorului Tad Friend, „mi-am dat imediat seama că tot ce consideram că este imposibil de rezolvat în viața mea era cât se poate de rezolvabil — cu excepția faptului că tocmai sărisem".

Nu toți sinucigașii sar de pe poduri. Mulți alți oameni alunecă cumva în nefericire și ajung la o moarte prematură prin diverse trasee ocolitoare, permițând stresului și furiei să le erodeze sănătatea sau ajungând să fie dependenți de medicamente pe care și le prescriu singuri, alcool și droguri sau alte comportamente iresponsabile, care le pun viața în pericol, și pe care profesioniștii în sănătate mintală le numesc parasinucidere. Nu e deloc surprinzător[3] faptul că numărul deceselor cauzate de alcool și abuzul de droguri a crescut foarte mult în ultimii 20 de ani, mai ales în rândul persoanelor cu vârste între 30 și 65 de ani; CDC estimează[4] că peste 100 000 de americani au murit prin supradoză între aprilie 2020 și aprilie 2021, cam câți au murit de diabet.

Aceste supradoze „accidentale“[5] reprezintă aproape 40% din numărul deceselor accidentale, o categorie care include de asemenea accidentele auto și decesele în urma căderilor. Unele dintre aceste supradoze au fost fără îndoială chiar accidentale, dar aș putea să pun pariu că majoritatea au fost cauzate, până la un punct, de problemele mintale ale victimelor. Au fost sinucideri lente,[6] morți provocate de disperare — o formă chinuitoare, dar adesea invizibilă de „moarte lentă“ despre care am vorbit mai devreme.

Această categorie de decese[7] a luat proporții atât de mari în ultimii aproximativ 20 de ani, alimentată de prevalența în societatea noastră a opioidelor care creează dependență, încât efectiv a contribuit la scăderea speranței de viață pe unele segmente ale populației americane — prima oară în mai bine de un secol. Bărbații și femeile caucaziene de vârstă mijlocie, mai ales,[8] sunt victimele supradozelor de medicamente și alcoolului, ale bolilor hepatice și sinuciderilor în procente nemaiîntâlnite până acum, așa cum au observat Anne Case și Angus Deaton prima oară în 2015. Criza abuzului de substanțe a creat o criză a longevității, deoarece de fapt este *o criză a sănătății mintale sub acoperire*.

Acest gen de suferință este mult mai răspândit decât o sugerează procentele de sinucideri. Ea îți răpește tot entuziasmul care te ajută să te concentrezi pe sănătate, viață și relațiile cu ceilalți, așa că, în loc să trăiești, nu faci decât să aștepți să mori. Din acest motiv, am ajuns să cred că e posibil ca sănătatea emoțională să reprezinte cel mai important ingredient al duratei stării de sănătate. Nimic legat de longevitate nu valorează mare lucru dacă nu ești cât de cât fericit, împlinit și dacă nu ai conexiuni cu ceilalți. Iar depresia și nefericirea îți distrug și sănătatea fizică, așa cum o fac și cancerul, bolile cardiace, boala neurodegenerativă și accidentările.

Chiar și traiul de unul singur sau senzația de singurătate sunt legate de un risc mult mai ridicat de deces. În timp ce majoritatea aspectelor legate de sănătatea emoțională nu depind de vârstă, acesta este singurul „factor de risc“ care pare să se agraveze odată cu înaintarea în vârstă. Studiile arată că americanii vârstnici[9] vorbesc despre faptul că își petrec mult timp singuri în fiecare zi — în medie aproximativ 7 ore zilnic, în cazul celor de 75 de ani — și e mult mai probabil să locuiască singuri, decât persoanele de vârstă mijlocie sau mai tinere. Iar la cum evoluau lucrurile în cazul meu, mă pregăteam pentru o bătrânețe tristă, singură și nefericită.

Mi-a luat ceva timp să accept asta, dar sentimentul de conexiune și faptul că ai relații sănătoase cu alții *și cu tine* sunt la fel de importante ca și menținerea unui metabolism eficient al glucozei sau a unui profil lipoproteic optim. Este la fel de important să-ți faci ordine în casa emoțională, cum este să faci o colonoscopie sau o analiză Lp(a), dacă nu chiar mai important. Doar că e mult mai complicat.

Există o stradă cu dublu sens între sănătatea emoțională și cea fizică. În practica mea medicală, observ nemijlocit cum problemele fizice și de longevitate ale multor pacienți sunt înrădăcinate în sănătatea emoțională sau exacerbate de ea. Văd asta zilnic. E mai dificil să motivezi un pacient care se simte deprimat să urmeze un program de antrenament; e posibil ca o persoană extrem de stresată la muncă și nefericită în viața personală să nu înțeleagă ce rost are screeningul pentru cancer sau monitorizarea nivelurilor de glucoză. Așa că se târăște prin viață, pe măsură ce suferința emoțională trage după ea și sănătatea fizică.

Propria mea situație era aproape la polul opus: făceam *totul* să trăiesc mai mult, deși eram complet nefericit în plan emoțional. Eram la fel de sănătos fizic precum în orice alt moment începând cu 2017, dar în ce scop? Eram pe un drum sinistru, atât emoțional, cât și în ceea ce privește relațiile interpersonale. Cuvintele terapeutului meu, Esther Perel, îmi răsunau efectiv în cap zilnic: „De ce ai vrea să trăiești mai mult dacă ești așa de nefericit?“

Ce aveam în comun cu unii dintre pacienții mei era faptul că tuturor ni se părea mai ușor să evităm să ne gestionăm problemele care păreau așa de complexe și de copleșitoare. Nici măcar nu știam de unde să încep — ba nu, nici măcar nu am recunoscut că aveam nevoie de ajutor mult timp după ce le-a fost evident tuturor celor din jurul meu. A trebuit să ajung destul de aproape de capătul frânghiei, înainte să mă conving să accept adevărul și să mă duc la The Bridge, locul acela izolat, dificil și până la urmă minunat, undeva în pădurile din Kentucky, și să mă apuc să fac ce trebuia făcut: să încep să dobândesc instrumentele de care aveam nevoie pentru a funcționa mai bine în plan emoțional.

*

Primele zile la The Bridge mi s-au părut săptămâni, poate chiar luni. Orele efectiv se târau. Nu aveam telefon și îmi luaseră chiar și cărțile. Asta făcea parte din plan, ca să ne oblige să ne gândim la propria nefericire. Efectiv nu era nimic altceva de făcut. Parcurgeam ca un *zombie* activitățile zilnice, de la cana de cafea de dimineață la munca pentru copilul interior și până la terapia ecvestră. Singura mea alinare era antrenamentul de la 4:30 dimineața, care era și singura dependență de care mi se mai permitea să mă bucur. Altminteri, nu exista nicio alinare și niciun moment de singurătate.

Înainte să ajung, o pusesem pe asistenta mea să ceară o cameră separată. Persoana de la telefon râsese efectiv de ea. „Spune-i acestei Persoane Foarte Importante că nu avem așa ceva. Toată lumea are un coleg de cameră.“ Așa că aveam un coleg de cameră care părea un tip destul de în regulă și cu niște tatuaje mișto, dar, în graba mea de a-l judeca (pe el și pe toți ceilalți), nu puteam să văd decât diferențele. Nu făcuse facultate. Lucra la un service auto. Îi plăceau stripteuzele și cocaina. Soția îl ura, ceea ce e posibil să fi fost la momentul acela chestia pe care o aveam în comun.

Inițial, m-am închis în mine. Partea din zi de care îmi era cel mai groază era cea cu verificarea stării emoționale, care avea loc de două ori pe zi și când se presupunea că trebuia să descriem exact ce simțeam la momentul acela. Nu puteam să fac asta. Stăteam pur și simplu acolo și fierbeam. Deja miercuri sau joi, aproape că devenise o glumă. Auziserăm cu toții măcar bucățele și frânturi din poveștile tuturor, dar nimeni nu știa nimic despre a mea. La un moment dat, cineva a zis: „Hai, frate, ești cumva vreun ucigaș în serie sau ceva de genul ăsta? Pe bune, care-i treaba?“

N-am spus nimic. În noaptea aceea, colegul meu de cameră nu cred că a dormit bine.

În cele din urmă, după patru sau cinci zile, nu mai puteam să tac. Era o zi în care fiecare trebuia să ne spunem poveștile de viață de la început. Aveam câte o oră la dispoziție și se presupunea că trebuie să ne pregătim. Așa că în sfârșit îmi spuneam povestea vieții prima oară în fața acestui grup alcătuit doar din străini — nici măcar Jill nu auzise toată povestea —, dar o spuneam într-un mod care era foarte relaxat: asta s-a întâmplat când aveam 5 ani, aia când aveam 7 și așa mai departe. Aceste întâmplări, așa cum erau ele de cumplite, mă făcuseră să mă apuc de box și de arte marțiale la vârsta de 13 ani. Aveam ocazia să lovesc saci și oameni și asta îmi canaliza furia. Am învățat cum să mă protejez și am deprins de asemenea disciplina și atenția, calități care s-au dovedit neprețuite când, cam pe la 19 ani, am trecut de la pugilism la matematică.

Așa teribil cum era, trecutul meu era de asemenea cel care mă îndrumase să ajung medic, am continuat eu, devenind cumva defensiv. Pe tot parcursul facultății, făcusem voluntariat la un adăpost pentru adolescenți abuzați sexual și m-am apropiat de mulți dintre ei în decurs de 4 ani, inclusiv de o tânără care fusese abuzată de tatăl ei. Când a încercat să se sinucidă — una dintre multele încercări —, m-am dus să o vizitez la spital. Deja la momentul acela eram în ultimul an și trimisesem deja dosare pentru a mă înscrie la programe de doctorat în inginerie aerospațială. Dar nu eram convins că asta era chemarea mea. Faptul că am petrecut așa de mult timp cu ea în spital a dus la revelația că trebuia să am grijă de oameni, nu să rezolv ecuații.

Așa că vedeți? am conchis eu. E posibil ca unele părți din trecutul meu să fi fost rele, dar într-un fel și ele m-au așezat pe un drum către o viață mai bună. Între timp, unii dintre puștii cu care am crescut și am boxat erau arestați pentru jaf armat și pentru că lăsau însărcinate fete de liceu și o mulțime de alte chestii. Aș fi putut cu ușurință să ajung ca ei. Așa că, într-un fel, e posibil ca faptul că am fost abuzat să-mi fi salvat viața — nici măcar nu am nevoie să fiu aici!

Chiar în clipa aceea, unul dintre terapeuții noștri, Julie Vincent, m-a întrerupt. Există multe reguli la The Bridge, iar una dintre cele mai importante este *fără minimalizări*. Nu ai voie să minimalizezi nimic din ce spune cineva și mai ales nu ai voie să-ți minimalizezi propriile experiențe. Dar nu m-a sancționat pentru asta. În schimb, mi-a pus o întrebare simplă:

— Aveai 5 ani când ți s-a întâmplat asta, corect?

— Da, așa e, i-am răspuns.

— Iar fiul tău Reese are acum aproape cinci ani, nu?

Am încuviințat.

— Deci spui că este în regulă că ți s-a întâmplat asta când aveai vârsta lui — dar ar fi în regulă pentru tine ca oamenii să-i facă asta lui Reese acum?

O altă regulă de la The Bridge este că nu trebuie să-i dai nimănui un șervețel când plânge. Trebuie să se ridice și să și-l ia singur. Acum venise rândul meu să mă ridic și să mă duc la cutia de șervețele. În sfârșit, au curs toate lacrimile din mine, am putut să accept de ce sunt acolo și să încep munca dificilă de analizare a ultimilor 40 de ani din viața mea.

Una dintre paradigmele folosite de terapeuții de la The Bridge, care mi s-a părut în mod deosebit utilă, este denumită „copacul traumei". Ideea pe care se bazează este că anumite comportamente nedezirabile pe care le manifestăm ca adulți, cum ar fi dependența și furia necontrolată, sunt de fapt adaptări la diferitele tipuri de traume pe care le-am suferit în copilărie. Așa că, deși vedem doar cum se manifestă copacul deasupra solului, trunchiul și crengile, trebuie să ne uităm sub pământ, la rădăcini, pentru a înțelege în totalitate copacul. Dar rădăcinile sunt foarte adesea bine ascunse, ca în cazul meu.

În general, trauma se încadrează în cinci categorii: (1) abuz (fizic sau sexual, dar și emoțional sau spiritual), (2) neglijare, (3) abandon, (4) ademenire (ștergerea granițelor dintre adulți și copii) și (5) a fi martor al unor evenimente tragice. Majoritatea lucrurilor care îi rănesc pe copii se încadrează în aceste cinci categorii.

Trauma este un cuvânt destul de greu, iar terapeuții de la Bridge au avut grijă să explice că poate fi traumă cu „T mare" sau pot fi traume „cu t mic". Să fii victima unui viol se încadrează la traumă cu T mare, în timp ce a avea un părinte alcoolic îl poate supune pe copil la o serie de traume cu t mic. Dar, în doze suficient de mari pe perioade suficient de lungi, traumele cu t mic pot modela viața cuiva la fel de mult ca și un singur eveniment cumplit.

Ambele categorii aduc prejudicii îngrozitoare, dar trauma cu t mic e mai dificil de gestionat — bănuiesc că parțial din cauză că suntem mai tentați să o trecem cu vederea. Jeff English, unul dintre terapeuții cu care lucram, ne-a oferit o definiție utilă: trauma, cu T mare sau t mic, înseamnă că ai trăit momente în care te-ai simțit neputincios. E posibil ca situațiile respective să nu fi fost de viață și de moarte, dar „pentru un copil cu un creier nedezvoltat, e posibil să fi părut așa".

Asta descria perfect cum mă simțisem în anumite momente din copilăria mea. Sentimentul de neputință era una dintre sursele mele mari de durere (și, în viața mea ulterioară, de furie). Dar vreau de asemenea să fac o distincție importantă între traumă și dificultăți. Nu sunt același lucru. Nu sugerez că este ideal pentru copii să crească fără să experimenteze niciun fel de dificultate, ceea ce uneori pare să fie obiectivul principal al parentingului modern. Mulți stresori pot fi benefici, iar alții nu. Nu există o demarcație clară între traumă și dificultate; pe cât de cumplită, experiența mea mă făcuse mai puternic. Întrebarea lui Julie este o probă de foc destul de bună: aș vrea să treacă și copilul meu prin așa ceva? Dacă fiica mea ar ajunge pe ultimul loc într-o cursă de cros (de exemplu) și nu ar câștiga o medalie, asta ar fi în regulă. Evident, ar putea să fie supărată pe moment, dar asta ar putea de asemenea să o motiveze să se antreneze mai mult și ea ar ajunge să aprecieze mai bine poziționarea la un moment dat printre primii trei. Dar nu ar fi fost în regulă să fi strigat la ea de față cu ceilalți alergători pentru că fusese întrecută de cel mai scund copil din echipă.

Doar ca o paranteză, un studiu din 2019 oferă o demonstrație elegantă a principiului că eșecurile pot fi clar un aspect pozitiv. Oamenii de știință au urmărit cercetători tineri care trimiseseră cereri pentru burse NIH și i-au împărțit în două grupuri: un grup avusese un scor puțin peste pragul de finanțare, în timp ce altul avusese un scor imediat sub pragul cerințelor pentru finanțare, adică bursele lor nu fuseseră aprobate. Deși grupul care aproape că ratase finanțarea avea șanse să renunțe la știință în perioada imediat următoare, cei care și-au văzut de treabă au ajuns până la urmă să-și depășească omologii care primiseră finanțarea de la prima încercare. Eșecul de la început nu le afectase carierele, ci e posibil să fi avut efectul opus.

Cel mai important aspect legat de trauma din copilărie nu este evenimentul în sine, ci felul în care copilul se adaptează la el. Copiii sunt uimitor de rezilienți, iar copiii răniți devin copii adaptabili. Problemele încep când acești copii adaptabili cresc și devin adulți neadaptați, disfuncționali. Această disfuncționalitate este reprezentată de patru ramuri ale copacului traumei: (1) dependența, nu doar de vicii precum droguri, alcoolul sau jocurile de noroc, ci și de lucruri acceptate la nivel social precum munca, sportul și perfecționismul (bifat); (2) codependența sau o dependență psihologică mult prea mare de o altă persoană; (3) strategii de supraviețuire transformate în obiceiuri, cum ar fi înclinația spre enervare și furie (bifat); (4) tulburări de atașament, dificultăți în formarea și păstrarea conexiunilor importante cu ceilalți (bifat). Aceste ramuri sunt adesea destul de evidente și ușor de identificat; partea mai dificilă este să ajungi la rădăcini și să începi să le descâlcești. Toate aceste aspecte sunt extrem de particulare; fiecare reacționează și se adaptează la traumă într-un fel unic. Și nu există niciun fel de pastilă care să facă trauma sau mecanismele de adaptare să dispară. E nevoie de muncă asiduă — și, după cum aveam să înțeleg, aceasta poate de asemenea să dureze foarte mult.

Acesta este încă un domeniu în care Medicina 2.0 eșuează mult prea des. Majoritatea terapeuților diagnostichează pacienții pe baza bibliei sănătății mintale, „Manualul de diagnostic și clasificare statistică a tulburărilor mintale" (*The Diagnostic and Statistical Manual of Mental Disorders*), ediția a 5-a (DSM-5), un compendium lung de 991 de pagini cu toate tulburările psihice imaginabile. DSM este o încercare curajoasă de a organiza și codifica nenumăratele forme de boli și tulburări mintale — de a face asta pe baze științifice și, de asemenea, de a facilita decontarea serviciilor de către companiile de asigurări. Dar, de fapt, așa cum observă Paul Conti, poveștile și tulburările noastre sunt unice pentru fiecare dintre noi. Nu toate se încadrează în categorii organizate de diagnostic. Toți suntem diferiți; povestea fiecăruia este diferită. Nicio persoană nu este un „cod". Așadar, consideră el, o astfel de codificare riguroasă „reprezintă un obstacol în calea *înțelegerii persoanei cu adevărat*".

Din acest motiv, oferirea unor sfaturi care să se aplice tuturor este de asemenea dificilă; fiecare cititor va avea propria structură emoțională, propria poveste și propriile probleme de rezolvat. Și totuși una dintre dificultățile cu care ne confruntăm toți este că Medicina 2.0 este pregătită să trateze sănătatea mintală și emoțională la fel cum tratează orice altceva: diagnostichează, recomandă și, evident, facturează. În timp ce antidepresivele și alte medicamente psihoactive au ajutat mulți pacienți, inclusiv pe mine, descoperirea unei soluții complete este rareori o chestiune simplă. În primul rând, pentru că este în principal un model bazat pe boală, acesta fiind felul în care Medicina 2.0 gestionează și rezolvă alte probleme, cum ar fi infecții și boli acute: tratează simptomele și trimite pacientul acasă. Sau, dacă situația este mai serioasă, cum a fost la mine, trimite pacientul câteva săptămâni într-un loc precum The Bridge și apoi îl trimite acasă — problemă rezolvată.

Unul dintre motivele pentru care această abordare s-a dovedit a fi mai puțin eficientă în domeniul psihologiei este că sănătatea mintală și cea emoțională nu sunt același lucru. Sănătatea mintală cuprinde stări asemănătoare cu boala, precum depresia clinică și schizofrenia, care sunt complexe și dificil de tratat și care au simptome recognoscibile. Aici, suntem mai interesați de *sănătate emoțională*, care incorporează sănătatea mintală, dar este de asemenea un concept mult mai vast — și mai greu de codificat și de catalogat. Sănătatea emoțională e mai legată de felul în care ne reglăm emoțiile și ne gestionăm relațiile interpersonale. Eu nu am suferit de o *tulburare* mintală, dar am avut probleme grave cu sănătatea emoțională, care mi-au afectat capacitatea de a trăi o viață fericită, echilibrată — și care, teoretic, mi-au pus viața în pericol. Medicinei 2.0 îi este mult mai greu să gestioneze situații de genul acesta.

Grija pentru sănătatea emoțională necesită o schimbare de paradigmă asemănătoare cu trecerea de la Medicina 2.0 la Medicina 3.0. Este vorba despre prevenție pe termen lung, ca și abordarea noastră pentru prevenirea bolilor cardiovasculare. Trebuie să avem capacitatea de a recunoaște din timp posibilele probleme și să fim dispuși să muncim din greu pentru a ne ocupa de ele pe o perioadă lungă de timp. Iar abordarea noastră trebuie să fie adaptată fiecărei persoane, cu povestea ei și setul de probleme unice.

Teza Medicinei 3.0 este că, dacă ne ocupăm de sănătatea emoțională și facem asta din vreme, vom avea șanse mai mari de a evita aspectele clinice ale sănătății mintale, precum depresia și anxietatea cronică — iar sănătatea noastră generală va avea de asemenea de câștigat. Dar rareori există un remediu simplu sau o rezolvare rapidă, după cum nu avem o rezolvare rapidă pentru cancer sau bolile metabolice.

Gestionarea sănătății emoționale necesită un efort constant și zilnic, așa cum este și întreținerea altor aspecte ale sănătății noastre fizice, prin crearea unei rutine de antrenament, respectarea unui program nutrițional, adoptarea unor ritualuri de somn și așa mai departe. Secretul este să fim cât de proactivi posibil, ca să putem să ne simțim bine sub toate aspectele relevante pentru durata stării noastre de sănătate, pe parcursul deceniilor târzii ale vieții noastre.

Ceea ce face sănătatea emoțională mai greu de gestionat decât sănătatea fizică este, după mine, faptul că adesea suntem mai puțin capabili să conștientizăm că trebuie să facem schimbări. Puține persoane care sunt supraponderale și nu au condiție fizică nu-și dau seama că trebuie să facă o schimbare. A face, însă, respectiva schimbare poate fi o cu totul altă poveste. Nenumărate persoane au o nevoie disperată de ajutor în ceea ce privește sănătatea lor emoțională, dar, cu toate acestea, nu reușesc să recunoască semnele și simptomele tulburării lor. Eu am fost exemplul reprezentativ pentru acest grup.

După două săptămâni, am plecat de la The Bridge. Terapeuții de acolo nu au fost de acord să mă lase să plec așa de repede; voiau să mai stau o lună, dar eu am simțit că progresasem enorm în acea perioadă relativ scurtă de timp. Conștientizarea trecutului părea o chestie enormă pentru mine. Mă simțeam plin de speranță și până la urmă m-au lăsat să plec. Așa că am zburat acasă cu o zi înainte de Crăciun.

Probabil că a fost o greșeală.

Aș vrea să pot spune că asta a marcat finalul poveștii, punctul în care Peter cel Dinainte și-a luat la revedere, plecând cu egoismul și furia lui, iar Peter cel Nou i-a luat locul și am trăit fericiți cu toții până la adânci bătrâneți. Din păcate, nu așa s-au petrecut lucrurile: a fost, în cel mai bun caz, doar finalul începutului unei schimbări.

Aveam mult de muncă la întoarcerea acasă, de procesat ce fusese scos la iveală la The Bridge și să încep să-mi vindec relația cu soția și copiii. Cu ajutorul a doi terapeuți minunați, Esther Perel (ședințe individuale de psihoterapie) și Lorie Teagno (psihoterapie de cuplu, împreună cu soția mea), am făcut progrese lente pe măsură ce au trecut săptămânile și lunile. Atât Lorie, cât și Esther erau de părere că-mi trebuie un psihoterapeut bărbat, cineva care să-mi poată exemplifica emoțiile masculine sănătoase. Am încercat mai mulți psihoterapeuți bărbați buni, dar nu am simțit vreo legătură cu niciunul dintre ei așa cum m-am simțit legat de Jeff English, terapeutul meu principal de la The Bridge.

Eram pe cale să renunț, când Esther mi-a sugerat să citesc *I Don't Want to Talk About It* (*Nu vreau să vorbesc despre asta*) de Terrence Real,[10] un tratat inovator despre rădăcinile depresiei la bărbați. De cum am început-o, n-am mai putut s-o las din mână. Era aproape sinistru că tipul ăsta părea să scrie *despre mine*, deși nu mă cunoscuse niciodată. Teoria lui principală este că, în cazul femeilor, depresia este în general manifestă sau evidentă, dar bărbații sunt condiționați social să-și ascundă depresia, canalizând-o în interior sau spre alte emoții, cum ar fi furia, fără să dorească vreodată să vorbească despre asta (de unde și titlul). Puteam să înțeleg poveștile pe care mi le împărtășea despre pacienții săi. Așa că am început să lucrez și cu Terry. După o perioadă mult prea lungă fără niciun fel de psihoterapie, mergeam acum la trei terapeuți.

Terry crescuse în sânul clasei muncitoare din Camden, New Jersey, cu un tată pe care-l descrie ca fiind „un bărbat iubitor, deștept și cumplit de violent". Se pare că forța care-l alimenta era depresia ascunsă, pe care tatăl său i-o transmisese firesc lui Terry. „Tata mi-a transferat depresia lui prin fiecare bătaie cu cureaua", mi-a spus el. Încercarea de a face față furiei și violenței tatălui său a fost ceea ce l-a împins în direcția studierii psihoterapiei. „Trebuia să-l înțeleg pe tata și violența lui, ca să nu o repet", spunea el.

Terry m-a ajutat să fac legătura între propria mea copilărie și disfuncțiile care îmi marcaseră adolescența și maturitatea.

Analizându-mi retrospectiv sinele adolescent și felul cum eram în facultate, îmi dau seama acum că aveam o depresie morbidă — depresie clinică. Doar că la momentul acela nu știam. Aveam simptomele clasice ale unei depresii masculine ascunse, care se manifesta printr-o tendință de a mă izola și, mai presus de orice, o înclinație spre furie, probabil cea mai puternică dependență a mea. Unul dintre primele lucruri pe care le-am scris în jurnalul meu, după o discuție de la început cu Terry, îmi răsună și acum în minte: „90% din furia masculină este neajutorare deghizată în frustrare".

Terry m-a ajutat să înțeleg neajutorarea pe care o mai simțeam încă. Am ajuns să înțeleg că pentru mine factorul esențial era rușinea de a fi fost victimizat. Ca în cazul multor bărbați, transformasem acea rușine într-un sentiment de omnipotență. „Rușinea e neplăcută; omnipotența e plăcută", mi-a spus el. „Este esențială pentru masculinitate și conceptul tradițional de bărbăție această trecere de la victima de odinioară la răzbunătorul de acum. Partea sinistră a trecerii de acest fel de la rușine la omnipotență este că funcționează. Te face să te simți bine pe termen scurt, dar pur și simplu face ravagii în viața ta pe termen lung."

Și mai neplăcută a fost conștientizarea efectelor comportamentului meu asupra familiei, mai ales asupra copiilor. Nu eram atât de nebun, încât să-mi imaginez că eram un tată cât de cât adecvat la momentul acela, dar aveam o fărâmă de mândrie legată de faptul că-mi puteam proteja copiii de trauma pe care o suferisem. Eram capul familiei, care „aducea pâinea în casă" și îi „proteja". Nu vor trebui să îndure niciodată rușinea suferită de mine în copilărie. Dar știam că-mi vedeau furia dezlănțuită, chiar dacă rareori era direcționată asupra lor sau mamei lor.

La The Bridge am aflat că, la furia unui părinte, copiii nu reacționează într-o manieră logică. Dacă mă văd că urlu la un șofer care tocmai mi-a tăiat calea, internalizează acea furie de parcă ar fi direcționată spre ei. În al doilea rând, trauma este generațională, deși nu neapărat liniară. Copiii alcoolicilor nu sunt inevitabil meniți să devină și ei alcoolici, dar, într-un fel sau altul, trauma găsește modul în care să se manifeste pe parcurs.

Așa cum scrisese Terry: „Patologia familială trece de la o generație la alta precum un incendiu de pădure care arde totul în calea sa până când o persoană dintr-o generație are curajul de a se întoarce și de a se lupta cu flăcările. Acea persoană le oferă liniștea strămoșilor săi și îi cruță pe copiii care vor urma".

Voiam să fiu persoana aceea.

Treptat, cu ajutorul lui Terry, precum și al lui Esther și Lorrie, am început să utilizez niște instrumente pentru a-mi gestiona traumele trecutului și a-mi ghida comportamentul de zi cu zi pe o cale mai bună. Un model util pe care l-am preluat de la Terry m-a învățat să mă raportez la relațiile mele ca la un ecosistem delicat, un soi de ecologie emoțională. De ce aș vrea să otrăvesc mediul în care trebuia să trăiesc?

Acest lucru este elementar, dar a fost nevoie de multă gândire și analiză și chiar de elaborarea unei strategii pentru a-l pune în practică. A însemnat să mă îndepărtez de chestiile mărunte care mă făceau să mă enervez pe oamenii din jurul meu, zilnic sau chiar în fiecare oră; asta, îmi dădeam seama acum, otrăvea fântâna cu apă de băut. A trebuit să deprind modalități noi de gestionare a problemelor și frustrărilor zilnice. Aceasta este o etapă importantă din sistemul lui Terry, etapa de predare: *Așa trebuie să faci. Așa asculți nemulțumirea partenerului și îți manifești compasiunea.*

„Toate astea sunt abilități", mi-a spus Terry. „Și, ca toate abilitățile pe care ai încercat să le dobândești în viață, le poți deprinde și pe astea."

Unele dintre schimbările pe care le-am făcut păreau la mintea cocoșului. M-am asigurat că petrec timp cu copiii — față în față, fără telefoane — în fiecare zi când eram acasă. Discutam cu Jill despre experiențele (nu „evenimentele") ei din fiecare zi. Mi-am limitat timpul petrecut la telefon și orele de muncă la un interval strict. O zi pe săptămână, în general sâmbăta sau duminica, nu mai munceam deloc, ceva contrar obiceiului înrădăcinat de zeci de ani. Un lucru și mai uimitor, eu și Jill ne-am dus într-o vacanță, prima oară după mulți ani de zile, doar noi doi, fără copii.

Una dintre abilitățile la care am lucrat și care e puțin mai complicată e numită „reîncadrare". În esență, este abilitatea de a privi o anumită situație din punctul de vedere al altcuiva — efectiv, schimbarea punctului de vedere. Aceasta este o chestiune teribil de dificilă pentru cei mai mulți dintre noi, așa cum a explicat David Foster Wallace[11] în discursul său, pe care l-a ținut în fața absolvenților Kenyon College din 2005, „Asta este apa“:

> Toate experiențele personale îmi susțin convingerea profundă că sunt centrul absolut al universului, cea mai reală, cea mai însuflețită persoană de pe pământ. Arareori ne gândim la acest gen de egocentrism firesc, elementar, pentru că este atât de respingător din punct de vedere social, dar, undeva, adânc înăuntrul nostru, se manifestă aproximativ la fel pentru noi toți. Este setarea noastră prestabilită, înscrisă în ADN încă de la naștere.
>
> Gândiți-vă puțin! Nu există nicio experiență pe care să o fi trăit fără să vă plasați în centrul absolut al ei. Lumea, așa cum o vezi, este chiar în fața ta sau în spatele tău, la stânga sau la dreapta, la televizor sau pe monitor, sau oriunde în altă parte. Gândurile și sentimentele celorlalți trebuie să-ți fie cumva comunicate, dar ale tale sunt extrem de imediate, urgente, reale.*

Puteam să înțeleg asta. În mod clar aceasta fusese setarea mea standard de când mă știam. E tentant să dau vina pentru asta pe povestea propriei mele traume și pe nevoia de a mă adapta pentru a mă proteja, dar e clar că nu îmi mai fusese de ajutor. Mai ușor de descris decât de făcut, reîncadrarea presupune să faci un pas în spate din fața unei situații și apoi să te întrebi: cum arată situația asta prin ochii celeilalte persoane? Cum o vede *ea*? Și de ce este timpul tău, confortul tău sau agenda ta mai importantă decât a ei?

Asta se dovedește util aproape în fiecare zi. De exemplu, dacă soția mea vine acasă și se ia de mine pentru că nu am ajutat-o să aducă plasele cu cumpărături, tendința mea ar fi să mă gândesc: *Hei, muncesc din greu, nu pot să particip de fiecare dată.* Iar acea senzație de îndreptățire s-ar strecura în mine deoarece, ei bine, muncesc din greu și altcineva poate să aducă în casă cumpărăturile.

* *Asta este apa* de David Foster Wallace, traducere de Anca Dumitrescu, Black Button Books, București, 2023, pp. 40 – 43. *(N.t.)*

Dar apoi îmi spun: *Stai așa, cum a fost ziua lui Jill azi?*

A trebuit să-i ia pe băieți de la școală și să meargă cu ei la magazin, unde probabil s-au bătut între ei ca niște animale sălbatice și i-au făcut pe toți din magazin să o considere pe Jill cea mai nepricepută mamă de pe pământ pentru că nu-și poate controla odraslele răsfățate, în timp ce ea a stat la coadă la raionul de delicatese doar ca să-mi ia acea șuncă perfect feliată care nu se găsește la raionul cu produse preambalate, iar apoi, pe drum spre casă, a prins de fiecare dată culoarea roșie la semafor în timp ce băieții se băteau cu piese de Lego.

Și știi ceva? Când o văd prin ochii ei, mă calmez repede și-mi dau seama că eu sunt cel egoist și că data viitoare trebuie să reacționez mai bine. În asta constă forța reîncadrării. Îți dai seama că trebuie să faci un pas în spate dintr-o situație, să-ți temperezi reacția reflexă și să încerci să înțelegi ce se întâmplă de fapt.

Undeva pe parcurs, printr-un aeroport într-un drum lung spre casă, cumpărasem cartea lui David Brooks *The Road to Character*. În avion, am citit partea în care Brooks face o diferență esențială între „virtuțile CV-ului“[12] — care se referă la realizările pe care le enumerăm în CV, diplomele și bursele și locurile de muncă —, și „virtuțile demne de laudă“, lucrurile pe care le vor spune despre noi prietenii și familia când nu vom mai fi. Și m-a zguduit din plin.

Toată viața mea acumulasem mai ales virtuți de CV. Aveam o mulțime de genul acesta. Dar de curând participasem la înmormântarea unei femei cam de vârsta mea care murise de cancer și am fost impresionat de afecțiunea și emoția cu care familia vorbise despre ea — aproape fără să menționeze succesul ei profesional sau academic impresionant. Ce conta pentru ei era persoana care fusese și lucrurile pe care le făcuse pentru alții, mai ales pentru copiii ei.

Oare ar vorbi cineva despre mine așa când avea să-mi vină rândul să fiu în coșciug?

Mă îndoiam. Și am hotărât că asta trebuia să se schimbe.

Am început să folosesc instrumentele și strategiile zilnic, elaborându-mi un fel de rutină emoțională. M-am concentrat pe virtuțile demne de laudă, nu pe cele din CV. Am lucrat asupra relaționării, asupra capacității mele de a fi mai prezent lângă familia mea. Am încercat să exersez reîncadrarea. Dar ceva tot nu părea în regulă. Chiar în timp ce lucram la relațiile cu cei mai apropiați, tot mai aveam un unghi mort important: relația cu mine însumi. Devenisem un soț și un tată mult mai bun, dar, în interior, eram la fel de necruțător cu mine ca și până atunci. Ura și aversiunea profundă față de mine încă îmi contaminau cele mai multe gânduri și emoții și nici măcar nu-mi dădeam seama de asta — nici nu înțelegeam de ce se întâmplă.

Știu că nu eram singurul care simțea asta. Vorbeam cu un pacient de-ai mei odată, o persoană cu un succes incredibil și bine-cunoscută, care mi-a spus ceva care m-a uimit. „Trebuie să fiu grozav", spunea el, „ca să nu mă simt de doi bani."

Chestia asta m-a năucit. Chiar *și el* se simte așa?

Cu toate acestea, propria nesiguranță și ură de sine încă mă măcinau. Deși începeam să mă pricep mai bine la relațiile cu alți oameni — asta era un soi de progres — eram la fel de dur cu mine ca și până atunci. Eram încă dominat de furie, chiar și când teoretic mă distram. Era suficient să ratez o tragere cu arcul sau să derapez într-o curbă în simulatorul meu de curse, ca să mă cuprindă o furie clocotitoare, plină de ură de sine. În permanență mă enervam pe mine însumi și făceam crize, strigând tare și chiar plesnindu-mă peste coapsă cu o săgeată, dacă ratam o dată ținta la tir. Asta îmi provoca multă suferință, dar continuam să o fac.

Era de parcă propriul meu Bobby Knight, antrenorul de baschet de la Universitatea Indiana, celebru pentru crizele lui de pe marginea terenului (și care a sfârșit prin a-și pierde jobul din cauza lor), trăia în capul meu. De fiecare dată când făceam o greșeală sau mi se părea că nu am obținut rezultate bune, chiar și în chestii mărunte, propriul meu antrenor Knight sărea de pe bancă și urla la mine. Făceam o greșeală în timp ce găteam cina? *Cum de nu știi să rumenești pe grătar o nenorocită de friptură?* Ratam înregistrarea de introducere a unui podcast? *Ești un rahat cu ochi care nu merită să trăiască, ce să mai vorbim despre înregistrarea unui podcast!*

Partea nasoală este că eu chiar credeam că vocea asta avea dreptate. Furia aceasta și îndoiala de sine îmi alimentaseră o mare parte din motivația personală și succesul pe care-l avusesem, îmi spuneam eu. Pur și simplu era prețul pe care trebuia să-l plătesc. Dar, de fapt, nu produsese decât și mai multe virtuți de CV. Și nici măcar nu eram așa de mândru de CV-ul meu. Niciodată nu avea să fie suficient de bun.

Pentru prima oară în viața mea, mi-a trecut prin cap un gând extrem: *Cui îi pasă cât de bine faci lucrurile, dacă ești așa de nefericit?*

În această perioadă, Paul Conti, care a continuat să-mi monitorizeze declinul emoțional din postura de prieten, a simțit că se apropie o altă furtună. A început să-mi sugereze să mă internez în altă clinică de tratament. The Bridge mă ajutase enorm și, fără cei de acolo, mi-aș fi pierdut familia. Dar Paul credea că plecasem prea repede de la The Bridge, unde rămăsesem doar două săptămâni, și ca atare nici măcar nu trecusem de suprafață în ceea ce privește analizarea și vindecarea relației cu mine însumi. Dar am refuzat încăpățânat. *O să mă descurc.*

Ceva avea să se întâmple și curând chiar așa a fost.

Îmi imaginez că, dacă 2020 ar fi fost ca oricare alt an, aș mai fi putut să o duc așa încă niște ani și să mă fofilez cumva. Dar nimic nu se compară cu o criză când vine vorba de a scoate în evidență toate celelalte probleme care clocotesc mocnit.

Când ne-a lovit COVID-ul, clinica noastră era deja la capacitatea maximă. Cei mai mulți pacienți noi vin în prima jumătate a anului, așa că deja foloseam toate forțele auxiliare pentru a descoperi detaliile noilor pacienți. COVID ne-a dublat sau triplat instantaneu volumul de muncă. Erau conversații telefonice zilnice cu echipa de cercetare pentru a discuta tot ce puteam să aflăm despre boală, începând de la primele ore ale dimineții, precum și înregistrarea unei categorii noi și intimidante de podcasturi legate de COVID. Am renunțat la practica meditației dimineața pentru a face față nenumăratelor apeluri de la pacienți, care erau în mod firesc panicați și în căutare de încurajare.

Din martie s-a făcut aprilie și a devenit evident că finalul nu era prea aproape. Într-o zi de la sfârșitul lui aprilie 2020, eram în timpul teleconferinței periodice cu managerul clinicii mele, când n-am mai putut să rezist și am început să-mi manifest frustrarea. Am pierdut controlul asupra lucrurilor, i-am spus. Nu mai reușesc să rețin poveștile pacienților. Oare pacientul X sau Y mi-a spus chiar săptămâna trecută despre problemele pe care le avea fiica sa la școală? Pacientul A sau B era cel pe care trebuia să-l contactez în acea seară legat de o problemă pe care o avea? A încercat să mă liniștească, spunând că făceam tot ce puteam, având în vedere contextul, și că pacienții noștri ne erau recunoscători. Dar, cu cât vorbea mai mult, cu atât mai tare mă enervam.

Și efectiv așa m-am scufundat într-un episod radical, autodistructiv, prin care nu mai trecusem înainte și nici nu am mai trecut de atunci. E îngrozitor chiar și numai să-mi aduc aminte de asta. Am aruncat cu o masă prin sufragerie. Mi-am sfâșiat tricoul în bucățele. Am urlat de furie și durere. Soția mea m-a implorat să plec de acasă, de teamă să nu cumva să le fac rău ei sau copiilor. M-am gândit să intru cu mașina în piciorul unui pod sau în altă structură, suficient de repede încât să mor. Eram convins că eram terminat, defect; când aveau să-mi facă autopsia creierului vor descoperi cât de terminat eram. Depășisem starea în care puteam fi vindecat. Nimic nu putea să rezolve situația.

Am ajuns să mă izolez într-un hotel, stând la telefon cu Paul, Esther și Terry. Insistau că trebuia să mă duc din nou într-un loc asemănător cu The Bridge. Imediat. Fidel firii mele, i-am contrazis încăpățânat, afirmând că pot rezolva situația cu puțin timp și susținere, dacă m-aș putea duce acasă să mă odihnesc. După ce am negociat cu ei timp de 48 de ore, până la urmă am cedat. În miezul nopții, m-am dus cu mașina în Phoenix, Arizona, pentru a fi internat într-un loc denumit Servicii de consiliere psihologică (Psychological Counseling Services sau PCS).

Terry îmi tot vorbea despre PCS de aproape un an. Spunea că e un loc care făcea minuni, vindeca răni care păreau imposibil de alinat. L-am întrebat cum de putea să fie așa de convins. Mi-a zis că pur și simplu trebuia să am încredere în el.

Ca și în cazul vizitei la The Bridge, cu 2 ani și jumătate în urmă, mi-a luat câteva zile să mă obișnuiesc. Deoarece era începutul pandemiei, eram singur, discutând cu terapeuți de la distanță, pe Zoom, timp de 12 ore în fiecare zi în timp ce stăteam într-un apartament închiriat prin Airbnb, la câțiva kilometri de clinică.

Abia în a doua săptămână am început să fac progrese. Treptat, am ajuns să accept că-mi construisem o structură de perfecționism și dependență de muncă bazată pe coloanele stimei de sine condiționate de performanță. Această structură era așezată pe fundația sentimentelor mele de rușine, unele provocate de traumă și altele pe care le moștenisem, deoarece copiii preiau rușinea celor din jurul lor. Dar toate erau exacerbate de propriul meu cerc vicios de ură de sine și vinovăție pentru acțiunile mele. Nu e deloc o coincidență că m-am simțit atras de activități sportive care necesitau perfecțiune, ca de exemplu tirul cu arcul și cursele de mașini.

Am sfârșit prin a-mi petrece trei săptămâni la PCS — 21 de zile de agonie neîntreruptă — terminând ce începusem la The Bridge și sondând dincolo de ceea ce mi-am imaginat că era posibil. Am acoperit o cantitate enormă de subiecte, dar una dintre sarcini m-a făcut să mă împotmolesc complet. În a doua zi, mi s-a dat sarcina de a scrie o listă de 47 de propoziții reprezentând câte o afirmație pozitivă despre mine pentru fiecare an din viață. Am ajuns pe la a cincea sau a șasea, după care m-am blocat. Zile la rând, nu-mi venea nicio idee de ceva bun de spus despre mine. Perfecționismul și sentimentul meu de rușine nu-mi permiteau să cred nimic bun despre mine. Efectiv nu reușeam să fac asta.

În cele din urmă, în a nouăsprezecea zi — o dimineață teribil de fierbinte de miercuri — s-a întâmplat. Unul dintre terapeuții mei, Marcus, sonda din ce în ce mai profund într-o poveste pe care i-o spusesem mai devreme, despre cum nu mai dorisem să-mi sărbătoresc zilele de naștere începând de pe la șapte ani; de fapt, i-am dezvăluit, aveam să-mi păstrez ziua de naștere „secretă" mult după vârsta de 20 de ani. Din întrebările lui era clar că nu așa ar face un copil sănătos și că probabil asta ascundea o problemă mult mai profundă. Tot continua să sondeze și nu renunța.

Acea conștientizare m-a împins spre o descărcare emoțională. Durase 2 ani și jumătate, dar în sfârșit eram în stare să renunț și să accept adevărul despre trecutul meu și modul în care mă modelase, fără scuze sau explicații raționale. Tot ce devenisem — bun și rău — era o reacție la ceea ce trăisem. Nici măcar nu era vorba doar de traumele cu T mare; am scos la iveală mult mai multe alte traume cu t mic, ascunse printre crăpături, care mă afectaseră și mai profund. Nu fusesem protejat. Nu mă simțisem în siguranță. Persoanele apropiate îmi înșelaseră încrederea. Mă simțeam abandonat. Toate astea se manifestaseră sub forma propriei mele uri de sine ca adult; devenisem dușmanul meu cel mai rău. Nu meritasem nimic din toate astea. Asta era marea descoperire.

Băiețelul acela drăgălaș nu a meritat nimic de genul ăsta. Și trăia încă în mine.

Odată ce am acceptat toate astea, a fost ușor să scriu cele 47 de afirmații.

Sunt imperfect, dar nu defect.
Sunt un soț și un tată bun.
Sunt un bucătar bun.
Nu sunt rușinea mea.
O să găsesc o cale să mă iubesc.

Pur și simplu au ieșit șuvoi din mine. Mi-au adus aminte de o observație făcută de Jacob Riis, un mare jurnalist danezo-american și reformator social: „Când mi se pare că totul e inutil,[13] mă întorc și mă uit la un cioplitor cum continuă să lovească în piatră poate chiar de o sută de ori fără ca măcar să apară vreo crăpătură. Și totuși, la 101-a lovitură, piatra se va despica în două și știu că nu datorită ultimei lovituri, ci tuturor celor dinainte".

Gândindu-mă retrospectiv la toate astea, una dintre cele mai importante lecții pe care le-am învățat este că genul de schimbare pe care o descriu în acest capitol nu este posibilă dacă nu suntem echipați cu un set de instrumente și senzori eficienți cu care să ne monitorizăm, păstrăm și refacem echilibrul emoțional. Aceste instrumente și acești senzori nu sunt înnăscuți; cei mai mulți dintre noi trebuie să-i învățăm, rafinăm și utilizăm zilnic. Și nu există nici soluții rapide.

Da, medicamentele precum antidepresivele și stabilizatoarele de stare contează și pot să ajute. Da, practica meditației poate să ușureze tot procesul. Da, moleculele precum MDMA și psilocibina, când sunt folosite sub o îndrumare experimentată și în contextul corect, pot avea efecte puternice; le-am folosit pe ambele în momente esențiale din recuperarea mea, cu rezultate remarcabile. Dar mult prea adesea văd oameni care-și pun speranțele de transformare *doar* în efectul ketaminei sau al unei călătorii în jungla din Peru, alături de un șaman care să-i ghideze prin experiența năucitoare a unei aventuri ayahuasca sau a vreunui alt exercițiu unic (ori chiar, ca în cazul meu, în gândul că două săptămâni într-o clinică precum The Bridge sunt suficiente, după care putem continua de parcă nimic fundamental nu s-a schimbat).

Toate aceste modalități sunt puternice și teoretic utile, dar trebuie să ne gândim la ele doar ca la niște adjuvante în autoexplorarea profundă și adesea neplăcută, inconfortabilă și uneori foarte lentă — iar alteori foarte rapidă — necesară în psihoterapia reală. Recuperarea adevărată necesită sondarea adâncimilor care te-au modelat, a modului în care te-ai adaptat la ele și a felului în care aceste adaptări te ajută acum (sau nu, cum era cazul meu). Pentru asta e nevoie și de timp, după cum am descoperit pe calea cea grea; cea mai mare greșeală dintre toate este să crezi că ești „vindecat" în câteva luni de administrare a unui medicament sau de câteva ședințe de psihoterapie, când de fapt nu ești nici măcar la jumătatea drumului.

Progresele pe care le-am făcut după întoarcerea de la PCS au fost înrădăcinate în acțiunile zilnice, multe dintre ele inconfortabile. Cea mai importantă provocare era pur și simplu să evit să mai fac vreo criză, cum a fost cea care m-a făcut să mă duc la PCS inițial. Mai avusesem și alte episoade mai puțin intense care îmi așternuseră drumul spre ea, dar aceasta s-a simțit ca explozia navetei spațiale *Challenger*, care s-a pulverizat peste Atlantic imediat după lansarea din 1986.

La momentul acela, dezastrul a părut ceva complet neașteptat, dar o investigație de lungă durată a scos la iveală faptul că nu era deloc așa. Existaseră semnale de avertizare și erori ale sistemului care se acumulaseră în programul navetei spațiale cu ani de zile înainte. Aceste probleme fuseseră documentate de ingineri, dar au fost ignorate și acoperite de management deoarece părea să fie „mai ușor" să facă asta decât să întârzie lansarea. Rezultatul a fost o catastrofă care ar fi putut fi prevenită. Obiectivul meu era să învăț să înțeleg semnalele de avertizare și erorile sistemului care ar fi putut duce la o explozie totală în propria mea viață, să împiedice să se mai întâmple vreodată așa ceva. Ideea seamănă puțin cu aspectele pe care le-am menționat despre Medicina 3.0, doar că se aplică la sănătatea emoțională: identificarea posibilelor probleme din timp și acționarea pentru a le preveni cât mai repede posibil.

Modul în care fac asta, instrumentele pe care le folosesc sunt derivate dintr-o școală psihologică cunoscută sub denumirea de terapie comportamentală dialectică (*dialectical behavior therapy* — DBT), elaborată în anii 1990 de Marsha Linehan. Pornind de la principiile terapiei cognitiv-comportamentale, care încearcă să-i învețe pe pacienți modalități noi de a se raporta la probleme sau de a acționa asupra lor, DBT a fost dezvoltată pentru a-i ajuta pe cei care au probleme mai grave și posibil periculoase, cum ar fi incapacitatea de a-și regla emoțiile și o predispoziție la autovătămare sau chiar suicidară. Aceste persoane sunt încadrate într-o categorie denumită tulburare de personalitate borderline, care e un fel de diagnostic umbrelă, dar s-a descoperit de asemenea că DBT e utilă pentru pacienții cu probleme de sănătate emoțională mai puțin periculoase, o categorie în care suntem incluși mulți dintre noi. Evident că mi se pare că seamănă cu Formula unu: circuitul de curse este un laborator cu miză mare și risc ridicat, în care producătorii de mașini își dezvoltă și testează tehnologii care ajung să fie utilizate și de mașinile noastre de fiecare zi.

Unul dintre aspectele care-mi plac la DBT este că se bazează pe dovezi: studiile clinice au descoperit că DBT îi ajută în mod eficient[14] pe pacienții cu tendințe suicidare și de autovătămare să renunțe la comportamentele periculoase. Un alt aspect care mă atrage la DBT este faptul că se bazează pe competențe, nu e doar ceva teoretic. Practicarea DBT presupune să parcurgi un manual împreună cu un terapeut DBT, să faci exerciții în fiecare zi. Uneori mă pricep mai bine la acțiune, decât la analiză. Practica DBT se bazează pe faptul de a învăța să folosești abilități concrete, în mod repetat, în condiții de stres, scopul lor fiind de a rupe reacția în lanț **stimul negativ — emoție negativă — gând negativ — acțiune negativă.**

DBT este alcătuită din patru piloni uniți printr-o temă atotcuprinzătoare. Aceasta este meditația mindfulness, care îți oferă capacitatea de a le parcurge pe celelalte patru: *reglarea emoțională* (controlul emoțiilor), *toleranța la suferința emoțională* (capacitatea de a gestiona factori stresanți emoțional), *eficacitate interpersonală* (cât de bine ne facem cunoscute nevoile și sentimentele celorlalți) și *automanagementul* (grija față de noi înșine, începând cu sarcinile de bază, precum trezitul la timp ca să mergem la muncă sau la școală). Primele două — reglarea emoțională și toleranța la suferința emoțională — sunt cele la care trebuie să lucrez cel mai mult, aşa că pe acestea m-am concentrat împreună cu terapeutul meu DBT, Andy White.

Îmi vizualizez toleranța la suferință emoțională ca pe o fereastră care se deschide şi se închide pe verticală. Cu cât această fereastră este mai îngustă, cu atât risc mai mult să apară dereglările. Obiectivele mele sunt să mențin fereastra cât mai larg deschisă şi să fiu foarte atent la orice poate să o îngusteze, chiar şi factori pe care nu-i pot controla (vezi figura 15).

Multe comportamente lărgesc această fereastră: activitatea fizică, somnul de calitate, alimentația de calitate, timpul petrecut cu familia, medicamentele cum sunt antidepresivele sau stabilizatoarele de dispoziție, conexiunile sociale profunde, timpul petrecut în natură şi activitățile recreative care nu pun accentul pe judecata de sine. Acestea sunt lucrurile pe care le pot controla. Nu controlez la fel de bine lucrurile care-mi îngustează fereastra,

Figura 15. Managementul toleranței la suferință emoțională

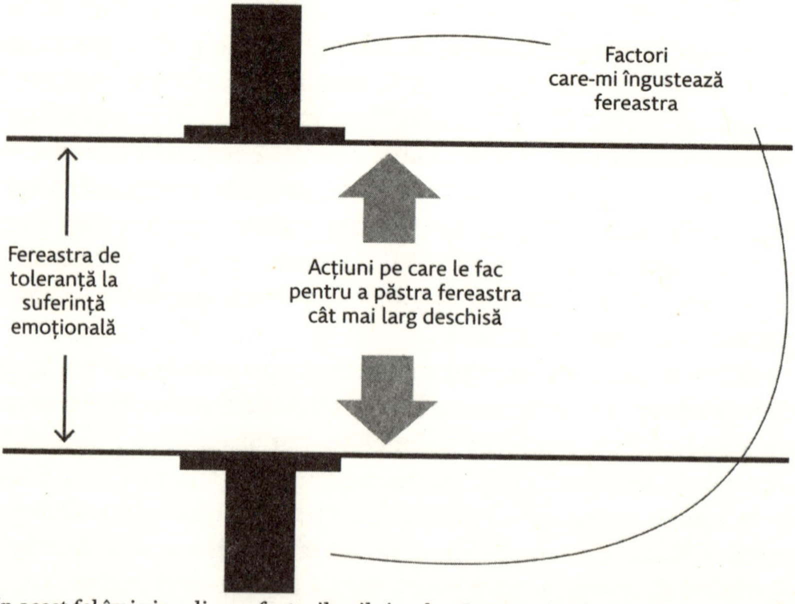

În acest fel îmi vizualizez eforturile zilnice de păstrare şi îmbunătățire a toleranței la suferință emoțională, reprezentată aici de „fereastra" sau spațiul prezentat mai sus. Încerc să mă concentrez pe a face tot ce pot pentru a păstra această fereastră cât mai larg deschisă posibil.

dar pot controla câte ceva — de exemplu, asumarea prea multor proiecte și faptul că spun „da" mai des decât ar trebui. Gestionarea acestei ferestre (parțial prin a învăța să spun „nu") și încercarea de a o menține cât mai larg deschisă este ceva la care mă gândesc și la care lucrez în fiecare zi.

Toate sunt legate: a trebuit să-mi cresc rezistența la suferința emoțională pentru a-mi putea recăpăta controlul asupra emoțiilor. Și, cu cât îmi reglez mai bine emoțiile, cu atât am mai puțină nevoie să mă bazez pe fereastra de rezistență la suferința emoțională. Am descoperit că, în timp ce lucram la acestea două, eficacitatea mea interpersonală, care evident că era departe de a fi perfectă, s-a îmbunătățit de la sine. Automanagementul nu a fost de fapt niciodată o problemă pentru mine, dar e posibil ca altcineva să aibă nevoi diferite. DBT este extrem de adaptabilă.

Tehnica se bazează pe mindfulness, care este unul dintre cuvintele la modă, pe care l-am disprețuit întotdeauna până când am ajuns să înțeleg că este un instrument cu adevărat eficient pentru a crea o anumită distanță între gânduri și sine, pentru a strecura măcar o fărâmă de spațiu între un anumit stimul și reacția mea impulsivă. Aveam nevoie de asta.

Practicasem meditația mindfulness de când plecasem de la The Bridge, evident cu rezultate amestecate, dar chiar am început să am mici revelații, momente când eram capabil să mă detașez de gândurile și emoțiile mele. Nu e o detașare completă, în sensul de a ne elibera total mintea, dar vrem să creăm un spațiu suficient de mare între stimul și reacție, ca să nu reacționăm pur și simplu din reflex la lucrurile care se întâmplă, cum ar fi un șofer care ne taie calea în trafic sau gândurile furioase sau anxioase pe care e posibil să le avem. La rândul său, acel spațiu ne permite să procesăm o situație într-un fel mai calm și mai rațional. Oare chiar avem nevoie să claxonăm și să înjurăm și poate să agravăm situația (chiar dacă individul o merită)? Sau e mai bine să acceptăm pur și simplu ce s-a întâmplat și să trecem mai departe? Mindfulness ne ajută să ne schimbăm punctul de vedere: poate că șoferul celălalt chiar se grăbește la spital cu un copil bolnav.

O altă modalitate în care ne ajută mindfulness este aducându-ne aminte că, atunci când suferim, asta e rareori consecința unei cauze directe, cum ar fi o piatră care ne lovește în picior chiar în clipa asta. Mult mai adesea, suferim deoarece ne gândim la un eveniment dureros care s-a petrecut în trecut sau ne facem griji cu privire la ceva neplăcut care e posibil să se întâmple în viitor. Și asta a fost o revelație enormă pentru mine. Pe scurt, simt mai puțină durere deoarece am capacitatea de a recunoaște când sursa durerii este în capul meu. Aceasta nu a fost o revelație originală, dar a fost oricum profundă. Mă aflam cam la 2 500 de ani distanță în timp de Buddha, care spusese: „Cel mai mare dușman al tău nu-ți poate face mai mult rău decât gândurile tale necontrolate". Seneca a îmbunătățit ideea în secolul I e.n., observând că „ne chinuim mai mult cu închipuirea decât cu viața adevărată".* Iar ulterior, în secolul al XVI-lea, Hamlet al lui Shakespeare a observat: „Nu se află lucru, fie bun, fie rău, pe care gândul să nu-l facă să fie așa".**

Una dintre modalitățile evidente de aplicare este cum ne raportăm la noi înșine. Cum sună dialogul nostru interior? Este unul bun și iertător și înțelept sau este dur și critic, cum era Bobby Knight-ul meu interior? Unul dintre cele mai puternice exerciții pe care le-am învățat a fost să stau pur și simplu și să-mi ascult dialogul interior. Îmi înregistram notițe pe telefon după orice activitate ce putea să ducă la judecata de sine, cum ar fi trasul cu arcul sau condusul mașinii în simulatorul de curse sau doar pregătirea cinei, și le trimiteam pe toate terapeutului. În aceste situații, instinctul meu era în general să urlu la mine că nu am făcut ceva bine. Terapeutul meu de la PCS mi-a spus să-mi imaginez că prietenul meu cel mai bun se comportase exact cum făcusem eu. Cum i-aș vorbi? L-aș mustra așa cum mă mustram adesea pe mine însumi? Bineînțeles că nu.

Asta era o variantă ușor diferită a reîncadrării, care mă obliga să mă detașez de mine și să văd diferența dintre „greșelile" mele (minore) și felul în care îmi vorbeam despre aceste greșeli (dur). Am făcut asta de mai multe ori pe zi, în fiecare zi, timp de aproximativ 4 luni; îți imaginezi cât de mult spațiu de stocare mi-a ocupat în telefon. În timp, Bobby Knight-ul meu interior a devenit

* *Scrisori către Luciliu* de Seneca, traducere și note de Gheorghe Guțu, Humanitas, 2023, p. 62. *(N.t.)*

** *Hamlet* de William Shakespeare, traducere de Leon Levițichi și Dan Duțescu, *Opere complete, Volumul 5*, Univers, București, 1986, p. 361. *(N.t.)*

din ce în ce mai estompat, iar azi aproape că mi-e greu să-mi aduc aminte cum suna vocea aceea.

Un alt obiectiv important al DBT este să-i ajute pe oameni să-și regleze emoțiile. Când am ajuns la The Bridge, aveam o capacitate limitată de a recunoaște cum mă simțeam, nici vorbă de schimbare sau gestionare a stării mele emoționale. Tot ce știam era o furie atotcuprinzătoare. Aceasta a atins apogeul la începutul pandemiei de COVID, când am devenit așa de supraîncărcat și copleșit, încât efectiv am explodat. Mi-am pierdut complet capacitatea de a-mi regla emoțiile. Prietenul meu apropiat Jim Kochalka, psiholog clinician, denumește acest gen de dereglare emoțională „inflamarea psihicului", care mi se pare cât se poate de corectă în ceea ce mă privește.

Furia aceasta era de mult timp un obstacol în relațiile mele personale, chiar și cu familia. Așa cum a subliniat cu mult timp în urmă Terry Real, furia pornește din rușine, dar adesea furia mea avea să *creeze* mai multă rușine. Dacă, de exemplu, strig la copiii mei, simt că mi-e rușine. Aceasta devine apoi un obstacol în capacitatea mea de a mă împăca cu ei, așa că mi-e și mai rușine. E ca și cum îmi sap singur o groapă și nici măcar una în care să fiu cu copiii mei. Până nu mă împac cu propriul meu comportament și nu mi-l asum, nu pot să evoluez. Odinioară asta era o problemă mult mai gravă, dar măcar acum pot să o identific în timp real, înainte să mă scufund prea tare.

DBT te învață diverse tehnici care le permit oamenilor să-și păstreze și să-și îmbunătățească toleranța la suferința emoțională, să-și accepte și să-și gestioneze emoțiile — și să nu fie *controlați de* ele, așa cum am fost eu atât de mult timp. O tactică simplă pe care o folosesc pentru a face față unei suferințe emoționale din ce în ce mai puternice este inducerea unei schimbări senzoriale abrupte — în esență, stropindu-mă cu apă rece pe față sau, dacă am probleme mari, un duș rece sau scufundarea într-o cadă cu apă rece. Această intervenție simplă stimulează un nerv cranian important, nervul vag, care face ca ritmul cardiac și respirator să scadă și ne transpune într-o stare de calm, controlată de sistemul nervos parasimpatic (scoțându-ne din starea controlată de sistemul simpatic, aceea de luptă sau fugă). Astfel de intervenții sunt adesea suficiente pentru a ne ajuta să ne reconcentrăm și să ne raportăm cu mai mult calm și mai constructiv la o situație. O altă tehnică la care am ajuns să țin foarte mult este respirația lentă, profundă: 4 secunde pentru a inspira, 6 secunde pentru a expira. Repetă. Pe măsură ce respirația se liniștește, o urmează și sistemul nervos.

De asemenea, este important de observat că DBT nu este o modalitate pasivă de a acționa. Necesită gânduri conștiente și acțiuni zilnice. O tactică pe care o consider deosebit de utilă este numită *acțiune opusă* — adică, dacă îmi vine să fac ceva (în general, nu ceva util sau pozitiv), o să mă forțez în schimb să fac exact opusul. Făcând asta, schimb și emoțiile aferente.

Prima oară când am experimentat asta era o după-amiază plăcută de duminică, la scurt timp după ce ne-am mutat în Austin. Îmi luasem angajamentul în fața soției mele că aveam să-mi iau o zi liberă pe săptămână, teoretic duminica, pe care să o petrec cu familia. A venit ziua de duminică și eu eram până peste cap de ocupat. Eram stresat și morocănos și nu voiam să mă văd și să vorbesc cu nimeni. Voiam doar să-mi văd de treabă. Mult prea obișnuită cu stilul meu egoist, Jill abia dacă a comentat când i-am spus că eram prea ocupat să duc copiii la un teren de golf din apropiere. Dar, în timp ce mă uitam la ea cum ajută copiii să urce în mașină, am identificat ocazia perfectă de a pune în practică teoria. Am fugit spre mașină, am sărit pe scaunul din față și am zis: „Hai să mergem". Am ajuns la Barton Creek și nu am făcut nimic deosebit în afară de a ne plimba prin împrejurimi, să aruncăm cu efect pietre în apă și să vedem cine poate să sară de pe un bolovan pe altul fără să se ude. Spre surprinderea mea, dispoziția mi s-a schimbat complet. Am insistat chiar să ne oprim să mâncăm hamburgeri și cartofi prăjiți (!) pe drumul înapoi spre casă.

Evident că acesta e un exemplu facil. Cine n-ar vrea să se joace cu copiii, în loc să muncească? Dar, pentru Bătrânul Peter, ar fi fost ceva imposibil. Această lecție măruntă, pe care de atunci încoace am implementat-o de nenumărate ori, m-a învățat ceva foarte important: schimbarea comportamentului îți poate schimba dispoziția. Nu trebuie să aștepți să ți se îmbunătățească starea de spirit pentru a-ți schimba comportamentul. Acesta este și motivul pentru care terapiile cognitive luate separat sunt uneori insuficiente; e posibil ca simplul fapt de a ne gândi la ceva să nu ajute, dacă gândirea este dezordonată.

Sportul este o altă componentă importantă a programului meu general de sănătate emoțională, în mod deosebit practicarea *rucking*-ului despre care am vorbit în capitolul 12. Am descoperit că, să mă mișc în natură, bucurându-mă pur și simplu de senzația vântului pe față și de mirosul mugurilor care apar primăvara (cu un rucsac bine încărcat în spate), mă ajută să-mi cultiv ceea ce Ryan Holiday numește „nemișcare", capacitatea de a rămâne calm și concentrat în mijlocul tuturor factorilor de distragere a atenției pe care îi oferă lumea noastră și pe care ni-i creăm singuri. Când mă însoțește și familia, acesta este un timp important de creare de legături. Când sunt singur, folosesc *rucking*-ul pentru a practica mindfulness, un fel de meditație în mers. Fără telefon, fără muzică, fără podcasturi. Doar sunetele naturii și respirația mea profundă. Acesta este încă un exemplu al felului în care acțiunea ne poate duce către o stare mintală mai bună. Și, așa cum mi-a explicat Michael Esther, există cercetări care sugerează faptul că expunerea la modelele geometrice fractale[15] din natură poate reduce stresul psihic și că efectele acestea sunt vizibile la EKG.

Până acum, cea mai importantă „tactică" este ședința mea săptămânală de psihoterapie (am ajuns la o ședință, de la trei sau patru pe săptămână, câte făceam când am plecat de la PCS). Asta nu e opțională. Fiecare ședință începe cu o evaluare fizică: cum mă simt? Cum am dormit (o întrebare importantă)? Am vreo durere fizică? Sunt implicat în vreun conflict? Apoi disecăm și discutăm evenimentele și problemele săptămânii în cele mai mici detalii. Niciun subiect nu e prea mărunt. Dacă, de exemplu, îmi dau seama că m-a dat peste cap o emisiune TV sau un film, e posibil să merite explorat. Dar abordăm și probleme de ansamblu, cele care m-au propulsat inițial spre criză. Îmi completez ședințele de terapie scriind în jurnal, un spațiu unde pot exersa exprimarea emoțiilor și înțelegerea lor, fără să omit nimic. Sunt foarte convins că nimic nu poate înlocui acest gen de travaliu cu un psihoterapeut profesionist.

În cele mai multe zile, încerc să mă țin de comportamentele mele „bune", chiar și atunci când nu îmi vine automat să fac asta, mă simt prea ocupat sau din alt motiv. În fiecare zi, fac greșeli și în fiecare zi încerc să mă iert pentru ele. Unele zile sunt mai bune decât altele, dar cu timpul am făcut progrese vizibile. E important de reținut că e posibil ca lista mea de activități și comportamente de bifat să nu fie aceeași cu a altei persoane și chiar nici a mea nu e la fel azi cum era acum 6 luni, după ce am plecat de la PCS; există o afirmație în literatura DBT de specialitate despre felul în care este important să încerci să faci lucruri care-ți plac, „în concordanță cu valorile tale". Cu toții avem probleme și structuri mintale diferite și cu toții ne putem descoperi propriile soluții unice. Tehnicile DBT sunt adaptabile și flexibile, ceea ce le face și utile pentru o mare gamă de persoane.

Dacă nu preiei nimic altceva din povestea asta, reține măcar atât: *dacă eu pot să mă schimb, atunci poți și tu.* Toate astea trebuie să înceapă cu convingerea simplă că schimbarea reală este posibilă. Acesta e cel mai important pas. Credeam că sunt cel mai sinistru, incorigibil și nefericit ticălos care a fost vreodată expulzat în civilizație. De când mă știu, am crezut că eram imperfect și că defectele mele erau adânc înrădăcinate. Imposibil de schimbat. Doar când, până la urmă, am luat în calcul ideea că poate nu eram așa un monstru, am putut să-mi demontez discursul care aproape că distrusese viața mea și pe a tuturor celor din preajmă.

Acesta este pasul esențial. Trebuie să crezi că te poți schimba — și că meriți ceva mai bun.

Cu toate acestea, poate fi un pas foarte dificil pentru multe persoane, din mai multe motive — stigmatul social care continuă să existe legat de sănătatea mintală și emoțională, dacă e să menționăm doar unul dintre ele. E dificil pentru mulți oameni, cum a fost și pentru mine la un moment dat, să recunoască faptul că au o problemă, să accepte că au nevoie de ajutor și apoi să acționeze, mai ales dacă asta înseamnă să vorbească deschis cu alții, să-și ia zile libere de la muncă sau să-și asume costul tratamentului.

Aceasta face parte din schimbarea paradigmei noastre de gândire, care trebuie să se petreacă, dacă vrem să rezolvăm epidemia de tulburări de sănătate emoțională, laolaltă cu utilizarea drogurilor, abuzul de alcool, tulburările de alimentație, sinuciderile și violența care vin la pachet cu ele. Trebuie să transformăm starea de vulnerabilitate în ceva firesc, să cerem și să primim ajutor.

Mult timp nu am vrut să caut ajutor. Abia când m-am confruntat cu alegeri insuportabile — pierderea familiei sau chiar pierderea vieții prin acțiuni proprii — am fost de acord cu reticență să fac ce ar fi trebuit să fac mult mai demult și să fiu la fel de atent la sănătatea mea emoțională, cum fusesem mereu la cea fizică.

Pe măsură ce intram în etapa următoare a recuperării mele, am început să observ ceva ce nu mai experimentasem înainte: am descoperit mai multă bucurie în *a fi*, decât în *a face*. Pentru prima oară în viață, am simțit că pot *să fiu* un tată bun. Puteam *să fiu* un soț bun. Puteam *să fiu* o persoană bună. Până la urmă, de asta trăim. Și de asta vrem *să trăim mai mult.*

Există un citat din Paulo Coelho la care mă gândesc adesea: „Poate călătoria nu a fost despre a deveni ceva. Poate că a fost despre a renunța la tot ce nu ești cu adevărat, ca să poți fi cine trebuia de la bun început".

Epilog

Abia după ce am reflectat mult la toată experiența asta am început să înțeleg felul în care sănătatea emoțională este corelată cu longevitatea și faptul că drumul parcurs m-a ajutat să-mi redefinesc perspectiva.

Mult timp fusesem abonat la o abordare de tip Silicon Valley a longevității și sănătății, considerând că e posibil să ne modificăm biologia și să continuăm să facem asta până devenim acei mici humanoizi perfecți care pot trăi până la 120 de ani. Eram obsedat în totalitate de asta, ajustând și experimentând în permanență noi diete care presupuneau să țin post sau diverse dispozitive de somn, pentru a-mi lungi viața. Toate din viața mea trebuiau optimizate. Iar longevitatea era în esență o problemă inginerească. Sau cel puțin așa credeam.

Mi-a luat cinci ani, două șederi în centre rezidențiale de tratament și aproape mi-am pierdut căsnicia și copiii, până să mă răzgândesc. Ce mi-am dat seama până la urmă, după acest travaliu lung și foarte dureros, este că longevitatea nu are sens dacă ai o viață nefericită. Sau dacă relațiile cu ceilalți sunt proaste. Nimic nu contează dacă soția te urăște. Nimic nu contează dacă ești un tată de căcat, dacă ești măcinat de furie și dependență. CV-ul tău nu contează de fapt nici el, când vine momentul necrologului.

Toate astea trebuie rezolvate, pentru ca viața ta să merite să fie prelungită — întrucât cel mai important ingredient din toată ecuația longevității este *motivul*. Care este *motivul* pentru care vrem să trăi mai mult? Pentru ce? Pentru cine?

Obsesia mea pentru longevitate era de fapt legată de teama mea de moarte. Iar ceva legat de faptul că aveam copii făcea ca obsesia să fie și mai puternică. Fugeam de moarte cât de repede puteam. Totuși, în același timp, într-un mod ironic, evitam de fapt și să trăiesc. Poate că tacticile mele ar fi reușit să mă facă să trăiesc mai mult, cu o reglare optimă a glucozei și niveluri ideale de lipoproteine, dar strategia mea producea în mod clar acumularea de și mai multe regrete. Sănătatea fizică și cea cognitivă erau grozave, dar cea emoțională mă sabota.

Cea mai mare părere de rău a mea este legată de faptul că o mare parte din nefericirea pe care am trăit-o și din durerea pe care le-am provocat-o altor persoane ar fi putut fi evitată, dacă aș fi ajuns să înțeleg asta mai bine și mai devreme în viață, de preferat mult mai devreme. Chestia cea mai tristă este că mi-am pierdut foarte mult timp fiind așa de detașat, de nefericit și atât de prost îndrumat. Atât de mult timp am urmărit un obiectiv lipsit de sens.

Dar, pe măsură ce am făcut progrese cu recuperarea, am observat că preocuparea legată de moarte a început să se estompeze. Iar aventura în căutarea longevității nu mai părea o sarcină apăsătoare, disperată; acum lucrurile pe care le făceam în fiecare zi păreau binevenite, necesare. Îmi îmbunătățeam viața și așteptam cu nerăbdare viitorul. Preocuparea mea pentru a trăi mai mult avea într-un final claritate, scop și sens.

M-a făcut să revin la ceva ce-mi spusese prietenul meu drag, Ric Elias. Ric fusese unul dintre cei 155 de pasageri ai zborului US Airways care aterizase de urgență în Râul Hudson, în ianuarie 2009. În timp ce avionul cobora, Ric și majoritatea celorlalți pasageri erau siguri că vor muri. Doar competența pilotului și o fărâmă de noroc au împiedicat dezastrul. Dacă avionul ar fi zburat puțin mai repede, s-ar fi dezintegrat la impact; dacă viteza lui ar fi fost cu câțiva kilometri pe oră mai mică, vârful s-ar fi aplecat în față și avionul s-ar fi scufundat în râu. Câțiva factori mărunți de genul acesta au făcut diferența între viața tuturor celor din acel avion și moartea unora sau a celor mai mulți dintre ei.

Ziua aceea a schimbat modul în care Ric se raportează la longevitate într-unul cu care eu rezonez. Tot acel timp, fusesem obsedat de longevitate din motivul greșit. Nu mă gândeam la viața lungă și sănătoasă care mă aștepta; în schimb, jeleam trecutul. Eram blocat de durerea pe care mi-o provocase trecutul și pe care continua să mi-o provoace. Voiam să trăiesc mai mult doar pentru că, undeva în adâncul sufletului, știam că aveam nevoie de mai mult spațiu de manevră să îndrept lucrurile. Dar mă uitam doar în spate, nu și în față.

„Cred că oamenii îmbătrânesc când nu se mai gândesc la viitor“, mi-a spus Ric. „Dacă vrei să descoperi vârsta *adevărată* a oamenilor, ascultă-i. Dacă vorbesc despre trecut și despre toate lucrurile care s-au întâmplat și pe care le-au făcut înseamnă că au îmbătrânit. Dacă se gândesc la visurile lor, la aspirații, la ceea ce mai așteaptă cu entuziasm să li se întâmple — atunci sunt tineri.“

Hai să rămânem tineri, chiar în timp ce îmbătrânim!

Mulțumiri

Cartea aceasta a fost periculos de aproape de a nu vedea lumina zilei. La începutul lui 2020, după ce agentul și editorul meu m-au concediat pentru că nu am reușit să livrez manuscrisul care deja întârziase un an, nu aveam deloc dispoziția necesară pentru a mai investi vreun efort suplimentar și am hotărât să renunț la tot proiectul. Ciorna a rămas neatinsă aproximativ nouă luni, până când prietenul meu Michael Ovitz m-a întrebat dacă o poate citi. După vreo două săptămâni, Michael m-a sunat să-mi spună că el credea că avea un mare potențial și că trebuia publicată. Mi-a sugerat ca, împreună cu coautorul, Bill Gifford, să-i trimit o variantă revizuită prietenei lui, Diana Baroni, la Penguin Random House. Dacă Michael nu ar fi insistat asupra ideii, prezentându-mă Dianei și finalizând înțelegerea cu Penguin Random House, *Outlive* ar fi în continuare un document Google oarecare, citit doar de mine, Bill și câteva alte persoane. Îi sunt recunoscător Dianei pentru capacitatea de a vedea ce ar fi putut să devină acel manuscris destul de nerafinat și, mai ales, pentru îndrumarea ei, care ne-a ajutat să ajungem în acest punct.

Cu mult timp înainte de acest moment, cartea ar fi murit în fașă fără ajutorul lui Bill. Pe la jumătatea lui 2017, după ce scrisesem vreo 30 000 de cuvinte de unul singur, editorul meu de atunci mi-a spus că draftul era prea tehnic și lipsit complet de imaginea mea ca persoană și a propriei călătorii spre înțelegerea importanței longevității. Mi-a sugerat să găsesc un coautor și așa a început lunga căutare prin care am ajuns la Bill. Citisem o poveste pe care o scrisese Bill în 2015 despre rapamicină, precum și cartea lui, *Spring Chicken*, și am avut senzația că este persoana potrivită care să mă ajute să gestionez o sarcină delicată: să redau acest subiect complex într-un mod corect și cu atenție la nuanțe și detalii, făcându-l în același timp ușor de citit și accesibil unei audiențe mai largi. Așa cum spunea Bill, el e traducătorul meu. În acest proces, Bill mi-a devenit de asemenea prieten apropiat și persoana care, uneori, a văzut ce e mai rău în mine, dar sper că și ce e mai bine.

Nu-mi pot imagina să fi scris cartea aceasta fără ajutorul lui Bob Kaplan. Bob a fost șeful echipei mele de cercetare din 2015 până în 2021 și a jucat un rol esențial nu doar în strângerea și analizarea tuturor studiilor pe care se bazează această carte, ci și insistând asupra unor idei, obligându-mă să fiu mai riguros în gândire. De parcă asta nu ar fi fost suficient, Bob a renunțat în 2022 la pensionare pentru a-și asuma sarcina herculeană de a organiza notele. Bob, împreună cu Vin Miller, a făcut de asemenea cea mai mare parte din munca de verificare a datelor, în timp ce Rachel Harrus, Sam Lipman și Kathryn Birkenbach m-au ajutat cu o parte din documentare.

Unul dintre aspectele care m-au surprins în acest proces a fost generozitatea oamenilor în ceea ce privește timpul și competențele lor. Am trimis multe părți din manuscris unor experți, pentru feedback. Fără nicio excepție, toate persoanele pe care le-am rugat să facă asta au fost de acord. Nu-mi pot exprima suficient de mult recunoștința față de următorii: Kellyann Niotis și Richard Isaacson (boli neurodegenerative), Matt Walker și Vik Jain (somn), Lew Cantley și Keith Flaherty (cancer), Layne Norton, David Allison și Kevin Bass (nutriție), Steve Austad (restricționarea calorică), Nir Barzilai (centenarii), Matt Kaeberlein și David Sabatini (rapamicină, mTOR), Tom Dayspring (ateroscleroză) și Beth Lewis care m-a ajutat enorm când am încercat (și am tot încercat) să scriu despre stabilitate într-un mod care să poată fi înțeles.

O mare parte din cele scrise în această carte se bazează pe interacțiunile mele cu pacienții și cu invitații din podcast. Experiențele pacienților mei alcătuiesc substratul cărții, materia brută și îmi aduc aminte în permanență de nevoia de a continua să învăț. Din acest motiv există podcastul meu, *The Drive*: este o forță motivațională care ne determină, pe mine și echipa mea, să învățăm lucruri noi într-un ritm amețitor. Cunoștințele pe care le dobândesc în fiecare zi prin interviurile cu specialiștii au stat de asemenea la baza multor informații pe care tocmai le-ai citit.

Pe cât de îndatorat mă simt față de cercetătorii și medicii geniali care mi-au fost mentori pe tot parcursul carierei, la fel de îndatorat, dacă nu mai mult, îi sunt lui Paul Conti pentru că m-a obligat să mă duc la The Bridge și terapeuților care mi-au salvat viața: Esther Perel, Terry Real, Lorie Teagno, Katy Powell, Andy White, Jeff English și toată echipa de la PCS.

Mai mulți prieteni au citit la rândul lor fragmente inițiale din cartea aceasta și mi-au oferit un feedback extraordinar: Rosie Kurmaniak, Deb și Hugh Jackman, David Buttaro, Jason Fried și Judith Barker.

Poate că nu știi asta despre mine (deși poate până acum ți-ai dat seama), dar sunt genul obsedat de detalii, așa că sarcina de a face coperta exact „cum trebuie“ nu a fost una ușoară. Din fericire, Rodrigo Corral și echipa sa au putut să colaboreze cu noi și să realizeze designul unei coperte despre care eu și Bill simțim că reprezintă cu adevărat travaliul din interior. Ei au continuat să fie incredibil de răbdători cu stilul meu de micromanagement al fiecărui detaliu al acestui proces, fără să comenteze nimic.

Unul dintre cele mai dificile aspecte ale scrierii unei cărți a fost găsirea timpului necesar pentru a lucra la ea. Echipa clinică de la Early Medical a muncit peste program pentru a-mi permite să-mi petrec lungi perioade de timp fără să fiu întrerupt. Lacey Stenson gestionează aproape toate fațetele vieții mele personale și profesionale și a realizat chestii extraordinare pentru a face cartea aceasta să devină realitate. Fără Lacey, toate trenurile au întârzieri. Nick Stenson gestionează nu doar toate aspectele conținutului nostru digital și de podcast, dar a mai supervizat și toată strategia de lansare și execuție a cărții, care s-a dovedit că avea nevoie de o implicare mult mai mare decât și-a imaginat vreodată.

În cele din urmă și cel mai important, vreau să-i mulțumesc lui Jill. A trăit toate suișurile și coborâșurile și niciodată — nici măcar preț de o secundă — nu a încetat să mă susțină, chiar și când orice persoană rezonabilă ar fi avut motive să-mi dea un șut în fund. Nu a renunțat niciodată. Olivia, Reese și Ayrton l-au văzut și ei pe tatăl lor de multe ori în fața ecranului calculatorului în timpul serilor și weekendurilor și mi-au cerut în repetate rânduri să muncesc mai puțin. Acum, că am terminat cartea asta, în sfârșit le pot oferi mai mult din ceea ce li se cuvine de drept.

BILL GIFFORD

Aș vrea să îi mulțumesc Marthei McGraw pentru bunătatea, coachingul și susținerea pe tot parcursul acestui proiect lung și uneori obositor. Nu aș fi reușit fără tine. Mulțumiri și lui Bob Kaplan pentru cantitatea enormă de materiale de documentare descărcate și pentru că m-a ajutat să înțeleg multe subiecte complexe. Și prietenului meu Stephen Dark, pentru toate plimbările.

NOTE

INTRODUCERE

1. Yamamoto et al. (2015).

CAPITOLUL 1

1. Kinsella (1992).
2. Mensah et al. (2017).
3. Siegel et al. (2021).

CAPITOLUL 2

1. Sokol (2013).
2. S. Johnson (2021).
3. Gordon (2016).
4. Manson et al. (2013).
5. *New York Times* (1985).

CAPITOLUL 3

1. López-Otín et al. (2013).
2. Benn et al. (2011).
3. Ference (2015).

CAPITOLUL 4

1. Taylor (2009).
2. Spencer (2005).
3. Picard (2018).
4. Rajpathak et al. (2011).
5. United States Census Bureau (2022).
6. Hjelmborg et al. (2006).
7. Sebastiani, Nussbaum, et al. (2016).
8. Xu (2016).
9. Evert et al. (2003).

10. Perls (2017).
11. Hitt et al. (1999).
12. Michaelson (2014).
13. Sebastiani, Gurinovich, et al. (2019).
14. Willcox et al. (2008).
15. Revelas et al. (2018).
16. Serna et al. (2012).
17. Melov et al. (2007).

CAPITOLUL 5

1. E.J. Brown et al. (1994); Sabatini et al. (1994).
2. Tatebe și Shiozaki (2017).
3. G.Y. Liu și Sabatini (2020).
4. Attia (2018a).
5. Attia (2018a).
6. D.E. Harrison, Strong, Sharp, et al. (2009).
7. Selvarani, Mohammed și Richardson (2021).
8. Baur et al. (2006).
9. Miller et al. (2011); Strong et al. (2013).
10. D.E. Harrison, Strong, Reifsnyder, et al. (2021).
11. Selvarani, Mohammed și Richardson (2021).
12. Fontana și Partridge (2015).
13. McDonald și Ramsey (2010).
14. Hardie (2011).
15. Kourtis and Tavernarakis (2009).
16. Karsli-Uzunbas et al. (2014).
17. Mannick et al. (2014).
18. Creevy et al. (2022).
19. Urfer et al. (2017).
20. Attia (2018b).
21. Bannister et al. (2014).

CAPITOLUL 6

1. Zelman (1952).
2. Ludwig et al. (1980).

3. S.A. Harrison et al. (2021).
4. Fryar et al. (2018); Ogden et al. (2004).
5. Kwo, Cohen și Lim (2017).
6. Prati et al. (2002).
7. Fayek et al. (2016).
8. CDC (2022b).
9. Hirode și Wong (2020).
10. Araújo, Cai și Stevens (2019).
11. Stefan, Schick și Häring (2017).
12. Gavrilova et al. (2000).
13. Tchernof și Després (2013).
14. Anand et al. (2011); Sniderman, Bhopal, et al. (2007).
15. Ahima and Lazar (2013).
16. M.C. Petersen și Shulman (2018).
17. Frayn (2019).
18. Tuchman (2009).
19. Diamond (2003).
20. Joslin (1940).
21. NIDDK (2018).
22. CDC (2022e).
23. CDC (2020).
24. CDC (2020).
25. R.J. Johnson, Stenvinkel, et al. (2020).
26. Attia (2020c).
27. R.J. Johnson și Andrews (2015).
28. R.J. Johnson, Sánchez- Lozada, et al. (2017).
29. Igwe et al. (2015); Matsuzaki et al. (2010); Zethelius și Cederholm (2015).

CAPITOLUL 7

1. Heron (2021); WHO (2019).
2. CDC (2022c).
3. ACS (2022a); Heron (2021).
4. Caselli și Lipsi (2006).
5. Bautch și Caron (2015).
6. McNamara (2015).

7. Mensink și Katan (1992).
8. Lammert and Wang (2005).
9. Jaret (1997).
10. Dietary Guidelines Advisory Committee (2015).
11. Sniderman, Thanassoulis et al. (2016).
12. Stary (2003).
13. Lawson (2016).
14. Nasir et al. (2022); Uretsky et al. (2011).
15. Marston et al. (2022).
16. Tsimikas et al. (2018).
17. O'Donoghue et al. (2019).
18. Libby (2021).
19. Orphanet (2022).
20. Ritchie and Roser (2018).
21. Dietschy, Turley și Spady (1993); Ference et al. (2019); Forrester (2010); Jakubowski et al. (2021); Karagiannis et al. (2021); R. Le, Zhao, și Hegele (2022); Libby și Tokgözoğlu (2022); Masana et al. (2018); O'Keefe et al. (2004); Soran, Ho și Durrington (2018); N. Wang et al. (2020).
22. Haase et al. (2012).
23. Voight et al. (2012).
24. du Souich, Roederer și Dufour (2017); Stroes et al. (2015).
25. Mach et al. (2018); C.B. Newman et al. (2019).
26. Jose (2016).
27. Thanassoulis, Sniderman și Pencina (2018).

CAPITOLUL 8

1. Rosenberg și Barr (1992).
2. NCI (2022b).
3. NCI (2021).
4. NCI (2021).
5. Jamaspishvili et al. (2018).
6. Pollack (2005).
7. Sleeman și Steeg (2010).
8. Hitchens (2014).

9. Hanahan și Weinberg (2011).
10. Warburg (1924, 1956).
11. Liberti și Locasale (2016).
12. Christofferson (2017).
13. J.D. Watson (2009).
14. Vander Heiden, Cantley și Thompson (2009).
15. Avgerinos et al. (2019).
16. Lega et al. (2019).
17. Bradley (2004); Fruman et al. (2017).
18. Mercken et al. (2013).
19. Mukherjee (2011).
20. Hopkins et al. (2018).
21. de Groot et al. (2020).
22. ACS (2022c).
23. Kochenderfer et al. (2010).
24. D.T. Le et al. (2015).
25. Gay și Prasad (2017).
26. Cavazzoni et al. (2020).
27. Attia (2021b); Rosenberg (2021).
28. Atkins et al. (2000).
29. Taieb et al. (2020).
30. Waks et al. (2019).
31. Hofseth et al. (2020).
32. ACS (2022b).
33. X. Chen et al. (2021).

CAPITOLUL 9

1. Reiman, Arboleda-Velasquez, et al. (2020).
2. Belloy et al. (2020).
3. Cacace, Sleegers și Van Broeckhoven (2016); Cruchaga et al. (2012); Cuyvers și Sleegers (2016).
4. Cummings et al. (2022).
5. Kolata (2020).
6. Blessed, Tomlinson și Roth (1968).
7. Rabinovici et al. (2019).

8. Müller, Winter şi Graeber (2013).
9. Kaivola et al. (2022).
10. Attia (2018c).
11. Daviglus et al. (2010).
12. Ngandu et al. (2015).
13. Rosenberg et al. (2020); Andrieu et al. (2017); van Charante et al. (2016).
14. Mosconi et al. (2018); Rahman et al. (2020); Ratnakumar et al. (2019); Zhou et al. (2020).
15. Yan et al. (2022).
16. Cerri et al. (2019).
17. Langa şi Levine (2014).
18. Brookmeyer et al. (2018).
19. Attia (2019).
20. Yasuno et al. (2020).
21. Blessed, Tomlinson şi Roth (1968).
22. Raichle şi Gusnard (2002).
23. de la Torre (2016).
24. de la Torre (2018).
25. Wolters şi Ikram (2019).
26. Cholerton et al. (2016).
27. Neth and Craft (2017).
28. Freiherr et al. (2013).
29. Chapman et al. (2018).
30. Kerrouche et al. (2006).
31. Reiman, Caselli, et al. (1996); Small et al. (2000); Sperling et al. (2011).
32. Kerrouche et al. (2006).
33. Neu et al. (2017).
34. Montagne et al. (2020).
35. Trumble şi Finch (2019).
36. Mitter et al. (2012); Oriá et al. (2007).
37. Kloske şi Wilcock (2020).
38. Yassine et al. (2017).
39. Grammatikopoulou et al. (2020).
40. Slayday et al. (2021).

41. Maeng și Milad (2015).
42. Esteban-Cornejo et al. (2022).
43. C. Wang și Holtzman (2020).
44. Zheng et al. (2017).
45. Dominy et al. (2019).
46. Laukkanen et al. (2017).
47. Laukkanen et al. (2015).
48. A. Smith et al. (2010).
49. Oulhaj et al. (2016).
50. Maddock et al. (2015).

CAPITOLUL 10

1. Proctor (1995).
2. NHTSA (2022a).
3. NHTSA (2022b); Attia (2020b).

CAPITOLUL 11

1. Blackwell și Clarke (2018).
2. Wen et al. (2011).
3. Reimers, Knapp și Reimers (2012).
4. Booth și Zwetsloot (2010).
5. I.-M. Lee și Buchner (2008).
6. HHS (2018).
7. Mandsager et al. (2018).
8. Mandsager et al. (2018).
9. Mandsager et al. (2018).
10. Mandsager et al. (2018).
11. Kokkinos et al. (2022).
12. Mandsager et al. (2018).
13. Li et al. (2018).
14. Artero et al. (2011).
15. Naci și Ioannidis (2015).
16. Seifert et al. (2010).
17. Barnes și Corkery (2018).
18. Westerterp et al. (2021).

19. Bunout et al. (2011).
20. Jones et al. (2017).
21. Van Ancum et al. (2018).
22. CDC (2021).
23. H.-S. Lin et al. (2016).
24. Veronese et al. (2022).
25. Nicklas et al. (2015).
26. K.L. Campbell et al. (2019).
27. Zhang et al. (2020).
28. Danneskiold-Samsøe et al. (2009); Hughes et al. (2001); Lindle et al. (1997).

CAPITOLUL 12

1. Allen și Coggan (2010).
2. San-Millán și Brooks (2018).
3. Lemasters (2005).
4. Kawada și Ishii (2005).
5. Richter (2021).
6. McMillin et al. (2017).
7. Seifert et al. (2010).
8. Mandsager et al. (2018).
9. C.-H. Kim et al. (2016).
10. Shephard (2009).
11. Trappe et al. (2013).
12. Shephard (2009).
13. Shephard et al. (2009).
14. Booth și Zwetsloot (2010); Mandsager et al. (2018).
15. Billat et al. (2017).
16. Lexell (1995).
17. Kortebein et al. (2007).
18. T.N. Kim și Choi (2013).
19. Xue (2011).
20. Tieland, Dirks, et al. (2012).
21. Easter (2021).

22. Bohannon (2019); Hamer şi O'Donovan (2017); Y. Kim et al. (2018); A.B. Newman et al. (2006).
23. Cruz-Jentoft et al. (2019).
24. Fain şi Weatherford (2016).

CAPITOLUL 13

1. Dahlhamer (2018).
2. Shmagel et al. (2018).
3. Gaskin and Richard (2012).
4. Boneti Moreira et al. (2014).
5. Frank, Kobesova şi Kolar (2013).
6. Attia (2021a).
7. Araujo et al. (2022).
8. Tanweer (2021).

CAPITOLUL 14

1. Dye (1988).
2. Naghshi et al. (2020).
3. Bao et al. (2013).
4. Azad et al. (2017).
5. Hill (1965).
6. Schwingshackl, Schwedhelm, et al. (2018).
7. Pesch et al. (2012); Proctor (2001); Sasco, Secretan şi Straif (2004); Youlden, Cramb şi Baade (2008).
8. Ioannidis (2018); Moco et al. (2006); Ninonuevo et al. (2006); Wishart et al. (2007).
9. Crowe (2018).
10. Ejima et al. (2016).
11. Naimi et al. (2017).
12. Biddinger et al. (2022).
13. WHI (nedatat).
14. Howard et al. (2006).
15. Estruch et al. (2013).
16. Martínez-Lapiscina et al. (2013).

CAPITOLUL 15

1. Colman et al. (2009).
2. Wade (2009).
3. Mattison et al. (2012).
4. Kolata (2012).
5. Cordain, Miller, et al. (2000).
6. Cordain, Eaton, et al. (2002); Pontzer et al. (2018).
7. Gibson et al. (2015); Nymo et al. (2017); Phinney și Volek (2018); Sumithran et al. (2013).
8. Oliveira, Cotrim și Arrese (2019).
9. Peng et al. (2020).
10. C. Wang și Holtzman (2020).
11. Hines și Rimm (2001); Suzuki et al. (2009).
12. Biddinger et al. (2022).
13. Hanefeld et al. (1999); Kawano et al. (1999); H.-J. Lin et al. (2009); Standl, Schnell și Ceriello (2011); Watanabe et al. (2011).
14. Pfister et al. (2011).
15. Echouffo-Tcheugui et al. (2019).
16. Franz (1997).
17. W. Campbell et al. (2001).
18. Wu (2016).
19. Baum, Kim și Wolfe (2016).
20. Schoenfeld și Aragon (2018).
21. Baum, Kim și Wolfe (2016).
22. Houston et al. (2008).
23. Rozentryt et al. (2010).
24. Tieland, van de Rest, et al. (2012).
25. Børsheim et al. (2009).
26. Nuttall and Gannon (2006).
27. Boden et al. (2005); Holt et al. (1995); Samra (2010).
28. Blasbalg et al. (2011).
29. Abdelhamid et al. (2018).
30. Hooper et al. (2020).
31. Schwingshackl, Zähringer, et al. (2021).
32. Vendelbo et al. (2014).

33. Bagherniya et al. (2018).
34. Gross, van den Heuvel şi Birnbaum (2008).
35. Hatori et al. (2012).
36. Jensen et al. (2013).
37. Lowe et al. (2020).
38. Jamshed et al. (2019); D. Liu et al. (2022).
39. Varady şi Gabel (2019).
40. Templeman et al. (2021).

CAPITOLUL 16

1. Dawson şi Reid (1997); Lamond şi Dawson (1999).
2. Mansukhani et al. (2012); Tang et al. (2019).
3. Iftikhar et al. (2015).
4. Shan et al. (2015).
5. Leproult şi Van Cauter (2010); Reutrakul şi Van Cauter (2018); de Zambotti, Colrain şi Baker (2015).
6. Goldstein şi Walker (2014); Killgore (2013); Krause et al. (2017); Kuna et al. (2012); Motomura et al. (2013); Prather, Bogdan şi Hariri (2013); Rupp, Wesensten şi Balkin (2012); Van Dongen, Maislin, et al. (2003); Van Dongen, Baynard, et al. (2004); Yoo et al. (2007).
7. Reddy şi van der Werf (2020).
8. C. Wang şi Holtzman (2020).
9. Walker (2017).
10. Cirelli şi Tononi (2008).
11. Zuccarelli et al. (2019).
12. Cullen et al. (2019); Fullagar et al. (2015).
13. Dewasmes et al. (1993); Kolka şi Stephenson (1988); Sawka, Gonzalez şi Pandolf (1984).
14. Milewski et al. (2014).
15. Mah et al. (2011).
16. Ferriss (2018).
17. Jackson et al. (2013).
18. AAA Foundation (2016).
19. Hafner et al. (2017); Killgore (2013); Krause et al. (2017); J. Lim şi Dinges (2008); Van Dongen, Maislin, et al. (2003).
20. Oyetakin-White et al. (2015).

21. Broussard, Ehrmann, et al. (2012).
22. Broussard, Ehrmann, et al. (2012); Broussard, Chapotot, et al. (2015); Buxton et al. (2010); Leproult, Holmbäck și Van Cauter (2014); Nedeltcheva et al. (2009); Rao et al. (2015); Spiegel, Leproult și Van Cauter (1999); Stamatakis și Punjabi (2010); Tasali et al. (2008).
23. Iftikhar et al. (2015); Itani et al. (2017); Shan et al. (2015).
24. Itani et al. (2017).
25. Kuo et al. (2015).
26. Spiegel, Tasali, et al. (2004); Spiegel, Leproult, L'hermite-Balériaux, et al. (2004).
27. Bosy-Westphal et al. (2008); Brondel et al. (2010); Broussard, Kilkus, et al. (2016); Calvin et al. (2013); Spaeth, Dinges și Goel (2015).
28. Itani et al. (2017); Yin et al. (2017).
29. Dashti et al. (2019).
30. Daghlas et al. (2019).
31. C. Wang și Holtzman (2020).
32. Lendner et al. (2020).
33. Diekelmann și Born (2010); Wilson și McNaughton (1994).
34. Walker (2009).
35. A.K. Patel, Reddy și Araujo (2022).
36. C. Smith și Lapp (1991); Stickgold et al. (2000).
37. van der Helm și Walker (2009); Hutchison și Rathore (2015).
38. Repantis et al. (2020).
39. Goldstein-Piekarski et al. (2015).
40. Rasking et al. (2007).
41. Yamazaki et al. (2020).
42. Iliff et al. (2013).
43. Lucey, McCullough, et al. (2019).
44. Branger et al. (2016); B. Brown et al. (2016); Ju et al. (2013); Spira et al. (2013); Sprecher et al. (2015).
45. C. Wang și Holtzman (2020).
46. Emamian et al. (2016).
47. Benito-León et al. (2009); Jack et al. (2013); A.S.P. Lim, Kowgier, et al. (2013); A.S.P. Lim, Yu, et al. (2013); Lobo et al. (2008); Osorio et al. (2011).

48. Potvin et al. (2012).
49. A.S.P. Lim, Kowgier, et al. (2013); A.S.P. Lim, Yu, et al. (2013).
50. Ancoli-Israel et al. (2008); Moraes et al. (2006).
51. Winer et al. (2019).
52. Saul (2006).
53. Business Wire (2021).
54. Arbon, Knurowska şi Dijk (2015).
55. Herring et al. (2016).
56. Ziemichód et al. (2022).
57. Picton, Marino şi Nealy (2018).
58. Zheng et al. (2022).
59. Shahid et al. (2011).
60. Kalmbach et al. (2017).
61. Hardeland (2013).
62. Gradisar et al. (2013).
63. Gradisar et al. (2013).
64. Harding, Franks şi Wisden (2020).
65. Ebrahim et al. (2013).
66. C. Smith şi Smith (2003).
67. Urry şi Landolt (2015).
68. IOM (2001).
69. Maurer et al. (2021).
70. Dworak et al. (2007); Youngstedt et al. (2000).
71. D. Kim et al. (2022).

CAPITOLUL 17

1. CDC (2022f).
2. Friend (2003).
3. Spillane et al. (2020).
4. Strobe (2021).
5. CDC (2022a).
6. Case et al. (2015).
7. CDC (2022d).
8. Case şi Deaton (2015).
9. Livingston (2019).

10. Real (1998).
11. Wallace (2023).
12. Brooks (2016).
13. Riis (1901).
14. Asarnow et al. (2021); Linehan et al. (2006).
15. Hagerhall (2008).

Pentru o listă actualizată a tuturor informațiilor despre autor, accesează https://peterattiamd.com/about/, capitolul „*Disclosures*".

BIBLIOGRAFIE

AAA Foundation, 2016, 2015 Traffic Safety Culture Index, https://aaa-foundation.org/2015 -traffic-safety-culture-index/.

Abbasi, F., Chu, J.W., Lamendola, C., McLaughlin, T., Hayden, J., Reaven, G.M. şi Reaven, P.D., 2004, „Discrimination between obesity and insulin resistance in the relationship with adiponectin", *Diabetes* 53, 585–590, https://doi.org/10.2337/diabetes.53.3.585.

Abdelhamid, A.S., Martin, N., Bridges, C., Brainard, J.S., Wang, X., Brown, T.J., Hanson, S., Jimoh O.F., Ajabnoor S.M., Deane K.H.O., et al., 2018, „Polyunsaturated fatty acids for the primary and secondary prevention of cardiovascular disease", *Cochrane Database Syst. Rev. 11*, CD012345, https://doi.org/10.1002/14651858.CD012345.pub3.

ACS (American Cancer Society), 2022a, „Breast Cancer Statistics | How common is breast cancer?", revizuit ultima dată pe 12 ianuarie, https://www.cancer.org/cancer/breast-cancer/about / how-common-is-breast-cancer.html.

— , 2022b, „Colorectal cancer facts and figures", 2022–2022, https://www.cancer.org /content/dam/cancer-org/research/cancer-facts-and-statistics/colorectal-cancer-facts -and-figures/colorectal-cancer-facts-and-figures-2020-2022.pdf.

— , 2022c, „Eating well during treatment", 16 martie, https://www.cancer.org/treatment /survivorship-during-and-after-treatment/coping/nutrition/once-treatment-starts.html.

ACSM, 2017, *ACSM's guidelines for exercise testing and prescription*, Philadelphia: Lippincott Williams şi Wilkins.

Ahima, R.S. şi Lazar, M.A., 2013, „The health risk of obesity — Better metrics imperative", *Science 341*, 856–858, https://doi.org/10.1126/science.1241244.

Alghamdi, B.S., 2018, „The neuroprotective role of melatonin in neurological disorders", *J. Neurosci. Res. 96*, 1136–1149, https://doi.org/10.1002/jnr.24220.

Allen, H. şi Coggan, A., 2010, *Training and racing with a power meter*, Boulder, CO, VeloPress.

Anand, S.S., Tarnopolsky, M.A., Rashid, S., Schulze, K.M., Desai, D., Mente, A., Rao, S., Yusuf, S., Gerstein, H.C. şi Sharma, A.M.,

2011, „Adipocyte hypertrophy, fatty liver and metabolic risk factors in South Asians: The Molecular Study of Health and Risk in Ethnic Groups (mol-SHARE)“, *PLOS ONE 6*, e22112, https://doi.org/10.1371/journal.pone.0022112.

Ancoli-Israel, S., Palmer, B.W., Cooke, J.R., Corey-Bloom, J., Fiorentino, L., Natarajan, L., Liu, L., Ayalon, L., He, F. și Loredo, J.S., 2008, „Cognitive effects of treating obstructive sleep apnea in Alzheimer's disease: A randomized controlled study“, *J. Am. Geriatr. Soc.* 56, 2076–2081, https://doi.org/10.1111/j.1532-5415.2008.01934.x.

Andersson, C., Blennow, K., Almkvist, O., Andreasen, N., Engfeldt, P., Johansson, S.-E., Lindau, M. și Eriksdotter-Jönhagen, M., 2008, „Increasing CSF phospho-tau levels during cognitive decline and progression to dementia“. *Neurobiol. Aging 29*, 1466–1473, https://doi.org/10.1016/j.neurobiolaging.2007.03.027.

Andreasen, N., Hesse, C., Davidsson, P., Minthon, L., Wallin, A., Winblad, B., Vanderstichele, H., Vanmechelen, E. și Blennow, K., 1999, „Cerebrospinal fluid beta-amyloid (1-42) in Alzheimer disease: Differences between early- and late-onset Alzheimer disease and stability during the course of disease“, *Arch. Neurol. 56*, 673–680, https://doi .org/10.1001/archneur.56.6.673.

Andreasen, N., Vanmechelen, E., Van de Voorde, A., Davidsson, P., Hesse, C., Tarvonen, S., Räihä, I., Sourander, L., Winblad, B. și Blennow, K., 1998, „Cerebrospinal fluid tau protein as a biochemical marker for Alzheimer's disease: A community-based follow up study“, *J. Neurol. Neurosurg. Psychiatry 64*, 298–305, https://doi.org/10.1136/jnnp.64.3.298.

Andrieu, S., Guyonnet, S., Coley, N., Cantet, C., Bonnefoy, M., Bordes, S., 2017, „Effect of long-term omega 3 polyunsaturated fatty acid supplementation with or without multidomain intervention on cognitive function in elderly adults with memory complaints (MAPT): A randomized placebo-controlled trial“, *Lancet 16*, 377–389, https://doi.org/10.1016/S1474-4422(17)30040-6.

Araujo, C.G., de Souza e Silva, C.G., Laukkanen, J.A., Singh, M.F., Kunutsor, S.K., Myers, J., Franca, J.F. și Castro, C.L., 2022, „Successful 10-second one-legged stance performance predicts survival in middle-aged and older individuals“, *Br. J. Sports Med. 56*, 975–980, https://doi.org/10.1136/bjsports-2021-105360.

Araújo, J., Cai, J. și Stevens, J., 2019, „Prevalence of optimal metabolic health in American adults: National Health and Nutrition Examination Survey 2009–2016“, *Metab. Syndr. Relat. Disord. 17*, 46–52, https://doi.org/10.1089/met.2018.0105.

Arbon, E.L., Knurowska, M. şi Dijk, D.-J., 2015, „Randomised clinical trial of the effects of prolonged-release melatonin, temazepam and zolpidem on slow-wave activity during sleep in healthy people", *J. Psychopharmacol. 29*, 764–776, https://doi.org/10.1177/0269881115581963.

Artero, E.G., Lee, D.C., Ruiz, J.R., 2011, „A prospective study of muscular strength and all cause mortality in men with hypertension", *J. Am. Coll. Cardiol*, 57(18), 1831–1837, https:// doi:10.1016/j.jacc.2010.12.025.

Asarnow, J.R., Berk, M.S., Bedics, J., Adrian, M., Gallop, R., Cohen, J., Korslund, K., Hughes, J., Avina, C., Linehan, M.M., et al., 2021, „Dialectical Behavior Therapy for suicidal self- harming youth: Emotion regulation, mechanisms şi mediators", *J. Am. Acad. Child Adolesc. Psychiatry 60*, 1105–1115.e4, https://doi.org/10.1016/j.jaac.2021.01.016.

Atkins, M.B., Kunkel, L., Sznol, M. şi Rosenberg, S.A., 2000, „High-dose recombinant interleukin-2 therapy in patients with metastatic melanoma: Long-term survival update", *Cancer J. Sci. Am. 6*, Suppl 1, S11–14.

Attia, P, 2018a, „#09—David Sabatini, M.D., Ph.D.: Rapamycin and the discovery of mTOR—The nexus of aging and longevity?", *The Drive* (podcast), episodul 9, 13 august, https://peterattiamd.com/davidsabatini/.

— , 2018b, „#10—Matt Kaeberlein, Ph.D.: Rapamycin and dogs—man's best friends? Living longer, healthier lives and turning back the clock on aging and age-related diseases", *The Drive* (podcast), episodul 10, 20 august, https://peterattiamd.com/matt kaeberlein/.

— , 2018c, „#18—Richard Isaacson, M.D.: Alzheimer's prevention", *The Drive* (podcast), episodul 18, 1 octombrie, https://peterattiamd.com/richardisaacson/.

— , 2019, „#38—Francisco Gonzalez-Lima, Ph.D.: Advancing Alzheimer's disease treatment and prevention: Is AD actually a vascular and metabolic disease?", *The Drive* (podcast), episodul 38, 28 ianuarie, https://peterattiamd.com/franciscogonzalezlima/.

— , 2020a, „Colorectal cancer screening", *peterattiamd.com* (blog), 27 septembrie, https:// peterattiamd.com/colorectal-cancer-screening/.

— , 2020b, „The killer(s) on the road: Reducing your risk of automotive death", *peterattiamd.com* (blog), 9 februarie, https://peterattiamd.com/the-killers-on-the-road-reducing-your-risk-of-automotive-death/.

—, 2020c, „Rick Johnson, M.D.: Metabolic effects of fructose“, *The Drive* (podcast), episodul 87, 6 ianuarie, https://peterattiamd.com/rickjohnson/.

—, 2021a, „Michael Rintala, D.C.: Principles of Dynamic Neuromuscular Stabilization (DNS)“, *The Drive* (podcast), episodul 152, 8 martie, https://peterattiamd.com /michaelrintala/.

—, 2021b, „Steven Rosenberg, M.D., Ph.D.: The development of cancer immunotherapy and its promise for treating advanced cancers“, *The Drive* (podcast), episodul 177, 27 septembrie.

Avgerinos, K.I., Spyrou, N., Mantzoros, C.S. și Dalamaga, M., 2019, „Obesity and cancer risk: Emerging biological mechanisms and perspectives“, *Metabolism 91*, 121–135, https:// doi.org/10.1016/j.metabol.2018.11.001.

Azad, M.B., Abou-Setta, A.M., Chauhan, B.F., Rabbani, R., Lys, J., Copstein, L., Mann, A., Jeyaraman, M.M., Reid, A.E., Fiander, M., et al., 2017, „Nonnutritive sweeteners and cardiometabolic health: A systematic review and meta-analysis of randomized controlled trials and prospective cohort studies“, CMAJ 189, E929–E939, https://doi.org/10.1503 /cmaj.161390.

Bagherniya, M., Butler, A.E., Barreto, G.E. și Sahebkar, A., 2018, „The effect of fasting or calorie restriction on autophagy induction: A review of the literature“, *Ageing Res. Rev. 47*, 183–197, https://doi.org/10.1016/j.arr.2018.08.004.

Bannister, C.A., Holden, S.E., Jenkins-Jones, S., Morgan, C.L., Halcox, J.P., Schernthaner, G., Mukherjee, J. și Currie, C.J., 2014, „Can people with type 2 diabetes live longer than those without? A comparison of mortality in people initiated with metformin or sulphonylurea monotherapy and matched, non-diabetic controls“, *Diabetes Obes. Metab*, 16, 1165–1173, https://doi.org/10.1111/dom.12354.

Bao, Y., Han, J., Hu, F.B., Giovannucci, E.L., Stampfer, M.J., Willett, W.C. și Fuchs, C.S., 2013, „Association of nut consumption with total and cause-specific mortality“, *N. Engl. J. Med. 369*, 2001–2011, https://doi.org/10.1056/NEJMoa1307352.

Barnes, J.N. și Corkery, A.T., 2018, „Exercise improves vascular function, but does this translate to the brain?“, *Brain Plast. 4, 65–79*, https://doi.org/10.3233/BPL-180075.

Baum, J.I., Kim, I.-Y. și Wolfe, R.R., 2016, „Protein consumption and the elderly: What is the optimal level of intake?“, *Nutrients 8, 359*, https://doi.org/10.3390/nu8060359.

Baur, J.A., Pearson, K.J., Price, N.L., Jamieson, H.A., Lerin, C., Kalra, A., Prabhu, V.V., Allard, J.S., Lopez-Lluch, G., Lewis, K., et al., 2006, „Resveratrol improves health and survival of mice on a high-calorie diet“, *Nature 444*, 337–342, https://doi.org/10.1038/nature05354.

Bautch, V.L. și Caron, K.M., 2015, „Blood and lymphatic vessel formation“, *Cold Spring Harb. Perspect. Biol.* 7, a008268, https://doi.org/10.1101/cshperspect.a008268.

Beckett, L.A., Harvey, D.J., Gamst, A., Donohue, M., Kornak, J., Zhang, H., Kuo, J.H. și Alzheimer's Disease Neuroimaging Initiative (2010), „The Alzheimer's Disease Neuroimaging Initiative: Annual change in biomarkers and clinical outcomes“, *Alzheimers Dement. 6, 257–264*, https://doi.org/10.1016/j.jalz.2010.03.002.

Belloy, M.E., Napolioni, V., Han, S.S., Le Guen, Y. și Greicius, M.D., 2020, „Association of Klotho-VS heterozygosity with risk of Alzheimer disease in individuals who carry APOE4“, *JAMA Neurol. 77*, 849–862, https://doi.org/10.1001/jamaneurol.2020.0414.

Benito-León, J., Bermejo-Pareja, F., Vega, S. și Louis, E.D., 2009, „Total daily sleep duration and the risk of dementia: A prospective population-based study“, Eur. J. Neurol, 16, 990–997, https://doi.org/10.1111/j.1468-1331.2009.02618.x.

Benn, M., Tybjærg-Hansen, A., Stender, S., Frikke-Schmidt, R. și Nordestgaard, B.G., 2011, „Low-density lipoprotein cholesterol and the risk of cancer: A Mendelian randomization study“, *J. Natl. Cancer Inst. 103*, 508–519, https://doi.org/10.1093/jnci /djr008.

Biddinger, K.J., Emdin, C.A., Haas, M.E., Wang, M., Hindy, G., Ellinor, P.T., Kathiresan, S., Khera, A.V. și Aragam, K.G., 2022, „Association of habitual alcohol intake with risk of cardiovascular disease“, *JAMA Netw. Open 5*, e223849, https://doi.org/10.1001/jama networkopen.2022.3849.

Billat, V., Dhonneur, G., Mille-Hamard, L., Le Moyec, L., Momken, I., Launay, T., Koralsztein, J.P. și Besse, S., 2017, „Case studies in physiology: Maximal oxygen consumption and performance in a centenarian cyclist“, *J. Appl. Physiol.* 122, 430–434, https://doi.org/10.1152/japplphysiol.00569.2016.

Blackwell, D.L. și Clarke, T.C., 2018, „State variation in meeting the 2008 federal guidelines for both aerobic and muscle-strengthening activities through leisure-time physical activity among adults aged 18–64: United States, 2010–2015“, *Natl. Health Stat. Rep. 112* (iunie), 1–22.

Blasbalg, T.L., Hibbeln, J.R., Ramsden, C.E., Majchrzak, S.F. și Rawlings, R.R., 2011, „Changes in consumption of omega-3 and omega-6 fatty acids in the United States during the 20th century“, *Am. J. Clin. Nutr. 93*,

950–962, https://doi.org/10.3945/ajcn.110.006643. Blessed, G., Tomlinson, B.E. şi Roth, M., 1968, „The association between quantitative measures of dementia and of senile change in the cerebral grey matter of elderly subjects“, *Br. J. Psychiatry J. Ment. Sci. 114*, 797–811, https://doi.org/10.1192/bjp.114.512.797. Boden, G., Sargrad, K., Homko, C., Mozzoli, M. şi Stein, T.P., 2005, „Effect of a low-carbohydrate diet on appetite, blood glucose levels şi insulin resistance in obese patients with type 2 diabetes“, *Ann. Intern. Med. 142*, 403–411, https://doi.org/10 .7326/0003-4819-142-6-200503150-00006.

Bohannon, R.W., 2019, „Grip strength: An indispensable biomarker for older adults“, *Clin. Interv. Aging 14*, 1681–1691, https://doi.org/10.2147/CIA.S194543.

Boneti Moreira, N., Vagetti, G.C., de Oliveira, V. şi de Campos, W., 2014, „Association between injury and quality of life in athletes: A systematic review, 1980–2013“, *Apunts Sports Med. 49*, 123–138.

Booth, F.W. şi Zwetsloot, K.A., 2010, „Basic concepts about genes, inactivity and aging“, *Scand. J. Med. Sci. Sports 20*, 1–4, https://doi.org/10.1111/j.1600-0838.2009.00972.x.

Børsheim, E., Bui, Q.-U.T., Tissier, S., Cree, M.G., Rønsen, O., Morio, B., Ferrando, A.A., Kobayashi, H., Newcomer, B.R. şi Wolfe, R.R., 2009, „Amino acid supplementation decreases plasma and liver triglycerides in elderly“, *Nutr. Burbank Los Angel. Cty. Calif. 25*, 281–288, https://doi.org/10.1016/j.nut.2008.09.001.

Bosy-Westphal, A., Hinrichs, S., Jauch-Chara, K., Hitze, B., Later, W., Wilms, B., Settler, U., Peters, A., Kiosz, D. şi Müller, M.J., 2008, „Influence of partial sleep deprivation on energy balance and insulin sensitivity in healthy women“, *Obes. Facts 1, 266–273*, https://doi.org/10.1159/000158874.

Bouwman, F.H., van der Flier, W.M., Schoonenboom, N.S.M., van Elk, E.J., Kok, A., Rijmen, F., Blankenstein, M.A. şi Scheltens, P., 2007, „Longitudinal changes of CSF biomarkers in memory clinic patients“, *Neurology 69*, 1006–1011, https://doi.org/10.1212/01.wnl.0000271375.37131.04.

Bradley, D., 2004, „Biography of Lewis C. Cantley“, *Proc. Natl. Acad. Sci. 101*, 3327–3328, https://doi.org/10.1073/pnas.0400872101.

Branger, P., Arenaza-Urquijo, E.M., Tomadesso, C., Mézenge, F., André, C., de Flores, R., Mutlu, J., de La Sayette, V., Eustache, F., Chételat, G., et al., 2016, „Relationships between sleep quality and brain volume, metabolism şi amyloid deposition in late adulthood“, *Neurobiol. Aging 41*, 107–114, https://doi.org/10.1016/j.neurobiolaging.2016.02.009.

Brondel, L., Romer, M.A., Nougues, P.M., Touyarou, P. și Davenne, D., 2010, „Acute partial sleep deprivation increases food intake in healthy men", *Am. J. Clin. Nutr. 91*, 1550–1559, https://doi.org/10.3945/ajcn.2009.28523.

Brookmeyer, R., Abdalla, N., Kawas, C.H. și Corrada, M.M., 2018, „Forecasting the prevalence of preclinical and clinical Alzheimer's disease in the United States", *Alzheimers Dement. 14*, 121–129, https://doi.org/10.1016/j.jalz.2017.10.009.

Brooks, D., 2016, *The road to character*, Farmington Hills, MI: Large Print Press.

Broussard, J.L., Chapotot, F., Abraham, V., Day, A., Delebecque, F., Whitmore, H.R. și Tasali, E., 2015, „Sleep restriction increases free fatty acids in healthy men", *Diabetologia 58*, 791–798, https://doi.org/10.1007/s00125-015-3500-4.

Broussard, J.L., Ehrmann, D.A., Van Cauter, E., Tasali, E. și Brady, M.J., 2012, „Impaired insulin signaling in human adipocytes after experimental sleep restriction", *Ann. Intern. Med. 157*, 549–557, https://doi.org/10.7326/0003-4819-157-8-201210160-00005.

Broussard, J.L., Kilkus, J.M., Delebecque, F., Abraham, V., Day, A., Whitmore, H.R. și Tasali, E., 2016, „Elevated ghrelin predicts food intake during experimental sleep restriction", *Obesity 24*, 132–138, https://doi.org/10.1002/oby.21321.

Brown, B.M., Rainey-Smith, S.R., Villemagne, V.L., Weinborn, M., Bucks, R.S., Sohrabi, H.R., Laws, S.M., Taddei, K., Macaulay, S.L., Ames, D., et al., 2016, „The relationship between sleep quality and brain amyloid burden", *Sleep 39*, 1063–1068, https://doi.org/10.5665/sleep.5756.

Brown, E.J., Albers, M.W., Shin, T.B., Ichikawa, K., Keith, C.T., Lane, W.S. și Schreiber, S.L. Ames, D., 1994, „A mammalian protein targeted by G1-arresting rapamycin-receptor complex", *Nature 369*, 756–758, https://doi.org/10.1038/369756a0.

Brys, M., Pirraglia, E., Rich, K., Rolstad, S., Mosconi, L., Switalski, R., Glodzik-Sobanska, L., De Santi, S., Zinkowski, R., Mehta, P., et al., 2009, „Prediction and longitudinal study of CSF biomarkers in mild cognitive impairment", *Neurobiol. Aging 30*, 682–690, https://doi.org/10.1016/j.neurobiolaging.2007.08.010.

Bunout, D., de la Maza, M.P., Barrera, G., Leiva, L. și Hirsch, S., 2011, „Association between sarcopenia and mortality in healthy older people", *Australas. J. Ageing 30*, 89–92, https://doi.org/10.1111/j.1741-6612.2010.00448.x.

Business Wire, 2021, „U.S. sleep aids market worth $30 billion as Americans battle insomnia, sleep disorders — ResearchAndMarkets.com“, 30 iunie, https://www.businesswire.com /news/home/20210630005428/en/U.S.-Sleep-Aids-Market-Worth-30-Billion-as-Americans-Battle-Insomnia-Sleep-Disorders---ResearchAndMarkets.com.

Buxton, O.M., Pavlova, M., Reid, E.W., Wang, W., Simonson, D.C. şi Adler, G.K., 2010, „Sleep restriction for 1 week reduces insulin sensitivity in healthy men“, *Diabetes 59*, 2126–2133, https://doi.org/10.2337/db09-0699.

Buysse, D.J., Reynolds, C.F., Charles, F., Monk, T.H., Berman, S.R. şi Kupfer, D.J., 1989, „The Pittsburgh Sleep Quality Index: A new instrument for psychiatric practice and research“, *Psychiat. Res. 28(2)*, 193–213.

Cacace, R., Sleegers, K. şi Van Broeckhoven, C., 2016, „Molecular genetics of early-onset Alzheimer's disease revisited“, *Alzheimers Dement. 12*, 733–748, https://doi.org/10.1016 /j.jalz.2016.01.012.

Calle, E.E., Rodriguez, C., Walker-Thurmond, K. şi Thun, M.J., 2003, „Overweight, obesity and mortality from cancer in a prospectively studied cohort of U.S. adults“, *N. Engl. J. Med. 348*, 1625, https://doi.org/10.1056/NEJMoa021423.

Calvin, A.D., Carter, R.E., Adachi, T., Macedo, P.G., Albuquerque, F.N., van der Walt, C., Bukartyk, J., Davison, D.E., Levine, J.A. şi Somers, V.K., 2013, „Effects of experimental sleep restriction on caloric intake and activity energy expenditure“, *Chest 144, 79–86*, https://doi.org/10.1378/chest.12-2829.

Campbell, K.L., Winters-Stone, K., Wiskemann, J., May, A.M., Schwartz, A.L., Courneya, K.S., Zucker, D., Matthews, C., Ligibel, J., Gerber, L., et al., 2019, „Exercise guidelines for cancer survivors: Consensus statement from International Multidisciplinary Roundtable“, *Med. Sci. Sports Exerc. 51*, 2375–2390, https://doi.org/10.1249/MSS.0000000000002116.

Campbell, W.W., Trappe, T.A., Wolfe, R.R. şi Evans, W.J., 2001, „The recommended dietary allowance for protein may not be adequate for older people to maintain skeletal muscle“, *J. Gerontol. A. Biol. Sci. Med. Sci. 56*, M373–380, https://doi.org/10.1093/gerona /56.6.m373.

Case, A. şi Deaton, A., 2015, „Rising morbidity and mortality in midlife among white non-Hispanic Americans in the 21st century“, *Proc. Natl. Acad. Sci. 112(49)*, 15078–15083, https://doi.org/10.1073/pnas.151839311.

Caselli, G. și Lipsi, R.M., 2006, „Survival differences among the oldest old in Sardinia: Who, what, where și why?“, *Demogr. Res. 14*, 267–294.

Cavazzoni, A., Digiacomo, G., Alfieri, R., La Monica, S., Fumarola, C., Galetti, M., Bonelli, M., Cretella, D., Barili, V., Zecca, A., et al., 2020, „Pemetrexed enhances membrane PD-L1 expression and potentiates T cell-mediated cytotoxicity by anti-PD-L1 antibody therapy in non-small-cell lung cancer“, *Cancers 12, E666*, https://doi.org/10.3390/cancers 12030666.

Cerri, S., Mus, L. și Blandini, F., 2019, „Parkinson's disease in women and men: What's the difference?“, *J. Parkinson's Dis. 9(3)*, 501–515, https://doi.org/10.3233/JPD-191683.

CDC (Centers for Disease Control), 2020a, „The influence of metabolic syndrome in predicting mortality risk among US adults: Importance of metabolic syndrome even in adults with normal weight“, https://www.cdc.gov/pcd/issues/2020/20_0020.htm.

— , 2020b, „Diabetes“, FastStats, https://www.cdc.gov/nchs/fastats/diabetes.htm.

— , 2021, „Facts about falls“, Injury Center, https://www.cdc.gov/falls/facts.html.

— , 2022a, „Accidents or unintentional injuries“, FastStats, https://www.cdc.gov/nchs
/fastats/accidental-injury.htm.

— , 2022b, „Adult obesity facts“, https://www.cdc.gov/obesity/data/adult.html.

— , 2022c, „Heart disease facts“, https://www.cdc.gov/heartdisease/facts.htm.

— , 2022d, „Life expectancy in the U.S. dropped for the second year in a row in 2021“, Comunicat de presă, 31 august, https://www.cdc.gov/nchs/pressroom/nchs_press_releases /2022/20220831.htm.

— , 2022e, „National diabetes statistics report“, https://www.cdc.gov/diabetes/data/statistics-report/index.html?ACSTrackingID=DM72996&ACSTrackingLabel=New%20Report%20Shares%20Latest%20Diabetes%20Stats%20&deliveryName=DM72996.

— , 2022f, „Ten leading causes of death and injury“, https://www.cdc.gov/injury/wisqars/LeadingCauses_images.html.

Chan, J.M., Rimm, E.B., Colditz, G.A., Stampfer, M.J. și Willett, W.C., 1994, „Obesity, fat distribution and weight gain as risk factors for clinical diabetes in men“, *Diabetes Care 17*, 961–969, https://doi.org/10.2337/diacare.17.9.961.

Chapman, C.D., Schiöth, H.B., Grillo, C.A. și Benedict, C., 2018, „Intranasal insulin in Alzheimer's disease: Food for thought", *Neuropharmacology 136*, 196–201, https://doi.org /10.1016/j.neuropharm.2017.11.037.

Chen, D.L., Liess, C., Poljak, A., Xu, A., Zhang, J., Thoma, C., Trenell, M., Milner, B., Jenkins, A.B., Chisholm, D.J., et al., 2015, „Phenotypic characterization of insulin-resistant and insulin-sensitive obesity", *J. Clin. Endocrinol. Metab. 100*, 4082–4091, https://doi.org/10.1210/jc.2015-2712.

Chen, X., Dong, Z., Hubbell, E., Kurtzman, K.N., Oxnard, G.R., Venn, O., Melton, C., Clarke, C.A., Shaknovich, R., Ma, T., et al., 2021, „Prognostic significance of blood-based multi-cancer detection in plasma cell-free DNA", *Clin. Cancer Res. 27*, 4221–4229, https://doi.org/10.1158/1078-0432.CCR-21-0417.

Cholerton, B., Baker, L.D., Montine, T.J. și Craft, S., 2016, „Type 2 diabetes, cognition and dementia in older adults: Toward a precision health approach", *Diabetes Spectr. 29*, 210–219, https://doi.org/10.2337/ds16-0041.

Christofferson, Travis, *Tripping Over the Truth: How the Metabolic Theory of Cancer Is Overturning One of Medicine's Most Entrenched Paradigms*. Chelsea Green Publishing, 2017.

Cirelli, C. și Tononi, G., 2008, „Is sleep essential?", *PLOS Biol. 6*, e216, https://doi. org/10.1371/journal.pbio.0060216.

Colman, R.J., Anderson, R.M., Johnson, S.C., Kastman, E.K., Kosmatka, K.J., Beasley, T.M., Allison, D.B., Cruzen, C., Simmons, H.A., Kemnitz, J.W. et al., 2009, „Caloric restriction delays disease onset and mortality in rhesus monkeys", *Science 325*, 201–204, https://doi.org/10.1126/science.1173635.

Copinschi, G. și Caufriez, A., 2013, „Sleep and hormonal changes in aging", *Endocrinol. Metab. Clin. North Am. 42*, 371–389, https://doi.org/10.1016/j.ecl.2013.02.009.

Cordain, L., Eaton, S.B., Miller, J.B., Mann, N. și Hill, K., 2002, „The paradoxical nature of hunter-gatherer diets: Meat-based, yet non-atherogenic", *Eur. J. Clin. Nutr. 56*, S42–S52, https://doi.org/10.1038/sj.ejcn.1601353.

Cordain, L., Miller, J.B., Eaton, S.B., Mann, N., Holt, S.H. și Speth, J.D., 2000, „Plant-animal subsistence ratios and macronutrient energy estimations in worldwide hunter-gatherer diets", *Am. J. Clin. Nutr. 71*, 682–692, https://doi.org/10.1093/ajcn/71.3.682.

Creevy, K.E., Akey, J.M., Kaeberlein, M. și Promislow, D.E.L., 2022, „An open science study of ageing in companion dogs“, *Nature 602*, 51–57, https://doi.org/10.1038/s41586 -021-04282-9.

Crispim, C.A., Zimberg, I.Z., dos Reis, B.G., Diniz, R.M., Tufik, S. și de Mello, M.T., 2011, „Relationship between food intake and sleep pattern in healthy individuals“, *J. Clin. Sleep Med.* 7, 659–664, https://doi.org/10.5664/jcsm.1476.

Crowe, K., 2018, „University of Twitter? Scientists give impromptu lecture critiquing nutrition research“, *CBC Health*, 5 mai, https://www.cbc.ca/news/health/second-opinion-alcohol180505-1.4648331.

Cruchaga, C., Haller, G., Chakraverty, S., Mayo, K., Vallania, F.L.M., Mitra, R.D., Faber, K., Williamson, J., Bird, T., Diaz-Arrastia, R., et al., 2012, „Rare variants in APP, PSEN1 and PSEN2 increase risk for AD in late-onset Alzheimer's disease families“, *PLOS ONE* 7, e31039, https://doi.org/10.1371/journal.pone.0031039.

Cruz-Jentoft, A.J., Bahat, G., Bauer, J., Boirie, Y., Bruyère, O., Cederholm, T., Cooper, C., Landi, F., Rolland, Y., Sayer, A.A., et al., 2019, „Sarcopenia: Revised European consensus on definition and diagnosis“, *Age Ageing 48*, 16–31, https://doi.org/10.1093/ageing/afy169.

Cullen, T., Thomas, G., Wadley, A.J. și Myers, T., 2019, „The effects of a single night of complete and partial sleep deprivation on physical and cognitive performance: A Bayesian analysis“, *J. Sports Sci. 37*, 2726–2734, https://doi.org/10.1080/02640414.2019 .1662539.

Cummings, J.L., Goldman, D.P., Simmons-Stern, N.R. și Ponton, E., 2022, „The costs of developing treatments for Alzheimer's disease: A retrospective exploration“, *Alzheimers Dement. 18*, 469–477, https://doi.org/10.1002/alz.12450.

Cuyvers, E. și Sleegers, K., 2016, „Genetic variations underlying Alzheimer's disease: Evidence from genome-wide association studies and beyond“, *Lancet Neurol. 15*, 857–868, https://doi.org/10.1016/S1474-4422(16)00127-7.

Daghlas, I., Dashti, H.S., Lane, J., Aragam, K.G., Rutter, M.K., Saxena, R. și Vetter, C., 2019, „Sleep duration and myocardial infarction“, *J. Am. Coll. Cardiol. 74*, 1304–1314, https://doi.org/10.1016/j.jacc.2019.07.022.

Dahlhamer, J., 2018, „Prevalence of chronic pain and high-impact chronic pain among adults—United States, 2016“, *MMWR 67*, https://doi.org/10.15585/mmwr.mm6736a2.

Danneskiold-Samsøe, B., Bartels, E.M., Bülow, P.M., Lund, H., Stockmarr, A., Holm, C.C., Wätjen, I., Appleyard, M. și Bliddal, H., 2009,

„Isokinetic and isometric muscle strength in a healthy population with special reference to age and gender“, *Acta Physiol. 197*, 1–68, https://doi.org/10.1111/j.1748-1716.2009.02022.x.

Dashti, H.S., Jones, S.E., Wood, A.R., Lane, J.M., van Hees, V.T., Wang, H., Rhodes, J.A., Song, Y., Patel, K., Anderson, S.G., et al., 2019, „Genome-wide association study identifies genetic loci for self-reported habitual sleep duration supported by accelerometer-derived estimates“, *Nat. Commun. 10*, 1100, https://doi.org/10.1038/s41467-019-08917-4.

Daviglus, M.L., Bell, C.C., Berrettini, W., Bowen, P.E., Connolly, E.S., Cox, N.J., Dunbar- Jacob, J.M., Granieri, E.C., Hunt, G., McGarry, K., et al., 2010, „NIH state-of-the-science conference statement: Preventing Alzheimer's disease and cognitive decline“, *NIH Consens. State Sci. Statements 27*, 1–30.

Dawson, D. și Reid, K., 1997, „Fatigue, alcohol and performance impairment“, *Nature 388*, 235–235, https://doi.org/10.1038/40775.

de Groot, S., Lugtenberg, R.T., Cohen, D., Welters, M.J.P., Ehsan, I., Vreeswijk, M.P.G., Smit, V.T.H.B.M., de Graaf, H., Heijns, J.B., Portielje, J.E.A., et al., 2020, „Fasting mimicking diet as an adjunct to neoadjuvant chemotherapy for breast cancer in the multicentre randomized phase 2 DIRECT trial“, *Nat. Commun. 11*, 3083, https://doi.org/10.1038 /s41467-020-16138-3.

de la Torre, J., 2016, *Alzheimer's turning point: A vascular approach to clinical prevention*, Cham, Switzerland: Springer International, 169–183.

— , 2018, „The vascular hypothesis of Alzheimer's disease: A key to preclinical prediction of dementia using neuroimaging“, *J. Alzheimers Dis. 63*, 35–52, https://doi.org /10.3233/JAD-180004.

de Leon, M.J., DeSanti, S., Zinkowski, R., Mehta, P.D., Pratico, D., Segal, S., Rusinek, H., Li, J., Tsui, W., Saint Louis, L.A., et al., 2006, „Longitudinal CSF and MRI biomarkers improve the diagnosis of mild cognitive impairment“, *Neurobiol. Aging 27*, 394–401, https://doi.org/10.1016/j.neurobiolaging.2005.07.003.

Dewasmes, G., Bothorel, B., Hoeft, A. și Candas, V., 1993, „Regulation of local sweating in sleep-deprived exercising humans“, *Eur. J. Appl. Physiol. 66*, 542–546, https://doi.org/10 .1007/BF00634307.

de Zambotti, M., Colrain, I.M. și Baker, F.C., 2015, „Interaction between reproductive hormones and physiological sleep in women“, *J. Clin. Endocrinol. Metab. 100*, 1426–1433, https://doi.org/10.1210/jc.2014-3892.

Diamond, J., 2003, „The double puzzle of diabetes“, *Nature 423*, 599–602, https://doi.org/10 .1038/423599a.

Diekelmann, S. și Born, J., 2010, „The memory function of sleep“, *Nat. Rev. Neurosci. 11*, 114–126, https://doi.org/10.1038/nrn2762.

Dietary Guidelines Advisory Committee, 2015, „Scientific report of the 2015 Dietary Guidelines Advisory Committee: Advisory report to the Secretary of Health and Human Services and the Secretary of Agriculture“, Washington, D.C.: U.S. Department of Agriculture, Agricultural Research Service, https://health.gov/sites/default/files/2019-09 /Scientific-Report-of-the-2015-Dietary-Guidelines-Advisory-Committee.pdf.

Dietschy, J.M., Turley, S.D. și Spady, D.K., 1993, „Role of liver in the maintenance of cholesterol and low density lipoprotein homeostasis in different animal species, including humans“, J. Lipid Res. 34, 1637–1659.

Dominy, S.S., Lynch, C., Ermini, F., Benedyk, M., Marczyk, A., Konradi, A., Nguyen, M., Haditsch, U., Raha, D., Griffin, C., et al., 2019, „Porphyromonas gingivalis in Alzheimer's disease brains: Evidence for disease causation and treatment with small-molecule inhibitors“, *Sci. Adv. 5*, eaau3333, https://doi.org/10.1126/sciadv.aau3333.

du Souich, P., Roederer, G. și Dufour, R., 2017, „Myotoxicity of statins: Mechanism of action“, *Pharmacol. Ther. 175*, 1–16, https://doi.org/10.1016/j.pharmthera.2017.02.029.

Dworak, M., Diel, P., Voss, S., Hollmann, W. și Strüder, H.K., 2007, „Intense exercise increases adenosine concentrations in rat brain: Implications for a homeostatic sleep drive“, *Neuroscience 150*, 789–795, https://doi.org/10.1016/j.neuroscience.2007.09.062.

Dye, L., 1988, „Nobel physicist R.P. Feynman of Caltech dies“, *Los Angeles Times*, 16 februarie, https://www.latimes.com/archives/la-xpm-1988-02-16-mn-42968-story .html.

Easter, M., 2021, *The comfort crisis: Embrace discomfort to reclaim your wild, happy, healthy self*, New York, Rodale Books.

Ebrahim, I.O., Shapiro, C.M., Williams, A.J. și Fenwick, P.B., 2013, „Alcohol and sleep I: Effects on normal sleep“, *Alcohol. Clin. Exp. Res. 37*, 539–549, https://doi.org/10.1111 /acer.12006.

Echouffo-Tcheugui, J.B., Zhao, S., Brock, G., Matsouaka, R.A., Kline, D. și Joseph, J.J., 2019, „Visit-to-visit glycemic variability and risks of cardiovascular events and all-cause mortality: The ALLHAT study“, *Diabetes Care 42*, 486–493, https://doi.org/10.2337/dc18 -1430.

Ejima, K., Li, P., Smith, D.L., Nagy, T.R., Kadish, I., van Groen, T., Dawson, J.A., Yang, Y., Patki, A. şi Allison, D.B., 2016, „Observational research rigor alone does not justify causal inference“, *Eur. J. Clin. Invest. 46*, 985–993, https://doi.org/10.1111/eci.12681.

Emamian, F., Khazaie, H., Tahmasian, M., Leschziner, G.D., Morrell, M.J., Hsiung, G.-Y.R., Rosenzweig, I. şi Sepehry, A.A., 2016, „The association between obstructive sleep apnea and Alzheimer's disease: A meta-analysis perspective“, *Front. Aging Neurosci. 8*, 78, https://doi.org/10.3389/fnagi.2016.00078.

Esteban-Cornejo, I., Ho, F.K., Petermann-Rocha, F., Lyall, D.M., Martinez-Gomez, D., Cabanas-Sánchez, V., Ortega, F.B., Hillman, C.H., Gill, J.M.R., Quinn, T.J., et al., 2022, „Handgrip strength and all-cause dementia incidence and mortality: Findings from the UK Biobank prospective cohort study“, *J. Cachexia Sarcopenia Muscle 13*, 1514–1525, https://doi.org/10.1002/jcsm.12857.

Estruch, R., Ros, E., Salas-Salvadó, J., Covas, M.-I., Corella, D., Arós, F., Gómez-Gracia, E., Ruiz-Gutiérrez, V., Fiol, M., Lapetra, J., et al., 2013, „Primary prevention of cardiovascular disease with a Mediterranean diet“, *N. Engl. J. Med. 368*, 1279–1290, https://doi.org/10.1056/NEJMoa1200303.

Evert, J., Lawler, E., Bogan, H. şi Perls, T., 2003, „Morbidity profiles of centenarians: Survivors, delayers şi escapers“, *J. Gerontol. Ser. A 58*, M232–M237, https://doi.org/10 .1093/gerona/58.3.M232.

Fagan, A.M., Mintun, M.A., Mach, R.H., Lee, S.-Y., Dence, C.S., Shah, A.R., LaRossa, G.N., Spinner, M.L., Klunk, W.E., Mathis, C.A., et al., 2006, „Inverse relation between in vivo amyloid imaging load and cerebrospinal fluid Abeta42 in humans“, *Ann. Neurol. 59*, 512–519, https://doi.org/10.1002/ana.20730.

Fain, E. şi Weatherford, C., 2016, „Comparative study of millennials' (age 20–34 years) grip and lateral pinch with the norms“, *J. Hand Ther. 29*, 483–488, https://doi.org/10.1016 /j.jht.2015.12.006.

Fayek, S.A., Quintini, C., Chavin, K.D. şi Marsh, C.L., 2016, „The current state of liver transplantation in the United States“, *Am. J. Transplant. 16*, 3093–3104, https://doi.org/10 .1111/ajt.14017.

Ference, B.A., 2015, „Mendelian randomization studies: Using naturally randomized genetic data to fill evidence gaps“, *Curr. Opin. Lipidol. 26*, 566–571, https://doi.org/10.1097/MOL .0000000000000247.

Ference, B.A., Bhatt, D.L., Catapano, A.L., Packard, C.J., Graham, I., Kaptoge, S., Ference, T.B., Guo, Q., Laufs, U., Ruff, C.T., et al., 2019, „Association of genetic variants related to combined exposure to lower low-density lipoproteins and lower systolic blood pressure with lifetime risk of cardiovascular disease", *JAMA 322*, 1381–1391, https://doi.org/10 .1001/jama.2019.14120.

Ferriss, T., 2018, „LeBron James and his top-secret trainer, Mike Mancias (#349)", *Tim Ferriss Show* (podcast), episodul 349, 27 noiembrie.

Fontana, L. și Partridge, L., 2015, „Promoting health and longevity through diet: From model organisms to humans", *Cell 161*, 106–118, https://doi.org/10.1016/j.cell.2015.02.020.

Forrester, J.S., 2010, „Redefining normal low-density lipoprotein cholesterol: A strategy to unseat coronary disease as the nation's leading killer", *J. Am. Coll. Cardiol. 56*, 630–636, https://doi.org/10.1016/j.jacc.2009.11.090.

Frank, C., Kobesova, A. și Kolar, P., 2013, „Dynamic neuromuscular stabilization and sports rehabilitation", *Int. J. Sports Phys. Ther. 8*, 62–73.

Franz, M.J., 1997, „Protein: Metabolism and effect on blood glucose levels", *Diabetes Educ. 23*, 643–646, 648, 650–651, https://doi.org/10.1177/014572179702300603.

Frayn, K., 2019, *Human metabolism: A regulatory perspective*, ediția a 4-a, New York, Wiley.

Freiherr, J., Hallschmid, M., Frey, W.H., Brünner, Y.F., Chapman, C.D., Hölscher, C., Craft, S., De Felice, F.G. și Benedict, C., 2013, „Intranasal insulin as a treatment for Alzheimer's disease: A review of basic research and clinical evidence", *CNS Drugs 27*, 505–514, https://doi.org/10.1007/s40263-013-0076-8.

Friend, T., 2003, „Jumpers", *New Yorker*, 13 octombrie, https://www.newyorker.com/magazine /2003/10/13/jumpers.

Fruman, D.A., Chiu, H., Hopkins, B.D., Bagrodia, S., Cantley, L.C. și Abraham, R.T., 2017, „The PI3K pathway in human disease", *Cell 170*, 605–635, https://doi.org/10.1016 /j.cell.2017.07.029.

Fryar, C.D., Kruszon-Moran, D., Gu, Q. și Ogden, C.L., 2018, „Mean body weight, height, waist circumference și body mass index among adults: United States, 1999–2000 through 2015–2016", *Natl. Health Stat. Rep*, 1–16.

Fullagar, H.H.K., Skorski, S., Duffield, R., Hammes, D., Coutts, A.J. și Meyer, T., 2015, „Sleep and athletic performance: The effects of sleep loss on exercise performance și physiological and cognitive responses to exercise", *Sports Med. Auckl. NZ 45*, 161–186, https://doi.org/10.1007/s40279-014-0260-0.

Gaskin, D.J. și Richard, P., 2012, „The economic costs of pain in the United States", *J. Pain 13*, 715–724, https://doi.org/10.1016/j.jpain.2012.03.009.

Gavrilova, O., Marcus-Samuels, B., Graham, D., Kim, J.K., Shulman, G.I., Castle, A.L., Vinson, C., Eckhaus, M. și Reitman, M.L., 2000, „Surgical implantation of adipose tissue reverses diabetes in lipoatrophic mice", *J. Clin. Invest. 105*, 271–278.

Gay, N. și Prasad, V., 2017, „Few people actually benefit from «breakthrough» cancer immunotherapy", *Stat News*, 8 martie, https://www.statnews.com/2017/03/08 /immunotherapy-cancer-breakthrough/.

Gibala, M.J., Little, J.P., van Essen, M., Wilkin, G.P., Burgomaster, K.A., Safdar, A., Raha, S. și Tarnopolsky, M.A., 2006, „Short-term sprint interval versus traditional endurance training: Similar initial adaptations in human skeletal muscle and exercise performance", *J. Physiol. 575*, 901–911, https://doi.org/10.1113/jphysiol.2006.112094.

Gibson, A.A., Seimon, R.V., Lee, C.M.Y., Ayre, J., Franklin, J., Markovic, T.P., Caterson, I.D. și Sainsbury, A., 2015, „Do ketogenic diets really suppress appetite? A systematic review and meta-analysis", *Obes. Rev. 16*, 64–76, https://doi.org/10.1111/obr.12230.

Gillen, J.B., Percival, M.E., Skelly, L.E., Martin, B.J., Tan, R.B., Tarnopolsky, M.A. și Gibala, M.J., 2014, „Three minutes of all-out intermittent exercise per week increases skeletal muscle oxidative capacity and improves cardiometabolic health", *PLOS ONE 9*, e111489, https://doi.org/10.1371/journal.pone.0111489.

Goldin, A., Beckman, J.A., Schmidt, A.M. și Creager, M.A., 2006, „Advanced glycation end products", *Circulation 114*, 597–605, https://doi.org/10.1161/CIRCULATIONAHA .106.621854.

Goldstein, A.N. și Walker, M.P., 2014, „The role of sleep in emotional brain function", *Annu. Rev. Clin. Psychol. 10*, 679–708, https://doi.org/10.1146/annurev-clinpsy -032813-153716.

Goldstein-Piekarski, A.N., Greer, S.M., Saletin, J.M. și Walker, M.P., 2015, „Sleep deprivation impairs the human central and peripheral nervous system discrimination of social threat", *J. Neurosci. 35*, 10135–10145, https://doi.org/10.1523/ JNEUROSCI.5254-14.2015.

Gordon, R.J., 2016, *The rise and fall of American growth: The U.S. standard of living since the Civil War*, Princeton, NJ, Princeton University Press.

Gradisar, M., Wolfson, A.R., Harvey, A.G., Hale, L., Rosenberg, R. și Czeisler, C.A., 2013, „The sleep and technology use of Americans: Findings from the National Sleep Foundation's 2011 Sleep in America Poll“, *J. Clin. Sleep Med. 9*, 1291–1299, https://doi.org/10.5664/jcsm.3272.

Graeber, C., 2018, *The breakthrough: Immunotherapy and the race to cure cancer*, New York, Twelve.

Grammatikopoulou, M.G., Goulis, D.G., Gkiouras, K., Theodoridis, X., Gkouskou, K.K., Evangeliou, A., Dardiotis, E. şi Bogdanos, D.P., 2020, „To keto or not to keto? A systematic review of randomized controlled trials assessing the effects of ketogenic therapy on Alzheimer disease“, *Adv. Nutr. 11*, 1583–1602, https://doi.org/10.1093/advances/nmaa073.

Grandner, M.A., Sean, P.A., Drummond., 2007, „Who are the long sleepers? Towards an understanding of the mortality relationship“, *Sleep Medicine Reviews, 11: 5*, 341–360, https://doi.org/10.1016/j.smrv.2007.03.010.

Grimmer, T., Riemenschneider, M., Förstl, H., Henriksen, G., Klunk, W.E., Mathis, C.A., Shiga, T., Wester, H.-J., Kurz, A. şi Drzezga, A., 2009, „Beta amyloid in Alzheimer's disease: Increased deposition in brain is reflected in reduced concentration in cerebrospinal fluid“, *Biol. Psychiatry 65*, 927–934, https://doi.org/10.1016/j.biopsych .2009.01.027.

Gross, D.N., van den Heuvel, A.P.J. şi Birnbaum, M.J., 2008, „The role of FoxO in the regulation of metabolism“, *Oncogene 27*, 2320–2336, https://doi.org/10.1038/onc.2008.25.

Guyenet, S.J. şi Carlson, S.E., 2015, „Increase in adipose tissue linoleic acid of US adults in the last half century“, *Adv. Nutr. 6*, 660–664, https://doi.org/10.3945/an.115.009944.

Haase, C.L., Tybjærg-Hansen, A., Ali Qayyum, A., Schou, J., Nordestgaard, B.G. şi Frikke- Schmidt, R., 2012, „LCAT, HDL cholesterol and ischemic cardiovascular disease: A Mendelian randomization study of HDL cholesterol in 54,500 Individuals“, *J. Clin. Endocrinol. Metab. 97*, E248–E256, https://doi.org/10.1210/jc.2011-1846.

Hafner, M., Stepanek, M., Taylor, J., Troxel, W.M. şi van Stolk, C., 2017, „Why sleep matters: The economic costs of insufficient sleep“, *Rand Health Q. 6*, 11.

Hagerhall, C.M., et al., 2008, „Investigations of human EEG response to viewing fractal patterns“, *Perception 37*, 1488–1494, https://doi.org/10.1068/p5918.

Hamer, M. şi O'Donovan, G., 2017, „Sarcopenic obesity, weight loss şi mortality: The English Longitudinal Study of Ageing“, *Am. J. Clin. Nutr. 106*, 125–129, https://doi.org/10 .3945/ajcn.117.152488.

Hanahan, D. şi Weinberg, R.A., 2011, „Hallmarks of cancer: The next generation“, *Cell 144*, 646–674, https://doi.org/10.1016/j.cell.2011.02.013.

Hanefeld, M., Koehler, C., Schaper, F., Fuecker, K., Henkel, E. şi Temelkova-Kurktschiev, T., 1999, „Postprandial plasma glucose is an independent risk factor for increased carotid intima-media thickness in non-diabetic individuals“, *Atherosclerosis 144*, 229–235, https://doi.org/10.1016/S0021-9150(99)00059-3.

Hardeland, R., 2013, „Chronobiology of melatonin beyond the feedback to the suprachiasmatic nucleus: Consequences to melatonin dysfunction“, *Int. J. Mol. Sci. 14*, 5817–5841, https://doi.org/10.3390/ijms14035817.

Hardie, D.G., 2011, „AMP-activated protein kinase: An energy sensor that regulates all aspects of cell function“, *Genes Dev. 25*, 1895–1908, https://doi.org/10.1101/gad.17420111.

Harding, E.C., Franks, N.P. şi Wisden, W., 2020, „Sleep and thermoregulation“, *Curr. Opin.*

Physiol. 15, 7–13, https://doi.org/10.1016/j.cophys.2019.11.008.

Harrison, D.E., Strong, R., Reifsnyder, P., Kumar, N., Fernandez, E., Flurkey, K., Javors, M.A., Lopez-Cruzan, M., Macchiarini, F., Nelson, J.F., et al., 2021, „17-a-estradiol late in life extends lifespan in aging UM-HET3 male mice; nicotinamide riboside and three other drugs do not affect lifespan in either sex“, *Aging Cell 20*, e13328, https://doi.org/10.1111 /acel.13328.

Harrison, D.E., Strong, R., Sharp, Z.D., Nelson, J.F., Astle, C.M., Flurkey, K., Nadon, N.L., Wilkinson, J.E., Frenkel, K., Carter, C.S., et al., 2009, „Rapamycin fed late in life extends lifespan in genetically heterogeneous mice“, *Nature 460*, 392–395, https://doi.org/10.1038 /nature08221.

Harrison, S.A., Gawrieh, S., Roberts, K., Lisanti, C.J., Schwope, R.B., Cebe, K.M., Paradis, V., Bedossa, P., Aldridge Whitehead, J.M., Labourdette, A., et al., 2021, „Prospective evaluation of the prevalence of non-alcoholic fatty liver disease and steatohepatitis in a large middle-aged US cohort“, *J. Hepatol. 75*, 284–291, https://doi.org/10.1016/j.jhep .2021.02.034.

Hatori, M., Vollmers, C., Zarrinpar, A., DiTacchio, L., Bushong, E.A., Gill, S., Leblanc, M., Chaix, A., Joens, M., Fitzpatrick, J.A.J., et al., 2012, „Time restricted feeding without reducing caloric intake prevents metabolic diseases in mice fed a high fat diet“, *Cell Metab. 15*, 848–860, https://doi.org/10.1016/j.cmet.2012.04.019.

Heron, M., 2021, „Deaths: Leading causes for 2018“, *Natl. Vital Stat. Rep. 70(4)*, 1–115.

Herring, W.J., Connor, K.M., Ivgy-May, N., Snyder, E., Liu, K., Snavely, D.B., Krystal, A.D., Walsh, J.K., Benca, R.M., Rosenberg, R., et al., 2016, „Suvorexant in patients with insomnia: Results from two 3-month randomized controlled clinical trials“, *Biol. Psychiatry 79*, 136–148, https://doi.org/10.1016/j.biopsych.2014.10.003.

HHS (US Department of Health and Human Services), 2018, *Physical activity guidelines for Americans*, ediția a 2-a, https://health.gov/sites/default/files/2019-09/Physical_Activity _Guidelines_2nd_edition.pdf.

Hill, A.B., 1965, „The environment and disease: Association or causation?“, *Proc. R. Soc. Med. 58*, 295–300.

Hines, L. și Rimm, E., 2001, „Moderate alcohol consumption and coronary heart disease: A review“, *Postgrad. Med. J. 77*, 747–752, https://doi.org/10.1136/pmj.77.914.747.

Hirode, G. și Wong, R.J., 2020, „Trends in the prevalence of metabolic syndrome in the United States, 2011-2016“, *JAMA 323*, 2526–2528, https://doi.org/10.1001/jama .2020.4501.

Hitchens, C., 2014, *Mortality*, New York, Twelve.

Hitt, R., Young-Xu, Y., Silver, M. și Perls, T., 1999, „Centenarians: The older you get, the healthier you have been“, *Lancet 354*, 652.

Hjelmborg, J., Iachine, I., Skytthe, A., Vaupel, J.W., McGue, M., Koskenvuo, M., Kaprio, J., Pedersen, N.L. și Christensen, K., 2006, „Genetic influence on human lifespan and Longevity“, *Hum. Genet. 119*, 312–321, https://doi.org/10.1007/s00439-006-0144-y.

Hofseth, L.J., Hebert, J.R., Chanda, A., Chen, H., Love, B.L., Pena, M.M., Murphy, E.A., Sajish, M., Sheth, A., Buckhaults, P.J., et al., 2020, „Early-onset colorectal cancer: Initial clues and current views“, *Nat. Rev. Gastroenterol. Hepatol. 17*, 352–364, https://doi.org/10 .1038/s41575-019-0253-4.

Hoglund, K., Thelen, K.M., Syversen, S., Sjogren, M., von Bergmann, K., Wallin, A., Vanmechelen, E., Vanderstichele, H., Lutjohann, D. și Blennow, K., 2005, „The effect of simvastatin treatment on the amyloid precursor protein and brain cholesterol metabolism in patients with Alzheimer's disease“, *Dement. Geriatr. Cogn. Disord. 19*, 256–265, https:// doi.org/10.1159/000084550.

Holt, S.H., Miller, J.C., Petocz, P. și Farmakalidis, E., 1995, „A satiety index of common foods“, *Eur. J. Clin. Nutr. 49*, 675–690.

Hooper, L., Martin, N., Jimoh, O.F., Kirk, C., Foster, E. și Abdelhamid, A.S., 2020, „Reduction in saturated fat intake for cardiovascular disease", *Cochrane Database Syst. Rev*, https://doi.org/10.1002/14651858.CD011737.pub3.

Hopkins, B.D., Pauli, C., Du, X., Wang, D.G., Li, X., Wu, D., Amadiume, S.C., Goncalves, M.D., Hodakoski, C., Lundquist, M.R., et al., 2018, „Suppression of insulin feedback enhances the efficacy of PI3K inhibitors", *Nature 560*, 499–503, https://doi.org/10.1038 /s41586-018-0343-4.

Houston, D.K., Nicklas, B.J., Ding, J., Harris, T.B., Tylavsky, F.A., Newman, A.B., Lee, J.S., Sahyoun, N.R., Visser, M., Kritchevsky, S.B., et al., 2008, „Dietary protein intake is associated with lean mass change in older, community-dwelling adults: The Health, Aging and Body Composition (Health ABC) Study", *Am. J. Clin. Nutr. 87*, 150–155, https://doi.org/10.1093/ajcn/87.1.150.

Howard, B.V., Van Horn, L., Hsia, J., Manson, J.E., Stefanick, M.L., Wassertheil-Smoller, S., Kuller, L.H., LaCroix, A.Z., Langer, R.D., Lasser, N.L., et al., 2006, „Low-fat dietary pattern and risk of cardiovascular disease: The Women's Health Initiative Randomized Controlled Dietary Modification Trial", JAMA 295, 655–666, https://doi.org/10.1001/jama .295.6.655.

Hughes, V.A., Frontera, W.R., Wood, M., Evans, W.J., Dallal, G.E., Roubenoff, R. și Singh, M.A.F., 2001, „Longitudinal muscle strength changes in older adults: Influence of muscle mass, physical activity și health", *J. Gerontol. Ser. A 56*, B209–B217, https://doi.org/10 .1093/gerona/56.5.B209.

Hutchison, I.C. și Rathore, S., 2015, „The role of REM sleep theta activity in emotional memory", *Front. Psychol. 6*, 1439, https://doi.org/10.3389/fpsyg.2015.01439.

Iftikhar, I.H., Donley, M.A., Mindel, J., Pleister, A., Soriano, S. și Magalang, U.J., 2015, „Sleep duration and metabolic syndrome: An updated dose-risk metaanalysis", *Ann. Am. Thorac. Soc. 12*, 1364–1372, https://doi.org/10.1513/AnnalsATS.201504-190OC.

Igwe, E., Azman, A.Z.F., Nordin, A.J. și Mohtarrudin, N., 2015, „Association between HOMA-IR and cancer", *Int. J. Public Health Clin. Sci. 2*, 21.

Iliff, J.J., Lee, H., Yu, M., Feng, T., Logan, J., Nedergaard, M. și Benveniste, H., 2013, „Brain-wide pathway for waste clearance captured by contrast-enhanced MRI", *J. Clin. Invest. 123*, 1299–1309, https://doi.org/10.1172/JCI67677.

IOM (Institute of Medicine, Committee on Military Nutrition Research, 2001, *Caffeine for the sustainment of mental task performance:*

Formulations for military operations, Washington, DC, National Academies Press.

Ioannidis, J.P.A., 2018, „The challenge of reforming nutritional epidemiologic research", *JAMA 320*, 969–970, https://doi.org/10.1001/jama.2018.11025.

Itani, O., Jike, M., Watanabe, N. și Kaneita, Y., 2017, „Short sleep duration and health outcomes: A systematic review, meta-analysis și meta-regression", *Sleep Med. 32*, 246–256, https://doi.org/10.1016/j.sleep.2016.08.006.

Jack, C.R., Knopman, D.S., Jagust, W.J., Petersen, R.C., Weiner, M.W., Aisen, P.S., Shaw, L.M., Vemuri, P., Wiste, H.J., Weigand, S.D., et al., 2013, „Update on hypothetical model of Alzheimer's disease biomarkers", *Lancet Neurol. 12*, 207–216, https://doi.org/10.1016 / S1474-4422(12)70291-0.

Jackson, M.L., Croft, R.J., Kennedy, G.A., Owens, K. și Howard, M.E., 2013, „Cognitive components of simulated driving performance: Sleep loss effects and predictors", *Accid. Anal. Prev. 50*, 438–444, https://doi.org/10.1016/j.aap.2012.05.020.

Jakubowski, B., Shao, Y., McNeal, C., Xing, C. și Ahmad, Z., 2021, „Monogenic and polygenic causes of low and extremely low LDL-C levels in patients referred to specialty lipid clinics: Genetics of low LDL-C. J", *Clin. Lipidol. 15*, 658–664, https://doi.org/10.1016 /j.jacl.2021.07.003.

Jamaspishvili, T., Berman, D.M., Ross, A.E., Scher, H.I., De Marzo, A.M., Squire, J.A. și Lotan, T.L., 2018, „Clinical implications of PTEN loss in prostate cancer", *Nat. Rev. Urol. 15*, 222–234, https://doi.org/10.1038/nrurol.2018.9.

Jamshed, H., Beyl, R.A., Della Manna, D.L., Yang, E.S., Ravussin, E. și Peterson, C.M., 2019, „Early time-restricted feeding improves 24-hour glucose levels and affects markers of the circadian clock, aging și autophagy in humans", *Nutrients 11*, 1234, https://doi.org/10.3390/nu11061234.

Jensen, T.L., Kiersgaard, M.K., Sørensen, D.B. și Mikkelsen, L.F., 2013, „Fasting of mice: A review", *Lab. Anim. 47*, 225–240, https://doi.org/10.1177/0023677213501659.

Johnson, R.J. și Andrews, P., 2015, „Ancient mutation in apes may explain human obesity and diabetes", *Scientific American*, 1 octombrie.

Johnson, R.J., Sánchez-Lozada, L.G. Andrews, P. și Lanaspa, M.A., 2017, „Perspective: A historical and scientific perspective of sugar and its relation with obesity and diabetes", *Adv. Nutr. 8*, 412–422, https://doi.org/10.3945/an.116.014654.

Johnson, R.J., Stenvinkel, P. Andrews, P., Sánchez-Lozada, L.G., Nakagawa, T., Gaucher, E. Andres-Hernando, A., Rodriguez-Iturbe, B., Jimenez, C.R., Garcia, G., et al., 2020, „Fructose metabolism as a common evolutionary pathway of survival associated with climate change, food shortage and droughts", *J. Intern. Med. 287*, 252–262, https://doi.org /10.1111/joim.12993.

Johnson, S., 2021, *Extra life: A short history of living longer*, New York, Riverhead Books. Jones, K., Gordon-Weeks, A., Coleman, C. și Silva, M., 2017, „Radiologically determined sarcopenia predicts morbidity and mortality following abdominal surgery: A systematic

review and meta-analysis", *World J. Surg. 41*, 2266–2279, https://doi.org/10.1007/s00268-017-3999-2.

Jose, J., 2016, „Statins and its hepatic effects: Newer data, implications și changing recommendations", *J. Pharm. Bioallied Sci. 8*, 23–28, https://doi.org/10.4103/0975-7406.171699.

Joslin, E.P., 1940, „The universality of diabetes: A survey of diabetic morbidity in Arizona. The Frank Billings Lecture", *JAMA 115*, 2033–2038, https://doi.org/10.1001/jama.1940.02810500001001.

Ju, Y.-E.S., McLeland, J.S., Toedebusch, C.D., Xiong, C., Fagan, A.M., Duntley, S.P., Morris, J.C. și Holtzman, D.M., 2013, „Sleep quality and preclinical Alzheimer disease", *JAMA Neurol. 70*, 587–593, https://doi.org/10.1001/jamaneurol.2013.2334.

Kalmbach, D.A., Schneider, L.D., Cheung, J., Bertrand, S.J., Kariharan, T., Pack, A.I. și Gehrman, P.R., 2017, „Genetic basis of chronotype in humans: Insights from three landmark GWAS", *Sleep 40*, zsw048, https://doi.org/10.1093/sleep/zsw048.

Kanai, M., Matsubara, E., Isoe, K., Urakami, K., Nakashima, K., Arai, H., Sasaki, H., Abe, K., Iwatsubo, T., Kosaka, T., et al., 1998, „Longitudinal study of cerebrospinal fluid levels of tau, A beta1-40 și A beta1-42(43) in Alzheimer's disease: A study in Japan", *Ann. Neurol. 44*, 17–26, https://doi.org/10.1002/ana.410440108.

Karagiannis, A.D., Mehta, A., Dhindsa, D.S., Virani, S.S., Orringer, C.E., Blumenthal, R.S., Stone, N.J. și Sperling, L.S., 2021, „How low is safe? The frontier of very low (<30 mg/dL) LDL cholesterol", *Eur. Heart J. 42*, 2154–2169, https://doi.org/10.1093 /eurheartj/ehaa1080.

Karsli-Uzunbas, G., Guo, J.Y., Price, S., Teng, X., Laddha, S.V., Khor, S., Kalaany, N.Y., Jacks, T., Chan, C.S., Rabinowitz, J.D., et al., 2014, „Autophagy is required for glucose homeostasis and lung tumor maintenance", *Cancer Discov.* *4*, 914–927, https://doi.org/10.1158/2159-8290.CD-14-0363.

Kaivola, K., Shah, Z., Chia, R., International LBD Genomics Consortium și Scholz, S.W., 2022, „Genetic evaluation of dementia with Lewy bodies implicates distinct disease subgroups", *Brain 145*(5), 1757–1762, https://doi.org/10.1093/brain/awab402.

Kawada, S. și Ishii, N., 2005, „Skeletal muscle hypertrophy after chronic restriction of venous blood flow in rats", *Med. Sci. Sports Exerc. 37*, 1144–1150, https://doi.org/10.1249 /01.mss.0000170097.59514.bb.

Kawano, H., Motoyama, T., Hirashima, O., Hirai, N., Miyao, Y., Sakamoto, T., Kugiyama, K., Ogawa, H. și Yasue, H., 1999, „Hyperglycemia rapidly suppresses flow-mediated endothelium-dependent vasodilation of brachial artery", *J. Am. Coll. Cardiol. 34*, 146–154, https://doi.org/10.1016/S0735-1097(99)00168-0.

Keramidas, M.E. și Botonis, P.G., 2021, „Short-term sleep deprivation and human thermoregulatory function during thermal challenges", *Exp. Physiol. 106*, 1139–1148. https://doi.org/10.1113/EP089467.

Kerrouche, N., Herholz, K., Mielke, R., Holthoff, V. și Baron, J.-C., 2006, „18FDG PET in vascular dementia: Differentiation from Alzheimer's disease using voxel-based multivariate analysis", *J. Cereb. Blood Flow Metab. 26*, 1213–1221, https://doi.org/10.1038 /sj.jcbfm.9600296.

Killgore, W.D.S., 2013, „Self-reported sleep correlates with prefrontal-amygdala functional connectivity and emotional functioning", *Sleep 36*, 1597–1608, https://doi.org/10.5665 /sleep.3106.

Kim, C.-H., Wheatley, C.M., Behnia, M. și Johnson, B.D., 2016, „The effect of aging on relationships between lean body mass and VO_2max in rowers", *PLOS ONE 11*, e0160275, https://doi.org/10.1371/journal.pone.0160275.

Kim, D.-Y., Hong, S.-H., Jang, S.-H., Park, S.-H., Noh, J.-H., Seok, J.-M., Jo, H.-J., Son, C.-G. și Lee, E.-J., 2022, „Systematic review for the medical applications of meditation in randomized controlled trials", *Int. J. Environ. Res. Public. Health 19*, 1244, https://doi.org /10.3390/ijerph19031244.

Kim, T.N. și Choi, K.M., 2013, „Sarcopenia: Definition, epidemiology și pathophysiology", *J. Bone Metab. 20*, 1–10, https://doi.org/10.11005/jbm.2013.20.1.1.

Kim, Y., White, T., Wijndaele, K., Westgate, K., Sharp, S.J., Helge, J.W., Wareham, N.J. și Brage, S., 2018, „The combination of cardiorespiratory fitness and muscle strength și mortality risk", *Eur. J. Epidemiol. 33*, 953–964, https://doi.org/10.1007/s10654-018-0384-x.

Kinsella, K.G., 1992, „Changes in life expectancy, 1900–1990“, *Am. J. Clin. Nutr. 55*, 1196S–1202S, https://doi.org/10.1093/ajcn/55.6.1196S.

Kloske, C.M. și Wilcock, D.M., 2020, „The important interface between apolipoprotein E and neuroinflammation in Alzheimer's disease“, *Front. Immunol. 11*, 754, https://doi.org /10.3389/fimmu.2020.00754.

Kochenderfer, J.N., Wilson, W.H., Janik, J.E., Dudley, M.E., Stetler-Stevenson, M., Feldman, S.A., Maric, I., Raffeld, M., Nathan, D.-A.N., Lanier, B.J., et al., 2010, „Eradication of B-lineage cells and regression of lymphoma in a patient treated with autologous T cells genetically engineered to recognize CD19“, *Blood 116*, 4099–4102, https://doi.org/10.1182 /blood-2010-04-281931.

Kokkinos, P., Faselis, C., Babu, H.S.I., Pittaras, A., Doumas, M., Murphy, R., Heimall, M.S., Sui, X., Zhang, J. și Myers, J., 2022, „Cardiorespiratory fitness and mortality risk across the spectra of age, race și sex“, *J. Am. Coll. Cardiol. 80*, 598–609.

Kolata, G., 2012, „Severe diet doesn't prolong life, at least in monkeys“, *New York Times*, 29 august 2012, https://www.nytimes.com/2012/08/30/science/low-calorie-diet-doesnt-prolong-life-study-of-monkeys-finds.html?action=click&module=RelatedCoverage&pgtype=Article&region=Footer.

— , 2020, „An Alzheimer's treatment fails: «We don't have anything now».“, *New York Times*, 10 februarie, https://www.nytimes.com/2020/02/10/health/alzheimers-amyloid-drug.html.

Kolka, M.A. și Stephenson, L.A., 1988, „Exercise thermoregulation after prolonged wakefulness“, *J. Appl. Physiol. 64*, 1575–1579, https://doi.org/10.1152/jappl.1988.64.4.1575.

Konstantinos, I., Avgerinos, N.S., Mantzoros, C.S., Dalamaga, M., 2019, „Obesity and cancer risk: Emerging biological mechanisms and perspectives“, *Metabolism 92*, 121–135, https:// doi.org/10.1016/j.metabol.2018.11.001.

Kortebein, P., Ferrando, A., Lombeida, J., Wolfe, R. și Evans, W.J., 2007, „Effect of 10 days of bed rest on skeletal muscle in healthy older adults“, *JAMA 297*, 1769–1774, https://doi .org/10.1001/jama.297.16.1772-b.

Kourtis, N. și Tavernarakis, N., 2009, „Autophagy and cell death in model organisms“, *Cell Death Differ. 16*, 21–30, https://doi.org/10.1038/cdd.2008.120.

Krause, A.J., Simon, E.B., Mander, B.A., Greer, S.M., Saletin, J.M., Goldstein-Piekarski, A.N. și Walker, M.P., 2017, „The sleep-deprived human brain", *Nat. Rev. Neurosci. 18*, 404–418, https://doi.org/10.1038/nrn.2017.55.

Kuna, S.T., Maislin, G., Pack, F.M., Staley, B., Hachadoorian, R., Coccaro, E.F. și Pack, A.I., 2012, „Heritability of performance deficit accumulation during acute sleep deprivation in twins", *Sleep 35*, 1223–1233, https://doi.org/10.5665/sleep.2074.

Kuo, T., McQueen, A., Chen, T.-C. și Wang, J.-C., 2015, „Regulation of glucose homeostasis by glucocorticoids", *Adv. Exp. Med. Biol. 872*, 99–126, https://doi.org/10.1007 /978-1-4939-2895-8_5.

Kwo, P.Y., Cohen, S.M. și Lim, J.K., 2017, „ACG clinical guideline: Evaluation of abnormal liver chemistries", *Am. J. Gastroenterol. 112*, 18–35, https://doi.org/10.1038/ajg.2016.517.

Kwok, C.S., Kontopantelis, E., Kuligowski, G., Gray, M., Muhyaldeen, A., Gale, C.P., Peat, G.M., Cleator, J., Chew-Graham, C., Loke, Y.K., Mamas, M.A., 2018, „Self-reported sleep duration and quality and cardiovascular disease and mortality", *JAHA*, 7:15, https://doi.org /10.1161/JAHA.118.008552.

Lammert, F. și Wang, D.Q.-H., 2005, „New insights into the genetic regulation of intestinal cholesterol absorption", *Gastroenterology 129*, 718–734, https://doi.org/10.1053 /j.gastro.2004.11.017.

Lamond, N. și Dawson, D., 1999, „Quantifying the performance impairment associated with fatigue", *J. Sleep Res. 8*, 255–262, https://doi.org/10.1046/j.1365-2869.1999.00167.x.

Langa, K.M. și Levine, D.A., 2014, „The diagnosis and management of mild cognitive impairment: A clinical review", *JAMA 312*, 2551–2561, https://doi.org/10.1001/jama .2014.13806.

Laukkanen, T., Khan, H., Zaccardi, F. și Laukkanen, J.A., 2015, „Association between sauna bathing and fatal cardiovascular and all-cause mortality events", *JAMA Intern. Med. 175*, 542–548, https://doi.org/10.1001/jamainternmed.2014.8187.

Laukkanen, T., Kunutsor, S., Kauhanen, J. și Laukkanen, J.A., 2017, „Sauna bathing is inversely associated with dementia and Alzheimer's disease in middle-aged Finnish men", *Age Ageing 46*, 245–249, https://doi.org/10.1093/ageing/afw212.

Lawson, J.S., 2016, „Multiple infectious agents and the origins of atherosclerotic coronary artery disease", *Front. Cardiovasc. Med. 3*, 30, https://doi.org/10.3389/fcvm.2016.00030.

Le, D.T., Uram, J.N., Wang, H., Bartlett, B.R., Kemberling, H., Eyring, A.D., Skora, A.D., Luber, B.S., Azad, N.S., Laheru, D., et al., 2015,

„PD-1 blockade in tumors with mismatch-repair deficiency", *N. Engl. J. Med. 372*, 2509–2520, https://doi.org/10.1056 /NEJMoa1500596.

Le, R., Zhao, L. și Hegele, R.A., 2022, „Forty year follow-up of three patients with complete absence of apolipoprotein B-containing lipoproteins", *J. Clin. Lipidol. 16*, 155–159, https://doi.org/10.1016/j.jacl.2022.02.003.

Lee, I.-M. și Buchner, D.M., 2008, „The importance of walking to public health", *Med. Sci. Sports Exerc. 40*, S512–518, https://doi.org/10.1249/MSS.0b013e31817c65d0.

Lee, J.C., Kim, S.J., Hong, S. și Kim, Y., 2019, „Diagnosis of Alzheimer's disease utilizing amyloid and tau as fluid biomarkers", *Exp. Mol. Med. 51*, 1–10, https://doi.org/10.1038 /s12276-019-0250-2.

Lega, I.C. și Lipscombe, L.L., 2019, „Review: diabetes, obesity și cancer— pathophysiology and clinical implications", *Endocr. Rev. 41(1)*, 33–52, https://doi.org/10 .1210/endrev/bnz014.

Lemasters, J.J., 2005, „Selective mitochondrial autophagy, or mitophagy, as a targeted defense against oxidative stress, mitochondrial dysfunction și aging", *Rejuvenation Res. 8*, 3–5, https://doi.org/10.1089/rej.2005.8.3.

Lendner, J.D., Helfrich, R.F., Mander, B.A., Romundstad, L., Lin, J.J., Walker, M.P., Larsson, P.G. și Knight, R.T., 2020, „An electrophysiological marker of arousal level in humans", *ELife 9*, e55092, https://doi.org/10.7554/eLife.55092.

Leproult, R., Holmbäck, U. și Van Cauter, E., 2014, „Circadian misalignment augments markers of insulin resistance and inflammation, independently of sleep loss", *Diabetes 63*, 1860–1869, https://doi.org/10.2337/db13-1546.

Leproult, R. și Van Cauter, E., 2010, „Role of sleep and sleep loss in hormonal release and metabolism", *Endocr. Dev. 17*, 11–21, https://doi.org/10.1159/000262524.

Lexell, J., 1995, „Human aging, muscle mass and fiber type composition", *J. Gerontol. A. Biol. Sci. Med. Sci. 50 Spec No*, 11–16, https://doi.org/10.1093/gerona/50a.special_issue.11.

Li, R., Xia, J., Zhang, X., Gathirua-Mwangi, W.G., Guo, J., Li, Y., McKenzie, S. și Song, Y., 2018, „Associations of muscle mass and strength with all-cause mortality among US older adults", *Med. Sci. Sports Exerc. 50*, 458–467, https://doi.org/10.1249/MSS.0000000000001448.

Libby, P., 2021, „The changing landscape of atherosclerosis", *Nature 592*, 524–533, https://doi.org/10.1038/s41586-021-03392-8.

Libby, P. și Tokgözoğlu, L., 2022, „Chasing LDL cholesterol to the bottom: PCSK9 in perspective", *Nat. Cardiovasc. Res. 1*, 554–561, https://doi.org/10.1038/s44161-022-00085-x.

Liberti, M.V. și Locasale, J.W., 2016, „The Warburg effect: How does it benefit cancer cells?", *Trends Biochem. Sci. 41*, 211–218, https://doi.org/10.1016/j.tibs.2015.12.001.

Lieberman, D.E., Kistner, T.M., Richard, D., Lee, I.-M. și Baggish, A.L., 2021, „The active grandparent hypothesis: Physical activity and the evolution of extended human healthspans and lifespans", *Proc. Natl. Acad. Sci. 118*, e2107621118, https://doi.org/10 .1073/pnas.2107621118.

Liguori, G., ed., 2020, *ACSM's guidelines for exercise testing and prescription*, ediția a 10-a, Philadelphia, Wolters Kluwer Health.

Lim, A.S.P., Kowgier, M., Yu, L., Buchman, A.S. și Bennett, D.A., 2013a, „Sleep fragmentation and the risk of incident Alzheimer's disease and cognitive decline in older persons", *Sleep 36*, 1027–1032, https://doi.org/10.5665/sleep.2802.

Lim, A.S.P., Yu, L., Kowgier, M., Schneider, J.A., Buchman, A.S. și Bennett, D.A., 2013b, „Sleep modifies the relation of APOE to the risk of Alzheimer disease and neurofibrillary tangle pathology", *JAMA Neurol. 70*, 10.1001/jamaneurol.2013.4215, https://doi.org/10 .1001/jamaneurol.2013.4215.

Lim, J. și Dinges, D.F., 2008, „Sleep deprivation and vigilant attention", *Ann. N.Y. Acad. Sci. 1129*, 305–322, https://doi.org/10.1196/annals.1417.002.

Lin, H.-J., Lee, B.-C., Ho, Y.-L., Lin, Y.-H., Chen, C.-Y., Hsu, H.-C., Lin, M.-S., Chien, K.-L. și Chen, M.-F., 2009, „Postprandial glucose improves the risk prediction of cardiovascular death beyond the metabolic syndrome in the nondiabetic population", *Diabetes Care 32*, 1721–1726, https://doi.org/10.2337/dc08-2337.

Lin, H.-S., Watts, J.N., Peel, N.M. și Hubbard, R.E., 2016, „Frailty and post-operative outcomes in older surgical patients: A systematic review", *BMC Geriatr. 16*, 157, https:// doi.org/10.1186/s12877-016-0329-8.

Lindle, R.S., Metter, E.J., Lynch, N.A., Fleg, J.L., Fozard, J.L., Tobin, J., Roy, T.A. și Hurley, B.F., 1997, „Age and gender comparisons of muscle strength in 654 women and men aged 20–93 yr", *J. Appl. Physiol. 83*, 1581–1587, https://doi.org/10.1152/jappl.1997.83.5.1581.

Linehan, M.M., Comtois, K.A., Murray, A.M., Brown, M.Z., Gallop, R.J., Heard, H.L., Korslund, K.E., Tutek, D.A., Reynolds, S.K. și Lindenboim, N., 2006, „Two-year randomized controlled trial and follow-up of dialectical behavior therapy vs therapy by experts for suicidal behaviors and borderline personality disorder", *Arch. Gen. Psychiatry 63*, 757–766, https://doi.org/10.1001/archpsyc.63.7.757.

Little, J.P., Gillen, J.B., Percival, M.E., Safdar, A., Tarnopolsky, M.A., Punthakee, Z., Jung, M.E. şi Gibala, M.J., 2011, „Low-volume high-intensity interval training reduces hyperglycemia and increases muscle mitochondrial capacity in patients with type 2 diabetes", *J. Appl. Physiol. 111*, 1554–1560, https://doi.org/10.1152/japplphysiol.00921 .2011.

Liu, D., Huang, Y., Huang, C., Yang, S., Wei, X., Zhang, P., Guo, D., Lin, J., Xu, B., Li, C. et al., 2022, „Calorie restriction with or without time-restricted eating in weight loss", *N. Engl. J. Med. 386*, 1495–1504, https://doi.org/10.1056/NEJMoa2114833.

Liu, G.Y. şi Sabatini, D.M., 2020, „mTOR at the nexus of nutrition, growth, ageing and disease", *Nat. Rev. Mol. Cell Biol. 21*, 183–203, https://doi.org/10.1038/s41580-019-0199-y.

Livingston, G., 2019, „On average, older adults spend over half their waking hours alone", *Grius*, 19 iulie, https://qrius.com/on-average-older-adults-spend-over-half-their-waking-hours-alone/.

Lobo, A., López-Antón, R., de-la-Cámara, C., Quintanilla, M.A., Campayo, A., Saz, P. şi ZARADEMP Workgroup (2008), „Non-cognitive psychopathological symptoms associated with incident mild cognitive impairment and dementia, Alzheimer's type", *Neurotox. Res. 14*, 263–272, https://doi.org/10.1007/BF03033815.

López-Otín, C., Blasco, M.A., Partridge, L., Serrano, M. şi Kroemer, G., 2013, „The hallmarks of aging", *Cell 153*, 1194–1217, https://doi.org/10.1016/j.cell.2013.05.039.

Lowe, D.A., Wu, N., Rohdin-Bibby, L., Moore, A.H., Kelly, N., Liu, Y.E., Philip, E., Vittinghoff, E., Heymsfield, S.B., Olgin, J.E., et al., 2020, „Effects of time-restricted eating on weight loss and other metabolic parameters in women and men with overweight and obesity: The TREAT randomized clinical trial", *JAMA Intern. Med. 180*, 1491–1499. https://doi.org/10.1001/jamainternmed.2020.4153.

Lucey, B.P., McCullough, A., Landsness, E.C., Toedebusch, C.D., McLeland, J.S., Zaza, A.M., Fagan, A.M., McCue, L., Xiong, C., Morris, J.C., et al., 2019, „Reduced non-rapid eye movement sleep is associated with tau pathology in early Alzheimer's disease", *Sci. Transl. Med. 11*, eaau6550, https://doi.org/10.1126/scitranslmed.aau6550.

Ludwig, J., Viggiano, T.R., McGill, D.B. şi Oh, B.J., 1980, „Nonalcoholic steatohepatitis: Mayo Clinic experiences with a hitherto unnamed disease", *Mayo Clinic proceedings*, 55(7), 434–438.

Lüth, H.-J., Ogunlade, V., Kuhla, B., Kientsch-Engel, R., Stahl, P., Webster, J., Arendt, T. și Münch, G., 2005, „Age- and stage-dependent accumulation of advanced glycation end products in intracellular deposits in normal and Alzheimer's disease brains", *Cereb. Cortex 15*, 211–220, https://doi.org/10.1093/cercor/bhh123.

Mach, F., Ray, K.K., Wiklund, O., Corsini, A., Catapano, A.L., Bruckert, E., De Backer, G., Hegele, R.A., Hovingh, G.K., Jacobson, T.A., et al., 2018, „Adverse effects of statin therapy: perception vs. the evidence: Focus on glucose homeostasis, cognitive, renal and hepatic function, haemorrhagic stroke and cataract", *Eur. Heart J. 39*, 2526–2539, https:// doi.org/10.1093/eurheartj/ehy182.

Maddock, J., Cavadino, A., Power, C. și Hyppönen, E., 2015, „25-hydroxyvitamin D, APOE ε4 genotype and cognitive function: Findings from the 1958 British birth cohort", *Eur. J. Clin. Nutr. 69*, 505–508, https://doi.org/10.1038/ejcn.2014.201.

Maeng, L.Y. și Milad, M.R., 2015, „Sex differences in anxiety disorders: Interactions between fear, stress și gonadal hormones", *Horm. Behav. 76*, 106–117, https://doi.org/10 .1016/j.yhbeh.2015.04.002.

Mah, C.D., Mah, K.E., Kezirian, E.J. și Dement, W.C., 2011, „The effects of sleep extension on the athletic performance of collegiate basketball players", *Sleep 34*, 943–950, https://doi .org/10.5665/ SLEEP.1132.

Mandsager, K., Harb, S., Cremer, P., Phelan, D., Nissen, S.E. și Jaber, W., 2018, „Association of cardiorespiratory fitness with long-term mortality among adults undergoing exercise treadmill testing", *JAMA Netw. Open 1*, e183605, https://doi.org/10 .1001/jamanetworkopen.2018.3605.

Mannick, J.B., Del Giudice, G., Lattanzi, M., Valiante, N.M., Praestgaard, J., Huang, B., Lonetto, M.A., Maecker, H.T., Kovarik, J., Carson, S., et al., 2014, „mTOR inhibition improves immune function in the elderly", *Sci. Transl. Med. 6*, 268ra179, https://doi.org /10.1126/ scitranslmed.3009892.

Manson, J.E., Chlebowski, R.T., Stefanick, M.L., Aragaki, A.K., Rossouw, J.E., Prentice, R.L., Anderson, G., Howard, B.V., Thomson, C.A., LaCroix, A.Z., et al., 2013, „The Women's Health Initiative hormone therapy trials: Update and overview of health outcomes during the intervention and post-stopping phases", *JAMA 310*, 1353–1368.

Mansukhani, M.P., Kolla, B.P., Surani, S., Varon, J. și Ramar, K., 2012, „Sleep deprivation in resident physicians, work hour limitations and related outcomes: A systematic review of the literature", *Postgrad. Med. 124*, 241–249, https://doi.org/10.3810/pgm.2012.07.2583.

Marston, N.A., Giugliano, R.P., Melloni, G.E.M., Park, J.-G., Morrill, V., Blazing, M.A., Ference, B., Stein, E., Stroes, E.S., Braunwald, E., et al., 2022, „Association of Apolipoprotein B–containing lipoproteins and risk of myocardial infarction in individuals with and without atherosclerosis: Distinguishing between particle concentration, type and content“, *JAMA Cardiol. 7(3)*, 250–256, http://doi.org/10.1001/jamacardio.2021.5083.

Martínez-Lapiscina, E.H., Clavero, P., Toledo, E., Estruch, R., Salas-Salvadó, J., Julián, B.S., Sanchez-Tainta, A., Ros, E., Valls-Pedret, C. și Martinez-Gonzalez, M.Á., 2013, „Mediterranean diet improves cognition: The PREDIMED-NAVARRA randomised trial“, *J. Neurol. Neurosurg. Psychiatry 84*, 1318–1325, https://doi.org/10.1136/jnnp-2012-304792.

Masana, L., Girona, J., Ibarretxe, D., Rodríguez-Calvo, R., Rosales, R., Vallvé, J.-C., Rodríguez-Borjabad, C., Guardiola, M., Rodríguez, M., Guaita-Esteruelas, S., et al., 2018, „Clinical and pathophysiological evidence supporting the safety of extremely low LDL levels: The zero-LDL hypothesis“, *J. Clin. Lipidol. 12*, 292–299.e3, https://doi.org/10 .1016/j.jacl.2017.12.018.

Masters, C.L. și Selkoe, D.J., 2012, „Biochemistry of amyloid β-protein and amyloid deposits in Alzheimer disease“, *Cold Spring Harb. Perspect. Med. 2*, a006262, https://doi .org/10.1101/cshperspect.a006262.

Matsuzaki, T., Sasaki, K., Tanizaki, Y., Hata, J., Fujimi, K., Matsui, Y., Sekita, A., Suzuki, S.O., Kanba, S., Kiyohara, Y., et al., 2010, „Insulin resistance is associated with the pathology of Alzheimer disease: The Hisayama study“, *Neurology 75*, 764–770, https://doi.org/10.1212 /WNL.0b013e3181eee25f.

Mattison, J.A., Roth, G.S., Beasley, T.M., Tilmont, E.M., Handy, A.H., Herbert, R.L., Longo, D.L., Allison, D.B., Young, J.E., Bryant, M., et al., 2012, „Impact of caloric restriction on health and survival in rhesus monkeys: The NIA study“, *Nature 489*, https://doi.org/10 .1038/nature11432.

Maurer, L.F., Schneider, J., Miller, C.B., Espie, C.A. și Kyle, S.D., 2021, „The clinical effects of sleep restriction therapy for insomnia: A meta-analysis of randomised controlled trials“, *Sleep Med. Rev. 58*, 101493, https://doi.org/10.1016/j.smrv.2021.101493.

McDonald, R.B. și Ramsey, J.J., 2010, „Honoring Clive McCay and 75 years of calorie restriction research“, *J. Nutr. 140*, 1205–1210, https://doi.org/10.3945/jn.110.122804.

McLaughlin, T., Abbasi, F., Cheal, K., Chu, J., Lamendola, C. și Reaven, G., 2003, „Use of metabolic markers to identify overweight individuals who are insulin resistant“, *Ann. Intern. Med. 139*, 802–809, https://doi.org/10.7326/0003-4819-139-10-200311180-00007.

McMillin, S.L., Schmidt, D.L., Kahn, B.B. și Witczak, C.A., 2017, „GLUT4 is not necessary for overload-induced glucose uptake or hypertrophic growth in mouse skeletal muscle“, *Diabetes 66*, 1491–1500, https://doi.org/10.2337/db16-1075.

McNamara, D.J., 2015, „The fifty year rehabilitation of the egg“, *Nutrients 7*, 8716–8722, https://doi.org/10.3390/nu7105429.

Melov, S., Tarnopolsky, M.A., Beckman, K., Felkey, K. și Hubbard, A., 2007, „Resistance exercise reverses aging in human skeletal muscle“, *PLOS ONE 2*, e465, https://doi.org/10 .1371/journal.pone.0000465.

Mensah, G.A., Wei, G.S., Sorlie, P.D., Fine, L.J., Rosenberg, Y., Kaufmann, P.G., Mussolino, M.E., Hsu, L.L., Addou, E., Engelgau, M.M. & Gordon, D., 2017, „Decline in Cardiovascular Mortality: Possible Causes and Implications“, *Circulation research, 120(2)*, 366–380, https://doi.org/10.1161/CIRCRESAHA.116.309115.

Mensink, R.P. și Katan, M.B., 1992, „Effect of dietary fatty acids on serum lipids and lipoproteins. A meta-analysis of 27 trials“, *Arterioscler. Thromb. J. Vasc. Biol. 12*, 911–919, https://doi.org/10.1161/01.atv.12.8.911.

Mercken, E.M., Crosby, S.D., Lamming, D.W., JeBailey, L., Krzysik-Walker, S., Villareal, D., Capri, M., Franceschi, C., Zhang, Y., Becker, K., et al., 2013, „Calorie restriction in humans inhibits the PI3K/AKT pathway and induces a younger transcription profile“, *Aging Cell 12*, 645–651, https://doi.org/10.1111/acel.12088.

Michaelson, D.M., 2014, „APOE ε4: The most prevalent yet understudied risk factor for Alzheimer's disease“, *Alzheimers Dement. 10*, 861–868, https://doi.org/10.1016/j.jalz .2014.06.015.

Milewski, M.D., Skaggs, D.L., Bishop, G.A., Pace, J.L., Ibrahim, D.A., Wren, T.A.L. și Barzdukas, A., 2014, „Chronic lack of sleep is associated with increased sports injuries in adolescent athletes“, *J. Pediatr. Orthop. 34*, 129–133, https://doi.org/10.1097/BPO .0000000000000151.

Miller, R.A., Harrison, D.E., Astle, C.M., Baur, J.A., Boyd, A.R., de Cabo, R., Fernandez, E., Flurkey, K., Javors, M.A., Nelson, J.F., et al., 2011, „Rapamycin, but not resveratrol or simvastatin, extends life span of genetically heterogeneous mice“, *J. Gerontol. Ser. A 66A*, 191–201, https://doi.org/10.1093/gerona/glq178.

Mitter, S.S., Oriá, R.B., Kvalsund, M.P., Pamplona, P., Joventino, E.S., Mota, R.M.S., Gonçalves, D.C., Patrick, P.D., Guerrant, R.L. și Lima, A.A.M., 2012, „Apolipoprotein E4 influences growth and cognitive responses to micronutrient supplementation in shantytown children from northeast Brazil", *Clinics 67*, 11–18, https://doi.org/10.6061/clinics/2012(01)03.

Moco, S., Bino, R.J., Vorst, O., Verhoeven, H.A., de Groot, J., van Beek, T.A., Vervoort, J. și de Vos, C.H.R., 2006, „A liquid chromatography-mass spectrometry-based metabolome database for tomato", *Plant Physiol. 141*, 1205–1218, https://doi.org/10.1104/pp.106.078428.

Mollenhauer, B., Bibl, M., Trenkwalder, C., Stiens, G., Cepek, L., Steinacker, P., Ciesielczyk, B., Neubert, K., Wiltfang, J., Kretzschmar, H.A. et al., 2005, „Follow-up investigations in cerebrospinal fluid of patients with dementia with Lewy bodies and Alzheimer's disease", *J. Neural Transm. 112*, 933–948, https://doi.org/10.1007/s00702-004-0235-7.

Montagne, A., Nation, D.A., Sagare, A.P., Barisano, G., Sweeney, M.D., Chakhoyan, A., Pachicano, M., Joe, E., Nelson, A.R., D'Orazio, L.M., et al., 2020, „APOE4 leads to blood-brain barrier dysfunction predicting cognitive decline", *Nature 581*, 71–76, https://doi.org /10.1038/s41586-020-2247-3.

Moraes, W. dos S., Poyares, D.R., Guilleminault, C., Ramos, L.R., Bertolucci, P.H.F. și Tufik, S., 2006, „The effect of donepezil on sleep and REM sleep EEG in patients with Alzheimer disease: A double-blind placebo-controlled study", *Sleep 29*, 199–205, https:// doi.org/10.1093/sleep/29.2.199.

Mosconi, L., Rahman, A., Diaz, I., Wu, X., Scheyer, O., Hristov, H.W., Vallabhajosula, S., Isaacson, R.S., de Leon, M.J. și Brinton, R.D., 2018, „Increased Alzheimer's risk during the menopause transition: A 3-year longitudinal brain imaging study", *PLOS ONE 13*, e0207885, https://doi.org/10.1371/journal.pone.0207885.

Motomura, Y., Kitamura, S., Oba, K., Terasawa, Y., Enomoto, M., Katayose, Y., Hida, A., Moriguchi, Y., Higuchi, S. și Mishima, K., 2013, „Sleep debt elicits negative emotional reaction through diminished amygdala-anterior cingulate functional connectivity", *PLOS ONE 8*, e56578, https://doi.org/10.1371/journal.pone.0056578.

Mukherjee, S., 2011, *The emperor of all maladies: A biography of cancer*, New York, Scribner.

Mullane, K. și Williams, M., 2020, „Alzheimer's disease beyond amyloid: Can the repetitive failures of amyloid-targeted therapeutics inform future approaches to dementia drug discovery?“, *Biochem. Pharmacol. 177*, 113945, https://doi.org/10.1016/j.bcp.2020.113945.

Müller, U., Winter, P. şi Graeber, M.B., 2013, „A presenilin 1 mutation in the first case of Alzheimer's disease“, *Lancet Neurol. 12*, 129–130, https://doi.org/10.1016/S1474-4422(12) 70307-1.

Naci, H. şi Ioannidis, J.P.A., 2015, „Comparative effectiveness of exercise and drug interventions on mortality outcomes: Metaepidemiological study“, *Br. J. Sports Med. 49*, 1414–1422, https://doi.org/10.1136/bjsports-2015-f5577rep.

Naghshi, S., Sadeghian, M., Nasiri, M., Mobarak, S., Asadi, M. şi Sadeghi, O., 2020, „Association of total nut, tree nut, peanut and peanut butter consumption with cancer incidence and mortality: A comprehensive systematic review and dose-response meta-analysis of observational studies“, *Adv. Nutr. 12*, 793–808, https://doi.org/10.1093/advances/nmaa152.

Naimi, T.S., Stockwell, T., Zhao, J., Xuan, Z., Dangardt, F., Saitz, R., Liang, W. şi Chikritzhs, T., 2017, „Selection biases in observational studies affect associations between «moderate» alcohol consumption and mortality“, *Addiction 112*, 207–214, https://doi.org /10.1111/add.13451.

Nakamura, T., Shoji, M., Harigaya, Y., Watanabe, M., Hosoda, K., Cheung, T.T., Shaffer, L.M., Golde, T.E., Younkin, L.H. şi Younkin, S.G., 1994, „Amyloid beta protein levels in cerebrospinal fluid are elevated in early-onset Alzheimer's disease“, *Ann. Neurol. 36*, 903–911, https://doi.org/10.1002/ana.410360616.

Nasir, K., Cainzos-Achirica, M., Valero-Elizondo, J., Ali, S.S., Havistin, R., Lakshman, S., Blaha, M.J., Blankstein, R., Shapiro, M.D., Arias, L., et al., 2022, „Coronary atherosclerosis in an asymptomatic U.S. population“, *JACC Cardiovasc. Imaging 15(9)*, 1619–1621, https://doi.org/10.1016/j.jcmg.2022.03.010.

NCI (National Cancer Institute), 2015, „Risk factors: Age“, https://www.cancer.gov/about -cancer/causes-prevention/risk/age.

—, 2021, „Risk factors: Age“, https://www.cancer.gov/about-cancer/causes-prevention/risk/age.

—, 2022a, „Obesity and cancer. Fact sheet“, 5 aprilie, https://www.cancer.gov/about-cancer/causes-prevention/risk/obesity/obesity-fact-sheet.

—, 2022b, „SEER survival statistics—SEER Cancer Query Systems“, https://seer.cancer.gov/canques/survival.html.

Nedeltcheva, A.V., Kessler, L., Imperial, J. și Penev, P.D., 2009, „Exposure to recurrent sleep restriction in the setting of high caloric intake and physical inactivity results in increased insulin resistance and reduced glucose tolerance“, *J. Clin. Endocrinol. Metab. 94*, 3242–3250, https://doi.org/10.1210/jc.2009-0483.

Neth, B.J. și Craft, S., 2017, „Insulin resistance and Alzheimer's disease: Bioenergetic linkages“, *Front. Aging Neurosci. 9*, 345, https://doi.org/10.3389/fnagi.2017.00345.

Neu, S.C., Pa, J., Kukull, W., Beekly, D., Kuzma, A., Gangadharan, P., Wang, L.-S., Romero, K., Arneric, S.P., Redolfi, A., et al., 2017, „Apolipoprotein E genotype and sex risk factors for Alzheimer disease: A meta-analysis“, *JAMA Neurol. 74*, 1178–1189, https://doi.org/10.1001/jamaneurol.2017.2188.

Newman, A.B., Kupelian, V., Visser, M., Simonsick, E.M., Goodpaster, B.H., Kritchevsky, S.B., Tylavsky, F.A., Rubin, S.M. și Harris, T.B., 2006, „Strength, but not muscle mass, is associated with mortality in the Health, Aging and Body Composition Study cohort“, *J. Gerontol. Ser. A 61*, 72–77, https://doi.org/10.1093/gerona/61.1.72.

Newman, C.B., Preiss, D., Tobert, J.A., Jacobson, T.A., Page, R.L., Goldstein, L.B., Chin, C., Tannock, L.R., Miller, M., Raghuveer, G., et al., 2019, „Statin safety and associated adverse events: A scientific statement from the American Heart Association“, *Arterioscler. Thromb. Vasc. Biol. 39*, e38–e81, https://doi.org/10.1161/ATV.0000000000000073.

New York Times, 1985, „New evidence, old debate“, 12 septembrie, https://www.nytimes.com /1985/09/12/us/new-evidence-old-debate.html.

Ngandu, T., Lehtisalo, J., Solomon, A., Levälahti, E., Ahtiluoto, S., Antikainen, R., Bäckman, L., Hänninen, T., Jula, A., Laatikainen, T., et al., 2015, „A 2 year multidomain intervention of diet, exercise, cognitive training and vascular risk monitoring versus control to prevent cognitive decline in at-risk elderly people (FINGER): A randomised controlled trial“, *Lancet 385*, 2255–2263, https://doi.org/10.1016/S0140-6736(15)60461-5.

NHTSA (National Highway Traffic Safety Administration), 2022a, „Early estimates of motor vehicle traffic fatalities and fatality rate by sub-categories in 2021“, Traffic Safety Facts, mai, https://crash-stats.nhtsa.dot.gov/Api/Public/ViewPublication/813298.

—, 2022b, „Fatality and Injury Reporting System Tool (FIRST)“, https://cdan.dot.gov/query.

Nicklas, B.J., Chmelo, E., Delbono, O., Carr, J.J., Lyles, M.F. și Marsh, A.P., 2015, „Effects of resistance training with and without caloric restriction on physical function and mobility in overweight and obese older adults: A randomized controlled trial", *Am. J. Clin. Nutr. 101*, 991–999, https://doi.org/10.3945/ajcn.114.105270.

NIDDK (National Institute of Diabetes and Digestive and Kidney Diseases), 2018, *Diabetes in America*, ediția a 3-a, Bethesda, MD, NIDDK.

Ninonuevo, M.R., Park, Y., Yin, H., Zhang, J., Ward, R.E., Clowers, B.H., German, J.B., Freeman, S.L., Killeen, K., Grimm, R., et al., 2006, „A strategy for annotating the human milk glycome", *J. Agric. Food Chem. 54*, 7471–7480, https://doi.org/10.1021/jf0615810.

Nuttall, F.Q. și Gannon, M.C., 2006, „The metabolic response to a high-protein, low-carbohydrate diet in men with type 2 diabetes mellitus", *Metabolism 55*, 243–251, https:// doi.org/10.1016/j.metabol.2005.08.027.

Nymo, S., Coutinho, S.R., Jørgensen, J., Rehfeld, J.F., Truby, H., Kulseng, B. și Martins, C., 2017, „Timeline of changes in appetite during weight loss with a ketogenic diet", *Int. J. Obes. 41*, 1224–1231, https://doi.org/10.1038/ijo.2017.96.

O'Donoghue, M.L., Fazio, S., Giugliano, R.P., et al., 2019, „Lipoprotein(a), PCSK9 inhibition, and cardiovascular risk", *Circulation, 139(12)*, 1483-1492. doi:10.1161/CIRCULATIONAHA.118.037184.

Ogden, C.L., Fryar, C.D., Carroll, M.D. și Flegal, K.M., 2004, „Mean body weight, height, and body mass index, United States 1960–2002", *Adv. Data 1–17*.

Ohayon, M.M., Carskadon, M.A., Guilleminault, C. și Vitiello, M.V., 2004, „Meta-analysis of quantitative sleep parameters from childhood to old age in healthy individuals: Developing normative sleep values across the human lifespan", *Sleep 27*, 1255–1273, https://doi.org/10.1093/sleep/27.7.1255.

O'Keefe, J.H., Cordain, L., Harris, W.H., Moe, R.M. și Vogel, R., 2004, „Optimal low-density lipoprotein is 50 to 70 mg/dl: Lower is better and physiologically normal", *J. Am. Coll. Cardiol. 43*, 2142–2146, https://doi.org/10.1016/j.jacc.2004.03.046.

Oliveira, C., Cotrim, H. și Arrese, M., 2019, „Nonalcoholic fatty liver disease risk factors in Latin American populations: Current scenario and perspectives", *Clin. Liver Dis. 13*, 39–42, https://doi.org/10.1002/cld.759.

Oriá, R.B., Patrick, P.D., Blackman, J.A., Lima, A.A.M. și Guerrant, R.L., 2007, „Role of apolipoprotein E4 in protecting children against early childhood diarrhea outcomes and implications for later development", *Med. Hypotheses 68*, 1099–1107, https://doi.org/10 .1016/j.mehy.2006.09.036.

Orphanet (2022), „Orphanet: 3 hydroxyisobutyric aciduria", https://www.orpha.net/consor/cgi-bin/OC_Exp.php?Lng=EN&Expert=939.

Osorio, R.S., Pirraglia, E., Agüera-Ortiz, L.F., During, E.H., Sacks, H., Ayappa, I., Walsleben, J., Mooney, A., Hussain, A., Glodzik, L., et al., 2011, „Greater risk of Alzheimer's disease in older adults with insomnia", *J. Am. Geriatr. Soc. 59*, 559–562, https://doi.org/10.1111/j.1532-5415.2010.03288.x.

Oulhaj, A., Jernerén, F., Refsum, H., Smith, A.D. și de Jager, C.A., 2016, „Omega-3 fatty acid status enhances the prevention of cognitive decline by B vitamins in mild cognitive impairment", *J. Alzheimers Dis. 50*, 547–557, https://doi.org/10.3233/JAD-150777.

Oyetakin-White, P., Suggs, A., Koo, B., Matsui, M.S., Yarosh, D., Cooper, K.D. și Baron, E.D., 2015, „Does poor sleep quality affect skin ageing?", *Clin. Exp. Dermatol. 40*, 17–22, https://doi.org/10.1111/ced.12455.

Patel, A.K., Reddy, V. și Araujo, J.F., 2022, *Physiology, sleep stages*, Treasure Island, FL, StatPearls.

Patel, D., Steinberg, J. și Patel, P., 2018, „Insomnia in the elderly: A review", *J. Clin. Sleep Med. 14*, 1017–1024, https://doi.org/10.5664/jcsm.7172.

Peng, B., Yang, Q., B Joshi, R., Liu, Y., Akbar, M., Song, B.-J., Zhou, S. și Wang, X., 2020, „Role of alcohol drinking in Alzheimer's disease, Parkinson's disease și amyotrophic lateral sclerosis", *Int. J. Mol. Sci. 21*, 2316, https://doi.org/10.3390/ijms21072316.

Perls, T.T., 2017, „Male centenarians: How and why are they different from their female counterparts?", *J. Am. Geriatr. Soc. 65*, 1904–1906, http.

Pesch, B., Kendzia, B., Gustavsson, P., Jöckel, K.-H., Johnen, G., Pohlabeln, H., Olsson, A., Ahrens, W., Gross, I.M., Brüske, I., et al., 2012, „Cigarette smoking and lung cancer— relative risk estimates for the major histological types from a pooled analysis of case-control studies", *Int. J. Cancer 131*, 1210–1219, https://doi.org/10.1002/ijc.27339.

Petersen, K.F., Dufour, S., Savage, D.B., Bilz, S., Solomon, G., Yonemitsu, S., Cline, G.W., Befroy, D., Zemany, L., Kahn, B.B., et al., 2007, „The role of skeletal muscle insulin resistance in the pathogenesis of the metabolic syndrome", *Proc. Natl. Acad. Sci. 104*, 12587–12594, https://doi.org/10.1073/pnas.0705408104.

Petersen, M.C. și Shulman, G.I., 2018, „Mechanisms of insulin action and insulin resistance“, *Physiol. Rev. 98*, 2133–2223, https://doi.org/10.1152/physrev.00063.2017.

Pfister, R., Sharp, S.J., Luben, R., Khaw, K.-T. și Wareham, N.J., 2011, „No evidence of an increased mortality risk associated with low levels of glycated haemoglobin in a non-diabetic UK population“, *Diabetologia 54*, 2025–2032, https://doi.org/10.1007/s00125 -011-2162-0.

Phinney, S. și Volek, J., 2018, „The science of nutritional ketosis and appetite“, *Virta* (blog), 25 iulie, https://www.virtahealth.com/blog/ketosis-appetite-hunger.

Picard, C., 2018, „The secrets to living to 100 (according to people who've done it)“, *Good Housekeeping*.

Picton, J.D., Marino, A.B. și Nealy, K.L., 2018, „Benzodiazepine use and cognitive decline in the elderly“, *Am. J. Health. Syst. Pharm. 75*, e6–e12, https://doi.org/10.2146/ajhp160381.

Pollack, A., 2005, „Huge genome project is proposed to fight cancer“, New York Times, 28 martie, https://www.nytimes.com/2005/03/28/health/huge-genome-project-is-proposed-to-fight-cancer.html.

Pontzer, H., Wood, B.M. și Raichlen, D.A., 2018, „Hunter-gatherers as models in public health“, *Obes. Rev. 19*, 24–35, https://doi.org/10.1111/obr.12785.

Potvin, O., Lorrain, D., Forget, H., Dubé, M., Grenier, S., Préville, M. și Hudon, C., 2012, „Sleep quality and 1-year incident cognitive impairment in community-dwelling older adults“, *Sleep 35*, 491–499, https://doi.org/10.5665/sleep.1732.

Powell-Wiley, T.M., Poirier, P., Burke, L.E., Després, J.-P., Gordon-Larsen, P., Lavie, C.J., Lear, S.A., Ndumele, C.E., Neeland, I.J., Sanders, P., et al., 2021, „Obesity and cardiovascular disease: A scientific statement from the American Heart Association“, *Circulation 143*, e984–e1010, https://doi.org/10.1161/CIR.0000000000000973.

Prather, A.A., Bogdan, R. și Hariri, A.R., 2013, „Impact of sleep quality on amygdala reactivity, negative affect și perceived stress“, *Psychosom. Med. 75*, 350–358, https://doi .org/10.1097/PSY.0b013e31828ef15b.

Prati, D., Taioli, E., Zanella, A., del a Torre, E., Butelli, S., Del Vecchio, E., Vianello, L., Zanuso, F., Mozzi, F., Milani, S., et al., 2002, „Updated definitions of healthy ranges for serum alanine aminotransferase levels“, *Ann. Intern. Med. 137*, 1–10, https://doi.org/10 .7326/0003-4819-137-1-200207020-00006.

Proctor, R.N., 1995, *Cancer wars: How politics shapes what we know and don't know about cancer*, New York, Basic Books.

—, 2001, „Tobacco and the global lung cancer epidemic“, *Nat. Rev. Cancer 1*, 82–86, https://doi.org/10.1038/35094091.

Rabinovici, G.D., Gatsonis, C., Apgar, C., Chaudhary, K., Gareen, I., Hanna, L., Hendrix, J., Hillner, B.E., Olson, C., Lesman-Segev, O.H., et al., 2019, „Association of amyloid positron emission tomography with subsequent change in clinical management among medicare beneficiaries with mild cognitive impairment or dementia“, *JAMA 321*, 1286–1294, https://doi.org/10.1001/jama.2019.2000.

Rahman, A., Schelbaum, E., Hoffman, K., Diaz, I., Hristov, H., Andrews, R., Jett, S., Jackson, H., Lee, A., Sarva, H., et al., 2020, „Sex-driven modifiers of Alzheimer risk: A multimodality brain imaging study“, *Neurology 95*, e166–e178, https://doi.org/10.1212/WNL.0000000000009781.

Raichle, M.E. şi Gusnard, D.A., 2002, „Appraising the brain's energy budget“, *Proc. Natl. Acad. Sci. 99*, 10237–10239, https://doi.org/10.1073/pnas.172399499.

Rajpathak, S.N., Liu, Y., Ben-David, O., Reddy, S., Atzmon, G., Crandall, J. şi Barzilai, N., 2011, „Lifestyle factors of people with exceptional longevity“, *J. Am. Geriatr. Soc. 59*, 1509–1512, https://doi.org/10.1111/j.1532-5415.2011.03498.x.

Rao, M.N., Neylan, T.C., Grunfeld, C., Mulligan, K., Schambelan, M. şi Schwarz, J.-M., 2015, „Subchronic sleep restriction causes tissue-specific insulin resistance“, *J. Clin. Endocrinol. Metab. 100*, 1664–1671, https://doi.org/10.1210/jc.2014-3911.

Raskind, M.A., Peskind, E.R., Hoff, D.J., Hart, K.L., Holmes, H.A., Warren, D., Shofer, J., O'Connell, J., Taylor, F., Gross, C., et al., 2007, „A parallel group placebo controlled study of prazosin for trauma nightmares and sleep disturbance in combat veterans with post-traumatic stress disorder“, *Biol. Psychiatry 61*, 928–934, https://doi.org/10.1016/j.biopsych .2006.06.032.

Raskind, M.A., Peskind, E.R., Kanter, E.D., Petrie, E.C., Radant, A., Thompson, C.E., Dobie, D.J., Hoff, D., Rein, R.J., Straits-Tröster, K., et al., 2003, „Reduction of nightmares and other PTSD symptoms in combat veterans by prazosin: A placebo-controlled study“, *Am. J. Psychiatry 160*, 371–373, https://doi.org/10.1176/appi.ajp.160.2.371.

Ratnakumar, A., Zimmerman, S.E., Jordan, B.A. şi Mar, J.C., 2019, „Estrogen activates Alzheimer's disease genes“, *Alzheimers Dement. 5*, 906–917, https://doi.org/10.1016/j.trci .2019.09.004.

Real, T., 1998, *I don't want to talk about it: Overcoming the secret legacy of male depression*. New York, Scribner.

Reddy, O.C. și van der Werf, Y.D., 2020, „The sleeping brain: Harnessing the power of the glymphatic system through lifestyle choices“, *Brain Sci. 10*, 868, https://doi.org/10.3390 /brainsci10110868.

Reiman, E.M., Arboleda-Velasquez, J.F., Quiroz, Y.T., Huentelman, M.J., Beach, T.G., Caselli, R.J., Chen, Y., Su, Y., Myers, A.J., Hardy, J., et al., 2020, „Exceptionally low likelihood of Alzheimer's dementia in APOE2 homozygotes from a 5,000-person neuropathological study“, *Nat. Commun. 11*, 667, https://doi.org/10.1038/s41467-019-14279-8.

Reiman, E.M., Caselli, R.J., Yun, L.S., Chen, K., Bandy, D., Minoshima, S., Thibodeau, S.N. și Osborne, D., 1996, „Preclinical evidence of Alzheimer's disease in persons homozygous for the epsilon 4 allele for apolipoprotein E“, *N. Engl. J. Med. 334*, 752–758, https://doi.org/10.1056/NEJM199603213341202.

Reimers, C.D., Knapp, G. și Reimers, A.K., 2012, „Does physical activity increase life expectancy? A review of the literature“, *J. Aging Res. 2012*, 243958, https://doi.org/10.1155/2012/243958.

Repantis, D., Wermuth, K., Tsamitros, N., Danker-Hopfe, H., Bublitz, J.C., Kühn, S. și Dresler, M., 2020, „REM sleep in acutely traumatized individuals and interventions for the secondary prevention of post-traumatic stress disorder“, *Eur. J. Psychotraumatology 11*, 1740492, https://doi.org/10.1080/20008198.2020.1740492.

Reutrakul, S. și Van Cauter, E., 2018, „Sleep influences on obesity, insulin resistance and risk of type 2 diabetes“, *Metabolism 84*, 56–66, https://doi.org/10.1016/j.metabol .2018.02.010.

Revelas, M., Thalamuthu, A., Oldmeadow, C., Evans, T.-J., Armstrong, N.J., Kwok, J.B., Brodaty, H., Schofield, P.R., Scott, R.J., Sachdev, P.S., et al., 2018, „Review and meta-analysis of genetic polymorphisms associated with exceptional human longevity“, *Mech. Ageing Dev. 175*, 24–34, https://doi.org/10.1016/j.mad.2018.06.002.

Richter, E.A., 2021, „Is GLUT4 translocation the answer to exercise-stimulated muscle glucose uptake?“, *Am. J. Physiol.-Endocrinol. Metab. 320*, E240–E243, https://doi.org/10 .1152/ajpendo.00503.2020.

Riis, J.A., 1901, *The making of an American*, Statele Unite, Aegypan.

Ritchie, H. și Roser, M., 2018, „Causes of death. Our World in Data“, https://ourworldin data.org/causes-of-death.

Rosenberg, A., Mangialasche, F., Ngandu, T., Solomon, A., Kivipelto, M., 2020, „Multidomain interventions to prevent cognitive impairment, Alzheimer's disease și dementia: From FINGER to worldwide FINGERS“, *J. Prev. Alzheimers Dis,.* 7(1): 29–36, https://doi.org/10.14283/jpad.2019.41.

Rosenberg, S.A. și Barr, J.M., 1992, *The transformed cell*, New York, Putnam.

Roy, J. și Forest, G., 2018, „Greater circadian disadvantage during evening games for the National Basketball Association (NBA), National Hockey League (NHL) and National Football League (NFL) teams travelling westward“, *J. Sleep Res. 27, 86–89*, https://doi.org/10.1111/jsr.12565.

Rozentryt, P., von Haehling, S., Lainscak, M., Nowak, J.U., Kalantar-Zadeh, K., Polonski, L. și Anker, S.D., 2010, „The effects of a high-caloric protein-rich oral nutritional supplement in patients with chronic heart failure and cachexia on quality of life, body composition and inflammation markers: A randomized, double-blind pilot study“, *J. Cachexia Sarcopenia Muscle 1*, 35–42, https://doi.org/10.1007/s13539-010-0008-0.

Rupp, T.L., Wesensten, N.J. și Balkin, T.J., 2012, „Trait-like vulnerability to total and partial sleep loss“, *Sleep 35*, 1163–1172, https://doi.org/10.5665/sleep.2010.

Sabatini, D.M., Erdjument-Bromage, H., Lui, M., Tempst, P. și Snyder, S.H., 1994, „RAFT1: A mammalian protein that binds to FKBP12 in a rapamycin-dependent fashion and is homologous to yeast TORs“, *Cell 78*, 35–43, https://doi.org/10.1016/0092 -8674(94)90570-3.

Samra, R.A., 2010, „Fats and satiety“, *In Fat detection: Taste, texture și post ingestive effects*, ed. J.-P. Montmayeur și J. le Coutre. Boca Raton, FL, CRC Press/Taylor and Francis.

San-Millán, I. și Brooks, G.A., 2018, „Assessment of metabolic flexibility by means of measuring blood lactate, fat and carbohydrate oxidation responses to exercise in professional endurance athletes and less-fit individuals“, *Sports Med. Auckl. NZ 48*, 467–479, https://doi.org/10.1007/s40279-017-0751-x.

Sasco, A.J., Secretan, M.B. și Straif, K., 2004, „Tobacco smoking and cancer: A brief review of recent epidemiological evidence“, *Lung Cancer Amst. Neth. 45*, Suppl 2, S3–9, https://doi.org/10.1016/j.lungcan.2004.07.998.

Saul, S., 2006, „Record sales of sleeping pills are causing worries“, *New York Times*, 7 februarie, https://www.nytimes.com/2006/02/07/business/record-sales-of-sleeping-pills-are-causing-worries.html.

Sawka, M.N., Gonzalez, R.R. și Pandolf, K.B., 1984, „Effects of sleep deprivation on thermoregulation during exercise“, *Am. J. Physiol. 246*, R72–77, https://doi.org/10.1152/ajpregu.1984.246.1.R72.

Schoenfeld, B.J. şi Aragon, A.A., 2018, „How much protein can the body use in a single meal for muscle-building? Implications for daily protein distribution“, *J. Int. Soc. Sports Nutr. 15*, 10, https://doi.org/10.1186/s12970-018-0215-1.

Schwingshackl, L., Schwedhelm, C., Hoffmann, G., Knüppel, S., Laure Preterre, A., Iqbal, K., Bechthold, A., De Henauw, S., Michels, N., Devleesschauwer, B., et al., 2018, „Food groups and risk of colorectal cancer“, *Int. J. Cancer 142*, 1748–1758, https://doi.org/10 .1002/ijc.31198.

Schwingshackl, L., Zähringer, J., Beyerbach, J., Werner, S., Heseker, H., Koletzko, B. şi Meerpoh, J., „Total dietary fat intake, fat quality şi health outcomes: A scoping review of systematic reviews of prospective studies“, *Ann. Nutr. Metab.* 77(1), 4–15, https://doi.org /10.1159/000515058.

Sebastiani, P., Gurinovich, A., Nygaard, M., Sasaki, T., Sweigart, B., Bae, H. Andersen, S.L., Villa, F., Atzmon, G., Christensen, K., et al., 2019, „APOE alleles and extreme human longevity“, *J. Gerontol. Ser. A 74*, 44–51, https://doi.org/10.1093/gerona/gly174.

Sebastiani, P., Nussbaum, L., Andersen, S.L., Black, M.J. şi Perls, T.T., 2016, „Increasing sibling relative risk of survival to older and older ages and the importance of precise definitions of «aging», «life span» and «longevity»“, *J. Gerontol. A. Biol. Sci. Med. Sci. 71*, 340–346, https://doi.org/10.1093/gerona/glv020.

Seidelin, K.N., 1995, „Fatty acid composition of adipose tissue in humans: Implications for the dietary fat-serum cholesterol-CHD issue“, *Prog. Lipid Res. 34*, 199–217, https://doi.org /10.1016/0163-7827(95)00004-J.

Seifert, T., Brassard, P., Wissenberg, M., Rasmussen, P., Nordby, P., Stallknecht, B., Adser, H., Jakobsen, A.H., Pilegaard, H., Nielsen, H.B., et al., 2010, „Endurance training enhances BDNF release from the human brain“, *Am. J. Physiol. Regul. Integr. Comp. Physiol. 298*, R372–377, https://doi.org/10.1152/ajpregu.00525.2009.

Selvarani, R., Mohammed, S. şi Richardson, A., 2021, „Effect of rapamycin on aging and age-related diseases — past and future“, *GeroScience 43*, 1135–1158, https://doi.org/10.1007 /s11357-020-00274-1.

Serna, E., Gambini, J., Borras, C., Abdelaziz, K.M., Mohammed, K., Belenguer, A., Sanchis, P., Avellana, J.A., Rodriguez-Mañas, L. şi Viña, J., 2012, „Centenarians, but not octogenarians, up-regulate the expression of microRNAs“, *Sci. Rep. 2*, 961, https://doi.org /10.1038/srep00961.

Shahid, A., Wilkinson, K., Marcu, S. și Shapiro, C.M., 2011, „Insomnia Severity Index (ISI)“. În *STOP, THAT and one hundred other sleep scales*, ed. A. Shahid, K. Wilkinson, S. Marcu și C.M. Shapiro, 191–193, New York, Springer New York.

Shan, Z., Ma, H., Xie, M., Yan, P., Guo, Y., Bao, W., Rong, Y., Jackson, C.L., Hu, F.B. și Liu, L., 2015, „Sleep duration and risk of type 2 diabetes: A meta-analysis of prospective studies“, *Diabetes Care 38*, 529–537, https://doi.org/10.2337/dc14-2073.

Shephard, R.J., 2009, „Maximal oxygen intake and independence in old age“, *Br. J. Sports Med. 43*, 342–346, https://doi.org/10.1136/bjsm.2007.044800.

Shmagel, A., Ngo, L., Ensrud, K. și Foley, R., 2018, „Prescription medication use among community-based US adults with chronic low back pain: A cross-sectional population based study“, *J. Pain 19*, 1104–1112, https://doi.org/10.1016/j.jpain.2018.04.004.

Siegel, R.L., Miller, K.D., Fuchs, H.E. și Jemal, A., 2021, „Cancer statistics, 2021“, *CA. Cancer J. Clin. 71*, 7–33, https://doi.org/10.3322/caac.21654.

Slayday, R.E., Gustavson, D.E., Elman, J.A., Beck, A., McEvoy, L.K., Tu, X.M., Fang, B., Hauger, R.L., Lyons, M.J., McKenzie, R.E., et al., 2021, „Interaction between alcohol consumption and apolipoprotein E (ApoE) genotype with cognition in middle-aged men“, *J. Int. Neuropsychol. Soc. 27*, 56–68, https://doi.org/10.1017/S1355617720000570.

Sleeman, J. și Steeg, P.S., 2010, „Cancer metastasis as a therapeutic target“, *Eur. J. Cancer 46*, 1177–1180, https://doi.org/10.1016/j.ejca.2010.02.039.

Small, G.W., Ercoli, L.M., Silverman, D.H.S., Huang, S.-C., Komo, S., Bookheimer, S.Y., Lavretsky, H., Miller, K., Siddarth, P., Rasgon, N.L., et al., 2000, „Cerebral metabolic and cognitive decline in persons at genetic risk for Alzheimer's disease“, *Proc. Natl. Acad. Sci. 97*, 6037–6042.

Smith, A.D., Smith, S.M., de Jager, C.A., Whitbread, P., Johnston, C., Agacinski, G., Oulhaj, A., Bradley, K.M., Jacoby, R. și Refsum, H., 2010, „Homocysteine-lowering by B Vitamins slows the rate of accelerated brain atrophy in mild cognitive impairment: A randomized controlled trial“, *PLOS ONE 5*, e12244, https://doi.org/10.1371/journal.pone .0012244.

Smith, C. și Lapp, L., 1991, „Increases in number of REMS and REM density in humans following an intensive learning period“, *Sleep 14*, 325–330, https://doi.org/10.1093/sleep /14.4.325.

Smith, C. și Smith, D., 2003, „Ingestion of ethanol just prior to sleep onset impairs memory for procedural but not declarative tasks“, *Sleep 26*, 185–191.

Sniderman, A.D., Bhopal, R., Prabhakaran, D., Sarrafzadegan, N. și Tchernof, A., 2007, „Why might South Asians be so susceptible to central obesity and its atherogenic consequences? The adipose tissue overflow hypothesis“, *Int. J. Epidemiol. 36*, 220–225, https://doi.org/10.1093/ije/dyl245.

Sniderman, A.D., Thanassoulis, G., Williams, K. și Pencina, M., 2016, „Risk of premature cardiovascular disease vs the number of premature cardiovascular events“, *JAMA Cardiol. 1*, 492–494, https://doi.org/10.1001/jamacardio.2016.0991.

Sokol, D.K., 2013, „«First do no harm» revisited“, *BMJ 347*, f6426, https://doi.org/10.1136 /bmj.f6426.

Soran, H., Ho, J.H. și Durrington, P.N., 2018, „Acquired low cholesterol: Diagnosis and relevance to safety of low LDL therapeutic targets“, *Curr. Opin. Lipidol. 29*, 318–326. https://doi.org/10.1097/MOL.0000000000000526.

Spaeth, A.M., Dinges, D.F. și Goel, N., 2015, „Resting metabolic rate varies by race and by sleep duration“, *Obesity 23*, 2349–2356, https://doi.org/10.1002/oby.21198.

Spencer, C., 2005, *Genes, aging and immortality*, Upper Saddle River, NJ, Pearson.

Sperling, R.A., Aisen, P.S., Beckett, L.A., Bennett, D.A., Craft, S., Fagan, A.M., Iwatsubo, T., Jack, C.R., Kaye, J., Montine, T.J., et al., 2011, „Toward defining the preclinical stages of Alzheimer's disease: Recommendations from the National Institute on Aging-Alzheimer's Association workgroups on diagnostic guidelines for Alzheimer's disease“, *Alzheimers Dement.* 7, 280–292, https://doi.org/10.1016/j.jalz.2011.03.003.

Spiegel, K., Leproult, R., L'hermite-Balériaux, M., Copinschi, G., Penev, P.D. și Van Cauter, E., 2004b, „Leptin levels are dependent on sleep duration: Relationships with sympathovagal balance, carbohydrate regulation, cortisol și thyrotropin“, *J. Clin. Endocrinol. Metab. 89*, 5762–5771, https://doi.org/10.1210/jc.2004-1003.

Spiegel, K., Leproult, R. și Van Cauter, E., 1999, „Impact of sleep debt on metabolic and endocrine function“, *Lancet 354*, 1435–1439, https://doi.org/10.1016/S0140-6736(99) 01376-8.

Spiegel, K., Tasali, E., Penev, P. și Cauter, E.V., 2004a, „Brief communication: Sleep curtailment in healthy young men is associated with decreased leptin levels, elevated ghrelin levels și increased hunger and appetite“, *Ann. Intern. Med. 141*, 846–850, https://doi.org/10.7326/0003-4819-141-11-200412070-00008.

Spillane, S., Shiels, M.S., Best, A.F., Haozous, E.A., Withrow, D.R., Chen, Y., Berrington de González, A. și Freedman, N.D., 2020, „Trends in alcohol-induced deaths in the United States, 2000–2016“, *JAMA Netw. Open 3*, e1921451, https://doi.org/10.1001/jama networkopen.2019.21451.

Spira, A.P., Gamaldo, A.A., An, Y., Wu, M.N., Simonsick, E.M., Bilgel, M., Zhou, Y., Wong, D.F., Ferrucci, L. și Resnick, S.M., 2013, „Self-reported sleep and β-amyloid deposition in community-dwelling older adults“, *JAMA Neurol. 70*, 1537–1543, https://doi.org/10.1001/jamaneurol.2013.4258.

Sprecher, K.E., Bendlin, B.B., Racine, A.M., Okonkwo, O.C., Christian, B.T., Koscik, R.L., Sager, M.A., Asthana, S., Johnson, S.C. și Benca, R.M., 2015, „Amyloid burden is associated with self-reported sleep in non-demented late middle-aged adults“, *Neurobiol. Aging 36*, 2568–2576, https://doi.org/10.1016/j.neurobiolaging.2015.05.004.

Stamatakis, K.A. și Punjabi, N.M., 2010, „Effects of sleep fragmentation on glucose metabolism in normal subjects“, *Chest 137*, 95–101, https://doi.org/10.1378/chest.09-0791.

Standl, E., Schnell, O. și Ceriello, A., 2011, „Postprandial hyperglycemia and glycemic variability: Should we care?“, *Diabetes Care 34*, Suppl 2, S120–127, https://doi.org/10.2337 /dc11-s206.

Stary, H.C., 2003, *Atlas of atherosclerosis progression and regression*, Boca Raton, FL, CRC Press.

Stefan, N., Schick, F. și Häring, H.-U., 2017, „Causes, characteristics and consequences of metabolically unhealthy normal weight in humans“, *Cell Metab. 26*, 292–300, https://doi .org/10.1016/j.cmet.2017.07.008.

Stickgold, R., Whidbee, D., Schirmer, B., Patel, V. și Hobson, J.A., 2000, „Visual discrimination task improvement: A multi-step process occurring during sleep“, *J. Cogn. Neurosci. 12*, 246–254, https://doi.org/10.1162/089892900562075.

Stomrud, E., Hansson, O., Zetterberg, H., Blennow, K., Minthon, L. și Londos, E., 2010, „Correlation of longitudinal cerebrospinal fluid biomarkers with cognitive decline in healthy older adults“, *Arch. Neurol. 67*, 217–223, https://doi.org/10.1001/archneurol .2009.316.

Strobe, M., 2021, „U.S. overdose deaths topped 100,000 in one year, officials say“, *AP News*, 17 noiembrie, https://apnews.com/

article/overdodse-deaths-fentanayl-health -f34b022d75a1eb9776e-27903ab40670f.

Stroes, E.S., Thompson, P.D., Corsini, A., Vladutiu, G.D., Raal, F.J., Ray, K.K., Roden, M., Stein, E., Tokgözoğlu, L., Nordestgaard, B.G., et al., 2015, „Statin-associated muscle symptoms: impact on statin therapy—European Atherosclerosis Society Consensus Panel Statement on Assessment, Aetiology and Management", *Eur. Heart J. 36*, 1012–1022, https://doi.org/10.1093/eurheartj/ehv043.

Strong, R., Miller, R.A., Astle, C.M., Baur, J.A., de Cabo, R., Fernandez, E., Guo, W., Javors, M., Kirkland, J.L., Nelson, J.F., et al., 2013, „Evaluation of resveratrol, green tea extract, curcumin, oxaloacetic acid și medium-chain triglyceride oil on life span of genetically heterogeneous mice", *J. Gerontol. Ser. A 68*, 6–16, https://doi.org/10.1093/gerona/gls070.

Strozyk, D., Blennow, K., White, L.R. și Launer, L.J., 2003, „CSF Abeta 42 levels correlate with amyloid-neuropathology in a population-based autopsy study", *Neurology 60*, 652–656, https://doi.org/10.1212/01.wnl.0000046581.81650.d0.

Sudimac, S., Sale, V. și Kühn, S., 2022, „How nature nurtures: Amygdala activity decreases as the result of a one-hour walk in nature", *Mol Psychiatry*, https://doi.org/10.1038/s41380 -022-01720-6.

Sumithran, P., Prendergast, L.A., Delbridge, E., Purcell, K., Shulkes, A., Kriketos, A. și Proietto, J., 2013, „Ketosis and appetite-mediating nutrients and hormones after weight loss", *Eur. J. Clin. Nutr. 67*, 759–764, https://doi.org/10.1038/ejcn.2013.90.

Suzuki, K., Elkind, M.S., Boden-Albala, B., Jin, Z., Berry, G., Di Tullio, M.R., Sacco, R.L. și Homma, S., 2009, „Moderate alcohol consumption is associated with better endothelial function: A cross sectional study", *BMC Cardiovasc. Disord. 9*, 8, https://doi.org/10.1186 /1471-2261-9-8.

Tabata, I., Nishimura, K., Kouzaki, M., Hirai, Y., Ogita, F., Miyachi, M. și Yamamoto, K., 1996, „Effects of moderate-intensity endurance and high-intensity intermittent training on anaerobic capacity and VO_2max", *Med. Sci. Sports Exerc. 28*, 1327–1330, https://doi.org /10.1097/00005768-199610000-00018.

Taieb, J., Gallois, C., 2020, „Adjuvant chemotherapy for stage III colon cancer", *Cancers, 12(9)*, 2679, https://doi.org/10.3390/cancers12092679.

Tang, C., Liu, C., Fang, P., Xiang, Y. și Min, R., 2019, „Work-related accumulated fatigue among doctors in tertiary hospitals: A cross-sectional survey in six provinces of China", *Int. J. Environ. Res. Public. Health 16*, E3049, https://doi.org/10.3390/ijerph16173049.

Tanweer, S.A.W., 2021, „How smart phones effects health. Tech neck: Causes and preventions", *Pak. J. Phys. Ther. 02–02*, https://doi.org/10.52229/pjpt.v2i04.1135.

Tapiola, T., Pirttilä, T., Mikkonen, M., Mehta, P.D., Alafuzoff, I., Koivisto, K. şi Soininen, H., 2000, „Three-year follow-up of cerebrospinal fluid tau, beta-amyloid 42 and 40 concentrations in Alzheimer's disease", *Neurosci. Lett. 280*, 119–122, https://doi.org/10.1016/s0304-3940(00)00767-9.

Tapiola, T., Alafuzoff, I., Herukka, S.-K., Parkkinen, L., Hartikainen, P., Soininen, H. şi Pirttilä, T., 2009, „Cerebrospinal fluid β-amyloid 42 and tau proteins as biomarkers of Alzheimer-type pathologic changes in the brain", *Arch. Neurol. 66*, 382–389, https://doi.org/10.1001/archneurol.2008.596.

Tasali, E., Leproult, R., Ehrmann, D.A. şi Van Cauter, E., 2008, „Slow-wave sleep and the risk of type 2 diabetes in humans", *Proc. Natl. Acad. Sci. 105*, 1044–1049, https://doi.org /10.1073/pnas.0706446105.

Tatebe, H. şi Shiozaki, K., 2017, „Evolutionary conservation of the components in the TOR signaling pathways", *Biomolecules* 7, 77, https://doi.org/10.3390/biom7040077.

Taylor, J., 2009, „Cigarettes, whisky and wild, wild women", *Independent*, 20 iunie, https://www.independent.co.uk/life-style/health-and-families/health-news/cigarettes-whisky-and-wild-wild-women-1710744.html.

Tchernof, A. şi Després, J.-P., 2013, „Pathophysiology of human visceral obesity: An update", *Physiol. Rev. 93*, 359–404, https://doi.org/10.1152/physrev.00033.2011.

Templeman, I., Smith, H.A., Chowdhury, E., Chen, Y.-C., Carroll, H., Johnson-Bonson, D., Hengist, A., Smith, R., Creighton, J., Clayton, D., et al., 2021, „A randomized controlled trial to isolate the effects of fasting and energy restriction on weight loss and metabolic health in lean adults", *Sci. Transl. Med. 13*, eabd8034, https://doi.org/10.1126/scitranslmed .abd8034.

Thanassoulis, G., Sniderman, A.D. şi Pencina, M.J., 2018, „A long-term benefit approach vs standard risk-based approaches for statin eligibility in primary prevention", *JAMA Cardiol. 3*, 1090–1095, https://doi.org/10.1001/jamacardio.2018.3476.

Tieland, M., Dirks, M.L., van der Zwaluw, N., Verdijk, L.B., van de Rest, O., de Groot, L.C.P.G.M. și van Loon, L.J.C., 2012a, „Protein supplementation increases muscle mass gain during prolonged resistance-type exercise training in frail elderly people: A randomized, double-blind, placebo-controlled trial“, *J. Am. Med. Dir. Assoc. 13*, 713–719, https://doi.org/10.1016/j.jamda.2012.05.020.

Tieland, M., van de Rest, O., Dirks, M.L., van der Zwaluw, N., Mensink, M., van Loon, L.J.C. și de Groot, L.C.P.G.M., 2012b, „Protein supplementation improves physical performance in frail elderly people: A randomized, double-blind, placebo-controlled trial“, *J. Am. Med. Dir. Assoc. 13*, 720–726, https://doi.org/10.1016/j.jamda.2012.07.005.

Tolboom, N., van der Flier, W.M., Yaqub, M., Boellaard, R., Verwey, N.A., Blankenstein, M.A., Windhorst, A.D., Scheltens, P., Lammertsma, A.A. și van Berckel, B.N.M., 2009, „Relationship of cerebrospinal fluid markers to 11C-PiB and 18F-FDDNP binding“, *J. Nucl. Med. 50*, 1464–1470, https://doi.org/10.2967/jnumed.109.064360.

Trappe, S., Hayes, E., Galpin, A., Kaminsky, L., Jemiolo, B., Fink, W., Trappe, T., Jansson, A., Gustafsson, T. și Tesch, P., 2013, „New records in aerobic power among octogenarian lifelong endurance athletes“, *J. Appl. Physiol. 114*, 3–10, https://doi.org/10.1152 /japplphysiol.01107.2012.

Trumble, B.C. și Finch, C.E., 2019, „The exposome in human evolution: From dust to diesel“, *Q. Rev. Biol. 94*, 333–394, https://doi.org/10.1086/706768.

Tsimikas, S., Fazio, S., Ferdinand, K.C., Ginsberg, H.N., Koschinsky, M.L., Santica, M., Moriarity, P.M., Rader, D.J., Remaley, A.T., Reyes-Soffer, G., et al., 2018, „NHLBI Working Group recommendations to reduce lipoprotein(a)-mediated risk of cardiovascular disease and aortic stenosis“, *J. Am. Coll. Cardiol. 71(2)*, 177–192.

Tuchman, A., 2009, „Diabetes and the public's health“, *Lancet 374*, 1140–1141, https://doi.org /10.1016/S0140-6736(09)61730-X.

United States Census Bureau., 2022, „National population by characteristics: 2020–2021 tables>median age and age by sex>annual estimates of the resident population by single year of age and Sex for the United States: April 1, 2020 to July 1, 2021 (NC-EST202-SYASEX)“.

Uretsky, S., Rozanski, A., Singh, P., Supariwala, A., Atluri, P., Bangalore, S., Pappas, T.W., Fisher, E.A. și Peters, M.R., 2011, „The presence, characterization and prognosis of coronary plaques among patients with zero coronary calcium scores“, *Int. J. Cardiovasc. Imaging 27*, 805–812, https://doi.org/10.1007/s10554-010-9730-0.

Urfer, S.R., Kaeberlein, T.L., Mailheau, S., Bergman, P.J., Creevy, K.E., Promislow, D.E.L. și Kaeberlein, M., 2017, „A randomized controlled trial to establish effects of short-term rapamycin treatment in 24 middle-aged companion dogs", *GeroScience 39*, 117–127, https://doi.org/10.1007/s11357-017-9972-z.

Urry, E. și Landolt, H.-P., 2015, „Adenosine, caffeine și performance: From cognitive neuroscience of sleep to sleep pharmacogenetics", în *Sleep, neuronal plasticity and brain function*, ed. P. Meerlo, R.M. Benca și T. Abel, 331–366, Berlin, Springer.

Van Ancum, J.M., Pijnappels, M., Jonkman, N.H., Scheerman, K., Verlaan, S., Meskers, C.G.M. și Maier, A.B., 2018, „Muscle mass and muscle strength are associated with pre- and post-hospitalization falls in older male inpatients: A longitudinal cohort study", *BMC Geriatr. 18*, 116, https://doi.org/10.1186/s12877-018-0812-5.

Van Cauter, E., Caufriez, A., Kerkhofs, M., Van Onderbergen, A., Thorner, M.O. și Copinschi, G., 1992, „Sleep, awakenings and insulin-like growth factor-I modulate the growth hormone (GH) secretory response to GH-releasing hormone", *J. Clin. Endocrinol. Metab. 74*, 1451–1459, https://doi.org/10.1210/jcem.74.6.1592893.

van Charante, E., Richard, E., Eurelings, L.S., van Dalen, J-W., Ligthart, S.A., van Bussel, E.F., Hoevenaar-Blom, M.P., Vermeulen, M., van Gool, W.A., 2016, „Effectiveness of a 6-year multidomain vascular care intervention to prevent dementia (preDIVA): A cluster-randomised controlled trial", *Lancet 388*, 797–805, https://doi.org/10.1016/S0140 -6736(16)30950-3.

Vander Heiden, M.G., Cantley, L.C. și Thompson, C.B., 2009, „Understanding the Warburg effect: The metabolic requirements of cell proliferation", *Science 324*, 1029–1033, https://doi.org/10.1126/science.1160809.

van der Helm, E. și Walker, M.P., 2009, „Overnight therapy? The role of sleep in emotional brain processing", *Psychol. Bull. 135*, 731–748, https://doi.org/10.1037/a0016570.

Van Dongen, H.P.A., Baynard, M.D., Maislin, G. și Dinges, D.F., 2004, „Systematic interindividual differences in neurobehavioral impairment from sleep loss: Evidence of trait-like differential vulnerability", *Sleep 27*, 423–433.

Van Dongen, H.P.A., Maislin, G., Mullington, J.M. și Dinges, D.F., 2003, „The cumulative cost of additional wakefulness: Dose-response effects on neurobehavioral functions and sleep physiology from chronic sleep restriction and total sleep deprivation", *Sleep 26*, 117–126, https://doi.org/10.1093/sleep/26.2.117.

Varady, K.A. și Gabel, K., 2019, „Safety and efficacy of alternate day fasting“, *Nat. Rev. Endocrinol. 15*, 686–687, https://doi.org/10.1038/s41574-019-0270-y.

Vendelbo, M.H., Møller, A.B., Christensen, B., Nellemann, B., Clasen, B.F.F., Nair, K.S., Jørgensen, J.O.L., Jessen, N. și Møller, N., 2014, „Fasting increases human skeletal muscle net phenylalanine release and this is associated with decreased mTOR signaling“, *PLOS ONE 9*, e102031, https://doi.org/10.1371/journal.pone.0102031.

Veronese, N., Koyanagi, A., Cereda, E., Maggi, S., Barbagallo, M., Dominguez, L.J. și Smith, L., 2022, „Sarcopenia reduces quality of life in the long-term: Longitudinal analyses from the English longitudinal study of ageing“, *Eur. Geriatr. Med. 13*, 633–639, https://doi.org/10.1007/s41999-022-00627-3.

Voight, B.F., Peloso, G.M., Orho-Melander, M., Frikke-Schmidt, R., Barbalic, M., Jensen, M.K., Hindy, G., Hólm, H., Ding, E.L., Johnson, T., et al., 2012, „Plasma HDL cholesterol and risk of myocardial infarction: A Mendelian randomisation study“, *Lancet 380*, 572–580, https://doi.org/10.1016/S0140-6736(12)60312-2.

Voulgari, C., Tentolouris, N., Dilaveris, P., Tousoulis, D., Katsilambros, N. și Stefanadis, C., 2011, „Increased heart failure risk in normal-weight people with metabolic syndrome compared with metabolically healthy obese individuals“, *J. Am. Coll. Cardiol. 58*, 1343–1350, https://doi.org/10.1016/j.jacc.2011.04.047.

Wade, N., 2009, „Dieting monkeys offer hope for living longer“, *New York Times*, 9 iulie, https://www.nytimes.com/2009/07/10/science/10aging.html.

Wahlund, L.-O. și Blennow, K., 2003, „Cerebrospinal fluid biomarkers for disease stage and intensity in cognitively impaired patients“, *Neurosci. Lett. 339*, 99–102, https://doi.org /10.1016/s0304-3940(02)01483-0.

Waks, A.G. și Winer, E.P., 2019, „Breast cancer treatment: A review“, *JAMA, 321(3)*, 288–300, https://doi.org/10.1001/jama.2018.19323.

Walker, M.P., 2009, „The role of slow wave sleep in memory processing“, *J. Clin. Sleep Med. 5*, S20–S26.

— , 2017, *Why we sleep: Unlocking the power of sleep and dreams*, New York, Scribner.

Wallace, D.F., 2023, *Asta este apa*, București, Black Button Books.

Wang, C. și Holtzman, D.M., 2020, „Bidirectional relationship between sleep and Alzheimer's disease: Role of amyloid, tau and other factors", *Neuropsychopharmacology 45*, 104–120, https://doi.org/10.1038/s41386-019-0478-5.

Wang, N., Fulcher, J., Abeysuriya, N., Park, L., Kumar, S., Di Tanna, G.L., Wilcox, I., Keech, A., Rodgers, A. și Lal, S., 2020, „Intensive LDL cholesterol-lowering treatment beyond current recommendations for the prevention of major vascular events: A systematic review and meta-analysis of randomised trials including 327 037 participants", *Lancet Diabetes Endocrinol. 8*, 36–49, https://doi.org/10.1016/S2213-8587(19)30388-2.

Wang, Y. și Brinton, R.D., 2016, „Triad of risk for late onset Alzheimer's: Mitochondrial haplotype, APOE genotype and chromosomal sex", *Front. Aging Neurosci. 8*, 232, https://doi.org/10.3389/fnagi.2016.00232.

Wang, Y., Jones, B.F. și Wang, D., 2019, „Early-career setback and future career impact", *Nat. Commun. 10*, 4331, https://doi.org/10.1038/s41467-019-12189-3.

Warburg, O., 1924, „Warburg: The metabolism of cancer cells", Google Scholar.

—, 1956, „On the origin of cancer cells", *Science 123*, 309–314, https://doi.org/10.1126/science.123.3191.309.

Watanabe, K., Oba, K., Suzuki, T., Ouchi, M., Suzuki, K., Futami-Suda, S., Sekimizu, K., Yamamoto, N. și Nakano, H., 2011, „Oral glucose loading attenuates endothelial function in normal individual", *Eur. J. Clin. Invest. 41*, 465–473, https://doi.org/10.1111 /j.1365-2362.2010.02424.x.

Watson, A.M., 2017, „Sleep and athletic performance", *Curr. Sports Med. Rep. 16*, 413–418, https://doi.org/10.1249/JSR.0000000000000418.

Watson, J.D., 2009, „Opinion | To fight cancer, know the enemy", *New York Times*, 5 august, https://www.nytimes.com/2009/08/06/opinion/06watson.html.

Wen, C.P., Wai, J.P.M., Tsai, M.K., Yang, Y.C., Cheng, T.Y.D., Lee, M.-C., Chan, H.T., Tsao, C.K., Tsai, S.P. și Wu, X., 2011, „Minimum amount of physical activity for reduced mortality and extended life expectancy: A prospective cohort study", *Lancet 378*, 1244–1253, https://doi.org/10.1016/S0140-6736(11)60749-6.

Westerterp, K.R., Yamada, Y., Sagayama, H., Ainslie, P.N., Andersen, L.F., Anderson, L.J., Arab, L., Baddou, I., Bedu-Addo, K., Blaak, E.E., et al., 2021, „Physical activity and fat-free mass during growth and in later life", *Am. J. Clin. Nutr. 114*, 1583–1589, https://doi .org/10.1093/ajcn/nqab260.

WHI (Women's Health Initiative), f.d., „About WHI—Dietary Modification Trial", accesat pe 28 septembrie 2022, https://sp.whi.org/about/SitePages/Dietary%20Trial.aspx.

WHO (World Health Organization), 2019, „Global health estimates: Leading causes of death", https://www.who.int/data/gho/data/themes/mortality-and-global-health-estimates /ghe-leading-causes-of-death.

Willcox, B.J., Donlon, T.A., He, Q., Chen, R., Grove, J.S., Yano, K., Masaki, K.H., Willcox, D.C., Rodriguez, B. și Curb, J.D., 2008, „FOXO3A genotype is strongly associated with human longevity", *Proc. Natl. Acad. Sci. 105*, 13987–13992, https://doi.org/10.1073/pnas .0801030105.

Wilson, M.A. și McNaughton, B.L., 1994, „Reactivation of hippocampal ensemble memories during sleep", *Science 265*, 676–679, https://doi.org/10.1126/science.8036517.

Winer, J.R., Mander, B.A., Helfrich, R.F., Maass, A., Harrison, T.M., Baker, S.L., Knight, R.T., Jagust, W.J. și Walker, M.P., 2019, „Sleep as a potential biomarker of tau and β-amyloid burden in the human brain", *J. Neurosci. 39*, 6315–6324, https://doi.org/10.1523 /JNEUROSCI.0503-19.2019.

Wishart, D.S., Tzur, D., Knox, C., Eisner, R., Guo, A.C., Young, N., Cheng, D., Jewell, K., Arndt, D., Sawhney, S., et al., 2007, „HMDB: The Human Metabolome Database", *Nucleic Acids Res. 35*, D521–526, https://doi.org/10.1093/nar/gkl923.

Wolters, F.J. și Ikram, M.A., 2019, „Epidemiology of vascular dementia", *Arterioscler. Thromb. Vasc. Biol. 39*, 1542–1549, https://doi.org/10.1161/ATVBAHA.119.311908.

Wu, G., 2016, „Dietary protein intake and human health", *Food Funct.* 7, 1251–1265, https://doi.org/10.1039/c5fo01530h.

Xu, J., 2016, „Mortality among centenarians in the United States, 2000–2014", *NCHS Data Brief 233*, https://www.cdc.gov/nchs/products/databriefs.htm.

Xue, Q.-L., 2011, „The frailty syndrome: Definition and natural history", *Clin. Geriatr. Med. 27*, 1–15, https://doi.org/10.1016/j.cger.2010.08.009.

Yamamoto, T., Yagi, S., Kinoshita, H., Sakamoto, Y., Okada, K., Uryuhara, K., Morimoto, T., Kaihara, S. și Hosotani, R., 2015, „Long-term survival after resection of pancreatic cancer: A single-center retrospective analysis", *World J. Gastroenterol. 21*, 262–268, https://doi.org/10.3748/wjg.v21.i1.262.

Yamazaki, R., Toda, H., Libourel, P.-A., Hayashi, Y., Vogt, K.E. și Sakurai, T., 2020, „Evolutionary origin of distinct NREM and REM sleep“, *Front. Psychol. 11*, 567618, https:// doi.org/10.3389/fpsyg.2020.567618.

Yan, Y., Wang, X., Chaput, D., Shin, M.K., Koh, Y., Gan, L., Pieper, A.A., Woo, J.A.A., Kang, D.E., 2022, „X-linked ubiquitin-specific peptidase 11 increases tauopathy vulnerability in women“, *Cell, 185: 21*, 3913-3930.e19, https://doi.org/10.1016/j.cell.2022.09.002.

Yassine, H.N., Braskie, M.N., Mack, W.J., Castor, K.J., Fonteh, A.N., Schneider, L.S., Harrington, M.G. și Chui, H.C., 2017, „Association of docosahexaenoic acid supplementation with Alzheimer disease stage in apolipoprotein E ε4 carriers“, *JAMA Neurol. 74*, 339–347, https://doi.org/10.1001/jamaneurol.2016.4899.

Yasuno, F., Minami, H., Hattori, H. și Alzheimer's Disease Neuroimaging Initiative (2020), „Interaction effect of Alzheimer's disease pathology and education, occupation și socioeconomic status as a proxy for cognitive reserve on cognitive performance: In vivo positron emission tomography study“, *Psychogeriatr. 20*, 585–593, https://doi.org/10.1111 /psyg.12552.

Yin, J., Jin, X., Shan, Z., Li, S., Huang, H., Li, P., Peng, X., Peng, Z., Yu, K., Bao, W., Yang, W., Chen, X., Liu, L., 2017, „Relationship of sleep duration with all-cause mortality and cardiovascular events“, JAHA 117, https://www.ahajournals.org/doi/full/10.1161/JAHA.117.005947.

Yoo, S.-S., Gujar, N., Hu, P., Jolesz, F.A. și Walker, M.P., 2007, „The human emotional brain without sleep: A prefrontal amygdala disconnect“, *Curr. Biol. 17*, R877–878, https:// doi.org/10.1016/j.cub.2007.08.007.

Youlden, D.R., Cramb, S.M. și Baade, P.D., 2008, „The international epidemiology of lung cancer: Geographical distribution and secular trends“, *J. Thorac. Oncol. 3*, 819–831, https://doi.org/10.1097/JTO.0b013e31818020eb.

Youngstedt, S.D., O'Connor, P.J., Crabbe, J.B. și Dishman, R.K., 2000, „The influence of acute exercise on sleep following high caffeine intake“, *Physiol. Behav. 68*, 563–570, https:// doi.org/10.1016/S0031-9384(99)00213-9.

Zelman, S., 1952, „The liver in obesity“, *Arch. Intern. Med. 90*, 141–156, https://doi.org/10.1001/archinte.1952.00240080007002.

Zethelius, B. și Cederholm, J., 2015, „Comparison between indexes of insulin resistance for risk prediction of cardiovascular diseases or development of diabetes“, *Diabetes Res. Clin. Pract. 110*, 183–192, https://doi.org/10.1016/j.diabres.2015.09.003.

Zhang, Y., Zhang, Y., Du, S., Wang, Q., Xia, H. și Sun, R., 2020, „Exercise interventions for improving physical function, daily living activities and quality of life in community-dwelling frail older adults: A systematic review and meta-analysis of randomized controlled trials“, *Geriatr. Nur. 41*, 261–273, https://doi.org/10.1016/j.gerinurse .2019.10.006.

Zheng, Y., Fan, S., Liao, W., Fang, W., Xiao, S. și Liu, J., 2017, „Hearing impairment and risk of Alzheimer's disease: A meta-analysis of prospective cohort studies“, *Neurol. Sci. 38*, 233–239, https://doi.org/10.1007/s10072-016-2779-3.

Zheng, Y., Lv, T., Wu, J. și Lyu, Y., 2022, „Trazodone changed the polysomnographic sleep architecture in insomnia disorder: A systematic review and meta-analysis“, *Scientific reports, 12(1)*, 14453, https://doi.org/10.1038/s41598-022-18776-7.

Zhou, C., Wu, Q., Wang, Z., Wang, Q., Liang, Y. și Liu, S., 2020, „The effect of hormone replacement therapy on cognitive function in female patients with Alzheimer's disease: A meta-analysis“, *Am. J. Alzheimers Dis. Other Demen. 35*, 1533317520938585, https://doi .org/10.1177/1533317520938585.

Ziemichód, W., Grabowska, K., Kurowska, A. și Biała, G., 2022, „A comprehensive review of daridorexant, a dual-orexin receptor antagonist as new approach for the treatment of insomnia“, *Molecules 27(18)*, 6041, https://doi.org/10.3390/molecules27186041.

Zuccarelli, L., Galasso, L., Turner, R., Coffey, E.J.B., Bessone, L. și Strapazzon, G., 2019, „Human physiology during exposure to the cave environment: A systematic review with implications for aerospace medicine“, *Front. Physiol. 10*.

Tipar executat de: R. A. „Monitorul Oficial"